문학윤리학비평

니에전자오(聶珍釗) 지음
김순진, 윤석민, 임대근 옮김

문학윤리학 비평

니에전자오(聶珍釗) 지음
김순진, 윤석민, 임대근 옮김

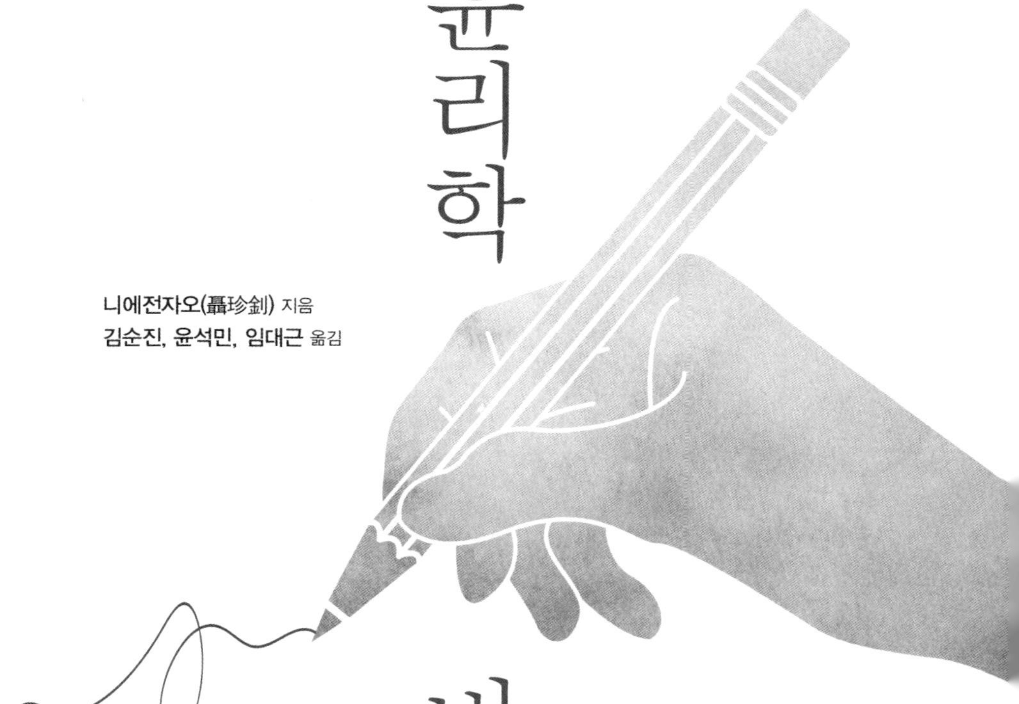

HU:iNE

한국어판 머리말

한국어판 『문학윤리학비평』(文學倫理學批評導論)을 한국외대 지식출판콘텐츠원에서 출판하게 되었다. 한국외대 지식출판콘텐츠원은 1963년 설립되어 한국과 국제 학계에 폭넓은 영향을 미친 학술 저서를 다수 출판해 왔다. 나의 학술서가 한국외대에서 출판될 수 있게 되어 기쁘기 그지없다.

이 저서의 출판을 맞이하여 나는 우선 한국어판 번역자인 임대근 교수와 김순진 교수, 윤석민 교수에게 진심으로 감사한다. 임대근 교수는 한국외대 외국문학연구소 총무를 맡고 있으며, 국제문학윤리비평연구회의 부비서장 역할을 담당하고 있다. 임 교수는 한중문학과 문화 비교, 문화정체성과 스토리텔링, 문학윤리학비평 등 분야의 연구를 수행하면서 영화 비교, 중국 근현대문학, 초국적 문화의 비평윤리 등 분야에서 탁월한 성과를 내고 있는 유명한 국제적 학자이다. 일찍이 10년 전 『문학윤리학비평』이 출판되기 전에 우리는 이미 긴밀한 학술적 관계를 맺을 수 있었다. 그는 문학윤리학비평과 관련한 여러 활동에 참여해 오면서 문학윤리학비평 이론의 수립과 발전을 잘 이해해 왔다. 이 책은 많은 동서고금의 문학작품과 문학사조, 문학유파, 적잖은 새로운 이론 용어를 포함하고 있다. 따라서 이 책의 번역은 복잡한 언어 전환의 과정일 뿐만 아니라 어렵고 깊이 있는 학술적 이해가 필요하여 번역의 난이도가 꽤 높았을 것이다. 그러나 임대근 교수가 이끄는 번역팀은 막강한 실력과 완숙한 중국어 수준으로 원의를 정확하게 이해했을 뿐만 아니라 충실한 이론적 공력과 풍부한 번역 경험으로 문학윤리학비평에 대한 깊이 있는 이해를 바탕으로 공동의 노력을 통해 마침내 출판을 맞이하게 되었다. 이에 무엇보다 역자들에게 깊은 감사를 표하고 싶다.

오랫동안 나는 많은 한국의 학자들과 긴밀한 학술적 관계를 맺어오면서 교류를 통해 두터운 우정을 쌓아왔다. 2007년 동국대 김영민 교수는 우한(武漢)에서 열린 '20세기 미국시 국제학술대회'에 참석했다. 그 뒤로 내가 중국과 여러 나라에서 조직한 학술활동에도 한국의 많은 동료와 함께 참석해 왔다. 2012년 국제문학윤리학비평연구회가 창립되고 김영민 교수는 부회장으로 선출되었다. 2015년에는 서울과 부산에서 30개 가까운 나라의 대표가 참석한 제5회 국제윤리학비평연구회 연회(年會)를 매우 성공적으로 개최했다. 한국의 학술 교류에서 많은 유명한 한국 학자들이 나의 학술연구와 같은 길을 걷게 되었고, 또 막역한 친구가 되었다. 박재우 한국외대 교수, 신인섭 건국대 교수, 윤석민 강원대 교수, 정병호 고려대 교수, 신하윤 이화여대 교수, 김순진 선문대 교수, 사이먼 에스톡(Simon C. Estok) 성균관대 교수 등이 바로 그들이다.

나의 '친구'들은 모두들 자신의 학교에 나를 초청하여 문확윤리학비평과 관련한 강의를 열었다. 김영민 교수, 신인섭 교수, 정병호 교수 등은 여러 차례 나를 초청하여 강의를 열고 문학윤리학비평 연구에 관해 교류했다. 이들과의 교류를 통해 나는 문학윤리학비평을 포함하는 문학연구에 대한 열정을 깊이 느낄 수 있었다. 또한 문학윤리학비평에 대해 많은 관심을 갖고 있다는 사실도 알게 되었다. 이들과 함께 식사 자리에서도 문학윤리학비평을 토론하던 정경을 잊을 수 없다. 이론적인 문제를 토론하기 위해 우리는 식탁 위의 음식도 잊고 학술적인 논의에 집중했다. 나는 한국 학자들의 앞선 의식과 탐구 정신, 특히 새로운 문학이론과 비평에 대한 열정과 사고에 깊은 감동을 받았다.

중국과 한국은 서로를 맞대고 살아오면서 깊은 역사적 인문적 연원을 공유한다. 문학연구에 있어 두 나라 학자들은 서로를 참조하면서 우호적이고 진심어린 학술 교류를 폭넓게 펼쳐왔다. 한국의 친구들은 문학윤리학비평의 수용뿐만 아니라 이를 운용하여 문학연구를 시도했고 학술논문을 집필했으며 학술회의에 참가함으로써 문학윤리학비평 이론의 구축과 발전에 함께 이바지해 왔다.

2004년 5월, 내가 문학윤리학비평이라는 이론을 제시한 이래 벌써 17년이 지났다. 『문학윤리학비평』의 출판과 관련 논문의 발표, 특히 일련의 학술논저 출판과 학술활동을 추진해 오면서 문학윤리학비평은 세계적인 범위에서 승인되고 발전되어 왔다. 신인섭 교수는 "중국 학자가 제기한 새로운 문학비평 방법으로서 문학윤리학비평은 중국문학 비평의 특수한 맥락을 형성할 뿐 아니라 오늘날 중국문학 연구의 문제를 해결하고 또한 세계문학 연구에도 눈을 돌릴 수 있는 발전의 과정을 보여줌으로써 중국 학자의 역사적 사명감과 학술적 책임감을 충분히 드러냈다"고 말한다. 그는 또한 "문학윤리학비평은 문학비평 분야에서 독창적인 유파를 형성할 뿐 아니라 사회 사조를 만들어 내고 있다. 중국의 문학윤리학비평의 발전을 돌아보면 동양의 학자들에게 힘이 되는 느낌을 갖지 않을 수 없다"고도 말한다. 김영민 교수는 이렇게 말한다. "내가 보기에 문학윤리학비평은 인류의 생물 다양성을 가늠하는 예민한 척도다. 인류의 심리-생리학은 선과 악, 인간과 동물의 혼합된 구성체이다. 선과 그 대립면의 악을 비교하지 않으면 무엇이 선인지 인식할 수 없다. 이것이 바로 문학윤리학비평이 문학연구의 한 가지 방법일 뿐만 아니라 도덕 가치와 윤리가치의 배경에서 인성의 쇠락을 탐구하려고 하는 작가들을 계발하는 모델이기도 한 까닭이다." 그는 또한 이렇게 강조한다. "윤리적 독해와 세계문학의 맥락에서 문학윤리학비평은 이미 한국의 문학연구에서 자신의 위치를 찾아냈다. 새로운 시각으로 국내외 문학 담론을 독해하는 자료로서 문학연구의 새로운 생태계를 만들어냈다." 이들의 평론에서 나는 이들이 대표적인 한국의 학자로서 중국과 전체 아시아 문학 비평이론이 빈약한 상황을 염려하면서 중국 학자가 창안한 문학비평 이론을 더욱 주목하여 만족감을 드러내지 않았나 생각한다.

문학윤리학비평은 다윈의 자연선택을 기초로 하여 윤리선택 이론을 구성하고, 나아가 윤리선택과 윤리신분, 윤리환경, 자유의지, 이성의지 등의 용어를 핵심으로 비평 담론의 체계를 구성한다. 자연선택은 진화의 방법을 통해 인간의 형식을 얻게 되지만, 윤리선택은 교화의 방법으로 인간의 본질을 얻게 되며, 이를 통해 인간됨을 어떻게 실현할 것인가 하는 선택이라는 인류 문명의 새로운 단계로 들어가게 된다. 인간이 되기 위해서는 교화가 필요하며 교화를 위해서는 도구가 필요하다. 그 도구는 바로 문학이다. 문학의 근본적인 목적은 인간에게 오락을 제공하는데 있지 않다. 다만 오락의 형식을 빌려 사회와 생활 속의 도덕의 범례를 제공하는데 있다. 즉 인류의 자기완성을 위해 도덕 경험을 제공하는 것이다. 문학윤리학비평은 문학 텍스트를 비평의 대상으로 삼아 윤리의 관점으로 다양한 인물의 윤리선택의 경로와 과정과 결과를 해석하고 평가하며, 그에 대한 가치판단을 도출한다. 심미는 문학을 독해하고 이해하고 감상하는 방법으로서, 교화 기능에 봉사하는 문학비평의 낮은 단계이다. 문학이 교화 기능을 가지고 있다는 점에 동의하지 않는 사람들은 종종 심미에 대한 오독을 통해 문학의 가치를 도덕과 갈라놓으려고 한다. 이를 통해 교화와 심미를 대립시키려고 한다. 그러나 실상을 보면 동서고금의 문학 발전사에서 심미와 도덕 교화는 언제나 함께 묶여 있었고, 나뉠 수 없었다.

심미 추구의 궁극적 가치는 윤리도덕의 가치이다. 미학의 탄생으로부터 시작하여 심미는 도덕과 긴밀하게 묶여 있었다. 21세기에도 심미와 도덕의 생래적 관계를 부정할 수 있는 사람은 없다. 1735년, 미학의 비조라 할 수 있는 독일의 철학자 바움가르텐(Alexander Gottlieb Baumgarten, 1714~1762)은 인지능력을 저급과 고급 두 종류로 나누고 '고급 인지능력'만이 진리를 인식할 수 있다고 보았다. 또한 '저급 인지능력'에 대해서는 알맞은 인도를 통해 "건강한 길로 이끌어 올려야 한다"고 생각했다. 여기서 저급 단계는 심미 인지 단계이며 고급 단계는 도덕 인지 단계이다. 바움가르텐은 "지성과 이성은 영혼의 주재에 따라 항상 저급한 인식 능력을 계발할 수 있"으며, 그럼으로써 비로소 고급 인지능력을 얻게 된다고 여겼다. 그는 심미가 도덕 안에 존재한다고 재삼 강조했다. 그는 "교화라는 도덕의 진실성은 창작 소재의 개연성으로 볼 때 반드시 추구해야 할 요소 중 가장 중요한 것"이라고 말했다. 따라서 바움가르텐은 감성의 심미는 단지 저급한 인지이며 도덕의 인도를 통해서만 고급 단계로 들어가 진리를 인식할 수 있다고 보았다.

문학윤리학비평은 문학을 연구하고 해석하는 방법이자 이론이다. 그것은 자신의 비평의 담론을 통해 문학을 독해하고 해석하고 이해하며 비평함으로써 문학의 교화 작용을 발휘한다. 10여 년의 노력을 거쳐 문학이론비평의 이론 체계는 이미 기본적으로 구성되었다. 신인섭 교수가 말한 바와 같이 "문학윤리비평은 아직 어린 단계에 있는 동시대 동양의 문학비평과 이론에게 다시 믿음을 가져다주었다. 또한 문학윤리학비평은 서양이 주도하는 문학비평과 이론의 클럽 안에서도 자신의 한 자리를 차지하게 되었다." 문학윤리학비평은 중국인과 아시아인에게 속하는 스스로의 공간을 열었다. 그러나 이것만이 내가 당초 이 이론을 주장하고 연구한 초심은 아니다. 문학윤리학비평의 창립은 더욱 큰 비전을 가지고 있다. 그것은 바로 문학윤리학비평이 한쪽으로 치우치지 않고 그 이론의 구조를 통해 전체 문학이론을 다시 세움으로써 새로운 과학의 문학이론을 구성하려는 희망이었다.

20세기 이래 과학기술의 발전은 인문 연구의 성격을 바꾸어 놓았다. 전통적으로 이데올로기를 특징으로 하는 주관적인 연구는 점차로 과학 원리에 대한 탐구와 기술 분석을 특징으로 하는 과학 연구로 바뀌었다. 인지신경과학, 인공지능, 바이오칩, 인간과 기계의 결합 등 과학기술 연구는 인문연구가 매우 급속히 과학이 이끄는 방향으로 전향하여 과학기술 인문연구로의 변화를 촉진할 것임을 보여준다. 따라서 문학의 기초이론을 재구성하는 경로와 기존의 문학연구를 포괄하는 전체 인문학 연구의 다른 점은 과학의 선도에 있다. 오랫동안 인문학 연구는 이데올로기 영역의 이성적 사유에 따른 주관적 연구로 여겨져 왔기 때문에 과학기술은 중시되지 않았다. 그러나 과학의 시대에 문학연구가 과학을 떠나서는 새로운 돌파와 발전을 해나기 어렵게 되었다. 과학의 선도에 따라야만 문학윤리학비평은 낡은 울타리를 벗어나 새로운 시대의 문학이론을 세울 수 있다.

문학 기초 이론의 핵심은 이론적 패러다임의 창조다. 유협(劉勰)을 대표로 하는 중국의 고전문학 이론의 패러다임은 도덕이었다. 오늘날 서양 현대미학 이론 위에서 세워진 문학이론의 패러다임은 심미이다. 이 두 종류의 패러다임은 이미 새로운 시대에 적응하기는 어려워졌다. 따라서 새로운 문학이론의 패러다임을 찾아야만 한다. 인류는 자연선택에서 윤리선택, 다시 과학선택에 이르는 문명의 3단계가 새로운 문학이론 패러다임의 기초가 되었다고 할 수 있다. 문학 기초 이론의 패러다임의 창조를 위해서는 무엇보다 문학을 심미패러다임으로 간주하는 울타리를 벗어나야 한다. 그리고 과학이 선도하는 문학이론의 새로운 학제적 패러다임을 찾아야 한다. 윤리선택의 패러다임은 예컨대 문학, 윤리학, 철학, 미학, 언어학, 컴퓨터공학, 신경인지과학 등의 학제적 연구 속에서 문학이론 및 그 관점의 돌파와 창조를 실현할 수 있다. 문학이론의 패러다임은 문학이론의 지식체계만이 아니라 문학이론의 핵심 기술이기도 하다. 자신의 문학이론 패러다임을 창조할 수 있어야만 새로운 지식체계와 문학이론 체계를 만들어낼 수 있으며, 낡은 문학이론의 속박을 타파하고 문학이론 체계의 창조를 실험할 수 있다.

『문학윤리학비평』의 한국어판 출판을 계기로 문학 기초 이론의 재구성

문제를 제기하는 까닭은 이런 생각을 나눔으로써 여러분의 관심을 이끌어내고 연구를 추진하기 위함일 뿐이다.

『문학윤리학비평』을 번역하기 위해 노고를 마다하지 않은 임대근 교수와 번역팀에 다시 한 번 감사를 전한다. 또한 문학윤리학비평을 위한 한국 친구들의 노력에도 감사한다.

2021년 7월 12일

니에전자오

옮긴이 머리말

이 책은 니에전자오(聶珍釗) 교수의 『문학윤리학비평도론』(文學倫理學批評導論, 北京大學出版社, 2014)을 우리말로 옮긴 것이다. '도론'(導論)은 우리말로 '개론', '입문'으로 번역될 수 있다. 이 용어를 통해 문학윤리학비평에 대한 저자의 학문적 작업이 앞으로도 계속되리라는 사실을 미루어 짐작할 수 있다. 다만 우리말 번역본 제목은 편의상 '도론'을 생략하고 『문학윤리학비평』이라고 붙였다.

니에전자오 교수는 중국에서 문학윤리학비평이라는 문학연구의 방법론이자 담론을 앞서서 주창한 학자다. 『캠브리지 문학비평사』(*The Cambridge History of Literary Criticism*)의 엮은이 가운데 하나인 클로드 로슨(Claude Rawson) 예일대학 교수는 니에 교수를 일컬어 "문학윤리학비평의 아버지"라고 부르기도 했다.

니에 교수는 자신의 학문적 근간인 영문학과 중국문학을 바탕에 두고 문학윤리학에 관한 학문적 의제를 꾸준히 제기해 왔다. 예컨대 「『노인과 바다』와 수풀의 법칙」(『老人與海』與叢林法則, 2009), 「중국에서의 문학윤리학비평」(文學倫理學批評在中國, 2010), 「문학윤리학비평: 기초이론과 용어」(文學倫理學批評: 基本理論與術語, 2010) 등을 통해 문학윤리학비평에 관한 초기 구상을 엿볼 수 있다.

니에 교수는 이후 문학윤리학비평에 관한 천착을 거듭하면서 자신의 구상을 더욱 완성도 있는 이론으로 발전시켜 오고 있다. 특히 그는 학자로서 자신의 주장을 일방적으로 발표하는데서 그치지 않고 다른 학자들과의 토론을 통해 다양한 방식으로 질문하고 답변하며 수정하고 보완하는 작업을 지속하고 있다. 문학윤리학비평에 관한 국제학술대회를 꾸준히 조직하고 있는데서 이를 확인할 수 있다.

나는 2010년대 초에 중국 우한(武漢)의 화중사범대학 교정에서 니에 교수를 처음 만났다. 낯선 외국 손님을 따뜻하게 맞아주고, 학생들을 위해 강연 기회까지 마련해 준 기억을 잊을 수 없다. 외국문학연구를 위한 학문적 교류를 위한 논의를 통해 우리는 한국과 중국의 학자들이 더 자주 만나 문학에 관한 토론을 해야 한다는데 의기투합했다.

그러고 나서 서로 두 나라를 오가면서 각자의 입장에서 '외국문학'을 논의하는 기회를 여러 차례 가질 수 있었다. 그 사이 니에 교수는 문학윤리학비평을 자신이 감당해야 할 학문적 의제로 명확하게 설정하고, 여러 편의 논문 집필은 물론 국제학술대회를 개최하기 시작했다. 특히 이 책의 제9장에서도 소개하고 있지만, 2012년 싼샤대학(三峽大學)에서 열린 국제학술대회는 문학윤리학비평이 중국에서 뿐만 아니라 해외 학자들에게도 분명하게 각인되는 성과를 가져왔다. 나는 이 학술대회에서 '문학윤리학비평'이라는 개념을 분절하고 절합하는 방식에 대해 발표했고, 이런 생각은 이 책에 실린 「옮긴이 해설」을 쓰는 기초가 되었다.

니에 교수는 이런 과정을 거쳐 점차 자신의 주장을 이론화하였고, 그 성과로 『문학윤리학비평과 기타』(文學倫理學批評及其他, 華中師範大學出版社, 2012)라는 책을 펴낸 바 있다. 이 책을 선물 받은 나는 그의 논의를 한국어로 소개하고 싶다는 생각을 하게 됐다. 하지만 이런저런 일로 번역에 돌입하지 못하면서 시간만 보내고 있던 터에 이를 확대, 발전시킨 『문학윤리학비평』을 다시 출간했다는 소식을 듣게 되었다. 이 책은 중국의 '국가 철학 · 사회과학 성과문고'로 지정되기도 했다.

번역 계획은 당연히 바뀌었다. 당시 문학윤리학비평 국제학술대회에 참여했던 김순진, 윤석민 교수가 함께 번역을 하자고 결정하면서 작업은 속도를 낼 수 있었다. 그러나 인문학 서적, 그 중에서도 전문적인 내용을 담고 있는 학술서를 번역, 출판하는 일이 쉽지 않은 상황에서 최종 결과를 내기까지는 다소 시간이 걸릴 수밖에 없었다. 일일이 되돌아보기 어려운 여러 이유 때문에 거의 8년이나 걸린 번역을 이제야 마무리하게 되었다.

번역은 세 사람이 나누어 맡았다. 김순진은 제10~14장, 윤석민은 제1~4장, 임대근은 서론과 제5~9장을 각각 옮겼다. 부록은 셋이 함께 나누어 옮겼다. 그러나 중국어를 독해하는 각자의 방식이 다르고, 이를 다시 한국어로 옮기는 문체도 달랐기 때문에 일관된 흐름의 독해를 위한 윤문은 꼭 필요한 과정이었다. 임대근이 본문을 세 번 이상 읽으면서 윤문을 진행했다. 윤문 과정에서 특수한 중국적 표현 등은 가능한 우리 상황에 맞추어 옮기려고 노력했다. 여러 차례 원문을 대조하고 문장을 다듬었음에도 물 흐르듯 자연스럽지 못한 부분이나 심지어 오역이 있을지도 모르겠다. 독자 여러분의 질정을 바란다. 특히 마지막 윤문을 할 때에는 아시아문화콘텐츠연구소 오소정 박사의 꼼꼼한 제언이 큰 도움을 주었다. 깊은 감사의 마음을 전한다.

'문학윤리학비평'이라는 개념은 우리 학계에서는 다소 생소한 것이 사실이다. 문학을 윤리학이라는 입장에서 접근하는 방식이 어쩌면 다소 흥미가 떨어진다고 여길 수도 있다. 또 이런 내용이 오늘날 사회주의 중국의 체제 중심의 교과서 같은 담론이라는 생각이 들 수도 있다. 물론 이 책의 어떤 주장은 여전히 더욱 정교한 비평과 변증을 필요로 한다. 그럼에도 사회와 문화가 더욱 복잡해지고 과학과 기술의 새로운 도전에 직면하고 있는 동시대적 상황에서 윤리 문제는 장르로서의 문학은 물론 이를 넘어서는 문화 전반에 걸쳐 중요한 핵심어가 된다고 여기지 않을 수 없다. 다양한 상황에 놓인 인간이 직면하고 있는 윤리선택, 윤리정체성 등의 문제는 우리에게 유효한 학문적, 현실적 고민을 가져다준다. 이 책이 주장하는 의견에 동의하든 그렇지 않든, 이런 담론이 세계를 보는 우리의 관점에 영감을 선물하는 것만은 사실이다. 그런 믿음으로 용기를 내어 이 책을 세상에 내보낸다.

2021년 8월

옮긴이를 대표하여

임대근

머리말

1.

1960년대 이래 민권운동, 반전운동, 학생운동, 여성해방운동, 반문화운동, 환경보호운동 등이 추진되면서 윤리도덕관을 강조하는 문학비평이론이 등장했다. 예컨대 페미니즘, 신역사주의, 흑인문학, 문화비평 등은 윤리비평의 큰 흐름을 형성했다. 힐리스 밀러(J. Hillis Miller)의 『독서 윤리학』(*The Ethics of Reading: Kant, de Man, Eliot, Trollope, James, and Benjamin*, 1987), 줄리아 크리스테바(Julia Kristeva)의 『언어의 욕망』(*Desire in Language, A Semiotic Approach to Literature and Art*, 1980), 짐 메로드(Jim Merod)의 『비평의 정치적 책임』(*The Political Responsibility of the Critic*, 1987), 아담 뉴톤의 『서사윤리학』(*Narrative Ethics*, 1995) 같은 저작이 출판됨으로써 윤리도덕과 문학의 관계에 관한 논의가 활발해졌을 뿐 아니라 미국 윤리비평의 기초를 닦기도 했다.

이들 가운데 웨인 부스(Wayne Clayson Booth, 1921~2005)는 서양 윤리비평을 대표하는 뛰어난 학자다. 일찍이 1961년, 그의 이름을 알린 저서 『소설의 수사학』(*Rhetoric of Fiction*)이 출판됐을 때, 그는 "비인격화 서술의 도덕 문제"를 전문적으로 논의했다. 부스는 또한 『이제 나에게 변명하려고 하지 말아요: 믿을 수 없는 시대를 위한 에세이와 역설들』(*Now Don't Try to Reason with Me: Essays and Ironies for a Credulous Age*, 1970)와 『역설의 수사학』(*A Rhetoric of Irony*, 1974), 『근대의 도그마와 찬동의 수사학』(*Modern Dogma & the Rhetoric of Assent*, 1974), 『비평의 이해: 다원론의 힘과 한계』(*Critical Understanding: The Powers and Limits of Pluralism*, 1979) 같은 저작에서 문학윤리학과 관련된 중요한 문제를 연구하고 논의했다. 예컨대 문학의 심사제도, 문학의 도덕가치, '이해'의 비평 모델 등은 문학비평의 윤리특성에 관한 논의였다. 1982년 부스는 자신의 논문 『해석의 자유: 바흐친과 페미니즘 비평의 도전』에서 윤리학비평에 관한 관점을 비교적 분명하게 제기하고 있다. 즉 작품에 내재하는 이데올로기와 그것이 독자에게 미칠 수 있는 영향에 관심을 갖는 일이 윤리학비평의 기본 임무라는 점이다. 부스의 윤리학비평의 이론적 버팀목은 바흐친의 '대화 이론', 즉 "윤리학비평을 체계적으로 발전시키는 어떠한 우리의 노력도 반드시 독자의 윤리와 텍스트의 윤리에 관심을 두어야만 한다"[1]고 여기는 태도다. 부스는 이후 중요한 저작 『우리의 동반자: 소설윤리학』(*The Company We Keep: An Ethics of Fiction*, 1988)에서 문학윤리학비평을 위한 합리적 변호뿐만 아니라 라블레, 오스틴, 로렌스, 마크 트웨인 등의 소설에 대해서도 윤리학비평을 실천했다. 부스는 고전소설에 대한 연구에서 문학작품은 모든 독자에게 비록 정도는 서로 다르지만 윤리도덕 측면의 충격을 발생시킴으로써 우리의 도덕관을 구성하는 역할을 한다고 강조했다. 그러나 전체적으로 보아 미국의 윤리비평은 가능한 한 서사이론과 결

---

1 Wayne Booth, "Freedom of Interpretation: Bakhtin and the Challenge of Feminist Criticism", *Critical Inquiry* 9.1(1982) 45~76쪽.

합하려는 색채를 띠고 있다. 부스의 사망 이후 제임스 펠란(James Phelan, 1951~) 교수는 윤리비평을 더욱 확실하게 자신의 서사비평과 융합함으로써 윤리비평이 서사이론의 한 부분이 되도록 했다.

윤리비평은 비록 부스 같은 대표적 인물에 의해 미국에서 등장했지만 1990년대에는 그 힘이 점차 줄어들었다. 이는 미국 학계가 윤리비평을 회의한 결과였다. 1997년과 1998년에는 포스너(Richard A. Posner, 1939~)가 『철학과 문학』(*Philosophy and Literature*)에 윤리비평에 반대하는 논문 두 편을 잇달아 발표했다. 그의 공격 대상은 당시 미국 윤리비평의 대표적인 두 인물인 웨인 부스와 마사 누스바움(Martha C. Nussbaum, 1947~)이었다. 그는 와일드의 유미주의 관점을 언급하며 "글에는 원래 도덕적인 글 혹은 부도덕한 글의 구별이 없는 것이다. 글은 다만 잘 썼느냐 못썼느냐의 구별만이 있을 뿐이다. 그 뿐이다"[2]라고 말했다. 그는 또한 "문학을 평가하는 올바른 기준은 미학적 기준이지 윤리 기준이 아니다",[3] "문학작품의 도덕 내용과 결과는 그 문학으로서의 가치와 무관하다"[4]고 굳게 믿었다. 포스너는 논문에서 윤리학비평을 반대하는 이유를 자세히 서술했고, 반윤리비평파의 주된 관점을 집중적으로 대신하여 보여주었다. 포스너의 관점을 겨냥하여 부스는 『철학과 문학』에 역시 논문을 발표하여 포스너의 윤리비평에 관한 모순된 관점을 반박하면서 "미학 담론의 입장에서 윤리를 비판하는 관점은 심각한 오류"[5]라고 강조했다. 누스바움도

---

2 Richard A. Posner, "Against Ethical Criticism", *Philosophy and Literature* 21.1(1997) 1쪽.

3 Richard A. Posner, 위의 글, 2쪽.

4 Richard A. Posner, 위의 글, 1쪽.

5 C.W.Booth, "Symposium: Why Banning Ethical Criticism is a Serious Mistake", *Philosophy and*

역시 『철학과 문학』의 특집 토론에서 「윤리비평을 위한 변호」라는 논문을 발표하여 포스너가 윤리비평을 반대하는 관점을 가리켜 "열정적인 고문 기술자의 관점이며, 썩은 문인의 관점이자 유해한 문학관이고 미학 자율관"[6]이라고 비판했다. 부스와 누스바움이 포스너와 행한 논쟁을 통해 윤리비평은 20세기 말 줄곧 반대에 직면해 있었음을 알 수 있다. 비록 논쟁은 오래지 않아 끝나고 말았지만, 포스너의 반대는 미국 윤리비평의 발전에 불리한 영향을 미쳤고, 그 쇠퇴의 중요한 요인을 형성하기에 이르렀다.

미국 윤리비평이 회의와 반대에 직면했던 중요한 원인 가운데 하나는 윤리비평의 원류가 가장 이르게는 고대 그리스까지 소급될 수 있지만 자신만의 체계적인 이론을 수립하지 못했다는 데 있다. 더욱이 분명한 방법론도 결여돼 있기 때문이었다. 이미 출판된 일련의 문학윤리학 연구서 가운데에도 윤리비평을 문학의 윤리학 연구로 보는 것인지 아니면 문학을 연구하는 한 방법으로 간주하는지 분명하지 않은 경우가 있다. 포스너가 말한 대로 윤리비평은 도처에 광의의 개념만이 있고[7] 방법론의 자격으로 문학윤리학에서 벗어나지는 못했다. 윤리비평은 철학비평, 정치비평과 결합하여 문학에 대해 가치판단을 수행하지만 정신분석, 형식주의, 구조주의 등의 비평처럼 자신만의 분명한 학술용어나 비평의 특징을 갖추지 못했다. 분명, 미국의 윤리비평은 결함이 있었

Literature 22.2(1998) 372쪽.

6 Martha C. Nussbaum, "Exactly and Resposibly: A Defence of Ethical Criticism", *Philosophy and Literature* 22.2(1998) 343-365쪽.

7 Richard A. Posner, "Against Ethical Criticism: Part Two", *Philosophy and Literature* 22.2(1998) 395, 403쪽.

고, 완전하지 못했다. 따라서 이는 미국적 전통의 도덕비평이 발전하던 한 단계에 처한 상황이라고 해야 할 것이다.

2.

개혁개방 이래 수많은 서양의 문학비평이 중국에 들어옴으로써 중국 문학비평의 중서융합, 다원의 공존 국면을 형성했고, 이로 인해 중국 문학비평의 발전을 이끌었다. 중국에 번역, 소개된 서양문학비평을 살펴보면 크게는 세 부류로 나뉜다. 첫째는 형식의 가치를 강조하는 형식주의 비평이다. 예컨대 20세기 중국에서 크게 유행했던 러시아 형식주의, 미국의 신비평, 구조주의 등이 대표적이다. 둘째는 구체적인 사회관계와 환경에서 문화가 어떻게 자신을 표현하고 사회 및 정치 제도에 의해 억압되는지 분석하는 문화비평이다. 문화연구 영역의 이런 비평 방법은 문화의 시각에서 문학을 연구해야 한다고 강조한다. 예컨대 문화와 권력, 문화와 이데올로기 등의 관계는 20세기 말 중국 문학연구의 주요 비평방법 가운데 하나였다. 셋째는 페미니즘 비평, 생태비평, 신역사주의비평, 탈식민 이론 등이다. 이 같은 비평들은 문학연구에 있어서 문학과 정치, 도덕, 성별, 종족 등의 관계를 연구해 왔고, 현대 사회 문화에 대한 '도덕평가' 혹은 비판을 펼쳐왔지만, 결국에는 모두 각자 비평의 기본, 즉 예컨대 형식, 문화, 성별, 환경 등의 원래 자리로 돌아가서 윤리의 결여라는 전반적인 특징을 드러냈다.

문학비평에서 윤리의 결여는 중국의 문학비평에 두 가지 경향을 가져왔다. 하나는 문학비평을 문학에서 멀어지게 했다. 즉 문학비평이 문학에 대한 비평을 지켜가지 못하도록 했다. 또 하나는 문학비평의 도덕 결여, 즉 문학비평이 사회 도덕책임을 결여하게 됐다. 문화비평, 미학비평, 철학비평 등의 기치를 내건 비평들은 이론과 문학 사이의 의존 관계를 종종 전복시키면서 비평과 문학 사이의 내재적 관계를 분리시킴으로써 이론 콤플렉스(theoritical complex), 명제 콤플렉스(preordained topic complex), 용어 콤플렉스(term complex) 등과 같은 심각한 경향을 불러왔다. 이처럼 비평이 문학작품을 중요하게 여기지 않는 일, 즉 텍스트 독해와 해석, 분석과 이해를 중시하지 않고 단지 비평가 자신의 특정한 문화 명제, 미학 명제, 철학 명제만을 중요하게 여겨 그로부터 증명을 구하는 일 때문에 이론과 실제의 탈궤를 형성하고 말았다. 이런 비평 가운데 문학작품은 찢겨졌다. 문학작품은 시류에 영합한 담론으로 인해 해체되고 소멸됨으로써 본연의 의미 또한 잃어버리고 말았다. 문학작품은 또한 비평을 구성하는 비평가의 문화 사상이나 특정한 이론체계로써 특정한 이론 용어의 편린을 해석하는 도구로 변하고 말았다.

일정한 시기 동안 중국 문학비평의 가치관 혼란은 매우 심각한 정도까지 이르렀다. 이른바 문학에 대한 헛소리와 조롱의 전복적 비평이 개인의 좋고 싫은 입장에 근거하여 협애한 개인의 의식, 편협한 정치적 입장, 주관적 도덕 기준을 충족시키고 있었다. 이러한 문학비평 가운데 작가와 비평가의 책임은 때로 곡해되고 오독됐으며, 또는 고의적으로 중상을 당하기도 했다. 작가의 사회적 책임을 협애하게 이해하고 사회적 책임이 창작의 자유를 제한하며 예술적 상상력과 창작 개성을 훼손한다고 여기는 이들도 있었다. 또한 비평가의 사회적 책임을 좁게 이해하고, 사회적 책임을 정치적 억압과 동일시하면서 문학비평의 윤리가치 기준을 내팽겨쳤다. 그들은 자유와 책임을 대립시키고 심미와 비평을 대립시킴으로써 사회의 기본적인 도덕 법칙을 망각하여 심미가 윤리를 중시하지 않으며 자유는 책임을 지지 않아도 되고 책임이 곧 부자유라고 여겼다.

문학이론 결핍의 결과는 매우 심각했다. 이로써 시장가치가 윤리가치를 대신하게 됐다. 시장경제의 물결이 요동치는 가운데 이익의 추구, 곧 문학가와 문학출판계, 비평가가 강력한 유대를 결성하여 도출한 마케팅 성과와 판매순위가 문학의 가치를 가늠하는 기준이 되어버린 듯했다. 최대의 경제적 이익을 얻기 위해 일부 사람들은 문학이 가져야 할 도덕책임을 한쪽으로 미뤄두고 감각적 향락과 물질적 욕망만을 추구함으로써 정신적 양식으로서의 문학을 단지 물질적 양식으로 전락케 하고 문학의 출판을 뱃속의 이익을 추구하는 일로 뒤바꿔 놓았다. 이러한 이른바 비공리적 '심미'는 문학의 전통 속에서 교훈적 공리성을 회의할 뿐 아니라 심지어 그 전통 자체를 전복하려는 태도이기도 하다.

문학은 일반 소비재가 아니라 도덕의 나침반임을 강조해야만 한다. 만일 문학이 단지 감성 자극과 뱃속의 이익만을 만족시키기 위해 존재하기 때문에 그 교훈적 윤리가치를 부정하면서 단지 마케팅만으로 문학을 평가하는 기준을 세운다고 주장하면 문학은 타락한 셈이다. 우리는 시장이 문학을 수용하는 정도가 문학 가치를 평가하는 한 요소임을 부정하지 않는다. 그러나 문학의 시장가치는 윤리가치와 동등할 수 없다. 물질적 욕망이 도덕 추구를 대체하는 경향은 위험하다. 만일 문학이 돈을 위한 일념으로 파렴치한 학문, 권모술수의 도리, 금권만능을 좇는다면, 사회가 어찌 좋은 도덕 기풍을 만들 수 있겠는가? 관리들이 청렴을 버릴 수 있는가? 법률이 공정을 버릴 수 있는가? 사실 오늘날 신뢰의 위기, 사회도덕의 추락, 날로 심각해지는 정치 부패는 모두 문학이 윤리가치를 상실해 버린 상황과 관계있다. 수많은 범죄 현상, 특히 청소년 범죄는 자주 폭력과 범죄를 고취하는 문학의 영향이 이를 유혹하는 수준에까지 이르렀다. 이런 작품들은 의지가 박약한 사람에게 범죄를 모방하게 하고, 묘사를 통해 심리적 위안을 얻으면서 범죄를 부끄럽게 생각하지 않도록 한다. 이런 관계 속에서 부패한 사람들은 대다수가 교훈적 가치가 있는 고전 문학작품을 읽지 않고, 통속적이고 색정적이며 파렴치한 책만을 읊어대고 있다. 문학의 도덕 계몽과 긍정적 교훈을 거부하는 사람은 사실상 오늘날의 문학 문맹이다.

윤리가치가 결여됨으로써, 문학은 숭고한 도덕 목표를 상실했고, 이는 일부 사람들이 고전문학을 마음대로 뒤바꾸고 조롱하도록 만들었다. 문학비평에도 종종 주관적 억측이 나타났다. 이들은 심미라는 명분으로 문화전통에 대한 우리의 도덕가치를 전복함으로써 독자의 즐거움을 얻으려하고, 도덕을 팔아 돈을 취하려고 한다. 문학윤리학비평은 이런 경향을 강력히 견제해야만 한다. 어떠한 창작과 비평도 반드시 도덕책임을 져야만 한다. 작가는 창작과 허구의 자유가 있고, 비평가도 비평과 해석의 자유가 있으나 그렇다고 사회가 공인하는 도덕 준칙을 위배해서는 안 되며 도덕에 유익해야 하고 사회 기풍을 손상해서는 안 된다. 문학이 범죄를 교사하거나 도덕을 훼손하는 일은 허락될 수 없다. 비평가가 단지 이들을 예술적 허구와 예술적 심미로만 간주한다면 책임을 지지 않는 일이 된다. 작가가 작품을 창작하든 비평가가 작품을 비평하든 문학의 윤리에 위배되거나 도덕을 훼손해서는 안 된다. 따라서 문학비평은 결코 경쟁의 법칙이 주도하는 문학시장 안에 자신의 사회 책임을 방기해서는 안 되며, 오히려 엄격한 비평으로 문학 시장의 윤리질서와 도덕규범을 지켜야만 한다. 오늘날 중국에서 문학에 대한 가장 큰 윤리적 필요는 바로 문학이 우수한 도덕적 분위기를 만들기 위해 일해야 한다는 점이다. 문학창작이든 문학비평이든 모두 중국 민족문학의 번영을 촉진하고 사회주의 정신의 정원을 가꿔가야 하는 책임을 감당함으로써 아름다운 중국의 꿈이 곧 현실이 되도록 노력해야 한다. 이는 문학윤리학비평의 도덕책임일 뿐 아니라 그것이 추구하는 목표이기도 하다.

3.

문학윤리학비평은 문학의 윤리가치가 결여된 문제를 해결하기 위하여 마땅히 세상에 등장했어야만 했다. 문학윤리학비평은 윤리의 시각에서 문학을 독해, 분석, 해석하는 비평방법이다. 그것은 문학텍스트를 주요 비평대상으로 삼아 윤리의 시각에서 텍스트에 묘사된 서로 다른 삶의 현상, 즉 인간과 자아, 인간과 타자, 인간과 사회, 인간과 자연 등의 복잡한 윤리관계 속에서 특정한 역사 환경에 놓여 있는 각각의 윤리선택 모델을 해부하고, 윤리선택의 동기와 과정을 분석함으로써 그러한 각각의 선택이 우리에게 전해주는 도덕 영감을 드러내고, 효과적인 도덕의 모범을 제시하여 인류문명의 진보를 위해 경험과 교훈을 제공하려 한다.

자연선택과 윤리선택은 문학윤리학비평의 윤리 기초이다. 인류문명의 발전 과정에서 인간이 최초로 직면한 가장 큰 문제는 무엇이었는가? 바로 인간과 짐승을 구별하고 인간과 짐승 사이에서 선택을 하여 이성적 인간이 되려는 것이었다. 문학윤리학비평은 인간이 경험한 이렇게 오랜 동안 이어온 자기 선택의 과정을 해석하는데 도움을 준다.

자연선택은 인간이 원숭이로부터 인간에 이르는 형식적 선택을 가리킨다. 19세기 중엽 다윈이 내세운 생물진화론은 자연선택을 원용하여 전체 생물계의 발생과 발전을 과학적으로 해석했다. 우리가 진화론의 관점에서 인류를 관찰하면 문명의 등장은 인류의 자기 선택의 결과였음을 알 수 있다. 인류 문명의 오랜 역사 가운데 원숭이에서 인간에 이르는 진화 과정에 나타난 최초의 선택은 곧 자연선택이었다. 그러나 이는 생물선택일 뿐이었다. 그 선택의 가장 큰 성공은 인간이 인간의 형식, 즉 직립보행으로의 진화, 도구를 사용하는 손, 오관과 사지의 과학적 배치 등과 같은 인간의 외형을 갖게 됐고, 이로써 형식적으로 짐승과 구별될 수 있었다.

그러나 인류의 일차 선택은 단지 물질형태에 있어서 인간이 어떻게 생산하는가 하는 문제를 해결했을 뿐, 인간이 무엇인지, 즉 인간과 다른 동물을 본질적 구별하는 문제는 근본적으로 해결하지 못했다. 그렇다면 인간은 자연선택 이후에 어떻게 진정으로 짐승과의 구별을 완수할 수 있었겠는가? 그것은 인류의 윤리선택으로 실현됐다. 인간사회가 자연선택에서 윤리선택, 다시 과학선택의 과정을 거쳤다는 사실이 인류문명 발전의 논리다. 인류의 자연선택은 생물선택이었고, 그것은 인간이 더욱 높은 단계로 진화하는 바탕을 닦았다.

근대 문명사회에서 인간은 여전히 자연선택과 윤리선택의 과정을 지속적으로 반복해 왔다. 태아의 탄생은 자연선택의 결과로 볼 수도 있고, 인간의 자연선택 단계의 완성이라고 볼 수도 있다. 비록 인간은 진화 과정에서 자연선택을 통해서 인간의 형식을 얻게 됐으나, 자신을 짐승과 진정으로 구별하지는 못했다. 인간이 태어난 뒤 경험한 인지와 이성이 성숙한 과정은 바로 인간이 경험한 윤리선택의 과정이었다. 윤리선택은 인간을 금수로부터 해방했고, 인류는 진정으로 인간의 개념을 얻게 됐으며, 자신이 짐승과 구별됨을 인식하게 됨으로써 윤리의식이 태어나고 비로소 선악의식이 태어나게 됐다. 인간의 생물선택과 윤리선택은 지성이란 자연선택을 통해 얻을 수 있었지만, 이성은 윤리선택을 통해 얻게 됐다는 사실을 설명해준다.

윤리선택은 인간이 선을 택하고 악을 버림으로써 도덕적 인간의 되는 길로써, 이는 우리가 인간의 윤리화 과정을 이해하는데 도움을 준다. 전체 인류 문명의 역사는 곧 자연선택과 윤리선택을 부단히 반복해 온 역사였다. 윤리선택은 가르침을 통해 실현됐고, 가르침은 문학을 통해 얻게 됐다. 인류의 문명사는 문학만이 일련의 도덕적 사례와 모델을 통해 교훈과 권고와 징계의 목적을 이룰 수 있으며, 이로써 인간이 선을 택하고 악을 버림으로써 도덕적 인간이 되는 윤리선택의 과정을 완성하도록 도와줌을 보여준다. 즉 문학은 인간의 윤리선택에 있어 나침반 역할을 했다.

근본적으로 문학윤리학비평의 입장과 최종 목적은 문학의 윤리가치를 발견하는데 있다. 문학윤리학비평은 윤리와 도덕을 강조하는 비평적 입장으로써 역사와 변증의 방법을 운용하여 문학이 형성해 놓은 윤리요소를 찾아서 문학이 다루고 있는 모든 문제를 윤리와 도덕의 범주로 귀납하여 논의하고 윤리와 도덕의 시각에서 문학의 가치를 새롭게 발견하도록 힘쓴다. 문학윤리학비평은 전통적 도덕비평과는 다르다. 그것은 오늘날 도덕적 입장에서 단순히 역사적 문학의 좋고 나쁨에 대한 도덕가치 판단만을 내리는 게 아니라 역사의 윤리현장 속으로 돌아가서 문학의 윤리환경 혹은 윤리맥락에서 당시 윤리 입장에 서서 문학작품을 해독하고 해석한다. 이를 통해 문학 생산의 객관적 윤리 원인을 찾고 그것이 어떻게 만들어졌는지 해석하여 작품 속에서 사회적 사건을 일으키고 인물의 운명에 영향을 미친 윤리요소를 분석함으로써 윤리관점에서 사건, 인물, 문학 문제 등을 해석하고 역사적 시각에서 도덕평가를 수행한다.

4.

문학윤리학비평은 기원적으로 문학을 윤리의 산물로 간주하고 문학의 가치는 곧 그 윤리 교훈 기능에 있다고 본다. 문학이라면 고대든 현대든, 서양에서든 중국에서든 교훈이 그 기본적인 기능이다.

교훈 기능이 없는 문학은 존재하지 않는다. 문학 발전의 역사를 자세히 살펴보면 문학이 언제나 공리적(功利的)임을 발견할 수 있다. 문학은 인류의 공리적 창조이며, 그 목적은 자신의 경험을 보존하고 타인과 나눔으로써 삶의 규범을 형성하는데 있다. 서양의 서사시, 중국의 복사(卜辭)나 시가(詩歌), 혹은 후대에 등장한 희곡, 소설과 같은 문학양식의 윤리가치는 바로 가르침을 줄 수 있다는 데 있다. 다윈의 진화 이론에 근거하여 인간이 자연선택을 통해 인간의 형식을 얻게 된 이후에 직면한 가장 큰 문제는 어떻게 윤리선택을 통해 인간의 본질을 얻느냐 하는 점이었고, 이는 바로 모범과 가르침, 즉 교훈을 필요로 했다. 현실에서의 모범은 희소할뿐더러 불완전했다. 이 문제를 어떻게 해결할 수 있는가? 각각 다른 시간과 장소에 존재하는 모범들을 이야기로 만들어 문자로 표현하는 텍스트로 전환한 뒤 학습과 모방에 도움을 준다면, 그것이 가장 좋은 방법이다.

교훈 기능이 없는 문학은 존재하지 않는다. 서양문학에서 호머의 서사시가 갖는 최초의 가치는 바로 삶의 교과서라는 점이다. 이 작품이 후대로 전해질 수 있었던 까닭은 시대의 영웅을 배워 시대의 윤리를 알고 문명의 관념을 받아들여야 할 필요가 있었기 때문이다. 고대 그리스의 영웅관, 국가관, 가족관, 사회 및 개인의 윤리와 도덕은 모두 호머의 서사시가 전해지고 수용됨으로써 생겨났다. 고대 그리스비극의 기본 특징은 바로 그 윤리성에 있다. 무대에서 공연되는 윤리 이야기, 예컨대 오레스테스가 아버지를 위해 복수하려고 어머니를 죽이고, 오이디푸스가 아버지를 죽이고 어머니를 취하고, 메디아가 아들을 죽여 복수하는 이야기 등은 오늘날 보기에는 놀라움을 금할 수 없지만 우리에게 많은 윤리사고와 도덕영감을 주기에 충분하다.

중국에서도 문학의 교훈적 기능은 일찍부터 개발돼 왔다. 은상(殷商)의 복사(卜辭)는 중국 최초의 문학이다. 위대한 선현들은 오늘날 입장에서는 미신과도 같은 점복의 방식으로 중국 최초의 윤리질서와 행위규칙을 수립했고 이후의 문명을 위한 기초를 닦아주었다. 역대 지식인이 추앙한 '사서오경'은 중국에서 가장 중요한 유가의 경전이 됐다. 중국 전통문학의 분류 가운데 '사서

오경'은 주로 교훈을 위해 저술된 초기 문학이었다. 남송 이래 '사서오경'은 유학의 기본 서적이 됐고 유생과 선비의 필독서가 됐다. 백박(白朴)의 『오동우』(梧桐雨), 관한경(關漢卿)의 『두아원』(竇娥冤), 마치원(馬致遠)의 『한궁추』(漢宮秋), 왕실보(王實甫)의 『서상기』(西廂記) 등 원(元) 왕조의 희곡, '삼언이박'(三言二拍) 등 명(明) 왕조의 도덕 소설, 청(淸) 왕조의 『유림외사』(儒林外史) 등은 각 시대가 갖는 윤리사회를 묘사하고 있으며, 오늘날까지도 영감을 전해준다.

문학은 중국역사의 중대한 변혁과 사회 발전을 위한 동력을 제공했다. 중국 5·4시기에 발달한 신문화운동은 민주와 과학을 주창하고 전제(專制)와 우매, 미신을 반대하고, 낡은 도덕을 반대하며 새로운 도덕을 제창했는데 그 주요한 무기는 바로 문학이었다. 설령 오늘날 문학의 사명이 이미 종결됐고, 문학이 이미 죽었다고 선언하는 이들이 있지만 사실 문학은 여전히 사회 문명의 진보를 추동하는 교훈 기능을 발휘하고 있다. 문학의 역사와 사회 문명사는 문학이 지금껏 인생의 교과서였으며, 그 교훈 기능이 가장 기본 기능임을 보여주고 있다. 문학이 존재한다면, 문학의 교훈 기능도 존재한다. 비록 과학 선택의 시대로 들어섰지만, 문학의 교훈 기능은 사라지지 않았다.

5.

2004년, 우리는 서양의 윤리비평을 참고하고 중국의 도덕비평 전통을 계승하는 기초 위에서 문학윤리학비평을 주창하고 관련 연구를 수행함으로써 중국 문학비평의 이론과 실제가 서로 어긋나면서 윤리도덕가치가 결여되는 경향을 해결하기를 바랐다. 이런 노력은 많은 학자의 적극적인 반응과 지지를 이끌어냈다. 2005년부터 윤리비평은 중국에서 문학윤리학비평이라는 이름으로 강력한 흐름을 형성하기 시작했다. 이는 중국에서 문학윤리학비평이 이미 절박한 현실적 필요가 있었고, 깊은 사회적 · 사상적 기초를 가지고 있음을 보여주고 있다.

중국에서 문학윤리학비평의 발흥은 서양 윤리비평과는 다른 새로운 특징과 밀접한 관계가 있다. 문학윤리학비평은 서양 윤리비평을 그대로 이식하지 않고 이를 참고하여 새로운 변화를 만들어냈다. 서양 윤리비평과 달리 중국의 윤리비평은 다음과 같은 네 가지 분명한 특징을 가지고 있다.

1. 중국의 문학윤리학비평은 문학윤리학을 문학윤리학비평 방법론으로 전환함으로써 구체적인 문학 문제를 효과적으로 해결하고자 했다.

2. 중국의 문학윤리학비평은 문학의 교훈 기능을 문학의 기본 기능이라고 간주하고 이론적으로 문학윤리학비평의 자기 입장을 세웠다.

3. 중국의 문학윤리학비평은 문학윤리학비평 개념으로 윤리비평 개념을 대체하여 도덕비평과 구별함으로써 문학윤리학비평이 주관적 도덕비평에서 벗어나 객관적 비평으로 바뀌도록 하여 문학비평과 역사의 탈궤 문제를 해결했다.

4. 중국의 문학윤리학비평은 윤리환경, 윤리질서, 윤리혼란, 윤리딜레마, 윤리금기, 윤리선택 등과 같은 자신의 비평 용어와 담론 체계를 수립함으로써 문학윤리학비평이 문학비평을 쉽게 장악할 수 있는 도구가 될 수 있도록 했다.

이런 특징으로 인해 문학윤리학비평은 수많은 문학비평에서 벗어나 중국의 문학비평 가운데 역할을 발휘할 수 있었다.

중국 문학윤리학비평은 처음부터 기초이론에 대한 탐구와 방법론을 구성하기 위해 힘을 쏟았다. 특히 문학윤리학비평의 실천을 중요하게 여겼다. 영미 윤리비평과 달리 중국 문학윤리학비평의 관점은 입장이 분명할 뿐만 아니라 의문이 되는 점을 섣불리 단정하지 않고 유보하면서 실제를 추구하는 방향성을 갖고 있었다. 예컨대 문학이 노동에서 기원했다는 관점에 대하여 문학윤리학비평은 문학 윤리표현론을 제기함으로써 문학의 탄생이 인류의 윤리표현의 필요 때문에 비롯됐으며 문학창작의 원동력은 인류가 도덕경험을 함께 나누고자 하는 갈망에서 비롯됐다고 본다. "문학은 언어의 예술"이라는 기존 관점에 대해서도 문학텍스트론을 제기하여 이 관점이 언어와 문자의 구별을 혼동하고 있으며, 실존으로서의 문학텍스트를 가벼이 여기고 있다고 보았다. 즉 단지 문자 기호로 구성된 텍스트만이 문학의 기본 매체가 될 수 있으며, 문학은 텍스트의 예술이라고 간주했다. 문학은 "이데올로기 혹은 심미적 이데올로기"라는 관점에 대해서는 문학물질론을 제기하여 문학은 텍스트라는 매체로써, 즉 구체적인 물질텍스트의 형식으로 존재하며, 따라서 문학은 본질적으로 물질 형태이지 이데올로기가 아니라고 보았다. "문학은 심미 예술"이며 "문학의 본질은 심미"이고 "문학의 첫 번째 기능은 심미"라는 등의 관점에 대해서는 문학교훈론을 제기하여 문학은 기원부터 그 목적과 기능이 심미가 아니라 도덕 교훈이라고 보았다. 비록 문학 독서의 과정에서 독자들은 즐거움의 심미적 기능을 갖게 되지만 이는 단지 문학이 교훈에 이르는 방식이자 과정일 뿐이다.

문학윤리학비평의 기존 관점은 사실 모두 현재 중국 문학비평윤리가 논의를 필요로 하는 기본 문제이자 더 나아가서는 중국 문학이론의 기반이라고 할 수 있다. 문학윤리학비평이 이런 문제를 제기하여 사고와 논의를 수행하는 까닭은 이전 연구가 이룩한 학술적 공헌에 대한 부정이 아니라 새로운 시대의 입장에서 학술 논쟁을 해나가기 위함이다. 이로써 문학의 복잡성을 통해 문학을 인식하고 이해하는 새로운 사고를 충분히 파악하여 중국 문학비평의 연구를 끌고 나아가기를 바란다.

문학윤리학비평의 주된 임무는 비평 용어를 원용하여 문학작품을 분석하고 해석하는데 있다. 특히 문학작품이 재현한 인물과 사건을 윤리의 측면에서 분석하고 인물과 사건 안에 숨어 있는 윤리가치와 도덕경향을 발굴하여 사회와 독자에 대한 문학작품의 도덕 영감과 교훈 기능을 드러내는데 있다. 문학윤리학비평은 문학의 모델 분석을 중시하며 역사의 현장으로 돌아가 특정한 윤리환경과 윤리맥락에서 문학작품, 즉 작품 속 인물의 윤리선택 과정과 결과를 분석하여 결론적으로 문학작품의 역사 가치와 현실 의의를 설명한다.

문학윤리학비평은 단지 문학의 윤리 및 도덕 측면의 특징이나 문학창작의 윤리학 문제를 설명할 뿐 아니라 윤리와 도덕의 시각에서 문학작품, 문학과 사회, 문학과 작가, 문학과 독자의 관계 등 다양한 현상을 연구한다. 다양한 현상이란 예컨대 다음과 같다. (1) 작가와 창작의 관계, 작가의 윤리도덕관, 그런 관념의 특징과 발생원인, 시대배경, 형성과정 (2) 작가의 윤리도덕관이 창작에 미치는 영향 (3) 작품과 현실 사회에 존재하는 다양한 도덕현상의 관계 (4) 문학이 어떻게 허구 세계에서 현실 사회의 윤리도덕현상을 재현하는가의 문제 (5) 작품이 표현하는 도덕경향 (6) 작가의 도덕관과 작품이 표현하는 도덕경향의 관계 (7) 작가가 작품에서 수행하는 도덕에 관한 묘사 (8) 스스로 창조한 인물에 대한 작가의 도덕평가 등 (9) 작가의 도덕관 및 작품의 도덕경향에 대한 독자의 감상 (10) 작가의 도덕관 및 작품의 도덕경향에 대한 독자의 평가 (11) 작품의 도덕경향이 독자 및 사회에 미치는 영향 (12) 윤리학의 시각에서 어떻게 작가와 작품을 평가할지에 대한 문제 (13) 작가의 도덕관 및 작품이 표현하는 도덕경향과 전통의 관계 (14) 작가의 도덕관 및 작품이 표현하는 도덕경향이 동시대 및 후대 작가와 문학에 미치는 영향 등이 그것이다. 문학윤리학비평은 동서고금의 문학작품을 모델 분석함으로써 전통 비평과는 다른 결론을 얻기 위해 노력한다.

중국의 문학윤리학비평은 서양의 윤리비평과 같이 그 기원이 오래됐으며 과거에 이미 존재했던 도덕비평과도 당연히 관계를 맺고 있다. 그러나 이는 서양 윤리비평 혹은 도덕비평의 번역이 아니라 서양 윤리비평을 참조하여 중국 도덕비평의 기초 위에서 새롭게 구성하는 문학비평 방법이다. 문학윤리학비평은 자신의 비평 용어를 원용하여 담론 체계를 수립한다. 문학윤리학비평은 구체적인 문학의 문제를 효과적으로 해결할 수 있으며, 텍스트에 대한 독해와 분석을 통해 작품을 새롭게 이해하고 해석한다. 문학윤리학비평은 이미 문학비평의 실용적인 도구가 됐고, 중국 문학연구에서 광범위하게 활용되면서 그 생명력을 분출하고 있다. 문학윤리학비평은 매우 폭넓게 발전할 전망이다. 더욱 많은 학자가 문학윤리학비평 이론 연구와 비평 실천에 참여하고 있다.

목차

제1편

문학윤리학비평의 기초이론 연구

제1장
문학윤리학비평의 기초이론

1. 문학윤리학비평의 정의

문학윤리학비평은 윤리의 시각에서 문학의 윤리본질과 교화 기능을 인식하고, 이를 기초로 하여 문학을 독해, 분석, 해설하는 비평 방법이다. 문학윤리학비평은 문학의 기원이라는 관점에서, 문학을 도덕의 산물로 여긴다. 문학윤리학비평이론은 문학을 특정한 역사 시기 인간사회의 윤리표현 형식으로 간주함과 동시에 문학을 본질적으로 윤리예술이라고 여기는 연구방법을 취한다. 문학윤리학비평의 관점에서 보면, 인류는 윤리의 필요성을 표현하기 위해서 문자를 창조했고, 그 후 문자를 빌어 생활 속 사건과 인류 자신의 윤리에 대한 이해를 기록했다. 이렇게 문자가 텍스트를 구성하면서 최초의 문학이 탄생했다. 문학윤리학비평이 원용하는 용어 가운데 문학윤리의 기본 함의는 윤리학의 윤리와는 서로 뜻이 다르다. 이는 주로 문학작품에서 허구화된 사람들의 관계와 사회에 존재하는 윤리관계 및 도덕질서를 가리킨다. 문학윤리는 인간과 자연, 인간과 우주 사이의 도덕 관계, 즉 도덕질서를 포괄한다. 구체적 문학작품에서 윤리의 핵심 내용은 인간과 인간, 인간과 사회, 인간과 자연 사이에 형성되어 사람들이 수용하고 인정하는 윤리관계, 나아가 그러한 관계에 기초한 도덕질서와 이런 질서를 유지하기 위한 여러 규범이다. 문학은 이런 윤리관계와 도덕질서의 변화, 또한 이들이 유발하는 다양한 문제와 서로 다른 결과를 묘사하고, 인류문명의 발전을 위해 경험과 교화의 기능을 제공하는 임무를 갖는다.

다윈의 진화론에 근거하면 인간은 생존 투쟁을 거치면서 유인원에서 점차 인간으로 진화하여, 짐승의 상태에서 독립적인 고등동물이 됐다. 인간은 자연선택 과정에서 인간이라는 형체만을 얻었을 뿐, 그 본질을 획득하지는 못했다. 따라서 진화론에서 인간은 진정으로 짐승과 구별될 수 없다. 인간은 윤리의식을 형성한 뒤에야 스스로 짐승과 구별하게 됐다. 인류의 이성 성숙은 그런 과정의 하나이다. 인류는 최초에 혈연관계와 그로 인해 형성된 윤리질서의 중요성만을 의식할 뿐이었다. 혈연에 기초한 관계가 파괴되면 불행이 오게 되리라 인식했기 때문이다. 그 후 인류는 이성의 시각에서 왜 혈연관계가 그토록 중요한지 사유하기 시작했고, 이로써 혈연에 기초해서 형성된 다양한 관계를 해석하고자 했다. 혈연관계의 중요성에 대한 인류의 사고와 인식은 최초로 형성된 윤리의식이다. 윤리의식이 형성되면서 인류는 윤리혼란으로부터 벗어나 윤리질서로 향하기를 갈망했다. 인류의 생존과 번영에 윤리질서가 얼마나 중요한지를 깨달으면서 금기, 책임, 의무 등의 가장 기본적인 윤리규칙을 준수할 수 있게 됐다. 인류의 이성이 성숙할수록 인류의 윤리의식은 점차로 강렬해지면서 윤리관념이 형성됐다. 이성은 인류가 어떻게 자신을 인식하고, 살아가면서 어떻게 윤리선택을 수행하는지 사고하게 한다. 인류는 이성을 통해, 고정된 형식으로 자신의 윤리경험을 보존하기를 갈망했고, 후대에 전해주거나 다른 사람과 공유할 수 있었다. 인류의 윤리성숙과 윤리경험 보존의 갈망이야말로 인류문명사에서 문자의 탄생과 문학의 출현을 이끌었다.

문학의 탄생은 목적성이 있다. 그 목적은 교화이다. 문학윤리학비평에서 문학의 기본 기능은 교화이다. 문학의 교화는 독자가 문학을 독해하는 심미과정 가운데 실현된다. 심미는 미를 인식하고 이해한다. 이는 독자가 독해에 기초해서 문학을 이해하고 감상하는 과정이다. 독자는 심미의 주체이고, 문학은 심미의 대상 즉 객체가 된다. 심미는 독자가 문학을 어떻게 독해하고 이해하고 감사하는지를 말한다. 여기서 문학은 그 자체로 심미가 불가능하며, 오로지 문학을 독해하는 독자만이 심미가 가능하다. 독자 입장에서 말하면, 심미는 문학의 교화가치 발현과 실현이다. 심미는 결코 문학의 기능이 아니고, 문학의 교화 기능을 위해 존재하는데, 이는 곧 문학의 교화 기능을 실현하는 방법이자 과정이다. 이 때문에 문학의 근본 목적은 인류에 오락을 제공하는 데 있지 않고, 윤리의 시각에서 사회와 삶을 인식하는 도덕 범례를 제공하고, 인류의 물질생활과 정신생활의 도덕 경계를 알려주며, 자아 완성에 도덕경험을 제공하는 데 있다.

인류의 문명발전 역사의 관점에서 보면, 문학은 인류역사의 일부분이다. 문학은 역사를 초월할 수도 벗어날 수도 없다. 단지 역사를 반영할 뿐이다. 역사 시기마다 문학은 그 시기에 속한 고유한 윤리환경과 윤리맥락을 갖는다. 이는 문학의 전제 중 하나다. 문학이 역사적 산물이기 때문에, 우리가 과거의 문학을 현재의 윤리환경과 윤리맥락에서 독해한다면, 문학평가의 윤리패러독스가 나타날 수 있다. 즉 특정시대 도덕 문학은 오늘날 도덕에 부합하지 않으며, 오늘날 도덕에 부합하는 문학은 특정 시대의 도덕에 부합하지 않는다.

역사에서 부정적 평가를 받았던 문학이 오늘날 긍정적 평가를 받는다거나, 역사에서 긍정적 평가를 받았던 문학이 오늘날 부정적 평가를 받게 된다. 문학윤리학비평은 역사 발전의 관점에서 문학을 고찰한다. 윤리의 관점을 이용해서 서로 다른 시대에 처한 문학을 해석함으로써, 상이한 윤리환경과 윤리맥락에서 문학을 이해할 때 나타날 수 있는 큰 차이의 문제를 해결할 수 있다.

문학윤리학비평은 주로 문학테스트를 독해하고 설명하는데 활용된다. 문학윤리학비평 관점에서 보면, 모든 문학텍스트는 인간사회의 도덕경험에 대한 기술에 가깝고, 모든 문학텍스트에는 하나 또는 여러 개의 윤리구조가 존재한다. 이들 윤리구조는 윤리선(ethical line)이라고 불린다. 문학텍스트 내부 각각의 윤리매듭(ethical knot)은 윤리선에 의해 관통되거나 연결되어 텍스트의 완정한 윤리구조를 구성한다. 문학텍스트가 복잡한 정도는 윤리매듭의 수량과 그 해결의 난이도에 따라 결정된다. 문학윤리학비평은 문학텍스트의 해독을 통해서 윤리선 위에 형성되는 윤리매듭의 과정을 발견하거나 이미 형성된 윤리매듭을 해결하는 임무를 갖는다. 대부분의 경우 윤리매듭의 형성과 해체의 각각의 과정은 문학텍스트의 서로 다른 이해를 형성한다. 문학텍스트에서 윤리매듭은 더러 예정되기도 한다. 예를 들어 호머의 서사시『일리아드』에서 트로이 왕자 파리스가 스파르타 왕비 헬레나를 '유혹'하는 사건은 충돌을 야기하는 윤리적 원인으로서, 예정된 윤리매듭이다. 이런 해석은 문학작품에 직접 표현되지 않고, 후대 서술자의 기술에 나타나게 된다. 비극『오이디푸스』에서 오이디푸스가 아버지를 살해하고 어머니를 아내로 맞이한다는 예언, 이런 윤리매듭도 예정되어 있다. 어떤 경우 윤리매듭은 텍스트 형성과정에서 만들어진다. 예를 들어 『햄릿』에서 햄릿의 어머니가 클라우디우스에게 재가함으로써 햄릿의 복수는 윤리금기가 되고, 이 윤리금기는 각각의 윤리매듭과 밀접하게 뒤엉키면서 햄릿의 사고와 행동을 이끌어간다. 어떤 문학텍스트에서는 윤리매듭이 윤리혼란이나 질서의 재구성으로 표현된다. 셰익스피어의 희곡 『십이야』에서 비올라의 남장 역할은 전자에 속하고, 톨스토이의 소설 『안나 카레니나』에서 전통 도덕에 대한 안나의 일탈과 자신만의 윤리질서 구축은 후자에 해당한다. 문학윤리학비평은 문학텍스트를 구성하는 윤리매듭에 대한 분석을 통해 이에 접근하고 이해하게 된다.

수많은 비평방법과 비교해보면, 문학윤리학비평은 문학 자체에 대한 객관적 윤리를 해설하는데 무게를 둘 뿐, 추상적인 도덕평가와는 거리가 있다. 문학윤리학비평은 비평을 해설하는 특징을 갖는다. 그 주요임무는 자신만의 고유한 방법을 이용해서 문학에 나타난 다양한 사회생활에 대해 객관적으로 윤리를 분석하고 종합하는데 있지, 단순하게 좋고 나쁨이나 선하고 악함을 평가하는 데 있지 않다. 그래서 문학윤리학비평은 비평가가 문학의 역사현장에 진입하도록 요구한다. 때로는 비평가 스스로 문학작품 가운데 어떤 인물의 대리인이 되어 그 인물을 이해하는 변호인 역할을 요구하기도 한다. 셰익스피어의 『햄릿』을 예로 들면 우리가 그와 함께 작품 안에 있을 때, 그가 우리의 평가로 인해 위축되고 있음을 발견하게 된다. 즉 그가 복수 과정에서 보여줬던 우유부단함과 유약함은 성격의 약점 때문이 아니라, 그 과정에 마주한 윤리곤경을 해결할 수 없기 때문임을 알게 된다. 만일 복수를 실행하게 되면 아버지, 어머니, 군왕을 죽이는 패륜의 대죄를 범할 것이고, 복수를 포기하면 아버지를 위한 복수라는 윤리의무와 책임을 이행할 수 없게 된다.

인류문명 초기에, 윤리질서를 유지하는 핵심 요소는 금기이다. 금기는 인류의 오래된 윤리질서 형성의 기초이면서 장애물이기도 하다. 금기 역시 도덕의 기원이며, 인류문명 발전과정에서 도덕으로 전환이거나 도덕의 표현 형식 가운데 하나로 전환된다. 이 때문에 인간사회의 윤리질서 형성과 변화는 제도의 측면에서 보면, 언제나 금기를 전제로 한다. 문학의 최초 목적은 금기의 문자화이다. 즉 성문화되지 못했던 금기가 성문화된 금기로의 변화이다. 성문화된 금기의 중국 최초의 형식은 바로 복사(卜辭)다. 이는 서구에서는 곧 잘 신탁으로 체현된다. 성문화된 금기의 기초 위에서 금기는 제도화되고 질서, 즉 윤리질서를 형성한다.

문학은 인류의 사회제도가 탄생하기 이전까지 윤리질서를 체현하는 형식이었다. 마치 그리스의 서사시나 비극처럼 말이다. 인류의 사회제도가 형성되고 성문법이 생겨난 뒤에도 문학은 여전히 사회제도나 불문법의 문학적 표현 형식이었다.(우리는 현재 예술적 표현 형식이라고 칭한다.) 문학의 윤리기능은 문학이 탄생한 초기부터 존재했다. 비록 그 기능이 변화하긴 했지만 문학의 윤리속성은 결코 변질되지 않았다. 문학윤리학비평의 임무는 문학을 해설하는 윤리기능이다. 윤리의 시각에서 문학에 묘사된 각기 다른 삶의 현상과 거기에 존재하는 윤리의 원인을 해석하고, 그에 대한 가치판단을 수행한다.

문학윤리학비평의 시각에서 보면, 문학은 인류가 최초로 윤리를 표현하려는 욕구 때문에 태어났다. 문학의 탄생은 윤리를 문자화하고, 사회의 윤리질서를 수립하기 위함이었다. 그렇기에 문학은 그 기원의 측면에서 보면, 인류문명의 진보를 알리는 표지이기도 하다. 고대 서양사회에서 신탁은 곧잘 문학의 탄생을 불러온다. 중국에서는 서양의 신탁과 같은 복사가 있었고, 이는 형식과 내용 면에서 중국 최초의 문학이다.

2. 문자텍스트, 두뇌텍스트, 물질텍스트

문학윤리학비평은 일종의 문학비평 방법으로서, 그 문학에 대한 인식과 이해는 매우 독특하다. 심지어 전통 문학이론에 대한 배반이기도 하다. 이런 배반은 중국 전통문학이론에서 문학에 관한 정의를 완전히 뒤엎었다. 즉 문학이 무엇인가에 관한 전통 관점을 그 기원의 시각에서 완전히 전복했음을 의미한다. "문학이란 무엇인가?"는 문학의 본질에 관한 질문이다. 문학윤리학비평은 현존하는 문학이론 논의가 실제로 진정한 문학이 아니라 문학의 관념일 뿐이라고 주장한다. 문학윤리학비평은 문학관념에 관한 논의를 문학본체에 관한 논의로, 추상적 문학 논의를 문학작품에 대한 논의로 바꾸어가고자 한다. 그래서 문학윤리학비평은 문학이 존재하기 위한 두 가지 전제, 문자와 텍스트를 우선 논의한다.

문학이라는 단어는 라틴어 '리테라'(littera)에서 연원한다. '리테라'는 문자로 쓰인 텍스트를 뜻한다. 그 기원의 관점으로 보면, 문학에는 두 가지 전제, 문자와 텍스트가 있다. 문자는 의미의 운반체이고, 텍스트는 문학의 형태이며, 문자는 텍스트를 구성하고 텍스트는 문학을 구성한다. 문자는 단순히 일련의 표의의 기호로서, 그 자체로는 문학이 아니다. 하나하나의 문자가 비록 의미를 표현할 수는 있지만, 이러한 의미는 소쉬르의 이론에서처럼 문자가 표현할 수 있는 의미에 한정될 뿐, 문학이 표현하고자 하는 의미는 아니다. 문자가 텍스트를 구성하기 전에, 그 의미는 독립적이고, 단일적이며 상호 분리되어 있다. 하지만 문자가 지시하는 의미를 갖기 때문에 서로 다른 문자는 풍부한 의미를 갖는 상이한 텍스트를 구성할 수 있게 된다. 문자가 일단 텍스트를 구성하면, 즉 문자의 텍스트를 구성하면 그것은 단일한 문자의 의미를 표현하지 않고 문자가 구성한 텍스트의 본의가 된다.

문자가 탄생하기 전, 우리는 비록 기억에 근거하여 언어를 보존할 수 있었지만 그런 기억은 한계를 갖는다. 기억의 소실이나 기억하는 자의 죽음에 따라 언어의 기억은 소실되기 때문에 기억은 언어를 영원히 보존할 수 없다. 언어 자체의 경우, 언어는 단지 의미를 표현하는 방법일 뿐이다. 즉 언어의 형식을 통해서 의미를 표현한다. 그러면 언어가 표현하는 의미는 어디로부터 오는가? 그것은 두뇌의 텍스트에서 온다.

두뇌텍스트는 사람의 대뇌에 보존되는 기억이다. 기억은 인간이 감각기관으로부터 얻은 세계에 대한 감각적 지식이다. 두뇌텍스트는 기억에 의존해서 얻어지며, 발음기관과 청각기관의 힘에 의존해서 재현된다. 또한 도자기 조각, 파피루스, 거북의 등갑, 청동, 종이 등에 의존하여 물질 재료를 의미 운반체(담지체)로 한 물질텍스트로 전환된다. 매질(매개하는 실체)의 관점에서 보면, 두뇌텍스트는 일종의 특수한 생물형태이다. 두뇌텍스트는 텍스트의 첫 번째 형태다. 물질텍스트와 전자텍스트의 출현 이전에, 비물질형태의 의식은 단지 기억의 형식으로 두뇌텍스트 안에 존재할 뿐이다. 구비 전승을 통해 복제되는 점을 제외하면, 두뇌텍스트는 영원히 존재할 수는 없다. 그래서 약간의 두뇌텍스트가 나중에 물질텍스트에 의해 보존되는 경우를 제외하면, 문학적 속성의 두뇌텍스트는 대부분 이를 소유한 사람의 죽음과 함께 영원히 소실되어 사라지게 된다. 오늘에 이르기까지 물질텍스트나 전자텍스트는 근원적으로 두뇌텍스트에 대한 복사, 가공, 보존, 재현이다. 두뇌텍스트가 없으면 물질텍스트나 전자텍스트는 존재할 수 없다. 두뇌텍스트가 없으면 문학창작도 없고 어떤 형식의 문학도 생겨날 수 없다.

텍스트 발전의 관점에서 보면, 문자가 출현한 뒤 언어의 음성형식으로 재현되는 두뇌텍스트는 볼 수 있고 읽을 수 있는 물질텍스트 형식으로 전환될 수 있었다. 사람의 언어와 사상은 이런 방식으로 진정으로 기록되고 보존될 수 있다. 그래서 그 기원을 보면 문자가 출현한 후, 무형의 언어는 문자기호로 의미를 표현하는 텍스트 형식으로 전환될 수 있었고, 두뇌텍스트는 기록되고 보존될 수 있게 됐다.

언어는 대뇌가 사유하는 수단이고 대뇌 사유의 표현 형식이다. 언어는 의미의 형식이고 그 매개체는 음성이다. 음성으로 인해 발음기관을 빌어 전파할 수 있고 청각기관을 빌어 그 내용을 받아들일 수 있다. 문자의 매개는 의미를 표현하는 기호이다. 이로 인해 기록 수단과 기록의 매질에 의존하여 그 의미를 표현할 수 있다. 언어는 사람의 발음기관에 의존하여 존재한다. 이는 인류가 사상을 표현하고 교류하는 음성 형식이지만, 언어는 기억을 통해서만 보존될 수 있다. 인간은 보존된 언어에 대한 대뇌의 기억을 통해 기억을 되짚어 갈 수 있고, 발음기관에 의존하여 보존된 언어를 재현한다. 현대과학이 출현하기 이전, 언어는 단지 인간의 발음기관에 의존해서만 표현될 수 있었고, 인간의 청각기관에 의존해서만 그 의미가 이해될 수 있었다. 이는 시각기관에 의존하서 변별되고 판단되지 못했다. 문자의 출현 이후 언어는 문자에 의해 기록되고 보존될 수 있었다. 일단 언어가 문자로 기록되면, 이는 원래 운반체인 대뇌와 표현수단인 발음기관을 벗어나게 된다. 이로써 새로운 형식, 문자기호로 전환된다.

언어는 일종의 비물질 형태이지만, 문자는 일종의 물질 형태이다. 언어가 물자로 기록된 후, 무형의 언어(언어의 형식은 음성형태라고 칭해질 수 있다.)는 유형의 문자로 변화한다. 서로 다른 문자가 한데 조합되어 의미가 복잡한 텍스트, 즉 문자텍스트로 변화된다. 문자가 태어난 뒤부터, 추상적인 사상 역시도 언어에 의존하지 않고 문자에 의존하여 곧바로 물질텍스트, 즉 문자텍스트로 전환될 수 있었다. 문자텍스트는 구두 언어와 다르다. 문자텍스트는 글로 써지거나 돌판, 동기(銅器), 귀갑, 죽간, 비단, 종이 등의 재료에 인쇄된 글자이다. 문자텍스트는 보존된 언어와 사상의 물질형태이고, 이는 시각기관에 의존하여 변별되고 해독될 수 있다.

3. 문학의 물질형태

문학의 형태에 관해, 중국의 현존 교재들은 일반적으로 일종의 사회적 이데올로기[1] 또는 심미적 이데올로기[2]로 간주한다. 이런 주장은 철학의 인식론적

1 孫輝煜,『文學理論教程』, 人民文學出版社, 1991, 1쪽. 이 외에 李衍柱,『文學理論基礎知識』, 山東教育出版社, 1981, 3쪽 등에서도 문학에 대한 이러한 관점을 강조한다.

2 "문학은 심미적 이데올로기"라는 관점에 관해서는 다음을 참조. 錢中文,『文學原理發展論』, 中國社會科學文獻出版社, 1989, 100~146쪽.

관점, 즉 문학이 일종의 이데올로기로서 객관 존재를 반영하고 있다는 관점과 관련된다. 문학의 표현 일체가 모두 객관 존재에 근원한다고 보는 입장이다. 어떤 학자는 문학을 "언어의 예술"[3]이라고 개괄하기도 한다. 이런 관점은 "문학은 우선 언어 텍스트를 필요로 하며, 이 텍스트에는 언어의 음성, 어휘, 구조 등 다른 존재 형태가 있다. 이는 구두의 형식으로 대대로 전승되고, 문자는 운반체로 전승되며, 인쇄물, 인터넷 매체형식으로 존재한다"[4]고 주장한다. 문학은 "텍스트의 매개를 통해 저자, 세계, 독자 등 감성의 복잡한 존재를 연계하고 있고, 심미적 경험이 응집된 언어 텍스트"[5]라고도 해석된다. 또한 학자들은 "문학은 주체의 심미의식이 언어기호화로 발현되는 현상"[6]이라고 말한다. 나아가 문학에 대한 이러한 정의는 "인간과 외부세계 사이의 심미적 관계에 주목케 하고, 주체적 심미의식이 갖는 문학 속성의 중요성을 파악하게 되고, 단순하게 사회학, 인식론, 표현론, 형식론의 관점에서만 문학 본질을 경계 짓는 편견과 결함을 피하게 된다. 또한 언어 본체의 관점에서, 문학과 기타 예술형식을 구별하여 문학의 실제에 좀 더 적합하게 된다"[7]고 주장한다. 사실 "언어화로 발현됨"은 결코 새로운 관점이 아니다. 이는 단지 "문학이 사회의 이데올로기"라거나 "심미적 이데올로기"라는 주장의 또 다른 표현일 뿐이다.

---

3 劉安海, 孫文憲 主編, 『文學理論』, 華中師範大學出版社, 1999, 15쪽.

4 閻嘉 主編, 『文學倫理基礎』, 四川大學出版社, 2005, 1쪽.

5 閻嘉 主編, 위의 책, 2쪽.

6 歐陽友權, 『文學原理』, 南方出版社, 1999, 14쪽.

7 歐陽友權, 위의 책, 14쪽.

이런 관점에서 보면 "문학이 사회의 이데올로기"라거나 "심미적 이데올로기"라는 주장은 현재 중국의 주류 관점이다. 우리는 아직도 대부분 교과서와 문학이론서에서 문학의 정의와 관련된 관점을 볼 수 있다. 비록 그 관점은 "문학이 사회의 이데올로기"라거나 "심미적 이데올로기"라는 관점과 차이가 있는 용어들로 설명되지만, 실제로는 "문학이 사회의 이데올로기"의 기본적인 관점을 벗어나지 못하고 있다. 예를 들면 어떤 교과서는 "문학은 사회생활이 인간의 머릿속에 반영되는 산물"이라고 여긴다.[8] 문학이 사회 역사의 산물이고 일종의 사회현상이므로, "문학은 언어가 온축해온 심미 이데올로기를 발현하는 현상"이라고 말한다.[9] 이런 관점은 여전히 "문학은 사회의 이데올로기"라는 관점의 기초 위에 변화를 가미한 것일 뿐, 실제로는 어떤 차이점도 없다. 현재 중국 대학에서 사용되는 각종 문학이론 교재로부터, 문학이 무엇인지와 관련한 관점들은 표현은 상이하지만 실제로는 본질적으로 동일하다는 점을 발견할 수 있다. 하지만 중국 교과서에서 소개되는 문학에 관한 관점들은 문학이란 무엇인가라는 문제를 근본적으로 해결하지 못하고 있다.

"문학은 사회의 이데올로기"라는 관점은 문학의 형태를 결코 과학적으로 설명할 수 없다. '이데올로기'는 추상적 사상이면서, 문학이 표현하는 의의이지, 문학이 존재하는 형태가 될 수는 없다. 사상, 언어, 문자, 텍스트와 문학의 관계에서, 사상은 추상적 사유형식이고, 이는 언어 또는 문자에 의해서 표현된다. 언어는 일종의 음성형태이고, 발음기관에 의해 표현된다. 그러나 사

8 張長靑, 『文學理論教程』, 華南師範大學出版社, 1994, 20쪽.
9 童慶炳 主編, 『文學理論教程』, 高等教育出版社, 1990, 75쪽.

상, 언어, 문자는 그 자체로 문학이 아니고, 단지 문학을 창조하는 조건일 뿐이다. 사상 또는 언어가 문자에 의해서 텍스트로 변화한 뒤에야, 문학은 탄생할 수 있다. 이로 인해 문학은 문학텍스트가 된다. 문학언어, 문학사상 등은 모두 문학텍스트에 관해 말하고 있으므로, 이는 실제로 문학텍스트의 언어와 사상을 가리킨다. 문학이 가리키는 바가 문학텍스트라는 점은 문학의 물질형태, 즉 문학은 일종의 물질적 존재라는 사실을 결정하게 된다.

문학은 의미의 운반체로서 텍스트를 구성한다. 텍스트는 문학의 운반체로서, 시, 희곡, 소설 등 문학의 서로 다른 텍스트 형태를 구성한다. 문자는 지시의미를 명확히 표현할 수 있기 때문에, 우리는 문자를 변별하고 독해하는 과정을 통해 텍스트의 의미를 얻게 된다. 이러한 뜻에서 우리가 문학을 읽는 행위는 실제로 문자가 조합한 문학텍스트에 대한 독해이다.

문학은 언어와 사상을 기록하고 복사하고 보존하는 도구이다. 문자의 기능은 언어, 사상, 사건의 기록이고, 기록한 문자는 텍스트가 된다. 문학창작은 문자와 떼려야 뗄 수 없지만, 문자는 문학창작의 도구일 뿐이다. 작가가 문자를 빌어 문학창작을 진행하면 추상적 사상은 문학텍스트로 전환될 수 있다. 그렇기 때문에 작가가 구체적 의미를 가리키는 문자를 조합하여 각각의 텍스트를 만들어가는 과정이 바로 문학창작의 과정이다. 문학창작의 결과는 텍스트로 구현된다. 문자의 수가 많아지기 때문에 의미는 복잡해진다. 이 때문에 문학창작이 문자 조합으로 서로 다른 의미를 갖는 텍스트를 만들어가고, 문학형식의 다양화가 생겨난다. 또한 문자가 다양한 형식의 텍스트를 만들어낼 수 있기 때문에 문학은 영원히 청춘의 매력을 보존할 수 있고, 지금까지 여전히 인류에게 없어서는 안 될 정신의 자양분이 될 수 있다.

앞서 지적했듯이 문학의 운반체는 문학텍스트이기 때문에, 텍스트가 없으면 문학 또한 존재할 수 없다. 그러나 텍스트를 구성하는 문자의 분량은 한정되지 않는다. 단지 구체적으로 사실을 기록하는 문자 또는 사상을 표현할 문자가 있으면 바로 텍스트를 구성할 수 있다. 따라서 문학텍스트는 의미를 명확하게 지시하는 하나 또는 여러 개의 문자로 구성할 수 있으며, 또한 수십 개, 수백 개, 수천 개, 수만 개, 수십만 개의 문자로도 구성할 수 있다. 문자 형성 초기에는 복잡한 사실이나 사상을 기술할 정도로 그 수가 풍부하지 않았기에, 사실 기록과 사상 표현은 매우 간단했으며, 사실 기록의 텍스트는 대부분 많지 않은 문자로 구성됐다. 이 시기에 비록 시, 희곡, 소설 등의 주요 문학장르는 탄생하지 않았지만, 문자의 조합으로 형성된 텍스트는 실제로 존재했다. 우리가 현재 시, 희곡, 소설 등 문학이라고 간주하는 개념이 형성되기 이전부터 문자가 구성한 텍스트는 그 당시의 문학이었던 셈이다. 그래서 어떤 이들은 문학이 예술형식, 즉 시, 희곡, 소설 등 문학장르에 따라 구분될 정도로 발전하기 전까지 존재했던 모든 판독 가능한 텍스트 자료를 문학이라고 말한다. 즉 그 자료가 종교 제사에 관한 문자 자료이건 일상생활을 담고 있는 문자이건 상관없이, 더 나아가 문자 분량의 많고 적음에 상관없이 모두가 초기 문학에 속한다고 말한다. 예를 들면 삼천년 전 중국의 복사(卜辭),[10] 고대 이집트의 묘비, 파

10 도기의 문양은 판독할 수 없으므로 문자라고 확정할 수 없다. 비록 몇몇 전문가들은 도기의 문양이 중국 현존하는 최초의 문자라고 말하지만, 그에 대한 논쟁이 아직 분분하기 때문에 도기 문양이 최초의 문자라고 확정할 수는 없다. 이미 출토된 도기 문양 자료에는 대문구(大汶口)문화, 용산(龍山)문화, 양저(良渚)문화 시기의 출토물이 매우 많다. 대략 기원전 4800년에서 4300년 사이에 형성된 반파(半坡) 도기 문양

피루스에 새겨진 성서의 문자, 고대 수메르인이 석판이나 진흙판에 새긴 설형문자 등이다. 우리는 이들을 문자라고 간주할 충분한 근거를 가지고 있다.

전자전기의 과학기술이 문학에 진입하기 전까지, 문자가 구성한 텍스트는 유일한 문학의 형태였다. 그래서 문자텍스트는 우리가 문학을 토론하는 전제이자 기초가 된다. 문자텍스트가 지시하는 바는 각 문자가 서로 다른 조합에 따라 형성한 일정한 의미를 표현하는 물질형식이나 물질형태이다. 예를 들면 돌, 귀갑, 짐승 뼈, 죽간, 흙판, 파피루스 등의 물질 위에 무언가를 새겨 특정한 의미를 표현하는 도구가 문자인 셈이다. 모든 문자는 문자텍스트라고 부를 수 있다. 이런 텍스트가 등장했던 시대에는 문학의 관념이 아직 형성되지 않았다. 그렇기 때문에 그 텍스트가 현재의 관점에서 볼 때 문학에 속하는지 아니면 역사, 철학 또는 자연과학에 속하는지에 상관없이 당시에는 모두 문학의 범주에 속한다. 나중에 인간의 인식능력이 발달하면서 문자텍스트의 서로 다른 성질을 새롭게 이해하고 인식하게 됐다. 그래서 인간은 새로운 개념과 기준을 세워서 이 텍스트들을 역사, 철학, 또는 다른 학문에 해당하는 텍스트로 구분하게 됐고, 문학에 속하는 텍스트를 일컬어 문학텍스트라고 부르게 됐다. 문학텍스트는 문학관념이 형성됨에 따라 문자텍스트에서 독립되어 특정 문

은 현존하는 최고(最古)의 출토물로 인정된다. 현재까지 발견된 도기 문양은 주로 단일한 기호로 존재하기 때문에, 대부분은 해독할 방법이 없다. 그래서 도기 문양이 문자에 속하는지 아니면 기호에 속하는지에 대한 학계의 논쟁은 매우 빈번한 실정이다. 예를 들어 치우시구이(裘錫圭)는 그 문양을 기호로 간주했고, 궈모뤄(郭沫若)는 문자의 속성을 갖는 기호라고 여겼으며, 위성우(于省吾) 등 학자는 문자에 속한다고 보았다. 현존 도기 문양 자료에서는 다수의 문자로 구성된 갑골문과 같은 텍스트의 모습을 발견할 수는 없었다. 그렇기에 현재까지 발견된 도기 문양들이 사실기록의 문자에 속하는지 뜻을 표현하는 기호에 속하는지는 여전히 알 수 없다. 그래서 필자는 도기 문양을 문학의 영역에서 제외한다.

학장르에 속하는 독특한 텍스트를 구성하게 된다. 문학텍스트의 성질은 문자텍스트의 문학적 성질에 의해 결정된다. 전형적인 문학텍스트는 시, 희곡, 소설 등의 문자텍스트이다. 문학텍스트가 문자텍스트에서 분리됐기 때문에, 문학텍스트로 분류될 수 없는 텍스트는 모두 비문학텍스트가 된다. 그러나 이들은 텍스트의 성질에 따라, 철학텍스트, 과학텍스트 등 다른 유형의 텍스트로 분류될 수 있다. 문학텍스트 개념이 형성된 뒤에 사람들은 점차로 문학관념의 정체성을 체득하고 수용하게 된다.

문학관념은 문학의 역사화 과정에서 인간이 체득하고, 수용하며 발전시켜왔다. 문학관념의 형성 과정은 실제로 하나의 윤리과정이다. 문학발전사의 관점에서 보면, 문자텍스트는 문학텍스트의 형성과정으로 인식된다. 이는 본질적으로 문자텍스트의 윤리화 과정이다. 시를 예로 들어보자. 미국의 19세기 낭만주의 시인 월트 휘트먼(Walt Whitman)이 자유시 형식을 퍼뜨려 자유시라는 문학관념을 형성하기 이전까지, 사람들은 관습적으로 운율과 압운을 갖춘 시 텍스트만을 시라고 부를 수 있다고 생각했다. 그러나 자유시의 문학관념이 형성된 후, 시에 관한 전통 관념은 변화한다. 압운이 없고 고정된 운율 구조가 없으면서 동시에 희곡, 소설, 전통시로 분류할 수 없는 문자텍스트를 자유시 형식으로 간주하게 됐다. 하지만 이런 시가 윤리적으로 받아들여지면서 그 텍스트는 문학텍스트로 전환되고 나아가 중요한 시의 형식이 된다.

우리가 문학을 이해하는 데에 문학텍스트는 상당히 중요하다. 문학텍스트가 물질형식의 특징을 갖추고 있기 때문에 문학은 독해, 이해, 정의가 가능해질 수 있고, 음악, 회화, 조소 등 문학에 속하지 않는 다른 예술형식이나 지금까지 문학으로 간주했던 구비문학과도 구별될 수 있다. 예술은 형식적으로 문학의 본질적 특징이 결핍되기 때문에, 즉 문학의 텍스트 특성을 갖지 못하기 때문에, 비록 사상과 감정을 표현하면서 예술성을 지닌다 해도 문학에 속하지 않고 예술에 속할 수밖에 없다. 문학과 예술의 다른 점은 먼저 문학은 문자텍스트가 있는 반면 예술은 문자텍스트가 없다는 데에 있다. 문자텍스트는 문학과 예술을 구분하는 기본적인 특징이다. 예를 들면 음악과 회화에도 그것이 존재하기 위한 텍스트는 있다. 하지만 음악은 음악의 특수기호 — 악보가 구성하는 음악텍스트가 있고, 회화는 선, 광선, 색채가 구성하는 회화텍스트가 있다. 이들은 모두 문자텍스트가 아니기 때문에 문학에 속할 수 없다.

시, 희곡, 소설 등 문학이 개념 형성되기 전이든 후이든, 문자텍스트는 모두 문학이 다른 예술형식과 구분되는 본질적 특징이다. 연극과 영화는 그 차이를 가장 잘 설명해준다. 연극 공연과 영화 상영은 모두 예술 표현에 속하기 때문에, 공연된 연극과 상영된 영화는 예술에 속한다. 하지만 연극 공연과 영화 촬영에 제공되는 문자텍스트는 문학에 속한다. 일례로 우리가 문학의 시각에서 셰익스피어 희곡의 특징을 논한다는 말은 그 문자텍스트를 논한다는 뜻이지 연극적 표현을 가리키지 않는다. 셰익스피어의 비극 『햄릿』은 지금까지 셀 수 없을 정도로 많이 공연됐다. 그 공연이 얼마나 화려한가와는 상관없이, 이는 연극 연출 또는 표현에 속할 뿐, 문학에 속하지는 않는다. 『햄릿』의 문자텍스트만 있으면, 1602년 4절판 초판본이든 1604년 4절판 재판본이든 아니면 1623년 발행된 2절판 판본이나 그 이후 판본에 상관없이, 이들 모두는 문학이다. 우리가 지금 일컫는 구비문학도 구두로 문학을 표현한다고 이해할 뿐, 구두 표현 자체는 결코 문학이 될 수 없다. 우리가 지금 연구하는 구비문학은 실제로 잘못된 명칭이다. 왜냐하면 구두의 표현 형식만 존재할 뿐, 구비문학이 존재하지는 않기 때문이다. 즉 구비문학은 구두 표현 또는 구두로 하는 랩 예술과 마찬가지로, 구두의 표현 형식일 뿐이지 문학은 아니다. 예를 들어 호머의 서사시가 텍스트 형성 이전에, 심지어는 텍스트 형성 이후로도 오래 동안 구두 형식으로 랩처럼 말로 전해졌다. 호머 서사시의 문자텍스트가 있어야만 문학이지 구두 형식의 랩과 같은 호머 서사시는 구두 예술일 뿐, 문학이 아니다. 문자텍스트는 문학이 다른 예술과 구분되는 유일한 특징이다.

과학기술이 발전하면서 문학의 형식과 관념은 변화를 가져왔다. 이런 변화는 우선 문학 담지체의 변화이다. 1940년대 이전까지는 전자를 담지체로 하는 텍스트 형식이 없었기 때문에, 서적을 독해하는 방식에는 아무런 변화가 없었다. 우리는 종이 위에 인쇄된 문자기호에 대한 판독을 통해서 문학 독해를 실현할 수 있었다. 하지만 전자 과학기술의 발전으로 인해 인쇄된 기호는 전자기호로 전환될 수 있었고, 문학텍스트는 전자텍스트로 전환되어 보존되어 종이텍스트보다 훨씬 오랫동안 보존이 가능해졌다. 전자텍스트의 매질은 전통텍스트의 매질과 다르고, 그 형식도 다르다. 하지만 우리는 전통텍스트의 독해 방식과 마찬가지로, 모니터 설비를 이용해서 전자텍스트를 독해한다. 현대과학이 문학 영역에 응용되면서, 우리가 독해하는 문학텍스트에는 전통적 의미의 서적, 잡지 등의 종이텍스트뿐만 아니라 텔레비전, 라디오, 녹음기, 컴퓨터 등으로 존재하는 전자텍스트를 포함한다. 비록 종이를 운반체로 하는 문학텍스트가 여전히 가장 주요한 텍스트 형식이지만, 우리는 이미 전자 기술이

전통텍스트 형식에 미친 거대한 영향을 목도해왔다. 그런 의미에서 보면, 문학의 존재 조건이 변화함에 따라 전자텍스트도 장차 문학텍스트의 중요한 형식으로 자리할 전망이다.

4. 문학의 정의

문학이 무엇인가라는 문제에 관해서는 일치된 관점의 확정된 정의가 없었다. 대영백과사전의 '문학' 표제어를 보면 문학은 "서면 작품" 또는 "인류의 표현 양식"으로만 해석된다. 그러면서도 "문자로 표현된 모든 현상이 문학이 될 수는 없다"고 밝힌다. 예를 들면 "모든 비평가는 아니지만 대부분 비평가들은 정보, 기술, 학술, 보도의 속성을 갖는 문자기록을 문학에서 배제하고 있다" "제한적인 어떤 창작의 형식만이 문학이라는 예술에 속한다고 보편적으로 인식된다"는 주장이다. 순수문학의 형식에는 서정시와 만가(輓歌), 서사시, 극시, 서사 작품과 풍자시가 있다.[11]

만일 관습적으로 문학의 정의를 고찰하면, 이를 특정한 윤리환경에서 살펴볼 필요가 있다. 역사 시기마다 문학관념을 형성한 특정한 윤리환경이 존재한다. 이런 환경을 떠난다면 문학을 인식할 수도 이해할 수도 없다. 문학의 윤리환경이 같지 않고, 문학의 정의도 같지 않다. 문학의 본질적 관점에서 보면 문학을 문학텍스트로 정의할 수 있다. 역사적 관점에서 문학을 보면 특정 시기의 역사 조건 아래에 그렇게 특정한 문학이 존재하게 된다. 윤리관점에서

11 "Literature," *Encyclopedia Britannica,* Encyclopedia Britannica Inc, 2007.

문학을 보면, 서로 다른 윤리환경에서 형성된 문학관념에 그 특정한 문학적 함의가 있게 된다. 예를 들어 고대 그리스에서 아리스토텔레스의 문학관념이 보편적으로 수용되기 이전에, 모든 문자자료 즉 텍스트는 문학으로 간주됐다. 비록 과학 저서를 쓴 저자라 하더라도 시인으로 칭해졌다. 중국의 유가경전은 형식적인 면에서 서양의 문학관념에 부합하지 않지만, 오랜 시간 동안 문학의 정화로 여겨졌다. 역사 시기마다 서로 다른 문학관념, 서로 다른 문학의 정의가 존재함을 알려준다.

문학관념은 텍스트에 기초해서 형성됐기 때문에 아래와 같이 정의할 수 있다.

1. 문학관념이 형성되기 이전의 모든 텍스트: 인류가 시, 희곡, 소설 등의 문학관념을 형성되기 이전의 모든 문자 자료, 즉 텍스트는 모두 문학에 속한다. 이러한 텍스트의 대표적인 예는 고대 이집트인이 성경체로 묘비, 석판 또는 파피루스에 쓴 텍스트, 수메르인이 설형문자로 쓴 흙판 문서, 중국인이 갑골에 새긴 복사 등이다.

2. 문학관념에 부합하는 모든 문자텍스트: 문학텍스트 관념의 산물이자, 문학관념이 문자텍스트를 통해 확인되는 결과이다. 시, 희곡, 소설 등 다른 유형의 문자텍스트가 나타나고, 우리는 새로운 역사 환경 속에서 이 특정한 문학텍스트를 관념적으로 확인하고, 나아가 이들을 보편적 문학의 범주로부터 분리하여 이들을 대상으로 문학을 새롭게 정의한다. 새로운 문학관념의 형성과 수용은 윤리화 과정이고, 문학텍스트가 관념적으로 진화한 결과이다. 시,

희곡, 소설과 관련된 문학관념이 형성된 이후, 그에 부합하는 문자텍스트는 비로소 시, 희곡, 소설의 텍스트로 정의된다. 하지만 시, 희곡, 소설의 정의에 부합하지 않는, 새로운 텍스트는 문학으로 간주하지 않게 된다. 비록 그렇다 할지도 이전의 모든 텍스트는 여전히 문학의 범주에 속한다.

3. 시, 희곡, 소설 등 서정과 허구에 속하는 작품 텍스트: 현대의 문학관념에서 문학의 주체는 시, 희곡, 소설이지만, 역사와 철학은 문학에서 분리되어 형성된 독립된 학문으로 문학의 범주에 속하지 않는다. 문학은 흔히 시, 희곡, 소설, 기타 문학관념 상 문학형식으로 간주되는 텍스트를 가리킨다.

텍스트는 문학테스트 이전과 이후로 서로 다른 성질을 나타낸다. 문학텍스트는 문학관념 여부에 의해 그 성격이 확정된다. 이로 인해 비문학적 성질의 문자텍스트는 문학 밖으로 배제된다. 하지만 문학텍스트로 확정되기 이전의 모든 문자텍스트는 윤리적인 관점(관습)에서는 문학이 된다. 텍스트 즉 문자텍스트는 일반적으로 글로 써지거나 종이에 인쇄된 문자를 가리킨다. 하지만 종이가 발명되어 집필과 인쇄에 널리 사용되기 이전에 모든 글로 써진 재료, 즉 귀갑, 짐승뼈, 석판, 흙판, 파피루스 죽간, 목간, 백서 등 여러 매질에 새겨진 문자 모두 문자텍스트이다. 이런 문자텍스트의 속성이 아직 완전하게 정의되지는 않았다. 하지만 이렇듯 오래된 문자텍스트는 모두 사실을 기록하고 이치를 설명하는 특징을 갖고 있어서 기사텍스트 또는 철학텍스트로 불릴 수 있다. 나중에 형성된 문학관념에서, 사실을 기록하고 이치를 설명하는 것은 호머의 서사시처럼, 문학의 가장 중요한 특징이 된다. 역사, 철학 등의 텍스트가 문학에서 분리되기 전까지 오래된 문자텍스트를 포함해서 그런 텍스트는 중국의 복사나 유학경전처럼, 관습상 문학의 범주에 속한다.

하지만 문학관념은 끊임없이 변화한다. 문학은 최초에 모든 문자텍스트를 가리켰고, 이후로는 주로 시, 희곡, 소설을 주체로 한 문학작품이었다. 문학관념의 지속적인 확장에 따라 문학은 문학작품의 정의를 넘어서, 하나의 학문분야로 발전한다. 그래서 현재 문학과 관련된 연구 등의 학술저작 텍스트도 문학 범주에 들어가게 된다. 이 텍스트들은 비록 시, 희곡, 소설 등 문학텍스트와 다르지만 여전히 문학 범주에 속한다. 우리는 이를 광의의 문학이라고 부를 수 있다. 하지만 협의의 문학은 여전히 시, 희곡, 소설 등 객관적으로 존재하는 문체의 텍스트이다.

문학이 문자텍스트에서 문학텍스트로 변화하는 과정에서 그 동력은 문학관념에서 비롯된다. 문학현상은 문학관념보다 앞서 존재하지만, 문학관념이 형성된 이후에야 비로소 문학텍스트의 문학 속성이 확인되고, 문학장르 역시 구분되고, 문학의 해설 역시 가능할 수 있었다. 이는 문학은 문학연구로부터 벗어날 수 없음을 보여준다. 예를 들어 아리스토텔레스의 『시학』, 호라티우스의 『시론』,[12] 유협의 『문심조룡』 등은 어떤 경우에도 문학에서 배제될 수 없다. 문학텍스트는 협의의 관점에서 시, 희곡, 소설을 가리키지만, 문학은 문학텍스트 이외에 문학텍스트를 연구한 모든 텍스트를 포함해야만 한다.

---

12 호라티우스(Quintus Horatius Flaccu: BC65~BC8). 로마의 시인으로 공화제를 옹호하는 브루투스 진영에 가담했다가 패한 뒤 하급 관리를 지내며 시를 썼고 이후 옥타비아누스의 정책에 뜻을 같이했다. 저서로는 『서정시집』과 『시론』이 있다.

문학의 정의와 관련하여 사람들은 실제로 문학이 무엇인지를 근본적으로 묻고 있다. 그 물음은 사람들이 문학을 깊게 이해하면서 마주하게 되는 문제, 문학 발전에서 반드시 해결해야만 하는 문제이다. 문학 발전의 역사 과정에서 기본적인 사실은, 문학과 관련된 개념이 문학텍스트에 이미 존재하는 기초 위에 형성된다는 점이다. 문학텍스트가 없으면, 문학관념과 문학 개념의 문제 또한 존재할 수 없다. 문학관념은 이미 존재하는 문학텍스트가 결정하며, 문학 개념은 인간사회가 문학텍스트를 인식하고 이해한 결과이다. 문학텍스트가 확인되기 이전에 다른 성질의 텍스트는 결코 서로 구분되지 않는다. 이렇듯 다른 성질의 문자텍스트 사이에는 서로가 구분되는 경계의 현실이 존재하지 않는다. 그렇기 때문에 사람들은 하나의 기준을 세워 문학텍스트와 다른 텍스트를 구분하고자 했다.

문학을 정의하는 일은 비록 어려운 작업이지만, 우리는 문학을 논의하면서 그 이론적 전제를 설정하면서 토론의 기초를 세우고자 노력해야만 한다. 문학 개념은 역사적 개념인 만큼, 문학이 무엇인지에 대한 과학적인 정의를 내리기 위하여 지속적인 변화의 시각으로 문학을 정의할 수 있다.

1. 구체적으로 특정된 문학형식이 나타나고 확인되기 이전까지 문학은 광의의 범주였다. 모든 문자텍스트는 문학이거나 문학의 범주에 속한다. 즉 문헌(Literature)이다. 예를 들어 고대 그리스나 선진 시기 중국의 모든 텍스트 자료는 모두 문학에 속한다. 문자로 된 모든 재료는 문학, 즉 문헌에 속한다고 말할 수 있다.

2. 텍스트의 문체 형식, 시, 소설, 희곡, 역사 등의 형식 이후에 나타난 모든 텍스트는 서로 다른 문체 관념에 따라 다른 텍스트, 즉 시텍스트, 소설텍스트, 희곡텍스트, 역사텍스트 등으로 구분된다. 관습에 따라 어떤 텍스트는 문학텍스트로 구분되고, 어떤 텍스트는 역사나 고고학 텍스트로 구분된다. 그래서 시, 소설, 희곡 등은 관습에 따라 문학으로 구분되고 일반적인 텍스트에서 분리되어 문학이 된다. 새로운 문학 개념이 확인된 뒤에 문학윤리가 비로소 작동하게 된다. 이전에 문학으로 간주되던 역사와 과학 텍스트는 더 이상 문학으로 간주되지 않으며, 점차로 문학으로부터 분리되어 독립된 텍스트가 된다. 새로운 문학 개념은 이 과정에서 확인된다.

3. 과학이 발전하면서 텍스트의 형식은 변화를 겪었다. 새로운 전자텍스트 형식이 나타나고, 이로써 새로운 문학 개념이 비로소 형성된다. 일단 새로운 문학 개념이 수용되고 확인되면, 새로운 문학이론이 나타나게 된다. 요컨대 문학 개념의 발전과 변화 과정은 습속 또는 관습과 결합된다. 또는 문학 개념은 습속 또는 관습 즉 윤리로 인해 확인된다고 말할 수 있다. 그런 의미에서 보면 문학 개념은 실제로 하나의 윤리 개념이다.

5. 문학 정의의 상대성

문학의 정의에 관한 중국학계의 논쟁은 서양에서 기원한다. 중국의 문학이론은 서양 문학이론의 영향으로 발전했기에 많은 관점과 용어가 서양에서 유래했다. 이 때문에 문학윤리 문제에 관한 논쟁도 곧잘 서양의 논쟁에서 연원하곤 한다. 서양 문학이론은 논쟁을 통해 발전했다. 웰렉과 워렌의 『문학의 이론』[13]은 영향력이 가장 큰 학술서이다. 이 책은 문학의 정의를 정리하면서 인쇄된 자료나 필기한 자료 모두 문명사 연구에 쓰일 뿐만 아니라 문학연구에 쓰이기 때문에 모든 인쇄물은 문학이라고 부를 수 있다는 서양의 관점을 제기하고 있다. 예를 들어 그린로우는 "문명의 역사와 관련된 모든 현상은 우리의 연구 범위 안에 있다"고 말하면서 우리가 "한 시대 또는 한 문명을 이해하고자 생각할 때, 순수문학(belles-lettres)에 국한되지 않을 뿐만 아니라 심지어는 인쇄되거나 혹은 인쇄되지 않은 원고에 국한되지도 않기 때문에", 그래서 "반드시 문화사에 대한 공헌 가능성의 시각에서 우리의 연구를 다뤄야만 한다"고 주장한다.[14] 이렇듯 문학과 문명사를 하나로 결합하여 말하는 관점은 역사의 밖에서 독립적으로 존재하는 문학을 해석할 방법이 없게 된다.

웰렉과 워렌이 제기했던 또 다른 관점은 미학가치와 학술명예를 문학을 판별하는 기준으로 여기면서 작품의 "특출한 문자 표현 형식"만을 강조할 뿐, 작품의 제재는 논외로 하고 있다. 그들은 문학이 명저로 구성되기 때문에 역사상 위대한 철학자, 역사학자, 신학자, 도덕가, 정치가 심지어는 과학자의 명저도 문학에 속한다고 생각했다. 예로, 버틀러(J. Butler), 기븐(E. Gibbon), 벌크(E. Burlke), 아담 스미스(Adam Smith) 등의 작품들이 그렇다. 이런 관점은 "모든 인쇄물이 문학"이라는 관점의 축소판으로, 문학과 비문학을 여전히 구별하지 않기 때문에 문학이 무엇인가에 대한 문제를 설명할 수 없다. 이러한 의미에서 웰렉과 워렌은 다음과 같이 말한다. "상상적 문학(imaginative literature)의 발

13 R. Wellek & A. Warren, *Theory of Literature*, Penguin Books, 1970.

14 R. Wellek & A. Warren, *Theory of Literature*, 劉象愚等譯, 『文學理論』, 江蘇教育出版社, 2005, 9쪽.

전 역사를 고찰할 때, 만일 명저의 독해에만 국한된다면 사회적 · 언어적 의미 형태의 배경을 놓칠 뿐만 아니라 그 문학의 배경 요소에 대한 명확한 인식마저도 놓치게 된다. 나아가 문학전통의 연속성, 문학장르의 전개, 문학창작 과정의 본질을 이해할 방법이 없게 된다."[15] 웰렉과 워렌은 역사적으로 나타났던 문학의 정의를 정리했던 연구에 기초해서 '문학'이라는 용어로 문학예술, 즉 상상적 문학을 지시하는 경우에 그 표현은 가장 적확하다고 생각했다.[16] 그들은 문학의 세 가지 기본 특징, 허구성(fictionality), 창조성(invention), 상상력(imagination)을 제기하면서, 허구성이야말로 문학의 본질적 특징이라고 강조했다. 그런 의미에서 보면 웰렉은 실제로 문학이 무엇인지에 대한 명확한 정의를 보여주지는 못하고 있다.

영국의 경우 문학의 미학적 관념은 19세기에 이르러서야 비로소 형성됐고, 영국문학의 민족의식과 긴밀하게 연관됐다. 20세기에 이르러 문학을 해석하는 미학이론과 비평이론이 무수히 쏟아져 나왔다. 하지만 대부분의 경우 논쟁이 있어서, 학계의 일반적인 정론을 이끌어내지는 못한 실정이다. 로저 파울러는 "문학을 공부하는 대부분의 사람에게 있어서 문학 개념은 하나의 사상이고, 상식에 근거해서 동일시된다"[17]고 말한다. 파울러는 문학 개념이 이론으로 구성된다는 기본적인 사실을 지적한다. 즉 로만 야콥슨(Roman Jakobson), 노드롭 프라이(Northrop Frye), 볼프강 아이저(Wolfgang Iser)의 이론이

---

15 R. Wellek & A. Warren, 劉象愚等譯, 위의 책, 11쪽.

16 R. Wellek & A. Warren, 劉象愚等譯, 위의 책, 11쪽.

17 Fowler, Roger. "Literature," Coyle, Martin(Editor). *Encyclopedia of Literature and Criticism*. London, UK: Routledge, 1990, 5쪽.

나 테리 이글턴(Terry Eagleton)의 『문학이론입문』, 앤 제퍼슨(Ann Jeferson)의 『현대문학이론』 등의 저작에서 모두 다른 이론이 문학이라는 동일한 이름 속에서 서로 다른 문학의 실체를 구성하고 있다. 문학이 무엇인가라는 문제에 관하여 사람들은 자신만의 독특한 이해 속에서 다양한 해석과 표현을 가지게 된다. 예를 들어 프랑스 작가 생 삐에르(J.H.Bernadin de Saint Pierre, 1737~1814)는 "문학은 천상의 선녀이다. 그녀의 인간세로의 강림은 인류의 고통을 제거하기 위함"이라고 말했고, 윌리엄 고든(Willam Godwin, 1756~1836)은 "각각의 입장에서 보면, 문학은 인간의 왕국과 동물의 왕국을 구분하는 거친 경계선"이라고 말했으며, 스코틀랜드 문학가 토마스 칼라일(Thomas Carlyle, 1795~1881)은 "문학은 영혼이 사유한 결과"라고 말했으며, 영국 작가 로버트 윌모트(Robert Aris Willmott, 1809~1863)는 "문학은 썩지 않는 언어"라고 말했고, 에즈라 파운드(Ezra Pound, 1885~1973)는 "위대한 문학은 의미가 끝까지 전달되는 언어" 또는 "문학은 뉴스를 품고 있는 뉴스"라고 말했다. 어떤 시각에서 보더라도 이런 관점들은 나름 일리가 있지만, 도대체 문학이 무엇인가에 대한 문제에 대한 명확한 해설은 아니다.

문학은 역사적 개념이다. 그 함의는 역사의 전환 과정에 따라 변화한다. 역사의 시각에서 문학을 논하면, 역사 시기마다 서로 다른 문학의 이해를 가지게 된다. 즉 시기별로 다른 문학 기준에 근거해서 어떤 것이 문학이고, 어떤 것이 문학에 속하지 않는가를 판단하게 된다. 만일 우리가 허구와 사실의 기준으로 특정 시기 문학사에서 허용됐던 문학작품을 고찰해보면 문학관념의 발전과 변화에 대한 인식과 이해를 좀 더 심화할 수 있다. 17세기 영국에서 문학은 셰익스피어나 존 웹스터(John Webster, 1580~1632), 존 던(John Donne, 1572~1631), 앤드류 마블(Andrew Marvell, 1621~1678), 존 밀턴(John Milton, 1608~1674) 등의 작품이고, 프란시스 베이컨(Francis Bacon, 1561~1626)의 단편, 존 던의 선전문, 존 벤젠(John Benjen, 1628~1688)의 자전적 서적들이다. 테리 이글턴의 관점, 토마스 홉스(Thomas Hobbes, 1588~1679)의 『리바이던』, 에드워드 클라렌던(Edward Earl of Clarendon)의 『영국 내전사』(*The History of the Rebellion and Civil Wars in England*) 등도 그 안에 포함된다. 19세기 영국문학에서, 찰스 램(Charles Lamb, 1775~1834), 맥컬리(Thomas Babington Macaulay, 1800~1859), 밀(John Stuart Mill, 1806~1873)의 저작은 문학에 포함되고, 벤담(Jeremy Bentham)이나 다윈(C.R. Darwin) 또는 스펜서(Herbert Spencer) 등의 작품도 문학연구에서 다뤄질 수는 있지만 이 작품들이 문학에 포함되지는 않는다. 이는 문학이 무엇인가라는 문제가 오랜 역사성을 갖는 문제의식이었음을 보여준다.

문학이라는 용어에 관하여 그 시원은 고대 그리스로 올라갈 수 있겠지만, 플라톤의 저작에서 문학이라는 용어는 나타나지 않는다. 이와 가까운 두 가지 용어, 즉 시, 시학 등이 있을 뿐이다. 시는 현재의 관점에서 보면 문학이고, 시학은 시를 연구하는 학문을 가리킨다. 시와 시학은 고대 그리스에 최초로 다루었던 문학연구의 주요 용어이다. 웰렉의 관점에 따르면 문학이라는 용어가 시의 위상을 대체한 시점도 약 200년 전 일이다.[18] 그러나 영어에서 문학이란 말은 14세기부터 사용되기 시작했다. 중세 말기에서 19세기까지, 문

18 Fowler, Roger. 위의 책, 7쪽.

학은 명확히 한 개인의 지식 특성을 가리키는 용어였다. 사무엘 존슨(Samuel Johnson)이 1775년에 저술한 두 책 분량의 저서 『영어사전』(*The Dictionary of the English Language*)은 문학이 학문(learning)과 지식 운용에 도움이 된다고 풀이한다.[19] 오늘날 영어사전에서 문학은 매우 많은 함의를 갖는다.

예를 들어 『옥스포드영어사전』의 'literature'라는 표제어에는 모두 세 가지 해석이 있다.

1. 문학과 저작에 정통함, 인문지식, 문학적 수양. 이들은 모두 현재 사용되지 않는다.

2. 문학작품, 문학가의 직업 또는 창작 활동, 문학 영역.

3. a. 모든 문학적 창작, 어떤 나라 또는 역사 시기에 창작된 작품 또는 세계에 존재하는 모든 창작. b. 어떤 특별한 주제를 묘사하는 창작과 저작. c. 모든 형식의 인쇄물.[20]

이처럼 『옥스포드영어사전』에 의하면 'literature'라는 표제어는 결코 문학만을 가리키지는 않는다. 『콜린스영어사전』의 'literature' 표제어에는 모두 여섯 가지 해석이 있다.

1. 시, 소설, 산문의 경우처럼 글로 써진 작품. 특히 문체 표현과 항구한 공통 주제

---

19 사무엘 존슨의 이 사전은 2권으로 9년 동안 걸쳐 저술됐고, 1775년에 완성됐다. 이후 150년 동안 가장 권위 있는 영어사전이었다. 20세기 초 『옥스포드영어사전』이 편찬되면서 그 자리를 대체하게 됐다.

20 *Oxford English Dictionary*, Compact Edition, 1971.

를 특징으로 한 상상적 작품.

2. 특수한 문화 또는 민족을 글로 쓴 저작.

3. 어떤 특수한 유형 또는 특수한 주제를 글로 쓴 작품 또는 인쇄물.

4. 어떤 특수한 정보를 제공하는 인쇄자료, 과학문헌과 같은 경우.

5. 작가의 기예 또는 직업.

6. 고대의 용법: 학문.[21]

요컨대 오늘날 영어사전에 문학(literature)은 두 가지 기본 뜻이 있다. 하나는 문학이고, 다른 하나는 문헌이다. 'literature'라는 용어의 일반 용법은 문학을 지칭하는 데에 사용될 뿐만 아니라 문헌자료를 지칭하는 데에도 쓰인다. 'literature'가 문헌을 가리키는 데에 쓰인 예는 매우 익숙한 경우로 그 용법은 아래와 같다.

1. 어떤 주제 또는 학문의 기본 문헌 참고 목록[22]

2. 자료의 구성에서 각종 사전뿐만 아니라 문헌 저작이 있다.[23]

3. 독자가 중세시기 영어 문헌과 관련된 글자나 단어를 실제적으로 토론하게끔 이끌어낸다.[24]

---

21 *Collins Dictionary of the English Language*, 1986.

22 Hartman, R. R. ,James, Gregory, *Dictionary of Lexicography*, London: Routledge. 1998, 123쪽.

23 Sterkenburg, Piet van(ed.), *A Practical Guide to Lexicography*. John Benjamins Publishing Company, 2003, 98쪽.

24 Coleman, Julie(ed.), *Lexicology, Semantics and Lexicography*, Manchester, 1998, 236쪽.

4. 우리가 수집할 수 있는 문헌에서 이런 방법론은 이미 몇 백 개 표제어의 점검을 통해서 검증됐다. 하지만 이러한 방법으로 편찬된 완정한 사전은 없다.[25]

'literature'는 어원적으로 동태적이다. 역사 시기마다 서로 다른 함의를 가졌다. 하지만 19세기 이후부터 'literature'는 주로 문학을 가리키는 데에 주로 사용됐다. 물론 문헌이라는 의미도 지금까지 이어져오고 있다.

문학에 쓰이는 용어와 문학용어의 내함은 모두 문학적 사실의 발전과 함께 변화해왔다. 'literature'의 현재 용법은 이미 19세기 이전의 용법과 매우 다르며, 시, 희곡, 소설, 산문 및 이와 관련된 이론과 비평의 전문 용어를 총체적으로 가리키는 용어로 변화했다. 문학의 역사는 문학의 정의와 긴밀하게 연관되어 있음을 증명하고 있다. 역사 시기별로 저마다 문학관념이 있고, 이로 인해 서로 다른 문학에 대한 정의가 있게 된다. 이는 인류문명의 발전이 문학에 체현된 특징이기도 하다. 유럽에서 고전문학은 역사, 철학, 연설, 과학저작을 포함했다. 18세기 이전까지 유럽에서 문학은 우리가 지금 사용하는 분과학문의 의미로서 철학, 역사 등과 완전히 별개로 구분되지 못했다. 이는 의학과 여러 세분화된 현대과학이 과학으로부터 분리되어 독립적인 단일 학문이 되어가는 과정과 마찬가지이다. 중국의 선진시기 문학은 문장과 학문을 가리키므로 이 때 문학은 당연히 역사, 철학, 산문을 포함한다. 이는 중국의 '문사철'이 독립된 분과학문으로 구분되지 않는 기초가 되기도 한다.

25 Pearson, Jennifer(ed.), *Terms in Context*, John Benjamins Publishing Company, 1998. 76쪽.

19세기 이전, 중국의 문학관념은 서양에 비해 비교적 단순할 필요가 있었다. 왜냐하면 당시 중국의 문학현상은 시, 희곡, 소설 등 서로 다른 형식의 발전과정에 있었던 서양문학의 상황만큼 복잡하지 않았기 때문이다. 당시 중국의 문학관념은 철학과 역사를 포함했고, 이는 당시 문학 현실에 의해 결정된 상황이었다. 20세기에 다양한 문학형식이 빠르게 발전하여 문학, 철학, 역사는 점차 독립된 분과학문으로 발전했다. 문학의 독립은 '문사철'이 분리되지 않았던 전통 문학관념을 조금씩 변화시켰고, 중국의 문학비평과 이론 구축에 깊은 영향을 주었다. 이 때문에 우리는 중국 문학발전사에 대한 고찰을 통해 역사 시기마다 존재했던 서로 다른 문학의 함의를 발견하게 된다.

이런 관점은 우리가 현재 역사를 초월할 수 있고 모든 문학을 개괄할 수 있는 그 정의를 찾아 나서는 일이 헛될 수밖에 없음을 보여주고 있다. 단지 우리가 문학관념과 정의를 결합하여 각 시대의 문학 현실에 근거하여 문학이 무엇인가라는 문제를 기술하게 된다면, 이는 겨우 특정한 시대가 갖는 문학에 대한 상대적 정의만을 내리는 일이 된다. 즉 문학 개념의 함의는 각 역사 시기와 윤리환경에서 서로 다르게 만들어진다. 문학의 초기 단계에서는 모든 문자가 문학이었다. 이 때문에 서양 고고학에서 발견되는 불완전한 문자 기록은 어떤 운반체와 내용인지에 상관없이 모두 문학 범주에 들어간다. 인류문명의 발전에 따라 문자는 간단한 기록에 쓰이다가 그리스 서정시나 서사시의 경우처럼 시를 짓는 쓰임으로 발전하게 된다. 이 단계에서 문학의 주요 내용이 지시하는 바는 바로 이러한 문학체재이다. 나중에 비극과 희극, 역사와 철학. 또 다른 형식의 산문이 탄생하면서 문학은 새로운 내용을 더 담을 수 있게 됐다.

그래서 이렇게 문자가 구성한 모든 텍스트는 문학 안에 포함된다.

문학의 형식과 내용은 점점 더 풍부해졌다. 사람들은 각 유형의 텍스트가 형식적으로 서로 다르다는 사실을 발견했다. 그래서 문학은 그 형식에 따라 정체성의 문제, 즉 다른 유형과 형식의 텍스트를 어떻게 구분할지 문제를 드러내게 됐다. 각 텍스트를 구분해야 할 필요성 때문에 사람들은 텍스트 사이의 공통된 특징에 따라 이를 유형으로 구분하게 되고, 텍스트의 성질에 근거해서 또 다른 텍스트를 문학 속에서 유형화하거나, 새롭게 등장한 텍스트 유형, 즉 문학과는 다른 역사와 철학으로 분류했다. 이러한 분류, 즉 역사, 철학, 윤리학 등이 문학에서 분리되면서 독립된 분과학문을 형성했다. 그리고 새로운 텍스트 형식, 즉 소설이 문학 안에서 등장하게 됐다. 이는 각 역사 시기의 문학 개념은 부단히 수정되면서 특정한 함의를 가지게 될 뿐, 전체 문학 역사를 아우르는 문학 개념이란 존재할 수 없음을 설명해 준다.

문학 개념은 문학관념의 구체화이다. 세계 각국의 문학관념이 형성되는 과정에는 선후가 있고, 그 문학에 대한 이해는 서로 달랐다. 중국 전통시기 '문사철'이 구분되지 않았던 관념은 문학 개념 형성 이전의 관념이다. 그래서 중국 고대 문학에서는, 시와 시부 이외에도 철학 산문, 역사 기록 등 모두가 문학의 범주에 속했다. 만일 현대의 문학관념에 따라 고대문학을 정의한다면 철학 산문과 역사 기록 등은 문학에 속할 수 없다. 그러면 중국문학은 결핍된 상황을 맞이한다. 고대 그리스에서도 문학과 관련한 최초 관념은 시 뿐이었지만, 나중에 희곡, 철학, 역사 등이 거기에 더해진다. 현대의 문학관념이 형성된 후, 철학과 역사는 문학과 분리되어 독립된 분과를 구축하게 된다. 만일 철학과 역사를 문학으로 간주한다면 이는 후대에 형성된 문학관념에 부합하지 않는다. 물론 철학, 역사 등의 저작이 문학과 연관되어 있긴 하지만 현재 어느 누구도 철학과 역사를 문학으로 여기지는 않는다. 문학관념이 다르기 때문에 문학개념과 정의의 상이성은 필연적이다.

만일 우리가 각 시기 또는 시대마다 서로 다른 형태의 문학이 존재한다는 기본 사실을 간과한다면, 문학에 대한 우리의 정의는 논쟁이 끊이지 않는 결과를 낳게 된다. 실제로 문학의 정의에 관해서는 동서고금에서 논쟁이 끊이지 않고 있다. 크로체(Bendetto Croce, 1866~1952)가 "어떤 이들은 예술을 무언가 만드는 일로 이해하지만, 예술은 바로 무엇 그 자체다"라고 말한 바처럼 말이다. 사람들은 자신의 이해를 근거로 자신만의 관점을 제기한다. 예를 들면 문학은 감정의 표현이고, 문학은 현실 세계에 대한 모방과 재현이고, 문학은 언어로 구성된 재료이고, 문학은 직관과 본능적 욕망의 표현이고, 문학은 예술기호의 하나이고, 문학은 사회 이데올로기라는 주장 등이 그렇다. 이러한 정의는 실제로 진정 모든 이들이 인정하는 문학의 정의가 존재하지 않음을 반증하고 있다. 그러나 우리는 각 역사 시기마다 서로 다른 문학이 존재하고 있고 이와 함께 그러한 문학관념이 존재하고 있음을 알 수 있다. 이로 인해 서로 다른 문학 개념과 문학에 대한 정의가 존재함도 알 수 있다.

제2장
스핑크스 인자와 윤리선택

1. 인류의 자연선택

기원의 관점에서 보면 "문학은 특정한 역사 단계의 윤리관념과 도덕 생활의 독특한 표현 형식이며, 문학은 본질적으로 말하면 윤리의 예술이다."[1] 인류는 이성적 자아가 발전하고 성숙하는 과정, 특히 이성적 자아의 실천 과정에서 문자를 창조했고, 이를 빌어 자신의 인식과 이해를 기록했다. 이로써 최초의 텍스트가 형성됐다. 최초의 인류는 자기 자신을 추상적으로 인식할 수 없었다. 그러나 이성이 점차 성숙해가는 과정에서 인류는 점점 수많은 삶의 문제와 부딪히게 됐다. 예를 들어 질병과 자연재해의 발생을 어떻게 이해할지, 사물에 대한 가치판단을 어떻게 내릴지, 자신은 어떤 생활 방식을 선택해야 할지, 특히 인간이 자신을 어떻게 이해할지 등은 모두 인류가 사고하기 시작한 문제들이다. 몽매함에서 점차 문명을 향해 걸어 나가게 된 인류는 이런 문제를 생각하고 대답해야만 했다. 문자가 생기기 이전의 인류가 이 문제를 어떻게 생각하고 대답했는지는 사료의 부족으로 인해 고증할 방법이 없다. 그러

1 聶珍釗,「文學倫理學批評: 基本理論與術語」, 『外國文學研究』, 2010 第1期, 14쪽.

나 다행히도 자신의 생활과 생각을 기록할 수 있는 문자를 만든 이후부터, 인류는 문자를 통해 텍스트를 구성함으로써 자신의 소박한 이해를 표현해 낼 수 있게 됐고, 우리는 이 텍스트들을 통해 인류가 어떻게 몽매함에서 벗어날 수 있었는지를 충분히 알 수 있게 됐다.

문명 발전 과정에서 인류가 마주했던 가장 큰 문제는 무엇이었을까? 바로 인간과 짐승을 어떻게 구분할까, 인간과 짐승 사이에서 어떻게 정체성을 선택할까 하는 문제였다. 이 문제는 사실 인류가 진화함에 따라 자연스럽게 발생했다. 19세기 중엽 다윈이 내세운 생물진화론은 생태계가 발생, 발전해 나가는 과정을 자연선택의 관점에서 과학적으로 해설한 이론이다. 진화론이라는 관점을 통해 인류를 고찰하면 문명은 인류의 자아선택의 결과로 출현했다는 사실을 알 수 있다. 문명의 오랜 역사 흐름 속에서 인류는 이미 두 차례의 자아선택을 완성했다. 유인원에서 인간으로의 진화는 바로 인류가 진화하는 과정에 나타난 일차 선택이다. 그러나 이는 단지 일차의 생물선택에 지나지 않는다. 생물선택의 가장 큰 성공은 바로 인간이 인간의 형식, 즉 인간의 외형을 획득했다는 데에 있다. 예를 들어 직립보행이 가능한 다리, 도구를 사용할 수 있는 손, 과학적으로 배열된 오관과 사지 등은 모두 진화의 결과이고, 이로써 인간과 짐승을 형식적으로 구별할 수 있었다.

그러나 인류의 일차 생물선택은 "인간이란 무엇인가"라는 문제를 근본적으로 해결해주지 못한다. 다시 말해 이 선택은 인간과 짐승을 근본적으로 구분해주지 못한다. 바로 다윈이 "자연선택이 문명화된 민족과 국가에 미친 영향력에 대해서, 지금까지 나는 단지 사람이 반인반수의 상태에서 근대 야만 인의 상태로 발달되는 상황만을 고려했다"[2]고 말한 바와 같다. 다윈은 자연선택설과 진화이론을 통해 인류가 하등생명체에서 진화되어 나왔다는 문제를 해결했다. 또한 인간과 짐승이 동일한 기원의 구조를 갖는다는 증거를 통해, 인류가 하등한 유형에서 진화되어 나왔다는 사실을 증명했다. 그러나 다윈은 단지 물질형태를 통해 인류가 어떻게 생겨났는가라는 문제를 해결했을 뿐, 인간이 어째서 인간인가라는 문제, 즉 인간과 기타 짐승의 본질적 차이가 무엇인가라는 문제는 결코 분명하게 대답해주지 못했다. 그러면 인간은 자연선택을 완성한 뒤에 어떻게 스스로를 짐승과 구별시킬 수 있었는가? 이는 인류의 윤리선택으로 실현됐다. 인류는 일차적으로 생물학적 의미에서 자연선택을 완성한 후, 다시 이차 선택, 즉 윤리선택을 경험한다. 인간사회는 자연선택에서 윤리선택을 거쳐, 다시 과학선택의 과정에 이르렀다. 이는 인류문명 발전의 논리적 전개과정이다.

엥겔스는 인류의 기원 문제를 전면적으로 검토했다. 그는 다윈의 진화이론을 발전시켜, 노동이 인류를 창조했다는 과학적 입장을 제기했다. 1876년, 엥겔스는 「유인원에서 인간으로 진화하는 과정에서 노동의 역할」이라는 글을 써서 인간을 짐승의 상태로부터 벗어나게 해준 근본원인이 바로 노동이라고 지적한다. 엥겔스는 유인원에서 인간으로 진화하는 과정을 설명한다. 고대 유인원은 처음에는 열대나 아열대 삼림에서 무리를 지어 생활하다가 이후 일부가 먹거리를 찾아 땅으로 내려와 활동하게 됐다. 그들은 점차 직립보행을

---

2 達爾文, 『人類的由來』, 潘光旦·胡壽文譯, 北京: 商務印書館, 1997, 206쪽.

할 수 있게 됐다. 이로 인해 앞다리가 자유로워지면서 돌덩이나 막대기와 같은 도구를 사용할 수 있게 됐으며, 결국 손으로 도구를 직접 제작할 정도로 발전하게 됐다. 동시에 대뇌를 포함한 신체기관도 이에 상응하는 발달을 이루게 되어, 인간의 여러 특징이 나타나게 됐다. 엥겔스는 나무 위에서 생활하는 유인원을 "나무를 기어오르는 유인원 집단"[3]이라고 불렀으며, 유인원에서 인간으로 발달하는 과도기적 생물을 "현재 형성중인 인간"[4]이라고 불렀다. 그는 다윈의 진화론적 관점을 고수하면서 인류의 조상은 고도로 발달된 유인원에서 진화된 존재라고 생각했다. 또한 노동이 유인원에서 인간으로 진화하게 한 결정적인 힘이라고 지적했다. 엥겔스 이론의 핵심은 유인원이 인간으로 변화하는 과정에서 노동이 어떤 역할을 하는가에 있었다. 노동에 의해 손이 생겨나게 됐고, 손이 발전하고 변화하면서 신체의 모든 부분이 발달하게 됐다. 그리고 노동 과정에서 언어가 생겨나게 됐으며, 노동과 언어의 발달에 의해 유인원의 뇌 역시 인간의 뇌로 발달하게 됐다. 이 때문에 엥겔스는 노동이 바로 유인원에서 인간으로 진화하게 한 결정적인 힘이라고 주장한다.

엥겔스는 다윈과는 달리 인간과 동물의 근본적 차이에 대한 해답을 제시했다. 그는 "인간사회와 유인원 집단이 구분되는 특징은 무엇인가? 바로 노동"[5]이라고 말했다. 진정한 의미에서 노동은 도구를 제작함으로써 시작된다. 인간은 도구가 있어야만 복잡하고 다양한 노동을 할 수 있고, 더욱 높은 목표

---

3 恩格斯, 「勞動在從猿到人轉變過程中的作用」, 『馬克思恩格斯選集』 第3卷, 北京: 人民出版社, 1972, 512쪽.

4 恩格斯, 위의 책, 514쪽.

5 恩格斯, 위의 책, 513쪽.

를 설정하고 달성할 수 있다. 그리고 인류가 발전함에 따라 노동도 한층 더 완벽해지고 다양해졌다. 인간사회는 사냥과 목축 외에도 농업을 시작했으며, 농업 이후에는 방적, 직조, 금속제련, 도기 제조 등과 같은 다양한 수공업을 발전시켜 나아갔다. 그리고 수공업 이후에는 상업을, 마지막으로는 예술과 과학을 노동으로 창조해갔다. 엥겔스에 의하면 "짐승은 단지 외부의 자연계를 이용할 뿐이며, 그저 스스로 존재함으로써만 자연계를 변화시킨다. 그러나 인간은 자신이 개조하거나 혁신했던 바를 통해서, 자연계를 자신의 목적에 맞게 이용하고 지배한다."[6] 엥겔스는 "이런 차이야말로 사람과 짐승이 구별되는 마지막 본질이고, 이런 구별은 노동이 만들어낸다"[7]고 다시 강조한다.

엥겔스는 유인원이 인간으로 변화하는 과정에서 노동의 역할을 강조하면서 인간이 어떻게 유인원에서 진화해 나왔는지 노동을 통해 설명했다. 노동에 대한 엥겔스의 관점은 결코 생물진화의 입장을 넘어서지 못했다. 이는 단지 다윈의 자연선택설을 구체화했을 뿐이다. 엥겔스의 이런 관점을 통해 인류가 어떻게 유인원으로부터 진화되어 나왔는지를 더 구체적으로 이해할 수 있을 뿐이다. 인간이 유인원에서 변화하는 과정에서 노동이 매우 중요한 역할을 했다는 점에 이론의 여지는 없다. 그러나 노동은 인간 그 자체가 아니다. 노동은 단지 인류가 진화하기 위한 외부조건이거나 인간이 지닌 능력일 뿐이다. 그러므로 인간과 짐승의 본질적 차이를 노동으로 설명한다면 무엇이 인간과 짐승을 구분해주는가 하는 문제에 대하여 진정한 대답을 얻을 수 없다. 진화

6 恩格斯, 위의 책, 517쪽.
7 恩格斯, 위의 책, 517쪽.

된 인간과 그렇지 못한 인간의 관계가 진화 중인 유인원과 다른 짐승의 관계와 본질적인 차이를 지니는가? 이는 엥겔스가 결코 해결할 수 없는 문제이며 노동 개념만을 가지고는 결코 설명할 수 없다. 그러므로 우리는 엥겔스가 다윈과 마찬가지로 단지 인간이 어떻게 진화했는지에 관한 문제만을 해결했을 뿐, 인간과 다른 짐승 사이의 본질적 차이는 결코 설명할 수 없었다는 사실을 알 수 있다.

2. 인류의 윤리선택

인간과 짐승의 본질적 차이는 도대체 무엇일까? 이 문제를 해결하려면 우리는 다시 다윈의 자연선택설로 돌아갈 필요가 있다. 즉 인류는 종(種)이 장시간 진화한 결과라는 점이다. 다윈에 의하면 생물은 자신의 생존환경 속에서 시시각각 진화하여 결국 현재의 고등한 형태로 진화하게 된다. 인류 역시 이렇게 출현하게 됐다. 그러므로 인간이 유인원에서 진화했다는 사실은 단지 생물선택의 문제만을 해결해준다. 다시 말해 유인원이 진화의 과정에서 우리가 현재 인간의 생물적 특성이라고 간주하는 점, 예를 들어 뇌의 외형, 오관의 분포, 직립보행, 언어 능력 등의 특성을 선택했다는 사실을 의미한다. 인류의 생물선택은 매우 중요하게도 바로 인류가 더 높은 단계로 진화하게 해주는 기초가 된다.

하지만 인류의 생물선택은 결코 인간을 다른 짐승과 완벽하게 구분해주지 못한다. 인간이 스스로를 짐승과 구별하는 일은 윤리선택을 통해서 실현된다. 인류의 생물선택과 윤리선택은 본질적으로 서로 다른 두 종류의 선택이다. 전자는 인간의 형식에 관한 선택이고, 후자는 인간의 본질에 관한 선택이다. 『성서』를 보면 우리는 인류의 생물선택이 윤리선택과 얼마나 다른지 알 수 있다. 하느님이 창조한 에덴동산에 최초로 나타난 인간은 단지 생물학적 의미만을 가진 존재이다. 인간은 집짐승, 곤충, 들짐승 등의 생물과 단지 외형적으로만 다를 뿐, 지혜를 소유하지 못한, 짐승과 다를 바 없는 존재였다. 하느님이 자신의 형상을 본 따 인간을 만든 까닭은 인간에게 바다의 물고기, 하늘의 날짐승, 지상의 짐승, 땅을 기어 다니는 곤충을 다스리게 하기 위함이었다.[8] 그러나 인간은 다른 생물과 본질적인 차이를 갖지 못했고, 이는 곧 인간이 사실 결코 하느님의 의지를 실현할 수 없음을 의미한다. 마침내 인간은 에덴동산의 선악과를 먹어버리자는 선택을 했고 그제야 지혜가 생기게 됐다. 선악을 알게 됨으로써 스스로를 다른 짐승과 구별할 수 있었고, 진정한 의미의 인간이 될 수 있었다. 만약 에덴동산의 이야기를 종교적 입장에서 보지 않고 인류 문명의 기원과 관련된 하나의 우화로 생각한다면 우리는 그 가운데서 인류가 문명의 발전과정에서 자신과 다른 짐승을 구별하기 시작한 중요 요소가 무엇인지 알 수 있게 된다.

인류의 시조인 에덴동산의 아담과 하와는 처음에는 자신들이 다른 짐승과 무슨 차이가 있는지 전혀 알지 못했다. 그들은 들짐승과 같이 벌거벗었고, 배가 고프면 나무에 열린 과일을 따먹었으며, 목이 마르면 강물을 떠 마셨다. 그들은 자유로웠으며 근심 걱정 없이 언제나 즐거웠다. 에덴동산의 자연

---

8 "당신의 모습대로 사람을 지어 내셨다. 하느님의 모습대로 사람을 지어 내시되 남자와 여자로 지어 내시고, 하느님께서는 그들에게 복을 내려 주시며 말씀하셨다. '자식을 낳고 번성하여 온 땅에 퍼져서 땅을 정복하여라. 바다의 고기와 공중의 새와 땅 위를 돌아다니는 모든 짐승을 부려라!'" 『성서』창세기 1장; *The Holy Bible*, NIV, 1973, 28쪽.

계 안에서 인간은 그저 짐승의 일원이었고, 자기 자신과 짐승을 구별해낼 능력도 없었다. 그런데 에덴동산의 한 가운데에는 선악을 분별하게 하는 지혜의 나무가 한 그루 있었는데, 하느님은 아담과 하와에게 선악과를 따먹지 말라고 금지했다. 왜냐하면 일단 나무의 열매를 먹기만 하면 인간에게 지혜가 생기게 되기 때문이며, 인간이 지혜를 얻게 되면 곧 선악을 분별할 수 있게 되기 때문이다. 하와는 지혜를 갈망했기 때문에 선악의 나무에 열린 과일을 따먹게 되고, 곁에 있던 아담 또한 같이 먹게 됐다. 아담과 하와가 지혜의 나무 열매를 먹자 곧 지혜가 생기게 됐고, 그제야 자신들이 벌거벗고 있다는 사실을 깨닫고는 수치심을 느끼게 됐다. 그러고는 무화과나무 잎으로 치마를 만들어 치부를 감추었다. 아담과 하와가 금단의 과실을 훔쳐 먹은 결과 얻게 된 원죄는, 사실상 인류가 윤리선택을 함으로써 스스로 짐승으로부터 벗어난 이후에도 여전히 동물적 요소, 즉 동물성 인자가 존재한다는 점을 의미한다. 다윈에 의하면, 인간의 지성은 자연선택을 거쳐 획득된다. 그러나 나는 이성이란 윤리선택을 통해 획득된다고 생각한다.

우리는 아담과 하와가 내린 윤리선택을 통해 다음과 같은 사실을 알 수 있다. 즉 금단의 과실을 훔쳐 먹기 전과 후를 비교했을 때 나타나는 가장 큰 차이점은 선악을 분별할 수 있는 능력의 유무에 있다. 『성서』를 보면 야훼는 이에 대해 다음과 같이 말하고 있다. "이제 이 사람이 우리처럼 선과 악을 알게 됐다."[9] 하느님은 생명의 나무 열매를 또 다시 따먹고 영생을 얻게 될까봐 걱

9 『성서』 창세기 3장; *The Holy Bible*, NIV, 1973, 22쪽.

정하여 그들을 에덴동산에서 내쫓았다. 아담과 하와는 지혜의 나무 열매를 먹은 후 선악을 분별할 수 있게 됐고, 윤리선택을 완성할 수 있게 됐다. 그리고 마침내 생물학적 의미의 인간에서 윤리의식이 있는 인간으로 변화될 수 있었다. 우리는 이를 통해 선악을 분별할 수 있는 능력의 유무가 바로 인간과 짐승을 구별하는 기준임을 알 수 있다. 선악 개념은 윤리의식과 동시에 출현했다. 선악은 동물을 평가하기 위해 사용되는 게 아니라 인간을 평가할 때 사용된다. 이는 인간을 평가하는데 쓰이는 고유 개념이다. 그러므로 선악은 인간 윤리의 기초이다.

3. 스핑크스의 수수께끼

아담과 하와의 이야기는 인류가 자신과 짐승의 차이를 분명히 인식하여, 스스로를 해방시킨 윤리선택이 얼마나 중요한지를 알려준다. 소포클레스는 비극 『오이디푸스』에서 최초로 문학이라는 형식을 통해 인류의 윤리선택을 절묘하게 해석했다.

윤리선택의 본질은 인간이 될지 아니면 짐승이 될지의 문제이며, 이 문제의 전제는 자신에 대한 인간의 인식, 곧 무엇이 인간을 짐승과 구분해주는가를 인식하는 일이다. 『오이디푸스』는 보통 고대 그리스인들이 운명을 주제로 하여 표현한 비극이라고 해석된다. 그러나 만약 인류의 윤리선택이라는 시각에서 이 문제를 살펴보면 곧 스핑크스와 수수께끼는 결코 인류가 운명과 싸울 수 없다는 명제를 표현하기 위함이 아니라, 인간이 어째서 인간인가에 대한 궁극적 물음이라는 점을 알게 된다.

스핑크스는 그리스신화에 나오는 형상이다. 그녀는 테베로 향하는 네거리를 오랫동안 지키며 지나가는 행인에게 수수께끼에 대한 해답을 요구했다. 해답을 제시할 수 없었던 대부분이 모두 살해됐다. 스핑크스의 수수께끼는 강렬한 상징성을 갖는다. 수수께끼의 내용은 다음과 같다. 아침에는 네다리로 걷고 정오에는 두 다리로 걸으며 저녁에는 세 다리로 걷는 것은 무엇인가? 해답은 '인간'이지만, 테베 사람들은 정답을 알아낼 수 없었다. 그런데 오이디푸스는 '인간'이라고 대답했다. 삶의 오전에 인간은 어린아이로서 손과 발을 이용해 기어 다니기 때문에 네 다리로 걷는다. 삶의 정오에 이르게 되면 건장해지고 힘이 세지기 때문에 두 다리로 걷게 된다. 삶의 저녁에 이르게 되면 늙고 쇠약해지게 되어 지팡이를 사용할 수밖에 없어서 세 다리의 모습으로 걷는다. 오이디푸스가 정답을 말하자 스핑크스는 수치심에 절벽으로 몸을 던져 자살하고 만다. 이와 같이 인간과 관련된 수수께끼는 당시 수많은 사람을 쩔쩔매게 했기 때문에 스핑크스의 수수께끼라고 불리게 됐다. 그러나 이 수수께끼의 가치는 결코 난해함이 아니라 우리가 인간을 이해하는 데 중요한 영감을 제공함에 있다.

예부터 지금까지 수많은 학자는 스핑크스의 수수께끼라는 간단해 보이는 문제를 여러 가지로 해석하려고 시도했다. 비록 각각의 관점은 일치되지 않았고 이해와 서술이 서로 달랐지만, 스핑크스의 수수께끼와 인간의 본질에 대한 탐구가 서로 연관되어 있다는 점에서는 일치하는 경향을 보인다. 학자들은 종종 이 수수께끼를 아폴론신전에 새겨져있는 의미심장한 잠언인 "네 자신을 알라"와 연관하여 스핑크스의 수수께끼가 나타내는 핵심은 '인간 본질에 대한 탐구'라고 생각했다. 우리가 스핑크스의 수수께끼를 이해하는데 있어서 이런 생각이 도움이 된다는 사실에는 의심의 여지가 없다.

그러나 이 문제를 이해하기 위해서는 우선 스핑크스의 형상을 분석할 필요가 있다. 스핑크스는 신화적 형상일 뿐만 아니라 유명한 문학적 형상이기도 하다. 그러나 유감스럽게도 이는 인간에 의해 오랫동안 잘못 해석된 형상이라는 사실이다. 스핑크스는 오늘날까지 악을 저지르는 괴수라는 이미지로 이해되곤 했다. 그리스신화에서 스핑크스는 파멸을 대표하는 잔인한 괴물이다. 헤시오도스의 『신통기』에 의하면 스핑크스는 에키드나와 오로토스(Orthus) 사이에서 태어났다. 에키드나는 스핑크스의 어머니로 스핑크스와 비슷한 반인반수의 요괴다. 그녀의 상반신은 여신으로 반짝이는 두 눈과 아름다운 용모를 지녔다. 그러나 하반신은 반점으로 뒤덮인 뱀의 모습을 하고 있다.[10] 스핑크스의 뱀 모양으로 된 꼬리를 통해 우리는 여전히 그녀의 어머니의 그림자를 볼 수 있다. 스핑크스의 아버지 오르토스 역시 인간의 형상이 아닌 두 개의 머리를 가진 개의 형상이었다. 그리스신화에서 인간과 짐승이 하나로 된 형상[人獸一體]을 하고 있는 에키드나는 결코 반인반수의 특별한 예는 아니다. 예를 들어 크레타섬의 미노타우로스, 반인반양(半人半羊)의 목신 판(Pan), 숲의 신 사티로스(Satyrs), 반인반마의 케이론(Chiron) 등도 있기 때문이다.

그리스신화의 모든 인수일체의 형상 가운데 스핑크스가 가장 유명한 까닭은 그가 강렬한 상징성을 띤 모습이기 때문이다. 스핑크스의 성별은 여성이

10 *The Works of Hesiod, Callimachus, and Theognis*, literally translated into English prose, with copious notes, by J. Banks, London: H. G. Bohn, 1856, 18~19쪽; *Theogony, and, Works and days*, by Hesiod, trans. and with introductions by Catherine M. Schlegel and Henry Weinfield, Ann Arbor: University of Michigan Press, 2006, 32~33쪽.

다. 그녀는 여인의 긴 머리칼과 사자의 몸, 매의 날개와 뱀 모양의 꼬리를 지녔다. 그렇다면 인간과 짐승이 결합된 형태의 스핑크스는 도대체 무엇인가? 인간인가 아니면 짐승인가? 이제 겨우 생물선택을 마친 뒤 몽매한 상태에서 벗어나려는 고대인에게 이 질문은 완벽하게 해결하기에는 불가능한 문제였다. 스핑크스의 머리는 그녀가 인간이면서 여성임을 말해주지만, 사자 몸은 인간이 아니라 짐승임을 말하고 있다. 뱀 꼬리처럼 길게 늘어진 그녀의 꼬리는 야수와 같은 욕정을 상징한다. 짐승이면서 동시에 인간인 스핑크스는 과연 무엇인가? 이 문제는 곧 햄릿이 맞닥뜨렸던 "살 것인가 죽을 것인가?"(To be or not to be)라는 문제와 맞물린다.

스핑크스가 인간에게 낸 수수께끼는 실제로는 어떻게 인간을 짐승과 구분해낼까에 관한 문제다. 진화과정에서 인류는 생물선택을 거쳐 인간의 외형을 획득했다. 이와 동시에 인류는 자신의 몸 안에 수많은 동물 특성, 예를 들어 생존과 번식의 본능과 같은 특성이 남아있다는 사실을 알아차리게 됐다. 스핑크스는 인간의 두뇌를 가지고 있었기 때문에 자신이 짐승과 다르다는 사실을 알고 있었다. 그러나 그녀의 사자 형상을 한 몸통과 뱀 모양의 꼬리를 통해 드러나는 원초적 욕망은 스핑크스 자신이 짐승과 다르지 않다고 느끼게 했다. 그녀는 질문이라는 방식을 통해 자신이 인간에 대해 느끼는 곤혹감을 드러냈으며, 스핑크스의 수수께끼 역시 이렇게 생겨났다.

4. 스핑크스 인자

인간에 관한 스핑크스의 수수께끼는 인류가 자아를 인식해가는 역사성을 담고 있는 명제이다. 하지만 인류의 자아 인식을 일깨우는 이 명제는 인간의 형상을 한 괴수에 관한 이야기로 오랫동안 오해되고 오독됐다. 그렇다면 스핑크스는 도대체 어떤 형상인가? 우리는 스핑크스를 한 마리 괴수로 보기보다는 고대 인류가 자기 자신을 인식하는 상징이자 인간의 본질을 이해할 수 있는 열쇠로 볼 필요가 있다.

스핑크스는 인간 머리에 짐승의 신체가 결합된 특징을 갖는다. 이런 특징은 세 측면에서 의의가 있다. 첫째, 인간 형태에서 가장 중요한 특성이 바로 두뇌이며, 이는 인류가 생물선택을 통해 획득한 결과이다. 둘째, 인간의 두뇌는 기나긴 진화의 과정에서 완성한 생물선택으로, 이성의 맹아를 의미한다. 셋째, 사자의 몸은 인간이 짐승에서 진화한 존재로 인간의 몸에 아직 짐승의 본성이 남아있음을 의미한다. 우리는 인간의 두뇌와 짐승의 신체가 결합된 특징을 스핑크스 인자라고 부를 수 있다.

스핑크스 인자는 인성인자(人性因子; human factor)와 수성인자(獸性因子; animal factor)로 구성되어 있다. 이 두 종류의 인자는 유기적으로 조합되어 완전한 인간을 이룬다. 인간의 몸에서 이 두 가지 인자 중 어느 하나도 없어서는 안 된다. 그러나 인성인자가 고급 인자이고 수성인자는 저급 인자이다. 그러므로 전자는 후자를 제어하여 인간이 윤리의식을 가진 존재가 될 수 있게 한다. 스핑크스 인자는 동물성과 이성이라는 두 측면에서 인간의 기본적인 특징, 즉 인간의 몸에 선과 악이 공존함을 충분히 설명해줄 수 있다. 현실 사회의 인간이나 문학작품 속 인간이나 모두 동일한 스핑크스 인자의 존재이다. 동물성만 있는 인간이나 순수하게 이성만 있는 인간은 존재하지 않는다. 종교나 도덕적 이상세계에 존재하는 성인의 형상이나 악마의 형상은 단지 우리가 이를 본받거나 경계함에 어떤 표상을 세워 주기 위함일 뿐이다. 우리는 이 표상들을 통해서 이성으로 동물성을 통제하여 인간이 되려하고, 동물이 되지 않으려 한다. 문학작품에서 스핑크스 인자는 우리가 인물 형상의 복잡성을 이해하는 데에 많은 도움을 줄 수 있다. 스핑크스 인자를 구성하는 인성인자와 수성인자의 다양한 조합과 변화는 문학작품의 인물들이 보여주는 서로 다른 행동에 대한 특징과 성격을 이끌어내고, 다양한 윤리충돌을 형성하며, 다양한 도덕교육의 가치를 보여준다.

인성인자는 곧 윤리의식으로 주로 인간의 머리로 실현해낸다. 인간의 두뇌는 인류가 야만의 시대에서 문명의 시대로 진화하는 과정에서 생물선택의 결과로 획득한 산물이다. 두뇌의 출현이 갖는 최초 의의는 인체의 외형적인 생물성이 변화했다는 데 있지만, 더욱 중요한 의의는 윤리의식에 대한 상징이 출현했다는 점이다. 스핑크스에 있어 인간의 두뇌가 의미하는 바는 스핑크스가 자신 내면에 인간의 특징, 즉 인성인자를 가지고 있다는 사실이다. 인성인자는 인성과는 다르다. 인성은 인간을 짐승과 구분해주는 근본적 특징이다. 그러나 인성인자는 인류가 야만(savagery)에서 문명(civilization)으로 진화하는 과정에 나타나 스스로를 인간으로 진화하게 해준 요소이다. 인성인자의 출현 이후 인간은 비로소 윤리의식을 갖게 됐고, 짐승에서 인간이 될 수 있었다. 윤리의식의 가장 중요한 특징은 바로 선악을 분별하는 능력에 있으며, 이는 우리가 에덴동산의 선악과를 훔쳐 먹은 아담과 하와처럼 선악을 분별할 수 있게 됐다는 사실을 의미한다. 만약 인간에게 두뇌가 없다면 윤리의식도 존재할 수 없다. 윤리의식이 없다면 선악을 분별할 수 없을 테고, 선악을 분별할 수 없다면 진정한 의미의 인간이 될 수 없다. 인간의 두뇌가 나타내게 된 인성인자가 있기 때문에 인간은 비로소 윤리의식을 통해 선악을 분별하게 되고, 짐승에서 벗어난 윤리적 의미로서의 인간이 탄생하게 된다. 즉 인간의 기본 속성은 바로 선악을 분별할 수 있는 윤리특성에 의해 체현된다.

수성인자는 인성인자와 반대로 인간의 동물적 본능의 한 부분을 의미한다. 수성인자는 인간이 진화하는 과정 중에 인간에게 잔류하는 동물적 본능이다. 수성인자는 인간의 원초적 욕망에 따르며, 그 외재적 표현 형식은 자연의지와 자유의지이다. 자연의지는 원초적 욕망(libido)의 외재적 표현 형식이고, 자유의지는 욕망(desire)의 외재적 표현 형식이다. 수성인자는 인간에게 존재하는 비인간적인 부분이긴 하지만 동물성과는 다르다. 짐승에게 존재하는 동물성은 이성의 지배를 받지 않는 순수한 동물성으로, 짐승과 인간이 구별되는 동물의 본질적 특징이다. 하지만 수성인자는 진화한 인간의 신체에 남아있는 동물성의 잔류로서, 이는 인간이 짐승에서 진화했다는 사실을 의미할 뿐만 아니라, 인간이 비록 야만의 상태를 벗어나 문명인이 됐지만, 우리에겐 여전히 동물적 특성이 존재한다는 사실을 의미한다. 인간과 짐승의 구분은 인간이 선악을 분별할 수 있는 능력을 가지고 있다는 점에 있다. 이 인성인자가 수성인자를 제어할 수 있기 때문에 인간은 이성적 인간이 될 수 있다. 인간과 짐승의 본질적 차이는 바로 윤리의식을 가지고 있느냐 없느냐 하는 점이며, 오직 인간의 윤리의식이 드러난 이후에야 진정한 의미에서 인간이 될 수 있다. 이런 의미에서 인간은 윤리존재이다.

동화의 기능은 어린이가 성장하는 과정에서 문학이 갖는 가치를 설명한다. 동화는 왜 언제나 동물의 형상을 빌어 도덕 이야기를 기술하는가? 이는 어린이의 이성이 성숙해가는 과정에서 자기 자신을 인식해야만 하는 필요성이 있기 때문이다. 우리는 어린이의 성장과정을 통해서 스핑크스 인자가 존재하는 전형을 발견할 수 있다. 어린이의 성장과정은 실제로 윤리선택의 과정, 즉 인간이 되어가는 과정이다. 윤리선택을 완성하기 이전의 어린이는 스핑크스와 조금도 다르지 않고, 인간과 짐승의 차이를 이해할 방법도 없다. 인간과 짐승을 구별할 수 없기 때문에, 인간이 무엇이고 짐승이 무엇인가에 대해서도 답할 수 없다. 동화는 동물 형상을 통해서 어린이가 스스로를 동물과 점차 구별하고, 자신과 동물의 차이를 인식하면서 윤리관념을 세워 이성적 인간으로 성장하게 하는 기능을 갖는다.

5. 스핑크스 인자와 오이디푸스의 패륜 범죄

스핑크스의 수수께끼는 인류가 생물선택을 한 뒤 우리에게 남겨진 윤리 명제를 상징한다. 즉 인간이 될까, 아니면 짐승이 될까 하는 윤리의 물음이다. 그러므로 스핑크스의 수수께끼가 인류에게 제기하는 바는 선택의 문제다. 인류가 생물선택을 거친 이후에도 계속해서 이차 선택, 즉 윤리선택을 할 수 있는가에 대한 물음이다. 오이디푸스가 수수께끼의 해답을 정확하게 맞힐 수 있었던 까닭은 그가 진정한 의미에서 인간과 짐승을 구분해 낼 수 있었기 때문이다. 이는 윤리선택의 결과이다. 소포클레스는 『오이디푸스』에서 오이디푸스가 아버지를 죽이고 어머니를 아내로 맞이한다는 패륜의 이야기를 통해 오이디푸스가 윤리선택을 하게 되는 비극의 과정을 설명한다.

『오이디푸스』에서 스핑크스의 수수께끼를 맞힐 수 있었던 오이디푸스는 자신도 모르게 친부를 죽이게 되고, 테베의 시민에게 왕으로 추대되어 어머니를 왕후로 맞이하게 된다. 오이디푸스는 이때 자기가 죽인 사람이 자신의 아버지이고 아내로 맞이한 사람이 자신의 어머니임을 결코 알지 못했다. 스핑크스의 수수께끼를 해결하여 테베 사람의 고통을 해소시켜주었던 오이디푸스는 자신도 모르게 저지른 패륜 때문에 결국 테베의 시민에게 거대한 재난을 가져다주게 됐다. 소포클레스는 테베의 비극적 모습을 다음과 같이 묘사하고 있다.

"보리발 시들고, 목장의 소들은 역병에 걸려 죽고, 부인들은 유산했다. 불을 품은 역신이 이 도시에 강림하여 카드모스의 조국을 황폐한 땅으로 바꾼 일이 가장 무섭다. 죽음의 땅 곳곳에는 비탄의 울음소리가 끊이지 않았다."[11]

"셀 수 없는 죽음이 우리의 도시를 파괴했고, 청년들은 땅에 쓰러져 죽어 역병을 퍼뜨려도 그 누구도 그들을 애도하거나 불쌍히 여기는 이가 없었다. 죽은 자의 노모와 아내들은 각자 제단 계단에서 신음하며 신이 이 비참한 재난에서 구원해주길 기도했다."[12]

하늘이 내린 역병으로 인해 죽음이 테베인의 도시를 휩쓸고 가고, 도시

11 索福克勒斯, 「俄狄浦斯王」, 『索福克勒斯悲劇二種』, 羅念生譯, 北京: 人民出版社, 1961, 347쪽.

12 索福克勒斯, 위의 책, 351쪽.

는 마치 붉은 피의 파도 속에서 흔들리는 배와 같이 역신의 손아귀 속에서 고통 받을 수밖에 없었다. 그렇다면 이 재앙의 원인은 무엇인가? 오이디푸스는 크레온을 아폴론의 델포이 지역으로 보내 재난의 원인을 묻게 했다. 크레온이 가져온 내용에 따르면 테베에 재앙이 내린 원인은 바로 테베의 전 국왕 라이오스를 살해한 범인이 아직 이 나라에 숨어있기 때문이며, 이 더러운 자를 제거해야만 테베의 재앙이 사라지게 된다고 말했다. 비극이 전개됨에 따라 독자는 결국 그 범인이 오이디푸스 자신임을 알게 된다. 그러나 여기에서 라이오스를 죽인 사실이 어째서 이런 엄청난 결과를 초래했는가 하는 의문이 생긴다. 원래 이 살인 사건에는 아버지를 죽이고 어머니를 아내로 맞이한다는 충격적인 패륜 이야기가 숨어있다. 오이디푸스의 패륜 행위가 바로 테베의 모든 비극을 초래했기 때문이다.

오이디푸스의 패륜 이야기는 두 가지 측면으로 볼 수 있다. 바로 아버지를 죽인 점, 어머니를 아내로 맞이한 점이다. 이는 이런 패륜이 초래할 끔찍한 결과 때문에 당시 매우 엄격하게 금지됐던 일이다. 오이디푸스는 혼잣말로 "나는 나를 낳아서는 안됐을 부모의 아들이 됐으며, 아내로 맞이해서는 안 될 어머니를 아내로 맞이했고, 죽여서는 안 될 아버지를 죽이고 말았다"[13]고 말한다. 오이디푸스의 불결한 결혼은 '재난'이며 '죄악'이다. 이 결혼으로 인해 오이디푸스의 어머니는 남편을 위해 남편을 삼게 됐고, 아들을 위해 딸을 낳게 됐다. 아들은 남편이 됐으며 어머니는 아내가 됐고 딸은 자매가 되고 말았다.

---

13 索福克勒斯, 위의 책, 103쪽.

오이디푸스의 패륜 행위는 엄청난 결과를 몰고 왔다.

고대 사회에서 패륜은 엄격하게 금지됐다. 인류는 생물선택의 과정에서 근친상간이 불행을 가져오게 될 사실을 점차로 인식하면서 이를 금기하려는 의식을 형성하게 된다. 문명의 점진적 발전과 함께 금기는 형성된다. 금기는 생식과 번식에 대해 가졌던 고대 인류의 소박한 과학적 이해이자 인간사회의 윤리기원이다.

금기는 토템에서 시작됐다. 중국과 외국을 불문하고 고대 민족은 각종 짐승을 통해 토템의 상징을 만들었고 토템과 관련된 신앙을 형성했다. 토템의 상징은 스핑크스와 유사한 점이 있다. 이는 사실상 수성인자가 인류의 몸에 여전히 남아있다는 사실이자 인류 자신의 생물선택에 대한 기억이다. 혈연이 같은 사람은 같은 토템을 가지고 있기 때문에 토템은 혈연관계의 유무를 구분하는 데에 주요하게 활용됐다. 최초의 윤리에 있어 금기는 주로 패륜에 대한 내용이었다. 즉 혈연관계에 있는 사람들 간에 발생하는 성관계나 살육을 금지했는데, 이는 주로 부모와 자녀, 형제자매 사이의 패륜 관계나 상호 학살에 대한 엄격한 금기로 드러난다. 금기가 나타나기 전에 패륜은 보편적으로 존재했다. 마치 비극에서 "그들 구시대의 행복은 당시에 진정한 행복이었다. 그러나 오늘날의 비애, 파괴, 사망, 치욕, 재난과 관련된 모든 이름이 그들에게 귀속됐다"[14]고 말하는 바와 같다. 금기의 의식은 인류의 자연선택 과정에 비로소 형성되기 시작하지만 인류의 윤리선택 과정에 반드시 준수해야할 규범으로 발

---

14 索福克勒斯, 위의 책, 105~106쪽.

전하게 된다.

사회과학 연구는 고대 인류의 도덕관념이 생겨나기 이전, 윤리질서는 금기를 통해 유지됐다는 사실을 증명했다. 성관계를 예로 들면, 사람들은 패륜관계에 대해 극도의 공포심을 가지고 있었고 이를 엄격히 금지했다. 프로이트는 『토템과 터부』에서 "토템이 있는 곳이라면 어디든지 이와 같은 규정이 존재했다. 동일한 토템의 각 구성원들은 서로 간에 성관계, 즉 혼인관계를 맺을 수 없었다"[15]고 말한다. 이는 패륜에 대한 금기가 그에 대한 공포를 조장했다는 사실을 보여준다. 과학적으로 패륜에 대한 공포는 인류라는 종의 번식을 위함이었으며, 패륜의 감소가 후대인이 열성유전병에 걸릴 확률을 낮췄다는 사실을 알 수 있다.

오이디푸스는 『오이디푸스』에서 패륜에 대한 극단적인 공포심과 고도의 윤리자각을 보여주었다. 그는 "결혼이여, 결혼이여, 너는 나를 낳고, 나를 낳은 뒤엔 너의 아이에게 아이를 낳게 했다. 너는 아버지, 형, 아들과 신부, 아내, 어머니의 패륜 관계를 초래했으니, 이는 인간으로서 가장 치욕적인 일이로다"[16]라고 말한다. 바로 오이디푸스는 이러한 윤리자각을 통해 자신의 죄업이 너무나 깊다는 사실을 인식하면서 엄청난 윤리공포에 빠지게 됐다. 그리고 결국 바늘로 자신의 두 눈을 찔러 스스로를 벌할 수밖에 없었다.

여기서 오이디푸스의 패륜 비극과 스핑크스의 수수께끼의 관계를 다시 생각해 볼 필요가 있다. 스핑크스의 수수께끼를 해결한 이후로 우리는 오이디

15 西格蒙德·弗洛伊德, 『圖騰與禁忌』, 中央編譯出版社, 2009, 4쪽.
16 索福克勒斯, 위의 책, 1961, 108~109쪽.

푸스의 이성이 이미 성숙하여 선악을 충분히 분별할 수 있고 인간을 짐승과 구분할 수 있음을 알게 됐다. 오이디푸스에게 있어 그의 윤리의식은 곧 이성적 성숙을 상징한다. 이는 극중에서 아버지를 죽여서는 안 되고 어머니를 아내로 맞이해서는 안 된다는 윤리금기를 준수하는 방식으로 드러난다. 오이디푸스가 아버지를 살해하고 어머니를 아내로 맞이하는 죄를 범한 사실은 인간이 이성을 획득한 이후에도 그 몸에는 스핑크스의 사자 형상을 한 몸통이 상징하는 수성인자가 여전히 존재한다는 사실을 증명한다. 그리고 수성인자는 우리가 악을 저지를 수 있는 가능성을 의미한다. 그러나 스핑크스가 가진 인간의 두뇌가 상징하는 이성의지는 수성인자를 제어할 수 있으며 이 때문에 인간은 인간의 본성을 유지할 수 있다. 오이디푸스의 이성의지는 바로 그의 강렬한 윤리자각이다. 그리고 그의 이성의지는 아버지를 죽이고 어머니를 처로 맞이한 죄를 결연하게 추궁하고자 할 뿐만 아니라, 윤리금기를 위반한 자를 엄격하게 징벌하고자 한다. 그는 비록 자신이 범인이었다는 사실을 알게 된 뒤에도 자기 자신에게 면죄부를 줄 수 없었다. 오이디푸스의 불행은 인류가 윤리선택을 거쳐 야만과 무지함의 상태에서 나와 윤리의식을 가진 사람으로 변했지만 이 과정이 비극이라는 사실을 분명히 보여준다.

6. 도리안 그레이의 자연의지와 이성의지

문학작품에서 스핑크스 인자는 자연의지, 자유의지, 이성의지의 형식으로 구분되어 인물의 신체를 통해 체현된다. 자연의지는 주로 인간의 원초적 욕망 즉 리비도(libido)의 외재적 표현 형식이고, 자유의지는 인간 욕망(desire)의 외재적 표현 형식이며, 이성의지는 인간 이성의 외재적 표현 형식이다. 이 세 가지 의지는 스핑크스 인자의 상이한 표현 형식이다. 자연의지는 수성에 가까운 원시적 의지로서 성적 본능이다. 자유의지는 이성의지에 가까운, 어떤 목적이나 요구 등에 대한 의식적 추구이다. 이성의지는 도덕의지로서 판단과 선택에서 선악의 기준이나 도덕규범이다. 이 세 가지 의지가 늘어나고 줄어들거나 상호 억제하는 과정은 인간의 신체에서 상호 대립적이면서 상호 불가분의 힘의 관계를 갖는다. 문학작품은 항상 이 세 종류의 힘이 어떻게 인간의 도덕행위에 영향을 미치는지 묘사한다. 또한 이러한 이 세 가지 힘이 서로 다르게 변화하는 과정을 통해 형형색색의 인간 군상을 묘사한다.

대체로 문학작품은 권선징악이라는 교육목표를 위해 도덕 모델을 세우고, 이성의지를 통해 자연의지와 자유의지를 제어하여 어떻게 사람들이 선을 따르게 할지를 연구한다. 오스카 와일드의 『도리안 그레이의 초상』의 그레이 이탈로, 칼비노의 『반 쪼가리 자작』의 사악한 자작, 『금병매』의 서문경 등과 같이 악행을 저지르는 인물에 대한 묘사도 그 목적은 모두 이들을 거울로 삼아 도덕 교훈을 얻게 하려는 데 있다. 이 때문에 문학작품에서 인간의 이성의지와 자유의지 또는 자연의지와의 충돌과 전환을 묘사하는 목적은 모두 이성의지가 어떻게 자유의지를 제어하고 인도하는지를 드러내어 도덕적 인간이 되게 하려는 데 있다. 오이디푸스가 아버지를 죽이고 어머니를 아내로 맞이한 패륜 행위는 그의 몸에 내재된 자유의지의 발현이다. 그가 범인을 밝혀내고 자기 자신을 벌하는 과정은 바로 금기에 대한 준수를 의미한다. 이는 이성의지의 체현으로 볼 수 있다. 자유의지는 수성인자 의지의 체현이다. 자유의지는 주로 인간의 동물적 본능에서 생겨난다. 이는 주로 다양한 욕망의 형식으로 드러난다. 예를 들면 성욕, 식욕 등과 같은 기본 생리적 욕구이자 심리 동태의 형태로 드러난다. 이런 자유의지는 오이디푸스가 아버지를 살해하고 어머니를 아내로 취하는 패륜 범죄로 드러난다.

오스카 와일드의 소설 『도리안 그레이의 초상』에서 도리안 그레이는 자유의지가 움직여 범죄를 저지른다. 오스카 와일드는 19세기 중후반 영국의 저명한 소설가로 『살로메』, 『도리안 그레이의 초상』 등의 소설을 써서 유미주의 작가로 불린다. 그러나 이런 평가는 사실 오스카 와일드에 대한 오해이다. 만약 『도리안 그레이의 초상』을 『오이디푸스』과 연관해서 생각한다면 오스카 와일드의 이 소설은 어떻게 이성적인 사람을 만들 수 있는가 하는 현대판 스핑크스의 수수께끼로 평가될 수 있다. 도리안 그레이는 화가 바질 홀워드에게 있어 "엄청난 매력을 소유한" 모델로 그 인격은 화가의 모든 천성과 영혼, 심지어는 예술 자체를 소멸시킬 정도였다. 그레이는 붉고도 붉은 부드러운 곡선형 입술과 시원한 푸른 눈동자, 곱슬곱슬한 금발을 가졌고, 표정은 순수함과 솔직함으로 가득 차 있었다. 그는 세속적인 더러움에 물들지 않았기에 사람들은 그를 신뢰하고 탄복했다. 그는 마치 그리스 대리석 조각상과 같이 화가 바질 홀워드의 위대하고 고결한 예술적 이상을 대표하고 있다. "그는 무의식적으로 나를 위해 새로운 유파의 윤곽을 정해주었다. 신유파는 낭만주의 정신의 모든 감정과 그리스 정신의 모든 완전성을 가지고 있다. 정신과 신체의 조화란 얼마나 아름다운가!"[17] 이처럼 화

17 奧斯卡·王爾德, 『道林·格雷的畫像』, 彭恩華譯, 太原: 山西人民出版社, 1983, 15~16쪽.

가는 자신의 모든 예술적 이상을 그레이의 초상화에 쏟아 부어 전대미문의 작품을 완성했다.

이 위대한 작품이 완성된 뒤, 그레이가 자신의 초상화를 감상했을 때 신분 선택의 문제가 나타나게 됐다. 그는 다음과 같이 말한다.

> "이 얼마나 슬픈 일이란 말인가! 나는 장차 늙고 추하게 변해 갈 테지만 이 그림은 영원히 젊음을 유지하는구나. 그의 나이는 유월의 이 특별한 날에 멈춰버릴 테니. …… 나와 그림의 상황이 서로 바뀐다면 좋겠구나! 만약 나의 아름다운 얼굴이 영원하고, 대신 초상화 속 내가 하루하루 늙어간다면 얼마나 좋을까! 만약 가능하다면, 만약 가능하다면, 나는 내 모든 걸 기꺼이 바치리라. 그렇다. 이 세상의 무엇이라도 기꺼이 내놓으리라. 기꺼이 내 영혼을 바쳐 바꾸리라!"[18]

도리안 그레이의 윤리의식을 보면, 그는 자신과 초상화의 서로 다른 신분을 혼동했을 뿐 아니라 잘못된 신분을 선택하고자 했다. 그는 선택의 시간이 왔다고 생각했다. 그는 영원한 청춘, 거대한 열정, 미묘하고도 신비한 향락, 광란적인 쾌락과 타락을 선택하려고 했다. 그는 이 모두를 누리는 대신 치욕을 초상화에 넘기려고 했다.

그레이의 선택을 통해 우리는 스핑크스 인자가 야기하는 두 종류의 의지를 볼 수 있다. 이는 바로 소설에서 묘사하는 영혼과 육체의 심오한 비밀이다.

---

18 奧斯卡·王爾德, 위의 책, 39쪽.

"영혼과 육체, 육체와 영혼 — 이 얼마나 신비한가! 영혼 안에는 동물적 본성이 있고, 육체는 또한 순식간에 정신 위로 승화한다. 감각은 정련되고 지능은 퇴화한다. 육체의 맥박이 어디서 끝날지 심리의 맥박이 어디서 시작될지 그 누가 말 할 수 있을까?"[19]

소설에서 말하는 영혼이란 이성의지이며, 육체란 곧 자유의지이다. 수성인자를 체현하는 인체의 감각기관은 강렬한 욕망과 감정을 생산할 수 있는데, 바로 곧 자유의지이다. 그러므로 강렬한 육욕 앞에서 인간의 이성의지는 종종 무력할 수밖에 없다. 소설은 이렇게 말한다. "정신과 물질의 분리는 하나의 비밀이다. 정신과 물질의 결합 역시 비밀이다."[20] 도리안 그레이는 감각기관이란 여전히 원시적인 동물 단계에 멈춰있다고 생각했다. "우리 모두의 몸에는 천국과 지옥이 존재한다."[21] 자유의지의 충동 속에서 그레이는 결국 지옥을 선택하고 자신의 죄악을 초상화에 넘기게 된다.

그레이의 선택은 일종의 윤리선택이고 이 선택을 통해 그는 자신과 초상화의 신분을 교환하게 된다. 속세를 초월할 정도로 완벽한 그레이의 초상화는 인성인자로 바뀌게 된다. 초상화는 이성의지를 체현하고 선악을 분별함으로써 그레이의 모든 악행을 일일이 기록해간다. 그레이 자신은 수성인자를 상징하는 스핑크스의 사자 몸으로 변하여 자유의지를 체현하게 된다. 그레이는 본

19 奧斯卡·王爾德, 위의 책, 90쪽.
20 奧斯卡·王爾德, 위의 책, 91쪽.
21 奧斯卡·王爾德, 위의 책, 241쪽.

능의 충동에 몸을 맡겨 감각적 향락만을 추구하고 죄악으로 깊게 빠져들어 간다. 원래 그레이는 이성을 구현하는 두뇌를 가지고 있기 때문에 자신의 악행을 제어할 수 있었다. 그러나 자신의 두뇌와 초상화를 치환함으로써, 그의 머리는 이성을 잃고 죄악의 원천이 되고 말았다. 현실에서 비이성의지를 구현하는 존재인 그레이는 미친 듯이 향락을 좇아 결국 수치심조차 모르는 타락한 존재가 되고 만다. 이와 반대로 이성을 가진 초상화는 그레이가 죄악을 저지를 때마다 이를 기록해간다. 죄악은 초상화 속 얼굴에 그려지면서 입가의 주름으로, 늘어진 눈꺼풀로, 심지어는 손 모양으로 나타나게 됐다. 그가 죄를 지을 때 마다 초상화의 얼굴 위에는 얼룩이 생겨나 새하얀 피부가 좀먹게 됐다. 초상화의 변화를 눈치 챈 그레이는 자신이 저지른 죄에 대해 공포를 느끼기 시작했다. 그리고 초상화를 그린 자에게 모든 분노를 쏟아내게 됐다. 홀워드는 그레이와 초상화에 자신의 모든 애정을 쏟아 그림을 완성했다. 초상화는 홀워드의 손에 의해 탄생했으므로, 이런 맥락에서 보면 그는 곧 그레이의 아버지가 된다. 홀워드는 계단 끝 방 안에서 그레이의 모든 죄악을 기록하고 있는 초상화를 발견하고는 그레이의 비밀을 알게 된다. 그리고 그레이에게 모든 죄를 뉘우치고 참회하라고 간청하지만 그레이는 홀워드의 말을 무시한 채 오히려 칼로 그를 찔러 죽인다. 이러한 그레이의 의도적인 범죄행위는 곧 비이성의지의 극단적인 표출이다. 그리고 그레이의 홀워드 살해는 상징적으로 자기 아버지를 죽인 바와 같기 때문에 결국 그가 패륜적 대죄를 짓게 됐다고 볼 수 있다.

초상화는 거울과 같이 그레이의 추악함을 그대로 비춰낸다. 초상화는 그레이의 양심이며 그 죄악을 한 치의 거짓도 없이 기록한다. 그는 누가 초상화를 볼까봐 극심한 두려움에 떨며 밤에도 잠을 이루지 못한 채, 공포 속에서 하루하루 살아간다. 그리고 한계에 이른 그레이는 결국 초상화를 없애버리기로 결심한다. 바로 소설에서 묘사되는 바와 같이 화가를 죽였던 바로 그 칼을 들었다.

"그는 칼을 여러 번 씻었기에 어떤 흔적도 남아있지 않았다. 칼은 번쩍번쩍 빛이 났다. 칼은 이미 화가를 죽였으니, 이제 화가의 작품과 그 작품이 품고 있는 모든 요소도 당연히 죽여야 한다. 그것이 지난 일을 죽였으니, 이제 그는 자유롭게 됐다. 생명과 영혼을 지닌 이 공포를 죽여 추악의 인장을 제거했으니 이에 그는 평온을 얻을 수 있게 됐다."[22]

그는 칼을 들어 초상화를 향해 찔렀고, 결국 자기 자신을 죽이게 됐다. 그리고 기적이 일어났다. 바닥에 쓰러져 죽은 그레이의 얼굴은 일순간 초췌해지고 주름으로 뒤덮여 혐오스런 몰골로 변해버렸다. 벽에 걸린 초상화는 젊고 아름다우면서도 마치 살아 숨 쉬는 듯한 원래 모습으로 돌아갔다.

그레이는 도덕적 이미지로서 우리에게 풍자와 권계, 교육의 힘을 보여준다. 인간의 육체는 영혼을 떠나 존재할 수 없다. 이는 곧 인간은 이성을 잃어버릴 수 없음을 의미한다. 만약 인간의 영혼과 육체가 완전히 분리된다면, 자유

22 奧斯卡·王爾德, 위의 책, 342~343쪽.

의지는 곧 이성의 속박에서 벗어나 자연의지의 수렁에 빠지게 되어, 범람하는 근원적인 욕망에 휩싸인 채 금수와 다를 바 없는 존재로 변하게 될 테다. 영혼은 사람에게 있어 가장 고귀하다. 인간은 영혼이 있기 때문에 선악을 분별할 수 있으며, 진정한 의미에서 금수와 구분된다. 그러나 그레이는 마치 오스카 와일드가 쓴 동화의 어부와 마찬가지로 영혼의 가치를 알지 못했다. 어부는 아름다운 인어의 노랫소리와 미색 때문에 육욕의 유혹에 저항조차 못한 채 기꺼이 자신의 영혼을 내어놓게 된다. 그레이가 줄곧 양심이 "가장 신성하다"고 생각했다는 점은 "나는 좋은 사람이 될 테다. 그러나 자신이 추악한 영혼을 가지고 있음을 생각할 때면 견딜 수 없었다"[23]는 사실을 의미한다. 그러나 그는 영원히 젊고 아름답기를 원하는 비이성적 충동에 의해, 결국은 잘못된 선택을 내림으로써 자신의 영혼을 포기하게 된다.

『도리안 그레이의 초상』은 알레고리다. 이 소설이 말하고자 하는 이치는 바로 화가 홀워드가 말한 "그리스 정신의 완벽함, 영혼과 육체의 조화"이다. 소설은 그레이의 이야기를 통해 인간에게는 초상화가 대표하는 인성인자(이성)와 그레이가 대표하는 수성인자(근원적 욕망)라는 두 가지 인자가 존재한다는 점을 분명히 나타내고 있다. 이 두 종류의 인자는 서로 분리되어서는 안 되며, 오직 같이 결합하여 존재할 때만이 인간은 온전한 존재가 될 수 있다. 이성의지는 자유의지를 제어할 수 있고, 비이성의지는 이성의지의 인도와 제약을 받을 수 있기 때문에, 인간은 이성의 인간이 될 수 있다. 만약 수성인자와 인성

---

23 奧斯卡 · 王爾德, 위의 책, 151쪽.

인자가 분리된다면 자유의지는 마치 고삐 풀린 망아지 혹은 도리안 그레이와 마찬가지로 스스로 통제할 수 없으며 다른 요소에 통제될 수도 없이 결국엔 파멸을 초래하게 된다.

7.『반 쪼가리 자작』의 영혼과 육신의 괴리

몇몇 문학작품에서는 인성인자와 수성인자가 종종 영혼과 육신의 괴리라는 특징으로 표현된다. 예를 들어『도리안 그레이의 초상』,『반 쪼가리 자작』,『지킬박사와 하이드』,『서유기』등에서 이런 특징은 더욱 분명하게 나타난다. 개체적 존재인 인간은 완전한 스핑크스 인자와 같기 때문에 인간에게는 인성인자와 수성인자가 동시에 존재한다. 이 두 가지 인자가 결합하여 공존할 때 비로소 온전한 인격이 완성될 수 있다. 이 두 가지 인자 중 인성인자가 주도적 인자이며 그 핵심은 바로 이성의지이다. 인성인자는 이성의지를 통해 수성인자 속에 있는 자유의지를 이끌고 속박하며 제어한다. 이로써 사람은 악을 버리고 선을 따르며, 수성인자가 윤리를 위반하지 못하게 한다. 그러나 사람이 일단 인성인자를 상실하게 되면 자유의지는 이성의지의 인도와 속박에서 벗어나게 되어 결국 영혼과 육신의 분리를 초래한다. 육체가 영혼을 상실하면 인간의 본질을 잃게 되며 영혼 없는 껍데기만 남게 된다. 영혼이 없는 인간은 오로지 본능에 의해서만 생존하게 된다. 이는 윤리의식도 없고 선악도 분별하지 못하며 짐승과 다를 바 없는 존재이다.

『반 쪼가리 자작』에서도 우리는『도리안 그레이의 초상』에서처럼 영혼을 잃은 인간이 저지르는 악행을 목도하게 된다.『반 쪼가리 자작』에서 이탈로 칼비노는 영혼과 육신이 분리된 또 다른 뛰어난 모델을 묘사한다. 터키와의 첫 번째 전투 중에 메다르도 자작은 폭탄을 맞아 두 쪽으로 쪼개지게 된다.

폭탄을 맞은 자작의 불완전한 몸뚱이는 사람들을 소스라치게 했다. 그는 한쪽 팔이 없었으며, 한쪽 다리도 없었다. 그뿐만이 아니었다. 팔 다리와 연결된 가슴과 복부의 반쪽도 없었다. 나머지 반쪽은 폭탄에 맞고 날아가 가루가 됐다. 그의 머리에는 오직 한쪽 눈과 한쪽 귀, 반쪽짜리 얼굴, 반쪽짜리 코, 반쪽짜리 입, 반쪽자리 턱과 이마만 남아 있었다. 나머지 반쪽 머리는 사라졌으며 끈적끈적한 액체만 남아 있었다. 간단히 말하면 그는 반쪽짜리 몸만 구조 받았다. 그러나 이 오른쪽 반신은 상처 하나 없이 완벽하게 보존되어 있었다. 단지 왼쪽 반신과 갈라진 거대한 한 줄기 선만이 있을 뿐이다.[24]

메다르도 자작은 상처를 입고도 갑자기 살아나 반쪽짜리 인간이 됐다. 그러고는 자신의 고향으로 돌아가 검은 망토를 걸친 반쪽짜리 기사가 됐다. 이 반쪽짜리 인간은 선악을 분별하지 못했고 정의의 관념 또한 없었기 때문에 사악한 자작으로 불리게 됐다. 그는 가는 곳마다 온갖 악행을 저질렀으며, 잔혹하고 야만스런 방법을 이용하여 자신의 비이성의지를 드러냈다. 그가 지나간 곳의 모든 존재물, 예를 들어 개구리, 참외, 버섯, 꽃 등은 모두 반쪽으로 쪼개졌다. 또한 그는 항상 집과 재물 등을 불태웠으며, 무고한 사람들을 불태워

24 卡爾維諾,『一個分成兩半的子爵』, 吳正儀譯,『卡爾維諾文集·我們的祖先』, 呂同六 張潔主編, 南京: 譯林出版社, 2001.

죽였고, 심지어는 나병환자의 거주지도 불태워 버렸다. 그는 자신의 어머니에게 화상을 입혔을 뿐만 아니라, 어머니가 나병에 걸렸다는 사실을 핑계 삼아 그녀를 나병환자 수용소로 보내버렸다. 그의 몸에서 선량한 반쪽이 분리되어 사라지고 동물성 인자의 비이성의지는 통제 불가능했기 때문에 잔혹한 냉혈한으로 변모하게 됐다.

이탈로 칼비노는 사악한 자작의 모습을 묘사할 뿐만 아니라, 동시에 대조적인 방법을 사용하여 선량한 자작인 왼쪽 반신의 모습 또한 묘사한다. 그 당시의 전장에서 자작의 또 다른 반쪽은 기독교인과 터키인의 시체더미 밑에 묻혀 있다가 한밤중에 길을 가던 두 명의 수사에 의해 구조됐다. 수사들은 발삼(balsam)과 연고로 그를 살려냈다. 그는 기독교의 수많은 나라를 거치는 여러 해 동안 계속해서 선행을 베풀었고, 마침내 다시 자신의 성으로 돌아오게 됐다. 그는 너덜너덜한 검은 망토를 몸에 두르고 천을 대어 기운 양말을 신고 지팡이에 몸을 지탱한 채 곳곳을 유랑했다. 그는 인자함의 화신으로 병자와 빈곤한 자와 노인을 도와주었고, 도움이 필요한 사람이 있으면 어디든 찾아갔다. 그는 길을 잃은 아이를 집으로 데려다 주었고, 과부에겐 땔감을 가져다주었고, 독사에 물린 개를 병원에 데려가 치료해주었으며, 빈곤한 사람에게 선물을 보내주었고, 바람에 뿌리가 뽑힌 무화가 나무를 다시 잘 심어 주었다. 그의 셀 수 없는 선행은 곧 자작의 좌측 반신이 이성의지를 체현한다는 사실을 알려준다.

소설 속의 선량한 자작(인성인자)과 사악한 자작(수성인자)은 스핑크스 인자의 두 측면, 즉 각각 이성의지와 비이성의지를 상징한다. 전자는 후자를 제어하지만, 인성인자와 수성인자가 일단 분리되면 수성인자의 자유의지는 제어되지 못한 채 해방되어 완전히 사악한 힘으로 변모하게 된다. 선량하고 인자한 자작과 사악하고 공포스러운 자작, 이 두 명의 자작은 서로 대립하여 조화되지 못한 채, 파멜라를 차지하기 위한 결투를 벌이게 된다. 그 결과 두 쪽 모두 상대방의 원래 상처를 가르게 됐다. 의사는 이 두 쪽의 자작을 하나로 꽁꽁 묶어 서로의 살과 내장, 혈관을 이어주었다. 그리하여 마침내 두 쪼가리 자작은 하나의 자작으로 변하게 됐다. 소설에서 메다르도 자작은 "이렇게 하나의 온전한 사람으로 돌아오게 됐다. 그는 선하지도 악하지도 않았고, 선과 악을 모두 구비하게 됐다. 겉으로 봐도 반으로 쪼개지기 이전과 어떤 차이도 없었다"[25]고 말한다.

이 소설은 도해식으로 두 쪽 자작의 이야기를 설명한다. 한 사람의 몸에는 선도 있고 악도 있다. 인간은 완전한 존재가 아니다. 그러므로 우리는 세상 모든 사람과 사물에 존재하는 불완전함이라는 고통을 이해해야만 한다. 불완전함은 인간에게 존재하는 수성인자가 제어되지 않기 때문에 야기되지만, 우리는 이를 스스로 제거하여 완전함을 얻을 수 없다. 수성인자는 전혀 쓸모가 없지 않다. 이는 반면교사의 역할을 함으로써 인간을 더욱 지혜롭게 만든다. 소설에서는 자작의 두 쪼가리 몸이 다시 하나로 합쳐지는 경험을 통해 더욱 현명하게 됐다고 평가한다. 그러나 우리는 이런 현명함이 이성의지가 자유의지를 인도하고 구속함으로써 얻을 수 있는 결과라는 사실을 알아야만 한다.

---

25 卡爾維諾, 위의 책, 73쪽.

소설은 두 명의 자작이 다시 합해진 뒤의 모습을 두고 다음과 같이 우화적으로 말한다. “우리는 자작이 다시 온전한 모습으로 돌아간 뒤, 기적과도 같은 행복의 시대를 열리라 기대할 수 있다. 그러나 단 한 명의 온전한 자작으로는 전 세계를 완벽하게 변화시킬 수 없다는 점은 명백하다.”[26] 작가는 분명 이 세계 전체의 불완전성에 대해 유감을 표시하고 있다.

8.『서유기』와 중국 지괴소설

이성의지가 자유의지를 구속하는 문학적 사례는『서유기』에 등장하는 손오공에서도 확인할 수 있다. 손오공이 무엇을 형상하는가에 관해서는 다양한 관점이 존재하지만, 손오공이 자유의지를 체현하고 있다는 사실은 매우 분명해 보인다. 소설에서 손오공은 자신을 화과산의 돌에서 태어난 엄청난 신통력을 가진 한 마리 돌원숭이이자 솔방울을 따먹는 원숭이로, 결코 인간의 형상을 하지 않았다고 말한다. 그는 윤리를 이해하지 못하고 선악을 분별하지 못했는데, 이는 손오공에게 윤리의식이 없다는 사실을 뜻한다. 그는 신선이 되고자 도를 구하는 과정에서 인간의 예절과 말을 배우면서 윤리의식이 싹텄다. 선사는 원숭이 ‘손’(猻) 자에서 ‘견’(犬)을 떼어내어 ‘손’(孫)으로 성을 삼고 오공이라는 이름을 하사하여 ‘손오공’이라고 불렀다. 그는 선사에게 72번의 변화술과 구름과 안개를 타고 하늘을 나는 방법을 배워 생존의 기술을 익히게 됐다. 손오공은 이로써 생물선택의 과정을 완성하게 됐고 드디어 짐승에서 사람이 될

26 卡爾維諾, 위의 책, 73쪽.

수 있었다.

그러나 윤리선택을 거치지 않은 손오공에게는 이성의지가 결여되어 있다. 그의 자유의지는 완전히 해방되어 원하는 일은 무엇이든지 하고, 하늘에 아무 거리낌도 없이 악행을 저지르게 됐다. 그는 반도회(蟠桃會)를 어지럽혔고 천궁에서 야단법석을 떨었으며 천상계의 규율을 어겼다. 천제가 장수들을 보냈으나 손오공을 붙잡지 못하고 결국 여래의 법력을 빌려 오행산 안에 가두게 됐다. 손오공은 500년이 지나 당승에 의해 구조된 뒤 제자가 되어 서역으로 경전을 가지러가는 당승을 호위하게 된다. 손오공의 천성은 흉악하고 고집스러워 가르침도 들으려 하지 않고, 선악을 구분할 줄도 모르며, 통제에도 불복하고, 제멋대로 사람들을 다치게 했다. 그리고 마침내 당승을 버리고 도망하기에 이른다. 이에 손오공의 자유의지를 구속하기 위하여 관음은 당승에게 손오공을 꾀어내 옷을 입히고 금테를 두른 모자를 쓰게 했다. 그리고 금테를 조이는 주문, 정심진언(定心眞言)을 받았는데, 손오공이 윤리를 어길 경우 이 주문을 외우기만 하면 바로 통제할 수 있게 됐다. 손오공의 두뇌는 자유의지를 상징하고 머리위의 모자는 이성의지를 상징한다. 손오공이 자유의지에 따라 윤리를 파괴하려고 할 때마다 당승은 바로 주문을 외어 그를 제어했다. 당승은 금테를 두른 모자와 주문을 통해 손오공의 자유의지를 구속했고 그를 데리고 서역으로 경전을 얻으러 갔다. 손오공은 81난을 거쳐 윤리선택을 완성하게 되고 여래는 마침내 성과를 이룬 손오공을 '전투불성'(戰鬪佛性)[27]으로 봉해

27 '전투불성'이라는 용어는 불교의 고유한 개념어가 아니다. 단지 손오공의 용맹한 전투능력을 높이 평가하여 "전투를 통해 불성을 깨달았다"는 의미로 소설 속에서 조어한 말이다. 그 의미는 부탄의 승려 린포

주었다. 성불한 손오공은 이성의지를 통해 스스로를 단속할 수 있게 됐고 금테를 조이는 주문은 쓸모없게 되어 모자는 저절로 벗겨지게 됐다.

『서유기』의 손오공은 오이디푸스과 비슷하다. 손오공은 미개하고 우둔했지만 인식능력과 지혜를 추구하려는 욕망을 가지고 있었다. 그러므로 원숭이머리는 스핑크스의 사람 머리와 비슷하다고 볼 수 있다. 손오공의 원숭이 몸에는 스핑크스의 사자 모양 몸과 같이 꼬리가 나 있는데, 이는 손오공이 짐승에서 인간으로 변화하는 과정에 있음을 설명한다. 손오공이 짐승에서 인간으로 이르는 과정은 수 만년이 걸렸으며 그의 원숭이 꼬리는 진화가 아직 완성되지 않았음을 상징한다. 손오공의 원숭이 꼬리는 수성인자를 체현한다. 손오공이 인간으로 진화하는 과정은 스핑크스보다 느리며, 원숭이머리는 아직 인간의 형상을 완전히 얻지는 못했음을 뜻한다. 원숭이머리는 인성인자를 상징하지 않는다. 손오공의 인성인자 문제를 해결하기 위하여 여래불은 손오공의 머리에 금테를 둘러줌으로써 인간의 형상을 부여하고 이성을 통해 자유의지를 제어하게 했다. 금테는 이성을 지닌 머리를 대표하는데 이는 바로 여래의 중요한 발명품이다. 여래는 손오공의 자유의지가 범람하지 않도록 당승에게 금테를 조이는 주문을 외우기만 하면 손오공의 자유의지를 제어할 수 있게 해 주었다. 그러나 금테는 손오공이 자발적으로 쓰지 않고 여래가 강압적으로 씌웠다. 이 때문에 손오공은 진정한 의미에서 이성을 가지고 있었다고 말할 수 없다. 그러므로 손오공의 이성의지는 당승의 주문이 있어야만 비로소 드러

체(Dzongsar Khyentse Rinpoche, 1961~)가 말한 "윤회는 전장이고 보살은 용사"(輪回是戰場, 菩薩是勇士)라는 구절로 추측해볼 수 있다. (옮긴이)

날 수 있다.

손오공이 당승과 함께 경전을 가지러 가는 여행길에서 당승은 금테를 조이는 주문을 통해 손오공의 비이성의지를 제어하여 손오공을 당승 자신의 윤리관념에 부합하게 했다. 그러므로 당승과 손오공의 관계에서 당승은 시종일관 인간으로서의 역할, 즉 이성의지의 역할을 발휘한다. 당승은 마음이 고요하고 욕심이 없는 승려로서 육욕을 극복한 이성의지를 상징한다. 그 때문에 주문을 읊기만 하면 악의 근원이 채 사라지지 않은 원숭이머리를 제어하여 이성으로 돌려보낼 수 있게 됐다.

『서유기』에서 당승은 요괴와 요마들이 잡아먹으려고 하는 대상이다. 모든 요괴가 당승을 잡아먹으려는 이유는 바로 당승의 고기를 먹으면 불로불사하게 되어 마성이 사라지고 득도하여 신선이 될 수 있기 때문이다. 목적과 욕망의 측면에서 보면 요괴들이 당승의 고기를 먹으려고 하는 까닭 ― 이성을 흡수하려고 하는 까닭 ― 은 본질적으로 그런 방식을 통해 이성을 얻어 마성을 벗고 신선이 되기 위함이다. 『서유기』의 요괴들은 대부분 수 백 년, 수 천 년의 수련을 거쳐 인간의 형상으로 변신할 수 있다. 요괴들이 오랫동안 수련하는 목적은 단 하나, 바로 인간이 되기 위함이다. 그들은 수련을 통해 인간의 형상으로 변할 수 있었지만, 인간의 형상을 한다 해도 여전히 인간이 아니라 요괴였다. 그들은 자신들이 인간의 가장 본질, 즉 이성을 결여하고 있음을 알게 됐다. 요괴의 입장에서 보면 당승은 이성의 상징이다. 요괴가 당승을 먹으려고 하는 행위는 곧 그들이 이성을 추구한다는 사실을 의미하며, 진심으로 인간이 되기 위해 노력하는 모습이다.

『요재지이』(聊齋志異)[28]와 같은 중국 지괴소설은 인간이 되려는 동물이 수행과정이 얼마나 어려운지 잘 묘사하고 있다. 수행은 인간이 행하는 자기수양의 일종이다. 인간은 수행을 통해 자유의지를 억제함으로써 악을 제거하고 자신을 정화했고, 덕행이 깊은 사람이 되어 지극한 선의 경지에 이른다. 선은 수행의 목적이자 수행을 통해 도달하려는 결과다. 인간의 숭고한 이상 중에서 인간은 수행을 통해 득도하여 신선이 될 수 있었고 동물은 환골탈태할 수 있었다. 인간과 비교하면 동물의 수행과정은 더 어려울 뿐만 아니라, 더 긴 시간이 필요했다. 수행은 극도로 어려운 과정으로 엄청난 의지가 있어야만 악의 근원을 완전히 제거할 수 있다. 그러나 일단 득도하면 무엇과도 비교할 수 없는 행복을 얻게 된다. 중국에서 동물의 수행 목적은 대체로 사람이 되고자하는 욕망을 실현하기 위함이다. 동물이나 식물은 기나긴 수련 과정을 거쳐 인간의 형상을 획득하여 자연선택을 완성할 수 있다. 인간 형상의 획득은 동물이 수행을 통해 얻게 되는 첫 번째 결과이자 지속적인 수행을 통해 인간이 될 수 있는 기초이기도 하다. 하지만 인간의 형상을 얻은 요괴는 윤리선택의 과정이 없기 때문에, 사건에 휘말리게 되면 본래 가졌던 동물 형상을 종종 드러내게 된다.

이들 문학에서 인간이든 짐승이든 그 수행의 목표는 모두 최고의 경지에 이르기 위함, 즉 덕행이 훌륭하거나 혹은 도를 깨우친 인간이 되고자 함이

---

28 『요재지이』는 청초(清初) 포송령(蒲松齡: 1640~1715)의 문어체 괴이(怪異) 소설집이다. '요재'는 저자인 포송령의 당호로, '요재지이'란 요재가 기록한 기이한 이야기라는 책 이름이다. 1766년에 처음 간행된 후, 지금까지 여러 판본이 현존한다. (옮긴이)

다. 이는 그들이 공통적으로 추구하는 목표다. 그러나 짐승이 수행을 통해 인간이 될 수 있는 까닭은 그들이 인간이 되기 위한 가능성을 제시하거나 혹은 짐승이 어떻게 짐승에서 벗어나 영혼의 최고단계에 진입할 수 있는지 그 과정을 동물에게 밝혀줘야만 가능하다. 사실 극소수의 짐승만이 자신의 목표에 도달할 수 있다. 그러나 어쨌든 짐승이 수행하는 가장 큰 목표는 여전히 악을 제거하여 선을 보존함으로써 인간이 되는 데 있다. 서양문학에도 수행과 유사한 방식이 존재하는데 바로 인어의 형상이다. 스핑크스와 마찬가지로 인어도 아름다운 사람의 머리만을 가졌을 뿐, 그 몸은 물고기 꼬리로 되어 있다. 이는 인어가 수성인자를 체현하는 짐승의 신체를 가졌음을 의미한다. 안데르센 동화의 인어공주는 왕자를 사랑하게 되어 그와 결혼하기를 원한다. 그러나 짐승과 인간은 서로 다르기 때문에 그녀에겐 자신의 소망을 이룰 방법이 없었다. 결국 인어공주는 인간이 되기 위해 마녀의 약을 마시게 되는데, 물고기 꼬리가 갈라져 두 다리로 변하는 극심한 고통을 감내함과 동시에 말하는 능력을 상실하게 된다. 인어공주 이야기는 인간이 되기 위해서는 엄청난 대가를 치러야만 한다는 사실을 말해준다.

동·서양문학을 막론하고 수많은 문학텍스트는 우리에게 스핑크스 인자가 서로 달리 조합되거나 변화하는 모델을 보여주고, 문학을 이해하는데 있어 스핑크스 인자의 가치를 증명해준다. 스핑크스 인자는 인성인자와 수성인자의 결합이고, 이성의지와 자유의지를 통해 작동한다. 두 종류의 의지 사이에 드러나는 힘의 증감을 통해 문학작품 속 등장인물의 성격 변화가 그려지며, 이야기 플롯의 발전이 전개된다. 이성의지가 어떻게 자유의지를 억제하고 속박하는지 분석하면서 우리는 비이성의지 또한 존재한다는 사실을 알게 된다. 비이성의지는 도덕의 속박을 벗어던지려는 부도덕한 의지이다. 이는 본능으로부터 생겨나지 않고, 잘못된 판단 혹은 범죄에 대한 욕망에서 생겨난다. 비이성의지는 감정의 추동에 지배되는 부도덕한 힘이며 이성의지의 통제를 받지 않는, 이성의지와 상반된 의지이다. 자연의지가 인간의 윤리의식에 침투하여 이성의지의 통제를 벗어나게 되면 이는 다양한 형식으로 표현되어 이성의지와 충돌하게 하면서 문학의 윤리구조를 형성하게 된다.

인성과 수성인자의 조합으로 형성된 스핑크스 인자는 이성의지, 자유의지, 비이성의지 사이의 윤리충돌을 거치면서 인간사회의 역사 발전과 개별성의 발전에서 윤리선택이 갖는 가치를 결정하고 또한 문학작품의 기본 내용과 표현 형식을 결정한다. 문학작품에 대한 이해는 스핑크스 인자의 분석에서 시작하여 작품에 대한 객관적 가치판단을 내리고 그것이 지금 우리에게 갖는 의의를 발굴하는 과정을 의미한다.

제3장 문학의 기원에 관한 오독

1. 모방의 오독

문학이란 무엇인가에 관한 문제에 있어, 역사를 떠나서는 문학의 정의를 논할 수 없다는 입장이 기본 생각이다. 즉 반드시 문학의 기원으로 돌아가서 문학이 대체 어떻게 발생했는지를 보아야한다. 문예의 기원에 관해서 동서고금의 많은 학자들은 모방설, 놀이설, 점술설, 노동설 등 여러 관점에서 탐구해왔다. 그 중 노동설은 영향력이 가장 크다. 노동설은 예술이 노동에서 기원하다는 학설이다. 이 문제에 관한 논의에서 노동설은 "예술은 노동에서 기원한다" 또는 "문학은 노동에서 기원한다"는 명제를 만들어냈다. 이런 관점은 비록 여러 학자의 연구 가운데 일치된 표현 형식을 가지지는 않지만 그 의미는 기본적으로 일치한다.

많은 중국 학자의 관점에 근거하면 모방설은 문학의 기원에 관한 최초의 관점이다. 이 관점은 데모크리토스와 아리스토텔레스의 저작에서 연원한다. 고대 그리스 철학자인 데모크리토스는 "많은 중대한 상황에서 우리는 짐승을 모방하는 어린 학생이다. 거미에게서 방직과 제봉의 기술을 배웠고, 제비에게서 집짓기를 배웠으며, 고니와 꾀꼬리 등 노래하듯 우는 새에게서 노래를 배웠다"고 말한다.[1] 플라톤은 『국가』에서 예술을 사물을 이용하는 예술, 사물을 제작하는 예술, 사물을 모방하는 예술과 같이 세 가지로 구분한다. 그는 비극, 희극, 서사시, 음악, 무용, 회화는 모방예술에 속한다고 생각한다. 어떤 학자들은 플라톤에게 세 가지 상이한 등급의 모방이 있다고 지적한다. 그 첫째는 신이 자신을 모방하여 만들어낸 이데아이고, 그 둘째는 공장장이가 이데아를 모방하여 구체적 사물을 만들어내는 것이며, 그 셋째는 화가가 구체적 사물을 모방하여 예술작품을 창작하는 것이다. 즉 이데아관이 진실한 사실이고, 구체적 사물은 이데아에 대한 모방으로서 진실이 아니라는 의미이다. 플라톤은 예술모방을 주관적 허구로 해석한다. 시의 모방은 진실이 아니며, 진리와 세 겹이나 격리되어 있다. 그래서 서사시인인 호머는 모방하는 사람이라는 비난을 받으면서 다른 시인과 같은 취급을 받게 된다. 이후 아리스토텔레스는 『시학』에서 진일보한 모방이론을 전개한다. 그는 "서사시나 비극시, 희극과 주신찬가, 모든 관악과 하프 연주술은 요컨대 모방예술로 볼 수 있다"고 말한다.[2] 그는 또 "일반적으로 시는 두 가지 원인에서 생겨난다. 두 원인은 모두 인간의 본성에서 비롯된다. 아동기부터 인간은 천부적 모방능력을 가진다. 인간은 모방능력이 가장 풍부한 동물이다. 인류는 모방을 통해서 최초의 경험을 획득하며 바로 이 점에서 인간과 기타 동물이 구별된다"고 말한다.[3] 모방이 이미 존재한다고 한다면, 모방과 관련한 세 가지 요소가 존재하게 된다. 그것

1 伍蠡甫主編, 『西方文論選』(上), 上海譯文出版社, 1979, 4쪽.
2 苗力田, 『亞里士多德全集』 第9卷, 中國人民大學出版社, 1994, 641쪽.
3 苗力田, 위의 책, 645쪽.

은 모방자, 피모방자, 모방의 매체이다. 아리스토텔레스는 이 세 가지를 다음과 같이 구분하여 해석한다. "모방자는 모방하고 있는 활동 주체로서, 이들은 반드시 고상하거나 비루한 자들이다."[4] 아리스토텔레스의 말에 따르면 모방자는 시인이나 창작자이고, 피모방자는 모방하는 대상이 된다. 모방자가 모방할 때 사용하는 매체는 박자, 언어, 화성 등이다. 우리는 모방에 플라톤에서 아리스토텔레스까지의 논의에서 모방은 언어, 문자 또는 동작 등 매체를 사용해서 현실과 객관사물에 대한 묘사와 재현이라는 점을 볼 수 있다. 이들은 실제로 예술의 기원 문제보다는 객관현실을 예술로 모방하는 문제를 논의의 대상으로 삼았다.

그리스의 모방이론을 어떻게 이해할지에 대해서는 두 가지 관점이 있어왔다. 즉 모방(imitation)과 재현(representation)이다. 1987년 리차드 젠코(Richard Janko)와 스테판 할리웰(Stephen Halliwell)은 각각 아리스토텔레스의 『시학』 번역본을 발표했고, 이로 인해 모방 개념에 대한 새로운 토론이 벌어졌다. 예를 들어 젠코는 전통적으로 사용됐던 모방이라는 용어를 포기하고 표현이란 말로 대체했다. 왈리(George Whalley)는 사용의 관습상 모방을 "일종의 과정 — 모방"으로 독해했다. 스테판 할리웰은 "서양에서는 일찍이 예술과 그 가치를 재현한 역사 과정을 이해하고자 했었고, 모방설은 그 핵심적 위상을 차지했다"고 말했다.[5] 할리웰의 관점에서 보면 모방(mimesis)은 "하나의 핵심 개념"이고

4 苗力田, 위의 책, 643쪽.

5 Stephen Halliwell, *The Aesthetics of Mimesis: Ancient Texts and Modern Problems,* Princeton: Princeton University Press, 2002, viii.

"일종의 법규(enactment)"이다. 그는 'imitation'은 'mimesis'에 대한 가장 부적합한 번역이라고 했다.(비록 이러한 해석이 현재의 보편적 용법이지만, 이는 유감스러운 부분이다.)[6] 영어에서 모방이라는 말은 상이한 이해로 인해 다양한 번역이 존재한다. 예를 들어 해밀톤 파이프(W. Hamilton Fyfe)의 글에서 '모방'은 "생활의 재현" 또는 "재현 생활"(representations of life)이라고 번역된다. 왈리의 번역문에서는 적합한 대체 용어를 찾지 못했기 때문에 역자는 여전히 그리스 원어 'mimesis'를 취한다. 이는 영문 문헌에 기초한 모방에 대한 이해에 이미 다양한 분화가 나타나고 있음을 보여준다. 존 라이온스(John Lyons)는 "예로부터 'mimesis' 또는 'imitation'은 대부분의 예술과 문학이론에서 기본적인 역할을 하고 있다"고 말한다. 그러나 동시에 사람들은 모방의 정확한 정의에 관한 논쟁을 벌이고 있다. 모방은 예술작품이나 진리의 객관성을 보증할 수 있는가? 또는 모방은 예술의 주관성 작용을 묘사하는 유효한 도구이기도 한가? 모방은 평론가의 마음 속 객관현실의 형상을 확정하고, 이러한 세계는 실제로 어떠한 것인가를 표현하는 데에 도움이 될 수 있는가? 또는 모방은 예술가, 평론가, 서술자와 독자가 현실을 사상과 객관세계 경험과정으로 확정하는 표현작용을 설명할 뿐인가?[7] 이로 인해 모방에 관한 서양의 논의는 주로 문예와 현실의 관계에 집중되고 있음을 알 수 있다.

하지만 중국 학계에서는 고대 그리스의 모방이론을 여전히 문학의 기원

---

6 Stephen Halliwell, *Aristotle's Poetics,* Chapel Hill: University of North Carolina Press, 1986, 71쪽.

7 Lyons, John D.(ed.). *Mimesis: From Mirror to Method, Augustine to Descartes.* Aurora, CO, USA: Davies Group publishers, 2004, 1쪽.

에 관한 주요 관점으로 여겨 왔다. 우리는 여전히 모방의 전통적 관념에 근거해서 모방을 이해하고 설명하고 있다. 실제로 모방과 관련된 우리의 연구는 잘못된 곳에 빠져있다. 즉 문예창작의 방식을 문예의 본질과 동일시하고, 문예에 속한 예술표현의 문제를 문예기원의 문제로 여기고 있다. 이로부터 모방이론을 문예의 기원으로 여기는 관점은 그 자체로 성립할 수 없다는 점을 알 수 있다.

모방을 문예의 기원과 연계한 사고는 중국의 학자들이 아리스토텔레스의 『시학』을 오독한 결과다. 문예가 모방에서 기원한다는 관점은 대개 아리스토텔레스 『시학』의 한 구절에서 기원한다. 바로 "일반적으로 말하면 시는 두 가지 원인에서 기원하는 듯하다. 이 두 가지는 사람의 본성이다"라는 구절이다.[8] 아리스토텔레스는 여기에서 시의 기원을 말한 후에, 다시 시의 모방을 논한다. 그래서 우리는 아리스토텔레스가 시는 모방에서 기원한다고 생각했다고 오해하게 된다. 아리스토텔레스의 이 구절에 대한 영문 번역에는 아래의 몇 가지 해석이 있다.

1. 시는 두 가지 원인에서 기원한다. 두 가지 원인 모두 인간 천성의 일부분이다.[9]

2. 요컨대 시는 두 가지 원인에서 생겨났다. 두 가지 원인 모두 우리의 천성에 깊게 뿌리를 내리고 있다.[10]

---

8 苗力田, 위의 책, 645쪽.

9 Ingram Bywater, *Aristotle on the Art of Poetry*, Oxford: Clarendon Press. 1920.

10 S.H.Butcher, ed. and trans. *The Poetics of Aristotle*, London: Macmillan, 1907(1929 [printing]).

3. 요컨대 시의 기원은 두 가지 특수한 원인에서 있는 듯하다. 두 가지 모두는 인간의 천성에 근거하고 있다.[11]

4. 시 예술의 기원에 관해서는 대개 두 가지 원인이 있는 듯하다. 이 두 가지는 모두 천성에 깊게 뿌리를 내리고 있다.[12]

아리스토텔레스의 기술에 나타난 시 기원의 두 가지 원인은 무엇인가? 아리스토텔레스는 "아동기 때부터 모방은 인간의 천성이다. 인간이 하등동물보다 우월한 점은 바로 여기에 있다. 인간은 세계에서 모방을 가장 잘 하는 동물이고, 모방에 의거해서 학습해가는 최초의 동물이다. 또한 모방 활동 중에서 쾌감을 얻는다. 이것이 인간이 갖는 천성이다"라고 해석한다.[13] 우리는 이런 해석을 통해서 아리스토텔레스가 말한 두 가지 원인은 모방과 쾌감임을 알 수 있다. 파이프의 주석에 나타난 두 가지 원인은 모방의 천성과 모방으로 획득한 자연적 쾌감이다.[14] 아리스토텔레스가 말한 내용이 우리가 이해하는 시의 기원인가, 아닌가? 분명 아니다. 아리스토텔레스는 시의 기원에 관한 두 가지 원인을 논하면서 이 두 가지 원인이 인간의 천성 속에 있음을 분명하게 강조했다. 즉 그는 시인의 시각에서 시의 창작을 논했을 뿐, 시의 기원을 논하지는 않았다. 아리스토텔레스 이후에 논의된 시인의 모방과 쾌감은 바로 시가

---

11 Aristotle, *Aristotle in 23 Volumes*, Vol. 23, translated by W.H. Fyfe. Cambridge, MA, Harvard University Press; London, William Heinemann Ltd, 1932.

12 Whalley, George, *Aristotle's Poetics,* Montreal, PQ, CAN: MaGill Queen's University Press, 1997. 57쪽.

13 Ingram Bywater, *Aristotle on the Art of Poetry,* Oxford: Clarendon Press, 1920.

14 Aristotle, 위의 책.

어떻게 창작되는가 하는 문제에 대한 시인의 시각에서의 답변이다.

이외에 모방과 쾌감을 시의 기원으로 간주하는 관점은 논리의 정합성에도 맞지 않는다. 시인, 모방, 쾌감은 시의 창작 과정에서 발견되는 다른 성질의 세 가지 측면일 뿐이다. 시인은 시 창작의 주체이고, 시는 시인이 창작한 결과이다. 쾌감은 시인이 창작의 방식으로서, 시인은 모방을 통해서 시를 창작하고, 쾌감은 시인이 시 창작 과정에서 얻어지는 심미적 감정이다. 시는 시인이 모방한 결과이고, 시인이 창작한 구체적 작품이다. 그래서 시는 모방과 쾌감 속에서 생산될 수 없다.

실제로도 아리스토텔레스는 『시학』에서 시가 모방에서 기원한다고 명확히 제기하지 않는다. 이는 아리스토텔레스가 기술한 비극, 희극, 서사시에서 확인할 수 있다. 아리스토텔레스가 『시학』에서 서사시, 비극시, 희극과 주신찬가는 모두 모방의 예술에 속한다고 말하면서,[15] 강조한 점은 이러한 예술의 특징이지 그 기원과 관련된 점이 아니다. 『시학』에서 그는 반복적으로 비극은 일종의 모방예술이라고 기술했다. 하지만 모방은 결코 비극의 기원이 아니다. 비극의 기원에 관해서 아리스토텔레스는 "그것은 최초의 즉흥적 창작에서 시작되고" "주신찬가의 발언사에서 연원하며" "사티로스극이 변화됐다"고 말한다.[16] 이로부터 모방이 시의 기원이라는 관점은 우리의 오독이 만들어냈을 뿐, 결코 아리스토텔레스의 본의가 아니라 점을 알 수 있다.

15 苗力田, 위의 책, 641쪽.
16 苗力田, 위의 책, 647쪽.

2. 문예의 노동기원설 탄생과 논쟁

문예가 노동에서 기원한다는 관점은 중국에서 마르크스의 사상으로 여겨져 왔다. 그 근거는 마르크스와 엥겔스의 "노동은 미를 창조한다"와 "노동은 인간 자체를 창조한다"는 명제이다. 마르크스는 일찍이 "노동은 미를 창조하지만, 노동자에 의해서 기형으로 변화된다"고 말했다. 하지단 마르크스의 이 말은 자본주의 사회에서 노동자와 노동 사이의 소외 관계를 논했을 뿐, 미학적 개념은 결코 아니며 더욱이 미의 본질 또는 미의 정의 문제와는 관련이 없다. 엥겔스도 "노동이 인간을 창조한다"고 말했지만, 이 말 역시도 특정한 맥락에서 인간과 노동의 관계에 대한 윤리표현이다. 이는 유인원이 노동의 진화를 통해서 인간이 된다는 이론을 개괄한 말이다. 즉 노동이 인간의 진화과정에서 중요한 역할을 해왔음을 강조한 말이지 인간이 노동을 통해서 창조된다는 말은 아니다. "노동이 인간을 창조한다"는 구절은 인류학적 명제이며, 미학의 명제는 절대로 아니다. 그래서 "예술이 노동에 기원한다"는 관점은 마르크스와 엥겔스의 관점이 아니고 이들에 대한 오해의 산물일 뿐이다.

문예의 기원에 관한 논의 가운데 "문예의 노동기원설"은 중국에서 널리 인정되고 수용되는 관점의 하나다. 문예가 노동에 기원한다는 관점을 견지하는 이들은 "원시사회에서 생산된 문예작품은 분명히 원시인의 노동 생산 실천의 예술적 반영이라고 생각한다. 역사학과 고고학, 인류학과 땅 속에서 발굴된 다량의 고대 예술 자료를 근거로 하고, 사회발전 초기단계에 속하는 현존 원시부락(에스키모인, 인디안 등)의 예술 활동과 예술작품을 참고로 하여, 역사유물주의관점의 연구를 통해 이런 결론을 내린다. 즉 원시 문예는 노동생산에 기원했으며, 직접적으로 노동생산에 속한다"고 생각한다.[17] 문예가 노동에서 기원한다는 관점은 중국에서 여전히 마르크스의 관점이라고 간주된다. 이러한 관점을 지지하는 이들은 "원시인의 물질생산을 위한 노동은 그들의 가장 기본적인 실천 활동이기 때문에 이는 문학 탄생의 전제조건이 되고 문학 생산의 필요성을 제공한다. 지금도 우리가 볼 수 있는 원시문학의 자료들은 그 내용과 형식이 모두 노동 생산과 밀접하게 관련되어 있다. 그러므로 문학이 노동에서 생겨났다는 우리의 관점은 과학적이다. 이러한 관점은 경제가 문학발전에 결정적인 작용을 했다는 마르크스주의 이론과 일치한다. 이는 문학 탄생의 원인과 문학 발전의 근본 원인을 통일시키고 있다"[18]고 생각한다. 문학의 노동 기원설은 현재 중국의 문예이론 학계와 대학에서 보편적으로 인정되는 관점이라고 할 수 있다.

문학의 노동 기원설에 관한 관점은 1930년대에 이미 중국에 나타났다. 1930년 5월, 루쉰은 플레하노프(Georgit Valentinovich Plekhanov, 1856~1918)의 『예술론』 번역본 서문에서 예술이 노동에 기원한다는 관점을 소개했다. 그는 서문에서 플레하노프의 「원시민족의 예술에 대한 재론」은 "유희의 본능이 노동에 선재한다는 관점의 오류를 비판하고 있다. 또한 풍부한 실증사례와 엄정한 논리로

---

17 閻鳳儀, 『文學概論』(下集), 1986, 602~603쪽. 이외에도 고등예술교육 '95'급 교재인 중국예술교육대계 『藝術概論』 제3장에서는 "예술은 노동에서 발생한다. 이는 의심할 여지없이 정확한 명제이다"라고 기술되어 있다.(王宏建 主編, 『藝術概論』, 北京: 文化藝術出版社, 2000.) 또 어떤 이는 "예술 기원에 관한 동서고금의 전형적인 몇 가지 이론들을 종합한 뒤, 현대과학의 세계관으로 예술의 기원 살피고 고찰한 결과, 문예는 노동을 중심으로 한 인류의 생존활동에서 기원한다"고 말한다.(趙炎秋, 『文學概論』, 海南出版社, 2005, 240쪽.) 이러한 관점들은 모두 문예가 노동에 기원한다는 관점에 기초해서 새로운 기원 요소를 첨가하고 있다. 이들은 기본적으로 문예의 노동 기원설에 대한 관점들이다.

18 童慶炳, 『文學理論導論』, 高等教育出版社, 1988, 402~403쪽.

노동 생산이 예술 생산에 선 재한다는 유물주의적 기본 명제를 밝히고 있다"[19] 고 말한다. 이는 중국에서 최초로 소개하는 예술의 노동 기원설에 관한 관점이다. 루쉰은 1934년 발표한 『문외잡담』(門外雜談)에서 이렇게 말한다.

> 생각건대, 문학이 존재하기 이전에도 인류에게는 창작행위가 분명 있었을 테지만, 아쉽게도 글로 남길 방법도, 사람도 없었을 뿐이다. 우리 선조인 원시인은 본래 말을 할 수 없었지만, 공동의 노동을 위해서 반드시 의견을 표현했어야 했고, 그렇게 조금씩 복잡한 소리들을 단련했으리라. 만일 그 시기에 큰 나무를 같이 들어 올리는 상황이 있었다면 모두 힘들어 하면서도 그것을 표현하려는 생각은 못했을 테다. 그런 상황에서 누군가가 "영차, 영차"하는 소리를 냈다면, 그것은 창작이다. 모든 이가 그 말소리를 부러워하면서 응용하려 했다면, 이는 지금의 출판에 해당한다. 만일 어떤 기호를 이용해서 그 말소리를 남겼다면, 이것이 바로 문학이다. "영차, 영차"하는 소리를 냈던 그는 당연히 작가이면서 문학가일 테고, "영차, 영차" 학파이다.[20]

루쉰은 문학창작과 노동의 관계에 대한 관점에 기초해서 문예의 기원을 아래와 같이 논한다.

> 예술은 노동과 종교에서 기원한다. 첫째, 노동에서 기원하는 경우이다. 노동 과정에서 한 편으로는 일하면서 다른 한편으로는 노래하면서 피로를 잊을 수 있기 때문

19 魯迅, 「『藝術論』飜譯序文」, 『魯迅全集』(丁華民, 孟玉婷 主編)(第11卷), 吉林文史出版社, 2006, 50~52족.
20 魯迅, 「門外雜談」, 『魯迅全集』(第6卷), 人民文學出版社, 1958, 75족.

에, 단순한 말소리는 발전되어 간다. 자신의 의지와 감정을 발휘하는 데에 이르게 되면, 이들 모두는 자연스러운 음조가 된다. 둘째, 신명함에 대해 원시 민족들은 점차로 두려움에 따라 경외심을 가졌기 때문에, 노래로 그 위엄한 신령함을 칭송하고 공로를 찬미하게 되면서 시가 탄생하는 기원이 된다. 소설의 경우에 우리는 오히려 휴식에서 기원한다고 생각한다. 사람은 노동하면서 노래를 부르고 읊조림으로써 스스로 즐겁게 피로를 잊게 되지만, 휴식하는 때에는 어떤 일을 찾으면서 휴식에 빠져든다. 그 일이란 바로 서로의 이야기를 나누는 과정이다. 이야기를 나눔이 바로 소설의 원형이 된다.[21]

루쉰은 문예의 기원을 논하면서 문예 탄생의 다른 요소, 즉 종교와 같은 요소를 포괄하려했지만, 그 논의에서 노동은 분명히 그 첫 번째 요소이다. 문예와 노동의 관계에 관한 논의는 루쉰에게서 시작되지만, 이는 예술에 관한 플레하노프의 논의에 근거하고 있다. 문예와 노동의 관계는 지금, 문예의 노동 기원설의 관점으로 발전했고, 문학예술계와 대학의 강단에서 주류의 관점이 됐다.

문학의 노동 기원설은 실천을 강조하기 때문에, 중국에서는 마르크스주의의 관점으로 여겨지면서 광범위하게 수용되어 그 영향력을 가장 크게 발휘하고 있다. 마르크스와 엥겔스는 역사와 미학의 방법을 이용하여 인류의 노동 실천과 예술실천 두 측면에서 문학을 포함한 인류 예술의 심미적 의식 형성의 원인을 고찰하고 미와 심미의식의 발생과 발전에 대핸 연구했다. 이를 근거

21 魯迅,「中國小說的歷史的變遷」,『魯迅全集』(第9卷), 人民文學出版社, 1958, 302~303쪽.

로 문예는 인간사회의 물질생산 실천과정에서 기원한다고 과학적으로 천명했다. 중국 학계에서 문예의 노동 기원설은 문예가 어떻게 기원하는가에 관한 학술적 문제이면서 또한 모든 중국 문예이론의 학술적 기초이다.

비록 예술의 노동 기원설(노동이 예술을 일으키고 발전시킨다는 관점)이 계속 중국 예술이론계의 주류 관점이었었지만, 1980년대에는 이에 대한 회의가 나타났고, 지금까지도 지속되고 있다. 1982년, 장칭궈(姜慶國)는 『푸단대학학보』(復旦大學學報)에 「예술의 노동 기원설에 관한 물음」이란 논문을 발표하여 노동설이 예술 기원론에서 언급된 생물학적 고찰과 근본적으로 상반됐으며 다윈의 진화론을 예술의 기원에 적용하는 시도를 반대했다는 점은 의미 있는 지적이라고 주장했다.[22] 장칭궈는 이어서 「예술기원의 역사과정: 예술의 노동 기원설에 관한 두 번째 물음」에서 예술의 발생에는 사회적 원인뿐만 아니라 생리적 원인도 있다고 강조하면서 예술의 노동 기원설의 가장 큰 오류는 단편적으로 사회를 강조하고 자연을 부정함에 있다고 지적했다.[23] 몇몇 학자들은 장칭궈의 이런 관점에 동의할 수 없다는 입장을 표명했다. 예를 들어 야오원팡(姚文放)은 장칭궈의 논문에 대한 반박의 차원에서 「예술의 노동 기원설은 과학적 명제」라는 글을 발표하여 "엥겔스의 논술은 예술 기원에 관한 지금까지의 문제에 대한 가장 과학적인 설명이자 가장 유력한 개괄"이라고 주장했다.[24] 근원적인 면을 살펴보면, 예술의 노동 기원설 관점은 실제로 "노동이 인

22 姜慶國, 「"藝術起源於勞動"說質疑」, 『復旦大學學報』(社會科學版), 1982 第3期, 59~63쪽.
23 姜慶國, 「藝術起源的歷史科程: "藝術起源於勞動說"質疑之二」, 『學術研究』, 1982 第6期, 103~107쪽.
24 姚文放, 「"藝術起源於勞動"是科學的命題」, 『復旦大學學報』(社會科學版), 1983 第6期, 90~93쪽.

간을 창조했다"는[25] 엥겔스의 관점에 대한 논리추론으로 거슬러 올라간다. 그렇기 때문에, 1990년대에는 예술의 노동 기원설에 대한 회의가 엥겔스의 "노동의 인간 창조설"에 관한 논의로 전환됐고, 이를 통해서 "노동이 인간을 창조했다"는 말의 뜻은 결코 인류가 노동에서 기원한다는 의미가 아니라는 관점이 등장한다.[26] 노동설의 관점이 실제로 설명하는 바는 노동은 원시시대 예술 생산의 물적 기초와 필요조건일 뿐이지, 노동이 결코 원시예술 기원의 최초 동인은 아니라는 데에 있다. 노동설로는 복잡한 원시시대 예술의 현상을 해석할 수 없을 뿐만 아니라,[27] 노동설은 마르크스주의의 기본적인 원리에 완전하게 부합하지 않는다.[28]

21세기 이래, 예술의 노동 기원설에 관한 논의는 이론과 실증 두 측면에서 새로운 심도를 갖게 된다. 가오위(高玉)는 이 문제와 관련해서 몇 편의 논문을 발표하면서, 예술의 노동 기원설에 대한 20세기의 회의적 관점을 새롭게 일으키고 있다. 가오위는 예술의 노동 기원설에 관한 상이한 관점을 역사적으로 정리하고 객관적으로 논평하면서 자신의 관점을 제기하고 있다. 그는 "예술이 노동에서 기원한다. 인류의 기타 일체 이데올로기는 모두 노동에서 기원한다. 여기에서 우리는 예술과 기타 이데올로기를 구분하고 있지 않으며, 예

---

25 恩格斯, 「勞動在從猿到人轉變過程中的作用」, 『馬克思恩格斯選集』 第3卷, 北京: 人民出版社, 1972, 508~509쪽.

26 胡伏苕, 「關於人類的起源: 人類眞的通過勞動而起源於古猿嗎?」, 『益陽師專學報』 第12卷 第4期, 1991, 48~53쪽.

27 張育英, 「原始宗教與藝術起源: 兼評"藝術起源於勞動"說」, 『遼寧師範大學學報』(社會科學版), 1999 第3期, 46~50쪽.

28 徐汝霖, 「藝術起源的終極原因是人類的物質生產和生殖生産: 讀恩格斯"家庭, 私有制和國家的起源", 兼評藝術起源於勞動說」, 『江蘇社會科學』, 1992 第2期, 93~122쪽.

술 기원의 특수성을 찾지도 않고 있다"고 말한다.[29] 그렇기 때문에 그는 "근원적 의미에서 보면 노동을 예술의 기원으로 여기는 노동설의 기저에는 매우 강한 인문적 성격이 있지만 과학적 근거는 결코 충분하지 않다"고 말한다.[30] 그는 비록 예술의 기원에 관해 "근본적으로 노동설을 부정하고 싶지는 않다"고 말하지만, 논문에서 제기하는 노동설에 대한 회의는 실제로 노동설에 동의하지 않음을 보여주고 있다. 나는 그의 관점에 일리가 있다고 생각한다.

사실 현재 많은 사람들은 예술의 노동 기원설 관점을 마르크스주의의 관점으로 간주하고 있다. 비록 그렇다고는 하지만 이 관점에 대한 회의는 사라지지 않았을 뿐만 아니라 점점 더 증가하고 있다. 그래서 이 문제를 계속 검토해야만 한다. 물론 우리의 검토는 이 문제를 명확하게 해결하는 데 도움을 줄 수 있다.

예술의 노동 기원설에 관한 논쟁은 주로 두 가지 문제로 체현된다. 하나는 예술의 노동 기원설이 마르크스주의 관점이냐의 문제이다. 둘은 예술이 노동에서 기원하느냐 그렇지 않느냐 하는 문제이다. 만일 두 가지 문제가 해결될 수 있다면, 오랜 기간 동안의 논쟁도 해결될 수 있게 된다.

예술의 노동 기원설 관점은 어디에서 유래하는가? 마르크스와 엥겔스의 예술 관련 저술을 살펴보면 그들은 예술이 노동에서 기원한다는 결론을 내린 적이 없었음을 알 수 있다. 그렇다면 예술의 노동 기원설은 어디에서 만들어졌는가? 또 그것은 어떻게 마르크스주의의 관점으로 변화됐는가? 실제로 이

29 高玉, 「藝術起源"勞動說"檢討」, 『唐都學刊』, 2002 第3期, 86~91쪽.

30 高玉, 위의글, 86~91쪽.

런 관점은 주로 마르크스와 엥겔스의 저술에 대한 오독에서 연원한다. 즉 예술과 노동의 관계와 관련된 마르크스와 엥겔스의 저술을 자신의 관점에 근거해서 이해하고 추리하고 귀납한 결과일 뿐이다. 예를 들어 어떤 학자들은 이렇게 지적한다. “문예가 물질 생산의 노동에서 기원한다는 관점은 19세기 마르크스와 엥겔스에서 연원한다. 그들은 변증유물주의와 역사유물주의를 이용해서 고고학, 인류학, 생물학, 미학, 역사 이전 예술학의 연구 성과를 받아들여 문예의 기원을 과학적으로 분석함으로써, 문예의 기원에 관한 탐구를 새로운 이론의 수준으로 드높였다.”[31] 그렇다면 마르크스와 엥겔스는 도대체 어떻게 이 문제를 기술했는가? 관련 학자들의 토론은 언제나 소략했다. 몇몇 학자들은 마르크스와 엥겔스가 문예의 노동 기원설 문제를 전문적으로 연구하거나 직접적으로 논의한 적이 없었음을 지적하면서도 마르크스의 『1844년 경제학 철학 수고』에서 엥겔스의 『변증법』까지 이 문제와 관련된 자료들을 종합하여 개괄하면 예술이 노동 생산에서 기원한다는 관점을 얻을 수 있다고 주장한다.[32] 그들은 예술의 노동 기원설이 이미 마르크스주의의 관점으로 이해되면서 중국에서 보편적으로 수용됐다고 생각한다.[33] 예술의 노동 기원설은

31 趙連元,『文學理論的美學闡釋』, 崑崙出版社, 2007, 575쪽.

32 呂德申 主編,『馬克思主義文藝理論發展史』, 高等教育出版社, 1990. 71쪽.

33 이외에, 문예의 노동 기원설 관점은 아래와 같다. “문예의 노동 기원설은 마르크스주의 역사관의 기본 관점이다. 노동은 인간 자신을 창조했고 또는 문예도 창조했다.”(徐召勛 著, 「論『文心雕龍』的指導思想」,『書評和書評學』, 安徽人民出版社, 1989, 167쪽) “마르크스주의가 탄생한 이후라야, 사람들은 변증법적 유물주의 원리로 문예 현상을 고찰했고, 이로써 비로소 문예의 기원에 관한 과학적 답안, 즉 문예는 노동에서 기원한다는 답안을 찾을 수 있었다.”(仇春霖,『簡明文學原理』, 高等教育出版社, 1984, 50쪽)” “문예가 노동에서 기원한다는 명제는 마르크스주의 관점이다.”(朱恩彬,『中國文學理論史概要』, 山東文藝出版社, 1989, 401쪽).

학자들이 저마다 연구를 통해 개괄하고 귀납한 결과이지 마르크스와 엥겔스 자신들은 결코 이러한 말을 한 적이 없음은 명백하다. 또 어떤 이들은 예술의 노동 기원설이 마르크스 문예관에 대한 플레하노프의 발전적 해석이라고 생각한다. 그들은 플레하노프가 『예술론(주소 없는 편지)』에서 "고고학과 인류학의 방대한 자료에 근거해서 마르크스와 엥겔스의 역사유물주의의 원리를 이용해서 논증한 뒤, 문예의 노동 기원설이 숙고의 과정을 거친 과학적 이론이 됐다"고 말한다.[34] 이러한 논의로부터 우리는 문예의 노동 기원설이 마르크스와 엥겔스가 제기한 관점인지 아닌지에 대한 문제를 재고할 만한 가치가 있다는 사실을 발견할 수 있다.

3. "노동이 미를 창조했다"는 미학 관점의 명제가 아니다

예술의 노동 기원설을 마르크스주의의 관점으로 간주하는 입장의 근거는 주로 마르크스와 엥겔스의 두 가지 기본 명제에서 뿌리를 두고 있다. 하나는 "노동이 미를 창조했다"는 명제이고, 둘은 "노동은 인간 자신을 창조했다"는 명제이다. 이 두 명제, 즉 예술의 노동 기원설과 관련됐다고 간주되는 마르크스와 엥겔스의 이 명제가 제기된 뒤, 그 이론적 가치와 중요성을 쉼 없이 강조하기만 했을 뿐, 이 명제가 문예의 기원에 관한 명제인지에 대한 심도 있는 논의와 고찰은 매우 적었다. 그렇기 때문에, 이 두 명제에 대한 근본적인 면에서의 분석과 정리는 예술의 기원 문제를 명확히 하는 데에 매우 중요한 작업이 된다.

34 趙連元, 위의 책, 576쪽.

먼저 "노동이 미를 창조했다"는 명제를 살펴보자. 중국 문예이론에서 이는 마르크스가 『1844년 경제학 철학 수고』에서 제기한 미학의 명제로서 중국 문예이론체계의 기본 관점으로 여겨진다. "노동이 미를 창조했다"는 명제는 예술의 노동 기원설의 전제로 보이지만, 이 명제를 마르크스의 문제의식이 보여주는 윤리맥락에서 분석하면 이 명제는 중국 문예이론에서 오독되고 오역된 결과였음을 발견할 수 있다.

『1988년 경제학 철학 수고』는 『마르크스 엥겔스 전집』(제42권)에 수록되어 있다. 우리가 즐겨 인용하는 그 책의 노동 관련 내용은 아래와 같다.

> 국민경제학은 노동자(노동)과 상품의 직접적인 관계를 고찰하지 않음으로써 노동의 본질이 소외되는 현상을 은폐하고 있다. 노동은 부자들에게 기적과도 같은 일들을 만들었지만 노동자에게는 헐벗게 되는 가난을 만들었다. 노동은 누군가에게 궁전을 지어냈지만 노동자에게는 이와 반대로 빈민굴을 만들게 했다. 노동은 미를 창조했지만 노동자는 기형이 되게 했다. 노동은 기계로 수공 노동을 대체했지만 한편으로는 일부 노동자가 야만의 노동으로 회귀하게 했고 더러는 일부 노동자를 기계화했다. 노동은 지혜를 만들어냈지만, 노동자에게 우둔함과 멍청함을 줬다.[35]

---

35 『馬克思恩格斯全集』(第42卷)(中共中央馬克思, 恩格斯, 列寧, 斯大林著作編譯局譯, 人民出版社, 1979, 93쪽) 위 인용문의 원문에 대한 또 다른 번역이 있다. 아래와 같다. "정치경제학은 노동자(노동)과 상품의 직접적인 관계를 고찰하지 않음으로써 노동의 본질의 소외되는 현상을 은폐하고 있다. 맞다, 노동은 부자들에게 기적과도 같은 일들을 생산했지만, 노동자들에게는 빈곤을 만들었다. 노동은 누군가에게 궁전을 지어냈지만, 노동자들에게는 낡은 집을 남겼다. 노동은 아름답고 선함을 창조했지만, 노동자들에게 장애를 가져다줬다. 노동은 기계로 수공 노동을 대체했지만, 한편으로는 일부 노동자들을 야만의 노동으로 회귀하게 했고 더러는 일부의 노동자들을 기계화 시켰다. 노동은 지혜를 만들어냈지만, 노동자들을 우둔하고 멍청하게 만들었다." Karl Marx, Frederick Engels, *Collected Works*, Volume 3, Lawrence and Wishart,

위 인용문은 "노동이 미를 창조했다"와 관련된 마르크스의 유명한 글이다. 중국 학계에서 어떤 학자들은 노동 관념에 대한 마르크스의 특수한 함의를 깊이 있게 생각하지 못한 채, 마르크스 사상에 근거해서 "노동이 미를 창조했다"는 구절만을 발췌하여 중국어로 해석하고, 주관적 예술실천의 입장에서 해석하면서 '미'를 '예술의 미'로 이해한다. 나아가 "노동이 미를 창조했다"는 구절을 노동이 예술미를 창조한다는 뜻으로 확대하면서, 이로부터 예술은 노동이 창조해냈다는 관점을 연역해낸다. 또 어떤 학자는 "노동이 미를 창조했다"는 구절이 마르크스가 제기한 중대한 미학 명제이고, 이는 미의 근원과 본질은 마르크스가 제안한 과학적 결론이자 미에 관한 마르크스의 정의라고 생각한다. 하지만 우리가 만일 마르크스 말하고자 한 맥락으로 돌아가서 이 구절을 살펴보면, 이런 이해는 마르크스의 본의에 대한 오역, 오독, 오해에 기초했음을 발견할 수 있다.

마르크스의 윗글에서 "노동이 미를 창조했다"(It produces beauty)는 노동은 미를 생산한다고 번역해야만 한다. 그 의미는 창조를 강조하는 데에 있지 않고 생산하고 제작하는, 즉 상품생산을 강조함에 있다. 위 인용문에서 '미'는 결코 추상적 예술의 미가 아니라 생산해낸 상품의 미, 즉 아름답고 좋은 상품을 의미함이 명백하다. 마르크스의 윗글은 미의 본질의 문제나 미의 본의에 관한 문제를 논하고 있지 않다. 그 논의의 의도는 미학적 문제가 아니라 노동의 소외 문제와 관련 있을 뿐이다. 이 구절이 예술이 노동에서 기원하다는 이론적

1975, 273쪽.

근거가 될 수 없음은 너무나도 명백하다.

마르크스는 이런 논의를 전개하기에 앞서, 자신이 논하려는 주제가 노동의 소외(estranged labor)이지 미학의 문제가 아니라는 점을 정확하게 밝히고 있다. 마르크스는 자본주의사회에서 노동의 역설 문제를 제시하면서 노동 소외의 특징을 설명한다. 마르크스는 노동자의 생산과 수입 사이에는 역설, 즉 불합리한 부분이 있음을 지적한다. 예를 들면 노동자는 부자에게 수많은 좋은 일을 만들어주면서 자신은 가난을 얻게 된다거나, 노동자는 궁전을 지으면서 스스로는 낡은 집에 처하게 된다거나, 노동자는 아름답고 좋은 것을 만들지만 스스로는 장애를 얻게 된다는 불합리한 경우들이다.(영어로 beauty는 독일어 Schönheit를 번역한 말이다. 위아래 문맥상 생산해낸 상품의 미, 즉 아름답고 좋은 물품 또는 상품이다. 이를 미라고 직역해버리면, 상품에 대한 오독이 생겨난다.) 노동자의 노동은 그들의 지혜를 충분히 체현해내지만 자신에게 이익이 돌아오지는 결과만을 낳는다. 정상적인 논리로 말하면 노동자는 자신에게 어떤 좋은 점도 없는 일만을 많이 했으니 이는 그들이 우둔하고 멍청했음을 설명하기에 충분하다. 하지만 실제로 노동자는 총명하고 지혜가 풍부한 사람이다. 마르크스는 이렇듯 역설적인 현상이 바로 자본주의 사회에 나타나는 노동 소외의 특징이라고 간주한다.

번역의 문제에서도 "노동이 미를 창조했다"는 명제의 글자 자체에 대한 해석이 의미의 혼란이 가져올 수 있음을 주목해야만 한다. 그 의미의 혼란은 주로 세 가지 측면에서 나타난다.

첫째, '노동'의 개념이다. "노동이 미를 창조했다"에서 '노동'(labor) 개념은 마르크스주의 미학의 실천적 관점으로 강조되어 왔다. 하지만 실제로 이 개념은 마르크스 사상에서 '노동자'(worker) 또는 노동자의 구체적인 노동행위와 동일한 함의를 가질 뿐, 결코 예술의 창조 활동을 지시하는 않는다. 마르크스가 논했던 윤리맥락에서 보면, 그는 노동자와 노동을 동일한 수준에서 다루면서 '노동'은 노동자의 생산 노동을 가리킨다고 강조한다. 이렇듯 구체적인 맥락에서 보면 마르크스가 말했던 노동은 주택을 짓고 공산품을 만들어내는 경우처럼 노동자가 물질을 생산하는 노동이 된다. 노동자의 이런 노동은 사람들의 물질적 수요를 만족시킴에 그 목적이 있을 뿐, 미학적 함의의 예술적 창조 활동에 속하지는 않는다. 노동자의 생산 활동과 예술가의 예술창조는 서로 다른 두 가지의 인간 활동이다. 이 둘은 한 데 섞여 논해질 수 없다. 마르크스가 노동과 노동자를 등치시킨 의도는 이 명제에서 노동이 미학적 관점에서의 예술 창조가 아니라 노동자의 일반적인 노동 생산을 가리킨다는 점을 밝히는 데에 있다. 그러므로 이 명제에서 '노동' 개념은 미학적 범주에 속하지 않는다.

둘째, '창조'의 개념이다. "노동이 미를 창조했다"에서 '창조'(produce)는 생산 또는 제조의 오역이다. 이 창조는 결코 미학적 의의에서 예술 창조를 가리키지 않는다. 이는 일반적인 상품 생산을 가리킨다. 시쳇말로 하면 이는 노동자가 기계를 돌리거나 도구를 이용해서 뭔가를 만들어 내는 생산 노동을 가리킨다. 전후 맥락에서 '창조'라는 용어를 살펴보면, 여러 차례 'produce'를 중복해서 사용했음을 발견할 수 있고, 그 의미는 구체적 생산 활동을 가리킬 뿐임을 알 수 있다. 이 명제의 '창조'는 앞뒤 문자에서 사용된 생산의 의미로 번역되어야만 한다. 그러므로 마르크스가 이 명제에서 사용한 'produce'는 미학적 개념이 아닐 뿐만 아니라 예술품의 창조 활동과도 무관한 개념이다.

셋째, '미'의 개념이다. 앞서 말했던 바와 같이 "노동이 미를 창조했다"는 구절은 마르크스 사상의 본의에 대한 오해를 쉽게 가져온다. 비록 마르크스가 이 구절에서처럼 '미'(beauty)라는 말을 사용하고는 있지만, 그 본의는 결코 예술의 미를 지칭하지 않는다. "노동은 미를 창조했지만, 노동자들을 기형이 되게 했다"는 구절은 노동자가 기계를 조작하면서 노동 생산을 하기 때문에 자신의 신체에 상해를 가져오게 된다는 의미다. 이 구절의 '창조' 대한 번역은 재고의 여지가 있다. 'produce'의 본의는 생산이지 창조가 아니므로 "It produces beauty"는 "노동이 아름다운 상품을 생산해냈다"고 번역되어야 한다. 마르크스가 이 구절에서 강조하는 점은 노동의 소외다. 노동이 아름다운 물건을 생산하고 아름다운 상품을 제조하지만, 노동자는 생산 과정에서 신체에 상해를 입게 됨을 강조했을 뿐이다. 마르크스는 노동의 개념을 빌어 미추의 문제가 아니라 노동 생산의 상이한 두 결과를 제시하면서 노동의 소외를 설명하고 있음은 너무나도 명백하다.

이로부터 보건대 마르크스는 여기서 자본주의 사회에서 노동자와 노동 사이의 소외관계에 주목했을 뿐이다. 이 구절에 나타나는 미(beauty)와 기형(deformity) 모두는 미학적 개념이 아니다. "노동은 미를 창조함"과 "노동자를 기형이 되게 함"은 예술의 미적 창조와 아무런 관계가 없다. 마르크스는 노동자와 노동의 소외 관계라는 맥락에서 미와 기형을 논의했다. 이는 마르크스가 자본주의 사회의 소외에 관한 서술이자 해설이다. 요컨대 단지 "노동은 미를 창조했다"는 번역문만을 근거 삼아 이를 예술의 노동 기원설의 전거로 삼는 논리는 불가하다.

4. “노동은 인간을 창조했다”는 문학 관점의 명제가 아니다

앞 절에서 이미 “노동은 미를 창조했다”를 다뤘다. 이 절에서는 “노동이 인간을 창조했다”는 관점을 다루고자 한다. 중국의 문예이론계에서는 “노동은 인간을 창조했다”는 명제가 “노동은 미를 창조했다”는 명제와 함께 예술의 노동 기원설의 전제로 여겨진다. “노동은 인간을 창조했다”는 말은 엥겔스가 「유인원에서 인간으로 진화하는 과정에서 노동의 역할」이란 논문에서 인간의 진화 과정을 논의하는 과정에서 등장한다. 오랜 동안 “노동은 인간을 창조했다”는 명제는 인류의 기원 문제를 과학적으로 제시했다고 평가됐으며 인류의 기원 문제를 인식하는 중요한 이론적 근거가 되어왔다. “예술이 노동에서 기원한다”는 관점에 근거해서 예술의 기원을 고찰하면 예술은 일반적인 실천 활동을 통해 점차로 변화되어왔으며 노동은 그 실천 활동의 중요한 구성 요소가 된다. 노동은 그 기원상 예술에 기본적인 내용을 제공한다. 마치 수렵을 표현하는 동굴벽화의 경우처럼 말이다. 또 노동은 예술의 기본적인 형식을 제공한다. 마치 석기가 표현하는 균형, 대칭, 광채 등이 미적 외형처럼 말이다. 바로 이러한 특징들에 근거해서 어떤 문예 연구자는 노동이 예술의 기원이라고 추론한다.

문학이 그 기원상 노동과 긴밀한 관계가 있음을 부정할 수는 없다. 하지만 우리는 기본 사실을 직시해야만 한다. 즉 노동은 인류의 실천 활동으로서 단지 예술 기원의 조건이 될 수 있을 뿐, 예술의 원형이 될 수는 없다는 점이다. 비록 인간과 노동의 관계는 필연적이라고 할지라도 노동은 인류 진화의 외부 조건 중 하나일 뿐이다. 엥겔스의 "노동은 인간을 창조했다"는 명제와 관련된 논의는 예술이 인간을 창조했다고 이해할 수도 없을 뿐만 아니라 이로부터 예술이 노동에서 기원한다는 필연적 결론을 추론할 수도 없다.

「유인원에서 인간으로 진화하는 과정에서 노동의 역할」은 엥겔스가 초기에 쓴 연구 논문으로서 주로 유인원에서 인간으로의 진화과정을 다루고 있으며 그러한 논의에서 인류의 진화 과정에 미친 노동의 중요한 작용을 강조하고 있다. 엥겔스는 이렇게 말한다.

> 정치경제학자들은 노동은 모든 재화의 원천이라고 말한다. 사실 노동은 자연과 함께 모든 재화의 원천이 된다. 자연계는 노동에 재료를 제공하고 노동은 재료를 재화를 변화시킨다. 하지만 노동은 영원히 여기에만 멈추지 않는다. 노동은 모든 인류 생활의 첫 번째 기본 조건일 뿐만 아니라, 이런 수준에 이르게 되면 우리는, 어떤 의미에서는 노동이 인간 자체를 창조했다고도 말하지 않을 수 없다.[36]

엥겔스의 이글을 세밀하게 살펴보면 그가 변증법적 입장에서 인류에게서 노동이 갖는 중요성을 강조하고 있음을 알 수 있다. "노동은 모든 인류 생활의 첫 번째 기본 조건"이라는 구절은 노동의 중요성이 "노동이 인간을 창조했다"고 말할 정도로 상당함을 의미한다. "노동이 인간을 창조했다"는 말은

---

36 恩格斯,「勞動在從猿到人轉變過程中的作用」,『馬克思恩格斯選集』第3卷, 北京: 人民出版社, 1972, 508쪽.

엥겔스가 노동과 인간의 관계라는 특정한 맥락에서 제기한 윤리표현이다. 이는 유인원이 노동을 통해서 인간으로 진화한다는 이론의 개괄적 표현으로서 노동이 인간의 진화 과정에 미친 중요한 작용을 강조하고 있을 뿐, 결코 인간이 노동에 의해 창조됨을 강조하지는 않았다.

이 논문에서 엥겔스의 주요 논점은 유인원이 어떻게 인간으로 진화되는가 하는 문제이다. 엥겔스는 노동은 사람을 진화시켜 인간을 다른 동물과 구별되게 했다고 생각했다. 그는 이렇게 말한다.

> 손은 단지 노동의 신체 기관일 뿐만 아니라 노동의 산물이기도 하다. 노동으로 인해, 새로운 동작의 적응으로 인해, 이런 노동과 동작이 만들어내는 근육, 인대, 오랜 시간동안 만들어진 골격의 발전과 유전으로 인해, 또한 이렇게 유전되어온 민첩함과 미세함이 새로워진 방식으로 복잡한 동작에 쓰임으로 인해, 인간의 손은 이렇듯 고도의 완정함에 이를 수 있었다. 이런 기초 위에서 손은 비로소 마력을 방불케 하는 라파엘로의 회화, 토르발드젠의 조각과 파가니니의 음악을 만들어냈다.[37]

엥겔스의 글을 분석해보면 우리는 엥겔스의 본의는 예술의 노동 기원설이 아니라 인류의 진화에서 노동의 역할을 설명함에 있음을 분명하게 알 수 있다. 엥겔스는 개관적이고 과학적으로 인류의 진화 과정 중의 두 가지 기본 사실을 제시하고 있다 첫째, 인류는 노동을 통해서 손의 기능이 완미해졌고

---

37 恩格斯, 위의 글, 509~510쪽.

사람은 영묘한 두 손을 가지게 됐다. 둘째, 사람이 영묘한 손을 가지면서 마치 마술과 같이 예술을 창조하게 됐다. 엥겔스는 여기서 두 가지 논리적 관계의 문제를 설명하고 있다. 하나는 노동과 손의 관계이고, 다른 하나는 손과 예술의 관계이다. 엥겔스가 말한 "노동의 신체 기관일 뿐만 아니라 노동의 산물이기고 하다"는 구절은 노동이 유인원의 손을 인간의 손으로 진화시켰음을 강조하고 있다. 즉 노동은 인간의 손이 진화하는 데에 반드시 있어야만 하는 조건이고 기능이 완미한 손은 예술을 창조하는 데에 반드시 있어야만 하는 조건이다. 이에 근거하면 "노동이 인간을 창조했다"는 구절에서 예술이 노동에서 기원하다는 관점을 도출하기는 매우 어렵다고 생각된다.

엥겔스는 이 논문에서 노동은 인류 진화의 근본적인 동인이라고 생각했다. 그는 많은 실증 사례의 분석을 통해서 유인원의 손과 발음기관, 뇌수가 노동을 통해서 인간의 손과 발음기관, 뇌수로 변화했다는 기본적인 사실을 제시한다. 그리고 유인원의 손에서 인간의 손으로 변화한 뒤에야 예술은 인간의 손에 의해 창조될 수 있음을 제기할 뿐이다. 엥겔스의 입장에서 보면 인간의 진화를 촉진했던 노동과 사람의 손을 통해 만들어진 예술창조는 상이한 두 영역인 셈이다. 유인원이 인간으로 진화됨을 촉진한 노동으로 인해 인간은 영묘한 두 손을 가질 수 있었다. 즉 손은 노동을 통해 진화된 결과라고 말할 수 있다. 엥겔스는 여기에서 노동과 손 사이의 진화관계의 문제를 다루었다. 예술의 경우 손은 회화, 조각, 음악 예술을 창작한다. 예술은 인간의 손이 창작해내고, 인간의 손이 영묘하게 진화한 결과이다. 하지만 노동은 인간의 창조활동일 뿐, 창조의 주체가 될 수는 없다. 그렇기 때문에 예술은 노동이 창조했다고 말할 수 없다.

엥겔스가 「유인원에서 인간으로 진화하는 과정에서 노동의 역할」에서 사용한 노동의 개념은 유인원에서 인간으로 진화하게 한 생산과정의 노동을 가리킨다. 손으로 만들어내는 예술창조와 노동의 생산은 서로 다른 차원의 개념이다. 엥겔스는 이렇게 말한다.

> 손, 발음기관, 뇌수는 개별 인간의 몸에서 뿐만 아니라 사회에서 같은 역할을 하고 있기 때문에 인간은 점점 더 복잡한 활동을 할 수 있게 되고 점점 더 높은 목적을 세우고 달성할 수 있게 된다. 노동 자체도 시대를 거치면서 더욱 완전하고 다양하게 변화한다. 사냥과 목축 이외에도 농업이 생겨났는가 하면 농업 이후로 방직, 방포, 야금, 도기, 항해 등이 있었다. 상업과 수공업이 형성되면서 예술과 과학이 마지막에 나타났다. 부락에서 민족과 국가로 발전하게 됐다. 법률과 정치의 발전과 함께 인간의 존재도 발전하게 됐다. 즉 머릿속에 존재하는 환상을 반영하는 종교가 발전하게 됐다. 이렇듯 두뇌의 산물이라는 표현과 인간사회를 통치하는 듯 보이는 요소들 앞에서 노동의 손으로 제작된 비교적 간단한 상품들은 부차적 지위로 하락하고 만다. 하물며 어떻게 노동할지를 계획할 수 있는 두뇌는 사회발전의 초기단계(예를 들면 원시적 가정)에서조차 이미 자신의 손을 통해서가 아니라 다른 이의 손을 통해서 잘 계획된 노동으로 집행될 수 있다.[38]

---

38 恩格思, 위의 글, 515쪽.

엥겔스의 말은 특정한 윤리맥락과 함의를 갖는다. 하지만 이 글에 대한 현재 우리의 이해에는 개념 오독의 경향이 존재한다. 예를 들면 어떤 학자들은 나름대로의 방식으로 엥겔스의 말에 근거하여 "노동이 인간을 창조했다는 말은 인간의 주관세계의 발전을 추동하고 있을 뿐만 아니라 인간이 세계를 파악하는 각종 방식을 끊임없이 개발하면서 세계를 장악하는 예술 방식을 형성했다. 이것이 바로 예술의 기원에 대한 엥겔스의 대체적 윤곽"[39]이라고 추론한다. 이런 의미에서 좀 더 간단히 말하면 노동이 인간을 창조했다는 말은 바로 노동이 예술을 창조했다는 말이 되기 때문에, 문예는 노동에 기원하게 된다. 이런 이해는 주관적 억측이다.

엥겔스의 인용문은 우리가 지금 상상하는 만큼 복잡하지 않다. 실제로 엥겔스가 다루고자 한 내용은 문학의 기원 문제가 아니라 인류문명이 어떻게 진화됐는가 하는 문제일 뿐이다. 엥겔스는 진화로 인하여 "인간이 점점 더 복잡한 활동(operations)을 할 수 있게 됐다"고 명확하게 지적한다. 이런 활동은 세대마다 서로 다른 일(the work)이다. 그러나 우리는 인류가 종사해온 서로 다른 활동을 인간의 손을 빌어 만들어내는 노동(labor)으로 이해해왔다. 이런 이해는 엥겔스의 본의와 어긋난다. 엥겔스의 글에서 일(the work)의 개념은 노동(labor)의 개념과 같지 않다. 엥겔스는 노동을 서로 다른 여러 활동으로 구분한다. 먼저 수공 노동을 특징으로 하는 수렵, 목축, 방직, 방사, 야금, 도기, 항해 등이다. 그 다음으로는 두뇌 작용을 특징으로 하는 무역, 공업, 예술, 과학 등이

39 姚文放, 위의 글, 90~93쪽.

다. 그리고 더욱 고급화된 활동으로서 정치, 법률, 종교 등이다.

엥겔스는 인류의 활동을 두 가지로 명백하게 구분했다. 하나는 체력 활동, 즉 인간의 손이 도구를 사용하여 보통의 상품을 생산하는 노동이다. 다른 하나는 두뇌 활동, 즉 예를 들면 과학, 예술, 정치, 법률과 종교 등 두뇌작용의 산물이다. 인간의 체력 활동은 분명 두뇌 활동과 다르다. 엥겔스는 체력활동을 노동(labor)으로 보았고 두뇌 활동을 일(the work)로 보았다. 일은 물질상품을 직접 생산하는 노동과 같지 않다. 인간의 두뇌가 사회를 통치할 수 있고 또한 인간의 두뇌가 인간의 손이 계획된 노동을 행할 수 있도록 조정하는 데에 그 차이가 있다. 엥겔스가 위 인용문에서 제기한 "노동이 인간을 창조했다"는 관점은 노동과 인간의 진화 사이의 관계 문제를 가리키고 있다. 즉 인간이 어떻게 유인원에서 진화할 수 있었는지 제시하고 있을 뿐, 예술이 어떻게 생겨났는가 하는 문제를 제시하고 있지는 않다. 이로부터 우리는 "노동이 인간을 창조했다"는 말은 단지 인류학적 명제로서 인간이 어떻게 진화됐는가에 관한 문제일 뿐, 미학적 명제로서 예술이 어디서 기원하는지는 근본적으로 관계없다는 사실을 알 수 있다.

5. 노동은 예술의 기원이 아니다

"노동이 미를 창조했다"는 말이 마르크스의 관점이 아닐 뿐만 아니라 "노동이 인간을 창조했다"는 논의도 예술의 기원에 관한 글이 아니다. "예술이 노동에서 기원한다"는 관점이 마르크스주의의 관점이라는 말은 근본적으로 성립할 수 없다. 마르크스와 엥겔스는 상당한 수준의 논리에 근거해서 인간이 노동을 통해 민첩하고 미세한 두 손을 가지게 됨과 자신의 두 손을 가지고서 어떻게 예술을 창조하게 됐는가 하는 문제를 논했다. 마르크스와 엥겔스의 논의에서 노동은 애초에 일종의 생존 활동일 뿐이었으며 그 기능은 인간의 진화를 촉진함에 있다. 그렇기 때문에 노동은 결코 예술의 기원이 될 수 없다.

마르크스와 엥겔스의 저작 어디에도 예술의 노동 기원설에 관한 논의와 단언은 존재하지 않는다. 이러한 사실은 적어도 마르크스와 엥겔스가 예술이 노동에서 기원한다고 생각했다는 관점이 과학적이지도 않으며 수용될 수도 없음을 보여주고 있다.

그러면 예술은 도대체 어떻게 생산되는가? 또는 예술은 노동에서 기원하는가? 기원하지 않는가? 이 문제를 논증하기 위해서 우리는 먼저 최초의 예술의 실증 사례를 찾아봐야만 한다. 그런 뒤에야 우리는 예술이 어떻게 생산되고 무엇에서 기원하는지, 그 문제를 연구할 수 있다. 예술의 실증 사례는 필요한 이유는 우리가 논하고자 하는 문제의 성격과 관련돼 있다. 만일 예술의 실증 사례가 있다면 우리의 논의는 객관적이고 가능하지만, 그 실증사례가 없다면 우리의 토론은 억측, 추측 또는 주관적 상상이 된다. 만일 후자라는 우리의 논의는 근거를 잃게 된다. 가오위는 「예술의 노동 기원설에 대한 물음」에서 아래와 같이 말한다.

> 예술의 최초 유형이 무엇인가를 확정하는 일은 매우 불투명한 작업이다. 이는 심지어 불가능한 일이라고도 할 수 있다. 예술의 최초 동기를 확정함에 어려움이 있다는 점은 상상이 가능하다. 실물 자료가 없고, 배경 자료도 없으며, 믿을 만한 사유방법과

과학적 수단도 없기 때문이다. 우리는 심지어는 무엇이 예술인지도 긍정할 수 없는데, 예술이 최초에 생산된 상황에서 그 동기가 무엇인지를 확정하는 일이 가능할까? 현존하는 연구 성과는 모두 추측이고, 이는 단지 인류가 예술의 기원을 이론적으로 연구해 온 그 양호한 동기를 반영하고 있을 뿐이다.[40]

확실히 그렇다. 만일 우리가 최초 예술의 실증 사례를 찾을 방법이 없다면, 오직 추측과 주관적 추론에 의해서만 예술의 기원 문제를 논할 수 있을 뿐이다. 이는 비과학적이며 실제적 의미를 결핍한 연구이다.

지금까지 고고학자와 인류학자는 이미 최초 예술의 실증 사례라고 간주되는 점들을 발견했다. 하지만 이러한 실증 사례를 확인하는 일은 여전히 극도로 곤란한 작업이다. 연구자들은 일반적으로 예술이 태동한 시기를 대략 3-4만 년 전 구석기 시대 말기로 정하고 있다. 원시시대의 유적들, 즉 암화, 동굴벽화, 뾰족한 돌, 뼈와 상아로 만들어낸 조각을 최초의 예술작품으로 여기고 있다. 예를 들면 인류 최초의 조각상으로 간주되는 프랑스 러셀 궁전에서 출토된 두 덩어리 부조, 즉 뿔잔을 떠받친 여인과 두부가 손상된 남자 형상의 두 부조는 대략 4만 년 전 즈음의 예술작품이다. 이외에도 어떤 이들은 구석기 시대 또는 이보다 좀 더 이른 시기의 석제 도구 또는 돌도끼 뼈바늘, 자기바퀴, 석제나 골제 화살촉 등의 무기를 최초의 예술작품으로 간주한다.

위에서 언급한 고고학적 발견들, 특히나 석제도구, 골제도구와 도기들

40 高玉, 「藝術起源"動因論"質疑」, 『東南大學學報』(哲學社會科學版), 第6卷 第3期, 2004, 50~53쪽.

을 예술작품으로 봐야할지 말지 여부는 아직도 논쟁의 여지가 있다. 그 쟁점은 그것들이 감상을 목적으로 창의적으로 만들어진 예술작품인지 아니면 생활의 필요에 의해 제조된 생활용품인지를 판단함에 있다. 오늘날 우리의 예술관으로 판단하면, 전자의 경우만이 심미적 가치를 가진 예술작품이고, 후자의 경우는 그렇지 못하다. 하지만 여기에 우리는 역설과 마주하게 된다. 오늘날 우리가 정미한 예술작품으로 여기는 수많은 옛 기물들은 당시에 예술품으로 창작되지 않았고 또한 예술품으로 간주되지도 않았다. 그리스의 사기 주전자, 중국의 은 솥 등 많은 고대 기물들은 당시 생활에 사용되던 일반적인 기물임에도 불구하고, 우리는 이를 더없이 진귀한 예술작품으로 여기며 소중히 보관한다. 이러한 사실은 예술의 기원을 논하는 과정에는 먼저 예술의 정의에 대한 논쟁과 어려움이 존재할 수밖에 없고, 이는 우리가 최초의 예술 기원을 탐구하는 데에 영향을 미칠 수밖에 없다는 점을 설명해주고 있다.

우리는 유인원이 인간으로 진화하는 과정에서 만들어진 도구 또는 생활용품 즉 돌도끼, 사기주전자, 활과 살, 창, 그물 등을 노동과 가장 밀접한 관계를 갖는 물품으로 여긴다. 비록 우리가 이들을 최초의 예술작품으로 여길 수는 있겠지만, 그렇다고 이들이 노동에서 기원한다거나 노동 과정의 산물이라고 간주하기는 매우 곤란하다. 즉 이들은 노동을 통해서 제작됐다고 여겨질 수 있지만, 노동의 산물이거나 노동에서 기원했다는 점을 증명하기는 매우 어렵다는 말이다. 예를 들어 돌도끼, 사기주전자, 활과 살, 창, 그물 등은 아마도 최초에 자연적으로 존재했던 사물일 가능성이 크다. 인간은 노동 과정에서 이들의 특수한 기능을 발견한 후에야 비로소 이 자연적 생성물을 인공제조로 발전시켰을 것이다. 이는 잠자리에 대한 관찰을 통해서 헬리콥터를 발명한 경우와 마찬가지이다. 많은 실증적 연구들을 통해, 우리는 춤과 연극 표현 등이 동물에 대한 인류의 모방에서 기원했음을 알고 있다. 이는 모든 예술을 노동의 산물로 간주하려는 관점에 믿을 만한 근거가 없다는 점을 명확히 말해주고 있다.

예술의 기원에 관한 토론에서 도구와 무기, 우리가 원시예술이라고 여기는 암벽화와 조각은 모두 예술이 노동에서 기원함을 실증하는 유력한 사례들로 간주된다. 또한 우리는 사냥, 목축, 농업, 방사, 방직, 야금, 도기, 공 · 상업, 예술, 과학, 법률, 정치, 종교 등의 문제에 관한 엥겔스의 언급이 예술의 노동 기원설에 관한 관점이라고 생각한다. 이런 관점은 엥겔스에 대한 명백한 오독이다. 표면적으로 보면 엥겔스는 도구와 무기, 암벽화와 조각, 이데올로기를 포함한 모든 요소들이 노동 과정에서 생산됐거나 노동이 창조했다는 관점을 견지하고 있는 듯 보인다. 하지만 이러한 생각에는 엥겔스의 전제, 즉 어떠한 의미에서 "노동이 인간을 창조했다"라고 말했는지 하는 점이 빠져있다. 엥겔스는 인간 진화에서의 노동의 중요성을 반복적으로 강조하며 인간이 노동을 통해서 진화한 후에야 비로소 창조적 능력을 갖췄고, 이로써 도구를 제작하고 예술을 창조할 수 있었음을 시종 견지하고 있다. 엥겔스는 명확하게 자신의 사상을 표현했다. 즉 노동이 유인원을 인간으로 진화시킨 뒤에 인간은 민첩하고 정밀한 두 손과 발달한 두뇌와 같은 창조의 조건과 능력을 구비할 수 있었고, 그런 뒤에 인간사회에는 사회의 예술 형태가 나타날 수 있었고, 예술작품을 창조할 능력을 갖추게 됐다. 엥겔스는 예술작품이란 인간이 갖추게 된 창조능력의 전환결과이지 노동의 필연적 결과가 아님을 말하고 있다. 예술작품이 노동의 필연적 결과가 아니라면 우리는 예술의 노동 기원설 제기를 삼가야만 한다.

예술의 노동 기원설은, 발생론적으로 보면, 상이한 성질의 두 개념을 한데 섞어 논한 격이다. 이는 엥겔스가 설정한 노동, 인간, 예술에 관한 논리적 관계를 뒤섞어놓은 입장이다. 엥겔스는 「유인원에서 인간으로 진화하는 과정에서 노동의 역할」에서 가장 먼저 유인원에서 인간으로의 진화과정에서 노동의 역할, 즉 유인원을 인간으로 진화시킨 노동의 문제를 논했고, 그런 다음에야 유인원이 인간으로 진화된 후 예술 창조에 관한 문제를 논했다. 엥겔스는 도구 제작 능력을 기준으로 해서, 노동을 두 가지로 구분했다. 하나는 유인원에서 인간으로 진화를 재촉했던 노동이고, 다른 하나는 도구를 제작하기 시작한 노동이다. 전자의 노동은 유인원을 인간으로 변화시킨 노동이다. 유인원의 손이 수십 만 년의 시간을 거친 후, 비로소 자유롭고도 완전한 손을 획득할 수 있었고 언어를 만들어냈으며, 유인원의 두뇌가 진화하여 드디어 인간의 두뇌를 이뤘으니 유인원이 인간으로 변화하게 됐다. 하지만 엥겔스는 노동은 도구 제작으로부터 시작한다고 생각했다. 도구 제작을 기본 특징으로 하는 최초의 노동은 수렵과 낚시이다. 이런 노동은 인간을 초식에서 초식육식을 겸하게 변화시켰다. 육류는 인간의 신진대사에 필요한 가장 중요한 물질을 포함하고 있기 때문에, 육식을 겸하는 식사는 인간의 두뇌의 신속하고도 완벽한 발전을 가져왔다. 이 시기에 인류문명사에서는 결정적 의미로서의 진보가 있었다. 즉 불을 사용하고 가축을 길러냈다. 인류 생활에 필요한 것들이 점점 늘어나면서 새로운 노동의 영역도 점차로 증가했다. 인류의 노동은 날이 가면 갈수록 점점 복잡해져 갔고, 인류의 문명역사도 그렇게 시작됐다. 엥겔스의 이러한 관점에서, 노동은 모든 인류 생활의 첫 번째 기본조건이다. 노동을 통해서 유인원에서 인간으로 진화하고, 노동을 통해서 예술창조의 능력을 획득한 뒤, 인간은 비로소 예술을 포함한 문명을 창조할 수 있게 된다.

그렇다면 인류의 문명을 체현해낸 예술이 나타난 뒤라면, 우리는 "예술은 노동에서 기원한다"고 말할 수 있는가? 대답은 "아니다"이다. 왜냐하면 "예술이 노동에서 기원한다"는 판단은 잘못된 논리 관계에서 세워졌기 때문이다. 엥겔스는 인류가 복잡하고 다양한 활동, 즉 먼저 인류 생활에 기본적으로 필요한 요소를 만족시킬 만한 사냥, 목축, 농업, 방사, 방직, 야금, 도기제조와 항해 등의 활동에 종사할 수 있게 된 뒤에, 예술과 과학이 등장했다고 생각한다. 인간의 손과 발, 발음기관, 두뇌 이 세 가지 기능이 공동으로 작용하기만 한다면 어떤 종류의 인류 활동이든 행해질 수 있다. 육체노동이든 예술창조이든 어떤 활동이든 모두 인간의 손과 언어, 두뇌가 공동으로 작용한 결과이다. 엥겔스의 논의에서 노동은 그 자체는 인간의 활동 방식일 뿐이다. 노동 자체는 창조력을 가질 수 없다. 인간만이 창조력이 갖게 된다. 노동과정에서 인간의 노동의 주체이며, 노동은 인간에 의해서만 존재한다. 노동이 인간을 떠나서 행해질 수 없다. 그렇기 때문에 우리가 논하려는 예술의 탄생은 주체로서의 인간을 떠날 수 없다. 예를 들어 미켈란젤로는 자신의 손 조각으로 위대한 예술 조각상을 만들었는데 이 조각상이 노동과정에서 생산됐다고 말할 수 있는가? 그렇게 말할 수 없다. 만일 이 조각상을 창조적 주체자로서의 미켈란젤로와 분리시킨다면 어찌 되겠는가? 이 조각상은 추상적인 노동 과정에서 생산되지 못한다. 그래서 우리는 이 조각상이 미켈란젤로가 만들어냈다고 말할 수밖에 없다. 또는 이 조각상은 미켈란젤로가 노동을 통해서 창조했다고 말하거나 노동 과정에서 창조한 조각상이라고 말해야만 한다. 하지만 노동이 미켈란젤로의 조각상을 창조했다고 말할 수는 없다. 이는 저작권과 마찬가지이다. 우리는 저작권을 한 창작자에게 귀속시킬 수 있을 뿐, 저작권을 노동으로 귀속시킬 수는 없다. 비록 예술창조가 노동과 어떤 관계를 갖는다 해도, 노동은 예술탄생의 하나의 조건에 지나지 않을 뿐, 예술 탄생의 근원은 아니다. 예를 들어 누군가가 씨를 뿌리고 재배하는 노동을 한 뒤, 자신의 느낌을 풍년 기원의 노래로 표현했다고 하자. 비록 노동이 이 노래에 소재를 제공하고 감정을 일으킬 수는 있지만, 예술로서의 이 노래는 노래하는 자가 불렀을 뿐, 노동이 창조해내지는 않았다. 또 춤의 경우를 생각해보자. 누군가가 노동을 마친 뒤 흥겨운 춤을 추웠다면, 이 춤은 그 사람의 예술 활동이거나 그가 창작한 예술 작품이며 그의 예술적 창조에 기원했을 뿐, 이 춤이 노동에서 기원했다고 말할 수는 없다. 예술은 대부분의 경우 한 사람의 예술 창조에서 기원한다. 비록 다수가 공동으로 창작한 예술작품이 있다 하더라도, 이는 구체적인 사람에 의해 창작됐다. 이 역시도 예술은 사람에 의해 창조됐을 뿐, 노동이 창조할 수 없음을 설명해준다.

엥겔스의 관점은 매우 명확하다. 그는 인간과 예술의 관계는 창조와 창조됨의 관계임을 표명한다. 창조와 창조됨의 과정이 비록 노동의 과정으로 보일 수는 있지만, 예술이 노동에서 기원한다는 필연적 결론은 얻을 수 없다. 동시에 노동 그 자체는 일종의 창조 활동이다. 어떤 상황에서 노동 자체는 일종의 예술 활동이고 예술 창조이며, 노래와 춤의 경우처럼 어떤 예술의 형식으로 진행된다. 만일 노동이 어떤 상황에서 예술과 동일하다고 말한다면, 예술은 예술에서 기원한다는 논리적 오류를 범하게 된다. 이처럼 "예술이 노동에서 기원한다"는 명제는 논리적 오류이다.

예술이 노동에서 기원한다는 명제의 논리적 오류는 예술작품이 노동의 필연적 산물이 아니라는 데에서 증명된다. "예술이 노동에서 기원한다"에서 '예술'은 구체적인 예술작품을 가리킬 뿐 결코 추상적 개념의 예술이 아니다. 고대 인류는 생존을 위해서 구체적인 노동 생산을 일삼았기에 그 안에는 특정한 목적이 있다. 사냥과 낚시의 목적은 먹거리를 얻기 위함이고 목축의 목적은 먹거리 저장에 있다. 인류의 이러한 노동은 물품을 만들어내기 위한 바람과 긴밀하게 관계된다. 이러한 물품은 당시 상황에서 보면, 기본적으로 예술품이 아닌 생활필수품들이다. 예를 들어 고대 제사활동에 쓰였던 기물은 지금의 예술품에 속하지만 당시에는 그들이 종교 활동에 쓰기 위해 만들어낸 물품일 뿐 결코 예술작품이 아니었다. 이러한 기물을 생산해내는 노동은 그 성질상 예술적 창작활동이 아니다. 이러한 노동은 후대의 예술창작의 조건이 될 수는 있다. 인류의 진화를 재촉하고, 생활의 소재를 제공하고, 인류가 생활에 대한 이해를 심화하고, 인류의 예술의식의 맹아를 촉진하는 조건이 될 수는 있다. 하지만 이러한 노동 자체가 예술을 창조하는 노동은 아니다. 이러한 관점에서 보면 예술이 노동에서 기원한다는 명제는 그 존재의 기본전제를 잃게 된다.

엥겔스의 관점에 근거하면 우리는 하나의 기본적인 결론을 온전하게 도출할 수 있다. 예술은 유인원에서 인간으로 진화한 후 인간이 창조한 결과, 또는 인간이 노동과정에서 창조한 결과이다. 예술은 인간의 노동 과정에서 생겨날 수 있지만 인간을 떠나서 예술은 생겨날 수 없다. 어떻게 표현한다 해도 예술은 인간의 창조물일 뿐, 노동의 창조물은 아니다. 노동하는 인간은 예술창작의 전제로서 예술표현이 불가하거나 그 표현에서 예외가 되는 전제이다. 요컨대 예술의 노동 기원설은 마르크스와 엥겔스 관점에 대한 오독이다.

제4장
문학과 문예 개념의 모호성

1. 문학과 문예의 역사에 관한 논변

중국 학계에서 문예, 문학, 예술, 문예학에 관한 개념은 그다지 분명하지 않게 보인다. 문학과 문예에 대한 개념 정의의 모호함은 이들에 대한 우리의 윤리 이해와 분리될 수 없다. 문학과 문예 개념의 모호함은 실제로 일종의 윤리에 대한 모호함이다. 문학과 문예의 개념 정의가 분명하지 않기 때문에 그 개념에 대한 이해도 언제나 혼란스럽고 오독되기 일쑤이며, 나아가 문학의 기원, 문학의 정의 등 중요한 이론 문제의 연구와 기술에까지 영향을 미친다.

중국에서 문학이론과 관련된 용어 가운데 문예는 가장 보편적이며, 현재 문학연구에서도 피할 수 없는 용어이다. 그러나 중국 독자에게 문예는 가장 친숙한 용어이면서도 그 정의가 정확하지 않고 이해에 혼란이 많은 용어 가운데 하나로서 문학연구에 크게 영향을 미치고 있다.

중국의 고전을 살펴보면, 문예라는 말은 전국 시기에 이미 사용되기 시작했음을 알 수 있다. 예를 들어 『일주서관인』(逸周書官人)은 두 군데에서 문예라는 말을 사용하고 있다.

사람이 생겨남에 음한 면(가리려는 부분)과 양한 면(드러내고자 꾸미는 부분)이 있다. 대부분의 사람은 실제의 상황을 가리고 허망한 것을 거짓으로 꾸며 명성을 얻고자 한다. 어질고 현명하게 꾸미고자하는 자가 있고, 지혜롭고 이지적이게 꾸미고자 하는 자가 있고, 문예를 꾸미고자 하는 자가 있고 염치와 용맹을 꾸미고자 하는 자가 있고 충효를 꾸미고자 하는 이가 있고, 교우관계를 꾸미고자 하는 자가 있다. 이런 자들은 자세히 살피지 않을 수 없다.[1]

『여씨춘추』(呂氏春秋)에서도 문예라는 말의 사용을 찾아볼 수 있다. 예를 들어 "양유기와 윤유는 모두 문예가 있는 자들이다"(養由基、尹儒, 皆文藝之人也.:「博志」)라고 말한다. 또 이렇게 말한다.

(초나라 장왕이 관상을 잘 보는 자에게서 인물 선발에 관한 이야기를 듣고 나서), 초장왕은 그의 말이 옳다고 여겨 어진 선비들을 재빨리 모집하기를 밤낮을 가리지 않고 부지런히 하여, 천하의 패자가 됐다. 그러므로 현명한 군주는 언제나 문예를 갖춘 사람을 만나고자 한다. 단지 이들을 선발하는 데 그치지 않고 이들과 함께 대업을 이루고자 한다. 대소사를 막론하고 도리는 통하는 법이다. 말을 몰고 사냥을 하거나 수리와 개로 사냥을 하는 일의 경우, 현명한 군주는 이런 일을 하면서 날로 지혜를 늘려나가지만, 불초한 군주는 같은 일을 하면서도 날로 미혹될 뿐이다. 그런 의미에서 옛 서적에서는 "일을 행함에 교만하고 미혹될 뿐이면, 멸망한 게 아니라면 무엇이겠는가?"라고

---

1 『大戴禮記, 文王官人』: 民生則有陰有陽, 人多隱其情、飾其僞, 以攻其名. 有隱於仁賢者, 有隱於智理者, 有隱於文藝者, 有隱於廉勇者, 有隱於忠孝者, 有隱於交友者. 如此不可不察也.

말했다.[2]

중국의 고전을 고찰해 보면 문예라는 말의 오랜 역사를 알 수 있다. 그 의미를 살펴보면 오늘날 사용하는 문예라는 말과의 다른 점을 발견할 수 있다. 고대 중국어는 주로 단음절의 글자로 뜻을 표현했을 뿐, 연접한 두 음절의 말을 현대 중국어의 합성어처럼 읽지는 않았다. 중국 고전에 등장하는 문예(文藝)는 실제로 문(文)과 예(藝)을 단순하게 병렬한 말로서, 문과 예의 뜻을 포괄한다. 위 인용문에서 문은 지식과 재능이고 예는 기예임을 알 수 있다. 즉 문예라는 말은 실제로 문과 예의 병렬적 합성이다. 중국 고전에서 문과 예는 일반적으로 독립적으로 사용됐다. 공자는 "제자는 집안에서는 효를 행하고 집밖에서는 웃어른을 공경하며, 삼가되 미덥게 행동하고 두루 사랑하되 어진 자와 가까이 하라. 이를 실천하고도 남는 여력이 있거든 문(文)을 배우라"(『논어』「학이 學而」)고 했는데, 대부분의 고전에서의 문은, 『논어』「학이」의 용법에서처럼 문화 전적을 가리킨다. 여기에서 문(文)은 고대 문헌 도서를 가리킨다. 또 공자는 "군자는 문을 널리 배우고 예로써 검약하니, 도를 어기지 않을 수 있도다!"(『논어』「헌문 憲問」)라고 말한다. 여기에서 문 역시도 문화 전적을 가리킨다.

하지만 고전에서 예(藝)는 기예와 재능을 가리킨다. 『논어』「헌문」에서는 이렇게 말한다.

2 『呂氏春秋, 貴當』: 莊王善之, 於是疾收士, 日夜不懈, 遂霸天下. 故賢主之時見文藝之人也, 非特具之而已也, 所以就大務也. 夫事無大小, 固相與通. 田獵馳騁, 弋射走狗, 賢者非不爲也, 爲之而智日得焉, 不肖主爲之而智日惑焉. 志曰 : "驕惑之事, 不亡奚待 ? "

자로가 온전한 인격체에 대해 묻자, 공자께서는 "지혜가 장무중과 갈고, 청빈과 욕이 맹공작과 갈고, 용맹함이 변장자와 갈고, 예(藝)가 염구와 갈으며, 예악으로 자신의 문채를 이룬다면 온전한 인격체라고 할 수 있다. 그렇다면 지금의 온전한 인격체가 어찌 반드시 그래야만 하겠는가? 이익을 보되 의로움을 생각하고, 위험과 마주하되 생명을 던지며, 평생 지켜야 할 언약을 오래토록 잊지 않는다면, 온전한 인격체라고 이를 만하다"고 말씀하셨다.[3]

"예가 염구와 같으며, 예악으로 자신의 문채를 이룬다면"이라는 구절에서 예는 기예와 재능을 가리킨다. 또 "염구는 예가 있으니, 이로써 정치에 종사한들 무슨 허물이 있겠는가?"[4]라는 구절에서 예 역시도 재능과 기예를 가리킨다. 「술이」(述而)에서 공자는 "도에 뜻을 두고 덕에 근거하고 인에 기대어 예에서 노닐다"[5]라고 말하는데, 여기에서의 예는 공자가 학생들에게 가르쳤던 예(藝), 악(樂), 사(射), 어(御), 서(書), 수(數)의 육예(六藝)로서, 문학을 의미하는 서(書)가 여기에 포함된다. 또 「자한」(子罕)에서 "뢰(牢)가 말하길 공자님께서는 '나는 일찍이 국가에 등용되지 못했기에 예를 배울 수 있었다'고 말씀하셨다"[6]고 했는데, 여기에서 예는 기예를 가리킨다. 후에 반고는 『한서』를 편집하면서 육예, 제자, 시부, 병서, 술수, 방기 여섯 대목 38종의 분류체계를 갖는 「예문지」

---

3 『論語』, 「憲文篇」: 子路問成人. 子曰 若臧武仲之知, 公綽之不欲, 卞莊子之勇, 冉求之藝, 文之以禮樂, 亦可以爲成人矣. 曰今之成人者何必然. 見利思義, 見危授命, 久要不忘平生之言, 亦可以爲成人矣.

4 『論語』, 「雍也篇」: 求也藝, 於從政乎何有.

5 『論語』, 「述而篇」: 志於道, 據於德, 依於仁, 游於藝.

6 『論語』, 「子罕篇」: 牢日子云吾不試故藝.

(藝文志)로 책의 첫 권으로 삼았다. 「예문지」의 편찬은 역대 도서 문헌에 대한 연구와 학술 원류에 대한 고증에서 참고할 만한 가치가 있는 책이다. 각 지역의 인문지리를 편람한 책을 '예문지' 또는 '예문'이라고 칭한다. 그 책의 구성 체계를 살펴보면 '예문지'는 현대의 학문 체계 분류 중 인문학과 유사하다.

어원의 관점에서 살펴본 문예는 비록 중국 고대에 이미 등장했지만 우리가 현재 사용하는 합성어로서의 문예와 같지 않다. 즉 한 단어가 아니라 문과 예가 두 글자의 병렬일 뿐이다. 문은 비단 문학을 가리킬 뿐만 아니라 문화 도서를 통칭하는 말이다. 예 역시 마찬가지이다. 공자의 사상에서 예는 예, 악, 사, 어, 서, 수의 육예를 가리킨다. 이는 예술의 범주를 넘어선 개념으로서, 한 사람의 기예와 재능을 포괄하고 있다. 동한 시기 반고는 『한서』를 편찬하는데 그 첫 권인 「예문지」는 여러 학파의 원류를 고증하면서 전승되어온 서적들을 수록하고 있다. 이는 중국 최초의 도서목록이다. 반고가 여기에서 사용했던 '예문'은 이미 문학예술의 범주를 넘어서 인문의 함의를 갖는다. 어쨌든 중국 고대 시기의 문예는 문학만을 지칭하는 개념이 아니라는 것은 매우 명백하다.

현대적 의미로서의 문예는 언제부터 사용됐는지를 고찰하는 데에는 어려움이 있다. 우리는 20세기 초기 신문화운동을 시작으로 문예라는 말이 유행했지만 그리 광범위하게 사용되지 않았음을 발견할 수 있다. 이 시기 이전에 문예라는 말은 문학계나 예술계에서 수용되지도 사용되지도 않았다. 강유위(康有爲)의 저술로부터 문예라는 말의 사용이 제한적이었음을 알 수 있다.

강유위는 관료집안 출신으로 어려서부터 유가 경전을 익혀왔다. 1879년 서양문화를 처음 접한 이후, 다량의 서양 서적을 구입하여 서양의 진화론과 부르주아 정치이론을 받아들여 자신만의 유신변법 사상체계를 세웠다. 1988년 무술변법이 실패하자 강유위는 일본, 동남아, 유럽을 주유하는 망명 생활을 이어갔다. 강유위는 만청시기에 고금중외의 주요학자들의 사상을 융합하려했던 학자이다. 그는 자신의 저작에서 문학에 관해 수차례 논했지만 문예라는 학술용어를 사용하지는 않았다. 1898년, 강유위는 광서제에게 올린 「일본 메이지정변 고찰 서문」(日本明治政變考 · 序)에서 문학예술을 언급했다. 그는 "(일본은 메이지유신 이래로) 20년간 정치와 법률을 잘 정비해놓고 유럽과 미국의 문학예술을 모두 섭렵하여 국민들에게 녹여냈습니다. 해마다 수십만의 병사를 길러내고 수십 척의 배를 건조하면서 우리 중국을 앞섰습니다"[7]라고 말했다. 그는 「팔고식에 해서법을 붙인 선비의 시험을 바꾸는 방책에 대한 분석」(請廢八股式貼楷法試士改用策論折, 1989.6.)에서 당시 "모든 경전을 폐기하고 사서만을 공부한다"거나 "학문을 끊고 팔고만을 받들자"는 사회현상에 대해 "2천년의 문학이 땅으로 떨어져 쓸모없게 되어 책장 위에 꼭꼭 묶인 채로 읽히지 않는다"[8]고 개탄했다. 동시에 그는 문학의 경계를 이렇게 말한다. "이로써 안으로는 중국문학을 가르치고 경전의 본의, 전통 학문, 구제도, 사물의 명칭을 연구하여 유용한 인재가 된다"[9]고 말한다. 이로부터 우리는 강유위가 문학과 문예를 구분하고 있음을 알 수 있다. 그는 "중국문학, 공예의 미는 모두 한대, 당대, 송대 시기에 번영했다"[10]고 적시하고 있다. 여기에서 공예는 실제로 예

7 「日本明治政變考·序」, 姜義華·張榮華 選注, 『大同夢幻: 康有僞文選』, 百花文藝出版社, 2006, 66쪽.
8 「請廢八股式貼楷法試士改用策論折」, 姜義華·張榮華 選注, 위의 책, 85쪽.
9 姜義華·張榮華 選注, 위의 책, 87쪽.
10 「英之大治得益於衣袖海」, 姜義華·張榮華 選注, 위의 책, 107쪽.

술을 의미한다. 강유위의 저작으로부터 우리는 문예라는 말은 만청시기에 문학을 설명하는 데에 쓰이지 않았음을 알 수 있다.

왕국유(王國維)의 저작에서도 문예라는 말로 문학을 지칭하는 예는 보이지 않는다. 왕국유는 어려서부터 영어, 일어를 익히면서 서양철학과 문학사상의 영향을 깊게 받았던 중국 근대의 세계적 명성을 가진 학자이다. 왕국유는 중국과 서양의 학문을 관통하여, 사학, 문학, 예술, 문학 등의 학문을 두루 섭렵했다. 그는 은주시대의 제도사, 송원의 희곡사, 고문자학 등의 분야에 학술 업적을 이뤘고, 이는 동시대 학자들을 크게 앞서는 것이었다. 왕국유는 여러 학문 영역 중에서도 문학연구에 조예가 가장 깊었다. 그는 문학 관련 저작 어디에서도 문예라는 말은 언급하지 않았다. 왕국유는 금석문학에 관한 「대시헌의 인장 모방 계보 머리말」(待時軒仿古鉨印譜序)라는 글에서 예술이란 말을 많이 사용하고 있다. 그는 이렇게 말한다.

> 하나의 미미한 예술품에서조차도 풍속의 성쇠는 드러난다. 지금 공예술자들은 그 마음이 가볍고 그 힘이 약하며 그 기세가 허황되어 안정되지 못하다. 이들 중에 남을 위해서 일하는 자는 많지만, 스스로를 위해서 일하는 자는 적다. 정상적인 것에 염증을 내고 기이한 것을 좋아하며, 자신만이 옳다고 여기고 배우기를 즐기지 않는다. 하여 회화에서는 사왕오운(四王吳惲)[11]과 같은 화가 무리들을 살피지도 않은 채 청상도인과 팔대화가의 자유로운 붓놀림을 쉽게 본뜨려한다. 서법에서도 조맹부(趙孟頫)와 동

11 '사왕오운'은 청대 초기를 대표하는 화가의 별칭이다. '사왕'은 왕시민(王時敏), 왕감(王鑒), 왕휘(王翬), 왕원기(王原祁)를 가리키고 '오'는 오력(吳曆), '운'은 운수평(惲壽平)을 말한다. (옮긴이)

기창(董其昌)은 언급조차 꺼리고 당대(唐代) 오대 서예가 구양순(歐陽詢), 저수량(褚遂良), 우세남(虞世南), 안진경(顔眞卿), 류공권(柳公權)을 저버리고 북조의 묘비문체만을 배우고자 한다. 전각에서도 문팽(文彭), 하진(何震)을 가벼이 여기고 진한시기의 전통마저 종주로 여기지 않으면서 위진 이후의 거친 참착(鑱鑿)의 흔적만을 흠모하고 있다. 회화, 서법, 전각의 본질은 텅 비어 사라지고 비루함만 늘어나서, 교만하고 인색한 욕망이 칼과 붓을 가득 채우고 있으니, 이는 예술과의 거리가 너무나도 멀다.[12]

왕국유의 위 인용문에서, 문학은 주로 문자로 구성된 작품, 즉 시, 소설을 가리키고, 예술은 주로 문자가 아닌 것으로 구성된 예술작품, 즉 회화, 금석작품을 가리킨다. 문학과 예술은 각각 가리키는 바가 있어서, 분명하게 구분된다. 하지만, 왕국유는 경우에 따라서 예술이란 말로 예술작품을 칭하기도 한다. 그는 「미학에서 고아의 위치」(古雅之在美學上之位置)에서 이렇게 말한다.

고금의 학자들은 철학사상의 계열별 차이로 인해, 아름다움[優美]과 웅장[莊嚴]함에 대한 서로 다른 해석을 가져왔다. 요컨대 아름다움은 대상의 형식이 우리의 이해관계와 무관하기 때문에, 우리의 이해관계를 떠나 대상의 형식에 온전하게 몰입할 수 있다. 자연과 예술의 보편적 미가 바로 그런 종류이다. 웅장함은 대상의 형식이 우리의 지력이 닿은 범위를 초월하거나 그 형식의 웅대함이 우리에게 이롭지 않거나 우리가 저항할 수 없다고 느껴지기 때문에 우리는 우리 자신의 본능을 보존하면서 이해의 관

12 姚淦銘·王燕 編,『王國維全集』(第1卷), 中國文史出版社, 1997, 138쪽.

념을 떠나 대상의 형식을 달관하게 된다. 자연 속의 고산대천, 폭풍뇌우, 예술 중 위대한 궁실, 비탄의 조각상, 역사적인 그림, 희곡, 소설 등이 그런 종류이다.[13]

왕국유는 이 글에서 예술이란 말로 예술작품을 지칭하고 있지만, 예술은 실제로 기예의 기법을 의미할 뿐, 예술학과 같은 학문 분야만을 가리키지는 않는다. 그는 이렇게 말한다.

무릇 우아함의 절정은 예술에 존재하지 자연에 존재하지 않는다. 자연은 제일형식에 지나지 않지만, 예술은 자연 속 어떤 형식을 창조한 새로운 형식이다. 이는 제이형식으로서, 동일한 형식이지만 표현은 서로 다르다. 동일한 악곡이지만 연주가 다르고, 동일한 조각이고 회화이지만, 진본과 모방본은 크게 다르다. 시 역시도 마찬가지다. "밤이 깊어 촛불을 켜니, 꿈같은 처와의 잠자리로다"(夜闌更秉燭, 相對如夢寐: 杜甫 「羌村」 詩)와 "오늘밤 모든 초를 다 태워서라도 너를 살피려나, 이 만남이 꿈일까 걱정이로다"(今宵剩把銀釭照, 猶恐相逢是夢中: 晏之道 「鷓鴣天」 詞), "당신이 몹시도 그리워, 그리움에 밀려오는 아픈 마음도 달게 받으리"(願言思伯,甘心首疾: 『詩 · 韋風 · 伯兮』)와 "옷이 커지도록 야위어도 끝내 후회하지 않으리. 그대를 위해서라면 내 차라리 초췌해지리다"(衣帶漸寬終不悔,爲伊消得人憔悴: 歐陽脩 「蝶戀花」)는 제일형식은 같지만 전자는 온후하고 후자는 직접적으로 드러내는 방식에서 제이형식은 다르다. 모든 예술은 모두 그러해서, 이른바 우아함[雅]과 저속함[俗]의 구별이 있게 된다.[14]

---

13 傅傑 編校, 『王國維論學集』, 雲南人民出版社, 2008, 298쪽.

14 傅傑 編校, 위의 책 299쪽.

왕국유가 위 인용문에서 언급한 예술은 오늘날 예술 분과와 다르다. 즉 예술가가 창조한 작품과 창작품의 기예로서 자연과 구별되는 것을 가리킨다. 그래서 문학 영역의 두 대표인물 강유위와 왕국유의 저작에서 살펴본 바와 같이, 문예라는 말은 만청시기에 매우 드물게 사용됐다.

양계초(梁啓超)의 경우도 이들과 마찬가지였다. 그는 연설 중에서 문학이란 말을 많이 사용하면서도 문예라는 말의 사용 매우 드물게 사용했다. 그 문예의 뜻도 문학이 아니라 예술작품 또는 문학과 예술에 관련된 작품을 가리키는 경우가 대부분이었다. 양계초는 「주요 전적의 해제 및 독법」에서 "그렇다면 어떤 이유로 그 시대에만 시가 있는가? 또는 시가 발전했는가? 그 이유 중에 하나는 사회문화의 발전이다. 사회문화가 점차로 성숙해진 이후로 아름다운 문예작품들이 출현할 수 있었다"[15]고 말한다. 여기에서 말한 문예작품은 실제로 문학과 예술작품을 가리킨다. 양계초는 그 많은 강연 중에서 문화 내용에 대한 부류를 총괄한 「문화란 무엇인가」(什麽是文化)에서 유일하게 '문화예술품'이란 용어로 예술을 지칭했다.[16] 다른 글에서도 문학을 언급할 경우에는 모두 문학이라는 용어를 사용했을 뿐, 예술이란 용어를 사용하지 않았다. 양계초는 「감정의 성인 두보」(情聖杜甫)라는 강연에서 문학을 언급하면서 두 곳에서 문예라는 용어를 사용했다. 그는 "당시 문예는 남북학파의 흔적이 분명하게 갈렸다. 북파는 진솔하고 비장했지만 남파는 정치하고 유연했다. 한위, 양진, 남북조의 고악부에서 이러한 구분이 가장 잘 나타난다. 당대(唐代) 민족

15 梁啓超, 「要籍解題及其讀法」, 李俐 編, 『梁啓超講讀書』, 天津古籍出版社, 2005, 111쪽.

16 梁啓超, 「什麽是文化」, 馮志陽 編, 『梁啓超講讀書』, 天津古籍出版社, 2005, 141쪽.

화합의 작용은 정치적으로 통일을 가져왔고, 그 영향은 문예에도 미쳤으며, 자연스레 두 파의 특징은 하나로 융합되어 민족의 새로운 미를 형성하게 됐다. 당(唐)의 초기는 여명의 시기였고, 당의 융성기는 성숙의 시기였다"[17]고 말한다. 양계초가 여기에서 사용했던 문예는 오늘날 우리가 말하는 문예가 아니고 고악부에 기초한 예술작품이고 이는 시, 소설 등의 문학과 구별된다.

다른 학자들의 저술 중에서도 문예라는 말이 사용되지 않았던 건 아니다. 채원배(蔡元培)는 1916년 『「석두기」 색인』(「石頭記」索隱)을 저술하면서, 문예라는 말을 사용했다. 그는 「석두기」를 이렇게 평론한다. "가장 바깥의 표층에서, 가정의 정치를 논하고 연애풍속을 배척하며, 부인의 덕을 존중하고 문예를 박대한다. 『홍루몽』의 설보채를 완전한 인간으로 묘사하는 반면, 대옥과 묘옥은 인정머리 없고 어리석게도 좋아하는 일만 연구하는 자로 묘사한다. 그래서 왕설향(王雪香)의 『홍루몽』 판본이 있게 됐다. 나아가 연정을 순수하게 표현한 판본은 문사계층에게 호응을 받았다. 보통의 판본은 대부분 이 점에 착안한다."[18] 면밀히 검토해보면 채원배가 여기에서 말한 문예는 오늘날 우리가 말하는 문예가 아니라 예술적 수양을 가리킨다는 점을 알 수 있다.

예로부터 문학예술의 함의는 같지 않았다. 중국어서 이는 굳이 말을 하지 않아도 알 수 있다. 양계초는 「국학 입문서 요목과 그 독법」(國學入門書要目及其讀法)에서 이렇게 말한다.

---

17 梁啓超, 「情聖杜甫」, 賈菁菁 編, 『梁啓超演講錄』, 天津古籍出版社, 2005. 249쪽.

18 張國星 編, 『胡適, 魯迅, 王國維解讀『紅樓夢』』, 遼海出版社, 2001, 152쪽

이상은 원명청시기 사람의 희곡본이다.

여기에서 열거하는 책은 전문가 학자들이 여가의 차원에서 감정과 정취를 그려내고 읊어내는 용도이니, 문학전문가의 이론도 아니고 문학사를 연구하는 이론도 아니다. 그래서 문학류가 아니라 운문류라고 하겠다. 문학의 범위는 최소한 고문(병문과 산문)과 소설을 포함해야한다. 나는 문학전문가가 되지 않을 거라면 굳이 소설의 필요함만을 고집할 일은 아니라고 생각한다. 고문의 경우는 본래 별도로 배울 필요가 없었다. 내 연배의 사람들은 언제나 선진시기 제자백가, 『좌전』, 『국어』, 『전사서』, 『자치통감』 및 사상을 담고 있는 전적들을 읽었어야만 했다. 좀 더 공부할 수 있게 되면 스스로 하나의 학문을 이루곤 했다. 왜 별도로 고문이라 칭하는 학문을 두었겠는가? 이런 이유로 인해, 나는 세상에 잘 알려진 문집을 재차 이 책에 수록하지는 않았다. (학문과 관계있는 문집은 각각의 학문 분야에 흩어져 있다.) 『문선』과 한유, 유종원, 왕안석의 문집은 부록에 보인다. 배우려는 자가 만일 글을 좀 더 지속적으로 많이 보고자 한다면, 요내(姚鼐)의 『고문사류찬』(古文辭類纂), 이조락(李兆洛)의 『병체문초』(駢體文抄), 증국번(曾國藩)의 『경사백가잡초』(經史百家雜抄)를 참고하면 좋겠다.[19]

양계초의 학문 분과 경계 설정에서, 예술은 문학에 포함되지 않는다. 그는 타고르를 환영하기 위해 쓴 「인도와 중국 문화의 친속 관계」(印度與中國文化之親屬的關係)라는 글에서, 예술에 대한 구체적인 경계를 확정한다. 양계초의 이해에 따르면, 음악, 건축, 회화, 조각, 비단 장식화 등은 모두 예술에 속하

19 梁啓超, 「國學入門書要目及其讀法」, 李俐 編, 『梁啓超講讀書』, 天津古籍出版社, 2005, 15~161쪽.

지만, 희곡, 소설, 시는 문학에 속한다. 예술과 문학은 각각 가리키는 바가 달라서 한 데 섞일 수 없다. 그런데 양계초가 간헐적으로 사용했던 '문예'는 결코 문학만을 지시하는 게 아니라 문학과 예술에 대한 줄임말 정도였다. 이는 그가 문예부흥이란 말을 사용하는 글에서 확인할 수 있다. 그는 「국제연맹평론」(國際聯盟評論)에서 "시대의 사조를 이해하려면 그 시대의 문학을 보는 게 가장 좋다. 유럽문학에서 거대하고 웅장함을 논할 때, 앞선 시기에서는 문예부흥의 사조가 있고, 이후의 시기에는 19세기까지 추급된다"[20]고 말한다. 양계초가 말한 문예부흥에서 문예는 하나의 집합명사로서, 문학과 예술을 통칭하고자 사용했음이 분명하다.

역사적으로 볼 때, 만청시기까지의 문예 개념은 그것이 광의였든 협의였든 상관없이 문학만을 지칭하지는 않았다. 우연하게 문예라는 말을 사용했다 하더라도, 그것은 문학과 예술을 가리키는 데에 사용됐을 뿐, 문학만을 가리키는 경우는 없었다. 만청시기에서 신문화운동시기에 이르는 동안, 중국 근대문학예술은 그 맹아를 처음으로 보이면서 발전하기 시작했다. 비록 문예 개념이 우연적으로 사용됐긴 하지만, 문학과 예술은 각각 지시하는 바가 달랐고, 각각 중요하게 여긴 바가 있었다. 이는 더 이상 설명하지 않아도 이해할 수 있는 부분이다.

2. 20세기 초부터 1920년대까지 문예 개념의 출현과 사용

중국문학사에서 20세기 초기까지, 문예라는 말은 새롭게 나타난 용어라고 해

20 梁啓超, 「國際聯盟評論」, 馮志陽 編, 『梁啓超講讀書』, 天津古籍出版社, 2005, 141쪽.

야만 한다. 문예와 문학의 함의가 다르기 때문에 비록 문예가 간헐적으로 사용됐다고 해도, 그 의미는 문학과 같지 않았다. 그 후에 신문화운동이 흥기하면서, 문예라는 말은 널리 퍼지기 시작했고, 몇몇 작가와 학자들은 문학을 지칭하는 데에 문예라는 말을 사용하기도 했다. 하지만 총체적으로 보면 문예는 1920~30년대부터 광범위하게 사용된 새로운 용어로서, 예술도 지칭하면서 문학도 지칭할 정도로 그 함의가 넓었다. 사회주의 중국이 성립한 후, 구소련의 많은 문학이론저작들이 번역되어 유입되면서, 문예학의 관념이 중국에 널리 퍼지고, 중국학자들에 의해 수용되면서 중국의 문예학으로 발전했다. 개혁개방이후 '문예학'은 독립된 학문으로서 지속적인 발전을 이뤘지만 문학과 문예가 개념적으로 혼용되면서 일련의 문제를 야기하게 됐다. 학자들은 문예학의 적합성에 회의를 갖기 시작했고, 이는 문예학과 문학학(文學學)의 논변을 일으키게 됐다.

문예의 함의가 변화해가는 과정을 설명할 때, 우리는 그 발원 지점을 반드시 설명해야만 한다. 20세기 초 중국은 신문화운동을 일으켰다. 비록 문예의 개념이 사용되긴 했지만, 학술용어로서 상용됐던 게 아니라 문학이나 예술을 지칭하는 데에 한정적으로 사용됐으며 그나마도 드물었다. 하지만 소설, 시, 희곡 전체를 언급하는 경우에는 문학이라는 용어를 사용했지 문예를 사용하지는 않았다. 예를 들어 루쉰은 『해상술림』(海上述林) 하권의 서언에서 "이 책에 수록된 것들은 모두 문학작품들, 즉 시, 희곡, 소설이다"[21]고 말한다. 이

21 魯迅,「海上述林下卷序言」, 丁華民 主編,『魯迅文集』(第9卷), 吉林文史出版社, 2006, 77쪽.

는 문학이 특정한 함의를 갖고 있음을 표명하고 있다. 그런데 예술을 두루 포괄하는 경우, 예술학 부류라고 직접적으로 적시할 뿐 예술이란 말을 사용하지 않았으며 나아가 문예라는 말도 사용하지 않았다. 예를 들어 호적이 조설근(曹雪芹)의 문학과 예술적 재능을 언급할 때 "조설근의 가정에는 문학과 미술적 환경이 풍부했고"[22] "그는 미술과 부학의 천부적 재능을 가졌다. 시에도 능했고, 회화에도 능했다"[23]고 말한다. 호적은 조설근의 소설과 회화적 재능을 기술할 때에도, 문예라는 말을 사용하지 않았고, 문학과 회화라는 용어로 표현하고 있다. 이러한 사실은, 문예라는 말은 당시의 역사적 윤리환경 안에서 오독되면서 사람들마다 각자의 이해에 따라 사용됐기에 그 의미가 제대로 전달될 수 없었고, 이런 이유로 명예라는 말은 광범위하게 사용되지 않았음을 알 수 있다.

20세기 이전에 문예는 사람들에게 익숙한 개념이 아니었다. 단지 문학에서만 드물게 사용되는 말이었다. 20세기 초기에, 중국이 유럽의 문예부흥운동을 번역하고 소개하기 시작하면서, 문예라는 말은 중국에 수용, 전파, 사용됐다. 1905년, 주룽화(朱龍華)는 『문예부흥 시기의 플로랑스』(文藝復興時期的佛羅倫薩)를 중국에 번역하여 소개했다. 이는 중국에 유럽의 문예부흥을 최초로 소개한 저작으로 평가된다. 문예부흥은 'renaissance'에서 연원한 합성어이다. 이는 14세기에서 16세기 동안 유럽에서 흥기한 예술, 철학, 문학, 건축, 자연과학 등 각 분야에서의 문화사상적 운동을 가리킨다. 중국어로 번역된 문

22 張國星 編, 『胡適, 魯迅, 王國維解讀『紅樓夢』』, 遼海出版社, 2001, 18쪽.
23 張國星 編, 위의 책, 28쪽.

예부흥은 'renaissance'와 서로 다른 함의를 갖지만, 문예부흥운동의 문학과 예술적 특징은 문예라는 단어를 통해서 쉽게 수용됐다. 그러면서도, 문학과 예술 등 각종 학문분야가 문예라는 용어에 포함되어 있기 때문에, 문예는 사람들에게 쉽게 오독됐다. 이후로 문예는 중국의 문학계와 예술계에 유행하기 시작했고, 문예라는 단어를 달고 등장한 정기 간행물도 등장하기 시작했다. 『문예구락부』(文藝俱樂部: 捫虱談虎客, 孤憤生 編輯, 1912년 9월 창간, 반월간, 上海: 文藝俱樂部), 『문예잡지』(文藝雜誌: 雷君曜 編輯, 1914년 여름 창간, 上海: 文藝俱樂部) 등이 그것이다. 문예 서적의 출간에 따라, 문예라는 용어는 전국적으로 전파되어, 1920~30년대에 이르러서는 이미 중국 전역에서 수용되어 광범위하게 사용됐다.

'문예'라는 두 글자를 달고 1920년대에 중국에서 출간된 정기간행물은 십여 종에 달하며, 그 예는 아래와 같다.

『문예잡지』(文藝雜誌: 文藝雜誌社 主辦, 上海: 埽葉山房 發行, 1912)

『문예잡지』(文藝雜誌: 松江雪君曜 編輯, 上海: 文藝雜誌社, 1915~1918)

『북경여자고등사범문예회간』(北京女子高等師範文藝會刊: 北京女子高等師範學校文藝會 編輯, 1919~1923)

『문예잡지』(文藝雜誌: 狄杏南 編輯, 北平: 聚興報房 發行, 1921~1922)

『문예특간』(文藝特刊: 王蜀琴 編輯, 武昌: 武昌藝專文藝研究會 發行, 1921)

『학생문예총간』(學生文藝叢刊: 張廷華 編輯, 上海: 上海大東書局 發行, 1923~1937)

『문예』(文藝: 中州大學文藝研究會, 開封: 中州大學文藝研究會 編輯, 1924)

『청화문예』(清華文藝: 『清華周刊』 副刊, 北平: 清華大學周刊社, 1925)

『대중문예』(大衆文藝: 郁達夫, 夏萊蒂 等, 上海: 現代書局, 1928~1930)

『연극과 문예』(戲劇與文藝: 熊佛 主編, 北平: 戲劇餘文藝社, 1929~1930)

『신문예』(新文藝: 施蟄存 主編, 上海: 新文藝月刊社, 1929~1930)

『문예와 연애』(文藝與戀愛: 陳醉雲 著, 福建: 世界文藝書社, 1929)

『문예월간』(文藝月刊: 孫牖銘, 林叔陶 編輯, 北平, 1929)

1920년대에 중국은 문예를 주제로 한 서양의 학술 서적을 대량으로 번역 소개했다. 1929년에서 1930년까지 2년 동안 번역 소개된 문예 관련 논저는 모두 13종에 달한다. 1924년에서 1930년까지 중국에 소개된 서양의 문예 관련 논저 목록은 아래와 같다.

『유럽의 최근 문예사조』(歐洲最近文藝思潮: 宮島新三郎, 憶秋生 編譯, 1924)

『세계문예비평사』(世界文藝批評史: 美子女士 編譯, 國際學術書社, 1928)

『신러시아의 문예정책』(新俄的文藝政策: 藏原惟人 · 外村史郎 同譯, 畫室重譯, 上海: 光華書局, 1928)

『중국고대문예론사』(中國古代文藝論史: 鈴木虎雄 著, 孫俍工 譯, 上海: 水沫書店出版社, 1929)

『서양문예논집』(西洋文藝論集: 韓待衍 輯譯, 上海: 北新書局, 1929)

『근대일본문예논집』(近代日本文藝論集: 韓待衍 輯譯, 上海: 北新書局, 1929)

『문학과 예술의 기술 혁명』(文學與藝術之技術的革命: 平林初之輔 著, 陳望道 譯, 上

海: 大江書鋪, 1929)

『문예신론』(文藝新論: 藤森成吉 作, 張資平 譯, 上海: 上海聯合書店, 1929)

『현대 러시아 문예사조』(現代俄國文藝思潮: 升曙夢 著, 陳淑達 譯, 上海: 華通書局, 1929)

『세계 저명 문예가 일화』(世界著名文藝家逸話: 高喬平, 周則鳴 編譯, 上海: 世界書局, 1929)

『예술간론』(藝術簡論: 青野季吉 著, 陳望道 譯, 上海: 大江書鋪, 1929)

『예술사회학』(藝術社會學: 馬克思主義文藝論叢1, 弗理契 著, 劉吶鷗 譯, 1930)

『유물사관의 문학론』(唯物史觀的文學論: 馬克思主義文藝論叢2, 伊可維支 著, Ickowicz, Marc, 戴望舒 譯, 1930)

『미국 문예계의 괴이한 현상』(美國文藝界的怪狀: 辛克萊 著, 陳恩成 譯, 上海: 聯合書店, 1930)

『문예비평사』(文藝批評史: 宮島新三郎 著, 高明 譯, 上海: 開明書店, 1930)

『문예감상론』(文藝賞鑒論: 田中湖月 著, 孫俍工 譯, 上海: 中華書局, 1930)

『문예담』(文藝譚: 小泉八雲 著, 石民 譯注, 上海: 北新書局, 1930)

『새로운 문예비평』(新的文評: 林語堂 輯譯, 上海: 北新書局, 1930)

중국은 서양의 문예 관련 논저를 번역하면서 동시에 문예 문제에 대한 토론, 연구, 저술을 시작했다. 1930년 한 해 동안 적어도 14종의 출판물이 탄생했고, 그 중에는 이후의 문예계에서 높은 위상을 점하는 마오둔(茅盾), 궈모뤄(郭沫若), 푸둥화(傅東華) 등의 저작들도 있다. 관련된 논서 목록은 아래와 같다.

『유럽 문예부흥사』(歐洲文藝復興史: 蔣方震 著, 上海: 商務印書館, 1930)

『문예사 개요』(文藝史概要: 張資平 著, 武漢: 武昌時中合作出版社, 1930)

『문예부흥소사』(文藝復興小史: 陳衡哲 著, 上海: 商務印書館, 1930)

『문예비평 소견』(文藝批評淺說: 周全平 著, 上海: 商務印書館, 1930)

『문예평론ABC』(文藝評論ABC: 傅東華 著, 上海: ABC叢書社, 1930)

『문예론ABC』(文藝論ABC: 夏丏尊 著, 上海: 世界書局, 1930)

『현대문예잡론』(現代文藝雜論: 茅盾 著, 上海: 世界書局, 1930)

『문예논집』(文藝論集: 郭沫若 著, 上海: 光華書局, 1930)

『중국문예논전』(中國文藝論戰: 李何林 編, 上海: 中國書店, 1930)

『현대문예잡론』(現代文藝雜論: 保爾 著, 上海: 光華書局, 1930)

『현대문예평론집』(現代文藝評論集: 範祥善 編輯, 上海: 世界書局, 1930)

『유럽 문예부흥소사』(歐洲文藝復興小史: 陳衡哲 著, 上海: 商務印書館, 1930)

『중국문예변천론』(中國文藝變遷論: 張世祿, 鄭次川 著, 上海: 商務印書館, 1930)

『문예강좌』(文藝講座: 馮乃超 主編, 上海: 神州國光社, 1930)

『유럽 문예사 대강』(歐洲文藝史大綱: 張資平 著, 上海: 聯合書店, 1930)

『문예비평집』(文藝批評集: 錢杏邨 著, 上海: 神州國光社, 1930)

『문예와 사회 경향』(文藝與社會傾向: 錢杏邨 著, 上海: 泰東圖數局, 1930)

『문예개론』(文藝概論: 錢歌川 編, 上海: 中華書局, 1930)

『신문예평론』(新文藝評論: 孫俍工 編, 上海: 民智書局, 1930)

『신흥 문예논집』(新興文藝論集: 周毓英 著, 上海: 生理書局, 1930)

『문예논집』(文藝論集: 成仿吾 著, 上海: 創造社, 1930)

『신흥 문예론』(新興文藝論: 樊仲雲 著, 上海: 新生命書局, 1930)

1930~40년대, 문예 창조와 저술은 항일구국운동과 긴밀하게 결합하여, 많은 문예작품이 출판됐을 뿐만 아니라, 문예연구에 관한 학술서적도 많이 출판됐다. 우리는 이 시기를 중국의 문예 연구의 전성기라고 부른다. 이 시기를 대표할 만한 출판 저작은 아래와 같다.

『문예창작강좌』(文藝創作講座: 6권, 匡亞明 著, 上海: 光華書局, 1931~1933)

『문예방법론』(文藝方法論: 陳彝蓀 著, 上海: 光華書局, 1931)

『문예논집』(文藝論集: 郭沫若 著, 上海: 光華書局, 1933)

『문예창작사전』(文藝創作辭典: 郭堅白 主編, 上海: 光華書局, 1933)

『문예논집』(文藝論集: 趙景深 著, 上海: 廣益書局, 1933)

『문예부흥소사』(文藝復興小史: 常乃悳 編, 上海: 中華書局, 1934)

『문예비평개설』(文藝批評概說: 黎錦明 編, 北新書局, 1934)

『문예사조소사』(文藝思潮小史: 徐懋勇 著, 上海: 生活書店, 1936)

『작가론』(作家論: 恩格斯等 著, 上海: 開明書店, 1936)

『문예부흥기의 문예비평』(文藝復興期之文藝批評: 斯平加恩 著, 孫偉佛 譯, 南京: 正中書局, 1937)

『문예논집』(文藝論集: 郭沫若 著, 桑春明 編, 大連: 關東出版社, 1937)

『문예사학과 문예과학』(文藝史學與文藝科學: Werner Mahrholz 著, 李長之 譯, 重慶: 商務印書館, 1943)

『문예논총』(文藝論叢: 楊之華 著, 上海: 太平書局, 1944)

이 시기의 문예 연구는 지속적으로 깊이 있게 발전했다. 다수의 문예작품과 학술저작이 출판되는 동시에, 정기 간행 문예잡지도 세상에 적지 않게 소개됐다. 정기 간행 문예잡지와 학술저작물이 서로 호응하면서 문예연구의 번성기를 가져왔다. 당시 출판된 정기 간행 문예잡지 중 더러는 짧은 시간 동안 더러는 오랜 기간 동안 출간되면서, 문예연구의 발전에 중요한 동력으로 작용했다. 그중 대표적인 정기간행물은 아래와 같다.

『문예춘추』(文藝春秋: 張衣萍 · 徐則驤 主編, 上海: 文藝春秋社, 1934)

『문예풍경』(文藝風景: 施蟄存 主編, 上海: 文藝風景社, 1934)

『문예잡지』(文藝雜志: 柳亞子, 上海: 文藝雜志社, 1931~1932)

『문예공작자』(文藝工作者: 戈霧 · 雷瑜合 主編, 上海: 文藝工作者社, 1937)

『문예계간』(文藝季刊: 李寒穀 · 周輅 主編, 昆明: 雲南文藝季刊社, 1937~1939)

『항전문예』(抗戰文藝: 中華全國文藝界抗敵協會抗戰文藝編集委員會編輯, 漢口: 中華全國文藝界抗敵協會出版部, 1938~1946)

『문예진지』(文藝陣地: 茅盾 主編, 重慶: 生活書店, 1939)

중국의 문예연구 상황을 살펴보면, 문예라는 말은 중국 문학과 예술계에

20세기 초기에 비로소 등장하기 시작한 번역된 외래어이자 신조어였다는 사실을 알 수 있다. 1920~30년대부터 서양, 특히 구소련 문예작품과 문예이론 저작이 중국에 대량으로 번역, 소개되면서 중국 문학 예술계에게 깊은 영향을 미쳤다. 이러한 흐름에서 문예라는 말은 우리 문학 예술계에 광범위하게 수용되고 사용됐을 뿐만 아니라, 문예작품, 문예이론, 문예비평, 문예운동, 문예사조, 문예정책, 문예생활, 혁명문예, 민중문예 등 문예와 관련된 여타의 용어들을 탄생시켰다. 이들은 지금까지 중국의 문학 예술계에서 상용되는 문예 관련 용어들이다.

1920~30년대에 중국의 문학 예술계에서 '문예'라는 용어를 사용했던 상황을 개괄하면, 문예와 문학, 예술 이 세 가지 용어는 언제나 상호 호환되며 사용됐고, 용어의 의미도 분명하게 구분되지 않았다. 실제로도 우리는 문예라는 용어를 가지고 문학과 예술을 지시하는 경우, 문예의 하위 범주로 문학과 예술을 논했던 경우를 발견할 수 있다. 당시의 실제적인 사용 상황에 근거하면, 문예에는 세 가지 함의가 있다. (1) 문학과 예술의 총칭, (2) 문학, (3) 예술이다. 문예의 기본적인 용법은 문학과 예술을 지시함에 있었지만 문학만을 지시하거나 예술만을 지시하는 경우들도 있었다.

1920~30년대의 작가 중, 루쉰은 문예라는 용어를 가장 광범위하게 사용했던 작가이다. 일찍이 1920년대에 루쉰은 구소련의 문학작품을 번역, 소개했을 뿐만 아니라 문예이론 서적들도 번역했다. 1929년에 루쉰은 루나차르스키의 『문예와 비평』(文藝與批評, 上海: 水沫書店)과 『예술론』(藝術論, 上海: 大江書鋪)을 번역 출간했다. 1930년에는 『문예정책』(文藝政策, 藏原惟人·外村史郎, 上

海: 水沫書店出)을 번역 출간했고, 『문예연구』(文藝研究, 上海: 水沫書店出) 잡지의 편집자를 맡았다. 구소련문학과 문학이론의 중국 유입은 루쉰의 사상과 창작에 많은 영향을 미쳤다. 루쉰이 자신의 창작과 저술에서 자주 언급했던 문예라는 용어는 루나차르스키의 『문예와 비평』과 같은 구소련 학술저작에서 연원한 것이라고도 말할 수 있다.

우리는 루쉰의 저작에서 문예, 문학과 예술 세 가지 용어가 혼용되고 있음을 쉽게 발견할 수 있다. 요컨대 루쉰은 문학과 예술의 입장에서 문예라는 용어를 이해했다. 그래서 루쉰은 대부분의 상황에서 문학과 예술의 시각에서 문예의 문제를 다룬다. 예를 들어 그는 『외침』(吶喊)의 「머리말」(自序)에서 이렇게 말한다.

일 년의 학업과정이 아직 끝나지도 않았는데, 나는 이미 도쿄에 왔다. 그 때 이후로 의학이 나에게 긴급하게 필요한 학문은 아니라는 생각이 들었다. 신체가 어떻게 건장해지고 건강해지는지의 문제는 대부분의 우매하고 미약한 국민들에게 그저 아무 의미도 없게 보이는 대상이나 방관의 대상이 될 뿐이니, 몇 명이 병으로 죽어갔는지 만이 불행한 일은 아니라고 생각했다. 나는 우리에게 제일 급한 것은 그들의 정신을 개혁함에 있다고 생각했다. 해서, 당시에 나는 문예를 세상에 확장하는 일이 정신 개혁 선도의 으뜸이라고 생각했고, 그래서 문예운동을 제창하고 싶어 했다. 도쿄 유학생 중에는 법률, 정치, 물리, 화학, 경찰, 공업 등을 전공하는 자들이 많았을 뿐, 문학과 미술을 전공하는 자는 없었다. 이렇듯 냉담한 분위기 속에서 몇 명의 동지들을 만났고, 이 밖에도 필요한 몇 명의 사람을 불러 모았다. 상호 논의를 거친 후, 가장 첫 번째 해야 할 일은 당연히 잡지 출간이고 '새로운 생명'의 뜻을 취지로 했다. 우리는 그때 대체로 복고의 경향을 띠고 있었기에, 이 잡지를 『신생』(新生)이라고 이름할 수밖에 없었다.[24]

이 머리말에서 루쉰이 말한 문예는 실제로 문학과 예술의 총칭이다. 루쉰의 관점에 근거하면 문예는 즉 문학과 미술이다.[25] 루쉰이 비록 문예의 정의를 내린 적은 없지만, 문예에 대한 이해를 분명하게 밝히고 있다. 즉, 문예는 문학과 예술이다. 예를 들어 루쉰은 「러우스소전」(柔石小傳)에서 이렇게 말한다.

1928년 4월 고향마을에서 폭동이 발생했다. 폭동이 실패로 끝난 후, 도처에서 반향이 있었지만, 비교적 참신한 운동은 모두 좌절됐다. 닝하이(寧海)중학교는 해산되고 러우스(柔石: 1902~1931)는 홀로 집을 떠나 상하이에 살면서 문예를 연구했다. 12월 『어사』(語絲)를 편집했고, 친구들과 함께 조화사(朝華社)를 설립했다. 창작 작업 이외에, 외국문예를 소개하는 데 힘썼다. 특히 북유럽, 동유럽의 문학과 판화를 주간 『조화』(朝華) 제20호, 순간 제12호와 『예원조화』(藝苑朝華) 5권에 실어 출간했다. 판매 대리자가 책값을 지불하지 않아 더 이상 잡지사를 운영할 수 없게 되자, 출간사업을 중도에 포기하게 됐다.[26]

루쉰은 이 글에서 외국문예를 거론할 때 "특히 북유럽, 동유럽의 문학과

---

24 魯迅, 「自序」, 『吶喊』, 『魯迅文集』(제1권), 丁華民 主編, 吉林文史出版社, 2006, 2쪽.

25 丁華民 主編, 위의 책, 22쪽.

26 魯迅, 「柔石小傳」, 『二心集』, 『魯迅文集』(제3권), 丁華民 主編, 吉林文史出版社, 2006, 123쪽.

판화"를 강조한다. 이는 그가 이해하는 문예가 문학만이거나 또는 예술만이 아니라, 문학과 예술의 총칭임을 명확히 보여주고 있다. 루쉰은 경우에 따라 문예라는 용어로 문학과 예술을 지칭하거나 문학을 지칭하거나 또 예술을 지칭하기도 한다. 문학이든 예술이든 아니면 양자의 총칭이든 그 전제는 모두 문예였다. 예를 들어 루쉰은 「민족주의문학의 임무와 운명」에서 이렇게 말한다.

> 선대의 소위 문예가들은 본래 반(半)의식 또는 무의식적으로도 스스로의 붕괴를 깨닫지 못했다. 그래서 갖가지 미명 아래 스스로를 속이고 남을 속이는 일을 은폐해왔다. 높은 경지의 평안함[高逸]이라고 말하고 방종한 경지에 이름[放達: 신식 표현으로는 퇴폐]이라고 말하면서 나체의 여인, 정물, 죽음을 화폭에 담고, 꽃과 달, 성지, 잠 못 이룸, 술, 여인에 대한 글을 썼다.[27]

위 인용문에서 루쉰이 말한 퇴폐문예는 회화(예술)와 문학을 가리킨다. 루쉰은 문예를 문학과 예술로 이해했기 때문에, 문예의 문제를 논하는 경우, 문예라는 전제 아래에서 문학과 예술이라는 두 용어를 사용하여 그 차이점을 논하고 양자를 구분하곤 했다. 예를 들어 루쉰은 연경대학 국문학회에서 「오늘날의 신문학 개관」(現今的新文學的概觀)이란 제목으로 강연하면서 이렇게 말한다.

27 魯迅,「民族主義文學的任務和運命」,『二心集』, 丁華民 主編,『魯迅文集』(제3권), 위의 책, 237쪽.

각종 문학은 모두 사회 환경과 조응하면서 생산된다. 문예를 추종하는 사람은 문예가 새로운 풍조를 불러일으키리라고 기꺼이 얘기하겠지만, 실제로는 정치사회적 변화가 먼저 시행되고, 문예는 그 후에 변화한다. 문예가 사회 환경을 변화시킬 수 있다고 생각한다면, 이는 유심주의적 발언일 뿐이다. 문예의 현실변화의 현현은 문학가의 예상만도 못할 정도로 그 힘이 미력하다고 하겠다.

루쉰은 위 인용문에서 문학과 문예 두 용어를 사용하면서 양자 간의 차이와 구분을 보여주고 있다. 하지만 다른 곳에서 루쉰은 문예가 문학만을 지칭하는 개념으로 사용하기도 한다. 그는 소설 「애도」(傷逝)에서 "나와 그녀는 얘기를 나눴다. 일부러 우리의 지난 일들을 끌어들여, 문예를 거론했다. 그러면서 외국의 문인, 문인의 작품, 『로라』, 『바다의 여인』을 언급했다"[28]고 말한다. 여기에서 문예는 명백하게 문학을 가리킨다. 또 루쉰은 어떤 경우에 문예를 예술을 지칭하는 말로 사용하기도 한다. 예를 들면 「소련 판화 전람회 기록」(記蘇聯版畫展覽會)에서 그가 말한 문예는 실제로 피스카레프(N. Piskarev), 파포르스키(V. Favorsky), 데이네카(M. Deineka), 곤차로프(A. Goncharov), 에차스토프(G. Echeistov), 피코프(M. Pikov), 크라프첸코(A. Kravchenko) 등 소련 판화가가의 예술작품을 가리킨다.[29] 「『후키야 코지 그림선』 머리말」(「『蕗谷虹兒畫選』小引」)에서 루쉰은 문예라는 이름아래 회화를 비평하고 있다. 「여조」(女弔)라는 글에서 루쉰이 말하는 문예는 연극 연출, 즉 예술을 가리킨다. 「거울을 본 감상」(看鏡

---

28 魯迅, 「傷逝」, 『魯迅文集』(제1권), 丁華民 主編, 위의 책, 163쪽.

29 魯迅, 「記蘇聯版畫展覽會」, 『魯迅文集』(제6권), 丁華民 主編, 위의 책, 10~12쪽.

有感)에서 루쉰이 말한 "송대(宋代)의 문예"는 고대시기 구리거울[銅鏡]을 대표하는 예술을 가리킨다. 이로 보건대, 문예라는 말이 당시에 문학을 지칭하긴 했지만, 문학만을 지칭했던 게 아니라 예술을 칭하기도 했다.

3. 문예의 최초 정의와 연원

문예는 20세기 초 중국문학 예술계에서 사용되기 시작했다. 과거 간헐적인 사용에 그쳤던 문예라는 말은 1920~30년대에 이르러 많은 저작에 빈번하게 등장하면서 상용어로 변화했다. 그러면 이렇듯 새롭게 나타난 상용어의 함의는 무엇인가? 문예란 무엇인가와 관련된 이 문제는 실제로 1920~30년대에 이미 거론됐었다. 예를 들어 1928년 푸둥화(傅東華)는 『문예비평ABC』(文藝批評ABC)의 첫 장에서 "문예란 무엇인가?"라는 문제를 제기했다.

"이름이 바르지 않으면 말이 통하지 않는다"는 말이 있다. 그렇다면 문예는 무엇에 관한 이름인가? 문예와 문학은 어떻게 구별되는가? 이는 우선적으로 설명해야할 서론이 될 것이다. 문학과 문예는 본래 동일하게 해석됐다. 일반적으로 사람들 역시 그 의미를 혼동하여 해석해왔다. 하지만 여기서 문학이라 칭하지 않고 문예라고 칭하는 이유는 실제로 상당한 이유가 있기 때문이다. 특히 문학이라는 두 글자에 많은 뜻을 담고 있는 중국의 경우, 이 물음에 대한 해석이 반드시 필요하다고 생각된다.[30]

30 傅東華, 『文藝批評ABC』, ABC叢書社, 1928, 2쪽.

문예가 무엇인가라는 문제를 풀게 되면, 문학이 무엇인가의 문제도 자연히 풀리게 된다. 푸둥화는 "현재, 문학에 대한 이해는 사람마다 달라서 어느 하나가 옳다고 단정할 수 없다"고 생각했다.[31] 그렇다면, 문학이란 무엇인가? 푸둥화는 이렇게 말한다.

> 지금 일반적으로 문학이라고 칭하는 것은 대개 순수문학을 가리킨다. 그 내용은 시, 소설, 창극 등으로, 사서나 논문과 그 취지가 크게 다르다. 그 성질은 조각, 음악, 회화 등과 오히려 공통점이 있어서, 조각, 음악, 회화와 함께 일종의 예술인 셈이다. 하지만, 문학이 사용하는 도구가 문자인 반면, 이들 예술이 사용하는 도구는 색깔과 소리, 흙과 돌 등이다. 문학을 예술의 일종으로 생각하는 것은 이미 공인된 견해이다. 이러한 관점으로 보건대, 문학이라고 칭하지 않고 예술이라고 칭하게 된 이유가 명백해진다.[32]

푸둥화는 문학이 비단 시, 소설, 희곡만을 지칭하는 게 아니라 중국 전통의 역사와 관련된 글들을 포함하고 있기 때문에 그 함의가 지나치게 넓었다고 분석했다. 그는 문학이란 곧 문학작품이고, 문학작품은 문자에 속한 예술이라고 생각했다. 그래서 그는 문학이라고 칭해선 안 되고 반드시 문예라고 불러야한다고 생각했다.

푸둥화는 근대 중국의 학술 저작에 대한 자신의 관점들을 취합하여, 문

31 傅東華, 위의 책, 3쪽.

32 傅東華, 위의 책, 3쪽.

예에 대한 정의를 최초로 내린다. 즉 "문예는 문자를 수단으로 하는 예술이다"라고 말한다.[33] 이는 중국 최초의 문예에 대한 정의로 간주된다. 그가 정의한 문예는 단지 시, 소설, 희곡 등의 문학작품만을 가리키는 것으로, 문학보다 그 함의가 좁다. 이는 이후 등장하는 문예의 함의와 많은 차이를 갖는다. 문예라는 말이 중국에 등장한 이후로, 문학은 문자의 예술이라는 특징으로부터 문예에 대한 정의를 내리는 과정까지, 이 모두가 일찍이 푸둥화에게서 시작되고 있음을 알 수 있다.

하지만 문예에 관한 푸둥화의 정의는 독창적이지 않았다. 그는 일본작가 아쿠타가와 류노스케(芥川龍之介)의 문예 개념을 빌어 사용하고 있다. 우리는 푸둥화의 문예에 대한 정의는 아쿠타가와 류노스케에게서 유래한 개념임을 알 수 있다.

일찍이 1925년, 일본 작가 아쿠타가와 류노스케는 문학평론「문예강좌 '문예일반론'」(文藝講座"文藝一般論")에서 "문예에는 소설, 서정시, 희곡 등 다양한 형식이 있다."[34]고 제기했다. 그는 문예를 "언어 또는 문자를 표현수단으로 하는 예술"[35]이라고 정의했다. 그의 논저에서 문예라는 말은 문학작품을 지칭하는 특정한 함의를 갖는다. 아쿠타가와 류노스케의 관점에서 보면, 문학은 시, 소설, 희곡 이외에도 문학작품과 관련된 문학이론, 문학감상 등의 분야까지 포괄하는 저작들을 가리키는 용어로서, 문예보다 그 외연이 넓다. 요컨대

---

33 傅東華, 위의 책, 3쪽.

34 芥川龍之介,『文藝一般論』, 高明譯, 光華書局, 1933, 2쪽.

35 芥川龍之介, 위의 책, 3쪽.

아쿠타가와 류노스케의 문예 개념은 실제로 문학작품을 가리킨다.

기원상 문예라는 말은 중국 고유의 학술 전통에서 유래하지 않는다. 즉 일본의 작가 아쿠타가와 류노스케의 문예 개념에서 유래한 것으로, 아쿠타가와 류노스케의 문예 개념에 대한 이식과 차용인 셈이다. 아쿠타가와 류노스케는 문학평론에서 문예는 단순히 문학작품을 지칭할 뿐이고, 문학은 문학작품 이외에 문학의 범주에 속하는 기타 작품들을 포함하는 것이라며 양자의 차이를 구분하려 애썼다. 예를 들면 아쿠타가와 류노스케는 모리 오가이(森鷗外時)를 평하면서 "모리 오가이가 번역한 서양문학은 메이지시대 문예에 많은 영향을 미쳤다. 이는 굳이 설명할 필요가 없는 사실"[36]이라고 말한다. 아쿠타가와 류노스케가 말한 '모리 오가이가 번역한 서양문학'은 문학작품과 기타 학술서적을 가리키고, 영향을 받았던 '메이지 시대의 문예'는 메이지 시대의 문학창작, 즉 작품을 가리킨다.

하지만 아쿠타가와 류노스케는 이러한 문예라는 개념을 가지고 문학과 문예 사이의 의미 혼동의 문제를 해결하지 못했다. 그는 「『경화전집』의 특색」(『鏡花全集』的特色)에서 다카가미 쿄우카(鏡花) 선생의 소설, 희곡, 수필의 자유롭고 이색적인 글쓰기를 세상에 독보적인 작품이라며 찬양하면서, 『경화전집』(鏡花全集)은 "메이지와 다이쇼 시대 문학과 모든 일본문학을 통틀어 일대 금자탑"이라고 여겼다.[37] 아쿠타가와 류노스케가 설명하는 메이지시기 문학과 일본문학은 모두 그가 말하는 문예를 지칭한다. 그는 「히라타 선생의 번역」(平

36 高慧勤·魏大海 主編, 『芥川龍之介全集』, 山東文藝出版社, 2005, 403쪽.
37 高慧勤·魏大海 主編, 위의 책, 468쪽.

田先生的飜譯)에서 영국문학을 평론하면서 "독해의 측면에서만 말하면, 메러디스(George Meredith), 제임스(James Joyce), 페이터(Walter Pater) 등이 영국 문학의 선봉 정도의 위상에 오르는 것은 단순히 외국어 능력이 가능하다고 될 일이 아니다"라고 말한다.[38] 여기에서 언급한 문학은 실제로 문학작품을 가리킨다.

그가 「러시아번역본 단편집 머리말」(俄譯本短篇集序)에서 "근대 외국문학에서 소련의 문예는 일본 작가에게보다도 일본 독자에게 가장 큰 영향을 미쳤다. 일본 고전에 이해가 그리 깊지 못한 청년들까지도 톨스토이, 도스토예프스키, 투르게네프, 체호프의 작품을 알고 있다"고 말한다.[39] 아쿠타가와 류노스케가 말하는 외국 문예와 소련 문예는 외국 문학작품과 소련 문학작품을 가리키는 것으로, 우리가 평소에 말하는 문학이다.

아쿠타가와 류노스케는 문예라는 용어를 통해 문예와 문학 사이의 의미 혼동의 문제를 해결하지 못하고 있다. 그가 비록 문예를 정의하고는 있지만, 문예라는 용어로 문학이라는 용어를 완전하게 대체할 수 없었다. 그는 여전히 문학이라는 용어로 문학작품을 지칭하는 용어 혼동에서 벗어나지 못하고 있다. 예를 들어 그는 『영국근대문학총서』(英國現代文學叢書)의 「머리말」(序)에서 키플링(Kipling)과 와일드(Wilde)를 "소년문학의 백미"[40]라고 칭할 뿐, 이들을 소년문예의 백미라고 칭하지는 않는다. 『영국근대문학총서』 제2권의 「머리말」에서도 그는 영미 문예라는 용어로 영미 문학을 대체하는 표현을 하지 않는

38 高慧勤·魏大海 主編, 위의 책, 477쪽.
39 高慧勤·魏大海 主編, 위의 책, 620쪽.
40 高慧勤·魏大海 主編, 위의 책, 638쪽.

다. 그는 『근대 일본문학 독본』(近代日本文學讀本)의 「머리말」(序)에서도 여전히 문학이라는 용어를 사용하여(문예를 사용하는 않음) "편집자는 단지 근대의 문학 독본이 지난날의 것들보다 다소의 장점이 있다고 믿을 뿐이며, 그것이 문학 교육에 크게 공헌할 것이라고 기대한다"고 제안한다.[41] 비록 그렇다고 하더라도, 우리는 일본문학계에서 아쿠타가와 류노스케가 문예라는 용어로 문학이란 용어를 대체하고자 했던 대표적인 인물임을 알 수 있다.

아쿠타가와 류노스케는 비교적 이른 시기에 중국에 소개됐던 일본 작가이다. 중국 상하이 소재 개명서점(開明書店: 출판사)은 1927년에 루쉰(魯迅), 저우수런(周樹人), 팡광다오(方光燾), 샤몐쭌(夏丏尊) 등이 번역한 『아쿠타가와 류노스케 전집』(芥川龍之介集)을 출판했다. 베이징 소재 베이핑문화학사(北平文化學社)도 1928년에 탕허이(湯鶴逸)가 번역한 『아쿠타가와 류노스케 소설집』(芥川龍之介小說集)을 출판했다. 상하이 광화서국(光華書局)에서는 1933년 가오밍(高明) 등이 번역한 아쿠타가와 류노스케의 『문예일반론』(文藝一般論)을 출판했다. 이렇게 아쿠타가와 류노스케의 문예관은 중국에 넓게 전파됐다. 그가 문학창작과 문학평론에서 표현했던 무산계급의 정치 입장 또는 정치 경향 때문에, 비교적 이른 시기에 소련과 중국에 번역 소개될 수 있었다. 이런 과정을 통해서 문예의 개념이 중국에 직접 접수된 것이다. 이로부터 우리는 20세기 초 중국에 나타난 문예라는 용어와 그 개념은 아쿠타가와 류노스케에게서 연원하고 있음을 알 수 있다.

---

41 高慧勤·魏大海 主編, 위의 책, 649쪽.

아쿠타가와 류노스케가 설정한 문예관의 영향 아래, 문예는 이미 중국 문학·문예계에서 상용되는 새로운 용어가 되어, 구소련문학과 구미문학에 대한 중국어 번역에 널리 사용됐고, 문학연구에도 응용됐다. 일본, 구소련, 구미의 영향 아래, 1920~30년대에 중국에서 출판된 다수의 문예 관련 저작들에는 문예라는 명칭에서 문학 문제를 전문적으로 논의하는 경우가 허다했다. 문예를 문학으로 이해했던 주요 저작에는 『유럽의 최근 문예사조』(歐洲最近文藝思潮: 宮島新三郎, 憶秋生 編譯, 1924), 『세계문예비평사』(世界文藝批評史: 美子女士 編譯, 國際學術書社, 1928), 『문예신론』(文藝新論: 藤森成吉, 張資平 譯, 上海: 上海聯合書店, 1929), 『서양문예논집』(西洋文藝論集: 韓待衍 輯譯, 上海: 北新書局, 1929), 『신문예평론』(新文藝評論: 孫俍工 編, 上海: 民智書局, 1930), 『신흥문예논집』(新興文藝論集: 周毓英, 上海: 生理書局, 1930), 『근 20년 중국문예사조론』(近二十年中國文藝思潮論: 李何林, 上海: 光華書店, 1938) 등이 있다. 이 중에서 『유럽의 최근 문예사조』는 중국에 가장 일찍 유럽문학사조를 소개한 저작이다. 이 책은 문학의 시각에서 낭만주의, 현실주의, 자연주의, 신낭만주의 등 유럽에서 출현하고 발전했던 문학사조들을 해설하고 있다. 당연히 회화, 조각, 음악, 건축 등 문예사조 등은 문예사조 안에 포함되지 않았다. 이는 1920년대 초기에 중국에서는 실제로 문예라는 말이 문학을 지칭하고 있었음을 잘 보여준다.

사회주의 중국이 성립한 뒤, 문학과 예술, 학술연구는 진일보한 발전을 이뤘다. 중국의 학자들은 새로운 문학예술 환경 속에서, 문예라는 말이 문학을 지칭하는 과정에서 문학에 대한 이해에 번거로움을 생긴다는 것을 깨달았지만, 문예라는 말은 여전히 전처럼 사용되어 지금에 이르게 됐다. 문예연구의 기초가 다져진 뒤, 문예는 문예학이라는 분과로 발전하고, 문예학으로 칭해지게 됐다.

문예학은 문학을 대상으로 하여 문학의 성질과 특징 및 그 발생과 발전의 규칙을 연구한다. 문예학은 문학의 기초적인 원칙을 보여주고 상관된 지식을 소개하는 것을 목적으로 하는 하나의 학문 분야다. 보편적인 이해에 따르면 문예학에는 문학이론, 문학사, 문학비평의 세 가지 구성 부분이 있다. 그러면 문예학과 문학은 무슨 차이인가? 또는 문예학은 문학인가? 이러한 문제가 존재하기 때문에, 문예가 문예학으로 발전했던 시기에 이미 이와 관련된 논쟁을 시작했다. 지금에 이르기까지, 문예와 문학이 논쟁은 이미 너무나도 오랜 시간을 겪었다. 하지만 문제는 아직 해결되지 않았거나 또는 좀 더 복잡하고 심각하게 변했다. 이 문제에 관해서는 다음 절에서 계속 논하고자 한다.

4. 문예 함의의 혼용과 문예학의 문제

20세기 초 문예라는 말이 중국에서 사용된 이후로, 문예와 문학의 함의에 대한 학계의 이해가 같지 않았기 때문에 문예라는 말은 언제나 그 정의가 혼란스러운 용어였다. 실제 사용을 살펴보면, 어떤 이는 이로써 문학을 칭하고, 다른 어떤 이는 이로써 예술을 칭하고, 또 다른 어떤 이는 문학과 예술을 겸칭한다. 지금에 이르기까지 문예는 여전히 문학에서 의미가 혼용되는 용어이고, 그 용법은 아직도 혼란스럽다. 동시에 이렇듯 혼란스러운 용법은 문예에 대한 정의, 문학 자체에 대한 이해, 문학에 대한 분과 학문적 이해에 긍정적이지만은 않은 영향을 미쳐왔다.

상무인서관(商務印書館)에서 출판된 『현대중국어사전』(現代漢語詞典)의 문예 및 이와 관련된 표제어 항목은 아래와 같이 해석을 하고 있다.

1. 문예: 문학과 예술의 총칭이다. 경우에 따라서 문학만을 칭하거나 표현예술만을 칭하기도 한다. 2. 문예학: 문학과 문학의 발전규칙을 연구 대상으로 하는 과학이다. 문예이론, 문학사와 문예비평을 포함한다. 3. 문예비평: 상당한 미학적 관점으로 작가의 작품, 창작활동, 창작경향을 분석하고 평론함을 이른다. 이는 문예학의 구성 부분이다. 4. 문예언어: 문학 언어이다.

2001년에 출간된 『중 · 고등학생 현대중국어사전』(中學生現代漢語詞典)의 문예 관련 표제어에 대한 해석도 『현대중국어사전』과 기본적으로 일치한다. 기본적인 함의는 문학과 예술의 총칭이며 경우에 따라 문학만을 칭하기도 한다. 중국에서 출간된 주요 공구서에 수록된 문예의 해석은 대체로 유사하다. 하지만 어떤 경우에는 상이하다. 예를 들어 『사해』(辭海)의 문예에 대한 의미 해석은 『현대중국어사전』과 대체로 유사하지만, 약간의 차이가 있다. 『사해』는 문예를 문학과 예술의 총칭이라고 해석하면서, 협의의 문학이라고도 해석한다. 그 차이는 협의의 문학이라는 것에 있는데, 과연 그 의미는 무엇인가? 만일 협의의 문학이 시, 소설, 희곡 등의 문학작품을 지칭한다면, 광의의 문학은 무엇인가? 『사해』는 정확한 풀이를 내놓지 못하고 있다.

중국의 대형 공구서 『중국어대사전』(漢語大詞典)은 문예라는 표제어를 앞서 소개한 사전들과 마찬가지로 문학과 예술의 총칭이라고 해석한다. 나아가 루쉰의 「무덤: 슬쩍 봄을 논함」(墳·論睜了眼看)과 마오쩌둥의 「옌안문예좌담회에서의 연설」(在延安文藝講座談會上的講話)의 결론 구절을 인용하여 설명하고 있다. 『중국어대사전』의 문예에 관한 해석을 『사해』, 『현대중국어사전』의 해석과 비교하면, 협의의 문학을 누락하고 문학과 예술의 총칭에 대한 부분을 취하고 있다. 『중국어대사전』은 문예가에 대한 해석에서도 문예에 대한 해석에 근거하여 "문학과 예술의 작업에 종사하는 전문가"라고 풀이하고 있다. 우리는 문예에 대한 『중국어대사전』의 해석과 기타 공구서의 해석이 이렇듯 같지 않음을 알 수 있다. 중국에서 가장 중요하게 간주되는 공구서들이 이렇듯 상이하게 문예를 해석하고 있으니, 실제로 우리가 문예를 상이하게 이해하고 해석하는 것을 이상하게 여길 이유도 없다.

사실 현실 속의 문예는 종종 문학이 아니라 문학과 예술의 총칭이나 준말로 이해된다. 예를 들어 『현대중영사전』에서 문예 표제어 항목에는 "literature and art"(문학과 예술)라고 풀이되어 있다. 문예는 문학과 예술의 조합으로 탄생한 용어로 전제한 뒤, 문예창작을 "literary and artistic creation"(문학과 문예의 창작)으로, 문예작업을 "work in the literary and art fields"(문학과 예술 영역의 작업)"으로, 문예계를 "literary and art circles"(문학과 예술계)로, 문예이론을 "theory of literary and art"(문학과 예술 이론)으로, 문예비평을 "literary and art criticism"(문학과 예술 비평)으로, 문예작품을 "literary and artistic work"(문학과 예술작품)으로 풀이한다.[42] 중국의 권위 있는 중영사

42 『現代漢語詞典』, 外語教學與研究出版社, 1998 참조.

전은 문예를 문학과 예술로 해석한다. 1931년 출간된 매슈스(R. H. Mathews) 편집의 『매슈스중영자전』(馬修斯漢英字典)은 문예를 "literature and art"(문학과 예술)라고 풀이하면서도, 문학작품을 "artistic or literary production"(예술이나 문학적 창작)으로 풀이하고, 문예사를 "the history of literary and art"(문학과 예술의 역사)라고 풀이한다. 공구서의 이렇듯 상이한 해석으로부터 우리는, 문예라는 용어에 대한 혼돈스러운 정의가 문예학 자체에 대한 이해의 혼란을 가져왔음을 알 수 있다.

문예의 함의는 중국에서 출간된 주요 공구서의 풀이에서조차 모호하고 혼란스럽거나 심지어는 모순된다. 이는 문예학에 대한 대학 교재의 해석과 정의에도 직접적인 영향을 주고 있다. 문예학의 이해와 관련된 문제는 문예라는 개념이 노정했던 문제의 연속이자 발전이고, 문예 개념의 혼용은 문예학 개념의 모호함을 야기했다.

오늘날 우리가 일상생활이나 학술연구에서 문예와 문학은 대부분 동등하지도 호환이 가능하지도 않은 개념이다. 대부분의 상황에서 문학은 문예로 개칭될 수 없다. 우리는 중국고대문학사를 중국고대문예사라고 말할 수 없고, 중국현대문학사를 중국현대문예사라고 할 수도 없으며, 외국문학사를 외국문예사라고 할 수 없고, 중국문학을 중국문예라고 할 수 없으며, 외국문학을 외국문예라고 할 수 없고, 고대그리스문학을 고대그리스문예라고 할 수 없으며, 중국선진문학을 중국선진문예라고도 할 수 없다. 톨스토이의 문학창작을 톨스토이의 문예창작이라고 부를 수 없다. 현대의 문학 서사를 현대의 문예 서사라고 말할 수 없다. 노벨문학상을 노벨문예상이라고 말할 수 없다. 어떤 작품의 문학적 성질을 그 작품의 문예적 성질이라고 말할 수도 없다. 마찬가지로, 문예 역시 간단하게 문학으로 개칭될 수 없다. 문예부흥은 문학부흥이 될 수 없다. 문예축전을 문학축전이라고 말할 수 없고, 문예공연을 문학공연으로 부를 수 없고, 가무의 문예활동을 문학 활동이라고 말할 수 없다. 이렇듯 의미가 명백한 표현들은 문학과 문예가 동등하지도 상호 호환되지도 않음을 잘 보여준다. 문학과 문예는 각각 특정한 함의가 있기 때문에, 이들을 구분하지 않고 사용하게 되면, 용어 혼란의 문제가 쉽게 야기된다.

현재에도 중국에서는 문예로 문학을 지칭하고 있다. 비록 문학연구에 종사하는 전문가들은 문예가 문학을 지칭한다는 오류를 범하지 않겠지만, 많은 사람들에게서 문예는 문학 용어 중 사투리 정도로 여겨지고 있어서 문학에 대한 정확한 이해에 어려움을 주고 있다. 중국문학계의 사람들은 학술적 기준이 아닌 자신의 편견에 따라 문예 또는 문학을 선택하여 문학적 개념들을 표현하고 있다. 문예와 문학 두 가지 용어는 곧잘 혼용된다. 이는 문학연구에 이롭지 않다. 문학 용어가 통일되지 않으면, 중국 학술계나 국제학계 모두에서 학술 이해의 차이를 야기할 수 있으며, 학술 교류의 장애를 가져오게 된다. 현재, 문학에는 정리되지 않는 중요한 문제들이 있다. 이는 학술 용어 가운데 존재하는 사투리 같은 말의 존재와 무관하지 않기 때문에, 우리는 이 부분에 주목해야만 한다.

중국 학계에서 많은 사람들은 문예를 문학예술로 이해하고 사용한다. 어떤 이는 이렇게 말한다.

문예작품은 감상의 대상으로서, 그 형식은 각양각색이다. 이들은 크게 네 가지 문예 종류로 분류할 수 있다. 시각적 조형예술, 청각적 음악예술, 표상적 언어 예술과 시청각 종합의 영상예술 등이다. 또한 각각의 문예 종류에는 고유한 특징을 가지는 구체적 양식들이 존재한다. 즉 조형예술에는 회화, 조각, 건축이 있고, 언어예술에는 시, 소설, 희곡, 산문 등이 있다. 좀 더 작은 범위 안에 좀 더 구체적인 구분이 있을 수 있다. 소설에는 형식상 장편, 중편, 단편, 장편(掌篇) 소설의 구분이 있다. 문예작품의 내용과 형식의 다양성과 특수성은 필연적으로 문예 감상의 다양화와 문예 감상의 특수성을 가지게 된다. 그래서 각종 문예 형식의 감상 규칙을 연구해야만 한다. 문학감상 규칙, 음악 감상 규칙, 무용 감상 규칙, 회화 감상 규칙, 영상 감상 규칙 등이 그것이다.[43]

피차오강(皮朝綱)이 엮은 『문예감상학인론』(文藝鑑賞學引論)에서 문예는 분명히 문학과 예술 두 부류를 가리킨다. 허궈루이(何國瑞)는 중국에서 영향력이 있는 문학이론가이다. 그는 『사회주의문예학』(社會主義文藝學)을 엮으면서, 문예는 단순히 문학만 지칭하는 게 아니라 예술도 포함한다고 말한다. 그는 문예의 기원을 논하는 부분에서 이렇게 말한다.

인간은 수렵과 농경 과정에서, 또 남녀의 생식적 욕구와 생로병사의 삶 속에서, 춤을 추거나 문신을 하면서 일체 행위에 두려움을 갖기도 한다. 더러는 형상이나 사물을 상징화하면서, 신앙의 마음을 북돋고, 용기를 배가하고, 승리를 경축하며, 애정을

43 皮朝綱 主編, 『文藝鑑賞學引論』, 成都科技大學出版社, 1990, 11쪽.

표현하고 비환을 풀어낸다. 이러한 것들은 바로 원시인의 생명활동, 생산 활동의 구성 부분이면서 동시에 그들이 처음 만들어낸 문예 활동이다.[44]

위 인용문의 문예는 문학과 무관하다. 전적으로 예술만을 가리킨다. 이 책은 이어서 중국 한나라의 「모시 머리말」(毛詩序)의 "감정은 마음에서 움직이고 말로써 이를 표현한다. 말로 온전히 표현해내기 부족하니, 한탄할 뿐이다. 한탄함으로도 표현하기 부족하니 노래로 읊어낸다. 노래로도 표현하기 부족하니, 부지불식 간에 손과 발이 춤을 춘다"는 구절을 인용하고 있다. 허궈루이는 "그들은 위에서 설명한 진리를 간접적으로 증명하고 있다. 정서와 감정의 직접적인 동인이 없으면 예술은 탄생될 수 없다"고 지적한다. 이어서 그는 문예에 대해 "이로 보건대 문학예술의 탄생은 모든 생산물과 마찬가지로, 인간이 환경 모순과의 평형을 얻고자 생존과 발전의 수단으로 창조한 것"이라고 해석한다.[45] 이들 저작으로부터 우리는, 저자가 말한 문예는 문학만을 칭하는 것이 아니라 문학과 예술을 가리키고 있음을 알 수 있다.

문예혁명의 작품집에 수록된 작품에는 문학작품만 있지는 않다. 예를 들어 황하이저우(黃海舟)가 엮은 『후난 신시기 10년 우수문예작품선: 곡예권』(湖南新時期十年優秀文藝作品選: 曲藝卷, 湖南文藝出版社, 1990)에 수록된 평서(評書)[46],

44 何國瑞, 『社會主義文藝學』, 武漢大學出版社, 2001, 18쪽.

45 何國瑞, 위의 책, 19쪽.

46 설창 문예의 일종이다. 쥘부채·손수건·딱따기 등의 도구를 사용하여 장편의 고사를 이야기하는 창의 일종이다. (옮긴이)

쾌판(快板)[47], 순구류(順口溜)[48], 산둥쾌서(山東快書)[49], 설창(說唱)[50], 탄사(彈詞)[51], 화고연창(花古演唱)[52], 어고(漁鼓)[53], 창사(唱詞)[54], 기양소조(祁陽小調)[55] 등의 문예 작품은 대체로 문학작품의 범주에 들어 있지만, 이들 중에 언급된 음악, 무용, 조각, 영화, 회화, 서법 등은 문학의 범주에 속하지 않는다.

문예의 개념은 1920~30년대 이후 중국에서 형성되고 넓게 전파됐다. 사회주의 중국이 성립한 뒤, 중국은 이러한 문예 개념에 기초하여 비교적 완정한 문예학의 체계를 세웠고, 문예학은 문학 아래의 하급학과로 계열화 됐다. 하지만, 우리는 문예학이라는 학문 분과의 명칭이 문예에 대한 오역, 오독, 오해 위에서 수립됐다는 아주 기본적인 사실을 잊고 있다. 즉 문예에 대한 오역, 오독, 오해로 인해서 문예학과 성립 이후에 일련의 문제들이 나타나게 됐다.

문예와 이에 기초해서 형성된 문예학은 문학계에서 실제로 쉽게 혼용되는 신조어이다. 우리는 문예를 문학과 예술을 가리킨다고 통상적으로 이해하

47 전통극에서 빠른 리듬 또는 리듬이 빠른 음악을 말한다. 연극의 줄거리가 긴박하거나 인물의 감정이 격앙됐을 때 쓰이는 배경 음악이다. (옮긴이)

48 읽기에 매우 재미있고 감칠맛 나는 구절을 외우는 구술 문예로서, 민간에서 유행하는 일종의 놀이이다. (옮긴이)

49 중국의 산둥성, 화베이성, 동북 지역에서 유행하는 설창 문예의 일종으로, 동판 혹은 죽판으로 된 리듬 악기로 반주를 하며 압운된 내용을 이야기하는 것으로, 리듬이 비교적 빠르다. (옮긴이)

50 산문과 운문으로 꾸며진 대본을 말하기나 노래로 표현하는 민간 예술이다. (옮긴이)

51 설창의 일종으로, 삼현금(三弦琴)이나 비파(琵琶)를 위주로 반주로 하는 설창이다. 중국 남방의 각 지역에서 유행했던 민간 예술이다. (옮긴이)

52 중국 가극의 일종으로, 보통은 후난 지역의 후난화고희(湖南花鼓戲)를 가리킨다. (옮긴이)

53 창(唱)을 위주로 한 설창 문예의 하나이다. 대나무로 만든 어고(魚鼓)와 간판(簡版)이라는 타악기의 리듬 악기의 반주를 가리킨다. 최초로 도사들이 도교 고사를 설창한 데서 유래한 명칭임으로, 도정(道情)이라고도 한다. (옮긴이)

54 설창 문예나 전통극에서 사용되는 가사를 가리킨다. (옮긴이)

55 중국 후난성 융저우시(永州市)의 기양(祁陽)이란 곳에서 발전한 한족의 설창 곡조를 가리킨다. (옮긴이)

고 있다. 하지만 이론연구에서, 협의적 관점에서 문예는 문학으로 정의되고, 문예학은 문학과 관련된 분과학문으로 정의된다. 예를 들면 1950년대 중국에 번역 출판된 피다코프의 『문예학인론』(文藝學引論)은 문예학을 "문학을 연구하는 과학을 문예학이라고 부른다"고 말한다.[56] 보스보로프는 『문예학인론』(文藝學引論)에서 문예학을 "문학에 관한 분과학문"으로 정의한다.[57] 두 권의 저작은 당시 중국의 문예학 형성에 깊은 영향을 미쳤다. 하지만 여기에서 우리는 반드시 주목해야할 부분이 있다. 러시아어를 번역한 문예학 관련 저작에서 문예학은 우리가 통상적으로 이해하는 문예학이 아닌, 문학 또는 문학에 대한 학문을 의미하는 말이었다. 문예학의 문예는 실제로 러시아어로 문학(литературоведение)에 대한 오역이었던 것이다. 문예 개념이 중국에 이미 수용됐기 때문에, 학계에서는 스스로의 결정이었든 아니면 외국 문학이론서나 문학 관련 저술에 대한 번역 과정에서의 결정이었든 대체로 문예라는 말로 번역했고, 이는 지금까지 지속되고 있다. 우리는 이러한 오역의 기초 위에 문예의 개념을 문학의 개념으로 오용했고, 나아가 문예학을 문학과 구분하지 않으면서 학술 분야에서의 혼란을 가져왔다. 실제로 1920~30년대부터 문예에 대한 정의에는 비교적 큰 논쟁, 해결되지 않은 문제들이 있어왔다. 예를 들면 저우위잉(周毓英)은 『문예방법론』(文藝方法論)에서 이렇게 말한다.

문학과 문예를 논하고자 할 때, 먼저 문예가 무엇인가 라는 문제와 부딪치게 된

---

56 畢達可夫, 『文藝學引論』, 高等教育出版社, 1958, 1쪽.

57 波斯彼洛夫, 『文藝學引論』, 邱榆若等譯, 1987, 1쪽.

다. 문예에 관한 이론 서적을 들춰보면, 우리의 면전에 가장 먼저 나타나 손짓하는 것은 아마도 이 문제일 것이다. 하지만 비록 동일한 문제일지라도, 우리는 이 문제의 처리에서 각양각색의 의견을 갖게 된다. 표면적으로 보면, 이는 간단한 문제로 보인다. 하지만 과거에서 현재까지 오랜 문예연구를 통해 극렬한 논쟁을 전개한 내용은 바로 이 문제에 관한 것이었다.[58]

위 인용문에서 논한 것은 예술의 본질에 관한 문제이다. 하지만 이 논의에는 문학과 예술에 대한 전제, 즉 문예는 문학만을 가리키는 것이 아니라 문학과 예술의 총칭이라는 전제가 있다. 당시 출판된 저작들 중에서 상당수의 문예 관련 논저들은 문예를 문학과 예술로 이해하고 있다. 그 중 대표적인 저작은 첸거촨(錢歌川)이 편집한 『문예개론』(文藝槪論, 上海: 中華書局, 1930)이다. 첸거촨은 예술, 문학, 미술, 음악 네 분야에서 문예에 대해 논술하고 있다. 예술 분류에서는 조각과 회화를 정적 예술로, 시와 음악을 동적 예술로 구분하고 있다. 전가천의 이해에 따르면, 문예는 문학만이 아니라 문학과 예술의 총칭이다. 판중윈(樊仲雲)의 『신흥문예론』(新興文藝論, 上海: 新生命書局, 1930)도 문예를 문학과 예술의 총합으로 보고 있다. 그는 이 책에서 문학뿐만 아니라 음악, 회화, 조각 등의 예술을 논했다.

쾅야밍(匡亞明)은 『문예창작강좌』(文藝創作講座 제2권, 上海: 光華書局, 1931~1933)에서 "문학은 예술의 한 부문"[59]이고 "문학은 최고의, 가장 완전한

58 陳彝蓀, 『文藝方法論』, 上海: 光華書局, 1931, 12쪽.

59 匡亞明, 『文藝創作講座』 제2권, 上海: 光華書局, 1931~1933. 2쪽.

예술의 형식"이라고 말한다.[60] 예술은 어떤 부문들을 포함하는가? 그는 이 책에서 "개괄적으로 말하면, 문예는 조각, 회화, 건축, 음악, 문학 등을 포함한다"고 말한다.[61] 이러한 관점에 따르면, 문예는 실제로 문학과 예술이 된다. 1930년대에 상하이의 광화서국에서 출간된 『문예창작강좌』(文藝創作講座: 전6권)은 문학창작 이외에 건축, 조각, 회화, 공예미술, 음악무용, 연극연출, 영화 등을 포괄하고 있다. 문예는 당시에 문학만을 지칭하지 않고 문학과 예술을 두루 통칭했음이 명백하다. 또 가오챠오핑(高喬平)과 저우쩌밍(周則鳴)이 편역한 『세계 저명 문예가 일화』(世界著名文藝家逸話, 上海: 世界書局, 1929)에 수록된 문예가들 중에는 문학가 이외에도 화가, 음악가 등의 예술가가 포함되어 있다. 루나차르스키의 『문예와 비평』(文藝與批評, 魯迅 譯, 上海: 水沫書店, 1929)에서 논한 대상도 문학 이외에 음악, 회화 등의 예술을 포함하고 있다. 『소련 문예 문제』(蘇聯文藝問題, 北京: 新華書店, 1949)에서 언급하는 내용도 모두 문학은 아니다. 『별』(星)과 『레닌그라드』(列寧格勒)라는 두 문학잡지 이외에, 기타 내용은 모두 희곡 연출, 영화, 음악 분야에 관련된 문헌들이다. 여기에서 문예는 문학만이 아니라 예술을 포함하고 있다.[62]

중국의 학술 현실에서 문예학연구에 종사하거나 문예학 교육을 받은 사람을 제외하면, 대부분의 사람들은 문예학을 문학에 관한 과학으로 이해하기 매우 어렵다. 반대로 대부분의 사람들은 문학과 예술에 관한 과학으로 이해하

---

60 匡亞明, 위의 책, 10쪽.

61 匡亞明, 위의 책, 6쪽.

62 원서에는 이후 문단에 앞선 3절에서 논의한 '중국어사전'의 '문예' 개념 정의에 관한 내용을 다루고 있으나, 전체적으로 내용이 대동소이하여 번역을 생략한다. (옮긴이)

고 있다. 대학의 중문학 전공과정에서 모든 문학 교과과정을 이수한 대학생들도 왜 문학을 문예학으로 해석해야하는지는 이해할 수 없을 것이다. 문예이론 저작 중에서, 문예라는 용어는 약속된 함의이거나 말을 하지 않아도 자명한 용어로 간주된다. 이는 실제로 자신이 원하는 방식으로 해석하는, 주관적인 학술방법의 체현일 뿐이다. 객관적으로 볼 때, 대다수는 문예를 문학으로만 이해하지 않고 있으며, 문예 함의에 대한 사람들의 암묵적 약속은 문학과 예술의 총칭이 될 것이다.

문예학이 등장하면서부터 실제로 정의가 혼란스러운 학과로서 존재해왔다. 문예학은 명백하게 학술의 주관성 문제를 띠고 있다. 이렇게 주관성 강한 학술은 문예를 다루는 학자들 스스로가 스스로에게 글칫거리를 던져주고 있다. 그들 스스로도 문예와 그들이 토론해야할 문제 사이에서 쉽게 오해하고 혼란이 야기된다는 사실을 알고 있다. 그렇기 때문에, 문예학으로 명명한 저작에서는 문예 또는 문예학을 정의하려고 했지만, 여전히 그 오류를 벗어나기 어려웠다. 설령 주관적으로 문예학을 정의한다 해도 문예학의 혼란으로부터 벗어날 수는 없었다. 실제로도 정확히 그랬었다. 중국의 문예학은 그 시작부터 혼란의 토대 위에 세워져, 개념의 정의가 명확하지 않은 학술적 곤경과 마주하게 됐다. 예를 들어 중국의 저명한 학자 디치충(狄其驄) 교수는 자신이 엮은 『문예학신론』(文藝學新論)에서 이렇게 문예학을 정의하고 있다.

문예라는 단어는 광의와 협의 두 가지 이해방식을 갖는다. 광의의 문예는 문학과 예술을 가리키고, 문학을 포함한 모든 예술 부류를 총칭한 개념이다. 협의의 문예는 문학적 예술만을 가리키고, 문학과 동의어이다. 우리는 여기서 말한 문예는 주로 협의적 이해를 취하고 있기 때문에, 이른바 문예학이 기타 예술 연구를 포섭한다고 해도, 주로는 문학을 연구하는 학문을 가리키므로, 엄격히 말하면 문학학이라고 이름해야 한다.[63]

디치충 교수의 개념 정의는 문예와 문예학의 개념 혼동의 문제를 해결할 수 없을 뿐만 아니라 그 정의 자체가 또 다른 혼란을 야기하고 있다. 먼저, 문예에 광의와 협의 구분이 있다면, 문예학에도 광의와 협의의 구분이 있어야 한다. 만일 협의적 문예 개념의 문예학이 존재한다면, 광의적 문예 개념의 문예학도 존재해야만 한다. 이 때문에, 이러한 구분은 그 자체로 혼란스러운 설정이 된다. 다음으로는 "협의의 문예는 문학적 예술만을 가리키고, 문학과 동의어다"라는 표현도 혼란스러운 설명이다. 문학적 예술이란 무엇인가? 문학적 예술은 문학과 동의어인가? 그렇지 아니한가? 만일 동의어라면, 왜 문학이란 용어를 쓰지 않고 문예학을 사용해야 하는가? 만일 문예, 문학적 예술, 문학 삼자가 동일하다면, 문예는 문학이 되기 때문에, 우리는 굳이 불명확하고 복잡한 문예학이란 용어를 사용할 필요가 없다.

중국의 대부분 문예학 교재와 저술은 모두 문학을 문예학의 연구 대상으로 간주하고, 문예학을 문학의 기본 원칙을 드러내는 과학으로 여기고 있다. 예를 들어 펑위원(馮毓雲) 교수는 『문예학과 방법론』(文藝學與方法論)에서 "문

63 狄其驄 等, 『文藝學新論』, 高等教育出版社, 2009, 3쪽.

예학의 연구대상은 의심의 여지없이 문학이다"라고 말한다.[64] 문예학을 문학 연구의 과학으로 여기는 관점은 중국 학술계의 주류적 관점이라고 말할 수 있다. 예를 들어 탕정쉬(唐正序) 교수는 자신이 1998년에 엮어 출간한 『문예학기초이론』(文藝學基礎理論)에서 마찬가지로 문예학을 아래와 같이 정의한다.

> 문학을 연구대상으로 하는 모든 학과는 문예학이라고 부를 수 있다. 문예학은 현대 중국어 중 외래어에 속한다. 외국어 science of literature(영문), литературоведение(러시아어), literaturwissenschaft(독일어)의 번역이다. 외국어에서 이 용어는 문학(literature, витература, literatur)과 분과학문 또는 학문(science, ведение, wissenschaft)이라는 두 말의 합성어이다. 이를 중국어로 직역하면 '文學學科', '文學學'이 된다. 하지만, 외국어 낱말이 중국 사회에서 오랜 시간 동안 약속을 거치면서 문예학으로 번역된다. 사회과학의 한 분과로서, 문학이론에 대한 연구와 과학적 탐구는 문예학을 정식 명칭으로 한다. 그래서 문예학은 기타 예술을 연구대상으로 하지 않고, 단지 언어예술로서의 문학만을 연구하는, 문학에 관한 과학이다.[65]

탕정쉬와 펑센광(馮憲光) 두 교수는 2003년에 엮어 출판한 『문예학기초이론』(文藝學基礎理論)에서 재차 위와 같은 문예학의 정의를 다음과 같이 강조하고 있다. "사회과학으로서의 문학이론에 대한 연구와 과학적 탐구는 문예학을 정식 명칭으로 한다. 그래서 문예학은 기타 예술을 연구대상으로 하지

64 馮毓雲, 『文藝學與方法論』, 黑龍江教育出版社, 1998, 10쪽.
65 唐正序·馮憲光, 『文藝學基礎理論』, 四川大學出版社, 1988, 1쪽.

않고, 단지 언어예술로서의 문학만을 연구하는, 문학에 관한 과학이다."[66] 이젠(易健)도 자신이 엮은 『문예학원리』(文藝學原理)에서 "문예학은 문예를 연구한다. 주로 문학을 연구하는 과학으로서, 문예학은 실제로 문학학이다"라고 말하면서,[67] 동시에 "문예학에는 광의와 협의 두 가지 이해의 관점이 있다. 광의의 문예학은 문학이론, 문학사와 문학비평을 포괄한다. 이 세 가지 부분이 함께 문예학을 구성하고",[68] "협의의 문예학은 문학이론이다"[69]라고 말한다. 광의의 문예학이든 협의의 문예학이든, 문예학은 어쨌든 문학을 연구하는 과학으로서, 회화, 조소, 건축 등과는 무관한 것이라는 관점이 중국 고등교육 교재의 주류 관점이다.

문예학이 문학연구만을 가리킨다는 정의에 개념적 혼란이 있기 때문에, 문예학에 대한 학자들의 이해는 서로 다르며 나아가 상호분리적인 관점을 노정하게 된다. 『중국대백과전서』(中國大百科全書)의 『중국문학 분권』(中國文學分卷)은 이렇듯 상이한 문예학의 개념 정의를 수록하고 있다. 이 책은 문예학을 "문학의 성질과 특징 및 그 발생과 발전 규칙을 연구하는 과학"이라고 풀이하는 동시에 "문예학의 대상을 광의적 관점에서 이해하는 사람들은 문학 이외에 회화, 조각, 희곡, 영화, 음악, 무용, 건축, 공예예술 등의 예술까지를 문예학의 대상으로 여긴다"[70]고 지적한다. 대학 교과서에서 문예학을 문학과 관련된

---

66 唐正序·馮憲光, 위의 책, 2003, 1쪽.

67 易健, 『文藝學原理』, 陝西人民教育出版社, 1990, 1쪽.

68 易健, 위의 책, 1쪽.

69 易健, 위의 책, 1쪽.

70 『中國大百科全書: 中國文學分卷』(제2권), 中國大百科全書出版社, 1986, 970쪽.

과학이라고 정의하는 관점은 학자들의 강한 도전을 받게 된다. 예를 들어 쩡칭위안(曾慶元)이 엮은 『문예학원리』(文藝學原理)에는 "이전의 문예학 교과서는 대부분 문예학을 문학에 관한 과학이라고 정의하고 있다"고 적시하고 있다.[71] 그는 이어서 "이러한 구분은 문제가 있고" "문예학의 대상이 만일 문학영역에 국한된다면, 문예학의 중요한 문제들에 대답할 수 없게 된다"고 지적하고 있다.[72] 그는 문예학 정의의 문제를 네 가지 측면에서 논하면서 "문예학은 문학과 예술에 관한 과학이어야만 한다"고 주장한다.[73] 이러한 관점은 문예 개념에 대한 상이한 이해에 기초한 것으로서, 문예는 문학과 예술을 지칭한 것이지 문학만을 지칭하는 개념이 아님을 명백하게 지적하고 있다.

자오센장(趙憲章) 교수는 그의 대작 『문예학방법통론』(文藝學方法通論)의 서론에서 문예학의 연구 대상이 문학예술임을 명시하고 있다. 그는 "인류가 탄생하면서부터 심미의식이 있었기에, 문학과 예술을 창조했다. 문학과 예술이 생겨나면서 문학과 예술에 대한 사유가 있었기에, 문예이론과 문예비평이 등장했던 것"이라고 말한다.[74] 그는 이 책에서 문학과 예술을 하나의 완정한 실체로 보고 있다.

이 책은 역사와 논리의 통일된 원칙에 따라 동서고금의 문예이론과 비평을, 문학예술에 대한 인류의 파악과 반응을 하나의 완정한 실체로 간주하고자 한다. 그 중 가장

71 曾慶元, 『文藝學原理』, 武漢大學出版社, 1998, 1쪽.

72 曾慶元, 위의 책, 1쪽.

73 曾慶元, 위의 책, 2쪽.

74 趙憲章, 『文藝學方法通論』(修訂版), 浙江大學出版社, 2006, 6쪽.

전형적이고 대표적인 저작과 이론가 또는 이론적 사유를 선정하고, 그 문예연구의 기본 사유를 방법론적 시각에서 검토하여, 그 이론과 학설의 기원, 종점과 참조 분야를 찾아, 그들의 사유모형을 기술하고 나아가 문예학의 각종 방식과 그 특징을 개괄하고자 한다. 이는 모든 문예이론과 문예비평 역사의 방법론에 대한 일차적인 반성적 고찰이고, 모든 심미 관련 문화적 지혜에 대한 개발이기도 하다. 이로부터, 우리는 장차 문예연구의 일반적인 규칙을 발견하여 문예연구의 지혜와 자기 각성을 일으켜, 최종적으로는 이론과 비평의 자유로운 지평을 향해 나아가고자 한다.[75]

자오센장 교수는 "문예학 방법은 문학과 예술의 연구방법임"을 강조하고 있다. 위의 인용문에서, 문예학의 연구대상은 문학과 예술, 즉 문학과 예술의 총칭에 해당한다. 그의 관점에서 보면, 문예학은 문학과 예술에 관한 과학이다. 하지만 자오센장 교수가 2002년 『상하이학간』(上海學刊)에 수록한 『문예학의 분과학문적 성격과 역사 및 그 발전방향』(文藝學的學科性質, 歷史及其發展趨向)이라는 논문에서, 우리는 문예학에 관한 또 다른 해석을 읽을 수 있다. 그는 문예학과 문학이론은 "동일한 대상에 대한 상이한 명칭이다. '중국언어문학'이라는 측면에서 보면, 문예학은 철학에서의 미학과 다르고, 또 예술학과도 다르다. 문학의 연구영역 자체의 관점에서 보면, 문예학은 문학비평 및 문학사와 함께 문학영역의 삼대 분야의 하나가 된다. 이는 관습적으로 문학이론이라고 칭해진다. '문예학'은 하나의 분과학문에 대한 명칭인 반면 '문학이

75 趙憲章, 위의 책, 6쪽.

론'은 문학연구에 속하는 한 영역에 대한 명칭이지만, 실제로 이 둘은 그 성질과 함의가 같은 동일한 것이 된다. 문예이론의 경우, 문학은 예술의 총체적 특성과 일반적인 규칙이기 때문에, 문학은 예술의 총체적 특성과 일반적인 규칙과 언제나 서로 밀접하게 연관되어 구분될 수 없는 것이다. 문예학 또는 문학이론연구는 곧잘 예술을 언급한다. 문예이론은 실제로 문학이론의 별칭이기 때문에 별도의 세밀한 연구가 필요치 않다."[76] 이와 같은 해석은 문예학 명명에 관한 저작에서 항상 등장한다. 하지만 자오센장 교수의 이러한 이해는 그가 『문예학방법통론』에서 전개했던 문예학에 대한 이해와 다른 관점이다. 이는 중국의 저명한 문예학 전문가의 저작에서조차 문예학 개념은 혼란과 오해를 야기하고 있다는 사실을 전형적으로 설명하고 있다.

실제로 중국의 현재 문학연구 상황에는 두 가지 용어 또는 두 학술 체계가 있다. 하나는 문학이론이고, 다른 하나는 문예학이다. 문예학 연구자들의 정의에 따르면, 분과학문으로서의 문예학은 문학이론과 동일하다. 문예학이 문학이론과 같다고 한다면, 왜 두 용어를 하나로 통일시켜 오해를 피하려 하지 않을까? 어떻게 설명하더라도 문예와 문예학 두 용어의 사용은 너무나도 혼란스럽다. 이로 인해서 우리는 곧잘 문학의 현실을 명확히 설명할 수 없게 된다.

문예학의 정의가 가져온 혼란은 문예에 대한 다양한 정의에 뿌리를 두고 있다. 만일 문예가 문학과 예술의 준말이거나 총칭이라고 한다면, 문예학은

---

76 趙憲章, 「文藝學的學科性質, 歷史及其發展趣向」, 『上海學刊』, 2002 第2期, 14쪽.

광의적 이해든 협의적 이해든 문학과 예술에 관한 과학이 된다. 만일 문예를 문학만을 지칭한다고 가정한다면, 문예학은 필연적으로 문학에 관한 과학이 되고 만다. 그러나 문예를 가지고 문학을 대체하려 한다는 것은 불가능할 뿐만 아니라 혼란만을 야기할 것이다. 왜냐하면, 문학이라는 용어가 중국에 수용되어 하나의 전통으로 자리하고 있기 때문이다.

일찍이 1940년대, 대부분의 상황에서 문예는 실제로 문학과 예술의 총칭으로 이해됐다. 대체로 1942년 5월 2일 마오쩌둥이 「옌안문예좌담회에서의 연설」을 발표하면서부터 문예라는 말은 크게 유행하게 됐다. 마오쩌둥의 연설에서 문예는 문학만을 가리키지 않고 문학과 예술 두 과학의 줄임말이었다. 그는 "문학과 예술은 중요한 업적이 있는 부문이다"라고 말한다.[77] 그는 연설에서 문예와 관련된 일련의 개념들, 문학예술활동, 문예활동가, 문예작품 등을 제기했다. 그의 설명에 따르면, 문예작품은 서예, 잡지, 희곡, 회화, 창극, 음악 등의 작품이다. 그는 "우리가 논하는 문제는 반드시 실제로부터 출발해야지 정의로부터 출발해선 안 된다. 만일 우리가 교과서의 정의에 따라 무엇이 문학이고 무엇이 예술인지를 찾아낸 후에 그 정의에 따라 오늘날의 문예운동의 방침을 규정하고 오늘날에 발생하는 각종 견해와 논쟁을 판단한다면, 이는 정확하지 않는 것이다"라고 말한다.[78] 마오쩌둥의 관점에서 문예는 문학과 예술이다. 일례로 마오쩌둥은 "모든 종류의 문학과 예술의 원천은 대체 어디에서 온 것일까? 관념 형태로서의 문예작품은 모두 일정한 사회생활이 인류

---

77 毛澤東, 「在延安文藝講座談會上的講話」, 人民出版社, 1975, 2쪽.

78 毛澤東, 위의 책, 2쪽.

의 두뇌 속에 반영된 산물이다"라고 말한다.[79] 마오쩌둥은 '문예작품'이란 말로 앞서 설명했던 문학과 예술을 칭하고 있다. 즉 문예는 문학과 예술의 총칭이고, 문예가는 문학가와 예술가를 말한다.[80]

마오쩌둥의 연설은 보편의 대표성을 갖는다. 이로부터 우리는 당시 문예는 문학과 예술로 이해되고 있었음을 알 수 있다. 마오쩌둥, 루쉰 등의 저작에서 문예, 문학, 예술의 개념은 동시에 사용된다. 문학이란 용어가 사용되는 곳에서는 문예라는 용어의 사용을 피하고 있다. 이는 문예, 문학, 예술 세 용어의 함의가 다르다는 점을 설명하고 있다. 문예에 대한 이해는 루쉰의 해석으로부터 논증의 전거를 얻을 수 있다. 예를 들어 루쉰은 와일드의 "Art is for art's sake"를 '문예를 위한 문예'로 해석한다. 이는 문예에 대한 루쉰의 이해가 현재 우리의 그것과 같지 않음을 보여주고 있다.

문예연구가들은 광의와 협의의 문예학으로 문예 연구의 혼란 문제를 해결하고자 했다. 하지만, 이는 문예학과 문예라는 두 용어가 야기가하는 혼란과 오독의 문제를 결코 해소할 수는 없다. 이 문제의 초점은 문예학이 문예라는 말을 이용해서 그 특정 함의를 표현하고 있다는 것에 있다. 하지만, 문예의 일반적인 의의는 문학과 예술이기 때문에, 우리는 일반적인 의미를 포기하고 특별한 의미를 받아들이면서 이해의 혼란을 필연적으로 겪게 된다. 지금가지 문예학에 관한 과학성, 합리성의 논쟁은 모두 문예라는 용어가 문학만을 가리키는 것이 아니기 때문에 야기된다. 문예학을 논한 저작에서, 대부분의 논의

---

79 毛澤東, 위의 책, 19쪽.
80 毛澤東, 위의 책, 28쪽.

는 특정한 문학 대상을 두게 된다. 그러므로 우리는 문예학이 왜 문학만을 토론할 뿐, 문예를 토론하지는 않느냐고 물어야 한다. 비록 극소수의 사람들만이 이에 관해 해설을 내놓지만, 우리는 문예와 문학의 함의가 차별적이라는 점을 쉽게 발견할 수 있다.

문예학의 용어가 혼란과 오해를 야기하기 때문에 문예연구자들은 문예학에 대한 전문적인 정의를 가져다가 이 문제 해결하고자 한다. 문예학의 정의에 대한 목적은 문예에 대한 특별한 규정과 설명을 통해 문예학이 문학과 예술에 관한 과학으로 이해되는 상황에서 벗어나고자 함에 있지만 그 결과는 문학에 관한 과학으로 이해될 뿐이라는 것이다. 하지만 실제로는 이러한 정의에도 불구하고 문예학이란 용어가 현실에서 사용되면서 야기되는 오해와 혼란은 여전히 존재하고 있다.

문예학이 야기하는 개념 혼란과 오해는 문예라는 두 글자에서 나온다. 일반적인 이해에 따르면, 문예는 문학과 예술이고, 문예학은 문학과 예술에 관련된 학문이자 분과학문이다. 하지만 중국 학계, 특히 대학에서 문예는 이른바 문예학 전문가에 의해서 특정한 의미, 즉 문학의 의미가 부여된다. 문예학이 이렇게 문학 관련 학과라면, 왜 문학학이라고 부르지 않고 문예학이라고 부르는가? 우리는 이 문제에 답할 수 없다.

문예학은 분과학문의 명칭이지 과학의 명칭이 아니다. 학과로서의 문예학 연구 내용은 무엇인가? 만일 그 연구대상이 문학이론과 비평이라면, 분과학문의 명칭으로서 문예학은 사실에 부합하지 않게 된다. 만일 문예학이 문학과 예술을 연구한다면, 이는 예술이라는 분과학문의 하위 분과로서의 예술학과 중복된다. 문예학은 개념 정의 혼란 이외에도 학문 분과의 명칭에서도 국가적 학술체계 표준의 부합여부 문제가 존재한다. 중국 국무원이 정한 「박사 및 석사학위 수여와 대학원생 양성 학문 분야, 전공 목록」(授與博士、碩士學位和培養研究生的學科、專業目錄, 1997)의 학과분류코드를 살펴보면, 문예학은 '중국언어문학'이라는 일급학과 하위에 있는 '언어학 및 응용언어학' '중국고대문학' '중국근현대문학'과 함께 82개의 이급학과 중 하나로 배치돼 있다. 이는 중국의 국가품질기술감독국(國歌質量技術監督局)이 종전에 반포한 「학술분류와 기호」(學術分類與代碼)와는 일치하지 않는 부분이다.

「학술분류와 기호」는 1992년에 중국의 국가질량기술감독국에 반포한 국가학술체계의 표준이다. 이 국가학술체계의 표준은 학과의 연구대상, 연구방법, 학문의 발생연원, 연구목적, 연구목표 등 다섯 분야를 기준으로 하여 구분하고 있으며, 과학과 실용, 간명, 겸용과 유일성 등의 학문 분류 원칙을 강조하고 있다. 국가학술체계의 표준에 근거하면, 문학 아래에 첫 번째 이급학과는 문학이론이다. 여기에서 문학이론과 문예학이 동일한 이급학과인가라는 문제가 생겨난다. 만일 두 학과가 완전히 동일한 이급학과라면, 왜 문예학은 국가학술체계 표준에 따르지 않고 혼란을 자초하는가? 만일 양자가 상이한 이급학과라면, 문예학의 함의는 무엇인가? 새롭게 형성된 학문이 아니라면, 그 명칭은 국가학술체계의 표준에 부합해야한다. 우리의 통상적인 이해에 따르면 문예학이 만일 문학이론이라면, 문예학은 문학이론으로 개칭되어야만 한다. 그렇지 않으면, 국가학술체계 표준에 부합하지 않게 된다. 필자는 학과 분류의 규범을 지키고 불필요한 혼란을 피하기 위해서라도, 국가질량기술감독국의 학문 분류에 따라 문예학과 문학미학을 합병하고, 문학 하위의 이급학과를 문학이론, 문예미학, 문학비평 세 개 학과로 구분할 것을 제안한다. 이러한 개정은 학문 분류의 필요성과 국가학술체계 표준의 부합을 모두 만족시킬 수 있는 방법이다. 단지 문예학의 명칭만 변경되면 과거 문예학은 문학의 변천 역사가 되고, 문학계에서 문예학과 문예의 정의에 관한 학술 논쟁도 사라지게 될 테고, 문예학의 목표는 이로써 문학이론이라는 이급학과를 빌어 실현될 수 있다.

제5장
문학윤리학비평의 도덕전통

1. 문학윤리학비평과 문학윤리학

문학이 윤리학비평의 대상이 될 수 있는 주요한 까닭은 문학이 자신의 특수한 기능을 이용하여 인간사회를 허구화하고, 현실 사회를 예술의 사회로 변화시키는 과정에서 윤리학 연구가 필요로 하는 전체 내용을 거의 모두 갖추고 있기 때문이다. 사회생활의 반영으로서 문학은 예술 환경을 통하여 윤리학비평을 위해 더욱 넓은 사회 영역과 생활공간을 제공한다. 또한 예술형상을 통하여 더욱 전형적인 도덕 사실을 제공하고, 문학 속의 예술 세계를 통하여 각각의 종족, 민족, 계급, 개인, 시대를 연구하는 행위에 장르적 모델을 제공한다. 따라서 문학이 윤리학적 비평을 위해 제공하는 생활 내용은 더욱 풍부하고 광범위해지며 또한 더욱 집중적이고 전형적이 된다. 그리스 문학에서 호머와 헤시오도스, 에스킬로스 등의 창작이나 영국문학에서의 초서, 셰익스피어, 바이런, 디킨스 등의 창작은 모두 문학의 윤리학비평을 위해 풍부한 도덕 재료를 저장해 두고 있다. 이러한 위대한 문학작품이 보여주는 예술 세계에서 우리는 마치 현실의 인간 사회와도 같이 다양한 법률 체계를 살펴볼 수 있으며, 인간의 정치, 사회, 경제적 조건들을 관찰하고 각각의 사회, 정치 및 경제 구조에서의 도덕관념과 행위를 분석함으로써 역사유물주의와 변증법적 유물주의의 평가를 내릴 수 있다. 그래서 윤리학자, 도덕가, 경제학자, 철학자, 정치인이 자신의 사상과 주장을 펼칠 때 종종 문학작품으로 그 자신의 논증을 강화하곤 한다. 서양의 플라톤, 아리스토텔레스, 헤겔, 마르크스, 엥겔스부터 중국의 마오쩌둥 등 위대한 사상가들은 모두 진지하게 문학을 연구했고 문학에서 영감을 얻었다. 윤리학은 현실 사회와 그 다양한 도덕 활동, 현상을 탐구할 뿐 아니라 예술에서의 허구적 사회와 도덕 활동, 현상을 탐구할 수도 있다. 즉 윤리학은 문학과 예술 연구에 응용될 수 있다.

서양문학 발전의 역사는 문학이 단지 문학평론가나 역사학자, 사회학자 등의 연구 대상만이 아니며 언제나 윤리도덕의 문제가 긴밀히 결합돼 있어 문학의 윤리학을 위해 가능성을 제공하고 또한 그 기초를 닦아주었음을 보여준다.

문학윤리학비평과 문학윤리학은 긴밀한 관계에 있으나 양자는 구별되는 점도 가지고 있다. 문학윤리학비평은 윤리의 입장에서 문학작품을 독해하고 분석하며 해석하여 작가 및 문학과 관련된 문제를 연구하는 연구방법이지만, 문학윤리학은 윤리학의 이론과 원칙을 이용하여 작가와 독자, 비평가가 문학창작과 독서, 비평의 과정에서 시비와 선악을 구분하는 가치관의 문제를 탐구하고 해결한다. 문학윤리학비평은 비평과 해석을 중요하게 여기지만 문학윤리학은 기준을 수립하고 선악에 대한 평가를 수행하는데 중점을 둔다. 문학윤리학비평은 문학작품이 묘사하는 윤리문제를 비평하고 해석하는데 중점을 두지만 문학윤리학은 작가가 작품을 창작하고 독자가 문학작품을 읽고 비평가가 문학작품을 평가하는 도덕가치의 문제, 즉 예컨대 작가와 비평가의 도덕 수양, 직업 도덕, 사회 책임 등과 독자가 문학을 읽고 감상하는 입장과 감정, 교훈의 수용 등에 더욱 중점을 둔다. 문학창작과 문학 독서, 문학비평, 문학교육, 심사제도 등은 모두 문학윤리학 연구의 범주에 속한다. 그러나 문학윤리학비평과 문학윤리학의 가치 기능은 모두 같다. 즉 문학 자체의 가치를 충분히 드러냄으로써 독자와 사회에 문학의 필요를 더욱 만족스럽게 함으로써 독자가 문학 독서를 통해 진정으로 그 사상 도덕과 문화수양을 제고할 수 있도록 한다. 문학윤리학비평은 문학윤리학의 방법론으로서 우리에게 문학윤리학의 존재를 느끼게 하고 학문분과로서 문학윤리학의 가치를 인식케 한다. 문학윤리학비평과 문학윤리학은 여러 측면에서 뒤얽혀 있어서 완전히 분리할 수는 없다. 어떤 의미에서는 문학윤리학비평에 대한 연구가 곧 문학윤리학에 대한 연구이며 문학윤리학비평이 문학연구에서 운용되는 바를 문학윤리학의 표상이라 할 수 있다.

따라서 문학윤리학비평은 허구적 예술 세계와 현실 세계를 결합함으로써 문학과 문학이 묘사하는 도덕현상 및 작가와 창작, 문학과 사회 등 여러 측면의 도덕 관계 문제를 탐구한다. 어떤 평론가는 "참된 예술과 비평은 도덕적 목적을 위해 복무한다"[1]고 말하기도 했다. 정말로 그렇다. 문학윤리학비평은 분명한 공리성을 가지고 있고 명확한 도덕 목적성을 가지고 있다. 이렇게 함으로써 바로 변증적으로 과학적 문학 도덕 기준을 수립하고 윤리도덕가치의

1 S. L Goldbeerg, *Agents and Lives: Moral Thinking in Literature*, Cambridge: Cambridge University Press, 1993, 23쪽.

측면에서 우수한 문학작품을 인정함으로써 인류문명의 진보를 촉진하게 될 것이다. 일반적으로 말하면 문학윤리학비평 연구의 주요 내용은 다음과 같다.

1. 문학텍스트 내용의 해석 연구. 문학윤리학비평의 주요 임무는 바로 그 비평용어를 이용하여 문학작품을 분석하고 해석하는 일이다. 특히 문학작품에 나타나는 인물과 사건에 대한 윤리분석이 그것이다. 또한 인물 및 사건 안에 감추어져 있는 윤리가치 및 도덕경향을 발굴하며, 문학작품이 사회와 독자에게 갖고 있는 도덕 경계와 교훈 기능을 드러낸다. 문학윤리학비평은 문학의 모델에 대한 분석과 해석을 중시하여 역사의 현장으로 돌아가 특정한 윤리환경과 윤리맥락에서 문학작품을 분석하고 그 속의 인물의 윤리선택 과정과 결과를 분석하고 해석함으로써 문학작품의 역사적 가치와 현실적 의의를 드러내기를 강조한다.

2. 문학과 현실 사회의 관계 연구. 문학연구의 방법으로서 문학윤리학비평은 문학과 현실의 관계에 대한 연구를 중시한다. 이는 곧 작품과 현실 사회에 존재하는 각종 도덕현상의 관계에 대한 탐구를 말한다. 문학윤리학비평은 문학을 연구하면서 어떻게 허구적 세계에서 현실 사회의 윤리도덕현상이 재현되는지, 현실과 문학작품의 서로 다른 특징과 작품이 표현해내는 도덕경향을 탐구하고, 문학작품의 윤리가치와 마땅히 짊어져야 할 도덕책임을 설명하며, 인간의 윤리선택과 사회도덕 기풍의 진작, 사회도덕교육을 추동하는 문학의 가치를 설명한다.

3. 문학텍스트와 예술 표현 연구. 문학윤리학비평은 결코 단지 윤리 입장

에서 문학작품의 사상 내용에 관해서만 분석이나 독해를 수행하지는 않는다. 이와 동시에 문학작품의 예술 표현 연구도 중시한다. 예술 분석의 측면에서 문학윤리학비평은 문학작품에 대한 윤리맥락, 윤리매듭, 윤리선 등과 같은 윤리구조나 은유, 암시, 상징 등과 같은 윤리표현 등을 모두 연구함으로써 문학작품의 윤리 예술구조와 기교를 해석한다.

4. 작가와 창작 연구. 작가의 윤리관과 도덕의 입장 및 그 특징, 생산의 원인, 시대배경, 형성의 과정을 주로 연구한다. 아울러 작가의 윤리관과 작품이 표현하는 도덕경향과의 관계를 탐구한다. 또한 작가와 전통의 관계와 그 이후 작가와 문학의 영향도 탐구한다. 작가의 윤리도덕관이 창작에 미치는 영향, 즉 예컨대 작가가 작품에서 윤리도덕현상을 어떻게 묘사하는지, 작가가 묘사하는 각종 사회 사건과 창조한 인물의 도덕평가 등도 묘사한다.

5. 독자와 작품의 관계 연구. 독자가 작가의 도덕관과 작품의 도덕경향에 대한 감수와 수용을 주로 연구한다. 특히 문학작품 중의 인물과 사건이 독자에게 도덕 경계와 영감을 주는 역할을 중점적으로 다룬다. 문학작품이 어떻게 독자에게 도덕적 영향을 미치는지와 작가에 대한 독자의 도덕관, 작품의 인물과 사건의 윤리 평가 등을 주로 연구하며, 특히 문학에 대한 독자의 도덕적 감수와 교훈적 가치의 수용을 연구한다.

문학윤리학비평의 성격과 특징을 보면 이는 문학윤리학과 긴밀한 내재적 관계를 맺고 있다. 작가가 작품을 창작하고 독자가 작품을 읽고 비평가가 작품을 비평하는 모든 행위는 자연스럽게 수많은 문학의 도덕 문제를 다루게 되어 있으며 윤리와 도덕 분야의 지식으로 작품에 대한 판단과 평가를 필요로 하게 되어 있다. 문학윤리학은 새로운 학문 분야로서 주로 윤리도덕의 시각에서 문학작품, 문학과 작가, 문학과 독자, 문학과 사회관계 등 다양한 측면의 문제를 연구한다.[2] 문학윤리학비평은 곧 이러한 문제의 방법을 연구한다. 문학윤리학은 문학윤리학비평을 빌려 존재한다. 문학윤리학비평이 없다면 문학윤리학의 존재를 볼 수 없다.

2. 문학비평의 도덕책임

특정한 시기의 문학비평에 어떤 경향성이 나타나면, 작가와 비평가의 책임이 곡해되거나 오독되거나 옅어지게 되기도 한다. 일부 작가는 종종 작가의 사회적 책임을 협애하게 이해하여 창작은 자유로운 일이므로 사회적 책임을 강조하면 예술 상상력을 제한하고 작품의 예술성을 훼손하게 된다고 여긴다. 일부 비평가도 비평의 사회적 책임을 협애하게 이해하여 문학비평은 문학의 심미비평일 뿐이며, 사회적 책임을 정치적 금기와 동일시하여 문학비평의 윤리가치를 버리고 문학비평의 기준을 무시함으로써 문학비평을 마음가는대로 써내는 자유로운 해설로 변화시키고 말았다. 그들은 자유와 책임을 대립시키고, 심미와 비평을 상호 대립시킴으로써 사회의 기본적인 도덕 원칙을 망각하고 심미를 위해서는 윤리를 중요시하지 않아도 되고 자유는 책임을 지지 않아도 되고 책임을 져야 한다면 곧 그것은 구속이라고 생각한다.

---

2 다음을 참조. David Parker, *Ethics, Theory, and Novel*. Cambridge University Press, 1994; Adam Zachary Newton, *Narrative Ethics*, Havard University Press, 1995.

그러나 우리는 문학비평과 문학창작의 자유가 일정한 책임과 의무를 짊어지고 일정한 도덕 원칙을 준수함으로써 그 기초를 삼아야 한다는 사실을 분명히 할 필요가 있다. 헌법은 개인의 언론 자유를 규정하지만 동시에 또한 일정한 도덕 의무도 규정하고 있다. 따라서 비평가에게 있어서 언론의 자유란 결코 아무렇게나 말을 할 수 있는 자유를 의미하지는 않는다. 예컨대 특정한 고전문학을 멋대로 곡해하여 희화화하고 억지스럽게 해석해서는 안 된다. 이러한 희화화의 목적은 단지 하나다. 즉 심미라는 명목으로 문화전통에 대한 우리의 도덕가치의 수용을 전복함으로써 독자들의 흥미를 유도하고, 이로써 도덕을 팔아 돈으로 바꾸려는 목적일 뿐이다. 그러나 문학윤리학비평은 이러한 경향을 견제해야만 한다. 창작자도 마찬가지다. 헌법이 문학창작에 있어 자유로운 표현이 가능하다고 창작의 자유를 부여했지만, 이러한 자유와 표현은 모두 일정한 도덕의 구속을 받는다. 어떠한 사람이라도 반드시 자신의 '자유'에 대하여 도덕책임을 져야만 한다. 문학창작이나 문학비평은 모두 창작과 허구의 자유를 갖지만 사회가 공인하는 도덕 기준을 위반해서는 안 된다. 즉 문학창작은 마땅히 도덕을 유익하게 해야 하며, 풍속의 교화에 해가 돼서는 안 된다. 문학이 범죄를 교사하거나 도덕을 훼손하는 일은 허락될 수 없다. 만약 비평가가 이러한 일들을 단지 예술의 허구와 예술 심미라고만 간주한다면 자신의 도덕 입장을 잃어버리게 되고 책임을 질 수도 없을 것이다. 작가가 작품을 창작하거나 비평가가 작품을 비평함에 있어서 문학의 윤리를 위배하거나 도덕을 훼손해서는 안 된다.

문학비평에 있어 비평가의 책임은 문학창작의 윤리가치가 결정짓는다.

문학작품은 특수한 상품으로서 결국 시장에 들어가 거래를 수행하게 되기 때문에 일정한 질적 수준을 갖추어야만 문학의 교역 시장에 진입할 수 있다. 그 질적 수준이 바로 문학의 가치 기준이다. 사회는 문학비평가에게 일정한 책임을 부여함으로써 문학의 가치 기준을 지켜나갈 수 있도록 하고 있다. 문학비평이든 문학창작이든 모두 문학 교역 시장의 도덕 법칙을 준수해야만 한다. 문학이라는 자유 시장에서 사회적 책임은 바로 그 시장에 참여하는 모든 참여자들이 자각적으로 지키는 질적 기준과 교역의 원칙이다. 문학비평은 그 시장의 질적 감독 행위에 해당하기에 수많은 소비자를 대신하여 모든 상품을 검사하고 아울러 그들의 질에 대해 평가를 내리게 된다. 거기서 바로 문학비평의 사회적 책임은 매우 중요하게 되는 것이다. 비평가는 양지(良知)와 도덕을 위배해서는 안 된다. 그들은 좋은 상품을 일일이 검사하여 품질 검사표를 붙이고 거기에 자세한 설명을 덧붙여야 하며, 또한 많은 소비자에게 추천할 필요가 있다. 한편 비평가는 또한 질적 기준에 부합하지 않는 상품을 찾아내고 그들을 시장에서 퇴출시키고 소비자에게 구매하지 말도록 권고해야 한다. 그 밖에도 문학비평은 또한 소비자가 어떻게 문학작품을 소비해야 하는지 잘 이끌어줄 의무를 가지고 있다. 이는 바로 독자가 문학작품을 어떻게 독해하고 이해하며 감상하는지를 인도해주는 역할이다. 문학비평가에게 있어서 도덕책임은 무엇보다 중요하다. 도덕책임이 결여되면 필연코 문학작품의 오독을 불러오며, 작가를 오도하고 사회도덕을 훼손하게 된다.

오늘날 시장경제의 거센 물결 속에서 경제 이익의 최대화를 추구하기 위해 문학가와 문학출판업계, 비평가가 강력한 유대를 형성하면서 문학작품의 베스트셀러 순위, 출판업계의 마케팅 총액, 전체 독자 수 등은 마치 문학의 가치를 결정하는 기준이 되어 버린 듯하다. 시장이 문학을 수용하는 정도가 문학의 가치를 판단하는 하나의 요소임을 부정하지는 않는다. 그러나 문학의 시장 가치는 결코 문학의 윤리가치와 동등해질 수 없다. 따라서 문학비평은 결코 경쟁의 법칙으로 주도적인 문학 시장에서 자신의 사회적 책임을 방기해서는 안 된다. 오히려 그것은 엄격한 비평으로 중국의 우수한 민족문학을 위해 이바지해야 한다.

책을 읽을 수 있는 능력을 가진 사람이라면 그 누구라도 독서의 욕망을 가지게 되고, 자각적 혹은 비자각적으로 작품을 찾아 읽게 된다. 독자에게 제공되어 읽히게 되는 작품은 일단 창작이 끝나고 판매의 영역 안으로 들어가게 되면, 작품이 재판되기 전에는 작가 자신 역시 작품의 독자일 수밖에 없으며 작품에 수정을 가할 수 없다. 독서 과정에서 문학작품이 독자에게 유익한지는 완전히 문학작품 자체로 결정될 뿐, 작가와 비평가가 결정할 일은 아니다. 또한 독자는 작품을 읽는 과정에서 자동적으로 자신의 생활과 도덕경험을 문학작품이 제공하는 생활과 도덕경험에 비추어 참조를 수행하게 되고 이로부터 독서를 통해 심미적 감수와 도덕적 교훈을 얻게 된다. 문학작품은 창작된 이후에 독자든 사회든 필연적으로 문학작품에 도덕의 기대를 갖게 되며 작가가 창작한 문학작품이 독자의 심신의 건강에 유익하기를 바라게 된다. 따라서 문학창작은 반드시 독자에게 유익해야 하며, 이는 작가에 대한 기본적인 도덕 요구일 뿐 아니라 작가의 도덕 의무이기도 하다.

문학윤리학비평의 체계 안에서 문학비평은 독서와 결합돼 있다. 일반적으로 문학비평은 '욕망' '독서' '감상' '비평'의 네 단계를 거친다. '욕망'이란 문학작품을 읽고 싶다는 욕구로서 문학작품의 가치의 체현이다. 독서의 쾌감을 추구하기 위해 읽을 수 있는 능력을 갖춘 사람은 그 누구라도 문학작품을 읽고 싶어 하는 욕망을 갖게 된다. 욕망은 독자의 무의식 안에 잠재되어 있으며 의식의 지배를 받지 않고 감정의 통재도 받지 않는 그야말로 개인의 무의식일 뿐이다. 독서의 욕망이 없다면 문학의 탄생도 없었을 것이다. '독서'란 문학작품에 대한 읽기로서 읽고자 하는 욕망의 실현이자 문학비평의 전제가 된다. 문학비평에 앞서 문학의 독서는 문학작품을 인지하고 이해하는 단계이다. 독서의 결과는 언어 기호의 의미에 대한 인지로서, 그 목적은 독서의 쾌감을 얻기 위함이다. 독서는 한 개인의 의식의 지배 하에서 문학작품을 인지하는 과정이다. 독서를 통하여 독자는 문학작품을 이해하고 알 수 있게 되며 그 의의를 깨닫게 된다. 문학비평의 초급 단계가 바로 문학감상이다. 감상은 문학작품의 독서를 통하여 인식과 쾌감을 얻게 된 이후의 결과다. 문학작품의 감상은 독서와는 다르다. 그것은 문학의 인지 과정 중에 생겨난 심미 감수이다. 문학감상은 개인의 공리적 성격을 가지고 있으며, 개인의 감정에 지배를 받기도 한다. 따라서 개인이 작품을 독서한 이후의 자아 감정과 도덕 체험에 속하게 되는데 이는 바로 문학비평의 전제이다. 문학비평을 수행하지 않을 것이라면, 문학에 대한 이해는 이 단계에서 그치게 된다.

문학감상의 기초 위에서 문학작품에 대한 독서는 비평의 단계로 들어설 수 있다. 이는 문학작품 독서의 고급 단계이다. 비평의 목적은 문학작품의 호불호에 대한 가치판단을 내리기 위함이므로 그 본질은 가치 비평에 속한다.

따라서 우리는 문학비평을 곧 문학윤리학비평이라고 부를 수 있는 것이다. 문학비평은 독서나 감상과는 다르다. 독서와 감상은 모두 개인의 공리 활동이며, 비평의 단계에 이르러야만 문학작품의 독서는 개인의 공리를 넘어서게 된다. 문학비평은 문학감상과도 다르다. 감상은 주로 심미를 위한 심리활동이지만 비평은 주로 이성적인 객관적 평가의 과정이다. 감상은 독서 과정에서 얻게 된 쾌감을 설명하는 것이며, 그 전제는 깨달음과 느낌으로 주로 감정의 지배를 받게 된다. 비평은 감상 이후 작품의 가치에 대한 이성적 평가이며, 그 전제는 가치판단과 사회적 책임, 윤리관 등으로 주로 윤리성과 도덕 원칙의 지배를 받게 된다.

따라서 문학비평은 곧 문학의 가치를 판단하는 일이다. 특정한 도덕 의지와 도덕관이 그 문학 평가에서 드러나게 되고 이는 때로 개인의 감정을 초월하여 특정한 집단, 시대, 민족의 주된 가치관을 대표하게 된다. 문학비평이 문학작품에 대하여 개인의 공리를 뛰어넘는 평가를 하는 목적은 문학작품이 집단과 사회, 전체 인류의 발전에 도움을 주기 위함이다. 문학에 대한 기본적인 평가는 단지 문학작품이 쾌감과 심미적 느낌을 가져다주느냐가 아니라 그 쾌감과 느낌이 사회 혹은 인류가 함께 준수해야 할 윤리와 도덕 준칙에 부합하느냐 여부를 보아야만 한다. 각 시대마다 각각의 윤리관과 도덕 준칙이 있으므로 문학비평의 기준 또한 시대와의 일치를 위해 부단히 변화한다. 이는 문학윤리학비평이 문학을 평가할 때 시대를 초월할 수 없음을 결정한다. 비록 시대의 차이가 서로 다른 문학비평의 기준을 만들어내지만, 그 성격에 있어서는 자고이래로 문학에 대한 평가에 있어서는 윤리와 도덕 기준이 필요하다는 사실은 언제나 변하지 않았다.

3. 문학윤리학비평의 도덕전통

문학윤리학비평의 도덕전통은 최초로 고대 그리스의 윤리학으로까지 소급될 수 있다. 윤리학은 초기 그리스 철학의 한 부분으로서, 독립되어 있지는 않았다. 그러나 철학의 발전은 윤리학의 발전을 촉진했고, 아울러 결국 윤리학을 독립적인 학문이 되도록 만들었다. 또한 문학윤리학비평의 문학 기초는 그리스의 신화와 호메로스의 서사시, 희곡까지 소급될 수 있다.

서양에서 도덕철학으로서의 윤리학은 고대 그리스 철학에서 유래했다. 윤리학의 역사를 보면 그 맹아는 인간사회의 초기에 이미 나타났으나 아리스토텔레스 시대에 와서야 비로소 성숙하기 시작했다. 일반적으로 도덕은 주관과 객관이라는 두 측면을 포함한다. 전자는 주로 개인의 덕행과 품성 등 개인의 도덕 행위를 가리키고, 후자는 주로 선악의 기준과 원칙, 규범 등 도덕 형식을 가리킨다. 소크라테스, 플라톤, 아리스토텔레스는 데모크리토스부터 시작된 고대 그리스 로마의 윤리학을 대표하여 인간이 마땅히 갖추어야 할 특성과 품성에 대하여 도덕 개성 분석을 수행했다. 아리스토텔레스는 도덕의 시각에서 "영혼은 도덕의 활동에 부합한다"는 입장을 지고의 선으로 보고 개인의 주관적 도덕성, 즉 자아와 타인이 교류하는 우정이나 정의, 성실 등과 같은 품성을 연구했다. 그리고 이 기초 위에서 미덕에 관한 학설을 수립했다.

아리스토텔레스는 『형이상학』에서 과학지식을 실용적 지식과 실천적 지식, 이론적 지식이라는 세 가지 부류로 나누고 윤리학, 정치학, 경제학을 실천적 지식으로 편입시켰다. 아리스토텔레스 이전에 소크라테스와 플라톤 등 철학자들이 이미 윤리학과 관련한 문제를 논술했으나 윤리학이 독립적인 학문 분과가 되지는 못했다. 윤리학의 발전에서 아리스토텔레스는 그 기초를 닦은 중요한 인물이다. 그의 현존하는 윤리학 저작은 『니코마코스 윤리학』(*Nicomacheon Ethics*), 『에우데모스 윤리학』(*Eudemian Ethics*), 『대윤리학』(*Great Ethics*) 등 세 권이다. 이 저작들을 통해서 아리스토텔레스는 윤리학의 문제, 특히 실천의 지식 문제를 깊고도 폭넓게 연구했다. 그 대표적인 저작 『니코마코스 윤리학』에서 아리스토텔레스는 윤리학과 정치학은 모두 인간 생활을 연구하는 철학이며, 윤리학의 목적은 바로 국가의 사람들에게 생활의 규범과 행동의 준칙을 제공하여 그들의 생활과 행위에 대하여 도덕평가를 수행하기 위함이라 했다. 따라서 아리스토텔레스의 윤리학은 그 철학과는 달리 논의의 주제가 공민의 선과 인류의 훌륭한 삶이지, 사변적인 이론이 아니었다. 아리스토텔레스는 인간의 행위와 성격을 윤리학 연구의 주요 대상으로 삼아 선, 미덕, 정의, 절제, 쾌락, 우애, 행복 등 일련의 윤리학 기본 이론을 상술했다. 아리스토텔레스는 윤리학과 정치학을 결합하여 국가를 관리하는 정치가가 올바른 윤리적·정치적 관점을 가질 수 있도록 함으로써 국가의 번영과 사람들의 아름다운 삶을 이끌도록 노력했다.

아리스토텔레스는 윤리학 연구의 목적을 선이라 여겼으며, 선은 곧 만물의 목적이었다.[3] 또한 그는 지고의 선은 곧 "영혼이 덕행의 활동에 부합한다"

3 아리스토텔레스, 『니코마코스윤리학』 제1권; 陳村富·龐學銓·王曉朝等譯 『古代希臘名著精要』, 浙江人民出版社, 1989, 269쪽 참고.

고 여겼다. 사실 아리스토텔레스가 논의하는 지고의 선은 이미 악과 서로 대응하는 도덕 범주를 넘어서서 모든 사물의 기능과 효용을 폭넓게 가리키는 용어로 변모했다. 따라서 아리스토텔레스는 지고의 선을 행복이라 보는데 찬성했다. 고대 그리스에서, 데모크리토스에서 시작한 윤리학의 맹아는 소크라테스, 플라톤, 아리스토텔레스의 발전을 거쳐 기본적으로 초보적인 윤리학 이론 체계를 형성했다. 고대 그리스 윤리체계에서는 도덕 개성의 분석은 절제와 용맹, 우의, 성실, 정의 등과 같은 미덕을 긍정하기 위하여, 나아가 선악의 기준, 도덕 원칙과 규범 등의 도덕 형식의 수립을 시도했다. 고대 그리스 윤리학 사상은 이후 윤리학 발전에 매우 깊은 영향을 주었다. 예컨대 유럽에서 이후 발전해 온 낙관주의, 공리주의, 우주본체론, 자아 실현론 등과 같은 윤리학의 중요한 이론들은 모두 고대 그리스 윤리학 이론에서 그 원류를 찾을 수 있다. 특히 플라톤과 아리스토텔레스로 대표되는 윤리학 이론은 중세기 신학 윤리학의 이론적 기초가 됐을 뿐 아니라 근. 현대 유럽 철학과 윤리학에 양분을 제공했다.

비록 윤리학이 독립적인 학문으로 시작된 때는 아리스토텔레스부터였지만, 그 전의 일련의 철학자와 사상가들, 즉 예컨대 피타고라스, 헤라클레이토스, 데모크리토스, 소크라테스 등의 저술 가운데에는 윤리학 문제가 이미 폭넓게 다뤄지고 있었다. 사실 윤리학 사상의 기초로서 도덕관은 인간사회의 탄생과 더불어 이미 나타났다. 서양의 가장 이른 윤리도덕 분야의 논술은 헤라클레이토스와 소크라테스 이전에는 많이 보이지 않는다. 그러나 고대 그리스 사회의 생활과 문화 예술 가운데에서는 윤리도덕의 맹아를 모두 분명하게 확인할 수 있다. 따라서 윤리도덕에 대한 관념은 고대 그리스 사회와 동시에 나타났다고 할 수 있다. 예컨대 고대 인간사회 이데올로기의 반영으로서 그리스의 신화와 전설은 곧 고대 그리스 윤리도덕관의 문화적 담지체이다. 그리스 윤리학의 발전은 문학비평에 있어 매우 중요하다. 왜냐하면 그것은 우리가 문학을 이해하는 이론적 근거일 뿐 아니라 우리가 문학을 분석하는 방법이기도 하기 때문이다.

고대 그리스의 윤리관은 이론적으로는 분명히 기원전 6세기가 돼서야 피타고라스의 저술에 등장했지만, 그 전의 호메로스 서사시나 더욱 이른 시기 신화들 에서도 윤리도덕관은 이미 상징적인 형식으로 등장하고 있다.

신화는 가장 오래된 구술문학이다. 비록 우리가 지금 읽고 있는 그리스 신화는 후인들이 정리해 준 판본이지만, 그 내용 자체는 그리스 역사상 가장 오래 전 형성됐다. 우리가 그리스신화를 분석한다면 그것이 갖추고 있는 분명한 윤리도덕 경향을 발견할 수 있다. 물론 우리는 신화를 "상상, 혹은 상상의 힘을 빌려 자연의 힘을 정복하고 지배하여 그것을 형상화했다"[4]고 이해할 수 있지만, 마찬가지로 신화를 상상과 그것을 빌려 인간 이성의 맹아 단계에서의 윤리도덕관을 표현했다고 이해할 수도 있다. 심지어 더 나아가 그리스신화는 고대 그리스인의 윤리와 도덕 층위의 상상화와 추상화라고 말할 수도 있다. 그리스신화의 체계에서 우리는 최초의 윤리와 도덕관이 어떻게 발전돼 왔는지를 확인할 수 있다. 예컨대 시인 헤시오도스가 쓴 『신통기』(*Theogony*)에서는

---

4 馬克思, 「政治經濟學批判序言」, 『馬克思恩格斯選集』 第2卷, 人民出版社, 1972, 113쪽.

천지 기원에 관한 신화를 말하고 있는데, 고대 그리스에서 가장 일찍 나타나는 신인 카오스, 즉 혼돈의 신은 우주의 혼란과 무질서를 상징하고 있다. 그곳에는 어두움과 연무만이 존재하고 있으며 응축된 연무 속의 알을 깨뜨리면서 천지가 시작됐다. 바로 그 천지의 탄생과 더불어 세계는 질서를 갖추게 됐고 인류에게도 질서라는 관념이 생겨났다. 인류가 무질서에서 질서로 나아가는 과정은 분명 윤리와 도덕의 기원이 되는 과정이었다. 질서는 고대 인류문명의 진화 과정 중에 형성된 것이자, 그것은 후에 그리스 사회의 윤리도덕관을 형성하고 발전케 하는 기초가 됐다. 관념적으로 말하면 천지가 탄생하고 형성된 질서는 분명 고대 그리스 윤리도덕관의 기원으로 간주되어야만 한다.

그리스신화는 윤리도덕관의 기원이 되는 기초이다. 카오스에서 태어난 대지의 여신 가이아는 땅의 어머니라고 불린다. 그녀는 하늘의 신 우라노스를 낳고 기른 뒤 또한 그와 결혼하여 다른 신들을 태어나게 했다. 이로써 그녀는 물질세계, 즉 우리가 생존하고 있는 세계의 상징이 됐다. 인류의 번식과 최초의 남녀 관계, 혼인 관계는 땅의 어머니로부터 시작됐기 때문에, 윤리학의 측면에서 말하면 가이아는 윤리관계와 도덕 행위의 구체적 체현이라 할 수 있다. 우라노스와 가이아는 결혼하여 6남 6녀의 열두 티탄 신을 낳았는데, 이 티탄 신은 나중에 여섯 쌍의 부부가 된다. 티탄 신 가운데 가장 어리고 용감한 크로노스는 지혜를 발휘하여 아버지 우라노스의 왕위를 찬탈한 뒤 동생 레아와 결혼한다. 크로노스는 나중에 아들 제우스에 의해 전복당한다. 제우스는 스스로 왕이 된 뒤 누이 헤라와 결혼한다. 제우스가 등장한 중요한 의미는 신들의 세계에서 정권이 교체됐다는 사실 뿐 아니라, 그가 남성 중심의 신권 통치를 확립했다는 데 있다. 카오스에서 제우스에 이르기까지 신들의 세계를 이어온 흐름은 신들의 윤리관계의 흐름을 반영한다. 가정과 가족의 기원이라는 의미에서 이 흐름은 곧 군혼(群婚)과 잡혼(雜婚)이라는 형식의 기초 위에서 인류가 일부일처제의 형식의 인간관계로 변화하고 있으며, 이는 곧 윤리관계의 변화와 새로운 도덕규범의 형성을 이끌었다고 할 수 있다. 이러한 사회발전 법칙의 결정에 의한 변화는 두 가지 서로 다른 윤리질서의 교체를 보여준다. 또한 이러한 변화 과정에서 신화를 통해 표현되는 도덕관 또한 선명하게 드러나게 된다.

땅의 어머니 가이아에서 신들의 왕 제우스에 이르는 신화가 윤리관계와 도덕 행위의 구체적 발현이라면, 땅의 어머니와 같은 기원을 갖고 있는 밤의 여신에 관한 신화는 곧 도덕관의 상징이다. 그리스신화에서는 카오스에게서 생겨난 밤의 여신 닉스는 죽음의 신 타나토스, 잠의 신 히프노스, 복수의 여신 네메시스, 불화의 여신 에리스, 시체의 여신 케레스, 운명의 여신 모이라이를 낳았다. 그리스신화에서 이 신들은 후손이 없다. 그러나 이들은 추상적 도덕관으로서 전체 그리스신화 곳곳에 나타난다. 즉 그리스신화가 등장함과 동시에 윤리와 도덕관 또한 이들을 따라 생겨났다. 따라서 우리는 신화를 단지 인류가 자연의 힘을 형상화했다고만 볼 수는 없으며 윤리도덕관을 포함한 사회관념의 상징이라고 보아야 마땅하다.

그리스신화에서 윤리와 도덕관은 복수의 여신 네메시스에게서 집중적으로 드러난다. 그리스신화에서 카오스는 제1대 신이었고 가이아와 닉슨은 모두 제2대 신에 속한다. 윤리도덕의 측면에서 보면, 비록 제2대 신이 질서에 대한 관념을 만들었고, 제3대 신에 이르러 진정한 의미에서 윤리도덕관이 생겨났지만, 제1대 신의 탄생과 더불어 신들의 관계가 확립됐다는 사실은 이미 인간사회가 최초의 윤리관의 맹아를 갖게 됐음을 보여준다. 네메시스는 제3대 신으로서 주로 불공정한 대우를 받은 사람을 위해 복수를 해 준다. 즉 정의의 분노, 정당한 법령, 신의 복수 등을 의미한다. 네메시스는 신화를 통해 최초로 윤리도덕관을 보여주었다. 정의의 수호자로서 그녀는 질서를 파괴하는 자, 향락을 탐하는 자, 오만한 자들을 징벌했다. 경향을 살펴보면, 그녀는 모계 씨족의 혈연관계의 수호자로서 서약을 배신하거나 손님을 접대하는 일을 잊어버리는 사건, 특히 흉악한 살인을 저지른 자들을 끝까지 쫓아가서 그들을 미치게 하거나 수난을 겪도록 만든다. 비록 복수의 여신은 나중에 유리피데스의 작품에서는 셋으로 변하지만, 그녀의 도덕관을 나타내는 특징은 변하지 않았다. 후에 이르러 사람들이 참회를 알게 되고 종교적으로 세례를 베풀기도 하면서 범죄자에게 복수의 여신의 추궁을 면할 수 있도록 하게 됐고, 복수의 여신도 점차 범죄의 양심을 꾸짖는 화신으로 바뀌게 되면서 결국 선량한 여신으로 변화했다. 아이스킬로스의 『오레스테스』 3부작에는 클리타임네스트라를 도와 복수하는 여신이 나중에는 선량한 여신으로 변화한다. 윤리학의 의미에서 보면 복수의 여신은 곧 도덕의 여신이자 동시에 도덕관의 화신이다. 우리는 복수의 여신이 나중에 변모하는 모습에서 그리스 윤리도덕관의 변화와 발전, 즉 처음에는 복수라는 다소 낮은 층위의 도덕으로부터 지선(至善)의 높은 단계의 도덕으로 발전했음을 볼 수 있다.

그리스 문학에서는 호메로스 서사시와 희곡이 가장 대표적인 성과이자 고대 그리스 사회의 윤리도덕관의 변화와 발전을 가장 잘 반영하고 있다. 고대 그리스 사회에는 일찍이 수많은 논쟁을 일으킨 윤리도덕현상이 존재하고 있었다. 이들은 호메로스가 자신의 시에 기록했고, 희곡 작가의 희곡에도 들어가게 됐을 뿐 아니라 작가 자신과 사회가 내린 도덕평가 또한 진실하게 기록됐다. 이러한 작품들에서 우리는 이미 윤리의 입장에서 문학을 인식하고, 이해하며 비평하는 일이 고대 그리스에 이미 시작됐음을 알 수 있다.

4. 고대 그리스와 로마의 문학비평

서양문학에서는 고대 그리스신화만이 윤리도덕의 내용을 포함하고 있을 뿐 아니라 그 이후 나타난 호메로스 서사시, 그리스 로마의 희곡과 시, 산문, 전기, 소설, 역사 등에도 모두 윤리와 도덕 내용이 들어있다. 호메로스 서사시에는 윤리도덕이 이미 그 기본적인 주제가 됐다. 왜냐하면 호메로스가 묘사한 오랜 세월 이어졌던 전쟁은 바로 트로이 왕자인 파리스가 헬레나를 납치하면서 시작됐는데, 이는 바로 윤리도덕과 관련된 중요한 사건이었다. 헬레나의 납치가 불러온 트로이 전쟁의 바탕 위에서 일련의 중요한 도덕적 사건이 뒤이어졌고, 이로 인해 깊이 있는 도덕적 사고를 수행하게 됨으로써 서사시의 윤리와 도덕의 내용이 더욱 풍부하고 다채로워졌다.

그리스비극에서 윤리도덕은 더욱 기본적인 주제가 됐다. 예컨대 아이스킬로스가 창조한 오레스테스가 어머니를 죽여 복수하는 일, 소포클로스가 『오이디푸스』에서 묘사한 아버지를 죽이고 어머니를 취한 일, 유리피데스가 『메디아』에서 묘사한 아들을 죽여 복수한 이야기 등이 모두 그렇다. 윤리 시각에서는 문학이 시작되면서 윤리도덕의 주제와 긴밀한 관계를 맺고 있었으며, 따라서 고대 그리스 로마의 문학비평 또한 도덕가치판단과 평가를 포함하고 있음을 알 수 있다. 예컨대 호메로스의 서사시에는 헬레나를 되찾아오기 위한 목적의 트로이 전쟁에서 그리스인을 힐문한다거나 오디세우스가 아내에게 충성을 다하는 일 등은 모두 윤리와 도덕의 '추궁'을 겪고 난 뒤 일어났다.

문학비평의 측면에서 보면 문학윤리학비평이 방법론으로서 제기된 적은 없었다. 그러나 일찍이 고대 그리스에 이미 이와 같은 비평 방법의 맹아가 있었다. 그러한 비평은 우선 철학자들에 의해 시작됐다. 철학이 생겨난 이래로 철학자들은 이미 윤리의 측면에서 문학의 가치를 사고하고 있었다. 예컨대 헤라클레이토스가 "호머를 대회에서 축출하고 채찍을 쳐야한다"[5]고 말할 때 그는 사실 윤리가치에 근거하여 호머를 판단했다. 또 크세노파네스는 풍자시에 관해서 "호머와 헤시오드가 세상을 절도, 간음, 사기 등 모든 부끄러움을 모르는 추한 행위를 신에게 전가한다고 본다"[6]고 말한 것도 분명 윤리가치가 크세노파네스의 평가의 기초가 됐음을 알 수 있다. 소크라테스의 운명은 풍자적인 의미를 가지고 있다. 그는 평생 진리를 추구했고, 미덕과 선량(善良)을 지혜의 표현이라고 보았다. 그는 유일하고 객관적인 미덕이 무엇인지 추구하고, 나아가 그에 대한 답안을 요청했는데, 사실상 그가 추구했던 것은 선의 공통된 본질이었다. 소크라테스의 추구는 미덕의 구체적인 현상에 대한 해석을 넘

---

5 北京大學哲學系外國哲學史教研室編譯, 『西方古典哲學原著選輯: 古希臘羅馬哲學』, 生活·讀書·新知三聯書店, 1957, 22쪽.

6 北京大學哲學系外國哲學史教研室編譯, 위의 책, 46쪽.

어서서 "미덕은 곧 지식"이라는 답을 얻었고, 이로 인해 후대인이 윤리학을 탐구할 수 있도록 촉진했다. 예컨대 플라톤은 미덕이 "선의 이념"이라고 대답했고, 아리스토텔레스는 "미덕은 행복"이라고 대답했다. 문학예술 측면에서도 소크라테스가 시인을 관찰하고 평가하는 기준은 선이었다.[7] 사실 그가 문학을 평가할 때 운용했던 기준은 곧 윤리학의 기초였으며 그는 그 기초 위에서 도덕가치판단을 수립했다. 소크라테스는 이렇게 문학가와 작품의 도덕가치를 매우 강조한 인물이었다. 그리고 결국 아테네 당국에 의해 사형을 선고받았던 세 가지 죄목 가운데 하나는 바로 "젊은이들을 망치는" 도덕적 이유였다. 소크라테스의 운명은 문학의 윤리와 도덕비평이 사회의 윤리도덕관과 충돌을 일으켰음을 보여준다.

고대 그리스에서 윤리학 관점으로 문학을 비평한 걸출한 인물은 플라톤과 아리스토텔레스였다. 나는 "서양 문화전통의 문학윤리비평"이 플라톤에서 시작됐다는 관점[8]에 동의한다. 말 그대로 윤리학 관점을 활용하여 문학을 비평한 최초의 시도는 플라톤에서 시작됐다. 플라톤은 윤리학 문제를 논의하면서 자주 문학의 사례를 원용했다. 예컨대 그는 정의를 해석하면서 아이스킬루스의 "보기는 좋지 않지만, 정말로 좋은 사람"이라는 시구를 통해 선의 본질이 무엇인지를 설명하고 있다. 플라톤은 단지 문학을 원용하여 복잡한 윤리문제를 설명했을 뿐 아니라, 윤리학 관점에서 문학을 해석하는데도 능했다.

플라톤은 문학을 논의할 때 사실상 윤리학의 관점으로 시인들에 대한 비

7 北京大學哲學系外國哲學史教研室編譯, 위의 책, 147쪽.

8 John Krapp, *An Aesthetics of Morality*, University of South Carolina Press, 2002, 2쪽.

판을 수행했다. 플라톤이 보기에 시인들이 말하는 신과 인간이 모두 관심을 갖는 선악에 관한 갖가지 고담준론들은 근거 없는 말들을 추리해내는 똑똑한 젊은이들에게 잘못된 결론을 내리도록 유도할 수 있었다. 따라서 플라톤은 도덕의 시각에서 헤시오도스와 호머, 다른 시인들이 말하는 바는 모두 추악한 거짓 이야기이며 진리를 반영하지 못한다고 질책했다. 따라서 그는 이렇게 말한다. "시인들의 말은 완전히 믿든지 완전히 믿지 말든지 해야 한다. 만일 믿는다면 우리는 나쁜 일을 그만두어야 한다. 그리고 불의한 재물을 가져와 신에게 바쳐야 한다. 만일 우리가 정의롭다면 여러 신들은 결코 우리를 징벌하지 않으리라. 우리는 정의롭지 못한 이익을 거부해야만 한다. 만일 우리가 부정하다면 우리는 기득권을 지키려고 범죄를 저지른 뒤에 신에게 사정을 봐달라고 기도함으로써 결국에는 평안 무사하게 될 수 있다."[9]

비록 플라톤은 시인들이 사람들에게 진리를 가르칠 수 없다고 비판했으나 시인에 대한 그의 태도는 도덕 공리주의의 색깔을 띠고 있다. 예컨대 그는 제례 또는 다른 비슷한 장소에서 공훈이 뛰어나고 지혜와 용기를 두루 갖춘 우수한 인물들을 칭찬하면서 "우리는 적어도 호머를 우리의 모범으로 삼아야 한다"고 말함으로써 그들의 시를 찬양하고 도덕적 장려를 했기 때문이다.

일반적으로 플라톤은 도덕의 기준에 따라 호머와 비극 시인들을 평가했는데, 그들은 마땅히 선악과 관계된 모든 세상사와 신들의 일을 알고 있어야만 한다고 여겼다. 그러나 플라톤은 호머가 자신의 동시대 사람이 미덕을 얻

9 柏拉圖,『理想國』, 王雲主編, 吳獻書譯, 商務印書館, 1986, 54쪽.

도록 도울 수 없다고 생각했다. 왜냐하면 호머 이래로 모든 시인들은 단지 미덕 혹은 자신이 만든 기타 사물의 영상을 모방하는 사람일 뿐이며 진정한 미덕이 무엇인지 모른다고 생각했기 때문이다. 즉 시인은 사람들이 진리를 인식하도록 가르칠 수 없다는 생각이었다. 플라톤은 단지 신들을 노래하고 훌륭한 인물을 찬미하는 시만이 이상적인 국가에 들어갈 수 있다고 허락했다. 그러나 그는 시인이 본질적으로 영혼의 선을 모방하는 게 아니라, 변화하는 성격을 모방한다고 여겼다. 시인이 사람들에게 진리를 인식하도록 가르칠 수 없다면, 플라톤은 시인들이 이상적 국가 안으로 들어오는 일을 거부할 수밖에 없었다.

아리스토텔레스는 고대 그리스에서 윤리학으로 문학을 비평한 또 다른 이론가였다. 문학비평에 있어서 아리스토텔레스는 그의 스승 플라톤과 마찬가지로 문학의 도덕 요소를 강조했다. 예컨대 아리스토텔레스는 그의 저명한 문학비평서 『시학』에서 이렇게 말하고 있다. "모방하는 자는 활동하고 있는 인간을 모방하는데, 이런 사람들은 반드시 고상하거나 또는 비루하다.(왜냐하면 이러한 인재들이 유일하게 갖춘 품성이란 바로 사악함과 덕성을 통해 모든 인간의 품성과 구별되기 때문이다.)"[10] 이는 바로 아리스토텔레스가 무엇보다 도덕의 안목으로 시인들이 묘사하는 인간과 사물을 평가하고 있었으며, 도덕평가를 가장 중요한 위치에 두고 있었음을 설명하고 있다. 아리스토텔레스는 자신이 문학의 도덕 기준에 있어 시인을 두 종류로 나누었다. 즉 "다소 엄숙한 시인으로서 고상한 행위 또는 고상한 인간의 행위를 모방하거나 다소 통속적인 무리들로서 비

10 亞里士多德, 『論詩』, 苗力田譯, 『亞里士多德全集』 第9卷, 中國人民大學出版社, 1994, 643쪽.

루한 인간의 행위를 모방하는 경우다."[11]

아리스토텔레스가 내린 비극의 정의는 어떤 의미에서는 도덕 기준을 기초로 한 것이다. 아리스토텔레스는 비극을 이렇게 정의했다. "비극이란 어떤 엄숙하고 완전하며 거대한 행위에 대한 모방이다. 그것은 수사 기능이 풍부한 다양한 언어 형식을 빌리는 바, 그 언어 형식들은 극중의 각 부분에서 분명하게 사용되며 서사의 방식이 아닌 행동으로써 대상을 모방하여 고통과 두려움을 일으키고, 이로써 그러한 감정을 정화하기 위한 목적에까지 이르게 된다."[12] 아리스토텔레스의 비극의 정의에서 비극의 심미적 특징은 곧 "고통과 두려움을 일으키고, 이로써 그러한 감정을 정화하기 위한 목적에 이르게" 하는데 있다. 고통과 두려움이 일으키는 연민은 곧 도덕감정이자 풍부한 도덕 함의를 가지고 있으며, 감정의 정화는 더더욱 비극이 도달하고자 하는 도덕적 목적이다. 따라서 비극에 대한 아리스토텔레스의 정의는 문학적이라기보다는 윤리학적이라고 하겠다.

아리스토텔레스의 비극의 정의는 그의 전체 문예 사상의 기초가 되며, 그의 윤리학 사상 또한 그 문예 사상의 기초가 된다. 따라서 아리스토텔레스가 비극의 정의를 논의하는 기본 출발점은 그의 도덕 입장이다. 바로 도덕으로부터 문학을 논하려는 입장에 서서 아리스토텔레스는 비극적 플롯을 구성할 때 반드시 따라야 하는 규칙을 제기했다. 즉 "우선 선량하고 온화한 인물을 좋은 운명에서 나쁜 운명으로 바꾸지 못한다"고 했다. 왜냐하면 이는 두려움

11 亞里士多德, 위의 책, 646쪽.
12 亞里士多德, 위의 책, 649쪽.

과 동정을 불러일으키기에 부족할 뿐 아니라 단지 사람을 혐오하게 만들기 때문이다. 또한 "악인을 나쁜 운명에서 좋은 운명으로 바꾸지 못한다"고도 했는데, 이는 비극의 비극적 스타일을 잃어버림으로써 인간미가 사라지고 역시 동정과 두려움을 환기할 수 없기 때문이다. 셋째로는 "극심한 무뢰한을 좋은 운명에서 나쁜 운명으로 바꿀 수 없다"[13]고도 했는데, 이 역시 동정과 두려운 마음을 불러일으킬 수 없기 때문이다. 아리스토텔레스는 플롯에서 고난에 관한 요소를 강조함으로써 "고난은 파멸적인 혹은 비통한 행위로서 예컨대 무대 위에서 병사하는 등의 극도의 고통, 상처 혹은 기타 비슷한 행위들"[14]을 말한다고 보았다. 아리스토텔레스가 여기서 강조하는 고난은 역시 도덕 의미를 갖는다. 아리스토텔레스가 보기에 비극의 시인은 행위의 모방을 통해서 고통과 동정, 두려움을 만들어내며, 관객은 그로부터 감정의 정화라는 쾌감을 얻게 되는데, 이들은 모두 도덕가치를 지니고 있다. 따라서 아리스토텔레스의 시학에서 그가 도덕의 시각에서 비극과 예술을 논의하고 있음을 더더욱 확인할 수 있다.

비극적 인물의 성격에 대해서 아리스토텔레스는 마찬가지로 도덕가치를 고수했다. 그는 "인물은 마땅히 선해야만 한다"[15]고 강조했을 뿐만 아니라 좋은 사람이어야 하며 또한 "성격 역시 반드시 선해야만 한다"[16]고 했다. 따라서 아리스토텔레스가 문학비평의 대상을 말할 때, 이는 인위적 대상이다. 그는 인

13 亞里士多德, 위의 책, 659쪽.
14 亞里士多德, 위의 책, 657~658쪽.
15 亞里士多德, 위의 책, 663쪽.
16 亞里士多德, 위의 책, 663쪽.

간의 성격을 도덕의 사고 안으로 끌어들여와 문학작품과 그것이 묘사하는 도덕적 인간을 함께 연계하여 그가 설정한 도덕 기준에 따라 평가를 내렸다.

문학연구와 비교하여 아리스토텔레스의 윤리학 연구는 더욱 깊이가 있었고, 그 저술 또한 더욱 풍부했다. 그는 윤리학 분야의 연구에서 모두 세 권의 저작을 남겼다. 즉 『니코마코스 윤리학』, 『에우데모스 윤리학』, 『대윤리학』이 바로 그것이다. 그가 윤리학 분야에서 이룩한 성과는 문학 분야의 성과보다 훨씬 크다. 분명 그는 윤리와 도덕의 관점에서 문학을 비평했을 뿐만 아니라 문학을 자주 인용하여 윤리와 도덕을 해석했다. 예컨대 아리스토텔레스는 용맹을 해석하면서 호머의 시구를 인용하여 나약한 자는 벌을 받고 용감한 자는 상을 내려야 한다고 말했다.[17] 또한 그는 도덕의 관점으로 분노와 욕망의 성격을 이야기하면서 역시 호머의 시구를 인용하여 욕망의 성질이 마치 사람들이 아프로디테에 관하여 그녀가 "궤계가 출중한 사이프러스의 딸"이라느니 "교묘하게 슬기로운 자의 지혜를 훔쳐가다니 / 그가 얼마나 조심히 근신했는지는 상관없다"는 등의 말을 하기도 했다.[18]

아리스토텔레스가 인용한 호머의 시구는 도덕적으로 자제력 문제를 설명하고 "욕망을 자제하지 못하는 것은 분노를 자제하지 못하는 것보다 훨씬 혐오스럽다"거나 "어떤 의미에서는 사악함"이라고까지 말했던 것이다.[19] 한편, 아리스토텔레스는 그의 윤리학 저작 주에서 지혜와 덕성과 자제, 우정, 우

---

17 亞里士多德, 「尼各馬科倫理學」, 『亞里士多德全集』 第8卷, 苗力田譯, 中國人民大學出版社, 1994, 60~61쪽.
18 亞里士多德, 위의 책, 60~61쪽.
19 亞里士多德, 위의 책, 66·114쪽.

애 등의 도덕 문제를 자주 논의했다.[20] 호머 이외에도 아리스토텔레스는 헤시오도스와 아이스킬로스, 소포클레스, 유리피데스 등과 그리스 시인의 작품들을 인용했고 윤리와 도덕 문제의 형상성, 예술성에 대한 논의를 더해 설득력을 더했다.

문학에 대해 윤리학비평을 수행했던 고대 그리스와 로마의 문학자와 철학자, 윤리학자들로는 플라톤과 아리스토텔레스 등의 철학자 외에도 호라티우스 같은 작가도 있었다.

호라티우스는 고대 로마 아우구스트 시대의 삼대 시인 가운데 하나다. 그는 유명한 작품 『시론』은 마치 시를 논술한 예술작품처럼 보이지만 사실은 시에 대한 윤리학비평을 수행한 결과였다. 그는 "시가 단지 아름답기만 해서는 안 된다. 시는 반드시 매력을 지니고 있어야 하며 작가의 바람에 따라 독자의 영혼을 좌우해야 한다"[21]고 말하고 있다. 호라티우스가 강조한 "독자의 영혼을 좌우해야 한다"는 말은 사실 시의 도덕적 힘을 가리키는 것이다. 호라티우스는 윤리학의 측면에서 문학에 대한 규범화를 수행했다. 예컨대 그는 플롯을 논의하면서 "굳이 관객 앞에서 메디아에게 자신의 아이를 죽이게 할 필요가 없으며, 죄를 저지른 자 아트레우스에게 공개적으로 인육을 삶아 먹게 할 필요가 없으며 프로크네가 한 마리 새로 변하도록 할 필요도 없으며, 또한 카드모스가 뱀으로 변하도록 할 필요도 없다. 이러한 연기들이 내게 보인다면

---

20 아리스토텔레스의 지혜, 덕성과 자제, 우정, 우애 등의 문제에 관해서는 다음을 참조. 「尼各馬科倫理學」, 「大倫理學」, 「優台謨倫理學」, 『亞里士多德全集』 第8卷, 苗力田譯, 中國人民大學出版社, 1994, 126·138·181·269·323·406·407쪽.

21 賀拉斯, 『詩藝』, 楊周翰譯, 人民文學出版社, 1962, 142쪽.

나는 믿지도 않을뿐더러 나를 혐오하게 될 것"이라고 말했다.[22] 여기서 호라티우스는 연극 공연의 원칙을 도덕 심리적인 측면에서 규정하고 있다. 호라티우스는 시의 도덕교육 기능을 매우 중시했고 시가 "반드시 사람들에게 쾌감을 주어야 하며 동시에 삶에도 도움을 주어야 한다"[23]고 여겼다. "즐거운 방식으로 가르침으로써 독자를 권유할 뿐만 아니라 즐겁게 해야" 하며, 시를 통해 '신의 의지'를 전달하고 '삶의 길'을 제시해야 한다고 했다.[24] 호라티우스가 제기한 이러한 예술적 주장이 강조하는 바는 모두 시의 도덕가치이다.

고대 그리스와 로마의 문학은 시와 연극을 막론하고 그 도덕가치를 분명히 보여주고 있다. 따라서 그리스 로마의 문학에 관한 비평도 도덕적 · 공리적 경향을 띠고 있으며 문학의 예술기교에 관한 논의도 그 도덕가치의 실현을 목적으로 하고 있다. 이런 그리스 로마의 도덕경향의 문학비평은 후대 유럽문학비평에 깊은 영향을 주었다.

5. 중세의 문학비평

고대 그리스 로마 이후, 서양의 문학은 중세에 이르러 장장 천여 년에 걸친 종교 도덕의 통치 아래서 그 형식과 내용이 모두 종교의 도덕을 위해 봉사했고, 이는 모두 기독교의 경전인 『성경』을 기초로 했다. 기독교의 발전 과정에서 로마제국은 통치를 위해, 또한 교회는 교리를 위해 기독교의 경전인 『성경』을

22 賀拉斯, 위의 책, 147쪽.
23 賀拉斯, 위의 책, 155쪽.
24 賀拉斯, 위의 책, 158쪽.

편찬할 필요가 있었고, 아울러 『성경』을 '신의 책'이자 하느님이 계시를 전해 준 책이라 선전했다. 사실 『성경』은 고대 원시 씨족사회의 역사와 풍속, 예의, 영웅들의 업적에 관한 전설과 신화 이야기를 모은 책이다. 그것은 엄숙한 종교적 경건함과 생동하는 예술 형식으로 고대 사회 생활의 견모와 도덕 관계를 기술했고 종교 활동의 규칙과 도덕계율, 잠언들을 비롯한 종교 이론과 도덕사상을 선양하고 있다. 따라서 문학의 시각에서 보면 그것은 풍부한 내용의 문학작품이며, 윤리의 시각에서 보면 종교 교의 형식으로 나타난 사회의 도덕규범 체계라고 해석할 수 있다. 따라서 『성경』은 설령 역사와 문학이라고는 하나, 그 진정한 가치는 도덕 교훈에 있다.

기독교 경전으로서 『성경』은 그 자신이 형성되는 과정에서 서양의 천여 년이 넘은 도덕 생활에 영향을 미쳤고, 또한 그 형성 이후에는 중세 서양의 도덕관과 윤리 사상의 발전을 지배하기도 했다. 따라서 중세 기독교의 『성경』을 기초로 수립된 문학과 예술비평의 원칙은 그 기본적인 핵심이 바로 종교의 도덕가치관으로서 서양 문단을 천여 년 동안이나 통치해왔다. 중세에 있어 문학비평의 원칙은 고대 그리스 로마와 마찬가지로 도덕 기준을 원칙으로 했다. 그러나 단지 고대 그리스 로마가 인간과 사회의 전제 아래 선악, 정의 등의 윤리와 도덕 사상을 기초로 하지만, 중세는 종교의 전제 하에서 선악과 정의 등을 기초로 삼았다는 점이 다를 뿐이다. 바로 종교와 도덕의 이런 요구에 따라 중세에는 '성경문학'과 '성도(聖徒)문학'을 주류로 하는 종교문학이 등장했다. 종교적 의미에서 보면 종교 도덕은 문학창작의 지도사상일 뿐만 아니라 문학비평의 기준이기도 하다. 중세의 종교문학이 주류 문학이 될 수 있었던 근본

원인은 중세 문학의 종교 도덕비평에 있었다.

종교문학은 교회문학이기도 하다. 그것은 기독교의 수사들이 쓴 문학작품을 가리키며 일반적으로는 그리스어 또는 라틴어로 쓰여졌다. 교회문학의 형식은 주로 알레고리와 상징적 수법으로 몽환적인 이야기를 그리고 있으며 그 체재는 성경 이야기, 전기, 기도문, 찬양시, 종교 서사시, 종교극 등을 포괄한다. 교회문학의 종지는 기독교의 교의를 선전하고 교회의 통치에 복무하기 위함이다.

영국 교회문학의 주요 체재는 교회 시이다. 캐드먼은 영국 교회시를 대표하는 최초의 인물이다. 그는 앵글로 색슨어를 사용하여 성경 이야기를 압운과 두운이 있는 시로 바꾸었다. 8세기 말에서 9세기 초의 시인인 키네울프는 시의 형식으로 성도들의 전기 이야기를 써서 '성도전'을 남겼다. 그 주제는 일관되게 종교적 내용이었지만 시인 자신이 느낀 현실 생활의 내용들도 들어 있다. 키네울프는 시의 예술성을 더하기 위하여 기독교 성도와 순교자들의 생애 이야기에 흥미로운 이야기를 덧붙였고, 후대의 모방자들에게 영향을 미쳤다. 프랑스 최초의 교회문학은 찬양가인 「성녀 욀랄리의 노래」인데, 이 시는 25행으로 이뤄진 단시로서 9세기 말 아망수도원에서 만들어졌으며, 고대 프랑스어 최초의 문헌 가운데 하나다. 대표적인 성도들의 전기는 10세기에 나타난 레제 주교가 순교를 당한 이야기를 그린 「성도 레제행전」(La vie de Saint Leger)과 예수의 이야기를 그린 「수난곡」, 11세기 중엽의 「성도 니콜라행전」 등이 있다. 그러나 프랑스의 종교문학은 주로 서사시와 연극의 두 부류로 나뉜다. 서사시는 성경과 복음 이야기, 성도들의 행전과 기적 이야기 등인데, 가장 뛰어난 대표작은 「아담의 극에 달한 죄행」이다. 성도 행전은 주로 기독교의 주요한 '영웅 인물'을 그리고 있으며 이를 통해 본받을만한 '모범'을 제시하고 있다. 그 주요작품으로는 메로빙거 왕조와 카롤링거 왕조의 자민족 성도들의 순교 이야기를 그린 「성도 레제행전」과 「성녀 레오카디 행전」이 있으며 동·서양 민족 수사의 고행을 그린 「성도 알렉시스행전」 및 오랜 순례를 통해 참배를 하고 속세를 떠나 이상향을 찾는 켈트족 성도의 이야기 등이 있다. 이탈리아와 독일에도 중요한 교회문학작품들이 있다. 예컨대 이탈리아 시인 야코보니(Iacoboni)는 성모와 예수의 결별의 고통을 노래한 시 「성모의 고통」을 속어로 썼으며, 십자가에 못 박힌 예수 옆에 있던 성모의 슬픔을 그린 「성모의 슬픔」을 라틴어로 썼다. 독일 수녀 로즈비타가 창작한 짧은 연극은 기독교 신도들의 굳센 신앙을 묘사하고 여성의 동정을 찬양하며 신도들의 내면의 참회를 그리고 있다.

중세 종교 도덕의 영향으로 또한 또 다른 종류의 봉건사회 이데올로기를 주로 하는 문학이 나타나기도 했다. 이러한 문학형식과 그 발전은 중세의 정치 경제의 발전과 긴밀한 연관이 있었다. 중세의 경제적 기초는 토지의 계급 점유제였는데 이와 어울리는 도덕관은 봉건적 차별관이었다. 문학에 있어서도 이러한 봉건 도덕관을 반영한 세속 문학이 나타났다. 중세의 영웅 서사시 「롤랑의 노래」, 「니벨룽겐의 노래」에는 봉건 도덕의 요소들이 들어 있으며 그러한 관념을 가장 잘 표현한 장르는 역시 중세의 기사문학이었다.

기사문학은 봉건 도덕관의 체현으로서 구체적으로 기사의 도덕관으로 나타났다. 기사의 도덕관은 기사의 신조 즉 군주에 대한 충성과 종교의 수호,

의리의 수행 등으로 집중됐다. 기사의 도덕은 주로 그들이 기사의 신조를 준수함으로써 드러났는데, 따라서 그들은 '영예'를 자신의 생명보다 더욱 중요하게 생각했다. 기사들은 또한 자신의 여주인에게 충성을 다했는데, 봉건 영주와 "마음으로 사랑하는 귀부인"을 위해 모험을 감행하여 공을 세움으로써 최대의 영예를 쟁취할 수 있었다. 이러한 점에서 기사의 도덕관에는 봉건 도덕의 요소가 포함돼 있다고 할 수 있다.

어떤 의미에서 기사문학, 특히 도시문학은 이미 종교 도덕을 향한 도전의 시작이었다. 그러나 중세의 신학을 핵심으로 하는 종교 도덕을 향해 비판을 펼침으로써 가장 큰 영향을 미쳤던 이는 이탈라이아의 시인 단테였다. 엥겔스는 그를 가리켜 "중세 최후의 시인이자 새 시대 최초의 시인"이라고 부른 바 있다. 이름 난 시인으로서 단테 역시 문학의 도덕가치를 중요하게 여겼다. 그는 논문 「향연」에서 작품 분석의 네 가지 의미를 말했는데 그 가운데 두 가지는 윤리와 도덕의 시각에서 설명하고 있다. 그는 글에서 이렇게 말한다. "세 번째 의미는 도덕적 의의라고 불러도 무방하다. 그것은 자신과 자신의 학생이 교훈을 얻기 쉽도록 독자가 반드시 작품에서 세심하게 의미를 탐구해야 하는 것이다."[25] 단테는 네 번째 의미를 두고 "오묘한 의미이자 의미를 초월하는, 혹은 정신적으로 설명을 해야 하는 의미"라고 말한다. 따라서 단테는 도덕의 입장에서 선과 미의 관계를 분석하고 "선은 작품의 사상에 있고, 미는 작품의 문사와 수식에 있다"고 보아 선에 더욱 관심을 가졌다. 단테는 「속담을 논함」에

25 但丁, 「饗宴」, 『歐美古典作家論現實主義和浪漫主義一』, 中國社會科學院外國文學研究所外國文學研究資料叢刊編輯委員會編, 中國社會科學出版社, 1980, 90쪽.

서 인간의 세 가지 능력을 논의하면서 안전과 사랑, 미덕을 말하고 있는데, 이 또한 도덕의 시각에서 문학을 다룬 것이다. 또한 단테의 창작은 서정시이거나 장시로서 모두 도덕가치와 도덕 목적의 추구를 잘 드러내고 있다.

중세 종교 윤리의 핵심은 금욕주의였으며, 그것은 인간들에게 정욕과 재화, 육체적 욕망을 버리고 내세의 행복을 추구하도록 요구했다. 따라서 엥겔스는 "이른바 기독교의 도덕이란 단지 금욕일 뿐"이라고 지적했다. 중세 기독교가 선양한 인간 본성에 위배된 윤리도덕은 중세 말에 이르러 이미 더욱 많은 이들의 반대에 직면했다. 이탈리아의 시인 단테는 우선 문학에 있어서 종교와 도덕에 대한 비판을 수행했다. 그는 자신의 불후의 시편 『신곡』의 「지옥편」에서도 교황 니콜라오3세가 지옥에서 형벌을 받고 있는 모습을 그리면서 "여기서 마음 편히 계시오. 그대의 형벌은 마땅한 것이니"라며 풍자하거나 "그대의 욕심 때문에 세계는 더욱 비참해졌고 선량은 땅에 떨어져 밟히고 흉악은 머리 위로 받들어졌고"라고 꾸짖었다. 단테의 시는 문학적으로 중세의 종교와 도덕에 비판하는 깃발을 내세움으로써 문예부흥운동의 서막을 열었다.

6. 문예부흥부터 18세기까지의 문학비평

문예부흥 초기 유럽에는 일군의 인문주의 사상가들이 나타나 영향력 있는 사상서들을 발표했다. 예컨대 이탈리아 시인 단테의 정치 전문서 『제왕론』과 시작 『신곡』, 로렌초 발라(1460~57)의 윤리학 저서 『진정한 선』, 『자유의지에 관한 대화』, 『쾌락에 관하여』, 철학자 피코(1463~1494)의 『인간의 존엄성에 관한 연설』, 폼포나치(1462~1524)의 『영혼의 불사에 관하여』, 네덜란드의 사상가 에라스무스(1466~1536)의 『우신예찬』 등은 문예부흥운동의 흥기와 더불어 사상과 이론적 기초를 다지면서 윤리학적 의미에서는 문학예술이 중세의 신학 통치를 깨뜨릴 수 있는 근거를 제공했다.

문예부흥운동의 주도 사상은 인문주의로서 그것은 신흥 부르주아가 수립한 새로운 도덕 원칙과 사회 이상이다. 고대 그리스 로마 문화의 부흥이라는 기치 아래 부르주아는 '인성'으로써 '신성'을 부정하고 '이성'으로 '계시'를 대신했으며 '인권'으로 '신권'에 대항했다. 그들은 개성 해방과 사상의 자유를 제창했으며 금욕주의와 내세 사상에 반대했다. 또한 현세 삶의 행복을 예찬하고 오랫동안 이어져 온 중세 사상계의 종교와 신학 윤리도덕관에 대하여 도전했다. 프란시스 베이컨은 문예부흥 시기 뛰어난 인물 가운데 하나다. 그는 문학가이자 사상가로서 봉건 전제와 교회의 통치에 반대함은 물론 사상 문화 측면에서도 스콜라 철학과 신학을 적극적으로 비판했다. 그의 『수상록』은 비록 체계적인 윤리학 저작은 아니지만 여러 측면에서 도덕적 사고를 전개함으로써 상류 사회의 '도덕 교과서'라 불린다.

문예부흥 시기 신흥 부르주아는 인문주의 사상을 핵심으로 하는 윤리도덕관을 선전했는데 그러한 움직임은 두 측면에 집중돼 있었다. 하나는 봉건 예교와 기독교 도덕의 허구성을 폭로하고 금용주의 도덕의 우매함과 잔인함을 공격하는 측면이었고, 다른 하나는 현실 생활의 아름다움을 예찬하고 행복을 추구하는 인간의 권리를 긍정하는 측면이었다. 후자의 경우는 주로 아름다운 애정과 결혼으로 표현됐다. 따라서 문예부흥 시기에는 수많은 윤리 사상의 위인들과 문학의 위인들이 나타났다. 이탈리아의 윤리학자 니콜로 마키아

벨리, 영국의 작가 토마스 모어, 이탈리아의 공상사회주의자 토마스 캄파넬라 등이 그들이다.

문예부흥 시기의 윤리 사상은 문학에 깊은 영향을 미쳤을 뿐 아니라 문학과 일체를 형성하기도 했다. 위에서 말한 마키아벨리, 모어, 캄파넬라 등은 사상가이면서 작가이기도 했기에 문학작품으로 그들의 윤리 사상을 표현했다. 전문 문학가들은 더더욱 자신의 창작으로 중요한 사회 윤리 주제를 표현했다. 이탈리아의 보카치오, 페트라르카, 영국의 초서, 셰익스피어, 존 버니언, 프랑스의 라블레, 스페인의 세르반테스 등이 그들이다. 이들 위대한 문학가들의 창작사상은 그들이 묘사한 도덕 주제에 묘사되어 있다. 보카치오는 교회의 허구적 도덕을 폭로했고, 셰익스피어는 시를 통해 진선미의 이상을 노래했으며, 라블레는 종교 도덕을 비판했다.

역사 발전의 시각으로 보면 문예부흥 시기 인문주의 윤리사상은 유럽의 윤리학 사상이 중세에서 근대로 발전하는 중요한 분기점을 구성한다. 이는 문학적 의의에서는 인성을 압살하던 중세의 종교문학이 소멸되고 그 대신 삶의 즐거움을 노래하는 인문주의 문학이 등장했다고 할 수 있다. 인문주의자의 행복관은 페트라르카가 제기한 명제에 집중적으로 표현돼 있다. 그는 "나는 평범한 사람이라, 단지 평범한 사람의 행복만을 필요로 한다"[26]고 말했다. 따라서 인문주의 문학의 도덕 주제는 바로 세속적 인간의 보통 생활을 표현하고 노래하는 것이다. 보카치오나 초서 등은 종교의 허위에 대해 도덕비판을 가했

---

26 『從文藝復興到十九世紀資産階級文學藝術家有關人道主義人性論言論選輯』, 北京大學西語系資料組編, 商務印書館, 1971, 11쪽.

고 셰익스피어는 아름다운 사랑을 노래했다. 이들은 모두 독자와 관객에게 뜨거운 환대를 받았다. 이러한 문학작품들은 단지 인문주의 도덕관에서 보면 당시 도덕 기준에 완전히 부합할 뿐 아니라 사람들에게 문학에서 어떠한 도덕관을 받아들여야 하는지를 인식할 수 있게 해 주었다. 따라서 비평의 시각에서 보면 종교문학과 다른 인문주의 문학은 시대의 도덕적 고통을 겪었을 뿐 아니라 당시 가장 영향력 있는 매체 형식으로써 인문주의 도덕을 선전했다. 따라서 윤리학의 발전에서 보면 문예부흥 시기 문학은 이전의 어떠한 시대의 문학보다도 더욱 긴밀하게 윤리학과 결합됐다.

문예부흥 시기 인문주의 문학은 종교문학과는 상대적인 세속문학에 속해 있었으며, 그들은 종교개혁 운동의 추동에 따라 급속히 확대, 발전됐다. 인문주의 도덕을 핵심으로 하는 세속문학으로서, 인문주의 문학은 신흥 부르주아의 윤리사상에 부합했을 뿐 아니라 이를 통해 새로운 인간 본위 윤리관의 보편적 인정을 받게 됐으며 문학을 평가하는 도덕 기준으로 자리 잡게 됐다. 즉 문예부흥 이후 문학을 평가하는 기준은 기본적으로 인문주의 도덕의 기초를 통해 형성됐던 것이다.

서양에서 문예부흥 시기부터 시작된 근대문학은 기본적으로 도덕 주제의 표현을 주된 특징으로 삼았다. 문학에 묘사된 일련의 충돌은 종종 도덕적 측면에서 일어났고, 이러한 충돌의 해결 과정은 당시 사회의 도덕가치관을 보여주었다. 당시 문학에 대한 평가는 상대적으로 말하면 단순한 편이었기 때문에, 도덕 기준은 문학을 평가하는 가장 중요한 기준이었다.

문예부흥 시기 부르주아는 봉건제도의 개인 속박을 타파하면서 개인과 사회, 자아와 타인의 관계에 새로운 조정을 불러왔다. 개성 해방 사상의 기치 아래 인간의 개성은 더욱 큰 발전을 이루었으며 문학에는 개성이 풍부한 인물이 도덕적으로 긍정되고 모범이 됐다. 예컨대 셰익스피어의 로미오와 줄리엣은 전통 도덕규범에 용감히 도전한 영웅들이었을 뿐 아니라 부르주아의 도덕적 전형으로 여겨졌다. 이러한 인물들은 현실의 사람들이 배우고 따라야 할 도덕 모범이 됐고 현실 사회의 사람들이 도덕평가를 수행하는 모델이 됐다.

한편 생산력의 발전과 과학의 융성은 사회 구조의 변화를 가져왔으며, 경제적 이익과 도의의 원칙 관계 문제도 신흥 부르주아가 직면한 중요한 도덕 문제가 됐다. 바로 이러한 전제 하에 근대 윤리학은 인성의 구조와 본질에 대한 분석에서 인생철학의 명제를 끌어냈을 뿐만 아니라 개인과 사회, 개인과 타인의 관계 문제와 공리와 도의의 관계 문제를 결합하기 위해 노력함으로써 부르주아가 추구한 인생의 목적과 가치 등의 문제에 대답하고자 했다. 따라서 문예부흥 이래로 감성주의, 감정주의, 이성주의의 특징을 지니고 있던 부르주아의 근대윤리 문화는 상호 모순되고 교차되며 보충되고 영향을 미치는 과정에서 유럽문학의 발전을 이끌었다.

문예부흥 시기 인문주의 도덕관은 기본적으로 감성주의적이었다. 페트라르카의 명언, 즉 "나는 평범한 사람이라, 단지 평범한 사람의 행복만을 필요로 한다"는 말은 그 특징을 가장 잘 드러내고 있다. 인문주의 사상가와 문학가는 행복이 무엇보다 감각되어야 한다고 생각하기 때문에, 이는 곧 행복을 천상에서 지상으로 옮겨와야 하는 까닭이 된다. 그들은 감성적인 행복의 즐거움이라는 사상을 펼침으로써 기독교 금욕주의에 대한 비판을 전개했다. 셰익스피어의 희곡과 시, 세르반테스와 라블레의 소설은 모두 감성주의적 행복을 노래했다.

감성주의 윤리관은 토마스 홉스의 사상을 통해 진일보했다. 홉스는 감관 욕망을 선악으로 정의하고 의지와 행위의 원인을 해석했으며 행복의 내용을 규정함으로써 중세 윤리 사상에서 근대 윤리 사상으로의 진정한 변화를 완성했다.

17세기 유럽 윤리사상사에는 감성주의와 대립된 이성주의 철학이 급속히 발전하여 데카르트, 스피노자, 라이프니치 등의 중요한 철학자가 등장했다. 윤리학적 측면에서 그 중 가장 중요한 대표적 인물은 도덕의 성인이라 불리는 스피노자이다. 스피노자는 윤리학의 출발점에서는 홉스와 비슷했다. 그는 자연주의 방법으로 인성 문제를 살펴보고 자신을 보호하고자 하는 욕망으로부터 이기주의 인성론의 관점을 총괄했다. 그러나 스피노자가 홉스와 달랐던 점은 이성적 이기주의 사상을 제기했다는 사실이다. 그는 최고의 행복은 정신적 만족이라 여겼으며 이성적 인식 혹은 지성의 완성에 있다고 보았다. 바로 이성으로부터 이타를 실천할 때에만 이기(利己)도 가능하다고 본 것이다. 데카르트 또한 이성주의의 대표적 인물이다. "나는 생각한다. 고로 존재한다"는 그의 철학적 명제는 지금까지도 영향을 미치고 있다. 그의 「정념론」과 「인간론」은 심리학 저서이자 윤리학 저작으로서 이성주의의 전파에 중요한 영향을 미쳤다. 영국에서는 홉스가 도덕의 기원을 인간의 감관으로 귀결하는 윤리 사상이 등장하여 17세기 이성주의 입장에 서 있던 케임브리지학파의 비판에 직면했다. 당시 케임브리지대학의 플라톤주의를 대표하는 주요 인물은 커드워스(1617~1688)와 헨리 모어 등이었는데 이들은 홉스의 관점을 비판하며 도덕의 기원은 이성에 있다고 강조했다. 커드워스는 도덕은 인간의 감관이 장악할 수 없으며, 인간은 단지 자신의 이지와 자성, 즉 이성에 의해서만 신을 이해할 수 있고, 자신의 이성에 근거해서만 창조된 세상 만물과 그 질서, 법칙, 선 등의 원칙을 인식할 수 있다고 보았다. 모어도 역시 이성만이 도덕의 빛을 보여줄 수 있으며 감성의 정욕은 단지 이성의 원칙을 몽매하게 하는 기능을 할 뿐이라고 보았다. 이성주의 철학의 영향에 따라 문학도 이성과 감성, 책임과 애정의 갈등과 충돌을 묘사하는 데로 방향을 틀었다. 프랑스 작가 코르네유와 라신, 몰리에르 등은 작품에서 정욕이 들끓고 도덕이 타락한 궁정과 상류 사회를 거세게 비판하면서 이성의 위대함과 아름다움을 열렬히 노래했다. 이성은 모든 문제를 해결하는 만능 열쇠였다. 마치 코르네유가 『르 시드』나 『오라스』 같은 작품에서 다른 방법으로는 해결할 수 없는 충돌을 모두 이성을 통해 해결하고 있듯이 말이다. 영국 시인 존 밀턴이나 존 드라이든도 자신들의 작품을 통해 마찬가지로 이성을 긍정하고 칭송했다.

문예부흥 이래 이성주의 윤리사상의 발전은 중세기 종교 신앙의 통치가 부정된 뒤 필연적으로 나타난 경향이었으며 또한 근대 과학사상 발전의 결과였다. 이성주의는 18세기에 발전을 계속했고 그 대표적인 인물은 독일 고전 철학의 창시자인 칸트였다. 그는 인간이 감성적인 욕망의 동물이지만 인간과 동물을 구별하는 기준은 감성적 욕망이 아니라 인간이 가지고 있는 이성이라고 보았다. 인간의 의지는 자유의지이며 의지의 본질은 이성적이기도 하다. 칸트에게 있어서 이성은 자신의 윤리학의 기초였으며 그 기초 위에서 도덕의 근거와 가치 기준이 주체 외부로부터 주체 내부로 전이되고, 감성의 측면에서 이성의 측면으로 전이되며, 과거 도덕의 타율이 도덕의 자율로 변하게 되는 것이었다. 칸트 윤리학 체계의 이성주의 원칙은 선악의 확정이 도덕 법칙보다 앞서는 것이 아니라 도덕 법칙 뒤에 올 수 있을 뿐이며, 아울러 도덕 법칙을 빌려 확정할 수 있다는 것이다. 따라서 그는 행위의 선악을 결정하는 것은 효과가 아니라 동기라고 보았다. 칸트는 서양의 주류 도덕이론, 즉 도의론(道義論)을 대표한다. 이러한 윤리학 이론은 서양 윤리과학 뿐 아니라 정치 및 문화에도 중요한 영향을 미쳤고 인물들을 토론, 분석, 평가하는데 관심을 갖게 됨으로써, 18세기 이후 문학의 한 특징을 형성하기도 했다. 예컨대 18세기 프랑스 계몽작가의 소설이나 영국 작가 헨리 필딩의 작품과 같은 감상주의 문학 등이 그것이다.

근대 서양 윤리문화사에서 감정주의의 인본 전통은 샤프츠베리(1617~1713)에게서 시작됐다. '인성 감상가'로 불린 샤프츠베리와 감성주의 윤리관을 고수한 토마스 홉스는 이성주의 윤리관을 고수한 이들과는 달리 도덕 감정은 인성의 자연스런 감정이며 도덕가치와 삶의 가치의 기초라고 보았다. 샤프츠베리는 나중에 프랜시스 허치슨과 데이비드 흄과 함께 감정주의 인본 도덕전통을 세운 주요 인물로 여겨지고 있다.

흄은 영국 감정주의를 대표한다. 그는 도덕가치의 시각에서 자신의 감정주의 도덕 학설을 수립하고 감정을 도덕 선악의 기준으로 삼았다. 흄은 도덕에 있어 사람들의 행위 또는 원칙의 선악을 판단하고 구별하는 것은 이성이 아니라 감정이라고 보았다. 그는 "도덕은 사람에 의해 느껴지는 것이지 판단되는 것이 아니다"[27]고 말했다. 그는 또 "덕의 본질은 즐거움을 만들어내는데 있으며 악의 본질은 사람에게 고통을 주는 데 있다"[28]고도 했다. 이로 보건대 흄이 도덕의 선악을 구분하는 근거는 사람들의 감정이 유쾌한가, 불쾌한가 하는 원칙이었다. 프랑스에서 감정주의를 대표하는 이는 루소였다. 인성 문제에 있어 루소는 감정이 인성의 기초라고 보았으며 자애(自愛)와 동정은 인성의 내용이고, 인성의 본질은 악이 아닌 선이라고 보았다. 루소는 "우리의 영혼 깊은 곳에는 바로 정의와 도덕의 원칙이 있다"[29]고 했으며 그 원칙을 '양심'이라 불렀다. 루소는 이러한 기초 위에서 한 걸음 더 나아가 양심의 심리 기제는 이지가 아니라 감정이며 양심의 이론적 기초 위에서 자신의 감정주의 도덕관을 이끌어냈다.

감정주의 도덕관은 18세기 유럽문학에 폭넓고도 깊은 영향을 미쳐서 강렬한 도덕 색채를 지닌 감상주의 문학의 탄생을 가져왔다. 영국에서는 사무엘 리처드슨의 가정을 주제로 한 권선징악 소설이 감상주의 문학의 선도였다. 그를 시작으로 18세기 후반 영국문학은 도덕과 감정이라는 두 가지 주요한 특징을 강조하여 나타냈다. 18세기 영국 계몽주의 문학의 발전은 크게 세 단계를 거쳤다. 첫 번째와 두 번째 단계는 계몽주의 작가가 이성의 절대적인 힘을 믿었던 단계로 이성을 도덕 형성의 기초로 간주했다. 이 점으로 보아 계몽주의 작가의 창작은 도덕경향으로 보면 이성주의적인 것이라 할 수 있다. 그러

27 休謨, 關文運譯, 『人性論』, 商務印書館, 1980, 510쪽.
28 休謨, 關文運譯, 위의 책, 331쪽.
29 盧梭, 李平漚譯, 『愛彌爾』, 商務印書館, 1996, 414쪽.

나 세 번째 단계는 이성과 감정이라는 두 가지 측면에 대한 사람들의 인식이 더욱 확대되면서 이성과 감정의 두 측면 가운데서도 인간의 감정을 중요시하게 됐으며, 감정을 인간 생활의 큰 역할로 중시했다. 계몽주의 작가는 이성이 삶의 과정에서 결정적인 힘을 갖는다는 점을 부정하고 감정이야말로 가장 중요하다고 보았다. 이로 인해 전기 계몽주의 문학의 유리주의(唯理主義)는 감정주의로 들어서게 됐다. 따라서 영국의 감상주의 작가는 사상적으로나 예술적으로 모두 독자의 감정을 흔들어 도덕 설교를 하려는 데 목적을 두고 있었다. 감상주의 문학의 성취는 주로 소설과 시의 두 측면에서 나타났다. 사무엘 리처드슨, 올리버 골드스미스, 로렌스 스턴 등이 그 대표다. 리처드슨과 골드스미스의 소설은 감정과 도덕 판단을 긴밀하게 결합하여 매우 강한 민감성을 표현하고 있다. 예컨대 리처드슨의 『클라리사 할로』와 『파멜라』는 미덕을 긍정하고 악습을 꾸짖는 일을 함께 묶어 선량하고 아름다운 사물이 인간을 즐겁고 감동케 하며 불행하고 우둔한 사물이 인간의 마음을 상하게 하거나 고통스럽게 하기 때문에 독자의 감정을 흔들어놓기에 쉽다는 것이다. 또한 스턴도 인물의 내면 깊은 곳까지 파고들어 모든 감정을 묘사해냄으로써 도덕경향의 복잡한 특성을 표현했다. 감정주의 도덕관의 영향으로 프랑스 작가 루소는 소설 『에밀』과 『친애하는 루이스』를 썼고, 독일 시인 괴테는 『젊은 베르테르의 슬픔』을 썼으며, 러시아 시인 푸시킨은 장시 『예브게니 오네긴』을 썼다. 사실주의를 기본 특징으로 삼았던 작가 필딩 등도 그 작품은 강렬한 도덕경향을 보여주고 있다.

7. 19세기 이래 문학비평

19세기 서양문학의 발전은 한 측면에서는 유럽의 전통 윤리사상의 영향을 계속 받았고, 다른 측면에서는 유럽 윤리사상의 발전과 변화가 서양문학의 발전에 깊이 영향을 미치기도 했다. 19세기 도덕 원칙 문제에 관한 논쟁은 완전히 대립되는 두 가지 윤리체계를 형성했다. 그 양대 체계가 바로 도의론과 공리주의이다. 도의론은 18세기 칸트를 대표로 하는 주류 도덕이론으로 실질적인 측면에서 보면 그 특징은 원칙을 중시하되 공리는 중시하지 않으며, 동기를 중시하되 효과는 중시하지 않는다는 것이었다. 이는 19세기에 형성된 공리주의와는 완전히 상반되는 특징이었다.

19세기 공리주의 윤리사상은 제레미 벤담과 존 스튜어트 밀이 대표적이다. 벤담은 프랑스 쾌락주의 윤리사상의 영향 하에서 고통을 피하고 즐거움을 추구해야 한다는 논증으로 자신의 공리주의 원리를 논증했다. 그는 고통과 즐거움이라는 감각을 도덕 판단의 기준으로 보고 즐거움은 선이며 고통은 악이라고 여겼다. 따라서 만일 어떤 행위가 즐거움을 가져온다면 이는 곧 도덕적이며 선한 행위이다. 고통 없이 즐거움만 있다면 곧 가장 큰 행복이다. 이에 벤담은 "공리주의 원칙은 우리가 어떠한 행위에 대해서라도 찬성 혹은 반대할 때 그 행위가 당사자의 행복을 더해주느냐 감소시키느냐 하는 점을 보아야 한다"[30]고 말했다. 행위의 공리는 계산할 수 있는 것이다. 벤담이 보기에 선한 행위 원칙은 곧 그 행위가 다수의 사람에게 최대 행복을 가져다 줄 수 있는가 하

30 『從文藝復興到十九世紀資産階級哲學家政治思想家有關人道主義人性論言論選輯』, 582쪽.

는 문제였다. 즉 "최대 다수의 최대 행복"은 도덕가치판단의 최고 원칙이었다. 이로 보건대 벤담은 행위의 결과로 도덕평가를 수행했으며, 그는 행위의 선악에 대한 평가가 행위의 동기에 근거하지 말고 행위의 효과에 근거해야 한다고 여겼다. 이와 같이 벤담은 최대 행복의 원칙과 효과론을 기초로 자신이 공리주의 윤리체계를 수립했다.

밀은 벤담의 공리적 원리를 계승하여 공식적으로 '공리주의'(Utilitarianism)라는 용어로 자신의 윤리학을 개괄했다. 그는 벤담의 최대 행복 원칙을 따르면서 『공리주의』라는 책에서 공리주의 윤리학설을 체계적이고 종합적으로 설명했다. 밀의 공리주의 윤리학설은 개인이 즐거움과 행복을 주장함과 동시에 "최대 다수의 최대 행복", 그리고 다른 사람을 위해 개인의 행복을 희생해야 함을 강조했다. 밀은 "최대 다수의 최대 행복"을 개개인의 도덕 행위 준칙으로 봤고 자신의 행복을 희생하여 고상한 도덕을 성취하는 것을 최고의 행복이라고 보았다. 밀과 벤담이 다른 점은, 밀의 윤리학설에는 이타주의적 요소가 포함됐다는 사실이다. 밀은 최대 행복 원칙을 도덕 원칙으로 보았을 뿐 아니라 행위의 효과로 사람들의 행위와 인품을 평가하고, 행위의 효과를 도덕평가의 기초로 여겨야 한다는 입장을 지켜나갔다. 따라서 밀은 효과유일론자라고 할 수 있다.

19세기 영국의 공리주의는 도덕 이론이었을 뿐 아니라 사회 사조로도 발전했다. 사회의 정치, 경제, 문화에 중요한 영향을 미쳤는데, 특히 19세기 후반 문학에도 영향을 미쳤다. 예컨대 토마스 하디의 소설 『에델베르타의 손』에서 벤담과 밀의 공리주의를 원용하여 주인공의 결혼 문제를 처리하고 있다. 19세기 윤리 사상 가운데 영국의 공리학파와 칸트의 도의론 간의 논쟁은 헤겔의 윤리학에 이르러 새로운 발전을 맞이하게 된다. 자신의 행위 선택에 있어 행복에 근거를 두느냐 그렇지 않으면 도덕 의무에 근거를 두느냐 하는 문제에 있어 헤겔은 공리론과 도의론의 합리적인 내용을 비판적으로 받아들이고 두 관점의 장점을 취하여 통일된 학설을 내놓았다. 도덕평가의 문제에 있어서 헤겔은 효과 유일론과 동기 유일론을 조화하여 효과와 동기의 통일을 주장했다. 헤겔을 대표로 하여 독일 고전 철학 기초 위에서 수립된 윤리학은 나중에 포이어바흐에 이르러 폐기된 뒤 점차 유심주의를 벗어나 인본주의로 나아갔고 결국에는 유물주의로 전향했다.

문학에 대한 19세기 윤리사상의 영향은 매우 넓고도 깊었다. 그 주된 특징은 윤리도덕 사상과 문학 주제의 융합이었다. 19세기 많은 작가들은 가능한 한 당시 사회에 존재했던 여러 가지 도덕 문제와 시대의 도덕 주제를 묘사하고 표현하고자 했다. 아울러 사회와 개인의 도덕 행위를 평가하고, 이로써 자신의 도덕 이상을 제기하고자 했다. 19세기 문학이 도덕 문제에 관심을 갖고 도덕 주제를 표현했던 경향은 그 시대 문학의 전체적인 특징이었다. 예컨대 발자크는 『인간희극』에서 도덕의 시각으로 귀족과 부르주아를 풍자하고 비판했으며, 디킨스는 소설을 통해 인도주의의 기초 위어서 도덕 이상을 칭송했고, 입센은 희곡에서 '자아주의'와 정신적 유토피아와 도덕을 실현하는 자아 완성이라는 입센주의를 선양했으며, 투르게네프는 소설에서 사회와 도덕 준칙 일체를 무시하는 허무주의를 드러냈고, 톨스토이는 소설에서 폭력으로 악에 저항해서는 안 된다는 톨스토이주의를 나타냈다. 이 작가들은 창작을 통해 작품 주제의 도덕경향을 드러내지 않은 경우가 없었다. 즉 그들의 작품들은 모두 도덕 주제를 통해 불후의 사상적 · 예술적 가치를 얻게 됐다.

20세기에 들어선 뒤 서양의 윤리학은 19세기 이전에 비해 크게 변화했다. 세계적인 경제 위기와 두 차례에 걸친 세계대전이 초래한 재앙과도 같은 결과들은 서양 전통 가치관의 붕괴를 가져왔다. 니체는 "일체의 가치를 다시 평가해야 한다"는 구호를 통해 서양 근대 도덕철학에 대해 보편적인 회의와 비판을 수행했고, 자본주의의 정신적 위기가 등장했다. 바로 이와 같은 전제하에서 서양의 현대 윤리학자들, 즉 밀, 듀이, 루소, 비트겐슈타인, 후설, 셸러, 사르트르, 프로이트 등은 모두 각자 서로 다른 시각에서 전통 윤리학에 대한 비판을 펼쳐나갔다.

20세기 도덕철학 가운데 사르트르의 실존주의는 가장 대표적이다. 사르트르에게 있어서 실존주의는 도척 철학의 일종이며 그 많은 내용들은 윤리학 범주에 속한다. 그는 『존재와 무』에서 이렇게 지적한다.

> 존재의 정신분석법은 도덕 묘사의 일종이다. 왜냐하면 그것은 인간의 다양한 계획의 윤리학적 의미를 우리에게 제공하기 때문이다. 그것이 우리에게 인간의 모든 태도의 이상적 의미를 보여주었고, 또한 우리에게 반드시 이익의 관점에서 착안한 심리학을 버려야 하며, 인간 행위에 대한 모든 공리주의적 해석을 버려야 한다고 지적하고 있기 때문이다. 이러한 의미들은 이기주의와 이타주의 밖에 있는 것이며 이른바 공정한 행위 밖에 있는 것이다.[31]

31 薩特, 陳宣良等譯, 『存在與虛無』, 生活·讀書·新知三聯書店, 1987, 796쪽.

이는 바로 사르트르 윤리학과 철학, 문학예술이 결합하여 사르트르의 문학창작이 그 자신이 수립한 실존주의 철학에 기초한 윤리학 색채를 덧입혔음을 보여주고 있다. 사르트르 창작의 윤리학적 경향은 예컨대 프랑스의 카뮈나 외젠 이오네스코, 사무엘 베케트, 영국의 엘리엇, 예이츠, 제임스 조이스, 미국의 포크너, 오닐, 오스트리아의 카프라 등 20세기 다른 문학가에게서도 모두 동일하게 나타났다. 즉 20세기 정치, 경제, 사회, 문화의 기초에서 형성된 현대 윤리학 사상은 20세기 이래 문학예술에도 여전히 충분히 구현되고 있었던 것이다.

20세기 도덕의식과 가치관, 사회도덕 상황의 변화는 현대 서양 사회의 과학기술 혁명, 경제 및 정치적 변화가 가져온 결과였다. 사람들은 왕왕 과학혁명이 인류에게 이익을 가져다줌과 동시에 인류의 생활환경과 생존에 위협을 가져오기도 한다는 사실을 발견하곤 한다. 현대 과학기술은 정상적인 인간관계를 파괴함으로써 인류에게 단절과 고독, 냉담, 실망, 고통을 가져옴으로써 정신의 궁핍과 인성의 소외를 초래했고 이로 인해 새로운 도덕가치관이 형성됐다. 따라서 전체적인 특징으로 보면 20세기 서양의 도덕철학은 윤리학의 역사에 있어 회의주의와 허무주의, 흄이 주장한 가치와 사실의 분리 사상을 계승, 발전시켰고 또한 쇼펜하우어와 니체, 키르케고르, 헨리 시즈윅, 베르그송 등의 비이성주의, 유의지론, 직관주의 사상의 영향을 받아 비이성주의, 상대주의, 형식주의, 중립주의적 경향을 나타냈다. 상술한 경향 가운데 비이성주의는 20세기 서양 도덕철학의 주된 특징이다. 비이성주의는 직관, 영감, 의지, 감정 등과 같은 비이성적 심리 활동의 인간 의식 활동에 미치는 의의를 인정하고 그 역할을 과장하고 절대화함으로써 이들을 과학 또는 이성과 대립되는 외재 세계와 내재 세계를 주재하는 정신적 힘으로 보았다. 20세기 이래 도덕철학 가운데 비이성주의 경향은 개인의 존재 또는 자아 의지를 외부세계를 결정하는 힘, 또는 도덕의 근원과 도덕 선택의 근거로 간주하는 방식으로 드러났다.

20세기의 윤리학과 철학의 발전은 20세기 문학의 발전에도 큰 영향을 미쳤다. 윤리학 문제는 20세기 문학에서 충분히 반영됐다. 20세기에 나타난 일련의 중요한 문학 유파와 위대한 작품들은 모두 20세기 윤리학과 연관돼 있다. 예컨대 상징주의 시인 폴 발레리의 『해변의 묘지』, 엘리엇의 『황무지』, 의식의 흐름 소설가인 제임스 조이스의 『젊은 예술가의 초상』과 『율리시스』, 실존주의 문학을 대표하는 사르트르의 소설과 희곡, 부조리파 연극작가인 외젠 이오네스코의 『대머리 여가수』, 베케트의 『고도를 기다리며』 등은 모두 각자의 시각에서 시대의 도덕 사상과 윤리선택을 구현해냈다.

제6장
문학윤리학비평과 도덕비평

1. 고대 그리스의 윤리문학

문학비평의 다원화 시대, 새로운 비평방법이 성행할 때에도 낡은 방법 혹은 전통적인 방법이 이따금 새로운 힘을 발휘하여 중요한 역할을 수행하는 경우도 있다. 문학비평 방법을 원용해온 역사적 흐름을 살펴보면 그것이 결코 신구 교체라는 자연 진화 법칙을 완전히 준수하지는 않았음을 알 수 있다. 새로움과 낡음이 종종 공존했고, 동양과 서양이 융합하면서 서로 참조했을 뿐 아니라, 다원 공존과 학제적 기초 위에서 신진대사를 수행함으로써 궁극적으로는 새로운 비평방법을 촉발시켰다. 이로써 문학비평은 새로운 활력을 얻을 수 있었다. 2004년부터 우리가 제기해 온 문학윤리학비평의 목적은 문학연구방법에 새로운 선택을 제공함으로써 국제 비평 담론에 우리 자신의 목소리를 더하자는 데 있다.

방법론의 시각에서 보면 문학윤리학비평은 윤리학의 방법을 차용하고 수용한 기초 위에서 문학연구 방법론을 융합한 일종의 문학연구에 쓰이는 비평 방법이다. 문학윤리학비평의 방법과 윤리학의 방법은 관계가 있지만 그렇다고 둘이 완전히 같을 수는 없다. 근본적으로 문학윤리학비평은 문학연구와 윤리학연구가 상호 결합한 방법이기 때문에 본질적으로 이는 여전히 문학연구 방법이다. 윤리학은 도덕을 자신의 연구 대상으로 삼는 과학이자 선악의 가치판단을 표현방식으로 삼는다. 따라서 그 특수한 연구대상과 영역을 가지고 있다. 문학윤리학비평의 연구 영역은 허구화된 인간 사회이며, 독서를 통해 얻게 된 심미 판단을 그 특수한 표현 형식으로 삼는다. 윤리학은 인간 사회와 인간관계 안에 놓여 있는 인간과 사건을 연구대상으로 삼으며 현실 사회에서 나타난 윤리관계와 도덕현상을 연구하고 그에 따른 가치판단을 수행한다. 그러나 문학윤리학비평은 언어 예술을 통해 허구화된 사회와 인간을 연구대상으로 삼으며 그 허구 사회의 도덕현상을 연구한다. 문학윤리학비평은 문학사에 있어 다양한 문학이 묘사하는 도덕현상을 역사적 · 변증적으로 해석하고 현실적인 도덕가치관으로 오늘날 문학이 묘사한 도덕현상에 대한 가치판단을 수행한다. 일반적으로 윤리학은 현실사회 영역을 연구하는데 중점이 있으나 문학윤리학비평은 허구화된 사회를 연구할 뿐만 아니라 허구화된 사회와 현실사회의 관계도 연구한다. 윤리학은 논리 판단과 이성적 추리의 방법으로 사회를 연구한다. 그러나 문학윤리학비평은 논리학과 추리의 방법을 원용할 뿐만 아니라 심미 판단이라는 방법으로 문학을 연구한다. 따라서 문학윤리학비평과 윤리학이 사용하는 방법은 그 기본 입장이나 위상, 시야, 연구의 대상과 내용, 더불어 이르고자 하는 목적에 이르기까지 같은 점과 다른 점을 모두 가지고 있다. 바로 이러한 특징 때문에 문학비평이 윤리학의 방법을 차용하고 융합할 수 있는 가능성이 있었다.

문학비평사에 있어서 대다수 상황 하에서 도덕가치판단은 곧 문학비평의 기본 방법이었다. 고대 그리스의 최초의 문학비평에서도 우리는 문학의 도덕가치가 문학작품의 우열을 판단하는 기본적인 기준이었던 경향을 발견할 수 있다. 이는 기본적인 문학적 사실에서 결정되어 왔다. 즉 자고 이래로 수많은 문학작품은 모두 윤리문학에 속해 왔거나 혹은 윤리문제와 관계가 있었다. 문학은 윤리가치를 떠나 존재할 수 없었으므로 문학의 윤리가치판단은 곧 문학을 평가하는 기초가 됐다.

문학윤리학비평의 시각에서 보면 고대 그리스의 문학은 모두 윤리문학의 범주 안에 들어간다. 그리스 최초의 문학인 호메로스 서사시는 넓은 의미에서 윤리문학에 속한다. 신화적인 형식으로 표현된 배경에서 우리는 고대 그리스 최초의 문학작품인 호메로스 서사시의 창작 동력이 윤리 사건, 즉 파리스가 스파르타의 왕비 헬레네를 납치한 사건에서 비롯됐음을 알 수 있다. 파리스가 전함을 이끌고 그리스로 원정을 가는 임무는 여러 해 전에 그리스 사람에게 납치당한 그의 아버지의 누이인 헤시오네를 되찾아오기 위함이었다. 그러나 그는 헬레네를 본 뒤 자신의 책임과 의무, 특사로서의 신분을 완전히 잊어버리고 헬레네를 납치했을 뿐 아니라 스파르타 국왕의 재물도 모두 노략했다. 스파르타에 찾아간 특사로서 파리스의 행위는 민법은 물론 손님으로서의 도리를 심각히 위반한 일이었으며 당시 폭넓게 준수되면서 점차 자리를 잡아가고 있던 윤리질서와 도덕 규칙을 파괴한 일이었다. 바로 이러한 윤리 사건이 호메로스 서사시의 이야기와 평론에 대한 기초를 제공했던 것이다. 『일리아드』의 첫머리에 호메로스는 '분노'를 자신의 이야기의 제목으로 사용함으로써 '분노'가 만들어진 원인과 그 결과를 그려내고 있다. 아킬레우스의 분노는 아가메논이 기존의 도덕 규칙을 지키지 않고 아킬레우스의 전리품을 강제로 빼앗아 나누어 주었기 때문에 시작됐다. '분노'라는 윤리의 줄기를 따라가다 보면 호메로스 시대의 도덕 원칙은 파괴되어 인간 사이의 윤리질서가 균형을 잃음으로써 헛되이 시간만 오래 끄는 전쟁이 일어난 원인에 대한 더욱 깊은 층위의 윤리사유를 목도하게 된다.

본질적으로 『일리아드』가 묘사하는 전쟁은 고대 그리스 사회에서 지역과 민족, 집단주의적인 윤리와 도덕이 충돌을 일으킨 비극이었다. 그 시대의 윤리질서와 도덕 규칙은 제우스를 비롯한 여러 신들이 장악하고 결정하는 것이었다. 인간 자신은 윤리질서와 도덕 규칙을 규정할 수 없었고 여러 신들이 인류를 위해 결정해 주는 윤리질서와 각종 규칙을 지킬 힘조차 없었다. 그러나 호메로스의 또 다른 서사시 『오디세이』에서는 주인공 오디세우스는 그러한 신들의 조종에서 벗어날 수는 없었지만 그 윤리도덕의식은 크게 확장되어 때로는 신의 의지도 그에게는 소용없을 정도였다. 『오디세이』 역시 『일리아드』와 같이 일어난 사건의 윤리 배경을 먼저 알려준다. 그것은 바로 아트레우스 집안의 불륜 범죄, 아이기스토스에 의해 아내를 빼앗기고 목숨까지 내준 아가메논의 비극, 어머니를 죽이고 악을 무찌른 일을 행한 오레스테스의 일 등이다. 바로 이러한 윤리 배경 하에서 호메로스는 윤리의 입장에서 오디세우스와 그의 아들 텔레고노스가 서로를 찾기 위해 가족으로서 함께 뭉치려는 갈망을 보여주었다. 오디세우스와 그의 아들은 길을 찾아 나선 뒤 매우 어려운 상황에서도 무수한 유혹과 도덕의 시험을 받았지만 자신들의 숭고한 도덕 목표를 포기하지 않았다. 우리는 독서를 통해 호메로스에게서 진정한 감동을 느끼게 되는데, 그것은 혼란한 윤리질서 가운데서 세계의 윤리가 가야할 길을 보여주었기 때문이다. 그는 오디세우스가 추구하는 가족 단결의 도덕 이상을 실현했을 뿐 아니라 우리에게도 위대한 도덕 전범을 수립해 주었다.

고대 그리스 최초의 호메로스 서사시로부터 문학은 이미 윤리도덕과 결합했고 이로 인해 그리스 문학의 윤리 전통을 형성했다. 또한 이 전통은 유럽 문학 가운데서도 계속됐다. 이러한 분명한 특징은 그리스비극에도 반영됐다. 『오레스테이아』 삼부곡과 『테바이를 공격한 일곱 장수』 등과 같은 아이스킬로스의 비극들은 모두 전형적으로 중요한 윤리 갈등을 묘사한 문학작품이다. 또 소포클레스와 에우리피데스는 각각 자신의 비극을 통해 아이스킬로스 비극의 윤리 주제를 지속해 나갔다. 우리는 『오이디푸스』와 『안티고네』에 묘사된 불륜 이야기를 통해 영혼의 전율을 느끼고, 『메디아』의 여주인공이 아들을 죽이는 복수의 행동에서 위대한 영혼의 고통을 느낀다. 그리스비극 또는 희극 가운데 어느 작품이 윤리의 힘으로 우리를 감동케 하지 않는가? 유럽 중세기 문학의 윤리 주제는 이보다 더욱 약하지 않을 뿐 아니라 오히려 종교적 원인까지 더해져 더욱 강화됐다. 단테의 『신곡』이 묘사한 자신의 영혼이 삼계를 편력하는 이야기가 전해주는 감동적인 힘은 바로 작가의 도덕 체험과 도덕 이상의 추구에서 비롯된다. 그 이후의 문학에서도 그 어떤 문학사의 주요 인물일지라도 윤리묘사를 통해 불후의 문학을 창작하지 않은 이가 없다. 셰익스피어의 『햄릿』과 『리어왕』 등의 4대 작품은 그 거대한 비극적 힘은 바로 윤리에서 비롯됐다. 헨리 필딩, 사무엘 리처드슨, 찰스 디킨스, 조지 엘리엇, 토마스 하디, 투르게네프, 레프 톨스토이, 도스토예프스키 등의 창작을 예로 들면 지금까지의 논술만으로도 윤리야말로 곧 문학의 어머니임을 충분히 설명할 수 있다.

2. 플라톤과 아리스토텔레스의 문학비평

유럽문학은 호메로스의 서사시로부터 문학의 성격이 곧 윤리적임을 증명해 왔다. 또한 문학의 윤리성격에 근거하여 고대 그리스 최초의 문학비평들도 도덕비평의 입장을 취하여 문학 평가의 기본적인 기준을 선악의 판단에 두어 왔다. 문학에 대한 플라톤의 비평이나 아리스토텔레스의 토론을 막론하고 거의 예외 없이 모두 도덕의 입장에서 문학의 우열을 평가했다. 다만 플라톤이 문학을 정치학 연구로 더욱 근접하게 보았고, 아리스토텔레스는 문학을 문학 그 자체로 보았다는 점이 다를 뿐이었다.

호메로스의 창작은 고대 그리스 최초의 문학적 성취를 대표했고, 그의 서사시는 고대 그리스 사회의 윤리와 도덕관이 변천해 온 역사를 진실하게 기록했다. 그러나 플라톤에게 있어서 호메로스의 서사시는 용인될 수 없었다. 그는 도덕비평의 기본적인 입장을 지켰으므로, 신은 최고의 선을 대표한다고 여겼다. 이에 호메로스가 서사시에서 여러 신들의 투쟁과 암투, 서로 간의 복수 등을 그린 점이 선한 도덕 원칙을 위배했다고 보았다. 예컨대 호메로스는 서사시에서 "제우스는 선과 악을 보통사람들에게 내려주었다"(*The Iliad*, Chapter24)[1]고 했는데, 이 점을 어쨌든 플라톤은 동의할 수 없었다. 다시 예컨대

1 Homer, *Iliad*, Cambridge University Press, 2002.

호메로스는 판다루스가 맹세를 저버리고 휴전을 파기한 악행이 아테나와 제우스의 행위에서 비롯됐으며, 여러 신들 간의 투쟁과 분열도 제우스와 헤르메스가 벌인 일이라고 하는 등 악의 원인을 신들에게 귀결시킴으로서 플라톤의 강한 반발을 불러왔다. 즉 원인은 하나다. 신의 본성은 선하기 때문에 그들이 악을 행한다고 묘사할 수 없다는 이유였다.

플라톤에게 있어 시인의 창작의 자유는 사회와 독자의 제약을 받아야 하는 일이지 자신 마음대로 할 수는 없는 일이었다. 작품은 반드시 독자의 선을 길러내는데 유익해야만 했다.[2] 예컨대 헤라가 어떻게 그녀의 아들을 체포했는지, 헤파이스토스가 어머니를 구하려 할 때 어떻게 아버지에 의해 하늘에서 땅으로 떨어졌는지, 그리고 호메로스가 신들 간의 전쟁을 어떻게 묘사했는지에 대하여 플라톤은 그런 내용들이 젊은이들이 모방하기 쉽고 사람들의 교육에도 유익하지 않다고 보았다. 따라서 플라톤은 그의 이상 국가에서 서사시나 서정시 혹은 비극이 여러 신들을 나쁘게 쓰는 방식을 허락지 않았다. 플라톤은 헤시오도스의 신화도 같은 도덕 입장에서 비판을 가했다. 헤시오도스는 그의 신화에서 우라노스가 어떻게 크로노스를 대하는지, 또 크로노스가 어떻게 우라노스에게 복수를 하는지, 나아가 크로노스가 어떻게 그의 자녀들을 대하고 또한 어떻게 자녀들에게 복수를 당하는지를 그렸다. 플라톤이 보기에 윤리와 도덕규범에서 벗어난 이런 이야기는 정결하지도 않으며 서로 모순될 뿐만 아니라 백해무익하여 그의 윤리 기준에는 결코 부합하지 않았기에 이러한 이

2 柏拉圖, 王曉朝譯, 『柏拉圖全集』(第2卷), 人民出版社, 2003, 340쪽.

야기에 대해 "입을 다물어야 한다"[3]고 요구하기까지 했다.

그렇다면 플라톤은 왜 호메로스와 헤시오도스의 이야기에 반대했는가? 왜냐하면 그는 젊은이들이 이러한 이야기들을 모방하여 좋지 않은 도덕 영향을 낳을까봐 염려했기 때문이었다. 그리하여 그는 다음과 같은 법률에 찬성한다. "신은 모든 사물의 원인은 아니며 단지 좋은 사물의 원인일 뿐이다. 이야기를 펼칠 때에는 이 기준을 따라야 하고 시인의 창작 또한 이 기준을 따라야 한다."[4] 이렇게 플라톤은 자신이 어떻게 문학비평을 수립해야 하는지에 관해 첫 번째 도덕 기준을 세우게 된다.

플라톤이 고수했던 도덕 입장과 문학윤리학비평의 입장은 구별되어야 한다. 후자의 입장에서 보기에 호메로스와 헤시오도스가 묘사한 바가 바로 그 시대의 사회적 윤리의 실천이며 당시 도덕규범을 위반하지도 않았기 때문이다. 플라톤은 여러 시대에 서로 다른 윤리 기준이 있음을 알지 못했고, 자신의 시대의 도덕관으로 호메로스를 비판했을 뿐이다. 호메로스 서사시가 자신의 시대 추상적인 선악 관념을 동등하게 간주함으로써 문학을 평가하면서 예술의 원칙을 저버리게 됐던 것이다.

문학윤리학비평과 도덕비평의 다른 점은 전자가 예술이라는 허구의 입장에서 문학을 평가한다면, 후자는 현실과 주관의 입장에서 문학을 비평한다는 사실이다. 그래서 플라톤은 호메로스와 그리스비극 시인의 예술적 허구를 부정하고 그가 쓴 "여러 신들이 타향에서 온 손님들처럼 변화하여, 각종 모습

3 柏拉圖, 위의 책, 338쪽.
4 柏拉圖, 위의 책, 342쪽.

으로 분장하여 보통사람들의 여러 도시를 돌아다닌다"[5]는 시구가 신의 환상을 가지고 그 아름다움을 깨뜨렸다고 질책한다. "지고지순한 신은 영원히 자신의 단일한 모습으로 살아간다"[6]는 이유였다. 플라톤은 또한 아이스킬로스가 비극에서 신을 모독하면서 프로토스와 테티스의 거짓말, 헤라가 여사제로 위장하여 기부금을 모으도록 한 일 등을 꾸짖었다. 사회적 진실과 예술적 진실은 뒤섞여있기 때문에 플라톤은 시와 비극에서 신에 대한 어떠한 허구도 있을 수 없으며, 또한 호메로스와 비극 시인들이 자주 사용하는 환상, 징조, 꿈에 의탁하는 등의 예술 수법을 부정했다. 바로 이러한 기초 위에서 그는 문학비평의 두 번째 기준을 세웠다. 즉 여러 신들을 수시로 변화하는 마술사가 되도록 만들지 말며 그들이 거짓된 언행으로 우리를 오도하도록 하지 말아야 한다고 했다. 다시 말하면 신은 자신의 형상을 바꿀 수 없으며, 거짓을 말할 수도 없다는 까닭이었다. 이로 보건대 플라톤은 예술 가운데 허구의 신을 현실 사회의 인간과 동등하게 보고 예술적 진실과 사회적 진실의 구분을 혼합했다고 할 수 있다.

플라톤은 또한 도덕비평의 입장에서 문학의 교육적 기능을 강조하면서 시인이 말하는 이야기는 그 내용이 진실해야 하고 또한 용사의 성장에 도움이 돼야 한다고 요구했다.[7] 예컨대 공포라는 두려워할만한 단어로 지옥의 상황이나 음지에 사는 사귀(邪鬼) 등을 묘사하게 되면 이는 모든 사람을 두렵고 민감하고 연약하게 만들게 되리라는 생각이었다. 심이어 영웅들이 "큰 소리로 울

5 柏拉圖, 위의 책, 344쪽.
6 柏拉圖, 위의 책, 343쪽.
7 柏拉圖, 위의 책, 347쪽.

거나 슬퍼하는 줄거리"도 이야기에 등장해서는 안 된다고 했다.[8] 플라톤은 또한 이야기 중에서 고상한 사람은 크게 웃어서도 안 되고 자제를 몰라서도 안 된다고 보고 따라서 호메로스가 시에서 말한 "언제나 즐거운 하늘의 신들이 헤파이스토스가 궁정에서 바쁘게 지내는 모습을 보며 쉼 없이 웃어대는" 이런 이야기들도 써서는 안 된다고 했다. 호메로스의 시가 묘사한 왕궁의 연회, 노천에서 관계를 갖는 제우스와 아내, 현장에서 간통을 들킨 헤파이스토스는 더욱 풍속을 문란케 함으로써 젊은이들의 절제에 영향을 미쳤다고 보았다. 또한 "돈이라면 귀신과도 통하고, 돈이라면 임금도 권할 수 있다"는 인의와 도덕 수양에 나쁜 영향을 미칠 시구라든가, 아킬레우스가 탐욕스럽고 신들을 공경하지 않는 등의 묘사[9] 또한 받아들일 수 없다고 했다. 따라서 플라톤은 시인들을 잘 감독해야 할 뿐 아니라 그들이 시에서 훌륭한 품격의 형상을 묘사해야 한다고 강제해야 하며, 또한 다른 예술가들도 감독하여 그들의 그림, 조각, 건축, 또는 기타 어떠한 예술작품에서도 사악하거나 방탕하거나 비열하거나 야비한 형상을 그려내면 안 된다고 했고 만일 이에 따르지 않으면 그들을 징벌해야 한다고도 했다.[10] 이와 같이 검토한 내용과 입장에서 보면 플라톤의 『국가』 중 일부는 문학에 대한 도덕비평을 수행한 대표적인 글이라 할 수 있다. 그러나 이러한 말이 그의 도덕비평이 취할 것이라곤 없다는 의미는 아니며 오히려 그 반대라 할 수 있다. 문학의 교육 기능은 문학이 현실사회에 대하여 우

---

8 柏拉圖, 위의 책, 349쪽.

9 柏拉圖, 위의 책, 354쪽.

10 柏拉圖, 위의 책, 368쪽.

수한 도덕 기풍을 조성하는데 책임을 져야 하므로, 설령 우리가 오늘날과 같은 문학윤리학비평 방법론으로 평가를 하지 않더라도 미풍양속을 해치고 윤리도덕을 위반한 문학이라면 허용할 수 없다. 그밖에도 우리는 또한 플라톤 도덕비평의 역사적 가치를 발견할 수 있으며 그 가운에 플라톤 시대의 윤리규칙과 도덕 기풍을 인식할 수 있다.

플라톤이 현실의 도덕관념에서 출발하여 작가와 작품을 비평했고, 당시 도덕 기준에 의거하여 작가와 그 작품의 우열을 평가했다면, 아리스토텔레스는 작가와 작품을 그의 윤리학으로 녹여 넣어 문학으로 윤리학의 문제를 해석했을 뿐만 아니라 윤리학으로 문학의 문제를 해석하기도 했다. 『니코마코스 윤리학』에서 아리스토텔레스는 호메로스의 시를 인용하여 용맹이란 무엇인지를, 또한 용맹과 덕성의 관계가 어떤지 설명했다.[11] 아리스토텔레스는 공정과 불공정, 지혜와 덕행, 현명함과 선, 덕행과 자제, 욕망과 자제 등 일련의 윤리명제를 논의하면서 종종 호메로스와 헤시오도스, 그리스비극 시인의 시를 인용하여 해석하고 설명했다.[12]

아리스토텔레스는 플라톤과 달랐다. 그는 문학에서 자신이 필요한 예증을 찾아내 현실의 윤리문제를 설명하고 해석했다. 그의 진정한 목적은 문학을 통해 윤리학을 연구하는데 있었다. 그러나 플라톤은 그 자신의 윤리도덕 기준으로 문학을 평가했다. 특히 문학의 우열을 평가함과 동시에 문한 자체의 특성과 역사적 특징은 중히 여기지 않았다. 따라서 아리스토텔레스가 플라톤처

11 亞里士多德, 苗力田譯, 『尼各馬科倫理學』, 『亞里士德全集』 第8卷, 中國人民大學出版社, 1994, 60쪽.

12 亞里士多德, 위의 책, 112·114·126·128·129·138·150쪽.

럼 윤리학에서 문학을 많이 이야기하지 않았더라도 그는 문학에 더욱 가까이 가 있었다. 이 점에 관해서 아리스토텔레스는 이렇게 지적했다. "시와 정치의 옳고 그름을 재는 기준은 다르다. 시와 다른 예술의 옳고 그름을 재는 기준 또한 다르다."[13] 바로 이 점이 아리스토텔레스가 현실 세계를 예술세계와 구분하고, 문학과 문학 이외의 다른 예술을 구분하고, 정치 즉 현실 사회에 대한 평가와 시 즉 문학에 대한 평가를 구분함으로써 플라톤과는 다른 문학비평을 수립했음을 보여준다. 이 전제가 있기에 비록 아리스토텔레스와 플라톤이 그 뒤에도 서사 인물과 인물 행위의 선악 같은 동일한 문학윤리 문제를 논의하더라도 그 결과는 달랐다. 우리는 이를 통해 아리스토텔레스의 문학비평 관점이 우리가 제기한 문학윤리학비평의 관점에 더욱 가깝다는 사실을 알 수 있다.

아리스토텔레스의 문학 관점은 그가 전문적으로 비극을 연구한 저작 『시학』에 집중돼 있다. 문학사상 최초의 학술 저작에서 아리스토텔레스는 비극의 정의에 관해 문학의 윤리도덕 기능을 강조했고 비극이 모방을 통해 "연민과 공포를 끌어들여 그러한 감정을 갈고 닦도록 한다"고 지적했다.[14]

성정을 갈고 닦고 영혼을 정화하는 것은 비극이 추구하는 효과이자 비극의 윤리기능이기도 하다. 따라서 아리스토텔레스는 비극을 쓰는 시인들에게 세 가지 도덕 기준을 제시했다. "첫째, 착한 사람을 역경에 빠지지 말게 해야 한다. 왜냐하면 이는 사람들에게 혐오감을 줄 뿐이지 두려움이나 연민의 정을 불러일으킬 수는 없기 때문이다. 둘째, 나쁜 사람을 역경에서 구하지 말아야

---

13 亞里士多德, 羅念生譯, 『詩學』, 人民文學出版社, 1962, 92쪽.
14 亞里士多德, 『詩學』·『修辭學』, 『羅念生全集』 第1卷, 上海人民出版社, 2007, 36쪽.

한다. 왜냐하면 이는 비극의 정신, 즉 비극의 요구에 맞지 않아 선한 마음을 감동케 할 수도 없을뿐더러 연민이나 두려움을 더더욱 불러일으킬 수 없기 때문이다. 셋째, 극악한 인간을 역경으로 몰아넣지 말아야 한다. 왜냐하면 이러한 배치는 비록 선량한 마음을 감동시킬 수는 있으나 연민이나 두려움을 불러일으킬 수는 없다. 연민은 한 사람이 마땅히 당해서는 안 될 액운을 만나게 될 때 일어나기 때문이다."[15] 분명하게도, 이 세 가지 기준은 허구 문학에 관한 아리스토텔레스의 윤리관과 일치한다. 즉 문학의 윤리기능은 선한 사람이 좋은 결과를 얻고 악한 사람은 나쁜 결과를 얻게 된다는 점을 강조한다는 데서 출발한다. 문학의 윤리기능과 교육적 기능에 있어서 아리스토텔레스가 분명히 플라톤과 일치했던 점은 윤리의 시각에서 문학창작이 선에 이로워야 하며 악에 이로워서는 안 된다고 강조했다는 사실이다.

『시학』에서 아리스토텔레스는 비극을 통해 체계적으로 시의 형식과 특징을 연구함으로써, 문학 자체의 가치를 찾으려는 의도를 드러냈다. 그가 연구하고 논의한 대부분 내용은 모두 형식적 측면이었으나 우리는 또한 그가 시의 형식을 논의할 때 문학윤리가치라는 전제를 벗어나지 않았다는 사실을 볼 수 있다. 예컨대 그는 시의 모방을 논의하면서 모방의 대상이 선인이냐 악인이냐 하는 문제를 논의했고, 인간의 품격을 논의하면서는 선악의 구별과 관련지었으며, 비극의 성질을 논의하면서는 비극이 감정을 갈고 닦는 기능을 논의했고, 비극이 모방하는 인물을 논의하면서는 인물의 언행이 보여주는 선악의

15 亞里士多德, 위의 책, 55쪽.

문제를 벗어나지 않았다. 아리스토텔레스는 사실상 두 가지 측면의 문제를 다루었다. 하나는 시인의 윤리도덕 경향으로 진실을 모방하는 '고상한 사람'이어야 한다고 주장했다. 또 다른 하나는 작품의 윤리가치판단으로 문학이 인간의 감정 정화에 이로워 인간을 선으로 인도해야 한다고 주장했다.

플라톤과 아리스토텔레스 이후 문학의 윤리가치에 대한 경도는 더욱 분명해졌다. 주류 문학의 가장 중요한 가치는 현실 사회의 도덕현상에 대한 묘사와 평론, 사고에 두어졌다. 심지어 문학은 특정 교화의 목적을 실현하기 위해 윤리도덕의 매체로 쓰이기도 했다. 예컨대 유럽 중세의 교회 문학은 그 기본적인 기능이 바로 종교를 위한 복무였다. 교회문학과 상대적인 세속문학은 세속적인 도덕을 선양함으로써 조욕 도덕에 대항했다. 18세기에는 영국의 현실주의 문학이든 감상주의 문학이든 모두 특정한 윤리도덕가치관을 선양하려고 노력했고 또한 사회를 위해 인간들이 효과적으로 따를 수 있는 도덕 모범을 수립하고자 했다. 이 시기 문학에 있어 그 예술과 사상 가치를 결정했던 것은 바로 윤리가치라고 말할 수 있다. 고대 그리스부터 오늘날까지 문학사적 사실들은 윤리가치가 없는 문학이 문학의 역사에 존재한다는 것은 상상할 수 없다는 사실을 알려준다. 또한 우리는 문학비평의 윤리성격은 문학창작의 윤리성격에 의해 결정된다는 사실을 발견할 수 있다. 플라톤과 아리스토텔레스의 문학비평이 모두 이러한 점들을 증명한다.

3. 정전 문학의 사례 분석

앞서 문학의 윤리성격을 논의하면서 플라톤을 대표로 하는 도덕비평의 특징을 갖는 문학비평과 아리스토텔레스를 대표로 하는 윤리학비평의 특징을 갖는 문학비평을 소개했다. 분명히, 두 문학비평은 다르지만 같은 점도 가지고 있다. 그렇다면 문학윤리학비평과 문학도덕비평의 기본적인 차이는 무엇인가? 이는 가벼이 볼 문제가 아니며 우리의 변증을 필요로 하는 문제이기도 하다. 그러나 상술한 분석과 논의에서 둘의 구별은 이미 대체적으로 드러났기 때문에 그 토론을 끝나지 않을 정의와 합리성, 합법성, 적용성 등과 같은 학리적인 논의에만 이를 가두어둘 필요는 없다. 오히려 일련의 정전 문학작품들에 대한 해부를 통하여 실례를 가지고 문학윤리학비평과 드덕비평이 도대체 어떻게 다른지 중점을 두어 논의할 필요가 있다.

문학비평 방법이라는 면에서 그 기본적인 가치는 응용에 있다. 따라서 여기서는 『햄릿』을 사례로 하여 문학윤리학비평과 도덕비평의 방법론을 결합하여 분석을 수행하고 서로 다른 두 가지 방법이 어떻게 다른 결과를 가져왔는지 살펴보고자 한다.

서양문학사에서 셰익스피어의 『햄릿』은 독서와 비평에 대한 흡인력이 강한 대표적인 작품이자 가장 풍부한 사고와 평론, 이해를 선물하는 작품 가운데 하나이기도 하다. 그러나 지금까지 사람들은 이 비극을 이해함에 있어 여전히 두 가지 도덕비평에 관한 고전적 명제에서 벗어나지 못하고 있었다. 그 하나는 성격비극이고 다른 하나는 어머니에 대한 사랑의 플롯이다. 만일 우리가 문학윤리학비평의 방법으로 『햄릿』을 분석한다면 어떤 결과를 얻게 될까? 우리는 아마도 상술한 두 가지 고전적 명제의 관점과는 다른 결론을 얻게 될 수 있다.

문학윤리학비평이든 도덕비평이든 그 연구 대상은 모두 문학작품 중의 도덕현상이며 또한 그들에 대한 도덕가치판단을 내리게 되고, 그 분석과 연구의 기초 위에서 결론을 얻게 된다. 이는 문학작품 자신의 필요에 따른 것이다. 예컨대 우리가 『햄릿』을 읽으면 절제할 수 없는 감정으로 그 비극에 이끌려 그 비극의 묘사와 제기된 윤리도덕의 문제를 사고하고 이해하고 해석하게 된다.

셰익스피어는 『햄릿』을 시작하자마자 국왕과 햄릿의 대화, 햄릿의 독백을 통해 우리를 독특한 윤리환경으로 이끈다. 이로 인해 우리는 햄릿의 내면의 도덕감정과 윤리 곤혹을 느끼게 된다. 국왕은 아버지의 죽음으로 슬픔에 잠긴 햄릿에게 말한다.

> 내 너에게 그 쓸데없는 비통함을 그만두고 나를 네 아버지 삼으라고 권하고 싶구나. 나는 온 세상에 네가 바로 왕위의 직접적인 계승자임을 알리고 싶기 때문이다. 나는 네게 영광과 은총을 주리라. 가장 자비로운 아버지가 그의 아들에게 주는 바 못지않게.[16]

클라우디우스와 햄릿의 대화에서 우리는 햄릿에게 영향을 미친 윤리의식, 즉 가족 윤리를 느낄 수 있다. 햄릿은 아버지를 그리워하며 슬픔을 그치지 않고 효도를 다하고자 한다. 그러나 그가 받들고자 하는 이러한 윤리관은 또 다른 가치관의 도전에 직면한다. 클라우디우스는 자연도덕 이론으로 햄릿이

---

16 莎士比亞, 朱生豪譯,『哈姆雷特』, 人民文學出版社, 1977.

슬픔이라는 형식으로 아버지에 대한 효도를 드러내는 행위를 그치고 그 자신과 햄릿 사이에 새로운 윤리정체성 관계를 세우고자 한다. 즉 햄릿에게 "나를 아버지로 삼아" 왕위를 계승하라는 것이었다. 그는 스스로 자신을 자애로운 아버지의 위치에 두고 햄릿에게 친아버지의 도덕감정으로 그를 대하라고 권한다. 이것이 바로 햄릿이 해결할 수 없는 윤리딜레마였다. 즉 그는 이성적으로 어머니와 숙부의 결혼이라는 윤리를 저버린 사실을 받아들일 수 없었다. 그리하여 햄릿은 어머니가 수절하지 않고 서둘러 개가를 한 데 대해 불만을 털어놓는다.

장례를 치를 때 신었던 신발이 아직 헤지지도 않았는데, 어머니는, 어머니는 — 하느님이시여! 이성이라곤 없는 짐승들도 오래도록 슬퍼할 법인데 — 어머니는 내 숙부에게, 내 아버지의 동생에게 시집을 가다니. 그러나 그는 조금도 아버지를 닮지 않았구나. 마치 내가 조금도 헤라클레스를 닮지 않은 것처럼. 단지 한 달 동안의 시간에 어머니는 거짓된 눈물을 흘린 눈의 충혈이 가시기도 전에 시집을 가버렸구나. 아, 죄악을 재촉하여 일각도 늦추지 않고 불륜의 이불 속으로 파고들었구나.[17]

분명히 햄릿은 어머니의 재가를 매우 심각한 불륜 사건으로 인식하고 있었다. 여기서부터 셰익스피어는 바로 비극의 진일보한 발전을 위해 포석을 준비한다.

17 莎士比亞, 위의 책.

비극의 제5장에서 아버지의 원혼이 등장한 뒤 『햄릿』의 윤리성격은 기본적으로 확정된다. 그 뒤 비극은 윤리비극의 선을 따라 발전한다. 원혼이 햄릿과의 대화에서 반복적으로 강조하는 것은 새로운 왕의 윤리범죄였다. "너는 그를 대신하여 윤리를 저버리고 사람을 죽인 원한을 갚아야 한다." "살인은 중대한 죄악이다. 그러나 이 모살로 인한 참사는 깜짝 놀랄만한 하늘의 이치를 거스른 죄행이다." 분명히 햄릿의 아버지는 그가 불륜의 모살에 의해 죽임을 당했으며, 그의 비극이 윤리비극임을 적시하고 있는 중이다.

햄릿은 아버지의 원혼을 통해 사건의 진상을 알게 된 뒤 그 자신이 해결해야만 하는 윤리문제와 정면으로 부딪치게 됐다. 즉 "아버지는 살해되고 어머니는 능욕을 당한" 불륜 범죄와 그에 대한 복수가 그것이다. 그러나 그는 새로운 곤경, 즉 그의 복수는 윤리의 측면에서 정의로운가 하는 문제에 직면한다. 이에 셰익스피어는 햄릿을 위해 바로 그 유명한 대사를 창조한다.

죽느냐 사느냐, 그것이 문제로다
난폭한 운명의 화살과 물맷돌을
마음으로 견뎌내는 편이 더 고귀한가,
아니면 무기를 들고 문제의 바다에 맞서
끝을 내는 편이 더 고귀한가?

To be, or not to be: that is the question:
Whether'tis nobler in the mind to suffer

The slings and arrows of outrageous fortune,
Or to take arms against a sea of troubles,
And by opposing end them?[18]

이 대사에서 핵심적인 부분인 "To be, or not to be"에 관해서는 여러 가지 해석이 있으나 그것이 여전히 의미하는 바는 정의에 대한 선택과 추궁, 즉 햄릿이 취하는 행동이 옳은가 그른가 하는 문제였다. 햄릿은 아버지의 죽음에 관한 진상을 알게 된 뒤 두 가지 선택, 즉 복수해야 하나, 그러지 말아야 하나 또는 새로운 왕을 죽여야 하나, 죽이지 말아야 하는가 또는 행동해야 하는가, 행동하지 말아야 하는가의 선택에 직면했다. 이것이 바로 윤리딜레마의 선택이다.

이 대사에서는 햄릿의 딜레마에 대한 논리적 판단을 볼 수 있다. "To be, or not to be"는 'question'이며 'question'은 곧 'nobler'이고, 'nobler'는 'to suffer'와 'to take arms against'라는 두 가지 행동을 말하고 있다. 다시 말하면 햄릿은 지금 어떠한 행동을 취해야 하는가 하는 문제, 즉 그의 숙부와 어머니에 대한 복수를 포기해야 하는가, 그렇지 않으면 오레스테스처럼 숙부와 어머니를 죽여야(matricide) 하는가에 직면해 있다. 복수와 복수의 포기 중 무엇을 선택하든 그는 이 윤리문제를 해결할 수 없다. 즉 어떠한 행위가 더욱 위대한가(noble 자체는 윤리성격을 가진 어휘다)의 문제이며, 어떤 형위가 옳고 그르냐 하

18 원서는 영문만을 인용하고 있으나 한국어판 독자를 위해 해당 부분을 번역했다. (옮긴이)

는 문제를 해결할 수는 없다. 따라서 이 대사의 함의는 그 자신이 해결할 수 없는 딜레마적 선택에 직면해 있다는 점이다. 햄릿은 숭고한 이상을 추구하는 사람이기에 자신이 어떻게 선택해야 옳고, 또 윤리금기를 저버리는 죄인이 되지 않을 수 있는가 하는 점을 분명하게 해야만 했다. 문예부흥 시기 이성주의의 대표적인 인물로서 딜레마적 선택에 직면했을 때 그는 어떤 문제가 옳고 그른지에 관해 묻지 않을 수 없었다. 따라서 "To be, or not to be"는 햄릿이 자신의 행동의 옳고 그름에 대한 스스로의 물음이지 생존이냐 파멸이냐, 혹은 삶이냐 죽음이냐에 관한 사고가 아니다.

그렇다면 햄릿이 직면한 문제의 복잡성은 어디에 있는가? 그 복잡성은 전에 없던 복잡한 윤리관계가 만들어져서 햄릿 자신과 그가 복수하고자 하는 이들의 윤리 신분에 갑작스러운 변화를 만들어내는데서 기인한다. 아버지의 아들로서 햄릿은 아버지를 위해 복수할 책임과 의무가 있었다. 이는 당시 윤리관에 의해 결정됐다. 그러나 클라우디우스가 햄릿의 어머니를 취한 뒤 전체 윤리관계에 변화가 일어났다. 햄릿에게 있어서 클라우디우스는 왕비를 취한 뒤 자신의 신분을 법률적, 윤리 의미에서 왕비의 남편이자 덴마크 왕국의 국왕이며 햄릿의 윤리적 아버지로 변화된 인물이며 또한 햄릿도 이로 인해 클라우디우스의 왕자이자 계승자가 됐다. 햄릿과 클라우디우스 사이의 윤리관계의 변화와 새로운 윤리정체성의 등장은 쌍방의 인정을 얻게 됐다. 『햄릿』의 첫 번째 4절판(版)에서 햄릿과 클라우디우스 사이의 대화에서 그들이 새롭게 만들어진 윤리정체성을 서로 인정하고 수용함을 알 수 있다. 둘의 대화는 아버지와 아들이라는 호칭을 자연스럽게 사용하고 있으며 억지로 그렇게 하고 있다는 느낌은 들지 않는다. 예를 들면 다음과 같다.

> 왕 : 그게 무슨 소리냐?
>
> 햄릿 : 아무것도 아닙니다, 아버지. 다만 어떻게 왕이 거지 뱃속을 지나가게 될지, 그 과정을 말씀드리는 겁니다.
>
> 왕 : 아무튼 햄릿, 시신은 어디 있느냐?
>
> 햄릿 : 하늘나라에요. 만약 거기도 없다면, 아버지, 땅밑 세상을 찾아보세요. 거기도 아니라면, 복도를 올라가보시면 그분 냄새가 날지도 모르지요.[19]

윤리정체성의 이와 같은 변화의 의미는 매우 크다. 왜냐하면 이성적인 햄릿은 그가 국왕이자 자신의 윤리적 아버지를 죽인다는 것은 곧 자신이 시군(弑君; regicide)과 살부(殺父; patricide)라는 패륜의 대죄를 짓는 일이라는 사실을 알고 있기 때문이다. 그는 진지하게 이성적인 사고를 할 필요가 있었다. 그의 복수는 오이디푸스처럼 자신의 행위에 책임을 짊어져야 하는가? 가장 중요하게, 그가 어머니의 남편, 자신의 계부를 죽이는 것은 범죄가 아닌가? 이는 일련의 복잡한 윤리문제로 햄릿 자신에게 답을 주어야 했으나 그는 답을 찾을 방법이 없었기에 끊임없이 생각함으로써 자신을 윤리딜레마라는 더욱 깊은 곤경의 고통 속으로 빠뜨림으로써 결국 자신의 비극을 만들어내고 만다.

문학윤리학비평의 시각에서 보면 햄릿의 유예와 주저함은 모두 그가 자

19 원서는 『햄릿』의 최초 4절판을 그대로 인용하고 있으나, 한국어판 독자를 위해 해당 부분을 번역했다. (옮긴이)

신이 직면한 윤리문제를 해결할 수 없는데서 기인했다. 우리는 윤리 시각에서만 그를 깊이 인식하고 이해할 수 있으며 그의 주저함과 유예, 연약함을 해석할 수 있다. 또한 그의 성격과 정신적 층위의 여러 문제를 대답함으로써 그의 파멸을 문예부흥의 숭고한 이성의 시대에 자신에게 닥쳐온 윤리딜레마를 해결하지 못했기에 벌어진 비극으로 간주할 수 있다.

우리가 단지 도덕비평의 입장만을 취한다면 그 관심은 햄릿의 행동에 대한 도덕평가에 머물 것이며, 그의 성격이 보여주는 결점을 꾸짖고 오필리아에 대한 그의 무정함을 꾸짖는데 그치고 말 것이다. 설령 우리가 프로이트의 방법론으로 그의 비극을 오이디푸스콤플렉스라고 설명한다고 해도 정신적 층위에서 그의 잠재의식 속의 부도덕한 요소를 강조하는데 그칠 뿐이다. 따라서 도덕비평은 행동 자체와 그 행동의 결과를 평가하는데 중점을 둔다. 그러나 문학윤리학비평은 이와 달리 행동의 윤리도덕 측면의 원인을 깊이 논의하고 분석하고 해석하고 이해하는데 중점을 둔다.

『메디아』라는 비극이 우리의 영혼을 울리는 힘은 메디아가 자신의 두 아들을 죽임으로써 그 복수의 행동을 보인다는데 있다. 문학윤리학비평은 아들을 죽이는 복수라는 기본적인 사실을 평가할 뿐 아니라 메디아가 그렇게 한 원인과 이유, 즉 그녀가 어떻게 당시 남성 중심 사회의 윤리도덕관을 완전히 받아들여 아들을 아버지의 삶의 연속으로 보았는지를 논의한다. 그녀가 죽음에 이르게 된 까닭은 단지 자신의 남편의 아들일 뿐 자신과는 무관한 일이었다. 윤리도덕의 입장에서 메디아가 아들을 죽인 복수는 이유가 있었다. 이와 같이 우리는 메디아의 참된 모습을 이해함으로써 그녀를 동정할 가치가 있는 사람으로 간주하게 된다. 그러나 도덕비평은 오늘날의 시각으로 메디아가 아들을 죽인 복수라는 사건과 그것이 가져올 도덕 결과에 관심을 갖는다. 도덕의 눈으로 보면 메디아에게 이유가 있었다 해도 자신의 친아들을 죽인 일은 이해할 수 없으며 받아들일 수도 없는 일이기에 자연히 또 다른 결론이 도출된다. 즉 메디아는 잔인하고 악독하며 용서할 수 없었다.

톨스토이의 소설 『안나 카레니나』를 다시 예로 들면, 지금 많은 비평가들은 모두 도덕비평의 입장에서 소설의 여주인공을 평가한다. 그들은 종종 안나가 낡은 도덕의 피해자라고 동정하여 그녀를 질책하거나 비판하지 않고 오히려 긍정하고 칭송하여 전통 도덕에 대한 용감한 저항자라고 간주한다. 그러나 문학윤리학비평의 입장에서 안나가 가족과 남편을 배신한 일은 옳지 못하다. 그녀의 이러한 비윤리적 행위는 당시 윤리질서와 도덕규범을 파괴했기 때문이다. 설령 오늘날 사회에서 보더라도 애정지상주의자인 안나의 배반과 간통은 인정될 수 없다. 안나는 기존의 윤리질서에 도전하면서 공인된 도덕의 준칙을 무시함으로써 사랑을 구실로 자신이 도덕적으로 반드시 짊어져야 할 가족과 사회에 대한 책임을 방기했다. 결국 그녀는 양심의 가책을 받게 됐고, 그 영혼은 도덕적으로 징벌을 받음으로써 자신의 비극을 초래했다. 이와 같이 서로 다른 비평 방법은 서로 다른 결론에 이르게 된다. 전자는 현실생활 가운데 기존의 도덕관을 준수하지 않고 이상적인 도덕 입장에서 출발하여 안나에게 역사와 현실을 초월하는 도덕 기준을 세워주었다. 이러한 기준은 주관적이어서 그때나 지금이나 혹은 앞으로 올 미래에나 안나의 행위는 어떤 현실이라도 도덕을 위배한 것이 된다. 그러나 후자는 안나가 비극에 이르게 된 원인을 객관적으로 분석하여 설령 안나에게 동정을 할 수 있다 해도 역사를 뛰어넘어 도덕의 유토피아로 들어가게 할 수는 없으며, 또한 안나에게 새로운 도덕 환경과 도덕 기준을 제시해야 한다고 본다.

상술한 사례들을 통해 문학윤리학비평과 도덕비평의 대상과 연구 문제는 거의 일치함을 알 수 있다. 그러나 그들이 운용하는 방법, 연구의 의도, 목적, 얻을 수 있는 결론은 다르다는 사실도 알 수 있다. 문학윤리학비평은 주로 변증적 역사유물주의의 방법으로 문학의 도덕현상을 탐구하며 역사적이고 객관적인 환경에서 문학의 여러 도덕현상을 분석하고, 이해하고, 해석한다. 일반적으로 문학윤리학비평의 연구와 해석은 기본적으로 역사주의적이다. 그러나 그것은 오늘날 새로운 이론이나 방법을 결합하여 비교의 시각으로 과거 혹은 현재의 문학을 연구하는 입장을 배척하지 않는다. 예컨대 헤밍웨이의 소설 『노인과 바다』의 어부 산티아고는 청새치와의 사투 끝에 마침내 고리를 잡게 된다. 도덕비평은 그의 용감함과 의지를 보고 그를 사나이의 전형으로 간주한다. 그러나 문학윤리학비평은 오늘날의 생태이론과 결합하여 그에게 새로운 평가를 수행한다. 헤밍웨이의 시대, 산티아고가 인류의 정복과 강력한 정신을 상징했다는 점은 두말할 나위 없다. 그러나 오늘날 생태균형이론은 우리에게 인간과 자연 사이에 새로운 관계를 요구하고 있다. 과거의 윤리도덕가치관으로 보면 인간은 자연과 대립 상태에 놓여 있었기에 인간은 반드시 자연을 상대로 승리해야 했다. 고대 그리스부터 인간은 자연과의 투쟁에서 수많은 위대한 영웅을 만들어냈다. 산티아고의 형상에 감동적인 힘을 부여한 것은 여전히 그러한 그리스 스타일의 영웅이 갖는 특징이었다. 오늘날 우리는 이미 인간과 자연이 평화롭게 공존해야 함을 알게 됐다. 인간이 자연을 정복하고 이기는 방식으로 이러한 평화를 파괴한다면 그 결과는 단지 비극만 남게 될 것이다. 따라서 청새치를 잡은 산티아고가 당시에는 영웅으로 간주됐을지 모르나 오늘날 생태이론과 결합하여 이를 인식한다면 그는 자연의 파괴자이므로 징벌을 받아야만 한다.

경양강(景陽岡)에서 호랑이를 때려잡은 무송(武松) 또한 오늘날의 윤리관에서 보면 더 이상 존경받을 영웅이 아니라 범죄자로 전락하게 된다. 그러나 이것이 우리가 오늘날 산티아고와 무송을 분석하면서 이들을 심판해야 한다는 말은 아니며 서로 다른 윤리환경과 도덕 조건 하에서는 동일한 사실이라도 비교의 방법으로 서로 다른 윤리가치를 발견할 수 있으며 이를 통해 더욱 많은 영감과 사고를 끌어낼 수 있고 또한 우리 시대를 위한 참조 체계를 제공할 수 있게 된다는 사실을 의미한다.

문학윤리학비평이 오늘날 문학을 평가할 때, 어떤 측면에서는 도덕비평과 일치하기도 한다는 점을 마지막으로 지적하고 싶다. 방법론으로서 문학윤리학비평은 문학과 비평의 사회적 책임을 강조하고 문학의 교훈 기능을 강조함으로써 그 비평의 기초를 마련한다. 문학가는 작품을 창작하면서 마땅히 사회에 대한 책임을 다해야 하고 비평가도 마찬가지로 문학을 비평하면서 사회적 책임을 다해야 한다. 문학가의 책임은 작품을 통해 표현되며 비평가의 책임은 작품에 대한 비평으로 표현된다. 따라서 오늘날 문학비평은 사회에서 공인된 기본적인 윤리법칙과 배리돼서는 안 되며 모두가 준수하는 도덕 품격을 파괴해서도 안 된다. 미래의 도덕 가설을 남용하여 오늘날 도덕 법칙을 위배하는 문학을 변호해서는 더더욱 안 된다. 우리는 과거의 도덕관으로 오늘날의 문학을 비평할 수 없을뿐더러 미래의 가설적인 도덕관으로 오늘날 문학을 비평해서도 안 되며, 단지 역사주의적 태도를 취해야만 한다. 오늘의 문학은 창작되어 나오는 순간 역사가 된다. 그러므로 그에 대한 비평은 여전히 역사적 범주에서 수행되어야 한다.

제7장
문학정전의 독서, 해석, 가치의 발견

1. 문학정전에 관하여

문학정전은 인류 문명사회의 발전 과정에 자연스럽게 형성됐다. 정전은 자연과 사회에 대한 인간 역사의 인식과 이해를 담고 있으며, 현대 사회와 개인의 생활에 참조 체계를 제공한다. 따라서 문학정전은 우리의 삶에 필수불가결한 정신적 양식이다. 문학정전은 우리가 읽어야만 하고 또한 우리가 부단히 해석하고, 인식하고, 이해할 필요가 있으며 그 새로운 가치를 발견해야만 한다. 동시에 우리는 또한 문학정전에 대한 독서와 해석에서 거짓된 정전을 발견하고 이들을 정전의 목록에서 삭제함으로써 정전의 순수성을 지켜가야 한다. 문학정전은 부단한 독서와 해석의 과정 가운데 형성되고 발전되며 완성된다.

어원적으로 보면 '정전'은 셈족어인 'qan'이라는 말에서 비롯됐다. 이는 위를 향해 자라나는 갈대라는 뜻이었다. 그러나 고대 그리스 문학에서 정전이라는 말은 단순히 장대나 긴 창, 대들보처럼 길쭉한 물건들을 가리켰다. 그러나 그 가장 중요한 뜻은 건축에 쓰이는 척도를 나타내는 규칙으로 정확한 길이를 가리켰고, 정확한 비례를 나타내기도 했다. 고대 그리스에 폴리클레이토스(Polykleitos 또는 Polyclitus)라는 사람은 중요한 미학자이자 조각가였는데 지금은 전하지 않는 미학 관련 저서를 집필했다. 그 저서의 제목이 바로 『정전』(*Kanón*)이었다. 이 저서가 아마도 '정전'이라는 용어를 사용한 가장 이른 학술서로 추정된다. 폴리클레이토스는 대략 기원전 450~440년 사이에 오늘날 '창을 쥔 자'(*Spear-Bearer*)로 불리는 조각상을 조각했는데 그 원래 이름 역시 '정전'이었다.(그리스어로는 δορυφόρος라고 불렀고 라틴어로는 Doryphorus라고 불렀는데 둘 다 '정전'이라는 뜻이다.) 그는 이 조각상을 예로 들어 자신이 쓴 같은 제목의 미학서 『정전』에서 논의했던 '균형'(Symmetria)을 설명하고자 했다. '균형'은 시각예술에서 사용되는 용어로 보통 서있는 자세를 묘사한다. 어깨와 팔의 구부러짐이 척추의 바른 축에서 벗어나고, 둔부와 다리가 같은 평면 위에 놓이지 않으며, 한 다리로 몸의 중량을 지탱하여 보는 이에게 가볍고 편안한 느낌을 주어야 한다는 의미이다. 한 다리가 정지해 있다가 운동할 때 그것은 또한 함축된 긴장감을 표현할 수 있어야 한다.[1]

이후 '정전'은 점차 '규칙' 또는 '법칙'으로 이해됐다. 고대 그리스 이래로 이는 정전이라는 말에 대한 가장 보편적인 이해였다. 18세기 학자 겸 소설가였던 사무엘 존슨(Samuel Johnson)이 편찬한 사전에는 canon이라는 항목 아래 여덟 가지 풀이가 있는데,[2] 대부분은 종교와 관련된 내용이고 문학에 관한 내용은 들어있지 않다. 그 첫 번째 풀이는 여전히 전통적인 의미대로 canon을 '규칙'과 '법칙'이라고 보았다. 사무엘 존슨의 풀이 가운데 문학은 포함되지 않

1 "Polyclitus", *Encyclopedia Britannica* Online, and Kronick, Joseph G., "Writing American; Between Canon an Literature," *The New Centennial Review* 1(3), Winter 2001, 37~66쪽 참고.

2 Samuel Johnson, A Dictionary of the English Language(the sixth edition), Vol.1; London: Printed for J.F. and C.Rivington, et al., 1785의 'canon' 항목 참조.

았지만, 그는 풀이 과정에서 셰익스피어나 조너선 스위프트, 베이컨, 아이작 와츠[3] 등의 문인을 인용하기도 했다. 이는 곧 또 다른 측면에서 '정전'이 문학과 분리될 수 없음을 보여주었다. 그러나 문학정전이 무엇이고, 문학과 정전의 관계가 어떠한지에 관해서는 일견 분명해 보이면서도 여전히 실제적인 탐구가 필요한 문제다. 조지프 크로니크 교수는 "문학과 근대성의 충돌 관계는 오늘날 수많은 서적을 통해 그 논쟁이 이어지고 있다. 나는 끊임없이 계속되는 정전성에 관한 논쟁, 특히 정전성의 오늘날 형식에 관한 논쟁을 말라버린 역사주의의 모델일 뿐 아니라 정전 형성의 관점에 관한 중복이라고 본다. 정전성에 관한 그 어떤 관점도 반드시 문학의 관점을 벗어나게 되어 있다. 그러나 문학처럼 정전이라는 개념을 떠날 수 없는 것도 있다. 우리가 오늘날 직면한 어려움은 우리가 도대체 무엇이 정전이고 무엇이 문학인가 하는, 바로 그 두 가지 단어에 대한 오해에서 비롯됐다."[4] 따라서 우리는 정전을 문학의 영역 가운데 위치시킴으로써 문학정전을 논의할 수 있을 것이며, 그렇지 않으면 조지프가 말한 바와 같은 곤경으로 빠져들어 문학 논의가 종교의 경전임을 증명하게 된다.

블룸이 말한 바와 같이 정전의 정의는 우리의 교육기구가 선택한 책, 즉

---

3 아이작 와츠(Issac Watts, 1674~1748)는 런던 마크레인독립교회(Mark Lane Independent Chapel)의 목사로 『성가집』(Horae Lyricae), 『성시 영가집』(Hymns and Spiritual Songs) 등의 작품을 출판하여 '교회 성시(聖詩)의 아버지' '영국 성시의 위대한 인물'로 불리다. 매튜 아놀드(Matthew Arnold)는 그의 작품을 높이 평가하여 그가 쓴 「내가 십자가에 달린 신을 바라보았을 때」(When I Survey the Wondrous Cross)를 가장 뛰어난 영어 시라고 평가했다. 와츠는 박학하고 재주가 많았으며, 저술도 52권이나 남겼다. 그 내용은 신학, 천문학, 윤리학, 심리학, 논리학, 교육논리학 등을 섭렵하고 있다.

4 Kronick, Joseph G., 위의 글, 37~66쪽 참고.

피교육자의 필수 도서 목록을 가리킨다. 포케마는 "정전은 문화가 품고 있고, 우리가 그로부터 선택할 수 있는 정신적 보고의 총체"이며 "문학정전은 정선된 유명 작품으로 가치가 있으며 교육에 활용되고, 문학비평에도 참조체계의 역할을 제공한다"[5]고 했다. 문학에 있어서 정전은 공인된 가장 중요한 문학작품을 가리킨다. 또한 정전은 문학적 수양을 기르는데 반드시 알아야 할 책 또는 필독서를 가리키기도 한다. 모든 문학작품을 상정할 경우 정전의 수는 적은 편이지만 그러나 이들은 전체 문학의 면모를 반영할 수 있다. 학습과 이 정전 작품들을 파악하게 되면 문학적 수양을 쌓게 된다. 역으로 설령 수많은 비정전 작품들을 읽었다 해도 문학적 수양을 갖게 됐다고 말할 수는 없다. 블룸은 "여러 번 읽히지 않는 작품은 정전이라 할 수 없다. 아마도 그것들은 선정적인 작품들임에 틀림없다"[6]고 지적한 바 있다.

문학정전은 역사적 개념이다. 그것은 역사의 오랜 흐름에서 형성됐다. 그 시간과 공간은 문학정전화의 매체다. 문학정전 형성의 역사적 시간과 공간이 결여되면 문학정전은 형성될 수 없다. 정전이라는 단어는 척도의 규칙을 나타내는 뜻에서부터 건축, 조각, 윤리, 법률, 어법 등의 영역에까지 광범위하게 운용된 이래로, 사람들이 배우고 따라야 할 '모범 사례'라는 뜻을 갖게 됐다. 고대 그리스에서 문헌으로 유전되는 텍스트의 대다수는 문학과 관련이 있고 학습으로서의 정전은 문학을 제외하고는 다른 선택은 그다지 많지 않다. 연설을 배우기 위해 아티카 사람들은 연설가 열 명의 명언록을 편찬했다. 시

---

5 佛克馬·蟻布思, 俞國强譯,『文學研究與文化參與』, 北京大學出版社, 1996, 50쪽.
6 哈羅德·布魯姆, 江寧康譯,『西方經典』譯林出版社, 2005, 21쪽.

를 배우기 위해 알렉산더 시대의 『왕관 선집』(*Palatine Anthology*)은 서정시인 아홉 명의 작품으로 만든 시집이었다. 당시의 기준이든 오늘날의 기준이든 명언록과 문집은 모두 가장 훌륭한 사람과 작품을 선택하여 사람들에게 학습하고 모방하게 하고자 하는 의도를 갖는다. 따라서 교육과 학습, 계승을 목적으로 하는 문학 정전화 과정이 고대 그리스에서 이미 시작됐다고 말할 수 있다.[7]

독일 학자 에른스트(Ernst Robert Curtius)는 그의 사전식 저서인 『유럽문학과 라틴 중세기』(*European Literature and the Latin Middle Ages*)에서 유럽문학사에 대한 소급을 통해 "문학정전의 형성은 언제나 부단히 고전 작품에 대한 일종의 선택"이었으며 작가의 목록과 교과과정, 문학사와 정전의 취향을 통해 그 자신을 드러냈다고 말했다. 공식적인 정전은 교육기구와 권위 있는 인사, 신문과 잡지 등을 통해 확립됐고, 확립된 정선의 목적은 교육을 위한 것이었다.[8] 사실상 문학정전의 확립은 지식과 도덕이라는 두 측면의 교육적 필요를 만족시키기 위한 목적이 크다. 따라서 문학은 각 시대마다 그 시대의 지식과 도덕 기준에 의해 새롭게 평가되고 선택됐으며 그로 인해 정전으로서 계속 존재할 수 있었다. 모든 문학은 그들이 생산된 이후 어떻게 추종됐든 또는 어떻게 비판을 받았든 그것이 최종적인 평가가 될 수는 없다. 문학의 역사에 있어 당대에는 불공정한 대우를 받았더라도 위대한 불후의 정전 작품이라고 역사가 증명하고 있는 사례들은 부지기수다. 예컨대 호메로스의 서사시와 그리스비극은

7 Kronick, Joseph G., 위의 글, 37~66쪽 참고; *The Cambridge History of Literary Criticism*, Vol.1, *Classical Criticism*, ed. George A. Kennedy(Cambridge, U.K.: Cambridge University Press, 1989), 44쪽.

8 Alastair Fowler, "Genre and the Literary Canon," *New Literary History*, Vol.11., No.1., 98쪽.

모두 플라톤에게서 비판받았다. 보카치오의 『십일담』과 제프리 초서의 『캔터베리 이야기』, 밀턴의 『실락원』 등은 모두 일찍이 로마 교회의 금서들이었다. 이 정전 작품들은 단지 시간과 역사를 통해 공정한 판단을 받게 됐다고 설명할 수밖에 없다. 어떤 문학도 후대에 유전되어 필독서가 된다면, 이는 시간과 역사의 흐름에서 만들어졌다고 할 수 있다.

2. 문학정전이 왜 필요한가?

우리에게 왜 문학정전이 필요한가? 사실 그 이유는 간단하다. 문학이 너무 많기 때문이다. 인류의 유구한 역사에서 우리가 문학이라고 부르는 작품들, 예컨대 시, 소설, 희곡, 기타 장르의 작품들은 끊임없이 창작됐고, 도서관의 서가는 갈수록 늘어났다. 오늘날에 이르기까지 문학의 분류에 들어간 책들은 이미 사람의 힘으로는 모두 정리하고 관리할 수 없을 정도가 됐다. 컴퓨터의 도움을 떠나서 설령 우리가 전문적인 범위 안에서 이를 정리한다 해도 도대체 얼마나 많은 책과 관련 정보가 있는지 분명히 알기 어려운 상황이다. 그러나 이처럼 드넓은 수많은 책 가운데서도 우리는 또한 어떤 것을 읽고 배워야 하는지를 알아야만 할 필요가 있다. 즉 어떤 책이 가장 가치 있는 정전인지를 알 필요가 있는 것이다. 많은 책에서 유한한 삶의 시간을 낭비하여 불필요한 책을 읽고 공부할 필요가 없으므로 우리에게는 문학정전이 필요한 것이다. 문학정전과 그저 그런 문학작품의 차이는 전자가 문학적 수양을 기르는데 필수적인 책이자 필독서라면, 후자는 문학적 수양을 기르는데 선택적인 책이며 반드시 읽어야만 하는 책은 아니다. 전자를 읽지 못한다면 질책을 받겠지만 후자의 경우는 읽지 못한다 해도 관용을 얻을 수 있다. 예컨대 오늘날 사회에서 사람들의 감상 취미와 심미적 가치는 다르기 때문에 김용(金庸)의 무협소설 독자가 셰익스피어 희곡의 독자보다 훨씬 많을 수 있다. 그러나 문학적 수양이라는 측면에서 보면 김용 무협소설을 읽지 않았다 해서 무지하다고 여겨지지는 않지만 셰익스피어를 모른다면 무지하다고 비판받게 된다. 이는 셰익스피어의 작품이 이미 유구한 역사에서 정전이 됐고 문학적 수양을 위한 필독서가 됐기 때문이다.

문학정전은 문학적 수양을 위한 것이지 문학적 취미를 위한 것이 아니다. 문명사회에서 인류가 구축한 지식 구조, 문화 지식의 학습, 도덕 수양을 위한 필독서로서 문학정전의 가치는 독자의 많고 적음이나 유행 정도, 판매량, 개인의 기호에 의해 결정되지 않는다. 특정한 문학정전은 전문적으로 이를 연구하는 사람들을 제외하면 극히 적은 수만이 읽기도 한다. 그럼에도 그 정전으로서의 가치에 영향을 주지 않는다. 예컨대 호메로스의 서사시, 단테의 『신곡』, 괴테의 『파우스트』 등은 오늘날 그것을 읽는 사람들이 많지는 않지만 문학정전으로서의 지위를 흔들려 하는 사람은 없다. 이와 반대로 역사에서 일찍이 유명세를 탔던 스페인의 기사문학은 마치 오늘날 무협소설처럼 유행했지만 정전이 되어 역사에 남지는 못했다. 영국 바바라 카틀랜드의 로맨스 소설은 그 판매량이 무려 6억 권에 달했고 대만 경요(瓊瑤)의 로맨스 소설도 스테디셀러가 됐지만 그 소설들은 지금까지도 문학정전으로 여겨지지는 않는다. 이는 독자와 판매 부수가 베스트셀러의 기준은 될 수 있을지언정 정전 소설임을 증명하지는 않기 때문이다.

인류의 역사와 사회가 어떻게 발전해 왔든, 문학 양식이 어떻게 변화해 왔든 문학을 감상하는 취미가 과거와 어떻게 달라졌든 우리는 여전히 문학정전을 필요로 하며, 문학정전은 여전히 자신의 법칙에 따라 부단히 재구성되고 있다.

3. 문학의 정전화 과정

우리는 지속적으로 문학정전을 찾고 읽으며 향유함으로써 즐거움과 교훈을 얻게 된다. 그 과정에서 우리는 한 가지 문제를 생각하지 않을 수 없다. 즉 어떤 요인이 문학을 정전으로 변화시키는가 하는 것이다. 이는 우리의 대답을 필요로 하는 중요한 문제임에 분명하다.

문학정전의 형성과정은 문학의 정전화 과정이자 문학의 역사화 과정이기도 하다. 어떠한 문학작품이라도 시간의 흐름과 역사의 검증을 통해서만 정전이 될 수 있다. 문학 정전화는 유구한 역사의 과정이며 재구성의 과정이기도 하다. 재구성은 오해를 불러일으키기 쉬운 용어다. 문학정전에 관한 논의에서 재구성은 종종 전복(overthrow) 또는 재건(reconstruct)으로 오해되기도 한다. 사실 문학정전의 재구성이라는 표현은 글자 그대로만 보아 옛 것을 뒤집어서 새롭게 무엇인가를 세운다고 하는 의미로 해석될 혐의가 있다. 문학정전은 일단 형성되어 승인과 수용 과정을 거치면 임의로 이를 무너뜨리거나 새로 만들 수는 없다. 왜냐하면 후대 사람들이라도 앞서간 이들에 의해 수행된 문학 정전화 과정과 공헌을 부정할 권력을 갖고 있지는 않기 때문이다. 후대의 한 개인이 직면하고 있는 정전은 이전 시대의 집단적인 사람들이 확정한 작품들이다. 따라서 정전의 확인은 다수 사람들이 문학 가치에 대한 판단과 문학의 유전에 대한 긍정적인 희망을 보여줄 뿐만 아니라, 여러 역사 시기를 거치면서 많은 사람들의 심미 가치관과 문학을 평가하는 도덕 의지를 보여주고 있기도 하다. 여러 시기에 걸쳐 서로 다른 사회 집단이 이미 형성된 문학정전을 다시 읽으면서 그 문학적 가치를 새롭게 살펴보고 새로운 해석을 수행하며, 새로운 독서와 해석의 과정을 통해 자신의 가치 기준에 부합하지 않는 작품들을 제거하는 과정을 진일보하게 보여주는 일이자, 또한 반드시 읽어야 한다고 생각하는 작품들을 보충함으로써 제거된 작품들을 대체하는 일, 이것이 바로 정전의 재구성이다.

나는 문학정전의 재구성을 'reconstruction'으로 부르지 말고 'refactoring'이라는 말로 그 의미를 드러내야 한다고 생각한다. 재구성(refactoring)이 가리키는 바는 기존의 문학정전에 대한 독서와 해석에 대한 새로운 인식과 이해의 기초 위에서, 또한 기존의 정전 목록에 대한 수정을 통해 이를 더욱 완전하고 실용적으로 만드는 과정을 가리킨다. 따라서 문학정전의 재구성은 기존 정전을 뒤집어엎는 일이 아니라 기존의 기초 위에서 보충과 삭제를 통해 역사가 확인한 새로운 정전을 수용하고 역사가 정전이 아니라고 증명한 작품들을 제거하는 일이다. 재구성을 통해 문학정전은 역사와 동궤를 이룰 것이며, 문학정전의 목록도 완비되고 신뢰할 수 있게 될 테고, 그 질적 수준 또한 보장될 수 있다. 사실 재구성의 가장 큰 역할은 보충과 삭제인데, 보충은 주로 오늘날 정전이라고 간주되는 작품을 위한 일이고, 삭제는 주로 과거의 경우, 즉 과거에 정전으로 잘못 인식된 작품들을 그 목록에서 제거하는 일이다. 따라서 이러한 재구성 과정은 문학 정전화의 과정이기도 하다. 예컨대 팔그레이브(Francis Turner Palgrave)가 편찬한 『영시의 보고』(*The Golden Treasures*)는 고전적인 시선집으로 간주되는데, 1861년판에는 시인 77명의 시 288수가 수록됐다. 그러나 30년 뒤 1891년판에는 새로운 증보를 통해 캠피온의 시 10수가 추가된데 이어 시드니의 시가 1수에서 5수로 늘었으며, 호니크의 시는 7수에서 8수로, 마블의 시는 3수에서 4수로, 셰익스피어의 시는 32수에서 34수로 늘었다. 이에 비해서 퀼러 카우치(Quiller Couch)가 1915년에 편찬한 『옥스포드 영국시집』(*Oxford Book of English Verse*)은 분량만 해도 그 전보다 3배로 늘어나면서 『영시의 보고』에는 실리지 않았던 수많은 이름 없는 작가들의 작품을 실었다. 예를 들면 전원시인 브라운(William Browne)의 시가 7수 수록됐고, 카트라이트(William Cartwright)의 시 4수가 실렸다. 그러나 1978년 출판된 존 헤이워드가 편찬한 『펭귄 영국시선』(*The Penguin Book of English Verse*)은 일부 시들을 삭제하기는 했지만 큰 변화는 없었다. 이로 보건대 정전의 확인은 문학전통, 문학유파, 예술 스타일, 심미 취미 등의 영향을 받게 되며,[9] 문학정전의 목록은 사실상 시간의 흐름에 따라 부단히 변화하고 있다.

문학작품이 정전이 될 수 있는 원인은 무엇인가? 이는 의견이 분분한 질문이다. 블룸은 작가와 그 작품이 정전이 되는 원인은 '생소함'(strangeness)에 있다고 보았다.[10] 그는 "한 편의 문학작품이 정전의 지위를 얻을 수 있는 창조적

---

9 Alastair Fowler, "Genre and the Literary Canon," *New Literary History*, Vol.11., No.1., 100~114쪽 참조.

10 哈羅德·布魯姆, 江寧康譯, 『西方經典』 譯林出版社, 2005, 2쪽.

인 표지는 바로 특정한 창조성"[11]이며 "이는 동화될 수 없는 창조성이거나 또는 우리가 완전히 더 이상 이단이라고 간주하지 않을 수 있는 창조성"[12]이라고 말했다. 그는 또 "창조성을 강하게 가진 모든 문학은 모두 정전성을 갖는다"[13]고도 말했다. 창조성은 문학정전에 있어서 매우 중요하다. 하지만 그렇다면 우리는 정전의 목록에서 제외됐으나 창조성을 갖춘 수많은 작품들을 이에 근거하여 설명할 수가 없게 된다. 예를 들면 서양의 기사소설과 중국의 무협소설이 갖는 '생소한' 특징은 손에서 책을 놓을 수 없을 정도에 이른다. 그러나 이들은 정전이 되지 못했다. 이는 블룸이 제시간 창조성을 표지로 하는 생소함은 문학작품이 정전화되는 기준이 될 수 없다. 블룸은 이어서 또 다른 기준을 제시한다. "신성과 인성이 애증으로 갈등해야 한다"는 기준이다.[14] 그는 이것이 "오랫동안 지속되어 우리가 창조성이라고 알아차리기 어려운 점 또한 또 하나의 표지"라고 여겼다. 그러나 생소함이든 신성과 인성의 애증적 갈등이든 누구나 받아들이는 문학 정전화의 기준이라고 보기는 어렵다.

블룸이 『서양 정전』에서 문학작품의 정전화 원인을 만족스럽게 제시하지 못했음은 분명하다. 이 문제에 대해서, 나는 문학작품의 윤리가치와 관계가 있다고 생각한다. 따라서 이 문제에 관해서는 블룸의 관점에 동의하기 어렵다. 블룸은 아마도 문학정전의 도덕가치를 부정한 듯하다. 그는 "심미와 인지의 기준에 있어 가장 큰 적은 우리가 문학의 정치와 도덕가치를 이야기하는

11 哈羅德·布魯姆, 위의 책, 3쪽.
12 哈羅德·布魯姆, 위의 책, 2쪽.
13 哈羅德·布魯姆, 위의 책, 18쪽.
14 哈羅德·布魯姆, 위의 책, 4쪽.

데 있어서의 이른바 수호자"[15]라고 말했다. 그는 "마치 우리가 셰익스피어가 우리의 퇴락한 사회를 위해 무엇을 해주리라고 기대하지 않는 바와 같다. 왜냐하면 셰익스피어 희곡의 기능과 공공 도덕 및 사회정의는 거의 아무런 관계가 없기 때문"[16]이라고 여겼다. 기원의 측면에서 문학에 대한 연구를 수행하다 보면 우리는 문학작품의 탄생이 본질적으로 완전히 윤리도덕의 필요에서 비롯됐음을 알게 된다. 동서고금에서 발견된 최초의 텍스트는 모두 종교의 제사의식을 기록하는 일과 관련된다. 마치 중국 상(商) 왕조의 갑골에 새겨 넣은 점괘들과 같이 오래되고 매우 간략한 문자들의 기록에는 풍부한 내용의 이야기 텍스트가 포함돼 있다. 종교 제사 활동을 기록한 이러한 옛 문헌들은 문학의 최초의 기원이다. 이 문헌들의 기본적인 기능은 교훈이자 다른 사람 혹은 후대를 위해 모범을 제공하고 규범을 세우며 의지할만한 사례와 법칙을 만들어서 체제를 형성하기 위함이었다. 후대에 이르기까지 문학은 이 기본 기능을 지켜왔다. 호메로스의 서사시, 그리스의 희곡, 셰익스피어의 작품, 밀턴의 시, 18세기부터 19세기에 이르는 소설 등은 모두 문학 교화 기능의 본질적 특징을 보여준다. 문학의 역사는 그 탄생의 목적이 바로 윤리표현의 필요에 있음을, 문학의 기능은 교훈임을, 또한 문학의 심미적 기능은 곧 문학 교훈 기능으로부터 확장된 산물로서 교훈 기능을 위해 복무하고 있음을 알려준다. 문학이 교훈 기능, 곧 윤리가치를 잃어버린다면, 문학의 심미 가치 또한 존재할 수 없게 된다. 문학 가치의 크고 작음은 그 발휘되는 교훈 기능의 크고 작음에 달려

---

15 哈羅德·布魯姆, 위의 책, 28쪽.

16 哈羅德·布魯姆, 위의 책, 28쪽.

있다. 문학정전들의 교훈 기능은 충분히 발현될 수 있어야 한다. 그렇지 않으면 정전이 되기 어렵다. 이는 문학정전의 가치가 윤리가치에 있으며, 그 예술 심미는 단지 윤리가치의 확장이거나 혹은 윤리가치를 실현하는 형식 또는 과정일 뿐이다. 따라서 문학이 정전이 될 수 있는가는 그 윤리가치가 결정한다.

4. 문학정전의 가치 발견

문학정전의 윤리특성으로 인해 우리가 정전들을 읽거나 해석할 때 방법을 선택하는 일이 중요하게 됐다. 예컨대 호메로스의 서사시와 그리스 희곡의 독서와 해석에 있어 우리가 이왕에 취해 왔던 역사비평, 사회비평, 또는 문화비평 등의 방법은 모두 새로운 발견이었다. 이 방법들은 독서와 해석 과정 중에 원용되면서 이미 우리가 바라는 결과를 얻어냈다. 그러나 만일 우리가 지속적으로 이 방법들로 작품들을 해석한다면 우리는 새로운 발견, 또는 이전의 연구에 대한 새로운 추동을 해내기는 어려울 것이다. 따라서 우리에게는 정전 작품을 새롭게 해석하거나 비평하는 방법을 찾아낼 필요가 있다. 우리가 원용해 왔던 많은 비평 방법 가운데 사회비평, 심리분석, 정신분석, 역사주의, 문화비평 등은 모두 각자의 특징과 쓰임새를 가지고 있다. 그러나 문학의 윤리특성에 근거한 문학윤리학비평의 방법으로 정전을 읽고 해석한다면 새로운 가치를 발견하게 된다. 문학윤리학비평은 윤리와 도덕의 비평적 입장을 강조하고 역사와 변증적 방법을 원용하여 문학이 만들어낸 윤리요소를 찾아내고 문학이 다루는 모든 문제를 윤리와 도덕의 범주로 귀납하여 논의함으로써 윤리와 도덕의 시각으로 정전 문학의 새로운 발견을 위해 노력하게 된다.

문학윤리학비평 방법을 제기하는 현실적인 까닭은 문학비평 방법을 새롭게 해야 한다는 필요도 있지만 오늘날 문학비평계의 가치관 혼란이 더욱 중요한 문제이기 때문이다. 사실 오늘날 우리의 문학비평은 기본적으로 모두가 받아들일 수 있는 공통의 기준이 결핍된 상태고, 이로 인해 문학의 가치 평가에서 저마다 옳음을 주장하고 있다. 중국 문학비평의 가치관의 혼란 또한 매우 심각한 정도에 이르렀다. 이러한 혼란은 처음부터 문학 영역에서 시작된 것은 아니며 역사학계에서 시작됐다. 일찍이 2000년에 학자들이 실용주의 관점으로 이른바 민족단결을 보위해야 한다는 입장에서 시작하여 악비(岳飛)와 문천상(文天祥)을 민족 영웅으로 간주해서는 안 된다고 주장하면서 많은 비판을 불러왔다. 누군가는 이러한 상황을 보고 진회(秦檜)의 반란 평정이 멀지 않았다고 말하기도 했다. 아니나 다를까 2005년에 한 예술가가 진회 부부의 조각상을 상하이의 한 예술관에서 전시하면서 그 작품명을 「492년을 꿇어 있었으니, 우리는 일어나 숨 쉬고 싶다」(跪了492年, 我們想站起來喘口氣了)라고 붙였다. 진회의 반란 평정으로 여론을 들끓게 하겠다는 의미였다. 최근 몇 해 사이 중국에는 중국 문화 전통을 부정하고 악의적으로 묘사하는 분위기가 생겨났다. 가장 대표적인 사례가 바로 역사학자들이 교육부 교재국[教材司]에 서한을 보내 제갈량(諸葛亮)의 「출사표」(出師表)를 중학교 어문 교과서에서 제외하고 화운(華韻)의 「지전소」(止戰疏)로 대체해달라고 건의한 일이다. 우한대학(武漢大學) 출판사가 출판한 『매조영의 제갈량 평가: 중국에서 가장 허위적인 남자』(梅朝榮品諸葛亮: 中國最虛僞的男人)는 제갈량의 지혜가 거짓 지혜이며 그의 충심도 거짓이고 황제를 보좌한 일도 거짓이며, 그의 일생 전체가 거짓으로 점철됐다고 주장한다. 진회, 악비, 문천상, 제갈량은 역사적 인물일 뿐만 아니라 문학적 인물이기도 하다. 따라서 그들에 관한 평가는 역사의 진실성에 관한 논의를 넘어서서 문학비평과도 관계가 있다. 문학적 인물로서 그들은 이미 도덕 상징이 됐고, 사람들의 마음속 깊은 곳에 자리 잡은 예술 형상이 됐다. 이미 굳게 자리를 잡은 예술적 인물들이 역사를 구실로 부정된다면 이는 분명한 윤리적 어긋남이자 도덕 혼란으로 백해무익한 일이다. 이는 또한 문학윤리학비평이 이러한 문제를 해결해야만 하는 현실적인 필요를 갖고 있음을 말해주기도 한다.

이상의 역사 인물에 대한 전복적 비평은 창조적인 학술 행위로 볼 수 없다. 오히려 이러한 전복적 평가는 학술 비평의 윤리 결여와 도덕 상실이라고 보아야만 한다. 문학의 인물이나 역사적 인물을 평가하는 문학비평은 공인을 받아야 할 뿐 아니라 대다수의 의지를 반영해야만 한다. 문학비평은 문학감상과는 다르다. 문학비평은 개인의 주관적 입장을 초월하여야 하지만, 문학감상은 개인의 기호를 비평의 기준으로 삼아도 된다. 상술한 비평의 문제는 자신의 호오(好惡)라는 입장을 근거로 삼고 있으며 그 가운데에는 협애한 개인의 의식과 편협한 정치적 입장, 주관적 도덕 기준으로 가득 차 있다. 따라서 이는 전형적인 도덕비평일 따름이며 이해나 해석이 아닌 가혹한 요구이자 질책일 뿐이다.

앞서 제기한 인물들에 대한 평가를 어떻게 수행할지 여기서 전문적으로 논의할 생각은 없다. 이미 많은 평가가 다수인의 도덕 의지와 학술 견해를 드러냈으니 당연히 존중받아야 한다. 나는 단지 문학윤리학비평 방법을 원용하여 정전 작품들을 읽고 해석함으로써 새로운 비평 방법으로 이미 발굴된 바 있는 문학의 보고를 다시 한 번 발굴하고자 한다. 우리가 가장 잘 알고 있는 문학의 보고 가운데서도 『오이디푸스』, 『햄릿』, 『노인과 바다』야말로 다시 한 번 발굴돼야 하는 가장 대표적인 정전 작품이라고 생각한다.

『오이디푸스』의 비평 역사에 있어 프로이트 비평이 나타나기 이전의 대다수 역대 비평은 모두 이 비극을 운명적 비극이라고 불렀고, 그 주제를 개인 의지와 행위의 운명적 충돌로 귀결했다. 보통 『오이디푸스』의 비극은 신이 정해놓은 운명에 맞설 수 없는데 있다고 여겨졌다. 프로이트의 오이디푸스콤플렉스(Oedpus Complex) 이론은 『오이디푸스』을 해석하는 두 번째 중요한 관점이었다. 프로이트의 이해에 따라 오이디푸스 왕의 비극은 어머니를 사랑하는 심리적 경향과 그러한 경향이 빚어낸 비극으로 해석됐다. '어머니에 대한 콤플렉스'라는 심리 작용 하에서는 필연적으로 두 가지 결과, 즉 아버지 살해와 어머니 취하기라는 결과가 빚어진다. 프로이트는 소포클레스의 『오이디푸스』, 셰익스피어의 『햄릿』, 도스토예프스키의 『카라마조프가의 형제들』을 가지고 그의 관점을 설명하면서 살부와 어머니와의 혼인을 인류와 개인의 원시적이고도 근본적인 죄악 경향이라고 보았고, 어떠한 상황에서도 범죄 의식의 주요 근원이라고 간주했다. 프로이트는 살부의 목적은 아버지와 어머니를 놓고 투쟁하는 것이며, 아버지를 제거해야 할 경쟁의 적수라고 여겼기 때문이라고 본다.[17] 따라서 프로이트가 보기에 '오이디푸스 콤플렉스'는 곧 오이디푸스 비극의 근원이 된다.

우리가 문학윤리학비평으로 이 비극을 읽어낸다면 『오이디푸스』가 본

---

17 車文博主編, 「達·芬奇對童年的回憶」, 『弗洛伊德文集』(七), 長春出版社, 2004, 149쪽.

질적으로 윤리의 측면에서 참극이라는 점을 발견할 수 있다. 그리고 인류문명의 발전 과정에서 형성된 윤리금기와 오이디푸스가 부단히 강화했던 윤리의식도 알 수 있다. 오이디푸스의 윤리의식의 핵심은 윤리금기이다. 비극에 나타난 윤리금기는 곧 패륜 금기로서 살부 및 어머니와의 혼인이라는 두 가지 금기로 구성된다. 고대 그리스는 법률 제도가 아직 완비되기 이전 시대였기에 윤리금기는 일종의 규칙, 제도, 법률 규정, 도덕 준칙, 또는 인간 행위를 구속하는 법률로서 간주될 수 있을 텐데 그 어느 것이든 사회에 대해서는 매우 중요한 의미를 가지고 있다.

소포클레스의 비극에서 살부 및 어머니와의 혼인은 패륜의 금기로서 단지 사회적 습속만이 아니라 이미 도덕 계율로 승화되어 전 사회가 반드시 준수해야만 하는 내용을 어긴 일이었다. 오이디푸스가 코린스에서 델파이에 이르러 무의식중에 자신의 아버지를 죽이고 어머니를 위한 일은 정말로 패륜의 대죄로서 델파이에 전염병을 불러오게 됐다. 비극에서 작가는 예언자의 입을 빌려 이미 오이디푸스의 범죄 행위의 심각성을 지적했다. 예언자 티레시아스는 오이디푸스가 "델파이의 패륜과 전염병이라는 오점"으로 인해 세 가지 윤리범죄를 범했다고 지적했다. 그 범죄란 살부, 어머니 취하기, 어머니와의 사이에서 아이를 낳은 일을 가리킨다. 이러한 지적은 오이디푸스의 범죄의 본질을 보여주었다. 오이디푸스의 범죄가 증명된 뒤 비극은 다음과 같은 일이 증명됐다고 말한다. "그와 함께 사는 자녀들의 아버지가 됐고, 자신의 생모의 아들이자 남편이 됐으며, 아버지의 살인범과 함께 씨앗을 뿌린 사람"(11. 퇴장)이 됐다는 것이다. 오이디푸스의 시대에 근친상간은 매우 심각한 범죄로서 엄격히 금지되어 있었다. 이에 오이디푸스는 말한다. "결혼이여, 결혼이여. 그대가 나를 낳았으면, 낳은 뒤에는 그대의 아이에게 또 아이를 낳아주고, 아버지를 만들었구려. 아버지, 형, 아들, 신랑, 아내, 어머니의 불륜은 세상에서 부끄러운 일이도다."(11. 퇴장)

오이디푸스의 비극은 인간이 윤리도덕을 세워가는 과정에서 치른 대가로서 고대 그리스인들의 윤리관이 변화하는 과정을 보여준다. 이 비극은 당시 교훈적 의미를 지니고 있었다. 즉 삶에서의 사실을 통해 패륜이 어떠한 심각한 결과를 가져오는지, 또한 인간으로서 이러한 금기를 엄격히 준수해야 함을 알려주고 있다. 당시든 지금이든 이 비극의 핵심 가치는 바로 윤리가치에 있고 그 목적은 패륜적 금기를 보여줌으로써 윤리질서가 반드시 준수돼야 하며 쉽게 파괴돼서는 안 된다는 점을 일깨우고 있다.

문학정전의 핵심 가치는 윤리가치에 있다는 점을 증명하는 또 다른 사례는 『햄릿』이다. 400년이 지난 뒤에도 햄릿은 여전히 세계 문학에서 가장 비극적인 형상 가운데 하나다. 그렇다면 무엇이 이 비극이 정전 중의 정전이 되도록 했는가? 대답은 마찬가지로 이 비극이 품고 있는 영원한 윤리가치다.

햄릿은 비극에서 셰익스피어가 공들여 창조한 도덕 전형, 즉 고도의 윤리의식을 가지고 도덕규범을 준수하는 이성적 인물이다. 아버지의 원혼을 만난 햄릿이 "아버지가 살해됐으며 어머니는 더럽혀졌다"는 진상을 알게 된 뒤, 아버지를 위해 복수하겠다고 다짐한다. 그러나 그의 복수는 해결할 수 없는 윤리문제에 직면한다. 햄릿의 아버지가 죽은 뒤, 어머니가 그의 숙부인 클라우디우스와 결혼을 했고, 이로 인해 햄릿과 클라우디우스 사이의 윤리관계가 바뀌었기 때문이다. 클라우디우스는 왕위 계승권을 가지고 있는 왕비를 취함으로써 왕비의 법률적, 윤리 의미에서의 남편이 됐고, 덴마크의 국왕이 됐으며, 햄릿의 계부가 됐다. 또 햄릿은 클라우디우스의 왕자이자 아들이 됐다. 이러한 신분 변화는 매우 큰 의미를 가진다. 왜냐하면 이성적인 햄릿은 만일 자신이 클라우디우스를 죽이면 곧 덴마크의 국왕이자 명의상의 아버지를 죽이게 되고, 이는 곧 군주 시해(regicide)와 살부(patricide)라는 윤리범죄를 저지르는 일이기 때문이다. 아버지의 아들로서 햄릿에게는 아버지를 위해 복수해야 할 책임과 의무가 있기에, 클라우디우스를 죽이는 일은 당시 윤리관에 의해 결정될 수 있다. 그러나 그가 죽여야 할 사람의 현재 신분은 덴마크의 국왕이자 그의 계부가 됐으므로 문제는 매우 복잡해지고 말았다. 햄릿은 진지한 이성적 사고를 수행해야만 했다. 그의 복수는 오이디푸스처럼 자신의 행위로 인해 윤리 책임을 짊어져야 하는가? 자신의 어머니를 다치게 할 수 있는가?(왜냐하면 클라우디우스는 지금 어머니의 남편이기 때문이다.) 가장 중요한 것은 어머니의 남편이자 자신의 계부, 덴마크의 국왕을 죽인다 해도 윤리범죄를 저지르지 않는 것인가? 이는 일련의 복잡한 윤리문제로서 햄릿에게 대답을 요구했으나 그는 답을 찾을 수 없었고 그 문제들을 해결할 수 없었다. 단지 끊임없는 사고를 통해 자신을 윤리딜레마라는 곤경으로 빠뜨렸고 결국 자신의 비극을 초래했다.

햄릿은 윤리딜레마의 선택이라는 문제에 직면했다. 즉 그는 복수가 윤리의 측면에서 정의로운가 하는 문제를 고려해야만 했다. 이는 햄릿의 유명한 고전적 독백 "죽느냐 사느냐 그것이 문제로다"(To be, or not to be: that is the question.)라는 물음을 다시 사고하지 않을 수 없게 한다. 예나 지금이나 햄릿의 이 유명한 내면의 독백은 햄릿이 삶과 죽음 사이에서 어떤 선택을 할 것인가 하는 고민으로서 그의 우유부단한 성격을 전형적으로 보여주었다고 여겨져 왔다. 표면적으로 보면 그럴 수도 있겠으나 사실상 그것은 이 고전적 독백의 오독일 뿐이다. 윤리선택의 시각에서 분석하면, 이 독백은 생사와 무관하다. 그것은 단지 햄릿의 윤리사고, 즉 그가 복수를 행하는 일에 대한 윤리가치 판단으로서 그가 어떻게 행동해야만 이성적이고 올바르고 윤리에 부합하는가를 묻고 있다. 따라서 "To be, or not to be"가 나타내는 핵심적 문제는 복수하느냐 마느냐, 행동하느냐 마느냐, 국왕을 죽이느냐 마느냐 하는 윤리 판단이다. 햄릿은 그의 복수 대상인 클라우디우스의 아들이 됐고, 이와 같은 윤리 신분은 그가 직면한 딜레마로서의 윤리선택을 보여준다. 즉 그가 친아버지를 위해 복수를 수행하게 되면 그의 윤리 책임과 의무를 다하게 되지만 일단 복수를 하고 나면 살부라는 윤리금기를 위반하게 된다. 햄릿에게 있어서 복수와 포기는 모두 윤리딜레마에 처하게 된다. 바로 이 점이 햄릿 비극의 근본 원인은 그 자신의 유약함이나 이른바 오이디푸스 콤플렉스로부터 비롯됐다기보다는 어찌할 수 없는 윤리선택의 문제에서 비롯됐음을 증명해준다.

특정한 문학정전이 사회에서 인정받고 수용되려면 주요하게는 그 가치가 독자에 의해 발견돼야 한다. 우리는 오래된 정전 『햄릿』으로부터 새로운 가치를 발견했고 또한 헤밍웨이의 『노인과 바다』와 같은 오늘날의 정전에서도 새로운 가치를 발견할 수 있다. 지금까지 대다수 평론은 『노인과 바다』의 주인공을 자연과 투쟁해 온 '진짜 사나이' 형상으로 여겨왔다. 평론들은 이 소설의 주인공을 두고 "사람은 부서질 수는 있지만 패배할 수는 없다"는 말을 인용하여 산티아고의 영웅적 의지를 설명했다. 그들에게 있어서 산티아고의 사투는 "자신을 살리는 일"일 뿐만 아니라 "영광을 위한" 일일 수도 있기 때문에 반드시 물고기와 싸워 이겨야 한다. "사람은 태어나면서부터 패배하지 않아. 그를 파멸시킬 수는 있지만, 싸워 이길 수는 없어." 이 말은 바로 산티아고의 '사나이' 철학이다. 즉 인간은 자연의 주재자이자 정복자라는 사실이다. 평론가들의 눈에 산티아고는 인류의 정복과 강력한 정신을 상징하는 인물이다. 그는 '진짜 사나이'일 뿐만 아니라 자연의 정복자이기도 하다.

그러나 오늘날 우리가 생태 윤리의 관점으로 산티아고의 생활관을 돌아본다면 그의 사나이 형상에서 또 다른 깨달음을 얻을 수 있다. 즉 날로 심각해지는 생태 위기에 처해 있는 우리에게 그는 경고와 깨달음을 가져다준다. 헤밍웨이 시대, 인류는 자연을 정복하고 자연과 싸워 이겨야 한다는 전통 철학의 입장에서 자신의 목표를 이룰 수 있다고 굳게 믿었다. 인간이 보기에 인간 자신은 가장 위대하고 가장 강대하며 자신을 이길 수 있는 생물이 없는 세계 모든 생물의 주재자이고, 산티아고는 바로 그 예증이다. 그러나 오늘날 생태 균형이론은 우리에게 인간과 자연 사이의 윤리관계를 다시 살펴볼 것을 요구한다. 과거 윤리도덕가치관에서는 인류는 자연과 영원히 대립 상태에 놓여 있었기에 반드시 자연을 정복하고 이겨야만 했다. 고대 그리스 시대부터 인류는 자연과 투쟁해 온 수많은 영웅들을 창조했다. 예컨대 프로메테우스나 헤라클레스, 오디세우스 등이 그들이다. 산티아고에게서 우리는 거대한 힘을 만들어 낸 이 인물 역시 그리스 식 영웅의 특징을 갖고 있음을 발견하게 된다. 바로 인류는 자신의 정복 욕망이라는 그릇된 윤리의식을 드러낸 결과, 자연에 대한 정복은 종종 자연을 파괴하고 우리의 생존 환경을 파괴했으며 생태와 인류 자신에 위기를 가져오기도 했다. 자연을 정복하고 싸워 이기려는 인류의 노력은 단지 자신에게 비극만을 가져왔을 뿐이다. 우리는 윤리 시각에서 인간과 자연의 관계를 사고해야 하며 인류의 유일한 출구는 단지 자연과의 평화로운 공존임을 인식해야 한다.

따라서 우리는 오늘날 생태 윤리의 입장에서 청새치를 잡아 영웅이 된 산티아고를 이해하려고 할 때 더 이상 그를 존경받는 '사나이' 또는 영웅으로 간주하기는 어려우며, 오히려 자연의 파괴자라고 보아야만 한다.

생태적 입장에서 보면 이 세계는 결코 우리 인류만이 독존하는 곳이 아니라 모든 생물이 함께 공존하는 곳이다. 인류를 비롯한 여러 생물들이 각자 자신이 생존하는 세계에는 공생의 윤리질서가 존재한다. 다윈의 진화론은 자연도태, 즉 자연선택이라는 대원칙을 발견했다. 그러나 자연계의 생존경쟁에 대한 그의 결론은 잘못됐다. 인간을 비롯한 자연계의 모든 생물은 생존의 조정, 즉 자연계에서 자신의 위치를 생존할 수 있는 가장 좋은 상태에 적합하도록 조정해야 한다. 자연계에서 모든 생물은 자신이 생존할 공간과 환경을 가지고 있으며 이것이 상호 배치되지 않아서 자연 윤리 혹은 생태 윤리가 형성됐다. 즉 자아 조정, 평화 공생, 공생 공존의 윤리관계가 형성된 것이다. 이는 자연계에서 반드시 준수돼야 할 윤리질서 혹은 자연 법칙이기도 하다.

『노인과 바다』에서 산티아고가 생존했던 세계는 육지였고, 청새치가 살고 있는 세계는 바다였다. 자고이래로 이 두 세계는 공생과 공존의 질서를 가지고 있었다. 그러나 산티아고는 자연에서 형성된 윤리법칙을 위반하고 육지

세계에서 살아가는 자신을 불안하게 생각하여 바다를 침입하는 사람이 됐다. 뿐만 아니라 그는 또한 바다의 정복자가 되고자 했다. 그가 청새치를 포획하고 죽임으로써 자신의 힘을 드러냈고, 자신이 자연의 주인임을 드러냈다. 산티아고는 바다를 침범했을 뿐 아니라 인간의 지혜와 궤계를 충분히 이용해 청새치를 속여 유인함으로써 미끼를 물게 했다. 청새치와의 싸움 가운데 산티아고는 잔혹하고 무정한 도살자 형상이 된다. 청새치는 그에게 어떠한 상해를 입히지 않았고, 어떠한 어려움을 가져다주지도 않았는데도 그는 끊임없이 자신을 위해 이유를 찾으면서 그들이 숨어 있는 곳을 찾아내어 잡아 죽인다. 바다 세계에서 산티아고는 탐욕과 교활과 허위와 잔혹과 야만의 일면을 끝없이 드러낸다. 산티아고는 결국 청새치를 죽임으로써 생태 질서의 파괴자로 변했다. 따라서 오늘날 보기에 그 형상은 그의 행동을 위대함이 아니라 우리에게 반감과 실망을 안겨준다. 왜냐하면 우리 인간 개개인이 도두 살육자이자 노략자가 되기를 바라지는 않기 때문이다. 소설의 결말은 매우 암시적이다. 산티아고는 비록 청새치를 죽였지만 청새치는 상어에게 먹혀버린 채 조금도 쓸모없는 뼈다귀만 남게 된다. 이는 우화적인 표현으로 산티아고가 자신의 행동을 통해 아무런 이득을 얻지 못했음을 보여준다. 물론 우리가 오늘날 산티아고를 새롭게 이해하고 평가하려는 것이 그를 심판하기 위함은 아니다. 이는 서로 다른 윤리환경과 도덕 조건 하에서 우리의 의식을 바꿀 필요가 있으며 동일한 사실을 새롭게 해석함으로써 더욱 많은 영감과 사유를 얻음으로써 우리 시대를 위한 참조 체계를 삼고자 함이다.

문학정전은 한 국가, 한 민족의 정신적 재산이자 국가와 민족의 사상 문화의 정수로서 국가와 민족의 과거와 현재의 가장 높은 도덕 이상과 정신적 추구를 집중적으로 보여준다. 그러나 우리는 지속적으로 정전을 읽음으로써 새로운 입장과 관점으로 이를 해석하고 이해하며, 나아가 그 중에서 새로운 가치를 발견하여 그들에 대해 문학정전의 지위를 계속 확인해 줄 필요가 있다. 문학정전은 역사의 발전을 통해 변화되기도 한다. 어떤 문학작품은 정전에서 삭제되기도 하고 어떤 문학작품은 새롭게 정전으로 보충되기도 한다. 2400여 년이 지났는데도 우리는 왜 『오이디푸스』를 읽는가? 400여 년이 지났는데도 왜 『햄릿』을 읽는가? 반세기가 지났는데도 왜 『노인과 바다』를 읽는가? 이들은 끊임없이 확인된 문학정전이며, 그 안에 불후의 도덕의 역량과 영원한 윤리가치가 내포돼 있다. 비록 그렇다 해도 이런 문학정전들은 부단히 읽혀져야 하며 이를 통해 새로운 가치를 발견하고 정전의 확인을 수행할 수 있도록 노력해야 한다.

제8장
서양문학의 윤리비평: 발전과 변천

1. 문학윤리학비평의 서양 기원

서양문학의 윤리비평은 도덕 본질이라는 기초 위에서 세워졌다. 고대 그리스 문학부터 서양문학은 처음부터 그 본질이 윤리적이었다. 호메로스의 서사시, 그리스의 비극과 시, 산문 등은 모두 로마 시인 호라티우스가 귀납한 바대로 문학의 주된 취지인 즐거움에서 교훈을 얻기 위함이었다. 비록 20세기 사회의 윤리도덕관에는 변화가 일어났지만 문학은 여전히 이러한 변화된 윤리도덕의 예술로서 표현되고 존재한다. 마치 오늘날 유명한 도덕윤리학자인 마사가 말한 대로 고대 그리스비극과 영미 리얼리즘 소설은 모두 도덕철학으로 구성되어 있다. 따라서 소설을 읽으면 "도덕의 관능을 발전시킬 수 있게"[1] 된다. 이렇게 바로 문학의 윤리본질로 문학비평의 윤리적 회귀를 결정하게 된다.

18세기 이래 계몽주의의 발전에 따라 도덕교육과 도덕비평을 강조하는 문학이 나타나 번영함으로써 일련의 도덕교육을 목적으로 하는 문학작품과 문학 도덕의 특성을 논의하거나 도덕을 기준으로 삼는 비평서들이 출판

1 Martha Nussbaum, *Poetic Justice: The Literary Imagination and Public Life*, Boston: Beacon Press, 12쪽.

됐다. 예컨대 문학 도덕교육의 가치를 강조한 『도덕교육 시문 수필』(*Miscellanies, Moral and Instructive, in prose and verse: collected from various authors, for the use of schools, and improvement of young persons of both sexes* by Milcah Martha Moore, 1787), 문학의 도덕 특징을 탐구한 학술서 『작가의 불행』(*Calamities of Authors: including some inquiries respecting their moral and literary characters* by Isaac Disraeli, 1812), 도덕 사고를 표현한 문집 『미문의 발췌와 문학의 꽃』(*Elegant Extracts, or, The Literary Nosegay* by De La Rouchefoucautt, 1814), 문학의 정서와 도덕 문제를 논의한 『미국 시론』(*An Essay on American Poetry, with several miscellaneous pieces on a variety of subjects, sentimental, descriptive, moral, and patriotic* by Solyman Brown, 1818) 등이다. 그러나 문학윤리학에 관한 본격적인 연구서는 19세기 중.후반 이후에야 나타났다. 랄프 왈도 에머슨(Ralph Waldo Emerson)의 다트머스대학 강연집인 『문학윤리학』(An Oration Delivered before the Literary Societies of Darthmouth College, July 24, 1838), 찰스 화이트의 『문학과 윤리학 논문집』(*Essays in Literature and Ethics* by Charles White, 1853) 등이 그것이다. 찰스 화이트의 『문학과 윤리학 논문집』은 1853년에 출판됐는데 모두 논문 12편이 수록되어 있고 종교와 철학, 윤리의 시각에서 문학의 교육 기능과 도덕 기능을 전면적으로 논의했다. 예컨대 『순결하고 건강한 문학』이라는 글의 필자는 세 가지 측면에서 "건강하고 순결한 문학의 가치"를 논의하면서 "건강하고 순결한 문학의 가치를 구현하기 위한 가장 중요한 문제는 천박하고 부패한 문학을 대체하려는 데 있"으며 "악을 제거하는 역할은 어쩌면 사람들에게 선을 따르도록 권하는 만큼이나 중요하다"[2]고 강조했

---

2 Charles White, *Essays in Literature and Ethics*, Boston: S.K.Whipple and Company, 1853, 100쪽.

다. 필자는 부도덕한 문학이 독초와도 같이 세상에 가득하다고 보고 "건강하고 순결한 작가의 작품으로 이러한 문학을 제거하고 대체해야 한다"[3]고 강조했다. 따라서 화이트의 문학윤리학은 실제로 문학의 도덕가치 문제에 대한 논의이다.

19세기 후반에는 서양의 문학윤리학에 관한 연구가 지속적으로 발전하여 일련의 대표적인 학술서가 출판됐다. 예컨대 『현대시의 윤리학과 미학』(*Ethics and Aesthetics of Modern Poetry* by J. B. Selkir, 1878), 『현대소설윤리학』(*Ethics of Some Modern Novels* by Trevor Creighton, 1884), 『문학과 윤티학 논문집』(*Essays in Literature and Ethics.* ed. William E. A. Axon, 1889), 『문학예술윤리학』(*The Ethics of Literary Art* by Maurice Thomson, 1893), 『문학윤리학』(*Ethics of Literature* by John A. KERSEY, 1894)이 그것이다. 윌리엄 악손이 편집한 『문학과 윤리학 논문집』은 1889년에 출판됐는데 그 중에는 영국의 유명한 목사와 작가 윌리엄 오코너(William Anderson O'Conor)의 생전 논문 8편이 실려 있다. 오코너는 브라우닝의 『찰드 로랑』, 테니슨의 『예술의 궁전』, 소포클레스와 셸리의 『프로메테우스』, 셰익스피어의 『햄릿』, 성경의 『욥기』 등을 사례로 윤리학과 종교의 입장에서 작가와 문학의 도덕 문제를 논의했고 아울러 도덕과 종고의 입장에서 작가와 작품을 평론했다. 오코너의 문학비평은 주로 도덕평가이자 종교적 경향을 분명히 보여주고 있다. 『문학예술윤리학』은 주제의 면에서 이전의 유사한 저작과 비슷하다. 이 책은 모리스 톰슨이 하트포드신학대학에서 행한 세 차례 강

---

3 Charles White, 위의 책.

연으로 이루어져 있는데 주로 도덕 범주 안에서 문학과 종교, 문학과 도덕의 관계 문제를 논의했다. 예를 들면 유해한 문학과 유익한 문학, 예술가의 도덕 책임, 문학비평의 도덕 입장 등과 같은 윤리문제가 그것이다. 『문학윤리학』은 23장으로 구성되어 있으며, 광범위한 영역에서 종교, 철학, 정치, 문화, 과학 등과 문학의 관계 문제를 논의했다. 19세기 문학윤리학 연구는 폭넓은 개념이었다. 이전의 문학연구와 비교하여 문학은 이미 단순한 문학 문제가 아니었으며, 다른 학문, 즉 윤리학 철학 등과 긴밀한 연관을 가지게 됐고, 종교적 영향을 받은 바 또한 분명했다.

전체적으로 보아 19세기 서양의 문학윤리학 연구는 주로 윤리와 도덕의 입장에서 문학을 논의하고 평가했으나 문학윤리학의 윤리체계를 수립하지는 못했다. 일반적으로는 윤리와 도덕, 종교, 정치 등과 관련된 문학 문제를 모두 윤리학 범주에 놓고 논의했다. 따라서 이를 문학윤리학이라고 불렀다. 비록 문학윤리학에 관한 정의가 불분명하고 이론 체계도 수립하지는 못했으나 문학윤리학에 관한 의식은 이미 분명히 제기됐고 또한 확립됐다. 트리포 크리턴의 『현대소설윤리학』과 존 켈사의 『문학윤리학』이 그 예이다.

20세기에 들어선 이래 서양문학의 윤리학연구는 19세기 문학연구의 기본적인 특징을 고수하기는 했지만 이전과 비교해서 분명한 진전을 이루었다. 비평가들은 문학윤리학을 총체적으로 연구했고 서로 다른 측면에서 문학작품을 연구해 나갔다. 20세기 초부터 다양한 새로운 문학이론과 사조가 문학연구를 시대의 주류로 이끌었으나 문학과 윤리학 연구는 여전히 사회와 작가, 독자가 주목했던 대상이었다. 일부 학자들은 대학에 문학과 윤리학에 관한 전문 강좌를 개설했다. 찰스 해롤드 허포드(Charles Harold Herford)는 웨일즈대학에서 '문학과 윤리학'(Literature and Ethics: an inaugural lecture delivered for the session at the University College of Wales, Aberystwyth, 1906~1907)이라는 시리즈 강좌를 열었다. 일군의 학자들은 문학윤리학 연구를 힘써 펼쳐나간 결과로 중요한 학술서를 출판했다. 『셰익스피어 교향악: 엘리자베스 시대의 희곡 윤리학 서론』(*The Shakespeare Symphony: An Introduction to the Ethics of the Elizabetian Drama* by Harold Bayley, 1906), 『그리스 문학과 구약전서의 윤리학 및 윤리 종교』(*Ethics and Ethical Religion in Greek Literature and the Old Testament* by Stella Louise Lange, 1935), 『로렌스의 애정 윤리』(*The Love Ethic of D. H. Lawrence* by Mark Spilka, 1955), 『영어와 윤리: 문학 교사의 생각』(*English and Ethics: some Ideas for Teachers of Literature* by Johan Lyall Aitken, 1976), 『콘래드와 다윈주의 윤리학』(*Joseph Conrad and the Ethics of Darwinism: the Challenges of Science* by Allan Hunter, 1983) 등이 그것이다. 21세기에 이르러서도 문학윤리학에 관한 저서는 계속 출간되고 있다. 총체적인 종합 연구는 물론 작가에 대한 전문적인 연구까지 포괄하면서, 문학윤리비평이 비록 일부 사람들의 질문에 부딪치기는 하지만 과거와 비교할 때 더욱 깊이를 더하고 있을 뿐 아니라 전체적으로는 승인되고 있는 상황이다. 관련 저서로는 『스위프트 소설의 트라우마와 윤리』(*Trauma and Ethics in the Novels of Graham Swift: no Short-cuts to Salvation* by Stef Craps, 2005), 『시의 책임』(*Poetic Obligation: Ethics in Experimental American Poetry after 1945* by G. Matthew Jenkins, 2008), 『베케트와 윤리학』(*Beckett and Ethics*, ed. Russell Smith, 2008), 『미국 현대시의 윤리와 정치』(*Ethics and Politics in Modern American Poetry* by John Wrighton, 2010) 등이 있다.

1980년대부터 21세기 초까지 서양의 문학윤리학 연구는 다시 열기를 띠기 시작했다. 또한 문학윤리학 연구의 방향이 윤리비평 쪽으로 전향하기 시작했다. 서양의 문학윤리학연구가 고조에 이른 것은 20세기말부터 21세기 초까지이다. 이 시기 미국의 윤리학비평 상황은 류잉(劉英) 교수가 2006년에 『난카이대학학보』(南開大學學報) 제5기에 발표한 논문 「회귀 혹은 전향: 포스트모던 맥락에서의 미국 문학윤리학비평」(回歸抑或轉向: 後現代語境下的美國文學倫理學批評)에서 이에 대한 자세한 분석과 평가를 서술하고 있다. 중국에 소개된 서양 윤리학비평 논문은 많지 않다. 따라서 서양 윤리학비평에 대한 중국의 이해는 사실상 부족하다. 류잉의 이 논문은 거시적으로 서양 윤리학비평의 대표적인 인물을 분류하고 논평했으며, 미시적으로는 구체적인 윤리학비평의 저작을 세밀하게 분석했다. 그 논술이 정교하고 견해 또한 깊이가 있어 참고할만한 가치가 있는 논문이다.

2. 문학윤리학의 두 가지 경향

윤리비평이 발전하면서 1988년부터 2010년까지 20년 사이에 서양에서는 60여 종의 저서가 출판됐다. 이는 서양에서 문학윤리학이 이미 고조기에 접어들었음을 보여주었다. 문학윤리학연구에 관한 일련의 저서는 전체적으로 두 가지 경향을 보인다. 하나는 이론적으로 문학과 작가, 독서에 관한 윤리가치를 연구한다. 『독서윤리학』(*The Ethics of Reading* by Hillis Miller, 1987), 『문학과 윤리학』(*Literature and Ethics*, ed. Gary Wihl and David Williams, 1988), 『우리의 동반자: 소설윤리학』(*The Company We Keep: An Ethics of Fiction* by Wayne C. Booth, 1988), 『낭만주의 윤리학』(*The Ethics of Romanticism* by Laurence Lockridge, 1989), 학술회의 논문집 『문학과 윤리학』(Literature and Ethics, ed. BjÁ, rn Tysdahl, 1992),[4] 『문학윤리학』(*The Ethics in Literature* by Andrew Hadfield, 1996), 『포스트모더니티, 윤리, 소설』(*Postmodernity, Ethics, and the Novel: from Leavis to Levinas* by Andrew Gibson, 1999), 『영국소설의 서사와 윤리학』(*Ethics and Narrative in the English Novel, 1880-1994* by Jil Larson, 2001), 『윤리학과 문학』(*Ethics and Literature,* ed. Robert Eagleston, 2003), 『윤리, 문학, 이론』(*Ethics, Literature, and Theory: An Introductory Reader* by Stephen George, 2005), 『선악의 수수께끼: 문학의 도덕 정서』(*The Engima of Good and Evil: The Moral Sentiment in Literature* by Anna Teresa Tymieniecka, 2005), 『현대소설윤리학』(*Ethics of some Modern Novels* by Trevor Creighton, 1884), 『모더니즘 윤리학』(*The Ethics of Modernism* by Lee Oser, 2007), 『문학과 윤리학』(*Literature and Ethics: Questions of Responsibility in Literary Studies,* ed. Daniel Jernigan, 2009) 등이다. 이러한 일련의 저서들 가운데 1988년, 1992년, 2003년, 2009년에 각각 출판된 논문집 형식의 문학윤리학 관련 학술서들은 문학윤리학이라는 주제를 집중 논의했다는 의미뿐만 아니라 문학윤리학이 이미 학계에서 폭넓게 주목받고 있으며 다수의 학자들이 참여하고 있는 새로운 학문 분야가 됐다는 의미도 보여주고 있다.

또 다른 경향은 방법론적 입장에서 작가와 작품을 연구한다. 문학윤리학을 논의하는 연구서를 통해 우리는 문학윤리학연구가 비평으로 전환했음을 발견할 수 있다. 즉 문학에 대한 일반적인 도덕가치의 연구가 작가와 작품의

4 1992년에 출판된 이 책은 노르웨이 과학문학원이 오슬로에서 주최한 주제토론회의 논문집이다.

윤리에 대한 분석으로 전향하게 됐다. 예컨대 1988년에 출판된 개리 윌과 데이비드 윌리엄즈가 편집한 『문학과 윤리학』이라는 책은 윤리의 관점에서 작가와 작품을 연구하는 경향을 분명히 보여주고 있다. 이 책에 실린 데얀 폴레이의 「『햄릿의 풍속과 표현』, 레슬리 듀엘의 『초상, 모상, 서사 동력』, 도널드 힐의 『제임스 조이스와 문학 발동기』 등의 논문은 이미 작가와 작품에 대한 도덕가치판단을 넘어서서 윤리 입장에서 작가와 작품에 대한 구체적인 문제를 연구하고 있다.

윤리학 시야에서 작가와 작품에 대한 연구가 펼쳐지면서 1980년대 이래 30여 년 동안 서양 윤리학비평의 특징을 만들었다. 1980년대 시카고대학의 부스 교수가 쓴 『우리의 동반자: 소설윤리학』은 20세기 이래 서양문학윤리학 연구의 기초를 놓은 저서이다. 1990년대 출판된 다수 저작들의 연구 문제 또한 작가와 작품의 윤리문제였다. 『소녀가 될 소년: 여성 윤리와 1857~1917년 사이 영국의 아동문학』(*Boys will be Girls: the Feminine Ethic and British Children's Fiction, 1857-1917* by Claudia Nelson, 1991), 『「선녀 왕비」의 우아한 애정 윤리: 꽃밭에서 황야까지』(*Love's Courtly Ethic in the Faerie Queen: from Garden to Wilderness* by John Rooks, 1992), 『블레이크, 윤리, 관용』(Blake, Ethics, and Forgiveness by Jeanne Moskal, 1994), 『스턴과 즐거움의 윤리학』(*Laurence Sterne and an Ethics of Pleasure* by Chunghee Kim, 1997), 『드라이든의 「아이네이스」와 영웅주의 윤리학』(*Dryden's Aeneis and the Ethics of Heroism* by Victoria Owens, 1997) 등이 그 예들이다.

21세기에 들어서서도 문학윤리학 연구에 관한 저서는 계속 출판됐다. 총체적인 연구는 물론 특정 작가에 대한 연구도 있었다. 비록 일부 사람들에 의해 문학윤리학 자체가 질문에 직면하기는 했지만 과거에 비하면 훨씬 깊이를 갖게 됐고 전체적으로는 비평계에서도 인정받게 됐다. 2005년 10월 11일, 부스 교수가 별세한 바로 이튿날에는 시카고대학이 『우리의 동반자: 소설윤리학』이라는 그의 저서를 두고 "문학연구에서 윤리학비평의 시금석"이라고 평가하고 부스 역시 "문학비평가의 비평가"라고 칭송했다. 같은 날 『뉴욕타임즈』도 부스를 애도하는 기사를 싣고 그를 "20세기 후반 탁월한 비평가 가운데 한 명"이라고 불렀다.

21세기 이후 비평적 입장에서 작가와 작품을 연구하는 경향은 더욱 강화됐다. 적지 않은 윤리비평 관련 저서들을 통해서 그러한 경향을 확인할 수 있다. 『스타인벡의 도덕철학』(*The Moral Philosophy of John Steinbeck* by Stephen K. George, 2005), 『스위프트 소설의 트라우마와 윤리』(*Trauma and Ethics in the Novels of Graham Swift: no Short-cuts to Salvation* by Stef Craps, 2005), 『이중의 시각: 도덕철학과 셰익스피어 비극』(*Double Vision: Moral Philosophy and Shakespearean Drama* by Tzachi Zamir, 2007), 『밀턴의 『실락원』: 도덕교육』(Milton's Paradise Lost: Moral Education by Margaret Olofson Thickstun, 2007) 『시의 책임』(*Poetic Obligation: Ethics in Experimental American Poetry after 1945* by G. Matthew Jenkins, 2008), 『베케트와 윤리학』(*Beckett and Ethics,* ed. Russell Smith, 2008), 『물질윤리학: 빅토리아문학의 감정, 고통, 동정』(*The Ethics of Materiality: Sensation, Pain, and Sympathy in Victorian Literature* by Elizabeth Ann MaClure, 2008), 『20세기 T. S. 엘리엇의 도덕 상상』(*Eliot and His Age: T. S. Eliot's Moral Imagination in the Twentieth Century* by Russell Kirk, 2008, New ed.), 『미국 현대시의 윤리와 정치』(*Ethics and Politics in Modern American Poetry* by John Wrighton, 2010) 등

이 그 예들이다.

이 저서들은 20세기 말부터 21세기 초에 이르는 윤리비평이 형식주의나 구조주의, 정신분석, 페미니즘 등과 같은 비평의 억압에서 벗어나 문학비평의 윤리적 회귀를 실현하고 문학비평의 영역에서 새로운 두각을 나타냄으로써 새로운 비평의 열기를 형성했음을 보여준다.

3. 문학윤리학연구에서 문학의 윤리비평으로

서양문학의 발전을 통시적으로 살펴보면 고대 그리스부터 비평문학의 기본 방법이 곧 문학의 도덕가치에 대한 판단이었음을 발견할 수 있다. 이러한 문학비평의 방법은 20세기 말까지 계속됐고 심지어 현재 우리의 문학비평도 여전히 도덕비평의 방법을 버리지 못하고 있다. 이는 플라톤의 도덕비평 전통에서 유래한 것이다. 그는 문학작품의 도덕가치와 정치적 경향 및 효과의 중요성을 특별히 강조했다. 그러나 이러한 도덕비평 방법은 사실상 윤리학의 범주에서 문학을 논의하고 있음을 또한 알 수 있다. 플라톤과 아리스토텔레스의 윤리학 저술에서 그들이 문학을 평가하면서 원용한 방법은 바로 도덕비평의 방법이었다. 문학에 대한 그들의 연구는 윤리학을 위한 연구에 복무했으며, 그들 역시 분명히 문학에 대한 논의를 빌어 윤리학 문제를 설명하고 해결하려 했다. 20세기말에 이르러서도 문학의 도덕비평은 윤리학으로부터 완전히 독립되지도 못하면서 또한 사실상 자주적인 문학비평 영역으로 변화하지도 못했다. 다시 말하면 비평 방법으로서 도덕비평은 진정한 문학비평 방법이 되지 못했다.

1980년대 이전까지 서양문학윤리학 연구는 아직 방법론적 층위의 논의와 연구에까지 이르지는 못했다. 윤리비평이나 문학윤리학비평의 개념이 등장하지 않았던 데다 문학비평계에서도 받아들여지지 않았기 때문이다. 많은 사람들이 보기에, 시어도어 헌트(Theodore W. Hunt)가 『영국 고전문학의 윤리교육』(1982)이라는 책에서 밝힌 바와 같이 오늘날 이해하고 있는 도덕비평이나 윤리비평은 사실 윤리 관점 혹은 도덕 관점에서 문제를 보는 시각인데, 두 개념이 본질적으로 차이가 없고 서로 호환될 수 있다고 여겼다. 1980년대 문학윤리학연구가 '윤리비평'이라는 용어를 사용하기 시작했다. 아디아 멘델슨 마오즈(Adia Mendelson Maoz)가 『윤리학과 문학』이라는 글에서 "과거 20년 간 중요한 논문과 저서, 잡지의 특집들이 윤리학과 문학을 연구하면서 '윤리비평'이라는 용어를 자주 사용했다"[5]고 밝힌 바처럼 말이다.

서양문학비평사에 있어 도덕비평과 윤리비평은 본질적으로 차이가 없었다. 단지 이론적 시각에서 보기에 윤리학비평의 개념이 도덕비평 개념보다 더욱 폭넓게 많은 도덕 내용을 포괄하거나 또는 이론적 색채가 더 강할 뿐이다. 따라서 윤리비평 개념의 시작은 문학비평에 보편적으로 수용되고 사용되면서 점차 도덕비평 또는 문학윤리학이라는 표현을 대체하기 시작했다.

윤리비평은 전통적 도덕비평과는 분명히 다른 특징을 가지고 있다. 이는 바로 문학작품과 작가, 독자에 대한 가치판단에 있어 윤리학적 분석과 결합하는 시도였다. 윤리비평의 시야에서 문학윤리학연구의 범주는 매우 폭넓어

---

5 Adia Mendelson Maoz, "Ethics and Literature," *Philosophia*(2007) 35:111~116, 113쪽.

서 각종 다양한 철학과 문학텍스트를 그 연구 범위로 삼을 수 있다. 예컨대 문학의 도덕 주제, 사회와 인간에 대한 문학의 도덕 영향, 문학과 다른 학문과의 관계, 독자와 서술자, 작가 사이의 윤리관계, 문학 인물의 윤리 분석 등이 모두 윤리비평의 범주로 들어올 수 있다. 이로부터 문학윤리학연구는 문학윤리학비평을 향한 전환을 이미 완성했고, 윤리비평은 주류 학술 용어가 됐으며 문학연구에서 중요한 방법이 됐다. 이는 학계에서도 논쟁의 여지가 없는 사실이다. 그러나 우리는 지금까지 서양에서의 윤리비평이 방법론으로서 이론 수립을 완성하지 못했다는 점도 지적해야만 한다. 바로 이 점 때문에 그 자신이 공격받을 여지를 남겨두었다.

문학의 윤리비평이 오랜 학술 전통과 튼튼한 사회 기초, 폭넓은 문화 배경을 가지고는 있지만, 19세기 후반에 이르면 문학 및 미학계는 문학의 윤리가치에 질문을 던졌다. 이러한 질문은 우선 영국의 유미주의 사조에서 나타났다. 유미주의의 대표라 할 수 있는 와일드는 "예술을 위한 예술"이라는 사고를 제기하면서 문학예술과 도덕에 관계된 견해에 반대했다. 그러나 사실 와일드는 자신의 주장을 힘껏 실천했지만 결국 자신이 제기한 예술과 도덕이 무관하다는 유미적 이상을 실현하지는 못했다. 류마오성(劉茂生)은 『와일드 창작의 윤리사상 연구』(王爾德創作的倫理思想硏究)라는 책에서 와일드의 창작에 나타난 이러한 모순을 깊이 있게 논의한 바 있다. 이 저서는 윤리비평의 시각에서 와일드의 동화, 희곡, 소설을 깊이 탐구함으로써 그의 창작이 어떠한 가치 있는 문학작품도 모두 윤리가치를 떠나서는 존재할 수 없음을 증명했고, 와일드 자신 또한 예외가 아니라는 점을 보여주었다고 했다.

유미주의 사조가 근본적으로 윤리비평의 존재 자체에 영향을 주지는 않았지만 그 이후에도 유미주의 사조의 영향에 따라 도덕의 시각으로 문학을 보는데 반대하는 목소리는 줄곧 끊이지 않았다. 20세기 이래 서양의 여러 문학 사조들, 예컨대 상징주의, 표현주의, 러시아 형식주의, 정신분석, 의미론과 신비평, 현상학과 실존주의, 원형비평, 구조주의, 페미니즘, 신역사주의, 탈식민주의 등이 문학비평을 주도했고 이에 따라 윤리비평의 발전 공간도 크게 축소됐다. 비평가들 가운데 와일드의 예술과 도덕은 무관하다는 유미주의 관점을 취한 이들도 여전히 적지 않았다. 신비평의 대표 인물인 클린스 브룩스는 교훈은 종교의 기능이지 시의 기능이 아니라는 입장을 고수했다.[6] 소설가 조지 오웰도 역시 그러한 관점을 놓지 않았다. 리처드 포스너는 와일드의 '예술을 위한 예술'이라는 유미주의 신념을 받아들여 "문학작품의 도덕 내용과 결과는 문학으로서의 그 가치와는 무관하다"[7]고 했다. 헬렌 벤들러도 "어떠한 사람도 모두 소설을 도덕의 흥분제나 구토제로 여길 수 없다"[8]고 했다. 포스너는 문학에 대한 평가는 마땅히 미학적이어야지 도덕적이어서는 안 된다고 보고 문학의 도야는 우리에게 더욱 나은 시민이나 국민을 만들 수 없다고 여겼다. 이러한 유미주의 사조의 영향에도 불구하고 문학윤리학에 관한 연구서들과 논문들은 지속적으로 출판됐다. 그러나 그 비평계에서의 지위는 분명히 위협

6 Cleanth Brooks, "A Note on the Limits of 'History' and the Limits of 'Criticism,'" *Seventeenth Century English Poetry: Modern Essays in Criticism*, ed. William R. Keast, London: Oxford University Press, 1962. 352쪽.

7 Richard A. Posner, "Against Ethical Criticism," *Philosophy and Literature* 21.1(1997), 1쪽.

8 Helen Vendler, "The Bobby Trap," *New Republic*, Oct.7, 1996, 34·37쪽.

받고 있었다. 20세기 말 리처드 포스너와 웨인 부스, 마사 누스바움 사이에는 윤리비평에 관한 논쟁이 있었다. 이는 문학윤리비평이 세기말에 생존의 위기에 직면했음을 보여주는 표지였다.

4. 포스너와 부스의 논쟁

포스너와 부스의 윤리비평에 관한 논쟁은 미국 윤리비평 발전사에서 중대한 사건이었다. 리처드 포스너는 1981년 레이건 대통령에 의해 연방제 고등법원 법관으로 임명되어 지금까지 그 일을 수행하고 있고, 1993년부터 2000년까지는 수석자문법관을 지냈다. 또한 시카고대학 로스쿨의 시니어 강사를 지내기도 했다. 그는 법학과 정치학 분야에서 중요한 영향을 미친 학자였을 뿐 아니라 정치학, 미학, 문학 측면에서도 모두 조예가 깊었다. 그의 주요한 법학 저서는 중국에도 이미 번역, 출판됐다. 윤리학비평에 관한 논쟁에서 법학자 포스너가 비판했던 주요 대상은 시카고대학의 부스였다.

부스는 시카고대학 교수이자 윤리비평을 대표하는 인물이다. 그가 1961년 출판한 『소설의 수사학』과 1979년 출판한 『비평의 이해』라는 두 저서는 윤리비평을 주요 내용으로 삼고 있다. 1988년 부스는 『우리의 동반자: 소설윤리학』을 출판했는데 이는 그의 윤리비평 사상이 성숙했음을 보여주었을 뿐 아니라 윤리비평이 미국에서 크게 발전했음을 나타내기도 한 표지였다. 부스의 윤리비평에 관하여 쓰촨대학(四川大學)의 청시린(程錫麟) 교수는 2000년 『쓰촨대학학보』(四川大學學報) 제1기에 「부스의 소설윤리학 분석」(析布斯的小說倫理學)이라는 글을 발표하여 부스의 윤리비평을 대표하는 저서 『소설윤리학』의 맥락과 이론틀, 기본 관점, 비평 실천 및 서양 윤리학 전통을 전면적이고 체계적이며 깊이 있게 분석했다. 이는 부스 윤리비평을 이해하는 중요한 논문이 됐다.

미국에서 윤리비평은 줄곧 논란이 있어 왔다. 이러한 논란은 윤리비평에 대한 포스너의 비판으로 말미암아 특히 격렬해졌다. 1990년대 말 포스너는 윤리비평에 반대하는 두 편의 글을 잇달아 발표하여 이에 대해 불만을 갖고 비판하는 이들의 대표가 됐다. 1998년에 시작된 논쟁은 무엇보다 포스너가 1997년 『철학과 문학』(*Philosophy and Literature* 21.1)에 발표한 논문에서 비롯됐다. 그 제목도 마치 구호처럼 「윤리학비평에 반대하라」(Against Ethical Criticism)고 붙였다. 이 논문은 당시 미국 윤리비평을 대표하던 두 인물, 즉 웨인 부스와 마사 누스바움을 겨냥하고 있었다. 그는 우선 논문에서 와일드의 유미주의 예술관을 인용하여 "책은 본래 도덕적인 책 혹은 부도덕한 책으로 구분할 수는 없다. 책에는 단지 잘 썼는가 그렇지 않은가 하는 구별이 있을 뿐이다. 단지 그럴 뿐이다"[9]라고 했다. 그는 문학의 유미주의 전통을 총괄하면서 "작가의 수준이나 관점이 우리가 그 작품을 평가하는데 영향을 디쳐서는 안 된다"[10]고 말했다. 또한 "문학을 평가하는 정확한 기준은 미학 기준이지 윤리 기준이 아니다"[11]거나 "문학을 읽는 까닭은 종교 또는 정치 문제, 경제 또는 도덕 문제에 대하여 더욱 나은 혹은 더욱 올바른 관점을 만들기 위함이 아니"라 더 좋은 독

---

9 Richard A. Posner, "Against Ethical Criticism," *Philosophy and Literature* 21.1(1997), 1쪽.

10 Richard A. Posner, 위의 글, 2쪽.

11 Richard A. Posner, 위의 글.

서, 더 훌륭한 자기표현, 우리의 문화와 시대, 감성으로부터 멀리 떨어진 가치와 경험을 배우기 위함이라고 여겼다.[12]

포스너는 "문학 다양화의 정서적 효과"는 "도덕 효과"가 아니라 "심리학 효과"라고도 말했다.[13] 그는 『낯선 사람』, 『죽은 자』, 『즐거운 집』, 『음향과 분노』, 『누구를 위하여 종은 울리나』 등 일련의 작품에 나타난 형식적 특징을 분석한 뒤 "우리가 이러한 특징들에 습관이 될수록 우리는 실제 작가 혹은 숨겨진 작가의 도덕 신념에 더욱 무관심하게 된다. 문학의 가치와 필요가 형식적인 특징에서 모두 드러나는 것은 아니지만 그렇다 해도 그 도덕 특징은 거의 대부분 간섭에 불과하다"고 결론지었다.[14] 포스너는 19세기 유미주의 사조를 20세기 말에 다시 부흥시킨 대표로서, 논문을 통해 윤리비평에 반대하는 이유를 상술함으로써 반윤리비평 유파의 주요한 관점을 집중적으로 보여주었다.

1997년 포스너는 「윤리비평에 반대하라」는 글을 발표하여 윤리비평의 대표적 인물인 부스와 누스바움에 대해 논쟁을 벌인 뒤에도 여전히 남은 말이 있었는지 1998년에는 「윤리비평에 반대하라: 두 번째」를 발표했다. 그는 자신을 유미주의자의 하나로 부르면서 "문학을 비롯한 예술작품의 도덕 내용은 작품의 가치와 무관하며 그 작품이 만들어내는 즐거움과도 무관하다"[15]고 말했다. 그는 자신의 글이 부스와 누스바움의 관점을 염두에 두었음을 분명히 밝히면서 "우리의 구호는 곧 『도리언 그레이의 초상』의 서문에서 밝힌 와

12 Richard A. Posner, 위의 글, 19쪽.

13 Richard A. Posner, 위의 글, 22쪽.

14 Richard A. Posner, 위의 글, 23쪽.

15 Richard A. Posner, "Against Ethical Criticism: Part Two," *Philosophy and Literature* 22.2(1998), 394쪽.

일드의 명언 '책은 본래 도덕적인 책 혹은 부도덕한 책으로 구분할 수는 없다. 책에는 단지 잘 썼는가 그렇지 않은가 하는 구별이 있을 뿐이다. 단지 그럴 뿐'이다"[16]라고 거듭 주장했다. 부스와 누스바움이 "문학의 윤리비평은 불가피하다"는 기본 관점을 고수하고 있었기에 포스너의 글은 그들을 겨냥했고 그들과의 심각한 결별을 선언했으며 이에 따라 글에서 이들의 관점을 조목조목 반박했다.

누스바움은 문학의 주제가 반드시 윤리적이거나 정치적이어야지 미학적이어서는 안 된다는 의견을 가지고 있었기 때문에 포스너는 누스바움의 문학의 도덕비평에 관해 반감을 드러내고 우선 그녀를 비판했다. 그리고 포스너는 다시 부스에게로 비판의 칼날을 돌렸다. 그는 부스가 언어나 구조에 있어 똑같이 아름다운 문학작품 가운데 하나는 도덕의 층위에서 혹은 더욱 폭넓은 윤리의식의 층위에서 미덕을 찬양하고 죄악을 비판하는 반면 다른 한 작품은 그렇지 않다면 미덕을 찬양하고 죄악을 비판하는 작품이 우수한 작품이라고 여긴다고 말했다. 포스너는 이에 대해 그렇지 않다고 주장했다. 유리피데스와 소포클레스, 셰익스피어와 단테, 말로와 헤밍웨이, 나이폴과 나보코프를 예로 들어[17] 부스의 비교는 의미가 없다고 반박했다. 그에게 있어 부스가 문학을 윤리로 간주하는 까닭은 문학의 도덕 혹은 정치적 층위에 관심을 갖기 때문이며, 부스가 우스운 사례들을 동원하여 문학작품에 대한 심미 판단을 후생하면서 윤리와 심미를 분리시키지 못하고 있다고 여겼다. 이에 포스너 자신도 논

---

16 Richard A. Posner, 위의 글.

17 Richard A. Posner, 위의 글, 403쪽.

문에서 많은 작가와 작품을 예로 들면서 부스의 윤리가치판단을 반박했다.

이에 부스는 포스너가 1998년 출판한 『법과 문학』이라는 책에서 "윤리비평을 공격하는" 관점에 대하여 『철학과 문학』 잡지에 논문을 발표하여 이를 반박했다. 부스는 포스너의 자기모순, 심지어 아둔함을 주저 없이 질책했다.[18] 그는 우선 "도덕 혹은 윤리비평을 분명하게 반대하고 있는" 포스너의 저서 『법과 문학』의 '심층 모순'을 분명히 지적하고 문학과 윤리가치에 관한 6대 문제에 관해 논의를 전개했다. 이를 통해 문학윤리학비평에 관한 포스너의 자기모순 관점을 반박하고 "미학 담론의 입장에서 윤리 관점을 비난하는 것은 심각한 잘못"[19]이라고 보았다. 논쟁의 또 다른 중요 인물인 누스바움도 『철학과 문학』 같은 호의 특집에 「윤리비평을 위한 변호」를 싣고 논쟁에 참여했다. 그녀는 논문에서 윤리와 문학에 대한 자신의 주된 관점을 개괄한 뒤 윤리비평을 반대하는 포스너의 관점을 "다정한 고문자의 관점, 추악한 문인의 관점, 유해한 문학 관점, 미학 자치의 관점"[20]이라고 부르면서 자신이 『이상주의』에 발표한 논문의 관점까지 결합하여 이를 반박했다.

포스너에 대한 부스와 누스바움의 논쟁은 윤리비평이 20세기말까지 여러 사람들의 반대에 부딪쳤음을 보여준다. 그러나 이 논쟁은 곧 끝나고 말았다. 포스너의 반대는 윤리비평의 발전을 저지하지 못했을 뿐 아니라 윤리비평

---

18 C. W. Booth, "Symposium: Why Banning Ethical Criticism is a Serious Mistake", *Philosophy and Literature* 22.2(1998) 366쪽.

19 C. W. Booth, 위의 글, 372쪽.

20 Martha C. Nussbaum, "Exactly and Resposibly: A Defence of Ethical Criticism", *Philosophy and Literature* 22.2(1998) 343~365쪽.

의 의미와 지위에 대해서도 불리한 영향을 미치지 못했다. 오히려 더욱 많은 사람들이 윤리비평을 주목하고 논의함으로써 이를 더욱 심화하는 결과를 가져왔다.

그러나 객관적으로 말하면, 서양문학비평사에서 윤리비평은 줄곧 회의와 반대에 직면해 왔다. 그 중요한 원인 가운데 하나는 윤리비평이 비록 오랜 연원을 가지고 있어 고대 그리스까지 거슬러 올라갈 수 있지만 지금까지 완전하고 체계적인 이론 체계를 수립하지 못했고, 특히 자신의 분명한 방법론이 결여돼 있었기 때문이다. 이미 출판된 일련의 윤리학 관련 연구서들도 윤리비평이 문학의 윤리학에 관한 연구인지 아니면 문학을 연구하는 비평 방법의 일종인지도 분명히 설정하지 않고 있다. 포스너가 말한 대로 서양에서 윤리비평은 그저 광의의 개념일 뿐 방법론으로서 문학윤리학에서 독립되지 못했다. 윤리비평이 철학비평, 정치비평 등과 결합하여 문학에 대한 가치판단에 관심을 가지려면 정신분석이나 형식주의, 구조주의 등 비평과는 다른 자신만의 분명한 학술 용어와 비평 특징을 가져야만 한다. 따라서 윤리비평이 항상 비난에 직면했던 바도 이상한 일은 아니다.

제9장 중국에서 문학윤리학비평의 전파와 수용, 융성

1. 중국에서 문학윤리학비평의 전파

중국에서 문학비평은 깊은 도덕비평 전통을 지니고 있어 서양 윤리학비평을 뻔하다고 여기는 듯하다. 그래서 1980년대 이래 나타난 새로운 변화에 관심을 기울이지 않고 시대에 뒤떨어졌다고 무시했다. 1980년대 이후 많은 서양 비평이론이 중국에 소개되면서, 학술계는 여전히 새로운 형태의 문학이론과 비평 이론에 주로 관심을 가졌다. 하지만 서양 윤리학비평에 대한 소개와 연구는 매우 드물었다.

지금까지 서양 윤리비평과 관련된 저서가 중국에서 번역 출판된 사례는 미국 윤리학비평가 웨인 부스의 『소설의 수사학』과 부스 선집에 불과하다.

부스의 『소설의 수사학』은 1961년에 출판됐다. 이 저서는 부스 윤리비평의 대표작 중 하나일 뿐만 아니라, 부스의 윤리비평 전체 체계를 이루는 기초이기도 하다. 부스는 일련의 중요한 작가들을 선택해, 윤리를 근간으로 하여 중세기 작가 보카치오부터 당대 프랑스 소설가 알랭 로브그리예에 이르는 유럽 소설 발전 변화의 역사를 서술했다. 1987년에 저우셴(周憲) 등이 이 저서를 번역하여 베이징 대학 출판사에서 출판했다. 저우셴은 1980년대 초에 부스의 저작을 연구하기 시작했다. 1984년에는 『현대 서양문학연구의 몇 가지 경향』이라는 논문을 발표해 작품사회학을 논하면서 서양에서 나타난 윤리비평의 경향을 언급했다. 여기서 그는 서양 윤리비평의 특징이 "문학의 기능과 가치 실현의 과정에서 논의를 시작하고 있으며, 작품이 심미적 영역에서 만들어 내고 있는 도덕윤리의 기능, 사회생활에 대한 문학의 반작용 및 문학 전통과 체재(體裁) 발전 변화의 법칙, 작품의 시간적 생명력과 공간적 생명력 및 가치 구성 측면의 법칙을 구체적으로 논했다"[1]고 밝혔다. 2009년 6월에는 저우센이 주편한 『수사적 부흥: 웨인 부스에 대한 간략한 정리』가 이린(譯林)출판사에서 출판됐다. 이 번역서은 부스의 중요한 저작 17편을 심혈을 기울여 선택해서 편집한 책으로 부스의 윤리비평 사상의 전체적인 발전 과정을 엿볼 수 있다. 1987년에는 광시런민(廣西人民)출판사에서도 푸리쥔(付禮軍)이 번역한 『소설의 수사학』을 출판해 또 다른 시각에서 이 저서의 중요성과 중국에 미친 영향을 설명해 주었다. 『소설의 수사학』은 중국에서 처음으로 번역 출판된 서양 윤리비평가의 저서로 중국의 문예이론의 수립을 강력하게 추진했으며, 21세기 문학윤리학비평이 중국에서 발흥하는데 중요한 역할을 했다.

1990년대에 이르러서는 새로운 문학비평이론이 중국과 서양에서 거의 같은 시간에 전파됐다. 서양에서 새로운 이론이 나타나면 반드시 중국에서 반향을 일으켜 연구되고 운용됐다. 예를 들어 정신분석학, 형식주의, 구조주의 등이 그러했다. 하지만 서양의 여러 이론 중에서 대부분 비이성주의를 핵심으

1 周憲, 「現代西方文學研究的幾種傾向」, 『文藝研究』 第5期 1984, 43~55쪽.

로 하는 이론과 비평이 중국에서 환영받고 사랑받았다. 반면 윤리비평은 전통적이고 보수적이며 시대에 뒤떨어진 비평으로 여겨져 냉대를 받곤 했다. 부스의 『소설의 수사학』이 이미 1987년에 중국에서 번역출판 됐지만 20세기 말에 이르기까지 서양 윤리비평에 대한 소개와 토론은 중국에서 여전히 보기 드물었다. 그럼에도 불구하고 외국문학연구 영역에서는 그래도 문학윤리 문제를 연구하거나 윤리 시각으로 문학을 연구한 논문을 볼 수 있었다. 예를 들어 「중세기 문학과 윤리사상: 사랑, 믿음, 복종」(中世紀文學與倫理思想: 愛、信、從: 唐濤, 1988), 「현대 미국문학이론」(當代美國文學理論: 程錫麟, 1990), 「윤리가치와 중국과 서양 고대 문학비평」(倫理價值與中西方古代文學批評: 蘇桂寧, 1994), 「이란과 중국문학에서의 윤리관념 비교」(伊朗、中國文學中倫理觀念比較談: 李文鐘, 1994), 「보은과 복수: 중일문학에서 윤리에 의해 강화된 주제」(報恩與復仇: 中日文學中被倫理強化了的主題: 徐曉, 1995), 「부스의 『소설의 수사학』 시론」(試論布斯的『小說修辭學』: 程錫麟, 1997), 「서양문학에서 기독교 윤리의 변천 과정 시론」(試論基督教倫理在西方文學中的演變: 夏茵英, 1997), 「부스 소설 수사이론의 공헌과 의미」(論布斯小說修辭理論的貢獻和意義: 李建軍, 1999), 「존엄한 수호와 윤리 실현: 중국과 서양 복수문학 중의 주체적 동기 의지 비교」(尊嚴維護與倫理實現: 中西方復仇文學中主體動機意誌比較: 王立, 1999), 「해독 속의 질서 재건: 서양문학 읽기의 윤리 난제 풀어보기」(在破譯中重建秩序: 試解西方文學閱讀中的倫理難題: 李迎豐, 2000), 「환경문학 중의 생태윤리사상」(論環境文學中的生態倫理思想: 向玉橋, 2000), 「『마귀와 하느님』: 사르트르 윤리사고의 문학적 판결」(『魔鬼與上帝』: 薩特倫理思考的文學斷案: 江龍, 2000), 「일본문학 3대 작품의 윤리이념 해부」(日本文學三鼎

足作品中的倫理理念剖析: 冉毅, 2000) 등이다.

위 논문 중 「현대 미국문학이론」은 청시린(程錫麟)의 부스 인터뷰이다. 이 인터뷰는 윤리도덕을 핵심으로 하는 부스의 문학이론을 대화의 형식으로 소개해 중국 독자가 부스라는 미국 윤리비평의 대표적 인물을 더욱 잘 이해할 수 있도록 했다. 청시린이 1997년 『외국문학평론』 제4기에 발표한 「부스의 『소설의 수사학』 시론」은 아마도 중국에서 서양 윤리비평을 가장 먼저 연구하고 소개한 논문일 것이다. 이 논문에서 그는 『소설의 수사학』의 주요 내용과 관점을 분석하고 정리했다. 예컨대 '내포작가'(내포작가는 사실상 독자의 도덕 지도자이다) '믿을 수 있는 서술자와 믿을 수 없는 서술자' '연극화된 서술자와 비연극화된 서술자' 시점이론 등 일련의 관점을 소개하고, 소설의 도덕과 교화 작용을 중점적으로 강조해 더 많은 중국학자들이 소설과 윤리의 관계를 인식하도록 했다. 청시린은 2000년에 『쓰촨대학학보』(四川大學學報) 제1기에 「부스의 소설윤리학 분석」이라는 글을 발표해, 처음으로 중국에 부스의 『소설윤리학』을 전면적이고 체계적으로 소개했다.

『우리의 동반자: 소설윤리학』은 부스의 윤리비평 사상을 집중적으로 드러낸 가장 중요한 저술일 뿐만 아니라 미국 윤리비평의 대표적 저작이기도 하다. 이 저작은 『소설윤리학』의 외부환경, 이론구조, 기본 관점, 비평실천을 전면적으로 분석하고 귀납 정리했는데, 인용이 적절하고 그 평이 매우 정확하다. 이 논문은 부스의 윤리비평을 소개하고 총 정리하는 동시에 서양 윤리비평 전통과 다른 윤리비평가의 관점을 함께 연결하여 상세한 평론을 하고 있다. 이는 미국 윤리비평을 소개한 중국의 가장 중요한 논문임에 틀림없다.

2001년, 청시린과 왕샤오루(王曉路)가 함께 『현대 미국소설 이론』(當代美國小說理論)을 출판했다. 이는 중국에서 미국소설 이론을 체계적으로 연구한 최초의 전문서로 현대 미국소설 주요 이론의 대표인물과 그 대표 저작을 체계적이고 전면적으로 소개했으며, 그들 각각의 이론적 기초와 주요한 관점 및 영향을 객관적으로 논술하고 평가했다. 또한 부스의 문학윤리학은 절을 따로 만들어 소개했다. 금세기 초에 이르러 비록 수량은 많지 않지만 중국에 들어온 윤리비평 번역서와 이와 관련된 저작 및 윤리비평을 연구한 중국학자들의 저술을 통해 중국 독자들은 부스를 더욱 잘 이해할 수 있게 됐고, 서양의 윤리비평도 깊이 있게 인식하게 됐다. 이러한 작업은 중국의 문학윤리학비평이 발전하는데 중요한 역할을 했다.

서양 윤리비평을 연구하고 소개한 논문 중에서 언급할 가치가 있는 경우가 두 편 더 있다. 한편은 『문예연구』 잡지에 발표된 「예술의 윤리비평과 심미비평」(藝術的倫理批評與審美批評: 凌海衡 평역, 2003 제6기)이다. 이 글은 노엘 케롤(Noël Carroll)이 제기한 '온건한 도덕주의'(moderate moralism)와 베리스 고트(Berys Gaut)의 '윤리주의'(ethieism)를 사례로 하여 예술과 도덕, 미학과의 관계를 논의하면서 문학의 윤리비평이라는 논제는 언급하지 않았다. 하지만 글에서 논의한 예술과 도덕, 심미 관계 등은 윤리비평과 밀접한 관련이 있는 기본적 논제이다. 또 다른 글은 류잉(劉英)이 『난카이대학학보』(南開大學學報: 2006 제5기)에 발표한 논문 「회귀 혹은 전향: 포스트모던 맥락에서의 미국 문학윤리학비평」(回歸抑或轉向: 後現代語境下的美國文學倫理學批評)이다. 류잉의 이 논문은 거시적으로 서양 윤리비평의 대표 인물을 정리하고, 미시적으로 구체적인 윤리비평의 저작을 세심하게 분석하고 있다. 또한 역사 발전의 시간적 순서에 따라 서양 윤리비평을 분석하고 미국 문학윤리학비평의 몇 가지 특징을 정리했다. 이 논문은 정확한 논평과 깊이 있는 견해를 보여주고 있어 참고할 가치가 있다.

중국에서 발표되고 출판된 서양 윤리비평과 관련된 저술은 수적으로 본다면 부스에 대한 많은 연구와 소개 이외에는 정신분석학, 여성주의, 형식주의비평 등과 같은 다른 서양 비평이론이 중국에 전파된 점과 비교해 눈에 띄게 부족하다. 예를 들어 앞에서 언급한 부스 이외의 다른 윤리비평가의 대표적 저작은 현재 모두 중국에 번역되어 있지 않다. 설령 그렇다 해도, 윤리비평은 중국에서 나름의 역사와 문화, 사상 전통을 지니고 있기 때문에, 제한적인 연구와 소개라 하더라도 힘 있는 추진력을 발휘할 수 있다. 2005년부터 윤리비평은 중국에서 문학윤리학비평이라는 이름으로 강력한 흐름을 만들어냈다. 이는 윤리비평이 중국에서 발흥한 사실이 절박한 현실적 필요와 깊이 있는 사회적 · 사상적 기초 때문이라는 사실을 힘 있게 설명한다.

2. 중국에서 문학윤리학비평의 수용

다른 문학비평 방법이 중국에서 수용된 사례와 비교하면, 문학윤리학비평이 수용된 시기는 다소 늦다. 21세기 초까지 중국에서 서양 윤리비평을 연구하고 소개한 성과는 비교적 미미했으며, 윤리비평의 방법으로 서양의 작가 작품을 연구하는 사람도 거의 없었다. 문학윤리학 논문들은 사실상 중국의 전통 문예이론을 논의했고, 대부분 중국의 기존 문학이론이 지닌 틀 안에서 빠져나오지 못했다. 설령 그렇기는 하지만 개혁개방 이후 중국에서 특별하게 관심을 기울인 서양 인도주의, 현실주의 등 문제는 그 안에 모두 분명하고도 풍부한 윤리도덕 내용을 담고 있다. 이는 중국의 학자들이 끊임없이 문학윤리비평을 연구할 수 있는 기초를 제공해주었으며 문학에 윤리비평을 시도할 수 있게끔 해주었다. 중국의 학자들은 이미 알게 모르게 문학윤리학비평의 영역에서 노력을 기울였다.

문학윤리학비평은 2004년부터 중국에 등장했다. 그 중요한 표지는 바로 그해 6월과 8월 각각 장시성(江西省) 난창(南昌)과 후베이성(湖北省) 이창(宜昌)에서 거행된 문학윤리학비평을 문학연구방법으로 하여 토론을 한 전국학술토론회와 니에전자오(聶珍釗)가 그해 10월 『외국문학연구』잡지 제5기에 발표한 논문 「문학윤리학비평: 문학비평 방법의 새로운 탐색」(文學倫理學批評: 文學批評方法新探索)이다.

문학연구에서 이론이 현실에서 이탈하는 경향을 해결하기 위해 2004년 6월, 장시사범대학교 외국어대학 및 『외국문학연구』 잡지사, 장시성 외국문학학회가 연합해서 '중국의 영미문학연구: 회고와 전망'이라는 전국학술토론회를 개최했다. 여기서 중국 개혁 개방 이래 영미문학연구가 걸어온 과정을 분석하고 총 정리했다. 이 회의에서 우위안마이(吳元邁) 선생은 '또 다른 시각의 영미문학연구의 회고와 전망'이라는 제목으로 강연을 했다. 그는 첸중수(錢鍾書)와 벤즈린(卞之琳) 선생의 학술 연구와 학술 품격을 예로 들어 문학이론과 문학비평 실천 사이의 관계를 상세히 설명했다. 그는 당시 중국 문학이론 연구와 바흐친 문학연구를 대비하여, 중국문학의 실천을 연구하지 않고, 외국문학도 연구하지 않고 오로지 이론에서 이론까지만 연구하는 당시 중국

문학이론의 경향을 비판했다. 그리고 우리 자신의 이론적 사고와 탐색, 실적을 중시해야 한다고 강조했다. 그는 특히 문학비평 방법의 중요성을 강조하고 일련의 작가와 작품을 예로 들어 다른 문학연구 방법의 가능성을 강조했다. 이 대회에서 니에전자오는 우위안마이 선생이 제기한 관점에 전적으로 동의하고 '문학비평 방법의 새로운 탐색: 문학윤리학비평'이라는 주제로 발언을 했다. 그는 개혁개방 20여 년 동안 중국 문학비평에 미친 서양의 새로운 문학비평 방법의 영향과 공헌은 누구나 분명히 알고 있지만, 서양 비평 방법을 수용하고 사용하는 과정에서 나타난 문제 역시 남김없이 드러났다고 강조했다. 이는 바로 전반적으로 서양 이론을 수용하지만 자신들의 실적은 없고, 이론이 실제에서 벗어난 현상으로, 중국이 서양 학계와 평등하게 대화를 할 수 없도록 한 원인이라고도 했다. 이 회의에서 니에전자오는 우위안마이 선생이 지적한 중국 비평계에 존재하는 문제를 언급하면서, 중국 문학비평 이론이 실제에서 벗어난 경향을 해결하기 위해 '문학윤리학비평' 연구방법을 제기하고, 문학윤리비평의 원리와 응용을 설명했다.

2004년 8월, 『외국문학연구』 잡지는 중국 케임브리지대학 인문학자 동문회, 싼샤(三峽)대학, 화중(華中)사범대학교 외국어대학, 상하이재경대학, 샹판(襄樊)대학 등과 연합해서 이창(宜昌) 싼샤대학에서 공동으로 '케임브리지 학술 전통과 비평 방법'이라는 전국학술토론회를 개최했다. 대회는 케임브리지를 대표로 하는 영국 학술 전통과 비평 방법에 대한 토론을 통해 거짓 이론을 반대하고 우량한 학풍을 선도하자는 주제를 뚜렷하게 드러냈고, 중국의 외국문학연구에 존재하는 문제들을 반성했다. 우위안마이는 다시 한 번 회의에 참석해 “비평 방법은 그래도 다원화되어야 한다”는 주제로 발언했다. 그는 문학비평 방법은 다원적으로 공존해야 하며 문학비평은 문학의 실제에서 벗어나서는 안 된다고 강조하고, 중국의 학자들이 용감하게 문학비평 방법에서 혁신을 가져올 것을 격려했다. 왕중샹(王忠祥)은 ‘중서 전통 문학비평의 현대적 사고’라는 제목으로 발언했다. 그는 작가와 작품을 분석하면서 계승과 혁신, 비평 방법의 다원화 문제를 논의했다. 그리고 윤리도덕의 시각에서 문학을 연구하고 비평하는 일이 유익한 시도라고 볼 수 있다고 지적하고 중국적 특색이 있는 중국의 외국문학연구 학파를 수립해야 한다고 호소했다. 루젠더(陸建德) 선생은 ‘케임브리지 학술 전통과 문학비평’이라는 주제로 케임브리지 학문 전통의 시작과 발전을 회고하고 논평하면서 문학연구에 있어서 비평 방법의 중요성을 강조했다. 그는 발언 중에 문학윤리의 가치를 중시하는 영국 문학비평의 경향을 지적하고 이는 중국의 문학비평에 중요한 참고 의미가 있다고 지적했다.

니에전자오는 장시(江西) 회의 발언의 기초 위에서 ‘케임브리지 학술 전통: 리비스를 통해’라는 제목으로 문학윤리학비평을 다시 이야기하면서 중국의 외국문학연구 중 문화비평, 미학비평, 철학비평 등 깃발을 높이 드는 비평이 종종 이론과 문학 사이의 의존 관계를 뒤집고 비평과 문학 사이의 내재적 관계를 단절시켜 이론 콤플렉스(theoretical complex), 명제 콤플렉스(preordained theme complex), 용어 콤플렉스(term complex) 등에 빠지는 심각한 경향이 있다고 지적했다. 이러한 비평은 문학작품 즉 텍스트의 읽기와 해석, 분석과 이해를 중시하지 않고 단지 비평가 자신의 어떤 문화적이거나 미학적 혹은 철학적 명제의 실증만을 중시해 이론과 실제가 괴리되도록 만든다. 그는 이것이 이론이 실제에서 분리되는 불량한 학풍을 조장했으며 외국문학 학술 연구가 건강하게 발전하는데 해가 된다고 여겼다. 그리고 텍스트 꼼꼼히 읽기를 통해 작품에 숨겨진 사회적 의미를 발견하는 케임브리지 학자 리비스의 비평 방법이 우리에게 좋은 연구 모델을 제공하고 있고 참고할 가치가 있다고 여겼다. 특히 언급할 만한 것은 케임브리지에서 유학하고 돌아온 학자들, 예를 들어 차오리(曹莉), 류쉐란(劉雪嵐), 리즈민(黎志敏), 가오지하이(高繼海), 왕쑹린(王松林), 량샤오둥(梁曉冬), 톈샹빈(田祥斌) 등 역시 외국문학연구를 하거나 비평을 할 때 허황되고 내용 없는 이론 사용을 반대하고 문학비평이 갈수록 문학텍스트에서 벗어나는 불량한 경향에 반대해야 한다고 강조했다. 두 번의 학술토론회를 통해 모두 기본적으로 문학윤리학비평의 현실적 의의와 방법론적 가치에 대한 공통된 인식을 갖게 됐다. 이로써 중국에서 문학윤리학비평의 발전을 위한 기초를 다지게 됐다.

2004년 10월 니에전자오는 『외국문학연구』 제5기에 「문학윤리학비평: 문학비평 방법의 새로운 탐색」이라는 글을 발표해, 문학윤리학비평의 방법론을 중국에서 처음으로 분명하게 밝혔다. 그는 문학윤리학비평 방법의 이론적 기초 및 비평의 대상과 내용, 사상, 문학의 근원 등에 대한 기본적인 문제를 논했다. 문학윤리학비평은 문학텍스트 비평의 특성을 강조함으로써 서양 윤리비평을 거울로 삼으면서 동시에 그것과의 차이점을 드러냈다. 이어서 니에전자오는 또 2004년 『외국문학연구』 제6기에 「케임브리지 학술 전통과 연구방법: 리비스로부터」(劍橋學術傳統與研究方法: 從利維斯談起)라는 논문을 발표해

리비스를 사례로 삼아 문학윤리학비평 방법을 진일보하게 논의했다. 많은 신구 학자들의 공통된 참여와 지지 하에서 윤리비평은 2004년 문학윤리학비평이라는 이름으로 중국에 연착륙했으며, 학계의 승인과 수용을 받고 운용되는 효과적인 비평방법이 됐다. '문학 계열 정기간행물 영향력 분석' 데이터에 의하면 니에전자오가 발표한 「문학윤리학비평: 문학비평 방법의 새로운 탐색」이라는 글은 문학비평 영역에서 당시 인용이 가장 많은 논문 중 하나이다. 피인용된 2005~2006년 외국문학과 중국문학연구 중에서 이 논문이 인용된 횟수가 가장 많았다.2 이는 또 다른 측면에서 문학윤리학비평에 대한 학계의 관심을 말해주는 현상이기도 하다.

3. 중국에서 문학윤리학비평의 발흥

2005년 초 『외국문학연구』 제1기에 기획논문 6편이 발표됐다. 이 논문들은 각각 다른 시각에서 문학윤리학비평을 논의했다. 니에전자오는 총체적으로 문학윤리학비평의 기원, 방법, 내함, 사상 기초, 적용 범위, 실용 가치와 현실 의의를 논의했다. 노르웨이 오슬로대학 크누트 브륀힐드스볼(Knut BrynhildsVoll) 교수는 입센의 희곡을 예로 들어 그 윤리도덕 문제뿐만 아니라 문학윤리학에 대한 중요한 의견을 발표했다. 왕닝(王寧)은 생태비평을 문학윤리학비평과 결합함으로써, 문학윤리학비평을 다른 비평과 서로 결합하는 모델을 제공했다. 류젠쥔(劉建軍)은 사람들이 자아인식을 하는 세 가지 발전 단

2 張燕蓟·徐亞男,「《複印報刊資料》文學系列期刊學術影響力分析」,『南方文壇』, 2009 第4期.

계를 기초로 하여 비교의 방법으로 학제적 관점에서 문학윤리학비평을 진일보하게 해석했다. 챠오궈창(喬國强)은 문학윤리학비평의 이론 기초를 해석하면서 작가와 작품, 독자의 가치 취향에 대한 학술적 견해를 밝혔다. 쩌우젠쥔(鄒建軍)은 문학윤리학비평의 세 갈래 지향을 통해 그 역사 가치, 현실 의미, 방법론적 시사점을 논의했다. 이 논문들은 문학의 윤리도덕가치의 회귀를 실현해야 하며, 문학윤리학비평이 바로 이 목표에 도달하기 위한 중요한 방법임을 설명했다. 이들은 중국에서 문학윤리학비평이 발흥하는데 기초를 마련했기에 그 학술 가치와 현실 의미가 모두 매우 크다.

2005년 10월, 새로운 문학연구 방법을 탐색하고 중국의 외국문학연구를 한 걸음 더 발전시키기 위해, 『외국문학연구』 잡지, 둥베이(東北)사범대, 화중사범대, 장시사범대, 광둥(廣東)상업대 등이 연합하여 우한(武漢)에서 '문학윤리학비평: 문학연구 방법의 새로운 탐구'라는 전국적인 학술 토론회를 열었다. 이는 중국에서 문학윤리학비평에 관해 열린 첫 번째 전문 토론회이다. 80여 편의 논문이 발표됐고 전국 대학에서 외국문학연구를 하고 있는 전문학자 120여 명이 참석했다. 이들은 윤리학비평 방법과 외국문학의 정전 작품 해석, 문학에 담긴 가치판단과 윤리비평, 문학비평의 도덕책임, 윤리학비평 방법과 다른 비평 방법의 융합 등의 주제로 광범위한 토론을 진행했다.

이 대회에서는 모두 15명이 기조 발언을 했다. 왕중샹 교수는 셰익스피어를 예로 들어 통시적이고 공시적인 시각에서 문학윤리학비평과 심미 관계에 대한 관점을 발표했다. 그는 셰익스피어 작품에 '도덕의 심미 유토피아'가 담겨 있기 때문에 '영원한 셰익스피어'가 생겨났다고 여겼다. 루야오둥(陸耀

東)은 윤리의 시각에서 전면적으로 문학작품 인물의 행위와 성격, 심리적 특징을 살필 수 있다고 여겼다. 니에전자오는 문학윤리학과 현실적 필요, 문학윤리학비평의 의미, 대상, 내용, 원칙 등의 측면에서 그 기본 틀을 대한 설명했다. 그는 그리스 신화를 예로 들어 문학이 탄생 초기부터 인류의 윤리표현이었음을 논증했고, 『햄릿』을 예로 들어 작품에 있는 윤리 모습을 분석하고 주인공 비극의 본질은 윤리비극이라고 주장했다. '독서 과정 중의 윤리'라는 제목으로 발언을 한 루젠더는, 독서 과정은 사실상 독자의 도덕적 민감함을 불러내는 과정이며 작품의 가치판단은 종종 글자 행간에서 담담하게 드러난다고 지적했다. 이는 독자의 높은 독서 품격을 필요로 한다고 했다. 그는 독서 방법에서 출발해 모든 사람이 노련하고 민감한 독자가 되어 작품의 도덕가치를 느낄 수 있기를 희망했다. 이 외에 차오리, 인치핑(殷企平), 왕쑹린, 닝이중(寧一中), 차오산커(曹山柯), 주웨이홍(朱衛紅), 리쩡(李增), 뤄량궁(羅良功), 류쉐란, 옌쉐쥔(顔學軍), 리즈민 등과 같은 발표자들 역시 각기 다른 시각에서 문학윤리학비평에 대한 견해를 발표했다. 이 회의의 성공적인 개최는 학계의 평가와 마찬가지로 중국에서 문학윤리학비평이 발흥하는 표지라고 할 수 있다.

2012년 12월 21~23일 '제2차 문학윤리학비평 국제학술대회: 이론 탐색과 비평의 실천'이 이창 싼샤대학에서 열렸다. 이는 중국의 문학윤리학비평이 국제적으로 나아갔음을 알리는 표지였다. 중국, 노르웨이, 에스토니아, 포르투갈, 미국, 한국, 일본, 싱가포르, 말레이시아 등의 나라에서 온 170여 명의 전문가와 학자들이 참가했다. 이 회의에서 학자들은 문학윤리학비평이 거둔 성과를 회고하고 총 정리했으며, 이론과 실천의 측면에서 새로운 탐색을 진행했다. 니에전자오의 대회 발언은 문학윤리학비평의 이론 체계를 개괄적으로 정리하고 문학기원론, 문학물질론, 문학텍스트론, 문학교화론, 윤리환경론, 윤리정체성론, 윤리선택론 등 문학윤리학비평의 기본관점을 중점적으로 소개했다. 중국 사회과학원 명예학부 위원인 우위안마이 선생은 “문학윤리학비평은 결국 가치비평이고, 가치의 기초는 선을 추구하는 것”이라고 강조했다. 그는 문학윤리학비평은 문학의 윤리가치를 강조하고 문학의 도덕 교화 기능을 강조해야 하며, 이는 중국 문학창작에서 윤리도덕의 관심이 절실하게 필요한 현재 상황을 볼 때 분명히 현실적인 중요성과 필요성이 있다고 여겼다.

이 국제학회에 참여한 중국과 외국의 학자들은 문학윤리학비평의 여러 문제들을 광범위하게 교류하고 토론하면서 문학윤리학비평에 대한 국제학계의 관심을 드러냈다. 한국외국어대학교 임대근 교수는 ‘문학윤리학비평’과 ‘문학의 윤리학’ ‘문학윤리의 학문’ 등 개념이 어떤 차이가 있는지 설명했다. 상하이대 영미문학연구센터의 주전우(朱振武) 교수는 최근 10년 동안 문학윤리학비평이 거둔 성과를 모아서 이 비평 방법의 대상, 내용, 특징, 방법 등을 깊이 있고 정확하게 정리하고 개괄했다. 둥베이사범대 류젠쥔 교수는 혈연윤리와 사회계약윤리라는 두 개념의 차이를 언급하고 설명했으며, 『햄릿』을 예로 들어 철저한 분석을 수행했다. 칭화(清華)대학의 천융궈(陳永國) 교수는 서양 철학 이론과 문학에서 고양이에 대한 묘사를 연결해 동물윤리문제와 여기서 발생하는 인간의 주체성에 대한 반성을 제기하고 깊이 있는 설명을 했다. 한국의 동국대 김영민 교수는 민족을 넘어선 타자화의 윤리문제를 제기했으며, 포르투갈 학자 다니엘라 카토(Daniela Kato)는 생태윤리 시가 노래하는 자연과 예술의 관계 문제를 논의했고, 일본대학(도쿄부) 통신교육부 이시바시 가즈노리(石桥一紀) 교수는 서로 다른 환경의 윤리관 형성의 차이를 설명했다. 닝보(寧波)대학의 왕쑹린 교수는 옌푸(嚴復)가 번역한 『진화론』(天演論)의 본래 모습을 복원해 헉슬리 원저는 사실 사회진화의 윤리도덕 문제를 밝히려는 목적이 있었다고 지적했다. 저장(浙江)이공대의 허칭지(何慶機) 교수는 웨인 부스의 문학이론과 문학윤리학비평을 비교했고, 화중사범대 리어셴(李俄憲) 교수는 일본 좌익문학 작가의 윤리의 측면에서 곤혹스러움과 윤리선택에 대한 연구를 통해 좌익작가가 왜 대폭적으로 윤리적 전향을 하게 됐는가라는 복잡하면서도 매우 논쟁거리가 되는 문제를 과학적으로 해석했다. 노르웨이 오슬로대 입센연구센터의 크누트 교수와 저장이공대 상비우(尚必武), 화중농업대 양거신(楊革新), 구이저우(貴州) 퉁런(銅仁)대학 장롄차오(張連橋) 등의 여러 학자들이 윤리의 시각에서 입센의 희곡 창작을 새롭게 해석했다. 한국 한신대 김순진 교수는 한국소설가 이상의 작품을 문학윤리학적으로 해석했고, 중국인민대 천스단(陳世丹) 교수는 커트 보네거트(Kurt Vonnegut)의 소설이 생태를 복원하는 인간사회에 갖는 의미를 논의했다. 미국 매사추세츠대 앰허스트분교 스티븐 트레이시(Steven Tracy) 교수는 윤리의 시각으로 미국 흑인 작가들이 소수민족에 대한 미국 주류사회의 억압에 어떻게 대응했는가를 탐색했으며, 화중사범대 뤄량궁 교수는 미국 흑인 시인의 시 작품을 예로 들어 시 형식의 윤리 의미를 논의했다. 싼샤회의는 문학윤리학비평의 기본적 이론을 탐색하고 이 비평 방법을 실천적으로 운용하는 문제를 깊이 있게 토론하여 풍부한 문학윤리학비평의 이론과 실천적 성과를 거두었다.

싼샤회의가 거둔 또 다른 중요한 성과는 '국제문학윤리학비평연구회'(The International Association for Ethical Literary Criticism)의 성립이었다. 국제문학윤리학비평연구회(IAELC)는 문학윤리학비평이론을 새롭게 하고 문학윤리학비평 방법을 실천하며 문학창작과 문학비평의 윤리가치 방향을 중시하는 국제적인 문학 · 문화 조직이다. 연구회는 중국사회과학원 명예학부 위원 우위안마이 선생을 회장으로 선출했으며, 미국 예술과학아카데미 회원인 예일대 클라우드 로슨(Claude Rawson) 교수, 화중사범대 『외국문학연구』 편집자인 니에전자오 교수, 러시아 과학원 통신원 코니엔코(Kornienko) 교수, 노르웨이 입센연구센터 크누트 교수, 한국 영문학회 회장 김영민 교수, 에스토니아 타르투대학 비교문학연구센터 주임 텔벳 주리(Talver Jüri)가 부회장에 선임됐다. 『외국문학연구』 부편집자이자 화중사범대 문과대학 부학장인 쑤후이(蘇暉)교수가 비서장을 맡았으며, 닝보대학 '융장(甬江)학자' 초빙교수 왕쑹린 교수, 한국외국어대학교 임대근 교수, 상하이교통대 상비우 교수, 말레이시아대 판비화(潘碧華) 박사가 부비서장을 맡았다. 국제문학윤리학비평연구회의 성립은 문학윤리학비평이 세계를 향해 나간다는 표지이다. 이로써 한걸음 더 중국 문학비평이론과 실천을 번영시키고 시대의 변화와 발전에 부합하는 문학비평의 새로운 방법을 탐색하며 문학창작과 문학비평의 번영을 촉진하는데 공헌을 하게 될 전망이다.

2013년 5월 16~20일, 『현대외국문학』 편집부가 주최하고 허베이(河北) 사범대 외국어대학에서 주관한 2013년 현대외국문학 학술대회가 스자좡(石家莊)에서 개최됐다. 이 회의에서 21세기 이후 외국문학연구가 지속적으로 발전적인 추세를 유지하고 있으며, 각기 다른 시각으로 문학작품과 문화 현상을 살피는 일이 현재 외국문학연구의 주류적 추세가 됐으며, 문학윤리학비평의 실천이 이러한 측면에서 공헌했음을 강조했다. 또한 최근 문학윤리학비평과 환경생태비평의 결합 및 관련된 관념과 비평 시각의 운용이 광범위한 관심을 받고 있으며, 많은 청년학자들이 각 장르의 문학작품을 비평하는 실천에서 이러한 이론을 사용하고 있으며 한걸음 더 나아가 이론적 내함을 발전시켰다고 지적했다. 『현대외국문학』 편집부가 주최한 이번 학술회의는 문학윤리학비평이 이미 중국의 문학 관련 학술토론회에서 관심을 갖는 문제 중 하나가 됐음을 보여주었다.

2013년 10월 25~28일 '제3회 문학윤리학비평 국제학술토론회'가 닝보대학에서 개최됐고, 노르웨이, 러시아, 영국, 스페인, 미국, 한국, 일본, 말레이시아, 이란, 남아프리카 및 중국의 각지와 타이완, 홍콩에서 180여 명의 전문가와 학자들이 성대한 대회에 참가했다. 이 회의에서, 학자들은 기조발언과 조별 그룹 토론 등의 형식을 통해 문학윤리학비평이 거둔 성과를 되돌아보고 정리했으며 이론과 실천 측면에서 새로운 탐색을 진행했다. 예를 들어 국제문학윤리학비평연구회 비서장 쑤후이 교수는 폐막사를 통해 이번 회의가 제2회 문학윤리학비평 국제학술회의와 비교해 세 가지 측면에서 변화를 보이고 있다고 말했다. 첫째 국제화의 특징이 더욱 분명해졌으며, 둘째 연구 영역과 시각이 더욱 광범위해졌고, 셋째 더욱 분명한 문제의식과 탐색 정신이 드러났다. 이번 회의의 성공적인 개최 및 이로 인해 거둔 성과는 문학윤리학비평과 관련된 연구가 이미 매우 깊이를 지니게 됐음을 보여준다.

4. 중국에서 문학윤리학비평의 연구 활용

2005년 이래, 중국 전체에서 많은 학자들이 문학윤리학비평 토론회에 참가했고 이 비평 방법을 사용하여 작가와 작품을 연구하고 문학이론 문제를 탐색했다. 또한 많은 연구논문을 발표하고 학술서를 출판했으며 학위논문을 제출하기도 했다. 국가와 정부에서도 문학윤리학비평과 관련된 연구 과제를 적극적으로 지원해 주었다.

문학윤리학비평과 관련된 논문은 대략적으로 두 부류로 구분할 수 있다. 하나는 문학윤리학비평을 이론 측면에서 연구하고 토론하는데 중점을 두었다. 대표적인 논문으로 「문학윤리학비평과 도덕비평」(文學倫理學批評與道德批評: 聶珍釗), 「문학윤리학비평의 현상과 흐름」(文學倫理學批評的現狀和走向: 劉建軍 · 修樹新), 「문학윤리학비평에 관한 몇 가지 문제」(關於文學倫理學批評的幾個問題: 陸耀東), 「문학윤리비평의 현재 성질」(文學倫理批評的當下性質: 劉建軍), 「문학윤리학비평의 다원주의」(文學倫理學批評的多元主義: 張傑 · 劉增美), 「문학윤리학비평의 독립적 특징과 수용적 특징」(文學倫理學批評的獨立品質與相容品格: 鄒建軍), 「문학윤리학비평의 한 현상」(文學倫理學批評一隅: 朱寶榮 · 丁曦妍), 「윤리 결여와 도덕 판단 : 문학윤리학비평 시각에서 본 「느릅나무 밑의 욕망」」(倫理缺失 · 道德審判: 文學倫理學批評視角下的「榆下的欲望」: 馬永輝 · 趙國龍), 「문학비평의 윤리적 전향: 문학윤리학비평」(文學批評的倫理轉向: 文學倫理學批評: 王晨), 「문학윤리학비평: 내함, 목적, 범위」(文學倫理學批評: 內涵、目的以及範圍: 蔡雲豔), 「문학윤리학비평과 인문정신 형성」(文學倫理學批評與人文精神建構: 李定清), 「카타르시스: 아리스토텔레스식의 서사윤리비평 원칙」(卡塔西

斯: 一種亞里斯多德式的敘事倫理批評原則: 季水河 · 李志雄), 「문학비평의 천진한 회귀: 문학윤리학비평」(文學批評的童真回歸: 文學倫理學批評: 劉保安) 등이 있다. 또 다른 부류는 문학윤리학비평 방법을 사용해 작가와 작품을 연구한 논문이다. 대표적으로는 「윤리금기와 오이디푸스의 비극」(倫理禁忌與俄狄浦斯的悲劇: 聶珍釗), 「문학의 환경윤리학: 생태비평의 의미」(文學的環境倫理學: 生態批評的意義: 王寧), 「윤리 결여와 도덕 판단: 문학윤리학비평 시각에서 본 「느릅나무 밑의 욕망」」(馬永輝 · 趙國龍), 「『프랑켄슈타인』으로 본 머리 셸리의 윤리도덕 사상」(從『弗蘭肯斯坦』看瑪麗 · 雪萊的倫理道德思想: 龔雯), 「예이츠 상징주의 연극의 윤리사상」(葉慈象徵主義戲劇的倫理理想: 劉立輝) , 「『파리대왕』 인물의 도덕윤리 분석」(『蠅王』中人物的道德倫理分析: 段漢武.黃青青), 「『차탈레부인의 사랑』의 윤리학적 독해」(『查特萊夫人的情人』的倫理學解讀: 田鷹), 「혈육복수의 윤리충돌: 아이스킬로스의 『에우리페데스』」(血親復仇中的倫理衝突: 讀埃斯庫羅斯的『俄瑞斯忒斯』: 袁雪生) 등이 있다. 왕쑹린 교수는 문학윤리학비평은 방법론으로서 독특한 연구 시야와 내함을 지니고 있으며, 학술적 포용성과 개방적 품격을 지니고 있고 학문적 원리에 있어 새로운 의미를 지니고 있다고 평가했다. 그는 "더욱 현실적 의미가 있는 것은 문학윤리학비평이 사회주의 진보 문화를 발전시키고 사회주의 영욕관을 수립하기 위한 역할을 할 수 있고, 사회 전체가 강력하게 애국주의, 집체주의, 사회주의 사상을 드높이는데 역할을 할 수 있으며, 사회주의 기본 도덕규범을 선도하고 훌륭한 사회적 분위기를 촉진하기 위한 일을 할 수 있다"고 말한다. "현재와 미래 중국의 조화로운 사회를 건설하고 사회적 패러다임 변화기에 처한 중국의 윤리도덕 질서를 세우는 의미는 말할 필요도 없다"[3]고 강조한다.

문학윤리학비평 방법을 사용하여 작가와 작품을 연구한 학술서의 출판은 의심할 바 없이 중요한 의미를 지니고 있다. 2005년 이후 이러한 학술서의 출판은 분명 문학윤리학비평을 깊이 있게 발전시키는데 큰 역할을 했다. 화중사대출판사에서 내놓은 '문학윤리학비평건설총서'는 지금까지 『문학윤리학비평: 문학연구방법의 새로운 탐색』(文學倫理學批評: 文學研究方法新探討: 회의논문집, 2006), 『영국문학의 윤리학비평』(英國文學的倫理學批評, 聶珍釗), 『콜라드 소설 윤리관 연구』(康拉德小說倫理觀研究: 王松林, 2008), 『'화(和)'의 순방향과 역방향: 탄언메이 장편소설의 윤리사상 연구(和的正向與反向: 譚恩美長篇小說中的倫理思想研究: 鄒建軍, 2008), 『와일드 창작의 윤리사상 연구』(王爾德創作的倫理思想研究: 劉茂生, 2008)가 이미 출판됐다. 이 외에도 『조지 엘리어트 소설의 윤리비평』(喬治·艾略特小說的倫理批評: 杜雋, 2006), 『윤리의 시학: 단테 시학 사상 연구』(倫理的詩學: 但丁詩學思想研究: 姜岳斌), 『재건 전략 하의 소설 창작: 아이리스 머독 소설의 윤리학 연구』(重建策略下的小說創作: 愛麗斯·默多克小說的倫理學研究: 馬惠琴), 『하디 소설의 윤리사상 연구』(哈代小說倫理思想研究: 丁世忠) 등은 모두 다양한 시각에서 문학윤리학비평을 사용해 작가와 작품에 대한 연구를 수행했다.

중국에서는 또 박사와 석사과정 학생들이 문학윤리학비평 방법을 사용하여 학위논문을 쓰기도 했다. 그 중에서 박사논문으로 『게리 스나이더의

3 『文藝報』 第3版, 2006.7.18. 참조.

생태윤리사상 연구』(加裏·斯奈德的生態倫理思想研究: 陳小紅, 2006), 『먹구름 뒤의 광채: 솔 벨로 소설(1944~1975)의 윤리 지향』(烏雲後的亮光: 索爾·貝婁小說(1944~1975)的倫理指向: 祝平, 2006), 『시적 생존을 향하여: 현대 프랑스 여성주의 사상의 윤리적 투시』(趨向詩化生存: 當代法國女性主義思想的倫理透視: 吳秀蓮, 2007), 『조화와 질서의 시적 해석: 포스 시선 연구』(和諧與秩序的詩化闡釋: 蒲柏詩歌研究: 馬弦, 2007), 『테리 이글턴의 비평 이론 연구』(特裏·伊格爾頓的批評理論研究): 趙光慧, 2007), 『헨리 필딩 소설의 윤리서사를 논함』(論亨利·菲爾丁小說的倫理敘事: 杜娟, 2008), 『디킨스 소설의 화목 가정 주제를 논함』(論狄更斯小說的和諧家庭主題: 陳智平) 등이 있다.

문학윤리학비평의 연구와 운용 역시 국가의 지지를 받았고 그 연구 성과는 국가의 장려금을 받기도 했다. 2006년 이후 국가사회과학기금은 관련된 과제를 지원하고 있다. 예를 들어 '감정 윤리와 서사: 리차드슨 소설 연구'(朱衛紅, 2006) '신시기 문학의 생태윤리정신'(李玫, 2007) '일본 여성 도덕관의 변천 연구'(王慧榮, 2007) '솔 벨로 소설의 윤리 지향'(祝平, 2007) '에드워드 시대 영국 사회 소설의 윤리 주제 연구'(胡强, 2007) '필립 로스 소설 연구'(袁雪生, 2008) 등이 있다. 교육부 인문사회과학기금과 몇몇 성 단위 사회과학기금 역시 문학윤리학비평 연구 및 활용과 관련된 과제에 지원을 아끼지 않았다. 2009년 국가신문출판 본부에서는 '125'시기(2011~2015) 국가 중점도서, 음향, 전자 출판물 출판 기획을 발표했는데, 이 책 『문학윤리학비평』이 그 안에 들어갔다. 2014년 3월 교육부는 제6회 고등교육기관 과학연구우수성과상(인문사회과학)의 선정 결과를 발표했는데, 『문학윤리학비평: 기본 이론과 용어』(文學倫理學批評:

基本理論與術語)가 우수성과 3등상을 받았다. 2013년 9월 전국 철학사회과학 기획사무실에서 2013년도 '국가철학사회과학 성과문고' 56항목 성과의 입선 명단을 발표했는데, 『문학윤리학비평』이 선정됐다. 이는 문학윤리학비평이 학계에서 충분히 인정받았다는 사실을 보여준다.

중국에서 문학윤리학비평의 발흥은 서양윤리학비평과 다른 자신만의 새로운 특징을 지니고 있는 점과 밀접한 관계를 지니고 있다. 문학윤리학비평은 서양윤리비평을 모방, 이식하지 않고 다만 이를 참고하여 새롭게 만들었다. 중국 학계에서 문학윤리학비평의 영향은 빠르게 확대되어 이미 중요한 문학비평 유파를 이루었다. 서양의 윤리비평과 비교해서 문학윤리학비평은 네 가지 분명한 특징을 지니고 있다.

1. 문학윤리학 연구를 문학윤리학비평 방법론으로 변화시키고 그럼으로써 효과적으로 구체적인 문학적 문제를 해결할 수 있도록 했다.

2. 문학의 교화 작용을 문학의 기본 작용으로 보아 이론적인 면에서 문학윤리학비평을 위한 스스로의 입장을 마련했다.

3. 문학윤리학비평 관념을 사용해 윤리비평의 개념을 대체하고, 도덕비평과 구분해 내어 주관적인 도덕비평에서 벗어나 객관적인 문학윤리학비평으로 변화되게 했다. 그럼으로써 문학비평이 역사와 분리되는 문제를 해결했다.

4. 윤리환경, 윤리질서, 윤리혼란, 윤리패러독스, 윤리금기, 윤리매듭 등 스스로의 비평담론을 만들었다.

그럼으로써 문학윤리학비평을 쉽게 받아들일 수 있는 문학을 비평하는 도구가 되도록 했다. 바로 이러한 특징 때문에 문학윤리학비평은 많은 문학비평에서 빛을 내고 학계의 광범위한 호응을 얻을 수 있었다.

문학윤리학비평의 의미와 가치에 대해 저명한 학자 우디(吳笛) 교수는 "시간의 검증을 거쳐 전해 내려온 문학경전은 단지 그 언어의 매력이나 혹은 번역의 힘으로 되살아날 뿐만 아니라 그 안에서 윤리가치도 매우 중요한 역할을 하고 있다. 그래서 문학윤리학비평은 문학정전 연구의 고유한 사유공식을 깨뜨릴 수 있으며, 문학사와 문학유파, 심미적 읽기 등의 틀이 지니고 있는 질곡에서 벗어나 문학경전의 윤리가치 형성과 전파의 필요에 관심을 기울인다. 그리고 인류문화 건설과 발전에 있어 이러한 필요가 미치는 긍정적인 공헌을 탐색한다"고 강조했다. 문학윤리학비평은 일종의 방법론이다. 문학연구 측면에서 미치는 역할이 이제 막 모습을 드러내고 있으며 그것이 지니고 있는 거대한 학술적 잠재력도 우리가 끊임없이 발굴해주기를 기다리고 있지만, 그 사회적 가치와 학술적 가치는 의심할 나위가 없다. 그래서 문학윤리학비평이 폭넓은 발전 가능성을 지니고 있으며, 점점 더 많은 학자가 참여하고 문학윤리학비평의 이론 연구와 비평적 실천을 하리라고 예측할 수 있다.

물론 문학윤리학비평은 아직 계속 깊이 있게 연구해야 하는 이론과 현실적 문제를 지니고 있다. 연구 상황을 정리하고 중국문학, 문학이론, 여러 비평방법과 윤리학, 미학, 철학 등과 같은 다른 학문 사이의 관계 문제도 처리해 더욱 효과적으로 문학을 연구하는 방법이 되도록 해야 한다. 중국에서 문학윤리학비평의 생명력은 분명 자신만의 새로운 특색에 달려 있다. 그것은 서양윤리비평의 복사판이 아니다. 중국의 문학윤리학비평과 서양의 문학윤리학 혹은 윤리비평의 근원은 매우 깊다. 과거에 이미 존재했던 도덕비평과 태생적 관계를 지니고 있지만 이들이 완전히 똑같지는 않다. 물론 오늘날까지 중국 내에서 발표된 일련의 문학윤리학비평과 관련된 논문에서 상당 부분은 모두 '윤리도덕'의 논의를 공허하게 만들고 종종 작가 작품의 윤리사상, 관점, 경향만을 논증하고 평가하여 문학작품에 대한 세밀하고 깊이 있는 객관적인 분석을 결여하고 있다. 그리고 현재 문학윤리학비평방법을 사용한 논문들이 도덕비평의 범주에만 속해 있는 경우도 종종 있다. 문학윤리학비평은 비록 새로운 사고로 중요한 문학적 이론 문제를 해결하는데 도움이 되기는 하지만, 이 비평방법의 근본적인 목적은 문학작품을 해석하고, 특히 이 방법을 빌려 이전 사람들의 연구를 더욱 향상시키는데 있다. 문학윤리학비평은 매우 강한 호환성을 지니고 있다. 그것은 윤리학, 미학, 철학, 심리학, 정신분석학, 사회학 등의 다른 방법과 함께 결합해 훌륭하게 적응력을 높일 수 있다. 미래를 전망해 보면, 문학윤리학비평은 분명 중국 문학비평에서 더욱 큰 역할을 하고, 중국의 문학연구를 발전시키는데 긍정적으로 공헌하리라 여겨진다.

제2편

문학윤리학비평의 실천적 운용

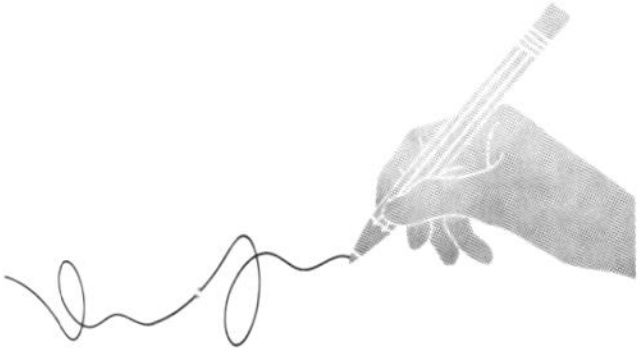

제10장
윤리금기와 오이디푸스 비극

1.『오이디푸스』의 운명 해설

소포클레스의 비극『오이디푸스』가 세상에 나온 이후 살부취모(殺父娶母, 아버지를 죽이고 어머니와 결혼)하는 이야기는 줄곧 감동적인 힘으로 독자와 관객을 정복했으며 동시에 많은 학자를 매료시켜 이 비극 작품을 연구하도록 했다. 그 동안의 문학비평을 역사적으로 살펴보면 이 정전의 비극에 대한 이해는 두 종류를 넘지 않는다. 하나는 운명에 대한 사고로 이 비극을 설명하는 방식이고, 다른 하나는 오이디푸스 콤플렉스(Oedipus Complex)의 관점으로 비극을 이해하는 방식이다.『오이디푸스』의 비평사에서 프로이트의 비평이 출현하기 이전에 기존의 비평가들은 대부분 소포클레스의 이 비극을 운명비극이라고 부르고『오이디푸스』의 주제를 개인의 의지(행동)와 운명의 충돌이라고 개괄했다. 일반적으로『오이디푸스』의 비극은 신이 정해놓은 운명에 항거할 수 없다는데 있다고 여겼다. 소련의 세르게예프(B. C. Cepreeb)는『고대 그리스사』에서 운명적 관념은 소포클레스의 작품에서 아이스킬로스 작품보다 더 추상적이고 정확하며 매우 구체적으로 표현됐다고 말했다.[1] 신화에서 운명은 신의

1 B.C. Cepreeb,『古希臘史』, 繆靈珠譯, 高等教育出版社, 1955, 323쪽.

의지로 표현됐다. 운명은 종종 운명의 여신과 같은 신의 도움을 받아 구체적으로 드러난다. 하지만 운명은 또 종종 신을 초월하기도 한다. 그래서 인간이 운명의 계획을 받아들여야 할 뿐만 아니라 신도 운명의 계획에 복종해야 한다. 현대인의 관념에 따르면 운명은 사회나 자연에서 온 추상적이고 보편적인 힘이며, 아직 드러나지 않은 우연에 깃든 필연성이다. 고대 그리스인들의 '운명'은 인간의 상상적인 개념 범위에만 속해 있으며, 이는 추상적 사물에 대한 상상이다.

그리스신화에서 운명은 항거할 수 없다. 프로메테우스는 운명을 "누구든지 숙명의 흔들릴 수 없는 위력을 인정하는 법을 배우려면 운명의 여신이 판정한 고통을 이겨내야만 한다"고 이해했다. 그리스신화의 영웅 이아손이 황금양모를 얻을 때 역시 "나는 나를 이곳으로 보낸 운명에 복종한다"고 했다. 그리스신화의 네스토르 역시 "재난의 여신이 맹목적으로 모든 것을 지배하고 있기 때문에 선량하고 정직한 사람은 언제나 가장 큰 불행을 만나게 된다. 요행으로 재난을 피할 수 있는 사람은 아무도 없다"고 말했다.

소포클레스의 비극에서 오이디푸스가 아버지를 죽이고 어머니와 결혼한다는 사실은 신이 예정한 운명이다. 오이디푸스의 아버지 라이오스가 다른 사람의 아들을 겁탈했기 때문에 운명의 여신은 라이오스가 자신의 아들 손에 죽으리라고 선고했다. 라이오스는 이 재앙을 피하기 위해 갓난아기인 오이디푸스를 포기하고 그를 죽음의 땅에 두려고 했다. 하지만 그는 양치기에 의해 구해져 코린토스에서 성장했다. 신탁이 오이디푸스에게 그가 장차 아버지를 죽이고 어머니와 결혼하게 된다고 하자 그는 범죄의 운명을 피하기 위해 자신이 친부모라고 알고 있는 양부모를 떠난다. 하지만 그는 운명의 인도 아래서 오히려 한 걸음씩 정해진 살부취모의 마지막 결과를 향해 걸어간다. 비극에 처한 오이디푸스의 운명은 신의 예정으로, 그 자신의 어떠한 반항도 아무 쓸모가 없었다. 그가 얼마나 지혜롭고 현명하고 위대하고 공평무사하든, 운명이 좋든 나쁘든 자신의 운명을 바꿀 수 없었다. 운명론자의 관점에 따르면 운명은 반항할 수 없고 바꿀 수도 없으며, 운명 자체는 선악을 구분할 수 없다. 오이디푸스의 운명이 바로 분명한 증거이다.

2. 오이디푸스 콤플렉스

프로이트는 무의식이 주로 본능으로 이루어져 있다고 여겼다. 인간의 기본 본능에는 두 종류가 있다. 자아본능과 성본능이다. 하지만 인간의 본능은 문명의 억압을 받는다. 그 중에서 가장 철저하게 억압되는 것이 가족에 대한 성과 폭력, 즉 근친상간과 친족 살해이다. 문화적 차이가 아무리 크더라도 세계 각 민족은 근친상간과 친족 살해를 모두 금지하고 있다. 본래 이들은 의식하지 못하는 사이에 발생했다가 이후에 제도로 형성되고 부족 내 혼인 금지와 동족 상해 금지라는 양대 금기가 생겨났다. 그래서 이 두 커다란 금기는 '족내 금혼'과 '살인 금지 토템'이라고 불리기도 한다. 두 금기가 생긴 이후 부족 사람에 대한 성과 폭력은 '근친상간과 친족 살해'로 규정되어 모든 사회에서 엄격하게 금지됐다. 부모에 대한 근친상간과 친족 살해가 바로 살부취모로 그 죄가 가장 크고 억압이 가장 심하다. 프로이트는 그의 많은 환자들이 모두 아버지를 살해하고 어머니와 결혼하고 싶은 충동을 지니고 있음을 발견했다. 그리스의 비극 『오이디푸스』에서 이오카스테는 오이디푸스에게 “네가 너의 어머니의 혼인을 더럽힐지 모른다고 두려워하지 마라. 많은 사람이 꿈속에서 어머니와 결혼하지만 별로 마음에 담아두지 않는 그 사람은 오히려 편안하게 생활하고 있다”[2]고 충고했다. 프로이트는 남성들에게는 ‘아버지를 죽이고 어머니를 취하는’ 일로 표현되고 여성들에게는 ‘어머니를 죽이고 아버지에게 시집가는’ 일로 표현되는 이런 충동을 모든 사람이 지니고 있다고 믿었다. 그는 이런 현상을 ‘오이디푸스 콤플렉스’ ‘엘렉트라 콤플렉스’라고 불렀다. 이들은 ‘연모(戀母) 콤플렉스’ 또는 ‘연부(戀父) 콤플렉스’라고도 불린다. 비록 프로이트의 이러한 이론을 지지하는 인류학자는 거의 없기는 하지만 문학에 미친 이 이론의 영향은 매우 크다. 그 영향 아래서 20세기 문학비평의 한 유파, 즉 정신분석학파가 탄생했다.

프로이트의 오이디푸스 콤플렉스는 『오이디푸스』을 읽어내는 두 번째 관점이다. 프로이트의 이론에 따르면 오이디푸스의 비극은 연모의 심리적 경향과 이러한 경향이 초래한 윤리비극으로 읽어낼 수 있다. 즉 ‘연모 콤플렉스’라는 심리적 작용으로 만들어진 살부취모라는 두 결과이다. 프로이트는 소포클레스의 『오이디푸스』, 셰익스피어의 『햄릿』, 도스토예프스키의 『카라마조프 형제들』로 자신의 관점을 설명했다. 더불어 살부취모를 인류와 개인의 원시적이고 기본적인 죄악 경향으로 보았으며 모든 상황에서 죄의식의 주요한 근원이 된다고 여겼다. 프로이트는 살부의 목적은 아버지에게서 어머니를 쟁

2 索福克勒斯, 『俄狄浦斯王』, 上海戲劇學院戲劇文學系編選, 『外國劇作選』(一), 上海文藝出版社, 1979, 96쪽.

탈하기 위한 것이고 아버지를 경쟁의 적수로 보아 제거하고 싶어 한다고 여겼다.[3] 그래서 프로이트가 보기에 '연모 콤플렉스'는 오이디푸스 비극의 근원이 된다. 프로이트의 '연모 콤플렉스'라는 관점이 생기고 난 이후 이 학설은 『오이디푸스』라는 비극을 읽어내는 또 다른 중요한 시각이 됐다.

3. '살부취모'와 근친상간 범죄

운명학설과 '연모 콤플렉스' 학설은 서로 다른 시각으로 오이디푸스의 비극을 읽어냈다. 오랜 시간 이 두 관점은 『오이디푸스』이라는 비극을 해석하는 경전과도 같은 학설이 됐다. 광범위하게 인정을 받은 『오이디푸스』에 대한 또 다른 독해는 지금까지 나타나지 않았다. 그렇다면 위에서 말한 두 학설 이외에 우리는 이 비극에 대한 새로운 이해나 인식을 가질 수 없을까? 만일 문학윤리학비평을 사용해 이 비극을 읽어낸다면, 우리는 『오이디푸스』가 본질적으로는 윤리 참극에 불과하며, 그 참극은 인류문명이 발전하는 과정에서 형성된 윤리금기와 오이디푸스가 끊임없이 강화시킨 윤리의식 때문이라는 사실을 발견할 수 있다. 오이디푸스 윤리의식의 핵심은 윤리금기이며 비극에서 윤리금기는 바로 근친상간의 금기로 아버지 살해와 어머니와의 결혼이라는 두 금기로 구성된다.

윤리금기는 절대 복종해야 하는 사회적 제약이며 항거할 수 없는 구속의 힘이다. 이는 주로 사회, 종교, 종법 등의 힘에 의해 전승되어온 제도와 준칙이

3　車文博主編,「達·芬奇對童年的回憶」,『佛洛德文集』(七), 長春出版社, 2004, 149쪽.

다. 법률 제도가 아직 완벽하지 않았던 고대 그리스 시대에 윤리금기는 성문화되지 않은 법률제도이거나 도덕 준칙으로, 사회에서 매우 중요한 의미를 지니고 있었다고 볼 수 있다. 학자들이 근친상간 금기의 형성과 의미를 서로 달리 이해하고는 있지만, 근친상간 금기는 인류문명 발전 과정에서 없어서는 안 되는 요소이다. 고대 그리스 사회에서 윤리금기의 의미는 바로 이러했다.

우리는 근친상간 금기를 인류가 우매하고 야만적인 상태로부터 문명사회로 들어가는 표지로 볼 수 있다. 인류학자 브로니슬라브 말리노프스키(Bronislaw Malinowski)는 "모든 형식의 문명에서 그 풍속 습관, 도덕, 법률이 근친상간을 허락한다면 가정은 계속 존재할 수 없다. 그 분위기가 무르익는다면 가정은 깨지고 말 것이다. 사회 전체가 혼란해지고 문화전통은 계속될 수 없다. 가정은 가장 중요한 교육매체이기 때문에 근친상간은 나이 구분의 혼란, 세대의 혼란, 감정의 무조직성, 역할의 급격한 변화를 의미하게 된다. 이러한 조건 아래서 존재할 수 있는 사회는 없다"[4]고 말했다. 말리노프스키에게 있어 근친상간 금기의 존재는 가족의 존재를 보장해줌으로써 사회의 존재를 보장해준다. 레슬리 화이트(Leslie Alvin White)는 근친상간 금기의 존재는 존재하는 가정의 연합을 촉진시킴으로써 문화 발전을 촉진한다고 여겼다. 레비스트로스는 또 근친상간 금기는 '동물'을 교양 있는 인류로 변화시키는 방법이라고 여겼다.[5] 이를 통해 오이디푸스가 윤리금기를 통해 표현해낸 윤리의식은 바로 인류 고대 문명에 대한 그의 정확한 이해였음을 알 수 있다. 그는 고대 사회의

4 尤金·科恩, 愛德華·埃姆斯,『文化人類學基礎』, 李富强編譯, 中國民間文藝出版, 1987, 105~106쪽.
5 尤金·科恩, 愛德華·埃姆斯, 위의 책, 109쪽.

정상적인 윤리질서와 도덕관계 수호자의 형상을 표현했다.

오이디푸스의 윤리의식은 처음부터 근친상간에 대한 금기로 집중되어 드러났다. 그는 테베의 이웃 나라 코린토스에서 성장한다. 자신의 출생에 대해 한 번도 의문을 품은 적이 없었지만 누군가 그가 코린토스 왕국의 친아들이 아니라고 하자 자신의 출생에 관심을 갖게 된다. 오이디푸스 출생의 비밀이 제기된 문제는 사실 윤리와 도덕에 속한다. 자신의 출생에 대한 답을 찾기 위해 그는 신전으로 가서 신에게 도움을 구한다. 본래는 자신의 신분을 증명하고 싶었지만 신은 오히려 또 다른 예언을 하면서 오이디푸스에게 "그 어미의 침상을 더럽히고 차마 사람들이 보기 힘든 자녀들을 나을 운명이다. 그리고 그의 친 아버지를 죽이는 흉수가 된다"[6]고 말한다. 바로 오이디푸스가 강렬한 윤리의식을 지니고 있었기 때문에 그는 근친상간이 천하가 분노한 대죄임을 알고 있었다. 그는 신의 예언에 두려움을 느끼고 자신이 예언에서 말한 죄를 저지르지 않을까 항상 두려움에 떨었다. 그래서 진즉 테베에 오기 전부터 오이디푸스는 신의 예언으로 인해 근친상간을 두려워하는 도덕적 초조함에 빠지고 근친상간의 결과에 대한 도덕적 공포를 갖게 됐다. 바로 그의 도덕적 초조함과 공포로 인해 그는 자신의 '부모'를 등지고 예언에서 말한 두려운 운명을 피하기 위해 코린토스를 떠나 테베로 가게 된다.

프로이트의 정신분석이론에 따르면, 오이디푸스의 도덕적 초조함은 그가 아폴론신전에서 들은 그가 아버지를 죽이고 어머니를 아내로 맞이한다는

6 索福克勒斯, 위의 책, 89쪽.

예언으로 인해 생겨났다. 이러한 초조함은 두 가지 중요한 요소를 지니고 있다. 하나는 예언이 들어맞을 수 있다는 근심이고, 둘째는 아버지를 살해하고 어머니를 아내로 들인 결과에 대한 공포심이다. 오이디푸스의 도덕적 초조함의 전제는 살부취모의 예언이었으며, 이는 당시 가장 엄격한 근친상간의 금기였다. 소포클레스의 비극에서 살부취모는 근친상간의 금기로서 사회적 관습이었을 뿐만 아니라 이미 사회 전체가 따라야만 하는 도덕 계율이 됐다.

오이디푸스는 코린토스에서 테베로 와 본의 아니게 자신의 아버지를 살해하고 자신의 어머니를 아내로 맞이해 정말로 근친상간의 대죄를 범하게 되고 테베에 역병이 발생하도록 만들었다. 소포클레스는 우화의 방식으로 사제를 통해 근친상간이 가져온 심각한 결과를 묘사했다.

"이 도시는, 당신이 직접 보시는 것처럼, 피의 파도에서 요동치고, 머리를 들 수가 없습니다. 밭의 이삭은 시들어버렸고, 목장의 소는 역병으로 죽어가며 여인들은 유산을 하고 있습니다. 너무나 원망스러운 불을 든 역병의 신이 이 도시로 내려와 카드모스의 집들이 황폐하게 변했습니다. 어두운 지옥의 땅에는 슬픔의 울음소리가 가득합니다."

합창단도 테베가 파멸에 직면한 '역병의 불'을 노래했다.

"모든 나라의 사람들이 병들고 우리를 지킬 수 있는 무기는 하나도 찾을 수 없구나. 이 이름난 땅에서 과일은 열매 맺지 않고 여인들은 생산의 고통을 받지도 못하네.

나르는 새처럼, 타오르는 불처럼 서쪽 신의 해안으로 질주하는 생명들만 보이네."[7]

"수많은 죽음이 우리의 도시를 부수었습니다. 젊은 남자들은 땅위에 쓰러지고 역병이 가득하지만, 슬퍼하는 사람도 없고 가여워하는 사람도 없습니다. 죽은 자의 늙은 어미와 아내는 곳곳에 있는 제단 계단 위에서 신음하면서 이 비참한 재난을 없애주기를 신에게 빌고 있습니다."[8]

재난이 닥쳤을 때 사람들은 모두 오이디푸스를 구원자로 여겼고 그가 분명 그들을 도와줄 수 있으리라고 생각했다. 테베 사람들은 오이디푸스가 스핑크스의 비밀을 풀었으니 분명 이 역병도 물리칠 수 있다고 여겼다.

하지만 오이디푸스는 이 역병이 자신의 근친상간 범죄로 인해 일어났음을 알지 못했다. 역병을 일으킨 원인을 찾고 역병을 없앨 방법을 찾기 위해 오이디푸스는 아폴론신전으로 크레온을 보내 도움을 구한다. 신은 이 역병이 이전 왕 라이오스의 살해 때문이며 이 역병을 몰아내는 방법은 단지 하나, 바로 라이오스를 살해한 자를 찾아내 그들을 죽음에 처하게 하거나 나라밖으로 쫓아내야 한다고 했다. 이것이 모든 나라 사람들을 구하는 유일한 방법이었다. 오이디푸스는 테베의 국왕이나 테베 사람들을 지키는 수호자로서 처음에는 자신의 도덕책임을 지고자 했다. 그것은 바로 사람들과 함께 "나라를 위해, 신을 위해, 이 원수를 갚고자" 함이었다. 도덕 의무는 오이디푸스에게 있어 살해

7 索福克勒斯, 위의 책.

8 索福克勒斯, 위의 책, 68쪽.

된 국왕을 위한 복수로 표현됐다. 그는 "내가 지금 그가 이번에 지녔던 왕권을 잡고 있다. 그의 아내를 아내로 맞이했으며 그의 침상을 차지해 함께 씨를 뿌렸으니, 만일 그가 후손을 구하는 마음이 좌절되지 않았더라면 같은 부모의 자식들이 우리를 한 가족으로 묶어주었으리라"고 명령했다. 우리는 이 말에서 오이디푸스의 강렬한 도덕책임감을 느끼는 동시에 오이디푸스가 알지 못하는 근친상간의 비유도 읽을 수 있다. 그가 "난 나의 아버지를 위해 전쟁하듯 그를 위해 전쟁을 한다"고 말했을 때 이러한 은유는 더욱 분명해졌다.

국왕을 죽이고 테베를 재난으로 몰고 간 범죄자를 찾기 위해 오이디푸스는 선지자 티레시아스에게 도움을 구하는 방법을 사용한다. 오이디푸스의 강요로 인해 티레시아스는 마지못해 오이디푸스 자신이 바로 그 살인자로서 "테베의 근친상간의 역병의 오점"이라고 했다. 또 그가 첫째, 아버지를 살해하고 둘째, 어머니를 아내로 맞이했으며 셋째, 그의 어머니와 사실은 형제자매인 자녀를 낳은 세 가지 윤리 대죄를 범했음을 지적한다. 오이디푸스는 윤리범죄의 심각성을 깊이 알고 있었다. 그 당시 윤리범죄는 가장 엄격한 징벌을 받아야 했고, 이는 모든 사람들이 알고 있는 정의였다.

오이디푸스의 도덕적 초조함은 선지자의 폭로로 인해 더욱 깊어져 도덕적 공포심으로 바뀌었다. 선지자의 폭로는 왕을 죽인 죄가 아버지를 죽인 패륜의 죄로 바꾸었을 뿐만 아니라 어머니를 아내로 취한 패륜의 죄도 함께 연결되어 있었다. 이때 그의 도덕적 공포심은 그가 자신을 위해 변호를 하게 만든다. 그는 '라이오스가 암살을 당한 지 이미 오래됐는데 선지자가 당시 지금처럼 총명하고 사람들의 존중을 받았다면 그가 왜 일의 진상을 말하지 않고 나를 지목하지 않았겠는가?'하고 생각했다. 오이디푸스는 크레온에게 "그때 선지자가 술수를 쓰지는 않았는가?" "그때 그가 나를 언급한 적이 있는가?" 그가 살인자를 밝힐 수 있다면 "그때 그 총명한 사람이 왜 진상을 말하지 않았지?"하고 묻는다. 오이디푸스의 자기변호는 사실상 그가 도덕적으로 공포를 느끼는 감정을 드러낸 일이다. 그는 자기변호를 통해 공포심을 경감시키고자 했다.

오이디푸스는 자신이 세상에 태어난 진상을 알기 전에는 자신이 저지른 범죄의 심각성을 진정으로 인식하지 못했다. 그는 단지 자신을 임금을 죽인 흉수로만 보았고, 이전 국왕의 왕권을 차지하고 그의 왕후를 아내로 맞이하고 그의 침상을 차지했기 때문에 이전 국왕의 가족이 됐다고만 보았다. 결코 자신이 전 국왕의 아들이고 자신이 직접 자신의 아버지를 죽이고 자신의 어머니를 아내고 맞이했다는 사실을 인식하지 못했다. 그는 자신이 내린 명령의 벌을 받아야 했기에 슬픔을 느꼈다. 그가 테베가 맞이한 역병이 임금을 살해한 사건 때문이라는 사실을 안 이후에 명령을 내려 누구든 그 죄인을 받아들여서는 안 되고, 그와 대화를 나누어서도 안 되고 또한 그와 함께 기도를 하거나 제사를 지내서도, 혹은 그에게 죄를 사하는 의식을 해주어서도 안 된다고 했다. 사람들은 모두 그를 문밖으로 쫓아내 그가 테베의 오염물임을 분명히 하도록 했다. 그는 살인자가 비참하고 불행한 삶을 살게 되리라는 저주를 내렸다. 이제 자신이 그 임금을 죽인 살인자임이 밝혀지고 자신이 자신에게 가하는 벌과 저주를 받을 수밖에 없게 됐기 때문에 그의 슬픔은 비할 수 없이 깊고 컸다.

하지만 그가 정말로 무서워하고 두려워했던 바는 여전히 살부취모의 예언이었다. 그는 차라리 죽을지언정 그 근친상간의 대죄를 짓기 원치 않았다. 그는 "존경하고 신성한 여러 신들이여, 내가, 내가 그 날을 보도록 하지 마시옵소서! 그 죄악의 더러움이 내 몸에 묻는 것을 보기 전에 내가 이 속세를 떠나도록 해주오소서"라고 간청했다.

이후 목동이 돌아와 오이디푸스가 바로 예전에 그가 보낸 갓난아이임을 확인하자 마침에 일의 진상이 밝혀졌다. 근친상간의 사실은 더할 나위 없이 잔혹하고 두려웠다. 근친상간으로 인해 오이디푸스의 윤리 신분은 극심하게 혼란스러웠다. 왜냐하면 그는 "나를 낳아서는 안 되는 부모의 아들로 태어났고, 아내로 맞아서는 안 되는 어머니를 아내로 맞았고, 죽여서는 안 되는 아버지를 죽였기"[9] 때문이다. 오이디푸스의 근친상간으로 인해 인류의 이성 원칙은 심각한 도전을 받게 됐고 가정과 사회에서의 윤리관계는 혼란을 겪게 됐다. 그것은 오이디푸스가 궁에서 이오카스테를 찾을 때 나타났던 혼란과 같다. 그는 자신의 아내를 찾았던 것일까, 아니면 자신과 자신의 아이들의 어머니를 찾았던 것일까? 그는 영원히 이 문제를 풀 수 없었다. 왜냐하면 세상의 윤리와 관계된 문제는 스핑크스의 수수께끼보다 더 대답하기 어렵기 때문이다.

비극이 이렇게까지 전개되자 오이디푸스는 이미 "그가 함께 산 자녀의 부모형제, 그 생모의 아들이자 남편, 그 아버지의 살인자이자 함께 씨를 뿌린 사람이 됐다."[10] 영웅 오이디푸스는 자신의 지혜로 스핑크스의 수수께끼를 풀고, 사람을 해치는 요물을 물리쳐 테베라는 도시국가의 국왕이 되어 가장 높

---

9 索福克勒斯, 위의 책, 105쪽.

10 索福克勒斯, 위의 책, 76쪽.

은 영광을 받았다. 하지만 지금은 용서받을 수 없는 근친상간의 대죄를 지었다. 그의 죄악은 너무나 심각했다. 비극은 이렇게 말한다. "명성이 자자한 오이디푸스여! 그 널찍한 항구는 그대가 쓰기 충분했구나. 그대는 그곳에 들어가 아들이 되더니 신랑 역할을 하여 아버지가 됐구나. 불행한 자여, 그대 아버지가 씨 뿌린 땅은 어떻게, 어떻게 한 마디 말도 없이, 그렇게 오랫동안 그대가 씨를 뿌리도록 허락할 수 있었는가?" 분명히 바로 오이디푸스의 근친상간을 말하고 있다. 이러한 근친상간은 심판과 징벌을 받아야 한다. "모든 것을 보는 시간이 마침내 그대가 모르는 사이에 그대를 찾아내 아들을 남편으로 만들어 버린 이 패륜적인 결혼을 심판했다네."[11] 오이디푸스의 윤리의식에서 그는 이미 '더럽고 패륜적인 인간'이 됐고 '죄악의 오점'이 됐다. 가족을 해친 사람은 마땅히 벌을 받아야 한다는 사실은 모두 알고 있는 율법이다. 오이디푸스의 근친상간 범죄가 이미 드러났으니 그는 징벌을 기다리고 있을 수밖에 없었다. 우리는 오이디푸스가 왜 가장 저주받고 신들이 가장 미워하는 인간이 됐는지 물어야 한다. 답은 바로, 그가 아버지를 살해하고 어머니를 아내로 맞이한 큰 죄를 지은 사람이었다. 비극에서 모든 범죄 중에서 아버지를 죽이고 어머니와 결혼한 패륜적 대죄가 가장 엄중한 죄악 행위임을 알 수 있다.

오이디푸스의 시대에 근친상간은 매우 엄중한 죄악 행위로 엄격하게 금지됐다. 그래서 오이디푸스는 "혼인아, 혼인아, 넌 나를 낳고 나를 나은 이후에 또 너의 아이에게 아이를 낳게 했구나. 넌 아버지, 형, 아들과 신부, 아내, 어

---

11 索福克勒斯, 위의 책, 105~106쪽.

머니를 패륜 관계로 만들었구나. 세상에서 가장 수치스러운 일이로다"[12]라고 말한다. 이 패륜 관계는 혼란스러웠다. 오이디푸스의 근친상간으로 인해 그는 그 아들들의 아버지이자 형이 됐고, 그 아내의 아들이 됐다. 또 그 어머니로 하여금 그녀 아들의 신부와 아내가 되도록 했으며 동시에 자신의 남편의 어머니가 되도록 했다. 근친상간으로 인해 오이디푸스는 사람들의 눈에 가장 나쁜 사람이 됐다. 마지막에 오이디푸스가 사실은 바로 그 아버지를 살해하고 어머니와 결혼한 패륜적 죄인이라는 사실이, 바로 그가 온 맘을 다해 찾고자 했던 범인이라는 사실이 밝혀졌다. 그때 그의 공포감은 그가 마음속에서 받아들일 수 있는 한계를 초월해버렸고, 어쩔 수 없이 자신이 두 눈을 찌르는 자해의 방법으로 자신의 공포심을 완화시키고자 했다.

오이디푸스의 비극은 인류가 윤리도덕을 세우는 과정에서 치른 대가로 고대 그리스인들의 윤리관념의 변천 과정을 반영한다. 당시에 이 비극은 의미는 교화에 있다. 즉 삶의 사건을 통해 사람들에게 근친상간이 얼마나 심각한 결과를 가져올 수 있는지를 말해주고, 사람들이 이 금기를 엄격하게 준수할 것을 요구한다. 소포클레스는 근친상간의 비극적 결과를 있는 힘껏 포장했다. 그 목적은 근친상간의 금기가 깨지지 말아야 하며, 근친상간은 오점이고 사라져야한다고 경고하려는 데 있다.

오이디푸스의 윤리의식은 매우 강렬했기에 그것으로 자신의 도덕 행위를 정확하게 판단할 수 있었다. 오이디푸스는 자신의 강렬한 윤리의식으로 인

---

12 索福克勒斯, 위의 책, 111~112쪽.

해 근친상간에 대한 공포감이 생겼으며, 시종일관 공포의 초조함과 괴로움 속에 있었다. 그의 윤리의식은 『오이디푸스』라는 비극의 윤리성격을 결정지었다. 비극에서 아버지를 살해하고 어머니와 결혼하는 근친상간 금기는 바로 오이디푸스의 윤리의식이 전제가 됐다. 다시 말하면, 오이디푸스의 윤리의식이 없었다면 근친상간 금기도 없었을 테고, 근친상간 금기가 없었다면 오이디푸스의 윤리비극도 생기지 않았을 테다.

4. 스핑크스 수수께끼의 윤리 계시

비극에서 오이디푸스의 윤리의식은 비극 작품에서 직접 묘사되지 않은 스핑크스 수수께끼의 도움을 받아 드러난다. 오이디푸스가 스핑크스의 수수께끼를 푸는 데 대한 분석을 통해 우리는 이 비극의 윤리성을 더욱 깊이 이해할 수 있다.

그리스신화에서 스핑크스는 괴물의 형상뿐만 아니라 인간의 형상도 지니고 있다. 우리는 이 형상의 상징적 의미를 읽어낼 필요가 있다. 스핑크스의 형상은 인간과 동물의 결합체로, 인간의 머리와 사자의 몸을 지니고 있다. 그래서 오랜 시간 동안 이 형상은 괴물의 형상, 죄악의 상징으로 여겨졌고, 오이디푸스가 싸워야 하는 괴수로 읽혀졌다. 하지만 그것은 오히려 인류의 어린 시절 상징이며 또한 오이디푸스 시대 인간의 상징이기도 하다. 이는 동물에서 벗어나 인간으로 변화하는 과정을 상징한다. 인간의 머리를 지니고 있는 형상을 통해 스핑크스가 이미 동물과는 본질적으로 다르다는 사실을 알 수 있다. 머리는 인간이 외형적으로 동물과 구분되는 가장 중요한 특징이다. 바로 이

머리로 인해 스핑크스는 비로소 점차 동물에서 벗어나 인간으로 변화할 수 있었다. 비록 여전히 육욕을 상징하는 사자의 몸을 지니고 있기는 하지만 이미 인간의 의식과 최초의 이성이 생겼다. 이 때문에 인류의 윤리의식도 생겨났다. 스핑크스가 결국 절벽에서 떨어져 자살의 형식으로 죽음으로써 자신의 죄업을 갚는다는 이야기는 인간의 새로운 탄생을 상징한다. 스핑크스는 인간의 본질을 알았기 때문에 죽었다. 무엇이 인간의 본질인지를 알았기 때문에 동물과 공생하기를 원하지 않고 기꺼이 죽음을 맞이했다. 그렇기 때문에 스핑크스는 본질적으로 인간의 상징적 형상이다.

스핑크스의 수수께끼는 인간의 정의에 관한 문제다. 스핑크스가 낸 수수께끼는, 아침에는 네 발로 길을 가고 점심에는 두 발로 길을 가고 저녁에는 세 발로 길을 가는 게 무엇인가였다. 이는 바로 당시에 세상에서 가장 풀기 힘든 스핑크스의 수수께끼로 당시 테베의 그 누구도 풀지 못했다고 한다. 이 수수께끼를 풀지 못한 사람은 스핑크스에게 잡아먹히곤 했다. 하지만 이 수수께끼를 오이디푸스는 쉽게 풀어버렸다. 우리는 스핑크스가 왜 인간에 관한 이러한 수수께끼를 냈는지 물어야 한다. 바로 스핑크스 자신이 힘겨운 문제에 부딪혔기 때문이다. 비록 그에게 인간의 머리가 자라있기는 했지만 여전히 사자의 몸을 지니고 있었다. 그렇다면 그는 대체 무엇인가? 인간인가 아니면 동물인가? 스핑크스에게 인간의 머리가 자라있으니 이는 그에게 이미 인간의 이성 혹은 이성의 맹아가 생겼음을 보여준다. 하지만 여전히 사자의 몸을 지니고 있으니, 이는 여전히 동물의 성격이 있으며 아직 철저하게 동물에서 벗어나 인간이 되지 못했다는 사실을 보여주는 점이기도 하다. 이 수수께끼는 스핑크스가 인간과 동물 사이의 차이를 알고 인간에 대한 정의를 알기를 갈망했다는 사실을 상징적으로 설명한다. 그래서 스핑크스의 수수께끼는 실제 인간의 정의 문제를 제기했다.

오이디푸스가 스핑크스의 수수께끼를 풀었다는 사실은 처음으로 인간을 정의한 결과다. 아무도 풀지 못하는 수수께끼를 오이디푸스는 너무 쉽게 풀어버렸다. 바로 인간이었다. 오이디푸스의 지혜를 고려하면 수수께끼는 전혀 어렵지 않았지만 그것을 푼 의미는 매우 크다. 왜냐하면 바로 오이디푸스의 대답으로 인해 스핑크스가 인간에 대한 개념을 비로소 확실하게 알 수 있었기 때문이다. 오이디푸스가 수수께끼를 푼 자체의 의미를 보면, 오이디푸스의 대답은 사실 인간을 정의한 것이 된다. 그는 처음으로 인간을 정의한 사람이다.

오이디푸스가 인간을 정의할 수 있었던 까닭은 그가 인간의 전반적인 이성을 지니고 있음을 설명한다. 또한 그가 이미 인간의 이성에 기대어 동물의 성질에서 벗어나 철저하게 인간으로 변화했음을 설명한다. 오이디푸스는 스핑크스의 수수께끼를 풀었기 때문에 처음으로 이성을 지닌 인간의 상징 혹은 그가 바로 인간 이성의 상징이라고 볼 수 있다. 동시에 그는 스핑크스의 수수께끼를 풀었기 때문에 인간의 윤리의식을 가질 수 있었고 윤리금기도 인지할 수 있었다. 또한 그는 윤리의식과 윤리금기를 인지했기 때문에, 자신의 윤리범죄를 인식할 수 있었고 깊은 죄책감이 생겨나 잔혹하게 자신을 벌할 수도 있었다. 이는 윤리범죄는 인식의 과정이 있으며, 범죄자가 그 행위가 범죄임을 인식하기 전에는 죄책감이 생기지 않음을 설명하기도 한다. 오이디푸스는 윤리범죄를 인식할 수 있는 인간이었다.

5. 윤리질서 수호의 필요성

『오이디푸스』에서 소포클레스는 오이디푸스가 아버지를 살해하고 어머니와 결혼하여 징벌을 받는 이야기를 통해 자신의 시각, 즉 사회에 의해 인정된 새로운 윤리질서를 지켜야하는 필요성을 보여주었다. 아주 오래 전 인류는 아직 우매함에서 완전히 벗어나지 못해 혈연을 기초로 하는 윤리금기가 형성되지 않았고, 이로 인해 근친상간이 인정됐다. 고대 그리스신화에서는 근친상간이 죄가 아닌 실례를 많이 찾아볼 수 있다. 하지만 소포클레스 시대에 인류는 이미 새로운 문명 시기로 들어섰기에 근친상간을 겨냥한 금기가 이미 형성됐고, 사회생활에서 엄격하게 준수되어 금기적 윤리를 형성했다. 동시에 금기를 깨뜨리는 행위에 대한 징벌 조치 역시 생겨나기 시작했다. 당시 인간은 금기 수호가 형성한 윤리질서에 기대 금기를 파괴하는 행위를 처벌했다. 금기가 없었다면 당시의 윤리질서도 없었을 것이며 우리의 현대 문명도 없었으리라고 말할 수 있다.

그래서 본질적으로 보면 오이디푸스 비극의 근원은 그가 자신이 살부취모의 운명을 피할 수 없었다는데 있지 않고, 그로 인해 야기된 윤리범죄에 있다. 오이디푸스는 운명을 피할 수 없었지만 그 운명이 꼭 비극을 야기한다고는 할 수 없다. 왜냐하면 운명은 피할 수 없는 어떤 사건의 발생을 말하기 때문이다. 발생한 사건이 어떤 결과를 가져오는지는 발생한 사건의 성질을 봐야만 한다. 즉 운명은 단지 어떤 사건이 반드시 일어나리라고 말할 뿐이지, 그 사건이 일어난 뒤에 어떤 결과가 있을지를 결정하지는 않는다. 그것은 발생한 사건의 성질이 결정한다.

그래서 운명론은 단지 오이디푸스가 살부취모의 죄를 저지르게 되는데, 이 범죄는 피할 수 없고 저항할 수도 없다고 설명할 뿐이다. 오이디푸스는 여러 노력을 했지만 그래도 살부취모의 범죄를 막지 못했다. 하지만 이러한 필연성이 반드시 오이디푸스의 비극을 야기하지는 않는다. 왜냐하면 그의 비극을 야기한 근본적인 원인은 그가 범죄를 저지는 대상의 특수성, 즉 죽인 사람이 자신의 아버지이고 결혼한 사람이 자신의 어머니였기 때문이다. 이런 행위는 당시에 가장 엄중한 윤리범죄였다. 왜냐하면 그것이 이미 형성된 윤리질서를 깨뜨리고 인류의 생존을 심각하게 위협했기 때문이다. 오이디푸스가 아버지를 살해하고 어머니와 결혼한 이후에 하늘에서 역병을 내렸다는 이야기는 윤리범죄가 인류에게 심각한 재난을 가져다준다는 데 대한 상징적인 설명이다. 비극에서 오이디푸스가 죽인 사람이 자신의 아버지가 아니고 결혼한 사람이 자신의 어머니가 아니었다면 범죄이기는 하지만 그의 비극을 초래하지는 않았을 수도 있다. 오이디푸스 비극의 초래는 그가 어떤 일을 하리라고 결정한 운명이 아니라 그가 행한 일의 성질이다. 그래서 진정으로 오이디푸스 비극은 그의 운명이 아니라 그가 범죄를 저지른 살부취모의 죄가 당시의 윤리금기를 해쳤기 때문에 일어났다. 그래서 그는 징벌을 받아야만 했다.

오이디푸스가 저지른 패륜적 죄행은 비극에서 반복해서 이야기됐고, 윤리범죄가 가져온 심각한 결과는 반복해서 강조됐다. 오이디푸스 시대에 사회는 이미 모권제 시대에서 부권제 시대로 넘어갔다. 당시 부권제를 기초로 하는 새로운 사회 윤리질서와 도덕관계가 이미 확립되어 사회가 이를 모두 인식하고 준수하고 있었다. 새로운 윤리질서 문제를 대하는 데 있어서 아이스킬로스가 『오레스테스』에서 묘사한 논쟁과 투쟁은 더 이상 존재하지 않았다. 새로운 시대의 인류가 직면한 것은 새로운 윤리질서와 도덕 관계를 세우기 위해 낡은 사회 질서와 낡은 윤리질서, 도덕관계와의 투쟁이 아니었다. 그들이 직면한 문제는 어떻게 새로 수립한 윤리질서와 도덕관계를 준수하고 유지하는가 하는 점이었다. 이러한 새로운 윤리질서와 도덕관계는 인간사회에서 구체적으로 부자와 모자의 윤리관계로 표현됐다. 이러한 관계에서 아버지를 살해하고 어머니와 결혼하는 것은 가장 엄중한 윤리범죄로 여겨졌다. 그래서 오이디푸스에게 있어서 그의 비극은 그가 살부취모라는 사건을 피할 수 없었던 데에 있는 것이 아니라 그 성질이 가장 엄중한 윤리범죄였다는 데에 있다.

오이디푸스는 신탁을 통해 자신이 살부취모하게 될 운명임을 알고는 이 두려운 행위가 발생하는 것을 피하기 위한 조치를 있는 힘껏 취했다. 이는 두 가지를 말해준다. 하나는 당시 사람들이 이미 이성의 힘으로 살부취모가 엄중한 윤리범죄임을 알았다는 점이고, 다른 하나는 사람들이 이런 범죄를 피하길 바랐다는 사실이다. 다시 말하면 사람들의 이성적 수준이 이미 친자의 윤리관계를 핵심으로 하여 수립한 사회 윤리질서와 도덕관계를 유지해야 한다는 점을 인식했고 그래서 이러한 질서와 관계의 파괴를 피하고자 했다. 오이디푸스의 도피는 바로 사람들이 새로운 윤리질서와 도덕관계의 파괴를 피하기 위해 행했던 노력이다. 하지만 새로운 윤리질서와 도덕관계는 여전히 파괴될 가능성을 지니고 있다. 오이디푸스가 여러 가지 노력을 했지만 그래도 살부취모라는 범죄 행위의 발생을 피하지는 못했다. 이러한 파괴가 의식적이든 아니면 무의식적이든 그 가능성은 현실 사회에서 피할 수 없다. 오이디푸스는 알지 못하는 사이에 아버지를 살해하고 어머니를 아내로 맞이했다. 이는 바로 새로운 사회질서와 새로운 윤리도덕 관계가 파괴될 수 있음을 증명한다.

새로운 사회에서 새로운 사회질서와 새로운 윤리도덕 관계가 파괴됐기 때문에 발생한 결과는 너무나 심각했다. 비극은 우화식으로 이러한 윤리범죄가 가져온 엄중한 결과가 바로 인류의 궤멸임을 말해주고 있다. 윤리 시각에서 보면, 살부취모는 새로 확립된 사회 윤리질서를 파괴하고 인륜을 더럽히고 인간성을 상실케 했고, 도덕 의미에서는 인간을 파괴했다. 동시에 살부취모는 근친 번식이 인류의 질을 떨어뜨리는 결과를 초래하기 때문에 인류 진화의 과학적 규율을 위배하는 것이기도 하다. 그리스신화에서 인간과 동물이 결합된 괴물은 바로 근친 번식이 어떠한 결과를 가져오는지를 상징적으로 보여준다. 그래서 살부취모의 금기는 고대 인류가 지닌 진화과정에서 인류 번식에 대한 소박한 과학적 인식인 셈이다. 바로 살부취모의 금기가 있음으로 해서 인류가 최종적으로 우매함과 무지에서 해방되고 도덕적인 인간, 과학적인 인간으로 변했고, 인간의 본질을 진정으로 획득해 자아 궤멸의 악운에서 벗어났다고 말할 수도 있다.

오이디푸스의 비극은 윤리와 도덕의 측면에서 자아발견, 자아인식, 자아구원의 비극이다. 그 과정에서 처음부터 끝까지 계속 그의 윤리의식이 작용했다. 바로 그에게 강렬한 윤리의식이 있었기 때문에 그는 근친상간 범죄의 엄중성을 인식할 수 있었고, 윤리범죄의 결과에 대해 공포심을 느낄 수 있었으며, 윤리범죄를 있는 힘껏 피하고자 했던 것이다. 오이디푸스는 결국 살부취모하여 근친상간의 대죄를 저지르게 됐기 때문에 스스로 자신을 징벌하게 됐다. 그의 불행한 상황은 도덕 문명 발전의 비극적 발전 과정을 보여주며, 인류가 새로운 사회 윤리가치를 보호하기 위해 치른 비극적 대가를 말해준다. 동시에 그의 비극은 사람들이 모두 인정하는 윤리질서를 지키는 중요성을 말해준다. 누군가 새로운 윤리도덕 관계와 질서를 파괴했을 때는 설사 의식적이지 않았더라도 사회에 재난을 가져오고 사람들 마음에 고통을 주며 매서운 징벌을 받아야 한다는 사실을 분명하게 밝혀주기도 했다. 이 비극 작품의 의미는 사람들이 운명과 운명의 잔혹함을 피할 수 없다는 사실에 있지 않고, 새로운 윤리도덕 관계가 파괴됐을 때 그것이 가져오는 재난, 새로운 사회질서가 파괴됐을 때 닥치는 사회문제에 있다. 또한 새로운 사회질서와 윤리도덕 관계를 유지하는 중요성을 이야기하고 있다.

제11장
하디의 창작과 윤리도덕 사상

1. 하디의 진화론적 윤리도덕 사상

토마스 하디는 19세기 후반 영국에서 가장 중요한 소설가로서 평생 동안 모두 장편소설 14편, 단편소설집 4권, 시집 8권, 시극 2편을 발표했다. 그의 유명한 소설에는 『귀향』, 『캐스터브리지의 시장』, 『데버빌가의 테스』, 『무명의 주드』 등이 있으며, 중요한 시극에는 『열국』이 있다. 그의 소설은 뛰어난 예술적 형상으로 19세기 영국 남부 농촌 사회가 붕괴되는 역사를 서술하고 있으며, 농민 계급이 파산하고 망해가는 삶을 보여주고 있다. 그는 마지막 소설 『사랑하는 사람』을 출판한 뒤, 소설의 주제적인 측면에서 웨섹스 농촌사회의 비극적 변천의 묘사를 완성했기 때문에 소설 창작을 접고 20세기 시인의 새로운 얼굴로 영국 문단에 나타나 시로 감성을 노래하고 철학을 탐색했으며 역사를 회고했다. 또한 시 창작에 있어서도 위대한 성취를 거두어 20세기 영국에서 가장 중요한 시인 중 하나가 됐다. 하디는 1928년 1월 11일에 자신이 설계했던 멕스케이트 저택에서 향년 88세로 세상을 떠났다.

루나차르스키는 하디를 논하면서 다음과 같이 지적하기도 했다. "토마스 선생 본인은 사회연구에 있어서 매우 대담했다. 운명이 그가 친한 사람들에게 팔을 휘두르는 모습을 보면서도 그는 용서를 구하지 않았다. 그는 도리어 매우 폭넓은 판단을 내렸다. 그는 익숙한 자료를 근거로 하여 폭넓은 현상과 전 인류의 운명에 대한 결론을 내렸다."[1] 하디는 위대한 소설가이자 시인일 뿐만 아니라 또한 예리한 사상가였고 진지한 도덕가였다. 평생의 작품에서 그는 한 번도 인류와 사회의 운명에 대한 탐구를 멈춘 적이 없었으며, 사회와 인류 활동에 대한 도덕평가를 포기한 적이 없었다. 그는 소설과 시를 창작할 때 자신의 깊은 사상을 예술적 언어로 승화시켜 심오한 내용과 의미심장한 문학작품으로 창작해 내었고 자신의 시대를 깊이 있게 다방면으로 묘사했다. 그는 작품에서 정치, 철학, 사회, 역사, 문화적 내용을 충분하게 드러냈으며 동시에 선명한 도덕경향을 표현해냈다.

하디는 위대한 현실주의자이면서 동시에 부르주아의 도덕가였다. 그의 전체 작품은 19세기 자본주의가 영국 남부 농촌을 점령하는 과정에서 드러난 여러 사회 계층의 삶에 대한 예술적 기록이다. 동시에 비극적 역사 변천 과정에서 드러난 각종 도덕현상에 대한 예술적 반영이기도 하다. 하디는 출판되지 않은 첫 번째 소설 『가난뱅이와 귀부인』부터 시작해 병상에서 구술한 마지막 시 「G. K. 체스터튼의 묘지명」까지 윤리학적인 시각에서 묘사한 복잡한 도덕활동과 도덕 관계에 대한 평가를 하고자 노력했으며, 자신의 부르주아의 윤리도덕의 관점을 상세히 드러냈다.

기나긴 예술적 생애에서 동시대 다양한 사조의 영향을 받은 하디의 윤리

1 盧那察爾斯基, 『論文學』, 蔣路譯, 人民文學出版社, 1983, 445쪽.

도덕 사상은 매우 복잡하다. 청년 시기에 그는 다윈의 영향을 받아 진화론에 깊이 심취했다. 이후 콩트, 헉슬리, 흄, 밀, 벤담, 쇼펜하우어 등의 철학을 연구하기 시작하여 실증주의와 의지학설에 빠졌다. 하디는 다양한 사상의 영향을 받아 작품을 창작했다. 그리고 다양한 사상이 만들어낸 혼돈에서 사방을 더듬으면서 빛이 스며드는 출로를 찾기 위해 노력했다. 하지만 그의 탐색은 헛수고였다. 그는 각종 사상의 영향을 받았지만 작품에서 고정된 도덕사상을 이루어내지 못했다. 그래서 그의 윤리도덕사상은 예술창작에서 다양성으로 표현됐다.

하디가 일생동안 다방면에 걸쳐 많은 영향을 받기는 했지만 그에게 가장 큰 영향을 준 이론은 다윈의 진화론이다. 진화론은 하디의 전체 창작과 사상 발전 과정에서 시종일관 관철되어 있고 하디 윤리도덕관념의 사상적 기초를 이루고 있다.

진화론은 사람을 창조론과 종의 불변 등과 같은 형이상학적 구속에서 벗어나게 했고, 오랜 시간 인류를 지배했던 종교신학적 우주관을 깨뜨렸으며 인류를 새로운 시대로 이끌었다. 진화론의 영향은 생물학을 뛰어넘어 자연과학과 사회과학의 각 영역에서 언급되며 인류의 진보와 사회의 발전에 거대한 추동력이 됐다. 하디는 청년 시기부터 다윈을 숭배했고 다윈 진화론의 영향을 받았다. "청년 시기의 하디는 『종의 기원』의 초기 옹호론자 중 하나였다."[2] 1911년과 1924년 두 번에 걸쳐 그는 자신의 사상에 큰 영향을 준 인물의 명단을 나열했다. 다윈, 헉슬리, 스펜서, 콩트, 흄, 밀……. 이 명단에서 그가 가장

---

2 Florence Emily Hardy, *The Life of Thomas Hardy*, London: Macmillan, 1933, Vol.1, 198쪽.

먼저 나열한 인물이 바로 다윈을 포함한 다윈론자들이었다. 여기서 다윈과 그 진화론 학술이 하디의 윤리도덕사상에 얼마나 중요했는지를 알아볼 수 있다.

진화론적 사유는 보편적인 시대정신으로 19세기, 특히 19세기 후기의 색채를 지니고 있다. 일찍이 1859년 다윈의 『종의 기원』(1859~1860)이 출판되기 전에 사회학자 스펜서가 이미 진화론적 기본 내용을 체계적으로 서술하여 처음으로 '진화'와 '적자생존'이라는 개념을 제기했다. 스펜서는 다윈의 '자연선택'이 진화 과정에서 중요한 의미가 있음을 인정한 동시에 또 라마르크의 용불용설을 강조했다. 하디는 자신의 작품에서 이 이론을 응용하기도 했다. 이후 스펜서는 영국의 전통적인 공리주의와 적자생존 진화론을 결합시켜 진화론적 윤리학을 만들었다. 이 학설이 하디에게 끼친 영향이 매우 깊었다.

하디는 다음과 같은 편지를 쓰기도 했다. "나의 작품은 다윈, 흄, 밀 등의 사람과 일치한다. 내가 읽은 이 사람들의 저작이 쇼펜하우어의 저작보다 많다."[3] 출판하지 않았지만 초기에 썼던 소설 『가난뱅이와 귀부인』 이전에 하디는 이미 다윈의 『종의 기원』(1859~1860)과 『수필과 평론』(1860) 두 권을 읽으면서 다윈의 진화론 영향을 받았다. 이러한 영향은 그가 이후 출판한 소설에 분명하게 드러난다. 『에델베르타의 손』에서 들오리와 솔개가 싸우는 장면은 생존경쟁과 자연선택 원칙에 대한 하디의 예술적 표현이라고 할 수 있다. 소설의 주인공 에델베르타가 황량한 들판을 걸을 때 그녀는 이 놀랍고도 상징성이 풍부한 장면을 직접 보게 된다. 그녀는 해가 지기 전에 여관으로 돌아가려고

---

3 Carl J. Weber, *Hardy of Wessex: His Life and Literary Career*, New York: Columbia University Press, 1940, 203쪽.

하다가 갑자기 공중에서 소동이 이는 소리를 듣는다. 고개를 들어보니 들오리 한 마리가 놀라 쏜살같이 날아오고 그 뒤에 사나운 솔개가 따르는 것이 보였다. 솔개가 들오리로부터 몇 미터밖에 안 떨어진 곳까지 쫓아왔을 때 들오리가 갑자기 아래로 급강하하여 십여 초 동안 낮게 날더니 순식간에 황량한 벌판 한가운데에 있는 연못 속으로 들어가 버렸다. 하디는 생물진화이론을 구체적으로 보여준 이 장면을 매우 세밀하게 묘사했다.

들오리는 처음부터 커다란 연못을 향해 목숨을 다해 날아 맹렬하게 내려가더니 이미 물속으로 들어가 보이지 않았다. 흥분해서 숨을 헐떡이며 뒤 따르던 사람도 얼마 안 있어 근처까지 달려왔다. 실망한 솔개가 마치 자신의 목표물이 다시 나타나기를 기다리고 있듯 공중에서 선회하는 게 보였다. 그것은 매우 단호하게 이 잔인한 소일거리를 계속하고 있었다. 그래서 그녀는 살금살금 연못 가까이로 다가가 투쟁의 결말을 직접 보았다. 들오리가 어쩔 수 없이 숨을 쉬기 위해 고개를 내밀기만 하면 솔개가 들오리를 향해 달려들었다. 하지만 매번 한 발짝 늦었다. 물속에 숨은 새는 솔개가 이런 장난 칠 때의 난폭한 성질을 매우 잘 알고 있어서 절대 같은 곳 부근에서 연속으로 두 번 나타나지 않았다. 매우 신기하게도 항상 연못 맞은 편 양쪽으로 번갈아 가며 모습을 드러내서 적이 서둘러 달려가면 자신은 이미 물속으로 들어가 버렸다. 결국 솔개는 이 경쟁을 포기하고 날개를 푸드덕 거리며 날아갔다. 그 날개가 펄럭이는 모습에서 흉악하면서도 불쾌한 느낌을 볼 수 있는 것만 같았다.[4]

---

4 哈代,『貝妲的婚姻』第一章, 於樹生譯, 雲南人民出版社, 1980.

소설에서 이 장면 묘사는 하디의 사상과 일치한다. 그가 진화론을 예술적 창작에 사용한 전형적인 예라고 할 수 있다. 하지만 하디의 이런 생물진화에 대한 객관적인 표현은 사회진화 사상을 설명하고 강조하기 위한 것이다. 그는 "소토지 소유자와 자작농 삶의 어둡고 처참한 해체 과정"[5]을 묘사하고 19세기 영국 남부 종법제 농촌이 쇠락해 망해가는 역사적 현상의 필연성을 도덕의 시각에서 예술적으로 설명하고 있다.

하디는 분명히 광의적인 진화론 사상에 따라 사회의 발전을 관찰하고 이해했다. 그는 개인이든 사회든 모두 생존경쟁과 적자생존의 자연법칙을 따른다고 여겼다. 1886년 출판된 소설 『캐스터브리지의 시장』에서 하디는 진화론 학설에 따라 헨처드와 파프레 사이의 경쟁 관계를 이해하는 듯하다. 마이클 헨처드의 순탄치 못한 인생과 흥망성쇠는 바로 생존경쟁과 적자생존 원칙을 집중적으로 드러내고 있다. 소설의 처음에 헨처드가 일을 찾는 대화는 매우 풍부한 의미를 지니고 있다. 헨처드가 웨이던 프라이어즈 마을에서 한 농부에게 풀을 베는 일을 할 수 있는 곳이 있는지 묻자 농부는 "어휴, 정말 딱하군. 이런 계절에 어떻게 웨이던 프라이어즈에서 이런 일을 찾을 생각을 할 수 있어?"라고 대답한다. 이 대화는 헨처드가 풀 베는 일을 하는 계절성을 암시하고, 그가 풀 베는 일꾼이 필요치 않은 계절에 풀 베는 일을 찾았던 맹목성을 말해주고 있다. 또한 실업이 헨처드의 생존 위기였음을 의미하면서 결국에는 그가 시장에서 아내와 자식을 경매하고 가정이 파괴되는 상황을 초래했음을 보

5 盧那察爾斯基, 『論文學』, 蔣路譯, 人民文學出版社, 1983, 466쪽.

여준다. 이후 헨처드의 금주 맹세는 그가 자신을 바꿈으로써 환경에 적응하려는 노력이다. 18년 이후 엘리자베스 제인이 한 노인에게 왜 헨처드에게 술을 따라주지 않는지 묻자 노인은 이렇게 말한다. "그에게 술을 따라 주지 않느냐고? 당신은 그가 그 유명한 술 한 모금 마시지 않는 사람인 것을 몰라요? 어떤 술이든지 그는 모두 증오한다오. 여태껏 입에도 대지 않았어. 정말, 그것만을 정말 확고해." 노인의 대답은 금주를 통해 아내와 딸을 판 자신의 행위를 속죄하려는 헨처드의 노력을 보여준다. 하지만 더욱 중요한 것은 헨처드가 직장을 잃었을 때는 결핍됐던 강한 의지와 도덕감을 금주를 통해 획득했고 그로써 스스로가 환경에 적응할 수 있었음을 말해준다. 하지만 정말 감동적인 생존경쟁은 헨처드와 파프레가 각각 경축 파티를 열면서 시작된다. 헨처드는 날씨 변화를 고려하지 않았기 때문에 그가 심열을 기울여 준비한 오락 활동은 광풍과 폭우로 인해 철저하게 망가지고 파티는 대자연의 힘 아래서 실패를 하게 된다. 하지만 파프레는 사전에 미리 준비했기 때문에 폭풍우의 습격을 당하기는 했지만 파티 장소는 대자연의 파괴를 당하지 않고 파티는 유례없는 성공을 거둔다. 대자연 앞에서 헨처드는 환경에 적응할 수 없었던 실패자이기만, 파프레는 환경에 적응할 수 있었던 승리자였다.

헨처드와 파프레가 사업상에서 벌인 경쟁은 또 다른 적자생존을 보여준다. 헨처드와 파프레가 밀을 사고파는 교역을 할 때 날씨는 매우 결정적인 요소이다. 파프레는 과학적 능력과 날씨 대처 능력이 있었기에 장사에서 실패하지 않는다. 하지만 머리에 미신이 가득한 헨처드는 적응능력이 떨어져 일기예보 예언가에게 도움을 청하지만 결과적으로 사업은 완전히 망하게 된다. 사실상 헨처드는 날씨에게 패배를 당했다. 그의 사상과 행동이 자연의 변화에 적응할 수 없었고 자연의 규율을 위배했기 때문이다. 반대로 파프레는 자연에 순응했기 때문에 성공을 거둘 수 있었다. 이후에 헨처드와 파프레가 벌인 싸움은 또 다른 측면에서 이러한 원칙을 강조한다. 곡식 창고 지붕 위에서 벌인 격투 시합에서 헨처드는 자신의 힘이 우세하다는 점을 이용해 파프레를 이긴다. 하지만 그가 파프레를 곡식 창고 지붕 위에서 떨어뜨리려고 하는 순간 그는 다시 자신의 생각을 포기한다. 이 격투의 의미는 상징적으로 헨처드가 환경에 적응하지 못하면 설사 자신의 몸이 건강할지라도 승리자가 될 수 없다는 사실을 상징적으로 보여준다. 소설의 마지막에서 하디는 금방울새의 죽음을 헨처드의 죽음과 연결시켜 자연선택에서 생명이 사그라지는 비장한 이야기를 끝맺는다.

하디는 사회의 변천과 발전을 이야기하면서 생물 진화론의 협의적 범위에 국한되지 않고 광의적인 사회 진화론의 기초위에서 더 많이 세계를 관찰하고 인식했다. 그래서 헨처드와 파프레는 중요한 상징적 의미를 지니고 있을 뿐만 아니라 전형적인 대표적 인물이다. 헨처드는 낡은 종법제 농촌사회를 대표하고, 파프레는 신흥 부르주아를 대표한다. 그들 사이의 생존경쟁은 그래서 개인적인 것일 뿐만 아니라 두 사회의 경쟁이기도 하다. 적자생존의 원칙에 근거해 헨처드와 그가 대표하는 사회는 결국 멸망을 하고 파프레와 그가 대표하는 새로운 사회관계가 이를 대신하게 됐다. 하디의 소설 창작의 경우, 농촌사회의 변화에 따라 그가 웨섹스 농촌 사회의 운명을 묘사한 주제 역시 기본적으로 완전한 체계를 갖추었다.

하디의 진화론 도덕 사상은 개별적인 작품에 드러나지 않고 창작 전체에 스며들어 있다. 소설에서 시에 이르기까지, 하디는 기본적으로 진화론학설에 따라 전체적인 구상을 했다. 하디가 웨섹스 사회의 주제를 표현할 때 사람과 자연의 충돌은 중요한 지위로까지 올려졌다. 인물의 일상생활에서 불행과 재난, 비극은 종종 대자연에 의해 만들어졌다. 소설에서 인물들은 대자연과 하나가 되고 대자연과 나눌 수 없는 일부분이 됐다. 하디는 『귀향』에서 다음과 같이 묘사했다.

그 사람 그림자는 그곳에 서서 아래의 작은 언덕과 마찬가지로 조금도 움직이지 않았다. [⋯] 산봉우리가 첩첩히 겹쳐진 황야는 그 그림자 장식 아래서 완전하면서도 아름다운 모습을 드러냈다. 이 그림자가 있어서 황야는 이러한 그림을 드러낼 수 있었다. 만일 이 그림자가 없었다면 초롱 모양의 지붕창이 없는 둥근 천장 같았으리라. 이 그림자가 있어서 광활하게 길게 늘어선 받침은 비로소 예술적인 아름다움을 드러낼 수 있었다. 웅덩이, 협곡, 산언덕, 오래된 돌무덤과 그 위 사람그림자, 이 모두가 전체에서 빠지면 안 될 구성 부분이 되어 뛰어난 조화를 이룬 경치가 됐다. 이 경물 속의 이것 혹은 저것을 보아도 하나가 된 전체의 일부분으로만 보일지도 모른다. 그 부분은 결코 다른 부분에서 떨어져 나가 독립적인 전체가 될 수 없었다.[6]

하디의 펜 아래서 대자연은 종종 독립적인 인격을 얻고 우주적인 의지를

6 哈代,『還鄉』第一卷 第二章, 張谷若譯, 人民文學出版社, 1991.

드러낸다. 『귀향』의 에그돈 히스는 마치 위엄과 웅건함을 갖춘 가장이 그의 자식들을 통치하면서 유아독존의 지위를 유지하고 있는 듯하다. 물감장수 딕고리 벤과 토마신은 온순한 백성으로 자연의 존엄을 보호하고 자연의 의지에 복종하기 때문에 자연과 평화롭게 공존하면서 행복을 얻을 수 있었다. 유스테이샤와 클림 요브라이트는 에그돈 히스에 만족하지 못하고 그곳에 반항하고 그곳을 바꾸고 배반하려고 했다. 그래서 대자연의 징벌을 받고 파멸하여 실패하게 된다. 인간과 자연의 충돌에 대해, 이런 충돌이 만든 비극적 도덕 결과와 이에 따른 세상사의 변화 및 사회적 변천에 대해 하디는 결코 이해하지 못했다. 하지만 그는 예술가로서 자신의 인상과 느낌에 따라 그것들을 기록해 웨섹스 사회의 놀라운 역사를 엮어냈다.

다윈과 스펜서 등의 영향과 진화론 윤리학의 기초 위에서 하디가 세운 도덕 원칙은, 뒤얽힌 여러 복잡한 사회관계와 사회적 갈등의 도덕 문제를 작가가 처리할 때 특별한 의미를 지닌다. 일반적으로 말해 작가들은 모두 자기 시대의 도덕관념이나 감성적 인식에 따라 작품의 도덕 문제를 처리하기 때문에 분명한 시대적 특색을 지니고 있다. 하지만 하디는 그런 것만이 아니었다. 그는 자신 시대의 도덕 원칙과 어떤 계급이나 사회에 의해 인정된 도덕관념에 중점을 두고 예술적 처리를 하지 않았다. 그는 자신의 창작에서 진화론 사상을 이용해 종종 작가들을 골치 아프게 하는 도덕 문제를 가볍게 해결했다.

하디는 문학창작을 시작하기 전에 다윈과 스펜서의 저작을 연구했고 그들 사상의 영향을 받았다. 다윈은 생물진화론으로 인류의 도덕과 사회의 진보를 설명했으며, 동물도 사람과 똑같이 도덕감정을 지니고 있다고 여겼다. 그는 "동물은 사랑과 동정의 감정 이외에도 사회적 본능과 관련된 다른 품성을 표현하기도 한다. 이러한 것들은 우리 사람들에게 있는 도덕이라는 형용사에 부합되다. 아가시즈(Agassiz) 개가 우리가 소위 말하는 양심이라는 것을 지니고 있다고 여기는데, 나는 그의 의견에 찬성한다"[7]고 했다. 하디는 『광란의 무리를 떠나서』에서 아가시즈가 말한 개의 양심을 묘사했다. 패니가 트로이에게 버림을 받은 후 캐스터브리지 연합요양원으로 가던 중 힘이 빠져 기진맥진해 사경을 해맬 때 동정심이 많은 개가 그녀를 구해준다. 하디는 다음과 같이 묘사했다.

그것은 몸집이 크고 건장하면서도 온화한 개였다. 낮은 지평선에 몸을 바짝 붙이고 어둑어둑하게 서 있었는데 적어도 지금 그녀의 눈높이보다 2인치는 높았다. 이게 뉴펀들렌드견인지 마스티프견인지 아니면 사냥개인지 분명하게 말할 수 없었다. 괴이하고 불가사의한 모습이 흔히 보이는 개 종류가 아닌 듯 보였다. 그 품종을 확신할 수 없었기 때문에, 다양한 개의 이상적인 화신, 일종의 공통점을 지닌 종합체가 됐다. 어두운 밤이라는 은밀하고 무정한 측면은 제쳐두고라도, 그 슬프고 엄숙하고 자상한 면이 이 형태의 동물에게서 모습을 드러냈다. 어두움이 인간 세상의 보잘 것 없고 평범한 동물에게 강한 시적인 힘을 부여해주었다. 심지어 산전수전 다 겪은 이 여인조차도 정신을 그 그림자에 집중시켰다.[8]

---

7 達爾文, 『人類的由來』, 潘光旦, 胡壽文譯, 商務印書館, 1997, 156쪽.
8 哈代, 『遠離塵囂』 第四十章, 陳亦君·曾胡譯, 花山文藝出版社, 1982.

여기서 하디의 도덕가치판단이 진화론을 기초로 하고 있음이 분명하게 드러난다. 그는 개의 동정심에 대한 묘사를 통해 도덕현상을 자연의 힘에 귀납시키고자 했다. 하지만 사실상 우리에게 보여진 것은 신구 사회가 충돌하는 야박한 인정세태와 부르주아 도덕이 만들어낸 소인물들의 비극이었다.

2. 하디의 공리주의 도덕관

하디는 윤리학적인 면에서 진화론을 이용해 작품의 모순과 충돌을 해결할 때 종종 밀의 공리주의를 열쇠로 삼았다. 실질적인 효능과 이익을 도덕 표준으로 하는 공리주의는 자본주의 자유 경쟁 원칙이 도덕 측면에서 반영됐다. 하디는 공리를 인물의 행위를 평가하는 도덕 표준으로 삼고 이로써 스토리를 구상하고 인물의 갈등을 드러내고 작가가 윤리도덕 문제를 처리할 때 견지하는 부르주아 인도주의적 인생관을 설명했다.

밀의 공리주의는 분명 하디의 사상적 기초를 이루고 있다. 밀은 윤리학에서 공리주의의 대표 인물로 전통적인 영국 쾌락윤리학파의 관점을 계승하고 벤담의 사상과 공리주의학설을 알리고 발전시켰다. 그는 행복이나 다수의 최대 행복을 최고선과 도덕의 표준으로 삼아 "최대 다수의 최대 행복을 가져올 수 있는 행위는 정의로운 행위"라고 여겼다. 비록 밀과 벤담이 모두 최대 다수의 최대 행복을 주장하고 선악의 표준이 행위자 자신의 행복이 아니라 공동의 행복이라고 여기고 있지만, 그들은 이타주의를 이기주의의 기초 위에 세워 개인의 자아발전과 자아실현은 공동의 이익을 위해 행하는 가장 좋은 방식이라고 여겼다.

밀은 가장 먼저 하디에게 중요한 영향을 끼친 위대한 사상가의 하나이다. 하디는 런던대학에서 건축을 공부하는 동안 그리스어와 라틴어를 배우면서 영국 문학과 빅토리아시대 작가들의 작품을 읽었다. 그는 가장 먼저 뉴먼, 밀, 칼라일, 러스킨의 저작을 공부하고, 이후 스펜서, 매슈 아놀드, 푸리에, 콩트의 작품을 연구했다. 하디는 1906년 5월 밀의 백주년 탄생 때 쓴 편지에서 청년 시기 런던에서 밀의 강연을 들었던 장면을 분명하게 추억했다. 그는 편지에서 "우리 신도들은" 거의 모두 밀의 『자유론』을 "암기할 수 있었다"[9]고 썼다. 여기서 밀의 사상이 하디와 그의 작품에 매우 깊은 영향을 주었음을 알 수 있다.

하디는 『에델베르타의 손』에서 여주인공이 혼인을 선택할 때 직면한 도덕 충돌을 공리주의로 해결하면서, 밀의 공리주의 원칙이 하디 작품에서 발휘한 중요한 역할을 보여주었다. 베르타가 마운트클레어 훈작에게 시집을 갈지 말지를 고려할 때 그녀는 밀의 공리주의에 대한 생각으로 복잡한 도덕 문제를 해결한다. 마운트클레어 훈작은 재산이 많은 귀족이지만 이미 65세였고 외모가 못생겼으며 성격이 교활했다. 그는 결코 에델베르타의 마음에 드는 결혼 상대가 아니었다. 하지만 베르타는 그와 결혼을 해야 할지 말지에 대한 답을 밀의 말에서 찾는다. "마지막 목적, 그것에서 출발하고 그것을 위해서, 다른 모든 것은 필요에 부합하는 목적이어야 한다.(우리가 자신의 이익을 생각하든지 아니면 다른 사람의 이익을 생각하든지 간에) 그것은 최대한 고통을 피할 수 있고 행복

9 Florence Emily Hardy, *The Life of Thomas Hardy*, Macmillan, London, 1933, Vol.2, 138~139쪽.

이 가득한 삶이다. 모든 행복은 크고 훌륭해야 한다. […] 공리주의적 시각에 의하면 이는 인류 행동의 목적이며 반드시 도덕 표준이어야 한다."[10] 에델베르타의 목적은 상류사회에서 자리를 차지하고 그 안에서 행복을 얻어 이전의 고통스러운 자리로 돌아가지 않는 것이다. 설사 그녀의 목적이 이기주의적이라고 해도, 그녀가 공리주의적 원칙에 근거해서 보기에는 훈작과의 결혼이 가장 큰 행복을 얻을 수 있었다. 그래서 이 목적은 도덕 표준에도 맞는다.

자신의 행복이 다른 사람의 행복보다 우선되어야 하는가에 대해 에델베르타는 또 자신을 위해 계속해서 도덕적으로 답을 찾았다. "행위에 있어 옳고 그름의 기준이 되는, 소위 행복이란 행위자 자신의 행복이 아니라 관련된 모든 방면에서의 행복이다. 그녀 자신의 행복과 다른 사람의 행복 사이에서, 공리주의는 그에게 사심 없고 자애로운 방관자처럼 절대적으로 공정하기를 요구한다."[11]

소위 다른 사람의 행복과 관련된 모든 측면에서 행복이란 도대체 누구의 행복을 가리키는가? 에델베르타는 여전히 공리주의학설에서 그 설명을 찾는다.

사람들(천만분의 일의 예외를 제외하고)은 광범위한 범위에서 이런(즉 대중의 은인이 되는 것) 기회를 실행할 수 있는 힘이 있다. 단지 매우 특수할 뿐이다. 이렇게 특수할 때에

10 哈代,『貝妲的婚姻』第三十六章, 위의 책.

11 哈代, 위의 책.

만 그가 대중의 복리를 고려해야 할 필요가 있다. 다른 문제에서 그가 신경 써야 할 것은 개인의 복리, 소수 몇 사람의 이익이나 행복에 불과하다.[12]

에델베르타는 위에서 말한 공리주의 도덕 이론을 빌어 자신이 현실에서 맞닥뜨린 도덕 문제를 해결한다. 자신과 다른 가족의 이익을 위해 그녀는 결국 자신이 사랑하지 않는 마운트클레어 훈작에게 시집가기로 결정한다. 우리는 도덕적으로 볼 때 하디의 붓끝에서 여주인공의 혼인은 공리주의적 결혼이지 자연적인 감정에 기초한 것은 아니라는 점을 알 수 있다. 바로 작가가 책에서 말한 것처럼 여주인공은 "결혼으로 자신이 추구하는 바에 도달하고자 했고 가족의 이익을 위해 결혼 서약을 했다."

하디가 작품에서 공리주의적 도덕 원칙으로 도덕 충돌을 해결하는 경향을 우리는 또 『데버빌가의 테스』에서도 살펴볼 수 있다. 테스의 아버지가 병으로 사망하고 집의 계약 기간이 만료되어 갈 곳이 없게 되자 알렉 데버빌은 이 위기를 이용해 테스에게 자신과 동거하기를 강요한다. 이는 테스의 입장에서는 본심에 어긋나기는 하지만, 그녀의 본심에는 가족의 이익을 중시하는 마음도 포함되어 있었다. 그래서 테스는 나중에 그녀를 찾아온 클레어에게 "그는 내게 아주 잘해주었어요. 그리고 내 아버지가 죽은 후에 그는 나의 어머니에게, 내 가족들에게 모두 잘해주었어요." 테스의 말에는 분명하게 공리주의적 요소가 담겨 있다. 하디가 이렇게 테스를 묘사한 목적 역시 매우 분명하다.

12 哈代, 위의 책.

바로 테스의 또 한 번의 타락에 도덕적인 설명을 하고, 테스의 선량한 마음과 영혼의 순결을 드러냄으로써 우리가 도덕의 시각에서 그녀를 너그럽게 받아들일 수 있도록 하기 위함이었다.

3. 하디의 정의관

윤리학의 측면에서 하디는 콩트의 영향을 받기도 했다. 비록 콩트가 일찍 하디의 사상에 영향을 미친 사상가는 아니지만, 그가 하디에게 준 영향은 오랜 시간 지속됐으며 광범위했다. 1870년대 초, 하디는 콩트의 『실증철학』과 다른 실증철학자의 작품을 읽었다. 현재는 초기의 근거를 찾을 수 없지만 우리는 1876년 이후 하디의 문학 기록에서 하디가 『사회동력학 혹은 인류 진화개론』, 『실증정치체계』 제3권을 읽고 12쪽에 걸쳐 발췌한 것을 찾아 볼 수 있다. 1880년 하디는 또 콩트의 실증철학에 관한 평론을 쓰기도 했다.[13] 이러한 근거는 하디의 사상에 콩트가 깊은 영향을 주었음을 충분히 보여준다. 그래서 하디는 인물의 정의로운 감정을 처리할 때 스펜서의 관점에 동의하지 않고 콩트의 견해 쪽으로 기울었다.

스펜서의 학술은 진화론의 기초 위에서 세워졌다. 진화론 이론에 의하면 인류 행위는 동물 행위에서 진화했으며 정의감은 동물의 행위에서 싹터 인류에게서 점차 발전됐다. 정의감에는 이기주의와 이타주의 두 종류의 요소가 포함되어 있다. 이기주의는 사회적 필요에 순응하는 기본적인 감정으로 이타주

13 Florence Emily Hardy, *The Life of Thomas Hardy*, Macmillan, London, 1933, Vol.1, 189쪽.

의보다 앞서 있다. 사회가 진화함에 따라 사람은 이기주의의 요구를 포기할 수 있다. 콩트는 이와 달리, 공리주의를 기초로 하는 이타주의적 윤리관을 견지했다. 콩트는 이기주의가 사람의 본능적인 충동으로 이는 사회에서 없어서는 안 된다고 긍정했다. 그러면서 또 한편으로는 이타주의가 사람이 지니고 있는 감정으로 고상한 인애(仁愛)의 충동이라고 여겼다. 콩트가 보기에 인간이 지닌 최초의 이기적 본능은 이타적 감정보다 강렬하며 사회적 존재는 이기적 본능에 대한 규제에 의지하고 있다. 소위 도덕이라는 것은 이기적 본능을 규제하고 이타적 원칙을 세워 사회를 위하고 인류를 위해 복지를 생각함으로써 인류의 최고 이상인 인애를 달성하는 것이다.

소설 작품에서 하디는 종종 콩트의 윤리관에 근거해 정의와 관련된 도덕 문제를 처리하기도 한다. 하디는 그 펜 끝에서 나온 인물들이 행복을 추구하는 합리성을 긍정했다. 그는 합리적인 염원과 이상 및 이러한 염원과 이상에 대한 추구를 남에게 해를 끼치는 이기적 행위와 구별해냈다. 그래서 소설에서 하디는 펜시 데이, 엘프리드, 바스쉐바, 유스테이샤, 그레이스 등의 사람들의 이기주의 행위를 거의 질책하지 않을 뿐만 아니라 도리어 그녀들을 이해하고 동정하는 마음을 많이 표현했다. 하디는 위에서 말한 인물을 새커리가 그린 레베카 샤프 식의 인물로 그려내지 않았다. 그녀들의 아름다움을 최대한 묘사하고 그녀들이 억압 받는 고통과 행복을 추구하는 과정에서 얻는 기쁨을 묘사해냈다. 사실 하디의 펜 아래서 『무명의 주드』에서 묘사된 아라벨라와 같이 미움을 받는 이기주의적 여성 형상은 많지 않다. 하디는 그가 만든 형상과 그가 묘사한 도덕 주제를 긴밀하게 하나로 연결해 이러한 여성 형상의 사상 변화를 시대 전체 발전의 맥락에 놓고 고찰했다. 그래서 낡은 전통 도덕관에 근거하면 그녀들은 부도덕한 인물이지만, 새로운 시대에서 그녀들이 개인의 행복을 위해 행했던 투쟁과 추구는 사회에 저항하고 여성해방을 추구하는 의미를 지니고 있다. 그래서 또 다른 시각에서 보면 그녀들은 도덕적이기도 하다.

하디는 전형적인 이기주의자 형상을 만들어 내고 이러한 형상에 비난을 가하기도 했다. 아라벨라 이외에 이러한 형상은 주로 남성들이다. 예를 들어 『광란의 무리를 떠나서』의 트로이 하사, 『귀향』의 와일디브, 『데버빌가의 테스』에서 알렉 데버빌 등이다. 이러한 인물들은 극단적으로 개인의 이익을 추구하고, 개인의 행복을 다른 사람의 고통 위에서 만들어가며 다른 사람에게 피해를 주어 자신의 이익을 추구한다. 그들의 행위는 인애의 최고 원칙을 완전히 위배하기 때문에 결국에서 죽음이라는 징벌에서 도망칠 수 없었다.

하디가 이기주의적인 인물을 만든 것은 이타주의적 인물과 대조시킴으로써 도덕의 측면에서 이기주의를 비판하고 이타주의를 긍정하기 위해서이다. 그래서 하디는 소설에서 그가 이상적으로 여기는 이타주의자의 형상을 적극적으로 칭송했다. 『광란의 무리를 떠나서』의 가브리엘 오크, 『귀향』 물감장수 벤, 『나팔대장』의 존 러브데이, 『삼림지의 주민』의 윈터본 등은 모두 자신의 본능을 억제하고 타인의 행복을 위해 자신의 행복을 희생한다. 이들은 모두 이타주의의 화신으로 인애의 최고 이상을 실현하고 있다.

이 인물들에게는 이기주의도 역시 존재하기는 하지만 그들에게는 더욱 중요한 도덕 역량이 있다. 이것이 바로 이타주의로 이기주의는 언제가 이타주의에 복종한다. 오크는 배스쉬바의 가장 열정적이면서 가장 충실한 추종자였다. 그의 양떼가 하룻밤 사이에 떨어져 죽게 되자 농장주가 되고 싶었던 그의 희망은 물거품이 되고 만다. 이때 그가 가장 먼저 생각한 것이 타인의 행복, 즉 그가 남몰래 사랑했던 배스쉬바의 행복이었다. 그는 "오우, 하느님. 내가 결혼을 하지 않아 다행이다. 내가 빈곤에 시달리는 날들을 보낼 때 그녀가 어찌 했을까!" 그는 배스쉬바에게 솔직한 충고를 했다는 이유로 쫓겨난 후 배스쉬바의 양떼가 병에 걸리자 과거의 감정을 털어버리고 양떼를 구하러 돌아왔다. 그의 이런 행위가 보여주는 것은 이타주의적 도덕 원칙이다. 폭풍우가 몰려올 때 오크는 또 생명의 위험을 무릅쓰고 배스쉬바의 양식을 지켜낸다. 이것이 보여주는 바도 마찬가지로 이타주의적 도덕 원칙이다. 오크가 배스쉬바를 도와줄 때 감정적으로 그녀가 자신과 결혼해 주기를 바라는 사심을 갖고 있기는 하지만, 이런 사심은 이타주의를 전제로 한다. 윈터본은 또 다른 이타주의의 전형이다. 그는 리어왕 옆에 있는 켄트와 마찬가지로 그레이스가 자신의 사랑을 배신한 이후에도 여전히 원수를 은혜로 갚는다. 그레이스에게 관심을 갖고 보호하면서 그레이스의 행복을 위해 자신의 생명을 희생하기까지 한다. 윈터본은 하디가 만들어낸 이타주의적 도덕의 화신이다. 하디가 보기에 그들의 이타주의 정신은 인애의 원칙을 가장 크게 드러냈고 아름다운 도덕의 이상을 보여준다. 그들에게서 개인주의적인 이익은 극히 적은 위치만을 차지하고 있으며, 개인의 이익은 늘 타인의 이익에 자리를 양보한다. 그래서 하디는 작품에서 열정적으로 그들을 칭송하고 높이 긍정해주고 있다.

하디의 도덕관은 매우 복잡하다. 결론적으로 말해서 그의 도덕관의 기초는 진화론, 공리주의, 실증철학이다. 하디는 다윈, 스펜서, 밀, 콩트 등과 같은 인물들의 사상적 영향 하에서 자신의 인도주의 윤리관을 형성했고 창작을 이끌었으며 인물의 도덕 모순을 해결했다. 하디가 받아들인 것은 19세기 인간사회에서 영향이 가장 컸던 사상과 학설이다. 그래서 그의 작품은 강렬한 시대적 감각을 지니고 있다. 동시에 하디는 높은 예술적 기교로 인물의 형상에 자신의 사상을 녹임으로써 인물들이 풍부한 사상과 풍부한 인간미, 진실한 생동감과 강렬한 도덕 색채를 지니게 됐다. 특히 하디가 만들어낸 긍정적인 도덕 형상은 시대적 도덕 정신과 도덕 이상을 표현해냈으며 작가 자신의 도덕경향을 보여주었다.

4. 『데버빌가의 테스』의 도덕경향과 평가

문학작품은 사회생활에 대한 형상적인 반영이며, 인물, 인물 관계, 사건 및 이와 관련된 가치판단이 모두 작품이 묘사한 기본적인 내용이다. 사람을 묘사하고 사회관계를 묘사하기 위해서는 반드시 윤리도덕의 문제를 언급하고 작품 인물들에 대한 도덕평가를 해야 한다. 그래서 도덕을 초월하는 문학작품은 존재하지 않는다. 하디는 소설가이자 시인으로서 문학작품이 표현하는 윤리도덕 측면에서의 문제를 매우 중시했다. 또한 소설 인물들에 대한 도덕평가 문제를 해결하는데 주의를 기울였다. 하디는 첫 번째 작품부터 작품 내의 도덕 의미에 관심을 기울였다고 말할 수 있다. 『궁여지책』에서 묘사한 만스톤이 아내를 살해하고 이중 혼인을 한 행위는 분명한 도덕 명제이다. 이후의 소설에서 드러난 윤리도덕 문제는 모두 하디가 깊이 있게 탐색한 중요한 내용이다. 특히 『데버빌가의 테스』와 『무명의 주드』 두 편의 소설에서 하디는 각종 복잡하고 격렬한 도덕 충돌을 드러냈고 자신의 새로운 윤리관을 세우려는 시도를 했다.

1876년 6월부터 하디는 문학이론을 더욱 열심히 학습했으며 동시에 철학, 윤리학, 미학, 정치, 경제, 역사 등도 깊이 있게 연구했다. 비록 다윈, 밀, 스펜서 등의 윤리관점이 그의 사상에 깊은 영향을 주기는 했지만 사실 하디가 윤리학을 매우 광범위하게 연구했음을 그의 문학 필기를 통해 알 수 있다. 그리스인의 도덕관(예를 들어 플라톤과 아리스토텔레스 등)에서부터 단테, 스펜서, 밀, 스티븐, 현대 도덕 유파에 이르기까지 그는 두루 섭렵했다. 이는 하디가 문학에서 도덕 문제를 중시했음을 보여준다. 다시 말하면, 하디가 작품에서 표현한 윤리 사상은 매우 복잡하다. 그가 나중에 창작한 소설에서는 『에델베르타의 손』과 같이 단일한 공리주의원칙으로 사상적 충돌을 처리하는 상황이 거의 사라졌다. 대신 더욱 복잡한 도덕 원칙으로 대체됐고 언급된 문제와 충돌은 종종 도덕 문제를 넘어서 늘 사회적이고 계급적이고 역사적이고 철학적인 요소와 함께 연결됐다. 『데버빌가의 테스』와 『무명의 주드』 두 소설은 하디의 윤리 사상을 구체적으로 보여주고 있으며, 현대 영국이 도덕 문제를 묘사한 위대한 소설의 하나이다. 우리는 '순결한 여인'이라는 『데버빌가의 테스』의 부제를 통해 하디가 개인적으로는 이 작품을 도덕 소설로 여겼음을 알 수 있다.

영국 역사에서 도덕 소설의 전통은 길고도 깊다. 셰익스피어 시대에 많은 시, 희곡, 소설이 도덕 문제를 표현하는 데 관심을 기울이면서 인성을 말살하는 종교적 도덕을 비판하고 인간이 행복을 추구하는 행위를 도덕적으로 긍정하기 시작했다. 계몽 시대에도 디포, 필딩, 감상주의 작가들의 작품에서 도덕 문제는 매우 중요한 자리를 차지했다. 많은 소설이 심지어 도덕 소설이었다. 이러한 면에서 리처드슨의 소설은 매우 전형적이다. 그의 주요 소설은 분명하게 도덕적으로 권선의 목적을 지니고 있다. 이러한 점은 '미덕의 보답'이라는 그의 소설 『파멜라』의 부제에서 잘 드러나고 있다. 하지만 그의 도덕관은 주로 통치계급의 도덕관이었고, 그는 귀족의 도덕적 타락을 비판하는 동시에 부르주아의 청교도적 사상의 도덕 원칙을 긍정하고 옹호했다. 리처드슨의 소설 『클라리사』는 『데버빌가의 테스』와 비슷한 작품이다. 리처드슨은 일곱 권이라는 편폭을 사용해 여주인공 클라리사의 역사를 서술했다. 소설에는 여주인공이 느끼는 감정에 대한 묘사와 각종 도덕과 관련된 논의들로 가득하다. 하지만 리처드슨과 하디의 창작 목적은 다르다. 리처드슨은 전통적 도덕의 편에 서서 기존 도덕을 옹호하고 파멜라, 그랜디슨 심지어 클라리사까지도 포함시킬 수 있는 도덕 모범을 세우고자 했다. 그들은 모두 기존 도덕의 규범에 따라 창작해낸 인물들이다. 반면 하디는 기존 도덕을 비판하고 기존 도덕이 만들어 낸 보잘 것 없는 인물들의 비극을 묘사했다.

『데버빌가의 테스』는 하디의 윤리 관점을 잘 드러내고 있다. 여주인공 테스는 클라리사와 마찬가지로 정절을 잃었지만 그 자신은 죄가 없는 여인이다. 하지만 하디는 리처드슨과는 달리 전통적 도덕관점에서 출발해 아름다운 도덕 전형을 만들어내고자 하지 않았다. 그는 새로운 사상을 활용해 시대적 입장에서 사람들과 사회가 높은 관심을 보이는 도덕 문제를 평가했다. 그래서 그의 소설은 찬양을 위함이 아니라 비판을 위함이었다.

『데버빌가의 테스』의 도덕 문제는 주로 여주인공 테스의 순결 상실이 일으킨 도덕평가에 집중 되어 있다. 테스는 알렉의 꼬임에 빠져 몹쓸 짓을 당하고 정절을 잃는다. 테스 자신은 큰 잘못을 한 적이 없다. 하지만 사회적 평가는 그녀를 도덕적으로 문란한 전형 인물로 만들어 버린 듯하다. 사회 전체의 억압 아래서 결국 그녀의 비극이 만들어졌다. 하디는 테스가 순결을 상실하는 것에 관한 도덕 판단을 서술하면서 세 가지 측면에서 기존 도덕의 판단의 힘을 강조했다.

첫 번째 판단의 힘은 기독교의 종교도덕이다. 종교도덕은 오랜 시간 형성된 통치 계급의 도덕관이다. 그것은 인간사회의 도덕을 신에게 귀속시켜, 신이 '자신과 우리의 형상대로' 인간을 만들고 인간들에게 도덕 계율을 만들어 주었다고 알린다. 종교도덕은 금욕주의와 남권주의의 기초 위에서 만들어진 도덕관으로 통치계급을 위해 헌신해왔다. 레닌은 종교도덕이 보여주는 반역사적 사실을 깊이 있게 들추어내고 "승려, 지주, 부르주아 모두 신의 이름을 빌려 말을 하지만 그것은 그들 착취자 자신의 이익을 추구하기 위해서"[14] 라고 말했다. 그래서 테스가 모욕을 당하고 순결을 잃은 후에 집으로 돌아가는 도중 가장 먼저 종교도덕의 공격을 맞닥뜨렸다. 벽에 낙서되어 있는 『베드로후서』의 "그들의 멸망은 잠들지 아니하느니라"와 모세 십계명 중의 하나인 "간음하지 말라"라는 구절은 종교적으로 테스에게 제재를 가한 도덕의 힘으로 나타났다. 테스는 "당신이 지은 죄라도 자신의 본심에서 나온 것이 아니면 어떻게 해야 할까요?"하고 물은 적이 있다. 하지만 이러한 문제를 종교도덕은

---

14 『列寧選集』(第4卷), 人民出版社, 1995, 289쪽.

구분하지 않는다. 그것의 목적은 격언을 낙서한 장인의 말처럼 "쉽게 문제를 일으키는 젊은 여자"를 경계하기 위해서였다. 테스는 어려서부터 종교도덕의 영향을 받아 "『성경』을 줄줄 기억했고", "아홀라와 아홀리바의 사적을 열심히 공부해 그 이야기에서 어떤 결론을 얻을 수 있는지를 알고 있었다." 그래서 그녀의 아이가 세례를 받지 못했기 때문에 죽어서도 무덤에 들어갈 수 없게 되자 종교도덕이 테스의 마음에 가한 공격의 힘은 한층 더 강해졌다. 또한 종교적 제재는 단지 피해자만을 겨냥했을 뿐 가해자는 도리어 조금도 처벌을 받지 않았다. 심지어 하나님의 사제가 되어 종교 도덕의 제재를 집행하는 사람이 됐다. 그래서 하디는 종교도덕의 비도의성, 잔혹성을 폭로하는 동시에 알렉의 몇 차례 변화를 통해 종교도덕의 허위성을 들추어냈다.

두 번째 판단의 힘은 테스 자신이 마음에서 느끼는 도덕의 질책이다. 이러한 제재력은 사회의 성문화되지 않은 법과 사회여론이 기초가 되며, 테스가 처한 환경이나 받았던 교육과도 밀접한 관계가 있다. 테스의 고통은 심리에서 비롯됐다. 그녀는 종종 전통적인 관습이나 사회여론의 시각에서 자신의 '과실'을 도덕적으로 판단한다. 그럼으로써 자신의 정상적인 마음을 왜곡시키고 자신의 행위에 잘못된 평가를 내리곤 한다. 하디는 소설에서 테스가 심리적으로 스스로를 질책하는 도덕 요소를 강조했다. 테스가 진부한 관습을 따른다고 여겼기에 자신을 동정하지 않는 모습과 소리를 장치했고 상상으로 자신을 두렵게 하는 도덕 정령을 만들어내고 스스로 자신을 죄악의 화신으로 여기도록 했다. 하디는 테스가 감히 고개를 들어 사람을 보지도 못한 채 모든 세계가 그녀의 모습에 주의를 기울인다고 여기는 것이 단지 환상 위에서 세운 도덕관념이라고 여겼다. "그녀 자신 이외에 다른 사람들은 그녀의 존재, 그녀의 감정, 그녀의 처지, 그녀의 느낌을 마음에 두지 않았다. […] 설사 그녀가 밤낮으로 스스로를 원망하고 후회했지만, 다른 사람들이 보기에는 그녀가 고민이 있을 뿐이라고 느꼈다." 테스의 이러한 심리적인 자책은 세상의 그릇된 편견이 그녀에게 작용해 나타난 도덕 표현이다. 이는 테스가 당시의 사회와 도덕 환경에서 스스로 만들어낸 비정상적인 심리상태를 보여준다.

세 번째 판단의 힘은 사회적 법률이다. 부르주아 사회에서 도덕과 법률은 긴밀하게 연결되어 있으며, 통치계급은 늘 법률을 등해 자신들 계급의 도덕 원칙을 보호하고 사회도덕을 위반한 사람들을 징벌한다. 테스는 부르주아 법률에 의해 사형을 판결 받았는데, 이는 바로 부르주아가 법률을 통해 계급적 도덕을 보호함을 구체적으로 표현했다. 소설에서 테스는 피해자인데 부르주아 법률은 그녀를 보호하지 않았을 뿐만 아니라 그녀가 핍박을 받아 반항하자 도리어 그녀를 징벌한다. 반대로 알렉은 가해자로 테스에게 모욕을 주고 그녀를 박해했지만 법률은 도리어 그를 징벌하지 않았다. 하지만 테스가 복수를 하자 법률은 소위 말하는 정의를 지키기 시작했다. 소설의 결말에서 하디는 다의적 의미의 '전형'을 사용했다. 사실 이는 작가가 부르주아가 테스에게 사형을 선고한 법률에 대해 회의를 표현했으며 부르주아 법률이 정의라고 할 만하지 않을 뿐 아니라 테스에 대한 판결이 공정하지 않았음을 암시한다.

하디의 소설에서 테스나 다른 인물 묘사를 통해 우리는 작가가 종종 모순적인 도덕관념을 지니고 있음을 알 수 있다. 하디는 때로는 다윈의 진화론 사상으로 도덕 문제를 해결하고, 때로는 공리주의적 도덕관으로 인물이나 도덕 문제를 판단하기도 한다. 또 때로는 칸트의 도의론적 입장에 서서 인물과 행위에 대해 도덕평가를 한다. 예를 들어 소설 『데버빌가의 테스』에서 하디는 생물진화론의 관점으로 테스의 정조 상실을 다루면서 테스가 정조를 상실한 것에 대한 도덕평가는 순수하게 주관적인 상상력의 산물일 뿐, 과학적 근거는 결핍했다고 여겨진다.

하디는 생물진화론 이론에 따라 사람은 모든 생물과 마찬가지로 스스로 회복할 수 있는 능력을 지니고 있다고 여겼다. 여인의 정절도 마찬가지로 자연적인 진화 속에서 회복될 수 있다고 보았다. 그래서 하디는 작품에서 테스를 묘사하면서 "그녀는 종종 여인의 정절이 정말 한번 상실하면 영원히 상실하게 되는지 스스로에게 물었다. 만일 그녀가 과거를 덮을 수 있다면 어쩌면 이 말이 틀렸음을 증명할 수 있을지도 모른다. 모든 유기체는 본래의 모습을 회복할 능력을 지니고 있는데 왜 오로지 처녀의 정절은 그렇지 않을까?" 하디는 진화론 학설을 통해 테스가 자신의 정절 상실을 지나치게 심각하게 보는 까닭은 그녀가 세속적인 편견을 지니고 있기 때문이지 그녀의 타고난 생각 때문은 아니라고 여겼다. 그녀의 생각은 단순히 세속에 부합할 뿐 자연에 부합하지는 않는다. 사실상 하디는 과학적인 관점에서 전통 도덕을 부정을 했는데 이때 견지한 것이 진화론적 도덕관이다.

『데버빌가의 테스』에서 하디는 진화론적 도덕관을 견지하는 동시에 공리주의적 도덕관을 지지했다. 그는 테스가 맞닥뜨린 불행은 공리주의적 원칙에 따라 해결되어야 한다고 여겼다. 공리주의적 관점에 따르면 즐거움을 따르고 고통을 피하는 일이 인생의 기본적인 목적이며 모든 의지와 행위의 근원이다. 따라서 쾌락과 행복을 추구하는 바가 최고의 도덕이다. 하디가 숭상하는 윤리학자인 밀은 그의 저서 『윤리학』에서 다음과 같이 주장했다. "실제 이행되어질 모든 행위가 정말로 최대의 쾌락을 가져올 수만 있다면 정확한 행위이다. 마찬가지로 이행될 가능성이 있는 모든 자발적 행위는 최대의 쾌락을 발생시킬 수만 있다면 정확하다."[15] 밀의 이론에 따라 하디는 테스의 비극이 사그라지게 되는 일은 불필요하며 떨쳐 일어나 새로운 삶과 인생의 즐거움을 추구해야 한다고 여겼다.

도덕에 대한 하디의 많은 시각은 기본적으로 공리주의적 원칙에 근거하고 있다. 그는 소설에서 다음과 같이 묘사했다. "쾌락을 찾기 위한 방법을 강구하는 경향은 본래 자연적으로 발생하고 저항할 수 없으며 보편적으로 존재하여, 가장 고등한 생명부터 가장 저등한 모든 생명에 스며들어 있다. 이러한 경향이 결국은 테스를 정복해버렸다."[16] 분명히 하디의 쾌락에 대한 이러한 이론은 완전히 밀의 공리주의적 학설에 근거를 두고 있다. 소설 30장에서 우리는 다음과 같은 묘사를 볼 수 있다. "모든 생명은 쾌락을 추구하는 본능을 지니고 있다. 그것은 위대한 힘이다. 아무런 힘이 없는 해초가 조수의 요동에 따라 움직이듯이 피와 살이 있는 모든 육체는 그 지배를 받아야 한다. 이러한 힘은 사회도덕을 논하는 공허한 문장이 관여할 수 있지 않다."[17] 하디는 예술가로서 밀의 윤리학 학설에서 출발해 공리주의적 원칙에 따라 테스의 행위에 대해 도

---

15 穆勒, 『倫理學』, 戴揚毅譯, 中國人民大學出版社, 1985, 18쪽.

16 哈代, 『德伯家的苔絲』 第十六章, 張谷若譯, 人民文學出版社, 1984.

17 哈代, 위의 책.

덕평가를 내렸다. 그럼으로써 테스의 "생명이 있어 희망이 있다는 견고한 믿음"과 인도주의적 생존 권리를 인정했다.

『데버빌가의 테스』에서 우리는 하디가 때로는 도의론의 입장에서 테스에 대한 도덕평가를 내리기도 하는 것을 볼 수도 있다. 예를 들어 하디가 테스를 순결한 여인으로 묘사할 때 그가 의지하는 것은 분명히 공리주의적 결과론적 원칙은 아니다. 공리주의의 유명한 주장은 바로 행위의 결과, 즉 공리가 유일한 가치로 중시되어야 한다는 것이다. 벤담과 밀을 대표로 하는 공리주의자들의 입장에서 보면 행위의 결과만이 행위의 도덕가치를 평가하는 근거이다. 결과로 행위를 평가하는 이러한 도덕 기준으로는 모욕을 당한 테스의 순결함을 설명하기 어렵고, 테스를 공정히 평가하기에는 더욱 적합하지 않다. 그래서 하디는 테스를 도덕적으로 변호할 때 도의론의 입장에 서서 동기론의 원칙을 견지했다.

테스의 순결성을 강조하기 위해 하디는 소설에서 동기를 통해 행위를 평가하는 관점을 분명하게 드러냈다. 테스는 클레어와 결혼한 후 자신이 정절을 상실한 일을 클레어에게 말하고 클레어가 그녀를 이해해 주기를 희망했다. 하지만 클레어는 자신의 도덕 편견으로 인해 테스를 저버렸다. 하디는 이때 책에서 다음과 같이 평했다.

진보적인 사상과 선량한 마음을 지닌 이 청년은 줄곧 스스로를 편견에서 벗어나도록 애쓴 최근 25년 동안의 세월이 만든 견본품이다. 하지만 뜻밖의 일을 당해 충격을 받자 다시 뒤로 물러나 어려서부터 받았던 교훈을 받아들여 전통과 관습의 노예가 됐다. 그에게 말해준 선각자도 없었고 그 자신 역시 선각자가 아니었기에 자신에게 말해

줄 수가 없었다. 사실 그의 젊은 아내는 애증이 분명한 모든 여인들을 찬양했던 르무엘 왕의 말에 비추어도 부끄럽지 않았다. 그녀의 도덕가치에 대한 판단은 그녀의 마음가짐을 따라야 하지 그녀가 했던 일에 근거해서는 안 되기 때문이다.[18]

클레어는 결혼 후 집을 떠나 브라질에서 갖은 고생을 한 후에 세상에 무수한 시련이 있음을 깨닫고 결국 자신의 도덕관을 바꾼다. 그리고 테스를 대하는 자신의 도덕 기준을 새롭게 바꾸어야 한다고 생각한다. 그는 스스로에게 "누가 정말 도덕적인 남자라고 할 수 있겠는가? 어쩌면 좀 더 정확하게 묻는다면, 누가 정말 도덕적인 여인이라고 할 수 있겠는가?"라고 묻는다. 그는 동기가 도덕을 결정한다는 이론에 따라 자신의 질문에 대답을 한다. "한 사람의 인격에 좋다 나쁘다 비평하기 위해서는 그 사람이 이미 했던 일뿐만 아니라 그의 목적과 충동을 보아야 한다. 좋고 나쁨의 진정한 근거는 이미 발생한 일의 행위가 아니라 아직 발생하지 않은 일의 의도이다." 이는 하디의 도덕관을 드러낸다. 이는 하디가 공리주의 원칙을 받아들이면서 약간의 수정을 했다는 사실을 설명해주고, 또한 도덕에서 동기가 의미를 결정함을 강조하는 칸트 학설이 하디에게 영향을 끼쳤음을 설명해 준다.

5. 이기주의와 종교도덕에 대한 하디의 비판

하디는 작품에서 언급한 각종 윤리도덕의 문제를 탐색할 때 개인, 인간과 자

---

18 哈代,『德伯家的苔絲』第三十九章, 위의 책.

연, 인간과 인간 사이의 도덕 충돌에 주의를 기울였을 뿐만 아니라 도덕 문제를 인류 전체 사회 역사에 놓고 고찰하는 것을 매우 중요하게 여겼다. 그는 사회 역사를 관찰할 때 인물과 시대의 관계에 매우 주의를 기울였고, 사회, 역사, 전통, 관습 등이 인물에게 미친 영향에 주의를 기울였다. 그는 도덕 문제를 국가 제도, 법률 원칙, 도덕규범, 철학적 학설과 결합시켜 자신의 인도주의적 윤리관을 세우려는 시도를 했다.

하디의 도덕관념은 다윈의 생물진화이론의 깊은 영향을 받았으며 또한 콩트, 밀, 스펜서의 실증주의와 공리주의적 윤리학의 영향을 받았다. 이뿐만 아니라 18세기 계몽주의 시기의 도덕관념과 칸트의 도덕철학에서도 깊은 영향을 받았다. 그래서 하디의 도덕관념은 매우 복잡하다. 그의 작품에는 종종 서로 다른 도덕관념이 함께 뒤섞여 있다. 하지만 전체적으로 말하면, 진화론과 공리주의를 핵심으로 하는 현대부르주아의 윤리사상이 하디 윤리도덕관의 기초이다.

하디는 예술적으로는 비판적 현실주의자이지 도학자가 아니다. 하지만 그는 사회 현실을 묘사하고 폭로하면서 예술가의 눈으로 현실 생활의 도덕 문제를 관찰하고 표현하여 삶의 각종 도덕 모순과 충돌을 드러냈고 현실주의 작가가 지닌 고도의 민감성을 표현해냈다. 하디가 묘사하는 도덕문제는 그가 웨섹스 사회와 그 역사 발전 과정을 표현하는 주제와 연관되어 있다. 그래서 결론적으로 보면, 그는 전통 도덕의 칭송자이며 부르주아 도덕의 비판가였다. 그는 소설에서 수차례 웨섹스 전통 도덕을 표현하는 완전한 인격, 예를 들어 가브리엘 오크, 존 러브데이, 길레스 윈터본 등을 만들어냈다. 그들에게서 웨섹스의 충실, 겸손, 선량, 정의, 강한 희생정신 등의 도덕 품성이 충분하게 드러났다. 그들은 현대 부르주아 윤리학이 제창한 이타주의의 전형적인 인물로 하디의 도덕 이상을 대표하고 있다. 그들과 대조적인 인물은 부르주아의 이기주의자들이다. 그들의 이기적이고 편협하고 위선적이고 교활하고, 돈과 재물에만 눈이 멀어 있으며 자기중심적인 특징이 웨섹스 지역 본연의 도덕질서를 파괴하고 각종 도덕 충돌을 만들어냈다. 하디는 소설에서 그들에게 매서운 비판을 가하고 있다.

소설 작품에서 하디는 매우 교묘하게 도덕 요소가 야기한 비극을 묘사했다. 『데버빌가의 테스』와 『무명의 주드』는 바로 이러한 비극을 묘사한 작품이다. 하디는 비극의 도덕 요소를 묘사할 때 현실주의적 원칙을 견고하게 지켰다. 자연 법칙과 도덕 이상이 종교도덕, 전통적 풍속, 현대문학과 충돌하는 바를 진실하게 표현해 냈다.

하디는 작품에서 정확한 도덕평가를 내리고 종교도덕과 부르주아도덕에 대한 비판을 단호하게 전개할 수 있었다. 서구 도덕 사상 발전사에서 종교전통의 영향은 상당히 깊고 광범위했다. 그래서 많은 사람들이 종교를 도덕과 동일시했다. 종교도덕은 '신의 계시'와 스콜라철학의 힘을 빌려 엄격한 도덕 조례를 제정했으며, 사람들의 사상과 행위를 구속하는 도덕 법률로서 사람들을 정신적으로 통치했다. 종교도덕은 무의식 가운데 사람들에게 영향을 미쳤으며 사람들의 사상 행위 각 방면에 스며들었다. 그래서 기독교 교리는 종종 사람들의 도덕 행위를 판단하는 기준이 됐다. 『데버빌가의 테스』에서 테스가 음란함의 모델, 죄악의 화신으로 여겨지게 된 근거는 바로 종교도덕이었다.

『무명의 주드』에서 주드와 수가 박해를 받은 주요한 원인의 하나는 바로 그들의 결합이 종교도덕의 요구에 부합하지 않았기 때문이다. 하디가 보기에 종교도덕은 인생의 정신적 질곡을 미화시키고, 알렉 데버빌과 같은 도덕적으로 부패한 자산가들이 이기주의적 목적을 실현시키기 위한 도구였다. 그래서 그는 종교도덕을 완전히 부정했다.

하디의 이런 사상은 그의 종교에 대한 인식과 연결되어 있다. 청소년 시기, 하디는 회의론자이고 무신론자였다. 그는 1890년에 쓴 기록에서 이렇게 말했다. "난 이미 신을 50년 동안 찾았다. 만일 신이 존재한다면 내가 찾았어야 한다고 생각한다. 물론 인격화된 것으로, 이것이 신이라는 글자의 진정한 의미이다."[19]

소설 작품에서 하디는 종교적인 위선을 가차 없이 폭로하고 단호하게 공격했다. 이로 인해 종교도덕 수호자들의 비방과 공격을 받았지만 이는 바로 종교도덕에 대한 하디의 단호한 입장을 설명해준다. 하디의 종교도덕에 대한 비판은 부르주아의 부패한 도덕에 대한 비판과 함께 결합되어 있다. 부르주아 도덕은 부르주아 이익이 이데올로기 영역에서 반영되었으며 그 핵심은 바로 이기주의적 원칙이다. 부르주아는 자신들의 이익을 위해 종종 종교도덕과 자신들의 도덕 원칙을 하나로 융합시키며, 돈과 재물만 밝히고 다른 사람에게 손해를 끼쳐 자신의 이익을 취한다. 하디는 부르주아 도덕이 웨섹스 사회의 순박한 분위기를 부패시켰고, 사람들의 사상적 동요와 가치관의 변화를 가져

---

19 Florence Emily Hardy, *The Life of Thomas Hardy*, Macmillan, London, 1933, Vol.1, 293쪽.

왔으며, 마지막에는 훌륭한 전통을 지닌 사회가 비극을 맞이하게 됐다고 여겼다. 그래서 웨섹스 사회와 자연스러운 감정적 유대를 지니고 있던 하디의 입장에서 보면, 그의 비판은 매우 강렬하고 인정사정 보지 않을 수밖에 없었다.

『무명의 주드』에서 하디는 주드와 수의 애정 비극을 종교 도덕과 부르주아 도덕의 탓으로 돌린다. 주드와 수는 세속적인 도덕을 신경 쓰지 않고 진심으로 서로를 사랑했으며 순결하고 고상했다. 하지만 교회와 부르주아 법률로 볼 때 그들과 같은 자연스러운 결합은 부도덕했다. 그래서 수는 매우 슬퍼하며 주드에게 말한다. "문명사회에서는 연애라는 것 자체가 종종 비극적이지요. 하지만 나와 같은 상황은 그렇게 자연스럽게 발생하는 비극이 아니라 사람들이 만든 비극이에요." 그들은 종교적인 관습에 따라 혼인예식을 거행하지 않았기 때문에 사회의 박해를 받고 매우 참혹하게 도처를 유랑해야 했다. 하디는 그들의 비극적 운명을 묘사하면서 비판의 창끝을 신과 교회로 향하게 하고 부르주아의 도덕관념을 가리켜 소위 말하는 '문명사회'를 향해 단호한 싸움을 시작했다.

하디는 부르주아 도덕을 폭로하고 비판하면서 인도주의적 도덕 이상, 인도주의 도덕관을 지켰다. 이런 도덕관의 기초는 콩트, 밀 등의 실증주의와 칸트의 이성주의이다. 그는 작품에서 자연의 원칙을 강조하고 이상주의를 널리 알렸으며 세속적인 사람과 성스러운 사람이 하나로 합쳐진 형상을 만들어냈다. 그는 교회와 부르주아에 의해 부도덕하다고 평가된 사람과 사건에서 아름다움과 선함을 찾아내 이를 칭송하고 긍정했다. 그는 주드와 수가 진보적 인물이며 진보적 사상을 지니고 있다고 칭송하면서 그들을 개척자라고 불렀다.

사실 주드와 수의 애정은 하디의 인도주의 도덕관을 보여준다. 하디가 자신의 도덕관념을 논할 때 그가 여전히 진화론으로 주드와 수의 애정 비극을 해석하고 있음을 분명하게 볼 수 있다. 하디는 사회의 진화가 주드의 인식 정도까지 발전하지 못했고 주드의 진보적 사상이 50년 빠르다고 여겼다. 하디는 진화론으로 주드와 수의 애정 비극을 논하기는 했지만 사회도덕 관계에서 경제적 측면이 지닌 결정적인 작용과 도덕의 계급성은 가벼이 여겼다. 이는 작가의 계급적 한계성을 드러냈다. 설사 그렇기는 하지만, 하디는 여전히 도덕과 정치, 도덕과 법률, 도덕과 풍속 등 다양한 관계를 드러냈고, 19세기 영국 도덕관계에서 여러 가지 모순이 표현되는 형식을 묘사했다. 이는 우리가 당시 사회를 이해하는데 매우 중요한 요소들이다.

제12장
『노인과 바다』와 밀림의 법칙

1. 노인과 사자의 우화

『노인과 바다』는 헤밍웨이가 말년에 창작한 소설로 1952년에 출판됐다. 당시 『뉴욕 타임즈』 서평 칼럼 작가 하비 브레트는 "위대하면서도 진실한 소설이다. 사람의 심금을 울리고 감동을 준다. 비극적이면서도 낙관적"[1]이라고 말했다. 포크너는 1949년[2]에 노벨문학상을 받을 당시에 널리 이름이 알려진 소설가였다. 그가 평론을 발표해서 "이 소설이 나와 그의 동시대 사람들 사이에서 가장 뛰어난 작품임을 시간이 증명할 것"[3]이라고 말하기도 했다. 예술사가 버나드 베리슨(Bernard Berrison) 역시 이 소설을 높이 평가하면서 "『노인과 바다』는 한 편의 전원교향곡이다. 바다는 바다이지만 바이런 식도 아니고 멜빅 식도 아니다. 마치 호메로스의 글에서 나온 듯하다. 문장은 호메로스 역사시처럼 침착하고 탄복할 만하다"[4]고 말했다. 저명한 헤밍웨이 전기 작가이자 프린스턴대학 문학 교수인 칼로스 바커 역시 『토요평론』에 발표한 글에서 "그 비

1 Harvey Breit, "The Old Man and the Sea," a review in *Nation*, September6, 1952, 194쪽.
2 원서에는 '1950년'으로 되어 있으나 윌리엄 포크너는 1949년 노벨문학상을 수상했다. (옮긴이)
3 卡洛斯·貝克,『歐內斯特·海明威傳』, 陳安全等譯, 香港三聯書店, 1985, 278쪽.
4 董衡巽,『海明威評傳』, 浙江文藝出版社, 1999, 214쪽.

극의 형식은 『아더왕』의 이야기에 가깝다"[5]고 말했다. 이 소설은 분량이 길지 않지만 의미는 매우 풍부하다. 헤밍웨이는 이 소설로 1954년 노벨 문학상을 받았다.

『노인과 바다』가 세상에 나온 이후 국내외 많은 평론가들이 다양한 방법과 서로 다른 시각과 서로 다른 측면에서 이 작품을 해석했다. 많은 평론가들은 『노인과 바다』가 인류가 감히 대자연과 마주하는 투쟁 정신을 반영하고 있다고 보았다. 즉 인류 정신을 대표하는 노인과 자연을 대표하는 바다와 상어 사이에서 벌이는 사투로 인류 정신의 위대함과 숭고함을 표현하고 있다고 여겼다. 또한 노인과 커다란 물고기와의 대결은 인류가 자연과, 인류가 운명과 벌이는 투쟁을 찬양하는 노래라고 여겼다. 노인은 인류의 존엄함을 드러내고 운명의 중압감에도 끝까지 졌다는 말을 하지 않는 헤밍웨이가 창작한 '강한 사나이'의 형상이다. 둥헝쉰(董衡巽)선생은 헤밍웨이를 연구하는 중국의 유명한 전문가이다. 그렇기 때문에 그의 평론은 중국 학자들이 이 소설을 바라보는 주요한 관점을 반영하고 있다. 그는 "독자로서 『노인과 바다』 읽을 때 누구나 각자 자신만의 느낌을 갖고 자신만의 이해에 이를 수 있다. 하지만 헤밍웨이가 표현해온 주제를 살펴보면, 나는 『노인과 바다』는 '강한 사나이' 정신의 표현이라고 여긴다. 이는 영웅주의에 대한 헤밍웨이식 찬가이다. 이 우화식 이야기는 인간이 외부 세력과의 투쟁에서 실패라는 운명을 피할 수 없음을 말해주고 있다. 이 외부 세력은 전쟁일 수도 있고 어두운 사회일 수도 있으며

5 Carlos Baker, "The Old Man and Sea," a review in *Saturday Review*, 1952.

또 자연계의 막을 수 없는 적대적 힘일 수도 있다. 이렇게 강대한 적수 앞에서 고립무원인 인간은 실패를 피할 수 없다. 하지만 헤밍웨이는 인간은 용감하게 실패라는 이 주제를 마주해야 한다는 사실을 강조하고 있다."[6] 사실상 이는 서구 학자들의 주류적인 관념이기도 하다. 예를 들어 레오 구르코는 "헤밍웨이의 대다수 소설은 인간이 어떻게 할 수 없는 일을 강조하고 세계의 한계나 잔혹함 혹은 고유한 죄악을 설명하고 있다. 하지만 『노인과 바다』는 인간이 할 수 있는 일을 두드러지게 강조했고 세계라는 이 경기장에서 영웅의 행위가 가능함을 강조했다."[7] 그래서 이전의 평론 대부분이 노인 산티아고를 인류의 '강한 사나이' 대표로 보고, 그가 바다에 나가 고기를 잡았던 불행한 상황을 인류가 액운과 끊임없이 싸우는 상징으로 보았으며, 노인을 처지는 불행하지만 실패하지 않은 영웅의 형상으로 보았다.

의심할 필요도 없이 위의 비평은 우리가 『노인과 바다』를 이해하는데 도움이 된다. 하지만 우리가 노인을 인간과 자연이라는 다른 윤리질서 가운데에 놓고 이해한다면 아마도 노인이 낚시를 하는 행위와 바다에서의 실패에 새로운 해석을 할 수 있다. 또한 인류가 인간사회의 윤리규칙을 포기했을 때 자신에게 어떠한 문제를 가져올 수 있을지를 발견할 수 있다. 아래서는 주로 이 소설의 노인과 사자, 노인과 청새치, 상어 사이의 싸움을 분석하고 작품에서 표현된 윤리 사상을 탐구하고자 한다.

소설에서 헤밍웨이는 노인이 낚시를 하기 위해 바다에 나가는 장면을 묘

---

6 董衡巽, 위의 책, 212쪽.

7 Leo Gurko, "The Old Man and Sea," *College English*, Vol.17, N0.1(Cct,1955), 11쪽.

사하면서 모두 다섯 번에 걸쳐 사자를 언급했다. 노인이 바다에 나서 물고기를 잡을 때 처한 환경은 육지와 다르다. 하지만 그는 왜 육지의 사자를 언급하고 반복적으로 사자꿈을 꾸었던 것일까? 노인과 이 소설에서 사자는 어떤 의미일까? 우리는 소설에 등장한 사자의 형상을 어떻게 해석해야 할까? 모두 진지하게 논의할 필요가 있는 문제들이다.

『노인과 바다』에서 헤밍웨이는 상징적 의미가 강한 많은 형상을 뛰어나게 사용했다. 많은 평론가가 이미 이 점을 지적해, 청새치가 인생의 이상을 상징하며 상어는 인류가 피할 수 없는 비극적 운명을 상징한다고 했다. 또 바다는 변화무쌍한 인간사회를 상징하고 있으며, 사자는 용맹하고 건장하고 사악함을 미워하고 기적을 일으킬 수 있는 상징으로 보았다. 소설의 구체적인 사자 형상의 경우, 대다수의 사람들은 사자를 노인이 지닌 사나이 정신의 상징이라고 보았다. 그리고 헤밍웨이가 노인 산티아고라는 '강인한 사나이' 형상을 만들어 냈으며 사자가 노인의 강인한 의지와 끝까지 싸우는 정신을 표현했다고 여겼다.

소설 시작 부분에서 노인은 바다에 나가기 전에 아이와 야구에 대해 이야기하면서 다음과 같이 말한다. "내가 네 나이만했을 때에 아프리카로 가는 배에서 선원 일을 했었는데 사자가 저녁 무렵 해변에 나와 있는 것을 보았단다." 미국의 헤밍웨이 전문가 레오 구르코 교수는 헤밍웨이가 야구 선수를 백수의 왕인 사자와 연결시킨 점은 "노인에게 영웅적인 요소를 증가시키기 위함이었다. 시운이 따르지 않았지만 그는 그래도 용감했다"[8]고 여겼다. 우리는

8 Leo Gurko, "The Old Man and Sea," *College English*, Vol.17, N0.1(Oct,1955), 13쪽.

노인이 아프리카에서 해변에 있는 사자를 보았는지는 확실하게 알 수 없다. 하지만 노인이 강자의 맥락에서 사자의 이야기를 함으로써 자신이 강자 즉 우리가 말하는 '강한 사나이'라는 윤리신념을 표현한 바는 분명하다. 사자에 대해 말하기 전에 노인은 미국 야구운동 역사에서 가장 탁월한 선수인 조디아지오를 자신이 숭배하고 있음을 밝혔다. 이후 아이는 노인이 가장 뛰어난 어부라고 칭찬하고 노인 역시 아이의 평가를 기쁘게 받아들였다. 만일 미국 프로야구계의 강팀 뉴욕 양키스와 위대한 선수 조디아지오에 대한 노인의 숭배를 노인이 바다에 나가 고기를 잡으려고 하는 행동과 연관시킨다면 노인이 사자를 언급한 것이 의식적인 윤리표현임을 발견할 수 있다. 즉 노인은 가장 뛰어난 어부, 바다에서 물고기를 잡는 사자가 되려고 했음을 알 수 있다.

이후 노인은 또 여러 차례 꿈속에서 사자를 본다. 이런 방식으로 소설은 더욱 강하게 사자가 윤리를 표현하도록 만든다. 노인은 바다에 나가기 전에 자신의 움막에서 잠에 들었다가 꿈을 꾼다. 어려서 보았던 아프리카를 꿈속에서 보고 기다란 금빛 해안과 하얀 백사장을 보고 카나리제도의 여러 항만과 정박지를 본다. 헤밍웨이는 이때 노인이 꿈속에서 사자를 만난 데 대해 다음과 같이 묘사한다.

그는 더 이상 폭풍을 꿈꾸지 않았고, 더 이상 여성들에 대한 꿈을 꾸지 않았으며, 더 이상 위대한 사건에 대한 꿈을 꾸지도 않았고, 더 이상 커다란 물고기 꿈도 꾸지 않고, 싸우는 꿈도 꾸지 않고, 씨름하는 꿈도 꾸지 않고, 더 이상 그의 아내 꿈도 꾸지 않았다. 그는 지금은 몇몇 장소와 해안가에 있는 사자 꿈만 꾸었다. 그것들은 저녁 황혼에

고양이처럼 장난을 치고 있었다. 그는 이들을 마치 아이를 사랑하듯 사랑했다.[9]

노인이 꿈에서 만난 사자들에 대해 비평가들은 종종 이들이 노인의 조화로운 자연이라는 생각이자 대자연에서 현대문명에 오염되지 않은 처녀지에 대한 노인의 동경을 표현했다고 여겼다. 사자와 관련된 노인의 꿈에 대해 세르지오 보카즈(Sergio H. Bocaz) 교수는 노인이 계속 해안가에서 노는 사자 꿈을 꾸는 것은 "소설의 작가가 꿈이라는 요소를 이용해 실낙원 신화를 표현"했으며 "자연이 사자와 똑같이 아름답다"는 생각을 표현하고 "헤밍웨이가 바다와 해변가에서 장난치는 어린 사자들을 통해 실낙원을 묘사하는 과정에서 숭고미의 상징을 표현했다"[10]고 여기고 있다. 하지만 이러한 해석은 노인이 왜 사자꿈을 꾸었는지에 대한 설명으로는 부족하다.

꿈을 통해 표현된 노인의 잠재의식에서 자신에 대한 모든 일은 중요하지 않고 오로지 사자만이 중요함을 소설의 묘사를 통해 알 수 있다. 그렇다면 노인이 사자꿈을 꾸었다는 점은 도대체 무엇을 의미하는 것일까? 자신의 잠재의식에서 사자는 왜 폭풍, 대어, 격투 심지어 아내보다도 중요할 수 있을까? 노인이 바다에 나가기 전에 꿈에서 사자를 본 일과 노인이 바다에 나간 후에 사자를 본 일을 함께 연관시킨다면 사자가 특수한 환경에서 표현한 윤리 함의를 이해할 수 있다.

---

9 歐內斯特·海明威,『老人與海』, 黃源深譯, 譯林出版社, 2007, 11쪽.

10 Sergio H. Bocaz, "El Ingenioso Hidalgo Don Quijote de la Mancha" and 'The Old Man and the sea': A Study of the Symbolic Essence of Man in Cervantes and Hemingway', *The Bulletin of the Rocky Mountain Modern Language Association*, Vol.25, No.2(Jun, 1971), 52쪽.

노인은 사자를 만나는 꿈에서 깨어난 후 홀로 돛대를 어깨에 들쳐 메고 해가 뜨기도 전에 배를 저어 망망대해에서 낚시를 하기 의해 바다 깊은 곳을 향해 출발한다. 이전 84일 동안 아무런 수확이 없었지만 85일째 되는 날 노인은 깊은 바다에서 그가 예전에는 본 적도 없는 커다란 청새치를 낚게 된다. 이 물고기는 노인의 배보다도 2피트가 더 길었기 때문에 배로 끌면서 심해에서 빠져 나온다. 노인이 보기에 대어는 높고 위대하고 강한 힘을 지니고 있었다. 하지만 노인은 반드시 그것을 제압해 자신이 물고기보다 더 지혜롭고 강하다는 것을 보여주고자 한다. 한바탕의 싸움을 치르고 나서 노인은 지쳐 "저 녀석이 잠들었으면 좋겠어, 그러면 나도 잠이 들어 사자를 볼 수 있을 텐데"라고 생각한다. 이때 노인은 자신에게 묻는다. "왜 사자만 중요하게 남은 거지?"(Why are the lions the main thing that is left?) 사실 노인의 질문은 노인이 바다에 나가기 전에 사자 꿈을 꾼 일과 호응을 하고 있지만 다른 점은 노인은 이때 바다에서 대어를 잡았고 대어와 생사를 건 싸움을 하는 중에 사자를 떠올렸다는 사실이다. 분명, 사자는 여기서 노인이 의식적으로 드러낸 윤리원칙을 표현한다. 그것은 노인이 대어나 대해와 싸움을 하면서 견지한 생존 경쟁의 윤리신념이다.

소설에서 우리는 사자 형상이 반복적으로 출현함에 따라 노인의 생존경쟁 의식 역시 부단히 증가하고 있음을 볼 수 있다. 작은 배에 끌려가는 커다란 청새치가 지쳐가 조용해지고 움직임이 사라지기 시작할 때 노인은 잠들어 꿈을 꾼다.

그는 길게 늘어진 누런 해변을 보았다. 첫 번째 사자가 저녁 무렵 해변으로 나오자 뒤이어 다른 사자들도 나타났다. 그래서 그는 아래턱을 뱃머리 나무판 위에 얹었다. 배는 닻이 내려져 정박되어 있었고 저녁 바람이 바다 위로 불어왔다. 그는 더 많은 사자들이 오는지 보기를 기다리면서 즐거움을 느꼈다.[11]

필립 멜링은 "노인이 황혼에 본 작은 사자는 모두 그의 애완동물"[12]이라고 여기고 조화로운 자연이라는 생각을 표현했다. 하지만 노인이 사자 꿈을 꾸기 전에 겪은 생존투쟁이라는 윤리환경을 생각해 보면 노인이 사자 꿈을 꾼 일은 여전히 노인의 생존윤리가 강화되어진 결과임을 발견할 수 있다.

사자의 형상이 소설에서 반복적으로 출현하는 의미는 깊이 토론할 만한 가치가 있다. 사자 형상과 관련된 해석 중에서, 어떤 사람은 사자는 힘을 표현하고 있으며 강자의 상징이라고 여긴다. 왜냐하면 "늙은 어부가 반복해서 사자 꿈을 꾼 일은 힘에 대한 그의 추구와 강자에 대한 동경을 상징하기"[13] 때문이다. 비평가가 보기에 사자는 영웅의 상징으로 헤밍웨이에 의해 노인이라는 강한 사나이로 표현됐다. 그래서 미국 헤밍웨이 연구 전문가 벤슨 젝슨 역시 "사자는 노인의 싸움에 영웅적인 시각을 제공해 주었다"[14]고 여겼다. 물론 대다수 평론가들이 말했듯이 사자는 노인의 상징이다. 노인은 반복적으로 사자

---

11 歐內斯特·海明威, 위의 책, 42쪽.

12 Philip Melling, "Cultural Imperialism, Afro-cuban Religion, ans Santiago's Failure in Hemingway's *The Old Man and the sea,*" *The Hemingway Review*, Volume26, issuel, Fall 2006, 16쪽.

13 刁紹華, 『海明威 1899~1961』, 遼寧人民出版社, 1980, 80쪽.

14 Benson Jackson J. *Hemingway: The Writer's Art of Self-Defense*, Minneapolis: University of Minnesota Pree, 1969, 125쪽.

의 꿈을 꾸거나 사자 이야기를 한다. 이는 노인이 사자를 우상으로 삼고 사자의 정신으로 고난을 이겨낼 수 있도록 스스로를 자극해 청새치와 싸워 이기는 인생 목표를 실현하기 위해서이다. 하지만 문제의 관건은 사자가 노인의 상징이냐 아니냐에 있지 않고 사자가 상징하는 의미가 도대체 무엇이냐에 있다.

소설의 사자가 산티아고 노인을 상징한다고 하지만, 만일 문학윤리학비평의 시각에서 분석해보면 분명 사자가 나타내는 상징적 함의는 노인의 영웅적 품성이나 강인한 사나이 정신이 아니라, 사자를 대표로 하는 윤리원칙, 즉 노인의 밀림법칙 의식임을 발견할 수 있다. 자연계에서 사자는 뭇짐승의 왕으로 약육강식의 밀림법칙을 보여준다. 시대의 획을 그었던 저작 『종의 기원』에서 다윈은 생물진화와 생존경쟁의 규율, 즉 약육강식을 전형적 특징으로 하는 밀림법칙을 언급했다. 밀림법칙은 자연계 모든 생물이 생존경쟁 하는 기본 법칙으로 자연의 질서를 유지시키는 규칙이다. 육지에서든 바다에서든 인간을 제외한 모든 생물의 진화과정은 생존경쟁의 과정으로, 모든 생존경쟁은 약육강식의 규칙을 따르고 있다. 밀림법칙은 자연계의 윤리이다. 밀림법칙을 따를 때만 자연계는 생태의 평형을 유지해 자연계의 질서를 세우고 끊임없는 종의 진화를 약속할 수 있다. 육지의 사자와 바다의 상어는 모두 다른 환경에 있는 생물계의 강자로 각자의 생물학적 사슬의 꼭대기에 있으며 약육강식의 밀림법칙을 대표하고 있다. 소설에서 노인은 반복적으로 사자를 언급하고 사자 꿈을 꾼다. 이는 사실 노인의 잠재의식에 숨어 있는 비밀, 즉 생존경쟁의 윤리의식을 우리에게 보여준다. 그리고 노인의 생존경쟁의 윤리의식은 바로 사자를 통해 드러나는 밀림법칙이다.

노인은 의식적 혹은 무의식적으로 사자를 통해 자신의 생존경쟁 윤리를 표현하고 있다. 이는 동물의 왕이라는 사자 자체의 형상을 통해서도 드러날 뿐만 아니라 노인이 처한 윤리환경 안에서도 증명할 수 있다. 노인은 낚시를 하기 위해 바다에 나가면서부터 자신을 생존경쟁의 윤리환경에 놓았다. 그리고 이 윤리환경의 전형적인 특징이 바로 약육강식이다. 노인이 처한 윤리환경에서 약육강식의 생존경쟁은 줄곧 끊임없이 진행되고 있다. 예를 들어 노인은 청새치와 싸우는 과정에서 만새기를 한 마리 낚아 그것을 배 끝까지 끌어당겼다. 만새기는 공중에서 몸을 구부렸다가 미친 듯이 내리꽂히며 절망적으로 이리저리 펄떡거렸다. 노인이 막대기로 그 금빛이 번쩍이는 대가리를 내려치자 그때서야 한번 푸드덕거리고 죽어버렸다. 사실상 이는 노인과 만새기 사이의 생존투쟁을 보여준다. 노인은 칼집에서 칼을 꺼내 들어 한 다리로 물고기를 밟고 칼로 물고기의 배를 갈랐다. 그러고 나서 물고기의 위장을 가르자 그 안에서 작은 날치 두 마리가 발견됐다. 만새기가 날치를 먹는 일은 만새기와 날치 사이에서 발생하는 생존경쟁이다. 해파리와 바다거북의 운명 역시 매우 의미 있다. 무지개 같은 색깔을 번쩍이는 독해파리는 바다에서 가장 사기성이 있는 생물이다. 바다거북은 그것들을 발견하면 정면에서 그것들을 향해 달려들다가 눈을 감고 해파리 촉수가지 한꺼번에 먹어 버린다. 바다거북과 인류를 보면, 사람들은 바다거북의 알을 먹을 뿐만 아니라 또 배를 몰고 바다로 나가 바다거북을 잡아 한 치의 감정도 없이 바다거북을 죽이고 갈라 버린다. 그래도 바다거북의 심장은 한동안 뛰겠지만 인간 앞에서 죽음의 운명을 피할 수는 없다. 상어가 만일 바다거북을 만난다면 역시 바다거북이 물위에서 잠잘 때를

틈타 그 몸통을 먹어버릴 수 있다. 여기서 해파리와 바다거북, 바다거북과 인간, 상어와 바다거북 사이의 관계가 바로 생존경쟁의 관계이다. 상어 역시 이러하다. 상어는 노인과 청새치를 놓고 싸움을 하다가 노인에 의해 죽임을 당한다. 상어는 물었던 물고기를 놓아주고 바다 밑으로 깊이 들어가 버리지만, 죽기 전까지 그래도 물었던 고깃덩어리를 삼켜버리려고 한다. 여기서 대자연에서 생존투쟁은 한 순간도 작동되지 않는 때가 없음을 알 수 있다.

소설에서 헤밍웨이는 노인과 청새치의 격투를 통해 생존경쟁과 약육강식의 생동감 있는 모델을 우리에게 보여줬다. 헤밍웨이의 펜 아래서 우리는 낚시에 걸린 청새치가 달아나기 위해 한 차례 또 한 차례 바다 위에서 도약해 바다를 가르고 둔탁하게 떨어져 사방으로 물보라를 흩뿌리는 모습을 볼 수 있다. 목숨을 건지기 위해 대어는 낚싯줄이 끊어질 정도로 반복해서 낚싯줄을 당겼다. 그러고는 빙빙 돌기 시작했다. 하지만 그래도 낚싯줄에서 벗어날 수 없었다. 대어는 다시 자신의 긴 입으로 맹렬하게 철선에 충격을 가했지만 입속에 걸린 낚싯바늘에서 벗어날 수 없었다. 대어는 모든 방법을 다했지만 여전히 노인의 통제에서 벗어날 방법이 없었다. 노인 역시 싸움이 쉽지만은 않았다. 낚싯줄로 인해 등과 왼쪽 손이 벗겨지고 곳곳에 긁힌 상처가 났으며 머리가 어지러울 정도로 완전히 지쳐 거의 대어의 손아귀에서 죽음을 맞이할 뻔했다. 하지만 그는 모든 고통을 참아내고 남은 힘을 끌어내 결국 대어를 배 옆으로 잡아 당겼다. 노인은 대어의 거대한 몸집과 주변의 보랏빛 무늬를 보았고, 밑으로 축 늘어진 등지느러미와 활짝 젖혀진 거대한 가슴지느러미를 보았다. 노인은 준비해 둔 작살을 높이 들어 온 몸의 힘을 짜내 쓰러지기 전에 대어의 심장에 찔러 넣었다.

이후에 우리는 이 생존경쟁의 결과를 보게 된다. 대어는 은빛 뱃가죽을 위로 하고 하늘을 향해 누워 있다. 작살 손잡이는 물고기 어깨 부분을 비스듬히 뚫어 나와 있으며 바닷물은 그 심장에서 흘러나오는 피로 붉게 물들었다. 청새치의 피가 처음에는 1마일 깊이의 푸른 바닷물 속에 있는 암초처럼 짙은 색으로 변했다가 구름처럼 퍼져나갔다. 물고기는 은빛으로 빛나며 미동도 하지 않고 물결을 따라 떠 있었다. 이것이 바로 밀림의 법칙이고, 이것이 바로 약육강식이다. 노인은 이 생존경쟁 속의 사자였다. 그는 약육강식의 윤리규칙에 따라 청새치와 투쟁을 했고, 청새치를 죽이는 행동으로 자신이 사자처럼 세다는 사실을 증명했다.

2. 노인의 물고기 포획과 밀림의 법칙

노인은 청새치를 잡았지만 이는 약육강식의 끝이 아니라 또 다른 생존경쟁의 시작이었다. 새로운 생존경쟁은 노인과 상어 사이에서 발생했으며, 그 목적은 음식물인 청새치를 쟁취하기 위함이었다. 노인은 청새치를 뱃머리에 묶고 집을 향해 돌아갔지만 거대한 물고기의 피 냄새는 음식물을 찾는 상어를 끌어들였다. 이렇게 음식물을 쟁취하려는 또 다른 생존경쟁이 다시 시작됐다. 노인과 상어의 결투는 생존경쟁의 잔혹함과 피비린내 나는 일면을 보여주었다. 자연계에서 노인의 상징물인 사자와 바다 속 상어는 모두 먹이사슬의 꼭대기에 위치해 있는 맹수이다. 그래서 양자의 투쟁 역시 동물계 약육강식의 특성을 가장 잘 드러낸다.

음식물을 쟁취하기 위해 먼저 거대한 청상아리가 달려들었다. 청상아리는 잔인하고 힘이 셌으며 총명했다. 노인조차도 자신은 단지 그보다 강한 무기를 가지고 있을 뿐이라고 인정했다. 상어의 이빨 여덟 줄은 모두 안쪽으로 비스듬히 나 있었는데 발톱처럼 구부러진 인간의 손가락 같았으며 양쪽으로는 면도날처럼 날카롭게 날이 서 있다. 이러한 물고기는 태어나자마자 바다 속 모든 물고기를 음식물을 여긴다. 상어는 나는 듯이 재빨리 배 끝으로 다가왔고, 노인은 녀석이 기이한 눈과 입을 벌리고 물고기 꼬리 쪽을 물어뜯는 것을 보았다. 이빨이 바드득바드득 깨무는 소리가 들렸다. 상어의 머리가 수면으로 드러나고 나서 등 부위가 수면으로 드러날 때 노인은 대어의 몸뚱이가 상어에게 찢겨지는 소리를 들었다. 이때 그는 온몸의 힘을 다해 피가 뒤덮인 양손으로 작살을 잡고 맹렬하게 상어의 머리에 찔러 넣었다.

상어는 바다의 맹수이고 노인은 육지의 사자이다. 청새치를 쟁취하기 위해 노인과 상어의 싸움은 바다 속에서 발생한 또 다른 생존경쟁으로 변했다. 그래서 "청새치가 공격을 당했을 때 그는 마치 자신이 공격을 당한 듯했다." 상어는 생존을 위해 대략 40파운드 정도의 물고기를 먹어야 하지만 결과적으로 노인에게 죽임을 당했다. 이는 바로 밀림법칙에 따라 생존경쟁이 진행된 결과이다. 노인은 밀림법칙을 자신이 상어와 싸우는 윤리 준칙으로 삼았고 자신이 상어를 죽이는 이유를 이렇게 설명한다. "모든 부류는 다른 부류를 죽이지, 방식이 다를 뿐이야." 사실 이는 바로 노인이 찾은 상어를 죽이는 윤리적 이유이며, 자신이 신봉하는 밀림법칙에 대한 윤리해석이기도 하다.

생존경쟁이라는 관점에서 보면 『노인과 바다』의 노인과 상어는 생존이라는 윤리법칙에서는 거의 본질적으로 다르지 않다. 바로 약육강식의 경쟁을 하고 있는 중이다. 다른 점은 노인이 꾀를 부릴 줄 알고 도구를 만들 줄 알며 손에 든 무기를 사용해 상어를 죽였다는 사실일 뿐이다. 노인은 경쟁의 승리자였다. 그는 상어를 죽인 후에 "하지만 사람은 실패를 위해 태어나지 않았지. 사람은 궤멸할 수는 있지만 패배를 할 수는 없어"라고 말한다. 이 말은 종종 산티아고가 자신의 강인한 성격을 표현하는 선언으로 여겨지기도 한다. 하지만 이 말을 사자로 상징되는 윤리환경에 놓고 본다면, 바로 노인이 바다에서 물고기를 잡을 때 견지하는 약육강식의 윤리이며 노인이 생존경쟁에서 사자가 되고 싶다는 바람과 결심을 표현한 내용임을 발견하기는 어렵지 않다. 노인의 윤리 이해에서 노인과 상어의 싸움은 너 죽고 나 살자는 경쟁으로 궤멸만 있지 실패는 없다. 왜냐하면 실패가 바로 궤멸이기 때문이다. 혹은 노인의 이 말은 밀림법칙에 따라 인간은 승리자가 되든지 아니면 궤멸해야 한다는 자연계 약육강식의 특징에 대한 설명이며 또 다른 형식의 표현이다

『노인과 바다』에서 헤밍웨이가 묘사한 생존경쟁은 기나긴 과정이지 짧은 단계가 아니다. 그래서 노인이라는 사자를 말하면, 상어를 죽이는 일은 단지 생존경쟁의 시작일 뿐이지 끝은 아니다. 그래서 순식간에 노인은 또 두 마리 커다란 배고픈 상어와 만나게 된다. 노인은 필사적으로 물고기를 강탈하려는 상어 두 마리를 죽였지만 물고기의 4분의 1을 잃어버렸다. 노인과 상어의 싸움은 모두 청새치를 둘러싸고 진행됐다. 상어는 생존을 위해 거대한 청새치를 먹어야 하고, 노인은 생존을 위해 자신의 전리품을 지켜야 했다. 이것이 바로 헤밍웨이가 자연계 생존경쟁에 대한 진실한 묘사이다.

이어서 노인은 또 다시 상어 떼가 청새치를 향해 달려드는 상황을 만났다.

그들은 무리지어 덮쳐와 물고기를 향해 달려들었다. 그는 상어들의 지느러미가 수면 위에서 선을 그리면서 번쩍이는 모습을 보고만 있었다. 그는 그것들의 머리를 내리쳤다. 위아래 턱이 탁 악다무는 소리를 들었다. 그것들이 배 아래에서 물고기를 물어뜯자 배는 이리저리 흔들리는 소리를 냈다. 그는 목표가 잘 보이지 않았다. 느끼고 들을 수만 있을 뿐이었다. 그래서 목숨을 내놓고 막대기를 휘둘렀다. 그는 무언가가 막대기를 잡는 느낌이 들었고 이후 그의 막대기는 사라졌다.[15]

상어가 마지막 남은 물고기 살점을 쟁탈하는 모습은 참혹하다고 할 수 있다. 노인은 막대기가 부러지고 조타핸들이 부러졌지만 결국 상어를 쫓아버렸다. 하지만 청새치는 뼈대만 남았다. 그 순간 노인은 마침내 이 생존경쟁에서 그 역시 마찬가지로 실패했음을 알게 됐다. 그들이 밀림법칙에 따라 청새치라는 음식물을 쟁취하고자 했었기 때문에 노인은 결국 실패한 셈이었다.

노인과 상어 사이의 이번 생존경쟁이 끝난 후에 우리는 노인의 밀림법칙을 평가할 수 있게 됐다. 밀림법칙은 자연에서 동물계가 형성한 규칙이며 동물계의 윤리이다.[16] 동물세계의 질서는 약육강식의 방식에 의지해 유지되고

15 歐內斯特·海明威, 위의 책, 2007.

16 현재 많은 연구에서 윤리와 도덕은 인간사회에만 있는 것이 아니라고 밝히고 있다. 동물계에서도 인류와 유사한 윤리도덕현상을 발견할 수 있다. 예를 들어 네델란드 학자 프란스 드 왈(Frans De Waal)은 『영장류와 철학자』(Primates and Philosophers)와 『선한 본성: 인류와 기타 동물 중의 옳고 그름의 근원』(Good Natured: The Origins of Right and Wrong in Humans and Other Animals) 등의 저작에서 인류 도덕은 영장류의 사회성 진화에서 온 것으로, 원숭이와 오랑우탄의 사회적 행위에서 인류 도덕의 근원을 볼 수 있다고 여겼다. 콜롬비아대 철학자 필립 키이치 박사 역시 드 왈과 같은 관점을 지니고 "우리와 영장류는 매우 가까워 도덕 판단과 관련된 같은 행위 틀을 지니고 있다"고 주장했다. 이외의 학자들, 예를 들어 마크 D 하우저

있기 때문에 사자는 이 세계의 주재자이다. 바다의 주재자는 상어이다. 약육강식의 밀림법칙은 동물 생존경쟁의 기본 규칙으로 우생열패나 적자생존은 자연선택의 결과이다. 노인이 바다에 나가 따르는 것은 약육강식이라는 밀림법칙이다. 이는 동물계의 윤리이기 때문에 노인과 청새치, 상어 사이에서 동물계의 윤리에 따라 진행되는 너 죽고 나 살자는 피비린내 나는 투쟁이 전개됐다.

밀림법칙은 동물계 질서를 유지하는 법칙이다. 그것은 인간사회 질서를 유지하는 법칙과 완전히 다르다. 인간은 여러 측면에서 동물과 유사한 특징을 지니고 있지만 인간의 이성은 자신을 동물과 구별하도록 하고 자신들만의 생활 윤리를 형성하도록 했다. 인간사회는 비록 법률로 사회 전체 질서를 유지하고 있지만, 공통적으로 만들어낸 윤리, 도덕, 관습 등의 윤리체계가 사회 전체가 존재할 수 있도록 하는 기초이다. 동물계의 윤리와 인간사회의 윤리는 본질적으로 다른 윤리체계로, 그것들은 다른 사회에서만 적용된다. 동물계의 윤리는 비이성적 윤리로 약육강식 안에서 자연적으로 형성된 질서이다. 그래서 리안 헤드거(Ryan Hediger)는 『노인과 바다』에서 "윤리는 본래 있던 질서"[17]고 했다. 동물은 이성적인 판단을 할 수 없다. 단지 습관에 의해 약육강식의 규

는 『도덕, 유인원, 우리』(Morals, Apes and Us), 『도덕 사유: 자연은 어떻게 옳고 그름에 대한 보편적인 시각을 만들었는가』(Moral Minds: How Nature Designed Our Universal Sense of Right and Wrong)에서, 도널드 그리핀은 『동물의 마음: 인지에서 의식까지』(Animal Minds: Beyond Cognition to Consciousness) 등의 저작에서 모두 자신들의 관찰과 연구를 통해 동물에 존재하는 도덕현상을 증명했다.

17 Ryan Hediger, "Hunting, Fishing, and the Cramp of Ethics in Ernest Hemingway's *The Old Man and the Sea, Green Hills of Africa,* and *Under Kilimanjaro,*" *The Hemingway Review*, Vol.27, Number2, Spring 2008, 35쪽.

칙을 따를 뿐이다. 하지만 인간은 이성과 도덕을 지닌 동물이기 때문에 인간사회의 윤리는 인류가 이성에 의지해 끊임없이 자신을 인식하고 자신을 완전하게 하는 과정에서 의식적으로 형성했다. 인간은 인간사회의 선악 관념을 지니고 있을 뿐만 아니라 동물계와 식물계, 생태환경과의 관계를 조절해 자신의 주위 세계와 평화를 유지하고 공존 공생할 수 있다. 그래서 인간은 동물이 아니며, 그렇기 때문에 밀림법칙은 인간사회에 적용되지 않는다. 마찬가지로 동물은 인간이 아니기에 인간사회 윤리 역시 동물계에 적용되지 않는다. 하지만 인간은 이성적 생물이기 때문에 이성에 의지해 자연을 인식할 수 있고 인간과 동물계 사이에서 인간에게 이롭고 또 동물에게도 이로운 윤리관계를 세울 수 있다.

노인은 물고기를 잡을 때 본질적으로 다른 두 개의 윤리를 구분하지 않았기에 관념에 윤리혼란이 나타났다. 즉 노인은 인간사회의 윤리를 포기하고 동물계의 윤리인 밀림법칙을 받아들여 자신을 바다 동물과 같은 부류로 여겼다. 바로 이러한 이유로 노인은 청새치나 상어와 벌인 생존경쟁에서 인간사회의 유일한 윤리금기를 상실했다. 예를 들어 노인은 대어를 자신의 형제라고 부르지만 이는 결코 일부 사람들이 생각하듯이 "죽이고 죽는 세계에서 형제의 애정 의식은 자연계의 모든 생물을 하나로 연결해 궤멸의 법칙을 초월하는 화해와 감정을 만들어"[18]냈거나, 대어에 대한 노인의 감정과 자연과 조화롭게 공존하려는 생태 사상을 표현한 바가 아니다. 이는 오히려 노인이 인간사

18 Leo Gurko, "The Old Man and Sea," *College English*, Vol.17, N0.1(Oct,1955), 11~12쪽.

회 윤리를 포기하고 동물세계 윤리를 받아들였음을 설명하고 있다. 바로 노인이 자신을 물고기로 여겼기 때문에 그는 밀림법칙을 받아들였고, 그가 밀림법칙을 받아들였기 때문에 노인의 윤리의식에서 동물계의 약육강식 규칙이 인간사회에 고유하게 있는 윤리금기를 대신하게 됐다. 윤리금기가 사라졌기 때문에 약육강식과 동족상잔이 윤리로 변했고, 이는 노인이 자신의 형제 청새치를 쫓아가 죽일 수 있는 윤리 동력이 됐다. 인간사회에서는 형제 사이의 살육은 윤리적이지 않기에 모든 사람들이 지켜야하는 윤리금기이다.

이는 동물계의 윤리가 인간사회의 윤리와 다름을 설명하기도 한다. 동물계에서는 약육강식의 밀림법칙의 근거가 설사 형제라 하더라도 생존경쟁을 위해서는 서로를 학살할 수 있다. 노인은 대어를 잡고는 배고픔을 견디지 못하고 날 것으로 생선을 먹으려고 하면서 생각한다. "나는 이 대어에게도 먹이를 줄 수 있기를 간절히 바래. 저것은 내 형제니까. 하지만 나는 어쩔 수 없이 저 놈을 죽여야 해. 내가 힘을 비축해야 하기 때문에 이렇게 해야만 해." 노인은 비록 먹거리가 없는 대어 형제 때문에 슬픔을 느끼기는 했지만 그걸 죽여야겠다는 결심이 결코 약해지지 않았다. 음식물을 얻기 위해 노인은 반드시 "우리 자신의 진정한 친구(그가 잡은 대어)를 죽여야"만 했다. 대어와 싸우면서 노인은 대어가 이전에 본 적이 없는 크고 아름답고 침착하고 숭고한 형제라고 여긴다. 하지만 그는 그래도 대어를 죽이려고 했다. 노인의 의식에는 생존경쟁만 있지 형제간의 정은 없었다. 그는 "형제, 와서 날 죽여 봐. 난 누가 누구를 죽이던지 전혀 관계없어"라고 말한다. 노인은 청새치를 죽여 그 생존경쟁을 끝내고는 뱃머리의 목판에 기대 다시 한 번 말한다. "내 머리가 맑게 깨어있었으면. 난 피곤에 지친 노인네야. 하지만 내가 이 물고기를 죽였어, 내 형제를 죽였어." 버한스 교수는 이에 대해 다음과 같이 지적했다. "노인은 비록 대어를 죽였지만 그는 이미 대어를 좋아하고 있었다. 왜냐하면 대어는 그의 적수이고 형제이기 때문이다. 그들이 함께 겪은 삶은 믿기 어려운 아름다움과 생사투쟁을 기묘하게 하나로 혼합시켰다. 그 안에서 모든 생물은 사냥꾼이면서 사냥물이다. 그들은 가장 원시적인 관계에 의해 하나로 연결됐다."[19] 이는 노인이 청새치와 싸울 때 자신 역시 밀림법칙에 의해 생활하는 물고기로 여겼음을 다시 한 번 설명해준다.

3. 노인의 물고기 포획과 윤리의 깨달음

노인은 물고기를 잡으러 바다에 나가 약육강식의 밀림법칙에 의해 청새치와 싸워 이겨 생존경쟁의 승리자가 된다. 하지만 그가 상어와 투쟁을 하는 과정에서 인간의 지혜를 발휘해 자신이 제작한 무기로 상어와 싸움을 했지만 상어는 결국 노인이 받드는 사자의 전술을 사용해 무리지어 공격해 청새치 살점을 모조리 먹어버렸다. 노인에게는 음식물로 사용할 수 없는 뼈다귀만 남겨 주었다. 그래서 두 번째 생존경쟁의 투쟁에서 노인은 실패자였다.

노인은 상어와의 싸움에서 마치 무장 해제된 패장처럼 작살, 칼, 나무 노, 조타핸들 등 모든 무기를 잃어버렸다. 노인은 "그 순간 결국 패배를 당했다. 되돌릴 방법이 없었다"는 사실을 분명히 알았다. 이때부터 노인은 의식에서 줄

---

19 The Clinton S. Burhans, Jr. "Old Man and the Sea: Hamingway's Tragic Vision of Man," American Literature, Vol.31, No.4(Jan, 1960), 448쪽.

곧 자신을 실패자로 여겼다. 그래서 해안으로 돌아와 아이에게도 "그것들은 나를 패배시켰단다, 마놀린. 그것들은 분명히 나를 패배시켰어"라고 말한다.

그렇다면 노인의 실패는 우리에게 어떤 깨달음을 줄 수 있을까? 우선, 인류의 생존과 발전은 윤리의 경계를 넘어서서는 안 되며, 대자연이 다른 생물에게 남겨준 영역을 무제한적으로 침범해서는 안 된다는 사실이다. 인간사회와 대자연의 관계에서 말하면, 윤리의 경계를 넘어설 수 없다는 말은 자신의 소유가 아닌 영역에 침범하고 파괴하고 점령해서는 안 된다는 뜻이다. 산티에고는 밀림의 사자가 아니다. 또한 바다 속 상어도 아니다. 사자는 밀림에서만 싸워야 하고, 상어는 바다에서만 싸워야 하며, 인간은 인간의 사회에서만 싸워야 한다. 비록 모두 싸움이지만 각자 모두 자신의 윤리환경이 있고 그 위치를 벗어나서는 안 된다. 즉 사자는 바다에서 싸울 수 없고 상어는 밀림에서 경쟁할 수 없으며 사람은 밀림 혹은 바다에서 경쟁할 수 없다. 노인은 사자의 용기와 야심을 지니고 있지만 그가 생존하기에 적합하지 않은 영역인 바다에 들어가고 또한 밀림의 법칙에 따라 상어와 투쟁하면 인간사회와 자연계의 윤리를 전도시키게 된다. 노인은 무엇이 자신을 패배시켰는지 생각하면서 사실 이미 답을 내놓았다. "내가 바다에 너무 멀리 나간 탓을 해야지." 이는 노인의 자아반성이었다.

노인은 84일 동안 물고기를 잡으려 했지만 한 마리도 잡지 못했다. 이는 근해(近海)의 생태환경이 이미 악화됐으며 해양생물의 생존 공간이 감소했음을 보여준다. 이는 바로 인류가 윤리의 경계를 넘어선 결과이다. 노인은 물고기를 잡기 위해서 깊은 바다로 들어갔다. 그곳은 바닷물고기의 마지막 생존

지역으로 인류가 들어가서는 안 되는 영역이었다. 그래서 노인의 실패는 우리에게 윤리적 가르침을 준다. 즉 우리가 대자연에서 다른 생물 종의 영역을 마음대로 침략하고 파괴하고 혹은 점령해서는 안 된다는 사실이다.

다음으로 노인은 자신의 실패를 통해 우리에게 전형적인 윤리혼란(ethical chaos)의 예를 제시해 주었다. 무림법칙은 동물계가 질서를 유지하는 자연윤리로, 그것은 단지 이성이 없는 동물계에만 적용된다. 간단하게 말해서 바로 우리 인류는 무림법칙에 따라 동물과 경쟁해서는 안 된다는 것이다. 인간사회에는 그 윤리가 있는데, 그것은 인류 자신의 행동을 규범화할 뿐만 아니라 인류와 자연의 관계를 규범화한다. 자연윤리와 사회윤리는 서로 호환될 수 없으며 함께 사용될 수도 없다. 만일 우리 인류가 무림법칙을 받아들인다면 우리는 야수로 변하게 될 테며 더 이상 인간이라고 할 수 없다. 하지만 인류를 대표하는 노인은 인간사회의 고유한 사회 윤리를 망각하고 오히려 동물계의 무림법칙을 받아들여 바다 속 사자가 되기를 원했고 바다 속 상어와 음식물을 놓고 다투었다. 이는 바로 윤리혼란이다. 노인이 무림법칙을 받아들였기 때문에 노인은 인간에서 동물로 그 역할이 바뀌었다. 그렇기 때문에 노인과 상어 사이의 결투는 더 이상 인간과 상어 사이의 결투가 아니라 동물과 동물 사이의 약육강식의 결투로 바뀌었다. 인간에게는 이성이 있기 때문에 동물로부터 완전히 해방되어 이성적인 인간으로 변화할 수 있었으며 인간사회의 윤리를 만들어낼 수 있었다. 인간은 자연계의 유일한 고급 생물이기에 자신을 동물의 인지수준까지 떨어뜨려 동물계의 무림법칙에 따라 동물과 생존경쟁을 해서는 안 된다. 인류 자신의 윤리책임을 지고 인간과 대자연이 공생 공존 공영할 수 있는 세계를 만들어내야 한다.

다음으로 상업적 이익 추구와 환경 악화 사이의 관계에서 검토하고자 한다. 헤밍웨이는 소설을 시작하면서 노인과 아이의 대화를 통해 상업적 이익을 추구하며 어업을 하는 일을 묘사했다. 소설에서 현대의 어업은 공업문명 이전의 어업과 같지 않음을 알 수 있다. 이전의 어민은 어업을 통해 자신들 삶의 필요를 만족시켰지만 현재의 어업은 이미 상업적 이익을 추구하기 위한 성격으로 변화했다. 어민이 물고기를 잡는 까닭은 물고기를 생활에 필요한 식량으로 저장하기 위함이 아니라 이를 아바나에 있는 시장으로 보내 팔기위함이다. 그 목적은 바로 돈을 벌어 이윤을 취하기 위함이다. 또한 소설은 우리에게 중요한 정보를 제공해 주었는데, 이는 바로 현대 어업의 산업화와 상업화이다. 예를 들어 "상어를 잡는 사람들은 그것을 바다의 또 다른 쪽에 있는 상어 가공공장으로 보내 복합 도르레에 매달아 내장을 제거하고 지느러미를 잘라내고 껍데기를 벗겨내 어육을 토막 내서 절인다." 이것이 바로 어업이 산업화 된 이후의 모습이다. 노인이 청새치를 잡을 때 그는 무엇보다 먼저 "어육이 좋다면 시장에서 팔아 큰돈을 만질 수 있겠지"라는 생각을 한다. 노인이 청새치를 죽인 이후에는 한 파운드에 3달러로 계산하면 얼마를 벌 수 있는지를 생각한다.

여기서 노인 스스로 의식했든 아니든 그 자신을 포함한 현대 어부들이 이미 산업화되기 이전의 어부들과 달라졌다는 사실을 알 수 있다. 그들이 고기를 잡는 일은 전적으로 자기 삶 혹은 생존의 필요를 만족시키기 위함이 아니라 상업적 이윤과 사치를 추구하는 탐욕 때문이다. 예를 들어 젊은 사람들은 "상어 간을 비싼 값에 팔아 모터보트를 샀다." '모터보트'는 바로 현대 공업

문명의 산물이다. 모터보트의 출현이 사람들에게는 편리를 가져다 준 동시에 바다에서 살아가는 물고기들에게는 재난을 가져왔다. 왜냐하면 모터보트는 사람들이 고기를 잡을 때 더 많은 고기를 잡아 효율을 높일 수 있도록 해주기 때문이다. 하지만 현대 공업의 빠른 발전은 자연 자원의 희생이나 환경 파괴를 대가로 한다. 그래서 과도한 포획이 가져온 결과 어업자원은 고갈되고 해양생물에게는 재난을 가져다주었다. 노인은 어류가 몰려 있는 곳에서 홀로 물고기를 잡지만 "이미 84일이 지났는데 한 마리도 잡지 못했다." 과거에 어장이 풍부했던 곳이었지만 자연환경이 이미 바뀌었음을 노인의 고기잡이 결과를 통해 알 수 있다. 마치 엘리엇의 『황무지』 시작 부분에서 묘사한 황폐한 '죽음의 땅'(the dead land)처럼 바다는 생명이 없는 '죽음의 바다'로 바뀌었다. 노인이 84일 동안 물고기를 한 마디도 잡지 못했다는 사실은 해양 생태 환경이 악화되어 어류의 번식과 생장에 영향을 주었음을 나타낸다.

마지막으로 노인의 실패는 또 다른 측면에서 우리에게 깨달음을 준다. 그것은 우리가 대자연에 대한 이해와 인식이 부족하다는 사실이다. 소설의 마지막에 해변을 거니는 연인이 출현하는데 그들의 대화는 깊은 깨달음을 준다. 그들은 해변에서 "굵고 긴 하얀 등뼈가 있는데 그 한쪽 끝에는 거대한 꼬리가 붙여 있었다. 동풍이 바다에서 계속 거대한 물결을 일으키자 그 꼬리가 물결을 따라 오르락내리락 이리저리 흔들리고 있는" 장면을 본다. 청새치는 하얀 등뼈만 남겨 놓았다. 여성 여행객이 하인에게 "저게 뭐지?"하고 묻자 하인이 "상어"라고 대답한다. 하인의 본래 의미는 이는 상어에게 살을 다 먹힌 청새치의 뼈라고 말하려고 했지만, 여성 여행객은 상어의 뼈라고 오해한다. 여성 여행객은 감탄하며 "난 상어에게 이렇게 예쁜 꼬리가 있는 줄 몰랐는걸. 너무 아름다워"하고 말했다. 그녀의 남자친구도 "나도 몰랐어"라고 대답한다. 이 연인의 대화는, 그들이 청새치와 상어의 뼈를 구분하지 못한다는 사실을 보여준다. 그리고 사실 인류는 바다를 알지 못하고 바다 속 생물을 알지 못한다는 의미를 담고 있다. 육지 인류의 바다에 대한 이해는 단지 어떻게 바다에서 더 많은 음식물과 자원, 이윤을 취할 수 있는가 하는 인식의 기초 위에서만 세워져 있다. 그래서 인류가 해양을 수탈하고 해양 생태환경을 악화하는 결과를 초래했다. 노인 역시 마찬가지였다. 바다에 대한 그의 이해는 단지 그가 어떻게 바다에서 더 많은 물고기를 잡느냐, 어떻게 해야 물고기와 싸워 이기는가를 아는 데 불과했다. 이렇게 본다면 우리 인류의 바다에 대한 이해와 인식은 너무나 천박하다.

마크 쇼러는 "『노인과 바다』는 도덕 우화일 뿐 아니라 종교 우화"[20]라고 했다. 그래서 소설이 담고 있는 의미는 매우 풍부하다. 이상의 독해는 단지 윤리비평의 시각에서 그 안의 부분적인 내용을 새롭게 해석했을 뿐이다. 아직도 계속 검토해야 할 많은 문제들이 남아 있다.

---

20 Mark Schorer, "With Grace under Pressure: A Review of *The Old Man and the Sea,*" *New Republic*, October 6, 1952, 20쪽.

제13장 『상복이 어울리는 엘렉트라』의 패륜과 복수

1. 오닐의 희곡 창작과 『상복이 어울리는 엘렉트라』 삼부곡

유진 오닐(Eugene O'Neill, 1888~1953)은 미국의 유명한 극작가이다. 그의 창작은 미국 희곡사에 한 획을 그은 시대적 의미를 지니고 있다. 그는 유럽 희곡 전통의 영향을 많이 받았으며 현대 유럽 희곡을 통한 깨우침도 받았다. 오닐은 자신의 희곡이 비록 세계대전 이후의 미국 현대극 작품이지만 "그러나 영감은 유럽의 현대 희곡에서" "가장 위대하고 가장 천재적인 극작가" 스트린드베리에게서 나왔다고 말한 바가 있다. 또한 "내가 제일 처음 공연을 위한 극본을 집필할 때 가장 먼저 내게 근대극 관념을 불러일으킨 작품이 바로 스트린드베리의 극작"[1]이라고 말했다.

오닐은 열심히 탐색하고 용감하게 실천하고 끊임없이 새로움을 추구해 마침내 자신만의 독특한 스타일을 만들었다. 그의 극작은 전통적인 현실주의 기법과 현대의 표현주의 기교를 결합하여, 외부의 압력으로 인해 초래된 인간 정신의 비틀림과 인격 분열의 과정을 대담하게 묘사했다. 다양한 현대 심리

1 傑姆斯·勃拉姆斯, 「致答詞」, 『諾貝爾文學獎頒獎演說集』, 毛信德等譯, 百花文藝出版社, 1991, 301쪽.

분석학의 특성을 표현해냈을 뿐만 아니라 고대 그리스의 비극 의식도 스며들어 있다. 그의 작품은 사회와 가정, 개인을 광범위하게 묘사했으며, 다양한 사회 현실 문제를 대담하고도 예리하게 반영해 매우 높은 예술적 가치와 사회적 의미를 지니고 있다. 동시에 그는 또 현실을 넘어서 이상과 환상을 열정적으로 추구했으며, 이를 통해 우리가 생활하고 있는 세계를 반영해냈다. 미국 극작은 1920~30년대에 예전에 없던 번영을 누리고 공전의 성과를 거두어 진정으로 미국 문학의 중요한 부분을 이루었으며 세계적으로도 중요한 영향을 거두었다. 이는 결코 오닐이 희곡에서 거둔 성공과 분리할 수 없다. 1936년 오닐은 『지평선 너머』로 노벨문학상을 받았는데 선정 이유에서 "그가 희곡 작품에서 표현해낸 힘과 열정, 깊고 진지한 감정은 완전히 비극의 원시적 개념에 부합한다"[2]고 언급됐다.

오닐은 일생동안 단막극 21편, 다막극 28편을 창작했는데, 희곡 창작에서 중요한 성과를 거두었기 때문에 4차례 퓰리처상을 수상하기도 했다.(1920, 1922, 1928, 1957년) 오닐의 중요한 극작에는 『카디프를 향해 동쪽으로』(1914), 『카리브섬의 달』(1917), 『지평선 너머』(1918), 『황제 존스』(1920), 『털북숭이 원숭이』(1921), 『느릅나무 밑의 욕망』(1924), 『기묘한 막간극』(1927), 『아, 황야!』(1923), 『상복이 어울리는 엘렉트라』(1931), 『끝없는 나날』(1933), 『얼음장수 오다』(1939) 등이 있다. 오닐이 창작한 극작 중에서 고대 그리스의 비극 극작가 아이스킬로스의 비극 삼부곡 『오레스테스』을 모방하여 창작한 『상복이 어울

2 佩爾·哈爾斯特龍, 『頒獎詞』, 위의 책, 294쪽.

리는 엘렉트라』 삼부곡은 미국 평론가와 많은 관객의 관심을 끌어 오닐의 가장 중요한 작품으로 여겨지고 있다. 비평가들은 『상복이 어울리는 엘렉트라』(Mourning Becomes Electra) 삼부곡[3]이 형식과 내용적인 면에서 모두 고대 그리스극 『오레스테스』 삼부곡을 모방하여 운명과 오이디푸스 콤플렉스를 주제로 하고 있다고 여겼다. 오닐을 위해 거행했던 노벨문학상 수상식에서 스위스 과학원 상근간사 피어 할스트룀은 이 극작가를 높이 평가하여 다음과 같이 평가했다. "우리가 본 바와 같이 이는 원시적인 비극관입니다. 도덕 배경이 결핍되어 있으며 내재적인 승리도 없습니다. 단지 고대의 웅장한 풍격의 비극적 우주를 만들어내는 벽돌과 회반죽만 세워져 있을 뿐입니다. 그러나 이러한 원시성을 통해 이 현대 비극 작가는 이미 예술형식을 창작하는 근원에 이르렀습니다. 그것은 생명에 대한 천진하면서도 순박한 신앙입니다. 이러한 단계에서 요동치는 생명의 피를 그의 창작에 바쳤습니다."[4] 그는 오닐이 "실험을 사랑하며 그가 고대 희곡 특유의 기념비적인 질박함에 도달하기를 갈망하고 있음을 담고 있다"[5]고 여겼다. 또한 『상복이 어울리는 엘렉트라』는 "진정한 비극이며 작가의 가장 중요한 작품"[6]이라고 말했다.

할스트룀은 오닐이 "유능하고 공들인 플롯 설계를 구상하는 본보기를

---

3 원서에서는 『애도』(悲悼)라는 제목을 사용하고 있으며, 이 외에도 단지 소복이 가장 잘 어울리기 때문에 『소아의 원한』(素娥怨)으로도 번역됐다는 사실을 밝히고 있다. 여기서는 국내 독자의 이해를 돕기 위해 국내에 소개된 제목을 사용한다. (옮긴이)

4 佩爾·哈爾斯特龍, 「頒獎詞」, 『天邊外』, 尤金·奧尼爾著, 荒蕪·汪義群等譯, 漓江出版社, 1985, 574쪽.

5 尤金·奧尼爾, 위의 책, 576쪽.

6 尤金·奧尼爾, 위의 책, 577쪽.

세웠다. 이후에 나올 희곡 중에서도 분명 이에 비할 극본은 없으리라"[7]고 극찬했다. 그는 『상복이 어울리는 엘렉트라』는 스토리와 알 수 없는 운명적 분위기라는 두 측면에서 "고대 희곡의 전통에 가깝다. 하지만 그 안에는 변화도 있어 현대 삶과 현대적 사상 맥락에 부합된다"[8]고 지적했다. 할스트룀박사는 "이 극본에서 가장 주의할 만한 특징은 운명적 요소들이 한 걸음 더 발전되는 방식이다. 그것은 현대적 가설, 무엇보다도 유전학설의 자연적이면서도 과학적인 결정론에 의지한다. 또한 프로이트의 무의식 및 비정상적 가정 감정의 악몽에 대한 무한한 지식에 근거한다."[9] 『상복이 어울리는 엘렉트라』가 『오레스테스』를 모방했기 때문에 사람들은 종종 자연스럽게 이 두 비극을 연결하여 오닐이 고대 그리스의 비극 형식을 운용하여 현대인의 심리를 표현했다고 여긴다. 하지만 이 비극을 이렇게만 이해하면, 상당히 부족한 점이 많다.

2. 『상복이 어울리는 엘렉트라』와 『오레스테스』의 스토리 치환

오닐이 만년에 창작한 작품 중에서 『상복이 어울리는 엘렉트라』 삼부곡은 가장 중요한 작품이다. 『상복이 어울리는 엘렉트라』는 『귀향』, 『쫓기는 자』, 『신들린 자』 세 편으로 구성되어 있으며, 이야기는 1865년 4월 뉴잉글랜드의 한 해변 조그만 도시에 있는 마농 집안에서 전개된다. 형식적으로 보면 『상복이 어울리는 엘렉트라』 삼부곡의 비극 형식과 복수하는 비극적 내용은 그리스

---

7 尤金·奧尼爾, 위의 책.
8 尤金·奧尼爾, 위의 책.
9 尤金·奧尼爾, 위의 책.

극작가 아이스킬로스의 『오레스테스』와 소포클레스의 『엘렉트라』를 분명히 모방했다. 1926년 오닐은 엘렉트라 이야기나 메디아 이야기와 같은 "그리스 비극의 오래된 전통적 줄거리"를 기본 주제로 하여 '현대 심리 희곡'을 창작해 현대적 심리로 그리스 운명관과 비슷한 작품을 만들어냈다.[10] 그리스비극에서 엘렉트라는 아가멤논의 딸이다. 트로이 전쟁이 끝나서 아가멤논은 집으로 돌아오지만 아이기스토스와 통간한 아내 클리타임네스트라에 의해 살해된다. 딸 엘렉트라는 남동생 오레스테스를 끌어들여 그들의 어머니와 그 정부를 살해해 아버지의 복수를 갚는다. 엘렉트라가 아버지의 복수를 위해 어머니를 살해했기 때문에 이후 프로이트는 심리학의 중요한 용어인 '엘렉트라 콤플렉스' 즉 '연부(戀父)콤플렉스'라는 개념을 만들었다.

『상복이 어울리는 엘렉트라』에서 오닐은 분명히 이 비극 스토리를 그의 현대적 비극으로 치환시켜 놓았다. 우선 인물은 아가멤논을 에즈라 마농 준장으로, 클리타임네스트라는 마농의 아내 크리스틴으로, 엘렉트라는 마농의 딸인 라비니아로, 오레스테스는 마농의 아들 오린으로 치환했다. 인물을 바꾸고는 비극의 내용 역시 그리스비극의 스토리 전개에 따라 치환했다. 예를 들어 『오레스테스』에서 아가멤논은 집으로 돌아온 후 아내 클리타임네스트라에게 모살 당하는데, 『상복이 어울리는 엘렉트라』에서 에즈라 마농 역시 집으로 돌아온 후 아내 크리스틴에게 모살 당한다. 또한 마농의 딸 라비니아 역시 엘렉트라가 복수한 것처럼 아버지 복수를 위해 남동생 오린과 함께 자

10 弗·埃·卡彭特,『尤金·奥尼爾』, 春風文藝出版社, 1990, 129쪽.

신의 어머니를 핍박하여 죽인다. 복수의 과정에서 오린은 오레스테스와 같은 역할을 한다.

인물과 스토리의 이러한 치환 과정에서 우리는 그리스비극과 마찬가지로 『상복이 어울리는 엘렉트라』라는 비극이 인물의 관계에서나 복수의 성질에서나 그 핵심은 여전히 윤리문제에 있다는 사실을 발견할 수 있다. 비극에서 묘사된 마농 가문은 이 지역에서 2백년 역사를 지니고 있는 명문귀족이다. 조부 아베 마농은 조선업 자본가이다. 아베와 동생 다비드는 동시에 집안의 하녀 마리아 브랑톰을 사랑했다. 아베의 아들 에즈라 역시 몰래 마리아를 사랑했다. 이후 다비드는 마리아와 결혼하고 질투에 미쳐버린 아베에게 내쫓김을 당하고 자신이 계승해야 할 재산도 빼앗겨 버린다. 이로 인해 다비드는 가난 때문에 자살을 하고 마리아는 추위와 배고픔으로 죽음을 맞이한다. 마리아와 다비드의 아들 브란트는 어머니의 복수를 하겠다는 맹세를 한다. 비극 작품에서 아베 마농과 동생 다비드가 집안의 하녀 마리아 브랑톰을 쟁취하기 위해 만들어낸 윤리혼란은 분명하게 보인다. 바로 그들의 무분별한 감정과 결핍된 이성으로 쟁탈전을 벌였기 때문에 형제 사이의 정상적인 윤리관계는 파괴되고, 책임과 의무는 질투와 원한, 탐욕으로 대체됐다.

비극의 근원에서 보면 마농 집안의 윤리혼란과 두 형제의 신분 변화는 밀접하게 관련되어 있다. 아베와 동생 다비드가 마리아 브랑톰을 사랑했기 때문에 애정과 형제애를 어떻게 처리하는가는 커다란 난제였다. 그들은 고대 그리스 사람들이 만났던 스핑크스 딜레마에 직면했다. 분명 그들은 스핑크스의 딜레마에서 벗어날 수 없었고 어떻게 인간이 될까 하는 문제에 정확히 대답할 수 없었다. 그래서 태어나면서 혈연이 결정한 형제라는 신분은 점점 정욕이 결정하는 연적의 신분으로 변화됐다. 그들 각자는 상대를 연적으로 보았고 연적의 신분으로 그들 사이의 분쟁을 해결했다. 윤리의 시각에서 보면 연적과 형제는 각자 다른 도덕규범과 다른 도덕평가 기준을 지니고 있다. 그리고 다른 도덕 규칙에 따라 그 윤리질서를 유지하고 있다. 비극 작품에서 아베 마농이 동생을 연적으로 보는 의식은 매우 강렬하다. 또 바로 이런 강렬한 연적 의식으로 인해 그는 동생을 집안에서 내쫓고 동생이 계승해야 할 재산을 빼앗았다.

다비드 부부는 가문에서 내쫓기고 결국에서 가난에 시달리다 죽음을 맞이해 이후 브란트가 복수를 하는 원인이 됐다. 이러한 바탕위에서 비극의 윤리매듭을 형성했다. 이 윤리매듭은 스핑스크의 딜레마의 산물이다. 복수를 위해 브란트는 『오레스테스』의 아이기스토스처럼 복수라는 외투를 두르고 마농의 아내 크리스틴을 유혹한다. 크리스틴과 간통을 할뿐만 아니라 동시에 또 마농의 딸 라비니아를 사랑하기도 한다. 이러한 삼각구도의 불륜은 이 윤리비극의 또 다른 윤리매듭이다. 해결의 과정은 바로 브란트가 복수의 사랑과 불륜의 사랑에서 어떠한 선택을 하는가 하는 과정이다. 마농이 집으로 돌아오기 전에 브란트는 크리스틴과의 간통을 이용해 마농을 독살할 음모를 꾸민다. 마농은 집으로 돌아온 그날 저녁 아내 크리스틴에 의해 독살을 당한다. 브란트는 마침내 복수를 했지만 마농의 죽음은 또 다른 복수를 낳게 된다. 라비니아는 남동생과 손을 잡고 아버지를 위한 복수를 한다. 이 복수는 비극 작품에서 세 번째 윤리매듭을 이룬다. 라비니아는 마침내 크리스틴의 정부이면서 동시에 자신의 연인인 브란트를 죽이고 자신의 어머니마저 자살하도록 압박했다.

라비니아와 오린은 아버지의 복수를 하지만 비극의 윤리매듭을 풀어내지 못하고 새로운 윤리매듭을 다시 형성한다. 그것은 바로 라비니아가 윤리범죄에서 어떻게 자신을 구원하는가 하는 문제이다. 비극은 라비니아가 스스로를 가두는 것으로 이 문제를 해결한다. 하지만 스스로를 감금하는 것은 사실 출로를 찾지 못한 결과이다. 그래서 비극은 마지막까지도 이 윤리의 매듭을 해결하지 못한다.

3. 마농 가족의 패륜 범죄

사실상 『상복이 어울리는 엘렉트라』라는 극에 나타난 주된 묘사는 마농 가족 2대와 3대에게 발생한 비극이다. 전체 비극에서 다비드와 마리아 브랑톰의 아들 브란트가 윤리혼란을 드러내는 이 극의 핵심적 비극인물이 됐다. 브란트가 출현한 이후 마농 가족에게 발생한 일련의 사건은 모두 그와 연관되어 있고 비극적 결과를 초래했다. 예를 들어 브란트와 마농의 아내 크리스틴의 간통은 마농이 전장에서 집으로 돌아오자마자 독살당하는 사건을 초래했다. 브란트와 마농의 딸 라비니아의 연애는 라비니아가 질투심에 휩싸여 어머니와 다투는 불화를 초래했다. 설사 브란트가 이후 복수하는 마농의 아들 오린에 의해 살해당하기는 하지만, 그의 죽음 역시 크리스틴의 자살과 라비니아가 스스로를 가두는 (즉 스스로를 쫓아내는) 결과를 초래했다.

『상복이 어울리는 엘렉트라』에서 브란트는 바로 윤리혼란의 산물이다. 그는 다비드와 하녀 마리아 브랑톰이 낳은 아들이다. 다비드가 아베 마농에게 계승권을 빼앗기고 이로 인해 빈곤으로 사망했기 때문에 다비드의 윤리 신분 변화(즉 계승권을 빼앗긴 일)는 비극적이다. 브란트는 아베 마농이 아버지 다비드와 어머니 마리아 브랑톰의 불행에 책임을 져야하며, 이 모든 일이 아버지 다비드가 계승권을 빼앗겨 초래됐다고 여기고 있다. 그는 에즈라 마농은 그의 어머니 죽음에 더 큰 책임이 있다고 여긴다. 왜냐하면 그의 어머니가 중병에 걸려 막다른 골목에 이르렀을 때 '마지막 한 줄기 자존심을 버리고' 에즈라 마농에게 돈을 빌리려는 편지를 썼지만 거절을 당해 결국 죽음에 이르렀기 때문이다. 그는 에즈라 마농은 살인범이라고 여겼다. 그래서 그는 어머니의 죽음 때문에 마농과 그의 가족에게 복수하기로 결심했고, 복수가 자신의 윤리 책임이자 의무라고 생각했다.

브란트가 복수를 하는 대상은 아주 분명하다. 바로 에즈라 마농이었다. 그가 마농의 아내 크리스틴을 유혹하든지 딸인 라비니아를 유혹하든지 모두 에즈라 마농에게 복수를 하기 위함이었다.

먼저, 그는 『오레스테스』의 아이기스토스처럼 마농의 아내 크리스틴을 유혹해 간통을 했다. 이는 에즈라 마농에 대한 복수를 하고 크리스틴이 저지를 윤리범죄를 위한 조건을 만들기 위해서였다. 그러고 나서 그는 마농의 아내 크리스틴을 꾀어 범죄를 저지르도록 했다. 실제로 그는 결국 크리스틴을 통해 자신의 복수를 실현했다. 에즈라 마농을 모살하는 행위를 주관적인 의도로 보면 브란트가 주범이지만, 객관적인 범죄로 보면 그는 종범이고 공범자이다.

브란트가 복수하는 과정에서 우리는 마농 가족의 패륜이라는 특징을 발견할 수 있다. 아베 마농이 동생 다비드와 아내를 쟁취하는 것에서부터 에즈라 마농의 딸 라비니아의 범죄까지, 마농 가족은 줄곧 윤리혼란에 빠져 있었다. 윤리혼란은 패륜의 결과이고, 거꾸로 패륜 역시 윤리혼란을 야기할 수 있다. 윤리혼란과 패륜은 결국에는 범죄를 야기한다. 예를 들어 셰익스피어의 희곡 『햄릿』에서 클라우디우스와 거트루드의 패륜적 통간은 마지막에 늙은 국왕의 모살을 야기한다. 『상복이 어울리는 엘렉트라』에서 브란트와 크리스틴 모녀의 사이의 애정은 패륜의 애정이고, 이러한 패륜의 사랑 때문에 크리스틴은 남편을 죽이겠다는 생각을 키우게 되며, 라비니아는 브란트를 죽이겠다는 생각을 싹 틔우게 된다. 그녀들 모두 살해 계획을 실행한다. 그녀들의 범죄는 자신들의 패륜이 낳은 필연적인 결과이다.

『상복이 어울리는 엘렉트라』에서 크리스틴의 패륜은 마농과 결혼하기 전에 그를 사랑하기는 했지만 지금은 남편 마농에 대한 감정이 결여되어 있었기 때문에 발생했다. 이제는 마농을 사랑하지 않고 그를 싫어한다. 극에서 우리는 그녀가 남편을 싫어하는 진짜 원인을 찾기가 어렵다. 그녀는 딸 라비니아와 아들 오린을 낳기는 했지만 마농과 결혼하고 오래지 않아 곧 자신의 남편을 미워하고 원망했다. 그녀의 표현으로 볼 때 그녀는 감정지상주의자이고 이성의 속박을 받지 않는 사람이다. 그녀가 보기에 더 이상 남편을 좋아하지 않는다면 그녀와 남편 사이에는 종교에 의해 신성하게 여겨지는 혼인이란 더 이상 존재하지 않는 바와 같다. 즉 충실함이나 정절이 없음을 말한다. 분명 남편과의 혼인에서 그녀의 감정은 자신의 이성을 넘어섰고, 충실함이나 책임 등의 도덕규범은 그녀에게 더 이상 아무런 역할도 하지 못했다. 크리스틴은 어떠한 도덕의 속박도 원치 않는 비이성주의의 입장에 서서 조금도 거리낌 없이 모든 도덕규범을 깨뜨리고 소위 애정이라는 것만을 온 몸을 다해 좇으며 자신의 욕망을 만족시켜 정신적 공허함을 메우려 했다.

현실 사회에서 혼인의 질서는 도덕규범을 통해 유지된다. 도덕규범이 있어야 패륜을 피할 수 있고 범죄를 방지할 수 있으며 혼인을 유지할 수 있고 가정이 화목할 수 있다. 크리스틴은 자신의 남편을 배반하고 브란트와 사통하면서 이것이 징벌을 받아야 하는 윤리범죄임을 모르지 않았다. 그녀는 "나는 몇 번이고 잘못을 저질렀다. 사랑은 마치 하지 말아야 할 모든 일을 하도록 나를 몰아치는 듯했다"고 말했다. 딸 라비니아가 그녀를 협박했을 때 그녀는 표면적으로는 딸에게 인정하지 하지 않을 수 없었다. 이는 크리스틴이 결코 자신의 패륜적 행위의 심각성을 인식하지 못했다고는 할 수 없으며, 그녀 역시 자신의 범죄가 그녀에게 징벌을 가져오리라는 걱정을 했음을 말해준다.

하지만 크리스틴은 딸의 권고에도 이성을 되찾지 못했다. 마음을 돌리지 않았을 뿐만 아니라 오히려 정욕에 의지해 한걸음씩 윤리범죄의 심연으로 들어간다. 크리스틴은 범죄를 실현하는 과정에서 깊은 계략을 드러냈다. 그녀는 브란트와 사통을 저지른 후 이미 마음속으로 남편을 살해하고자 하는 생각을 품게 된다. 남편에게서 온 편지를 통해 남편이 심장병을 앓고 있음을 알게 된 후 그녀는 다른 목적을 가지고 남편의 심장병이 심각하다는 사실을 곳곳에 알린다. 그 목적은 "만일 그가 갑자기 죽게 되면 그 누구도 심장병 이외에는 다른 것을 생각할 수 없는" 효과를 거두기 위해서였다. 분명 이는 그녀의 잠재적 범죄를 위한 포석이다.

크리스틴은 정욕의 부추김을 받아 점점 이성을 잃어갔고 윤리범죄의 길로 들어서 남편을 살해하는 계획을 실행하기 시작했다. 남편이 집으로 돌아올 때가 다가오자 그녀는 의학서에서 심장병에 안 좋은 독약을 찾아서는 브란트에게 비밀리에 자신에게 보내달라고 한다. 그래서 크리스틴은 주관적으로 남편을 죽이려는 기도를 꾀한다. 크리스틴은 남편이 돌아온 그 날 저녁 격렬한 말로 남편을 자극해 남편의 심장병이 발작하도록 한다. 남편이 그녀에게 심장병 약을 가져오라고 하자 그녀는 미리 준비한 독약을 그에게 준다. 남편은 죽기 직전 라비니아에게 "그녀가 날 죽였어. 심장병 약이 아니었어"(She's guilty—not medicine!)라고 말한다.

남편을 배반하고 브란트와 사통을 저지르고 독약을 사서 남편을 살해하기까지, 크리스틴은 패륜에서 모살에 이르는 모든 윤리범죄의 과정을 거쳤다. 또한 범죄를 저지른 이후에도 자신의 범죄 행위를 은폐하고 자신의 책임에서 도피하려고 했으며 브란트와 함께 도망치려고 시도했다. 서구의 문학전통에서 모든 패륜 범죄는 징벌을 받는다. 설사 오이디푸스와 같은 무고한 죄일지라도 예외는 아니다. 크리스틴이 남편을 살해한 진상이 폭로된 뒤 아들과 딸은 연합해서 아버지의 복수를 위해 어머니의 간부(姦夫) 브란트를 총으로 쏴 죽인다.

『상복이 어울리는 엘렉트라』의 비극성은 크리스틴이 남편을 살해한 이후 본격적으로 드러난다. 비록 그녀가 남편을 살해한 일은 계획적인 행위였으며 실행 과정에서 매우 용감했다 할지라도, 일단 범죄를 저지르고 난 후에는 맥베스 부인처럼 겁을 먹고 공포심과 두려움을 지니게 됐다. 이는 사실상 그녀의 윤리범죄가 가져온 윤리공포이며, 이러한 윤리공포는 윤리범죄에 대한 징벌이기도 하다. 저지른 범죄 행위가 클수록 엄중한 징벌을 받게 된다. 그래서 크리스틴은 비극적 인물로서, 그녀의 비극성은 자신이 범죄를 저지른 이후 받은 도덕의 징벌과 심적으로 받은 공포와 거대한 정신적 고통에 있다. 그녀는 브란트와 밀회를 가진 후 불안한 마음으로 집으로 돌아왔다가 오린의 입을 통해 브란트의 부음을 듣게 된다. 이로 인해 절망감을 느껴 총을 겨눠 목숨을 끊고 만다. 크리스틴의 죽음은 패륜 범죄에 대한 징벌이다.

4. 패륜, 범죄, 그 결과

문학작품에서 윤리범죄는 단독으로 존재하지 않고 종종 여러 윤리범죄가 연결돼 있다. 『상복이 어울리는 엘렉트라』에서 크리스틴이 남편을 살해하는 죄행은 다른 윤리범죄와 결탁돼 있다. 예를 들어 크리스틴의 범죄 이후 그녀의 아들 오린과 딸 라비니아는 결탁하여 아버지의 복수를 한다. 이는 또 다른 패륜적 범죄 행위로 이어진다.

크리스틴이 행한 그녀의 범죄는 모두 라비니아와 오린의 근친상간 의식과 연결되어 있었다. 크리스틴의 입장은 그녀와 오린 사이의 모자 관계는 연인 관계에 자리를 양보한 듯 보인다. 이러한 윤리 신분의 변화는 사실상 근친상간 의식의 산물이다. 그들의 비윤리적 사랑은 스핑크스 딜레마에서 빠져나올 수 없도록 만들었다. 크리스틴은 오린과 다음과 같은 대화를 했다. "내가 하는 말은 진심이다, 오린. 너 이외의 그 누구에게도 말할 수 없단다. 넌 알고 있지. 너와 나, 우리는 줄곧 아주 다정했단다. 난 너야 말로 정말 — 나의 혈육이라고 느낀다! 비니는 아니야! 그녀는 네 아버지 사람이야! 너는 나의 일부분이란다!" 오린 역시 이러했다. "그래요! 저 역시 그렇게 느껴요, 엄마!" 그래서 그는 아버지의 사망 소식을 알게 된 이후 심지어 마땅히 표현해야 할 슬픔의 감정도 표현하지 않았다. 반대로 그의 마음속으로 '어머니가 아버지보다 천배는 중요하기' 때문에 자신은 조금도 괴롭지 않다고 말했다. 오린에게 있어 어머니는 연인이었다. 그래서 어머니가 브란트와 왕래한다는 사실을 참을 수 없었다. "내 어머니에게 일어나는 어떠한 일도 난 이해할 수 있어, 어떠한 일도! 다만 한 가지 — 브란트에 관한 그 일만은!" 그는 어머니에게 "전 영원히 다시는 어머니를 떠나지 않겠습니다. 저는 헤이즐이나 그 누구도 원하지 않아요, 당신은 나의 유일한 아내입니다"라고 고백한다. 그는 심지어 어머니와 함께 남해의 섬으로 가 두 사람만의 세계에서 사는 생각까지 했다. 그래서 이 모든 일에서 근친상간의 암시를 드러내지 않는 경우가 없다. 바로 오린이 어머니에게 연인과 같은 사랑의 감정을 품었기 때문에, 라비니아가 오린에게 아버지가 사망한 진상을 말해주었어도 오린은 받아들이려고 하지 않았다. 라비니아의 계획 아래서 오린은 어머니 크리스틴과 브란트가 배에게 밀회하는 장면을 직접 보게 된다. 그가 어머니가 떠난 이후 총을 뽑아 브란트를 쏴 죽일 수 있었던 동력은 사실상 브란트에게 어머니를 빼앗겨서 생긴 질투와 미움에서 나왔다.

동시에 윤리적이지 않은 사랑은 라비니아와 오린 사이에서도 발생했다. 라비니아가 복수를 하는 과정에서 그녀는 처음에는 단지 복수의 여신이었지만, 이후 점점 하와로 변해갔다. 그녀는 점점 크리스틴을 닮아갔고 풍만하고 열정적으로 변했으며 온몸에서 매력을 품어댔다. 이러한 매력 때문에 오린은 자신의 누나를 사랑하게 됐다. 남매 사이의 비윤리적 사랑은 사실상 그들 부모의 비윤리적 사랑의 연속이다. 이후 라비니아는 자신의 사랑을 좇아 이로부터 벗어나고자 하지만 오린은 누나에게 절망하게 되고 총으로 자살을 하고 만다.

오린과 라비니아의 복수가 윤리범죄로 변화한 주요한 이유는 그들이 도덕의 힘을 빌려 어머니를 죽음으로 몰아넣었다는 데 있다. 오린과 라비니아는 총으로 브란트를 죽인 이후 모든 사실을 어머니에게 알림으로써 어머니에게 징벌을 가했다. 어머니는 충격을 받아 자신의 방에서 총으로 자살을 하고 말았다. 표면적으로 보면 크리스틴은 자살했지만 사실은 죽음을 강요당했다. 오린과 라비니아가 복수를 하기 전 어머니는 이미 그들에게 만일 그들이 브란트를 죽인다면 그녀도 살아갈 수 없다는 경고를 했다. 그래서 오린과 라비니아는 어머니가 자살하게 된 간접 범인이다. 이것이 그들에게 무거운 죄의식을 가져다주었다. 어머니가 사망한 이후 오린은 고통스럽게 자신을 책망하며 말했다. "내가 죽였어! 난 그녀를 괴롭히고 싶었어! 그녀가 날 용서하지 않을 거야!" 라비니아가 아무리 달래도 그는 자신이 어머니의 죽음에 책임을 져야 한다고 여겼다.

라비니아 역시 그러했다. 그녀는 도덕의 무거운 압박을 받았지만 끊임없이 어머니를 책망함으로써 자신의 죄의식을 덜어버리려고 했다. 그녀는 어머니를 "음탕한 살인자야"라고 칭했으며 "우리가 법대로 우리의 책임을 이행하지 않았다면 그녀가 목을 매 죽어야 했을지도 몰라"고 말했다. 그녀는 햄릿과 마찬가지로 어머니를 꾸짖었다. "이 천한 — 당신은 수치를 모르는 악독한 사람이야! 당신이 내 어머니라고 해도 난 이렇게 말하겠어!" 라비니아가 어머니의 죄를 나무라는 일은 사실상 그녀가 도덕적으로 스스로를 구원하는 방식이고 자신의 윤리범죄를 도덕의 측면에서 변호하는 바와 같다. 그녀는 이런 변호로 죄의식을 덜 수 있는 이유로 삼고자 했다. 그렇지만 오린과 라비니아의 죄의식은 줄어들지 않았고 오히려 더욱 무거워지기만 했다.

사실 라비니아의 근친상간 의식은 어려서부터 있었다. 예를 들어 라비니아는 성장하면서 줄곧 자신의 딸로서의 신분이 바뀌어 아버지의 연인이자 어머니의 연적이 되고 싶어 했다. 크리스틴은 "네가 어렸을 때부터 난 주의 깊게 널 관찰했단다. 넌 어렸을 때부터 지금 네가 하고 있는 일을 하고 싶어 했지! 넌 네 아버지의 아내이자 오린의 어머니가 되고자 했어! 넌 온갖 방법을 다 써서 내 자리를 빼앗고자 했어." 크리스틴은 바로 라비니아의 근친상간 의식을 꾸짖고 있다. 또한 라비니아의 근친상간 의식은 그녀의 복수를 복잡하게 만들었다. 왜냐하면 그녀가 어머니와 논쟁을 하면서 종종 연적과 같은 느낌을 느끼도록 했기 때문이다. 그녀의 어머니가 마지막에 자살로 죽음을 맞이한 것은 라비니아의 근친상간 의식과 관련이 있다.

『상복이 어울리는 엘렉트라』에서 우리는 윤리범죄의 엄중한 결과를 볼 수 있다. 어머니가 사망한 이후 오린은 내면의 깊은 곳에 있는 양심의 책망 소리를 없앨 수가 없었다. 죄의식은 갈수록 커져만 갔다. "설마 너는 마지막 심판에서 도망쳐버리기를 바라? 안 돼! 죄를 인정하고 충분한 법의 대가를 치러야지! 그게 우리의 영혼에서 피 냄새 나는 죄악을 씻어내는 유일한 방법이야!" 그는 심지어 라비니아와 함께 저지른 범죄를 밝힘으로써 죄의식에서 벗어날 수 있기를 바랐다. 하지만 그는 여전히 그럴 힘이 없었고 결국에는 자살을 통해 고통에서 벗어날 수밖에 없었다.

라비니아는 아버지, 어머니, 연인, 남동생 모두 죽음을 맞이하자 더 이상 자신의 윤리범죄에 대한 압박을 참아내지 못하고 정신이 철저하게 무너져버렸다. 그녀는 마침내 자신이 가족의 죄악 역사에서 영원히 벗어날 수 없다고 느꼈다. 피터와의 결혼 계획을 포기하고 자신을 영원히 무덤과도 같은 마농 가문의 집안에 가두고 죽은 자들과 함께 사는 방식으로 여생을 보내기로 한다. 그녀는 말한다.

(침울하게) 두려워하지 마. 난 엄마와 오린이 걸어간 길을 가지 않을 테야. 그건 징벌을 회피하는 일과 같아. 나를 징벌할 수 있는 사람은 한 사람도 남아 있지 않아. 난 마농 집안의 마지막 사람이야. 내가 자신을 징벌해야 해. 혼자서 죽은 자들과 이곳에서 함께 사는 일이 죽음이나 감옥보다 더 가혹한 업보야! 난 절대 문을 나서지 않고 절대 그 누구도 만나지 않겠어. 난 모든 창문을 단단하게 못질해서 한 줄기 빛도 스며들지 않도록 하겠어. 난 홀로 죽은 사람들과 이곳에서 살면서 그들의 비밀을 지키고 그들이 날 에워싸도록 할 거야. 남은 죄업이 다 하고 마농의 마지막 한 사람이 죽음을 맞이할 때까지!(기괴하면서도 잔혹한 미소를 지으면서 악의적으로 스스로 학대할 시간을 계산해 본다.) 난 그들이 날 오래도록 살게 하리라는 사실을 알고 있어! 마농 집안의 사람에게는 삶이 바로 징벌이지![11]

자신의 고통의 줄이기 위해 그녀는 자신을 마농 집안의 고택 안에 가두어 스스로를 징벌하기로 결심한다. 그녀의 이러한 자기 학대식의 도덕의 징벌

11 尤金·奧尼爾,『悲悼』第三部,「天邊外」, 荒蕪·汪義群等譯, 濱江出版社, 1985.

은 스스로 파멸하기보다 더 무겁다. 왜냐하면 그녀는 이때부터 계속 도덕의 질책 속에서 살아야 하고, 계속 고통 속에서 살아야 하기 때문이다. 죽지 않고서는 벗어날 수도 구원을 받을 수도 없다. 이는 도덕의 징벌로서 죽음보다 더 매서운 징벌이다.

『상복이 어울리는 엘렉트라』에서 우리는 수천 년 동안 문학작품에 묘사된 근친상간 범죄와 근친상간이 초래한 비극이 영원히 공포임을 보았다. 근친상간과 그 윤리범죄는 문학의 영원한 주제이다. 오늘날까지도 그것은 여전히 우리가 삶에서 직면해야 하는 중요한 문제이며 동시에, 현대 문명 수준에서 우리의 지혜에 의지해서만은 해결할 수 없는 문제이기도 하다.

『상복이 어울리는 엘렉트라』라는 비극은 근친상간을 묘사했다. 이 비극은 우리에게 윤리혼란이 일으키는 심각한 결과를 알려주고 사회, 가정, 혼인의 질서에서 윤리질서가 중요함을 드러내 주었다. 그리고 근친상간의 비극을 통해 인류에게 경고하고 있다. 고대 그리스든 19세기 미국이든 혹은 오늘날 세계이든 윤리금기는 지켜져야 한다. 윤리질서는 유지되어야 하고 윤리범죄는 제지되어야 한다. 이렇게 되어야만 인류의 비극을 피할 수 있다. 이러한 의미에서, 고대 그리스비극의 근친상간 주제는 오늘날까지 계속 시대와 더불어 끝없는 매력으로 우리에게 다가온다.

제14장
윤리의 변천과 중국 5 · 4시기의 시

1. 5 · 4시기의 시 윤리

19세기 말 20세기 초, 시계혁명(詩界革命)은 중국 전통시가 현대시로 바뀌는 서막을 열었다. 후스(胡適)는 자각적으로 중국 시계혁명의 책임을 짊어지고 고전 전통시의 윤리 속박을 깨뜨리고 굳건하게 백화로 자유체 신시를 창작했다. 또한 시 창작 실천을 통해 5.4시기 신시 윤리를 세우고 문학개량의 목표를 실현했다. 시 윤리란 무엇인가? 시 윤리는 시에 대한 사람들의 관습적인 이해와 인식, 수용을 가리킨다. 이는 마치 시가 무엇인가 하는 물음과 같다. 시가 무엇인가에 대해 우리는 일상생활에서 이미 고유의 관념이 생겼고 관습적으로 동의해오고 있다. 시 윤리는 시에 대한 이론적 개괄이 아니라 시에 대한 관습적인 수용과 동의, 감상과 비평이다. 그래서 5 · 4시기 신시이론은 신시관념에 대한 수용과 시 형식에 대한 동의라는 두 측면에 집중되어 표현됐다. 이는 백화 언어 사용을 전제로 하고 있다.

서양 자유체 시의 영향 아래서 중국 백화 신시의 출현 이후 5 · 4 신문학운동 과정에 격렬한 '문백논쟁'(문언문과 백화문 논쟁)이 발생했다. 표면적으로 보면 '문백논쟁'은 만청부터 시작된 언문일치 운동이 발전한 결과로서 어떠한 언어로 시를 창작하는가에 대한 논쟁이다. 하지만 실제로는 문학창작의 윤리 논쟁으로서 중국 문학창작의 윤리 패러다임 변화를 미리 보여준 논쟁이다. 오랜 시간, 중국에는 문언과 백화라는 두 담론 시스템이 병존했다. 문언은 주로 서면어로 쓰였고 백화는 주로 일상생활에서 쓰였다. 수 천 년 동안 발전되고 축적되고 변화하면서 문언은 이미 정형화된 서면어이자 관방어로서 간결하고 정련되고 아름다워져 고전시의 매체가 됐다. 문언과 일상구어를 엄격하게 구분하여 문화교육을 받지 못한 대다수 일반 민중은 문언을 수용하지 못하기는 했지만, 지식계층과 일부 일반 민중은 여전히 문언이 문학창작에 사용되는 것이 당연하다고 여기고 있었다. 그래서 언문일치라는 기초 위에서 탄생한 백화운동은 그 목적이 단순히 백화로 시를 창작하는데 있지 않고, 근본적으로 사람들의 윤리관념을 바꾸어 사상혁명과 사회 혁명을 위한 조건을 창조하는 데에 있었다.

언어관념은 윤리관념을 드러내준다. 중국 신시에서 시의 윤리는 가장 먼저 백화시 창작을 통해 드러났다. 5 · 4운동 이전의 고전 전통에서 시 창작이 가장 견실했고 그 기풍이 가장 강했다. 그래서 5 · 4문학혁명의 핵심은 사실 시에 있었고, 시 혁명의 관건은 백화라는 시 언어와 형식의 자유에 있었다. 백화를 특징으로 하는 5 · 4 시를 논하기 위해서는 반드시 먼저 후스를 이야기해야 한다. 또한 5 · 4시기 중국 신시혁명을 이야기 하려면 반드시 후스의 『상시집』(嘗試集)을 먼저 이야기해야 한다.

1917년 1월 『상시집』을 출판하기 전에 후스는 『신청년』(新青年)에 「문학개량에 대한 소견」(文學改良芻議)라는 글을 발표해 자신의 신시 창작을 위한 기초를 다져놓았다. 그는 이 글에서 문학을 개량하는 '여덟 가지 항목'을 제기했다. 즉 "말에는 내용이 있어야 한다" "옛 사람을 모방하지 않는다" "반드시 문법을 중시한다" "병도 없으면서 신음하지 않는다" "케케묵은 상투어를 없애도록 노력한다" "전고(典故)를 쓰지 않는다" "대구를 강조하지 않는다" "속자나 속어를 피하지 않는다"고 했다. 특히 그는 '언문합일'(言文合一)을 통한 백화문학을 처음으로 제창했고 백화로 문언을 대신해 진정한 문학 언어로 삼아야 한다고 주장했다. 그래서 백화는 실제적으로 후스 시학의 핵심이다. 이러한 기초 위에서 후스는 자신의 시학 주장을 실천하는 신시를 창작했다. 5·4 신시에서 문학의 '여덟 가지 항목'과 '언문합일'은 바로 당시의 시 윤리 강령이었다.

1917년 2월 후스는 『신청년』에 백화시 8수를 발표했다. 이는 『신청년』 잡지가 가장 먼저 출판한 문학의 신형식 즉 백화체 신시였다. 이 신시들은 이후 후스가 창작한 다른 백화시와 함께 『상시집』이라는 이름으로 출판됐다. 이 시집은 중국 백화 신시 창작의 첫 번째 성과이다. 비록 첸쉬안퉁(錢玄同)은 후스의 '백화시'가 "아직 문언의 낡은 틀에서 벗어나지 못했다"고 여겼지만 그래도 이 시집은 중국 신시의 표지가 됐다. 그렇다면 『상시집』의 가치는 어디에 있는가?

우선 이 시집이 백화로 쓰였다는 데 있다. 세계문학사에서 중세기말 이탈리아 시인 단테의 경우를 보면, 그의 가장 위대한 공적은 무엇보다 그가 문학의 전통적인 언어, 즉 중국의 문언에 해당하는 라틴어를 버리고 이탈리아 민족 언어를 사용해 문학창작을 했다는 데에 있다. 후스는 문언을 사용하는 중국 문학을 겨냥해 대담하게 '언문합일'이라는 윤리 주장을 제기하고 몸소

실천했기에 선구적이라는 의미가 있다. 하지만 중국 시 전통을 보면 줄곧 시의 고상함을 중시하고 저속함을 경시했기 때문에 백화 사용은 전통적인 시 윤리에 적합하지 않았다. 그래서 백화시 창작은 5 · 4시기 초기에 매우 강한 저항에 직면하게 된다.

후스는 1910년 9월 미국으로 유학을 떠나 미국에서 7년간 교육을 받고 1917년 귀국했다. 1915년부터 후스는 적극적으로 문학혁명에 뛰어 들어 시를 창작하는 데 반드시 "말에는 내용이 있어야 한다" "반드시 문법을 중시한다" "산문의 글자를 써야 한다"는 소위 '세 가지 사항'을 제기했다. 아울러 백화시를 창작하기 시작했다. 1916년 4월, 후스는 백화로 「뜰에 봄이 깃들다 · 맹세의 말」(沁園春 · 誓詞)이라는 사(詞)를 썼다. 사의 아래 단락은 다음과 같다. "문자 혁명을 어찌 의심할까! 깃발을 뽑아들고 건아가 될 준비를 하자. 이전의 천 년 동안 없었지만, 이후 백 대에 모범이 되자. 저 낡은 문장 없애고 좋은 문장 써내야지. 위대한 중국을 위해 새로운 문학을 만드는데, 이 일을 우리가 누구에게 미루려 하는가? 시 재료는 신세계를 이룰 만큼 많아. 내게 주며 채찍질 해댄다." 후스는 대담하게 백화로 시를 창작해 중국 고전시의 윤리를 위해했다. 이 때문에 런수융(任叔永)이나 메이광디(梅光迪)와 같은 당시 여러 사람의 반대에 직면했다. 그들은 백화로 소설이나 산문은 창작할 수 있지만 시는 창작할 수 없다고 여겼다.

5 · 4 선구자들 가운데 후스는 백화문운동의 가장 이른 제창자이자 실천자였다. 1916년 7월 후스가 친구들과 배를 타고 놀았는데 이후에 런수융이 4언시 「범호즉사」(泛湖即事)를 써 후스에게 보냈다. 시에는 "노를 가벼이 저어,

번민을 날린다"(言棹輕楫, 以滌煩疴) "수수께끼를 맞히고, 웃으며 떠든다"(猜迷賭勝, 載笑載言) 등의 구절이 있었다. 후스는 답장에서 "시에 사용한 '언'(言)자와 '재'(載)자는 모두 죽은 글자"이고 "'웃으며 떠든다'는 삼천년 전에 죽은 문장"이라고 했다. 런수융은 이에 굴복하지 않았을 뿐만 아니라 반박의 편지를 썼다. 메이광디 역시 후스에게 반대해서 "우리가 문학혁명을 말할 때는 신중하게 해야 한다. 특히 우리의 문자를 잘 연구해야만 비로소 감히 개혁을 말할 수 있다"고 했다. 7월 22일 후스는 백화시를 써 메이광디에게 답했다.(이 시는 나중에 '메이진좡에게 답함'(答梅覲莊)[1]이라는 제목을 달고 『장휘실찰기』(藏暉室札記)에 수록됐다.) 시는 아래와 같다.

> "사람이 한가하고 날씨도 서늘하니" 라오메이[2]가 싸움을 건다.
> 탁자를 두드리고는 후스를 욕한다. 말이 너무 황당해!
> 무슨 "중국에 살아있는 문학이 있다"고!
> 무슨 "반드시 백화로 글을 지어야 한다"고!
> 글에 무슨 죽고 사는 것이 있어! 백화는 가당치도 않게 속돼!
> ……
> 라오메이가 불만을 터뜨리자, 라오후[3]가 껄껄 웃음을 터뜨린다.
> 잠시 마음을 가라앉히고, 이게 무슨 말이냐면!

---

1 진좡은 메이광디의 자(字)이다. (옮긴이)

2 메이광디를 일컫는다. (옮긴이)

3 후스를 가리킨다. (옮긴이)

문자에 고금은 없지만 사활(死活)은 있다고 할 수 있답니다.

옛 사람은 '욕'(欲)이라 했지만 요즘 사람은 '요'(要)라고 합니다.

옛 사람은 '지'(至)이라 했지만 요즘 사람은 '도'(到)라고 합니다.

옛 사람은 '익'(溺)이라 했지만 요즘 사람은 '요'(尿)라고 합니다.

본래는 같은 글자이지만, 발음이 약간 변했습니다.

고상함과 속됨을 말할 만한 것이 없는데, 어찌 시끄러이 소란을 피울 필요가 있을까요?

옛 사람은 '자'(字)이라 했지만 요즘 사람은 '호'(號)라고 합니다.

옛 사람은 들보에 맨다고 하고, 요즘 사람들은 목을 맨다고 하지요.

예전 이름이 아름답지 않다 할 수 없지만, 오늘의 이름 또한 훌륭하지 않지는 않습니다.

옛 사람은 수레를 타고, 요즘 사람은 승용차를 타지요.

옛 사람은 관을 쓰고 두건을 두르지만, 오늘 사람은 모자만 씁니다.

이는 모두 예전에는 없었지만, 후세 사람이 창조했지요.

만일 모자를 두건이라고 해야 하고, 승용차를 수레라고 해야 한다면,

어찌 갑을 을로 잘못 알고, 호랑이를 표범으로 알고 있음이 아니라 할까요?

메이광디는 후스의 시를 읽고 편지를 써 인정사정없이 비꼬았다. "대작을 읽는데 마치 어렸을 때 읽었던 '연화락'(蓮花落)을 읽는 것 같았습니다. 정말 고금과 국내외 시인들을 혁명시키셨습니다." 런수융 역시 메이광디 편에 서서 후스에게 편지를 보내 말했다. "귀하의 이번 실험 결과는 완전한 실패입니

다. 귀하께서 지으신 것은 분명 백화이고 운율도 있기는 하지만 그러나 시라고 할 수는 없습니다." 여기에서 당시 시단의 창작 분야에서 문언과 백화의 논쟁이 얼마나 강렬했는지 알 수 있다. 후스의 백화문 운동에 반대한 시인과 학자들 중에는 우미(吳宓, 1894~1978), 황칸(黃侃, 1886~1935), 린수(林紓, 1852~1924), 메이광디(1890~1945), 장스자오(章士釗, 1881~1973) 등이 대표적이고, 그 중에서 황칸이 가장 과격하게 반대했다.

문자, 성운, 훈고 등의 학문에 대한 황칸의 연구는 한당(漢唐)부터 청(淸)까지 10종의 저술이 있으며 독창적인 견해가 많아 일가를 이루고 있었다. 그는 명실상부한 국학의 대가였지만 인물됨이 고상하고 오만했으며 대표적인 백화문 반대자였다. 황칸은 문언문을 숭상하고 백화문을 반대해서 여러 상황에서 후스를 풍자하기도 했었다. 예를 들어 한 번은 황칸이 수업을 하면서 후스를 들어 문언문의 뛰어남을 칭송하는 예로 삼았다. "예를 들어 후스의 아내가 사망했는데 그의 집안사람들이 "당신의 아내가 사망했습니다! 빨리 돌아오시기 바랍니다!"(你的太太死了! 赶快回来啊!)라고 전보를 쳤습니다. 이렇게 해서 글자 수가 열한 글자에 달했습니다. 하지만 문언으로 하면 단지 "처 사망 급 귀가"(妻喪速歸) 이렇게 네 글자면 됩니다. 전보비 3분의 2를 줄일 수 있지요."

후스가 황칸의 풍자에 대한 답을 했다. 그는 강의실에서 학생들에게 백화문에는 조금의 단점도 없다고 말했다. 하지만 학생들은 믿지 않고 황칸의 전보 이야기로 백화가 간결명료하지 않다고 반박했다. 그러자 후스는 그가 백화문으로 행정원 비서를 맡아달라는 요청을 거절한 이야기를 했다. 그가 친구에게 얼마나 간결하게 할 수 있는지 문언문 전보 초안을 잡아 달라고 했다. 친구들이 문언문으로 초안한 가장 간단한 전보는 12자였다. "재능과 학문이 부족하고 미천하여, 소임을 다하기 어려울까 저어되니, 죄송하지만 명을 받들지 못하겠습니다."(才學疏淺, 恐難勝任, 恕不從命) 하지만 후스는 백화문으로는 다섯 글자면 가능하다고 말했다. "감당하기 어렵습니다. 감사합니다."(勘不了, 謝謝) 후스는 "감당하기 어렵다"는 말에는 이미 재능과 학문이 부족하고 미천하여 소임을 다하기 어려울까 저어된다는 의미가 들어있다. "감사합니다"는 벗이 마음을 써서 추천을 한 데 대한 감사의 마음이 들어 있기도 하며 또한 완곡한 거절의 의미도 들어 있다. 언어의 간결함과 세련됨은 백화문으로 사용하느냐 아니면 문언문으로 사용하느냐가 아니라, 글자를 적당하게 사용하기만 한다면 백화 역시 문언문보다 더욱 간결하게 쓸 수 있음을 알 수 있다. 당시 문언문과 백화문 논쟁이 얼마나 격렬하고 복잡했는지에 대한 면목을 살펴볼 수 있다.

2. 신시 윤리와 「나비」

5·4시기 백화문 운동에서 후스는 직접 수십 편의 논문을 발표하여 자신의 문학적 관념을 알리고 신문학 운동을 추진했다. 예를 들어 「문학개량에 대한 소견」, 「건설적인 문학혁명론」(建設的文學革命論), 「문학 진보 관념과 희곡 개량」(文學進化觀念與戲劇改良), 「역사의 문학관념론」(歷史的文學觀念論), 「50년 동안의 중국문학」(五十年來中國之文學) 등이 있다. 신시 이론에 대한 후스의 탐색과 창작 실천은 당시 문학개혁을 주장한 많은 지식인들의 바람과 요구를 보여주고 있다. 최종적으로는 백화를 기초로 하는 시의 새로운 윤리를 형성하여 5·4문학의 윤리 패러다임 변화를 위한 조건을 창조해냈다. 비록 당시 시단의

창작 영역에는 문언문과 백화문 논쟁이 여전히 존재했지만 문언이 역사의 무대에서 퇴출되고 백화로 창작하는 것이 이미 그 누구도 막을 수 없는 역사의 조류가 됐다. 주진순(朱金順) 교수가 말한 것처럼 "후스는 시계혁명을 이끌었고 호응하는 사람들이 매우 많아 시, 소설, 산문, 희곡 등의 영역에서 매우 빨리 문학 영역의 시대적 혁명을 전개했고, 중국 20세기 신문학을 탄생하게 했다."

신시의 출현에는 그 존재 이유와 받아들여진 인정 기준이 있어야 한다. 이것이 바로 신시의 윤리이다. 그런데 신시 윤리의 형성은 신시를 기초로 하고 전제로 해야 한다. 신기가 없으면 신시의 윤리도 없다.

5·4시기 격렬했던 문언과 백화의 논쟁에서 시의 새로운 윤리는 신시의 출현에 따라 형성됐고 그 영향은 점점 커져갔다. 아울러 백화 신시의 창작이 촉진되면서 사람들은 이를 받아들이고 준수했다. 초기에 신시혁명을 일으킨 사람들 중에서 후스는 직접 실천적으로 신시를 창작해 신시 윤리를 세우기 위한 기초로 삼았다. 그의 마음속에서 신시는 여전히 실현을 기다리고 있는 이상일 뿐이었다. 이 이상을 위해 그는 이후 백화시의 표지가 되는 시 「나비」(蝴蝶)를 창작했다.

1916년 8월 23일 점심 때, 후스는 점심을 먹으면서 창문 앞에서 노란 나비 한 쌍이 창가 나무 끝에서 그의 앞으로 날아오는 모습을 보았다. 나비 한 마리가 날아오자 다른 한 마리가 뒤이어 창문 앞 나무로 날아왔다. 이 모습이 후스에게 자신이 문학 혁명을 제창했지만 처지가 고독하고 지지자가 부족하다는 느낌을 들게 했다. 나비는 그래도 친구가 있지만 자신은 백화문학을 제창했기 때문에 친구가 하나도 남아 있지 않았다. 탄식 하면서 그는 「친구」라는 제목의 짧은 시를 쓰고 제목에 대한 설명으로 '창 앞에서 본 것을 즉흥시로 읊다'라고 달았다.

「친구」라는 시는 1916년 8월 23일(민국 5년 8월 23일)에 쓰였고, 1917년 『신청년』 제2권 6호에 실렸다. 후스는 이 시를 발표하면서 "이 시는 '천'(天)과 '영'(怜)을 운으로 하고 있고 '환'(還)과 '단'(單)을 운으로 하고 있다. 고로 서양시를 표본으로 삼아 높고 낮음으로 이를 드러냈다"고 제목에 대한 설명을 달았다. 1922년 3월, 후스는 이 시를 『상시집』에 넣어 출판하면서 제목을 「나비」로 바꾸고 시 뒤에 창작 시간을 '5년 8월 23일'이라고 밝혔다. 시는 다음과 같다.

> 두 마리 노란 나비, 짝지어 날아오르더니
> 어째서인지, 한 마리 홀연히 돌아왔다.
> 남겨진 한 마리, 외로우니 너무 가련해
> 하늘이 너무 외로워, 하늘로 날아오를 마음도 없다.

「나비」라는 이 시를 통해 후스의 신시가 서양 시의 영향을 받았음을 알 수 있다. 비록 이 시는 학계에서 중국 근대 신시를 개척한 작품으로 여겨지기는 하지만 이 시에 대한 평가는 일치하지 않는다. 예를 들어 중국의 평론가 왕커(王珂)는 파운드의 「지하철역에서」와 후스의 「나비」를 비교하여 「친구」(「나비」의 처음 제목)는 "시 창작은 산문 창작처럼"이라는 후스 시 창작관의 결과라고 했다. 이미지의 선택에서든 소재를 다듬는 것에서든 모두 매우 거칠다고 여겼다. 창작 태도에 있어서 후스는 파운드처럼 그렇게 진지하고 엄숙하지 않았고 진정으로 시를 정교하고 아름다운 예술품으로 여기지도 않았다. 아마도 시 예술의 시각에서 이 시를 보면 이러한 평론이 이치에 맞을 수 있다. 하지만 시각을 바꾸면 다른 의미를 발견할 수 있게 된다. 이는 당시 후스와 5·4시기 지식인의 윤리관념의 변화를 보여준다.

「나비」는 후스가 이끈 5·4 시의 윤리를 최초로 보여주었다. 결론적으로 말하면, 이 시의 가치는 주로 형식과 내용에 있어서 새로운 혁신과 시도를 했다는 데 있다. 그리고 이 시가 중국 신시를 개척했다는데 의미가 있다. 이 시는 구체시의 격률을 완전히 파괴했고, 전고와 화려한 수식이 없다. 시구는 자연스럽고 솔직하며 신식 문장부호를 사용하고 있고 시행의 배열에서 분명히 서양 시의 형식을 거울로 삼았다.

시는 내용도 후스 시학 사상을 그대로 그러냈다. 조금도 가식적인 태도가 없으며 무병신음하지도 않았다. 분명히 에드워즈의 시학 주장을 본받아 일상생활 언어를 사용하고 자연스럽게 흐는 감정을 노래했다.

이 시를 어떻게 이해할까 하는 문제에서는 나비가 관건인데, 다양한 해석을 할 수 있다. 그 중 하나의 관점은 나비 한 마리가 시인 자신이고 또 다른 한 마리가 천형저(陳衡哲)를 암시한다는 입장이다. 천형저는 미국에서 유학한 여류시인으로 소피라는 필명을 쓰고 있었다. 많은 사람이 후스가 제창한 문학혁명을 반대할 때 유일하게 천형저가 그를 지지했다. 그녀는 1918년에 신시를 발표하기 시작해 결혼의 자유를 갈망하는 주제를 표현했다. 가장 유명한 작품으로는 「새」 등이 있다. 후스는 이후 천형저의 소설집에 서문을 써주면서 천형저가 그의 주장에 공감을 함으로써 많은 위로와 힘이 됐으며, 그녀는 그를 지지했던 최초의 동지 중 하나라고 했다. 그래서 어떤 사람은 이를 근거로 천형저를 그리워하면서 쓴 시라고 보았다.

이 외에, 어떤 사람은 나비가 후스가 미국에서 사귄 여자 친구 윌리엄스라고 보았다. 윌리엄스(Miss Edith Clifford Williams, 1885~1971)는 미국 화가로 사상이 자유롭고 감정이 진실하며 학문이 깊고 구속을 싫어했다. 후스는 그녀를 일컬어 "자신을 정확한 방향으로 이끌어 줄 수 있는 조타수"라고 칭했다. 그녀는 후스와 50년 간 깊이 사귀었지만 일생 결혼을 하지 않았다. 그래서 어떤 사람은 이 시의 최초 제목이 '친구'인데, 이는 윌리엄스에 대한 감정을 표현했다고 보았다. 또 이 시가 그와 첫 번째 아내와의 애정을 기념했다고 여기는 사람도 있다.

중국에서는 자고로 시는 정확한 해석이 없다는 옛 사람들의 교훈을 따랐고, 지금도 그러하다. 위에서 말한 해석이 이치에 맞지 않는다고 할 수는 없다. 하지만 윤리 시각에서 보면 이 시의 내재적인 특징을 살펴볼 수 있다.

우선, 시언지(詩言志)라는 고전시의 윤리 전통으로 이 시를 살펴보자.[4] 이 시는 중국 신시 혁명 초기에 쓰였다. 후스는 자신의 시학 주장을 제기해 자신의 신시 윤리를 세우려고 했지만 그는 당시에 분명 중국시의 '시언지'라는 전통 윤리에서 완전히 벗어날 수 없었다. 그래서 시언지의 윤리의 측면에서 말

---

4 '시언지'에 관한 본질이 중국 고전 시론에서 가장 중요하다. 예를 들면 다음과 같다. '시란 뜻을 말하고, 노래는 말을 노래한다. 소리란 길게 뽑아 억양을 붙이고, 음률이란 소리가 조화를 이룬 상태이다.(詩言志, 歌詠言. 聲依永, 律和聲)'(『書·舜典』) "시는, 뜻이다"(詩, 志也)(『說文』) "시는 의미에 부합하기 때문이며, 노래는 시를 노래하기 때문이다"(詩所以合意, 歌所以咏詩也)(『國語·魯語』) "마음에 있으면 뜻이고, 언어로 표현되면 시이다"(在心爲志, 發言爲詩)(「毛詩序」) "시경을 한 마디로 할 수 있으니 사악함이 없다는 것이다"(詩三百, 壹言以蔽之, 曰: 思無邪)(『論語·為政』).

하면, 이 시는 마땅히 후스의 '지'(志), 즉 신시를 세우려는 뜻과 포부를 표현하고 있다. 신시가 추구하는 숭고한 자유의 경지와 이 경지에 도달하기 위해 만나는 어려움을 표현하고 있다. 바로 이렇기 때문에 후스는 시에 '친구'라는 제목을 붙였다.

노란 나비 두 마리는 시가혁명을 진행하기 위해 같은 길을 걷는 시인을 가리키기에 후스는 친구라고 칭했다. "짝지어 날아오른다"는 이상과 목표를 향한 공동의 추구를 암시하고 있다. 하지만 공동의 목표를 대하는 친구의 태도가 달랐다. 그래서 그 중 나비 한 마리가 다시 돌아온 것은 동요함, 연약함, 후퇴를 은유적으로 말하고 있다. 남은 나비는 어떨까? 시인은 '외로움' '가련함'이라는 단어를 통해 친구가 동요할 때 느낀 자신의 기분과 마음을 표현했다. 자신이 홀로 싸워야 했기에 쓸쓸하고 심지어 동요되기도 했다. 그래서 "하늘이 너무 외로워, 하늘로 날아오를 마음도 없다"고 했다.

이후 후스는 이 시를 『상시집』에 넣으면서 시의 제목을 「나비」로 바꾸었다. 이 시 제목의 수정은 사실상 후스의 시 윤리에 변화가 발생했음을 보여준다.

다음으로 '시로 감정을 내뱉는다'(詩抒情)는 신시 윤리로 이 시를 분석해 볼 수 있다. 통속적인 일상 언어로 자연적인 감정을 표현한다는 후스의 시학 사상에 따르면 이 시는 후스의 감정을 자연스럽게 드러냈다고 이해할 수 있다.

만일 후스의 시학관을 에드워즈의 시학관과 비교한다면 그들이 본질적으로 일치한다는 사실을 발견할 수 있다. 시의 언어에 대해 에드워즈는 시를 쓸 때 "사람들이 정말 사용하는 언어를 선택해 쓰도록 노력해야 한다"고 하여

'억지스러운 과장'을 반대했다.[5] 파운드는 저명한 논문 「이미지즘 시인으로서 하지 말아야 할 몇 가지」에서 자신의 반전통 시학 관념을 제기하고, 시 창작에 전고를 사용하지 말고 진부한 상투어를 사용하지 말자고 주장했다. 후스 역시 "나는 오늘 글을 짓고 시를 쓰는데 속어와 속자를 채용하는 것이 마땅하다고 주장한다"고 말하며, 시를 짓는데 "케케묵은 상투어를 없애도록 노력해야 한다"고 주장했고 "시문의 곳곳에 낡고 케케묵은 언어"[6]를 가장 가증스럽게 여겼다. 시가의 가치에 대해 워즈워드는 "모든 시에는 가치가 있는 목적이 하나 있다" "생각은 우리의 감정의 끊임없는 흐름을 바꾸고 이끈다. 우리의 생각은 사실상 이전의 모든 감정을 보여준다"고 여겼다.[7] 후스 역시 "생각이 모두 문학으로 바뀔 필요는 없지만 문학은 생각이 있어야 가치가 있다" "문학에 생각이 담겨 있는 것은, 사람의 몸에 뇌가 있는 것과 같다"[8]고 말했다. 시의 감정에 대해 에드워즈는 "좋은 모든 시는 강렬한 감정이 자연스럽게 흐른다"고 했으며, 후스 역시 "감정은 문학의 영혼이다. 문학에 감정이 없는 것은 사람에게 영혼이 없는 것과 같다. 나무인형일 뿐이요, 걸어 다니는 시체요, 고기 덩어리일 뿐"[9]이라고 했다. 분명히 에드워즈의 시학관과 후스가 제창한 '여덟 가지 항목' 및 '언문합일'은 본질적으로 일치한다.

이러한 시학 관념에 근거하여 보면, 후스의 이 시가 '나비'로 제목이 바뀐

5 華茲華斯, 「『抒情歌謠集』800版序言」, 『西方文論選』(下), 伍蠡甫主編, 上海譯文出版社, 1979, 5쪽.
6 『新青年』2卷5號, 1917.1.1. 참고.
7 華茲華斯, 위의 글, 6쪽.
8 胡適, 「文學改良芻議」, 『新青年』2卷5號, 1917.1.1.
9 胡適, 위의 글.

이후에 윤리내함에 변화가 발생한 까닭은 바로 시인 감정의 변화가 초래한 시적 내함의 부정확성 때문이다. 즉, 시는 사상과 감정이 응축한 예술적 산물이라는 관념에 따라 우리는 이 시를 다양하게 이해할 수 있다.

하나는 두 나비에 근거해 이 시를 애정시로 이해할 수 있다. “두 마리 노란 나비, 짝지어 날아오르더니”는 한 쌍의 연인이 자유연애를 추구하고 있음을 암시하고 있다. 그래서 이 시가 후스와 윌리엄스 혹은 그 첫 번째 부인 사이의 애정을 묘사하고 있다고 보는 입장도 이치에 맞지 않다고 할 수는 없다. “어째서인지, 한 마리 홀연히 돌아왔다”는 애정에 변화가 나타났다. “남겨진 한 마리, 외로우니 너무 가련하고” 한걸음 더 나아가 “하늘로 날아오를 마음도 없”다는 말은 자유연애를 추구하지만 “하늘이 너무 외롭기” 때문이다. 이런 해석은 단지 시는 감정의 자연스러운 흐름이라는 관점에 근거해 독자로서 할 수 있는 이해일 뿐이다.

이 외에 ‘나비꽃’(蝶戀花)의 관점에서 이 시를 보면 우리는 또 다르게 해석할 수 있다. 즉 자연계가 공생 공존하는 데 대한 감탄으로 볼 수 있다. 자연계에서 나비는 꽃이 있기 때문에 존재한다. 그래서 나비는 영원히 공중에서 날 수 없다. 공중에는 꽃이 없고 풀이 없으며 짝도 없다. 공중이 무료하기 때문에 땅, 즉 자연계로 돌아올 수밖에 없다. ‘나비꽃’이 보여주는 바는 자연계의 나비와 환경이 공생 공존하는 윤리이다. 그래서 우리는 그 안에서 작가가 나비에 대한 묘사를 통해 자연계 생물들의 공생 관계 및 그것이 인류에게 주는 깨달음을 어떻게 묘사했는지 살펴볼 수 있다.

중국 고전시와 마찬가지로, 후스의 이 시에는 나비 두 마리가 쌍으로 날고 춤추며 함께 숭고한 이상을 추구하는 모습이 묘사되어 있다. 이는 너무나 아름다운 정경이다. 하지만 순식간에 한 마리 나비가 돌아오고 다른 한 마리는 이로 인해 불쌍하게 고독감을 느낀다. 아름다움 속에 약간의 슬픔이 더해지고 약간의 탄식이 더해졌다. 그래서 친구에서 나비로 후스 시 작품의 윤리 변화를 표현했다. 이는 바로 시언지(詩言志)에서 시서정(詩抒情)으로 바뀌었으며, 크고 원대한 고전시의 전통에서 질박, 청담, 고요, 서정, 솔직한 신시 스타일로 그 지향이 바뀌었음을 알려준다.

3. 후스의 신시 창작

5·4 시기 신시 윤리는 신시가 창작되면서 확립될 수 있었다. 이러한 신시 작가군 중에서 후스는 신시 윤리의 설립자일 뿐만 아니라 신시 윤리의 수호자이며 실천자이기도 하다. 그는 열심히 신시를 창작했고 자신이 마음을 다해 창작한 신시 한 수 한 수로 신시가 고전시와 마찬가지로 깊은 사상과 왕성한 감정을 표현할 수 있음을 증명했다. 또한 신시가 서양 시의 흐름을 보여주고 있을 뿐만 아니라 중국 시 창작의 흐름을 대표하고 있음을 보여주었다.

후스가 「나비」와 함께 발표한 시 7수 가운데 「바람이 분다」(風在吹)는 그의 신시 윤리를 대표하며 또 내함이 매우 깊은 단시(短詩)이다.

바람이 분다, 눈이 내린다.

까마귀가 바람과 눈을 맞으며 돌아간다.

앞으로 나가지 못하지만, 그래도 날고자 한다.

아이를 배고프게 하는 어머니의 죄.

이 시는 먼저 열악한 눈보라 치는 날씨를 묘사하고 나서 눈보라를 헤치고 집으로 돌아가겠다는 까마귀의 결심을 그리고 있다. 마지막에는 집으로 돌아가려는 원인을 분명하게 밝히고 있다. 까마귀라고 밝히고 있지만 사실은 어머니에 대해 쓴 작품이다. 시는 정경 묘사를 통해 감정을 표현했고, 새로 사람을 비유하고 있으며 모자의 정이 생동감 있게 표현되어 있다. 이 시는 사건을 기록하면서도 감정을 기록하고 있다. 마지막에 "아이를 배고프게 하는 어머니의 죄"라는 행에서는 어머니의 책임감, 모자의 정 등의 시적 윤리 사상과 감정이 도드라지게 드러나 있다. 전체가 백화로 쓰여 있으며 시구는 단순하고 질박하여 조금도 어색하게 꾸며댄 흔적이 없다. 사물에 기탁하여 이치를 이야기하고 감정을 드러내고 있으며 까마귀를 통해 어머니를 찬미하여 감동을 준다. 이 시는 일상의 일반적인 삶도 시가 될 수 있다는 신시의 새로운 윤리를 보여주고 있다.

까마귀 형상은 후스의 또 다른 시 「까마귀」에도 등장한다. 시인은 이를 사용해 신시 윤리에 따라 신시를 창작하겠다는 결심을 드러내고 있다.

1

난 이른 아침 일어나

사람들 집 귀퉁이에 앉아, 까악까악 운다.

사람들은 날 싫어한다, 내가 불길하다고

난 사람들이 좋아하도록 하기 위해, 지지배배 울 수는 없다.

2

날씨는 차고 바람은 거세며, 쉴만한 가지가 없다.

난 온 종일 이리저리 날았지만, 종일 춥고 배고프다.

난 노끈 한쪽에 묶여 지지배배 사람들을 위해 날 수 없다.

또 쌀 한줌을 얻기 위해 장대 끝에 묶어 달라고 할 수도 없다.

이 시는 신시의 윤리와 관련이 있다. 시에서는 새로 사람을 비유하고 있으며 사물을 빌어 시 개혁을 생각하지 않는 사람들을 풍자하고 있다. 시에서 까마귀는 「바람이 분다」에서 묘사된 온갖 고생을 참고 견디는 까마귀 형상과 같다. 옛 것만을 고수하는 시인들이 보기에는 우아하지 않은 형상이다. 까마귀는 시인 자신이자 문학혁명을 진행하는 백화시인들을 암시하고 있기도 하다. 또한 까마귀의 지저귐으로 백화시를 표현하고 있다. 설사 "사람들은 날 싫어한다, 내가 불길하다고" 하더라도 어려움과 직면해서 시인은 물러서지 않고 굴복하지 않았다. "쌀 한 줌을 얻기 위해" "장대 끝에 묶어 달라고" 해서 자신의 자유를 희생하지 않았다. 시인이 보기에 일부 사람들이 통속적인 신시를 좋아하지 않지만, 소위 말하는 전통적인 고상한 시라는 것도 단지 "쌀 한 줌을 얻을 수" 있을 뿐이다. 시인은 이 시를 통해 구시의 윤리 속박에서 벗어나 문학혁명을 끝까지 밀고나가겠다는 결심과 신념을 표현하고 있다.

후스의 또 다른 시 「호수」 역시 같은 신시의 윤리를 표현하고 있다.

물 위 반딧불이 하나
물 속 반딧불이 하나
나란하게
사뿐사뿐
우리 배 옆으로 날아간다.
날수록 가까워지더니
점점 하나가 됐다.

이 시는 작가가 호수에서 반딧불이를 보고 지었다. 시인은 저녁에 호수 위에서 반딧불이 한 마리가 날고 있는 모습을 본다. 반딧불이 그림자가 호수 면에 비치자 호수 안에도 반딧불이가 한 마리 있어 수면의 반딧불이와 짝을 지어 날고 있는 듯한 느낌을 준다. 마지막에 호수 위의 반딧불이가 호수 면에 가깝게 날자 두 반딧불이가 하나로 된 듯 보인다.

이 시는 서정시다. 시인이 본래 쓰려고 한 바는 자연의 현상이지만, 시인은 풍경으로 감정을 노래하고, 사물을 빌어 뜻을 드러내어 깊은 생각을 표현했다. 시는 깜깜한 밤에 반딧불이가 길을 인도하듯 환상적인 이상은 아름답다고 말하고 있다. 고집스럽게 추구하기만 하면 자신의 이상에 점점 가까워지며 마침내는 환상적인 이상이 현실로 되어 자신의 이상을 실현할 수 있다고 말하고 있다. 그래서 이 시는 평범한 듯 보이지만 사실은 예술적 경지가 매우 높고 담겨진 의미가 매우 깊은 우수한 신시 작품이다.

후스의 또 다른 시 「꿈과 시」에서는 시인이 갈망하는 신시의 윤리를 더욱 분명하게 표현하고 있다.

> 모든 것은 평범한 경험
> 모든 것은 평범한 형상
> 우연히 꿈속으로 밀려와
> 너무나 신기한 모습으로 변했다!
> 모든 것은 평범한 감정
> 모든 것은 평범한 언어
> 우연히 시인을 만나
> 너무나 신기한 시로 변했다.

「꿈과 시」는 철리시(哲理詩)로 현실 생활과 시 창작의 관계를 표현하고 있다. 에드워즈는 시를 쓸 때 "일상생활 속의 사건과 장면을 선택"해야 하고 "사람들이 정말로 사용하는 언어"를 써서 "일상의 것들이 일상적이지 않은 상태에서 영혼 앞에 드러나도록 해야 한다"고 했다.[10] 후스는 바로 자신의 시로 에드워즈의 시 이상을 드러냈다. 이러한 이상은 바로 후스가 마음을 다해 추구했던 "시는 평범한 일을 쓰고, 평범한 사람들을 묘사하고, 평범한 감정을 노래하고, 평상시의 경험과 느낌을 써야 한다"는 그의 신시 윤리사상이기도 하다. 후스가 보기에 '평범한 경험' '평범한 형상' '평범한 감정' '평범한 언어'는 신

10 華茲華斯, 「『抒情歌謠集』一八〇〇年版序言」, 『西方文論選』, 伍蠡甫主編, 上海譯文出版社, 1979, 5쪽.

시 시인들의 펜 아래서 모두 평범함에서 신기함으로 변하고 아름다운 노래로 바뀔 수 있다. 이 시는 철리적인 시각에서 신시 윤리를 긍정하고, 시인의 신시 창작에 대한 관점을 드러낸 것으로 평범한 일상생활과 신시의 변증적 관계를 표현했다.

하지만 5.4시기에 신시 윤리가 사람들에게 이해되고 받아들여지고 공감되기까지는 여전히 복잡한 과정이 필요했다. 후스는 시를 통해 자신의 관점, 즉 "신시 윤리가 확립되는 전제는 신시를 창작하는 실천에 있다"는 관점을 표현했다. 바로 신시 윤리에 대한 믿음에 기초하여 후스는 「취하다」(醉)라는 시를 썼다.

> 취하고 나서야 술이 진한 걸 알았다!
>
> 사랑을 하고서야 정이 깊은 걸 알았다.
>
> ㅡ그대는 나의 시를 만들 수 없다.
>
> 내가 그대의 꿈을 꿀 수 없는 것처럼.

이 시는 후스의 초기작인 「나비」와 같은 시기 작품이다. 후스 초기의 시는 대부분 실험적인 작품이었고, 신시의 그 당시 지위는 확립되기에는 매우 요원했다. 당시 신시는 아직 보편적으로 받아들여지지 않았고 신시의 가치 역시 여전히 논쟁 중이었으며, 후스의 신시는 타유시(打油詩)로 받아들여졌다. 즉 신시는 당시 사람들에게 여전히 익숙하지 않고 인정받지 못했다. 이는 본질적으로 윤리의 문제였다. 바로 이러한 상황에서 후스는 감정이 끓어 넘쳐

「취하다」라는 시를 썼다.

이 시는 신시의 윤리가 형성되는 과정에서 쓰인 것으로 『꿈과 시』의 속편으로 볼 수 있다. 시인은 술에 취하고 사랑에 빠졌을 때 자신의 감정을 드러내는 데 빗대어 신시를 반대하는 사람들은 신시가 좋지 않아서가 아니라 그들이 신시를 이해하지 못하기 때문임을 암시하고 있다. 시의 앞 두 행 "취하고 나서야 술이 진한 걸 알았다! / 사랑을 하고서야 정이 깊음을 알았다"는 비(比: 비유)와 흥(興: 연상)의 수법을 사용해 신시를 창작해야만 신시를 이해하고 신시의 가치를 알 수 있음을 설명한다. 그 행간의 의미는, 신시를 반대하는 사람들이 신시를 쓴 적이 없기 때문에 신시를 이해하지 못한다는 뜻이다. 마지막 두 구는 시의 주제를 분명하게 보여준다. 신시를 반대하는 사람들은 신시를 이해하지 못하기 때문에 자신이 쓸 수 있는 신시를 그들은 쓸 수 없다고 설명한다. "길이 다르면 서로 의논해서는 안 된다"고 했다. 그들은 낡은 이상을 끌어안고 놓지 않기에 신시를 쓸 수 없고, 그들이 견지하는 낡은 시 윤리는 작가가 따를 수 없는 것이다.

그래서 이 시는 술에 취하고 사랑에 빠진 것을 빌려 사용한 '비흥'의 수법으로, 통속적인 언어로 서로 다른 두 시학 윤리의 모순과 충돌을 표현했다. 그러면서 신시 윤리의 중요성을 강조했을 뿐만 아니라 신시가 윤리적으로 인정받기를 바라는 시인의 갈망을 전달했다.

중국은 수천 년의 고전시사 전통을 지니고 있다. 유구한 역사에서 고전시사의 창작 규범과 시학 이론이 형성됐으며 고전시사 창작의 전통적 윤리가 형성됐다. 고전 시사의 시학 윤리는 신시 창작에 있어 강력한 구속이 되어 신시의 발전에 심각한 영향을 끼쳤다. 그래서 시학이론으로 신시 윤리의 기초를 어떻게 세울 수 있는가가 후스 앞에 등장한 중대한 문제였다. 이는 후스의 「싼시 가는 길 폭설 속 단풍잎 하나」(三溪路上大雪裏一個紅葉)라는 시 속에 잘 드러나 있다.

> 인적 없는 산 눈(雪) 빛 가득한데, 고개를 들다 너를 보았다!
>
> 어찌된 것인지 알 수 없지만, 마음이 기쁘다.
>
> 눈을 밟고 따내서, 책 속에 끼운다.
>
> 시를 짓고 싶다, 내가 기쁜 이유를 쓰고 싶다.
>
> 뜻밖에 이 이치는 정말 쓰기 어려워, 펜을 뽑았다가 다시 놓는다.

역시 「나비」와 같은 시기에 발표된 시이다. 그러드로 같은 윤리환경에 놓고 해석해야 한다. 시인의 펜 아래서 시는 경물 묘사로 시작된다. 인적 없는 산, 흰 눈, 단풍 등 보이는 모습을 그려내 시와 그림이 어우러지는 아름다운 모습을 우리에게 펼쳐주었다. 흰 눈과 단풍이 어울려 만들어낸 눈 색깔이 온 산에 가득하다. 아름다운 설경을 보노라니 시인의 마음은 기쁨으로 가득하다. 눈을 밟으며 설경을 감상하고 가는 길에 단풍을 따니 시적인 정취가 절로 일어나 갑자기 시를 짓고 싶은 갈망이 생긴다.

눈 덮인 산, 단풍, 인적 없는 산, 모두 일상의 평범한 사물인데, 이들이 어떻게 산에서 눈을 감상하는 사람의 시적 정취를 일으킬 수 있었을까? 어떻게 시의 소재로 쓰일 수 있었을까? 고전시의 시학이론은 이미 확고하게 세워져 역사적으로 많은 시화 및 『문심조룡』(文心雕龍)이나 『시품』(詩品) 등과 같은 시학 저작이 시 해석을 위한 근거를 제공했지만 신시에는 그런 이론이 없다.

신시가 왜 살아 있는 시일까? 시인 스스로 분명한 논리를 세우고 싶었지만 시인은 능력이 미치지 못한다고 느꼈다. 그렇다 할지라도 우리는 신시 창작에서 가장 일반적인 일상의 사물이 아름다운 백화시로 탄생하는 장면을 보았다. 이 시는 경물을 써 마음을 노래하고 사물에 기탁해 감정을 그려냈다. 완곡하게 신시에 대한 시인의 애착과 이성적인 사고를 표현하고 신시는 쓰기 쉽지만 이치는 밝히기 어렵다고 느낀다. 시인은 시와 이치를 절묘하게 하나로 결합시켜 문학 개혁 중에 직면한 신시 창작과 시 해석 사이의 윤리갈등을 표현해냈다.

4. 신시 윤리의 수용과 신시 창작

5·4 시기 후스는 「문학개량에 대한 소견」 등의 논문을 통해 자신의 시학 주장을 펼쳤을 뿐만 아니라, 자신의 백화 신시를 통해 시의 개혁을 적극적으로 추동했다. 후스의 추동 아래서 소박하고 솔직하며 현실의 평범한 생활을 그린 신시가 당시 중국 시단에 새로운 분위기를 제공해 주었다.

하지만 당시는 고전시의 뿌리가 여전히 견고하게 중국 시단에 영향을 주고 있었다. 전고가 없으면 시가 아니고, 우아하지 않으면 시가 아니고, 운이 없으면 시가 아니고, 백화는 시가 아니었다. 이런 요소는 여전히 중국 시단의 가치판단 기준이었다. 그래서 후스가 쓴 신시가 직면한 가장 중요한 문제는 어떻게 당시 시단의 윤리적 승인을 받느냐 하는 점이었다.

후스의 신시는 중국 시 발전의 흐름을 보여주었고, 그 발전의 필요에 순응했다. 당시 중국 시 창작의 윤리환경에서 신시는 여전히 인정받기 힘들었다. 신시는 당시 일부 수구 시인들의 반대에 부딪쳤지만 그래도 반대 목소리 속에서 빠르게 발전해갔다. 많은 사람들이 신시 작가의 대오에 합류했고, 신시는 점차 자신의 윤리를 세워갔으며 한걸음씩 문학계의 윤리적 승인을 얻어나갔다.

신시 윤리는 처음에 후스 문학 개량의 '여덟 가지 항목'으로 이루어졌다. 주요한 내용은 "말에는 내용이 있어야 한다" "옛 사람을 모방하지 않는다" "전고(典故)를 쓰지 않는다" "속자나 속어를 피하지 않는다"고 했다. 신시 윤리의 핵심은 '언문합일'이 된 백화문이다. 신시 윤리는 후스의 추동과 그 창작으로 실천됐으며 논쟁을 거쳐 점점 확립됐다. 신시는 점점 문학계와 독서계의 인정을 받았으며, 백화로 신시를 쓰는 일이 시 창작의 주류가 되기 시작했다. 신시가 문학계의 윤리적 인정을 받으면서 신시는 예술적으로 새롭게 향상됐고 우수한 신시 시인들이 등장해 우수한 신시를 창작하게 됐다.

예를 들어 왕징즈(汪靜之)의 「혜초의 바람」(蕙的風)은 내용에서부터 형식까지 신시의 윤리를 충분히 체현한 걸작이다. 이 작품을 통해 시 윤리 변화 과정에서 나타난 신시의 특징을 살펴볼 수 있다. 이 시는 시 전체가 단지 하나의 연으로 되어 있으며 15행으로 이루어져 있다.

어디서 불어오는 거지?

이 혜초꽃 바람—

향기로운 혜초꽃 바람은?
혜초꽃은 뜰 깊은 곳에 숨겨져
그녀의 가슴 속에 한이 가득 서려 있어.
그녀의 그윽한 향기 살그머니 정원 밖으로 나와
그녀가 사랑하는 나비를 부른다.
고결한 나비
혜초 바람에 물들었다.
그가 취해서
그녀를 찾아가고 싶어 한다.
그가 어떻게 갇혀 있는 그녀를 찾아낼 수 있을까?
단지 그녀의 바람 속에서 취해 있을 뿐
이 슬픔과 달콤한 슬픔을 참으며
비틀비틀 나풀나풀 춤추고 있다.

왕징즈는 저명한 호반시사(湖畔詩社)의 대표 시인이다. 「혜초의 바람」은 그의 첫 번째 시집이며 또한 중국현대문학사에서 애정시를 위주로 한 첫 번째 시집으로 중국 신시 역사에서 매우 높은 지위를 차지하고 있다. 「혜초의 바람」은 1921년 9월에 창작되어진 시집의 제목이면서 이 시집에 실린 시이기도 하다.

시인은 혜초를 빌려 감정을 노래하고 있는데, 왜 혜초일까? 혜초는 향초로 난의 일종이다. 붉은 색이고 가장 자리는 노란 줄무늬가 있어 매우 아름답다. 그래서 문학사에서는 종종 혜초로 미인을 비유하거나 여인의 아름다운 몸과 마음을 비유하기도 한다. 예를 들어 혜초의 마음(여인의 내면이 순수하고 아름다움을 비유), 혜초의 기질(여인의 고결한 품성을 비유), 혜초의 기질과 난의 마음(여인의 수려한 아름다운 마음을 비유) 등이 있다.

「혜초의 바람」에서 바람은 무엇인가? 혜초가 왜 바람을 일으키는가? 시에서 바람은 바로 향기로 혜초가 바람의 힘으로 전달하는 향기를 가리킨다. 문학윤리에서 혜초는 종종 사랑을 품은 소녀로 비유된다. 그래서 '혜초의 바람'은 바람을 타고 사방으로 풍기는 혜초의 향기를 의미하며 소녀의 사랑을 비유하고 있다. 시의 제목에서 알 수 있듯이, 이는 아름다운 소녀의 사랑을 묘사한 시이다.

시는 "어디서 불어오는지? / 이 혜초꽃 바람 — / 향기로운 혜초꽃 바람은? / 혜초꽃은 뜰 깊은 곳에 숨겨져 / 그녀의 가슴 속에 한이 가득 서려 있어"라고 시작한다. 시인은 질문을 하는 방식으로 향기로운 혜초꽃의 바람이 어디에서 불어오는지 물어 혜초 바람에 대한 호기심과 관심을 표현해 내고 있다.

시 행이 늘어남에 따라 혜초꽃 형상이 점점 분명해진다. 혜초꽃은 깊은 규방에 거주하는 한 맺힌 젊은 여인이다. 그녀는 성품과 마음이 아름다웠지만 아쉽게도 백거이(白居易)의 「장한가」(長恨歌)에서 묘사된 양(楊) 씨 가문의 딸처럼 깊은 규방에서 살고 있어 아는 사람이 없다. 사랑은 있지만 줄 수 없고 마음은 있지만 표현할 수 없다. 이로 인해 마음속에 한과 슬픔이 가득하다. 그래서 앞의 5행에서 혜초가 소녀를 의인화했으며, 혜초의 바람은 소녀가 밖으로 전달하려는 소식임을 알 수 있다.

시는 또 "그녀의 그윽한 향기 살그머니 정원 밖으로 나와 / 그녀가 사랑하는 나비를 부른다"고 노래한다. 이 두 행에서 혜초가 비록 깊은 규중에 있기는 하지만 소녀의 마음 즉 "그녀의 그윽한 향기"는 소식이 되어 깊은 규방에 갇히지 않고 바람이라는 매체를 타고 규방을 넘어 정원 밖으로 전해져 '사랑하는 나비'를 부른다. 시에서 나비는 소식을 받는 자이다. 중국 고전문학의 윤리표현에서 나비가 꽃을 사랑하는 관계는 애정관계로, 나비는 청년 남성을 의인화했으며 꽃은 청년 여성을 의인화했다. 시가 여기까지 이르게 되면 혜초와 나비의 윤리관계는 이미 분명해진다. 즉 소녀가 자신이 사랑하는 사람에게 그녀가 사랑을 갈망하고 있다는 소식을 전달하려는 바를 가리킨다.

시는 이어서 "고결한 나비 / 혜초 바람에 물들었다. / 그가 취해서 / 그녀를 찾아가고 싶어 해"라고 노래한다. 이 몇 행에서는 순수한 소년이 혜초의 소식을 접한 사실을 노래할 뿐 아니라 이 소식을 접한 소년의 감정, 즉 행복, 도취, 그리움, 보고 싶은 갈망 등을 그려내고 있다. 시는 "그가 어떻게 갇혀 있는 그녀를 찾아낼 수 있을까? / 단지 그녀의 바람 속에서 취해 있을 뿐 / 이 슬픔과 달콤한 슬픔을 참으며 / 비틀비틀 나풀나풀 춤추고 있다"고 고백한다.

소년은 소녀의 사랑 소식을 접했지만 소녀가 깊은 규방에 갇혀 있으니 어떻게 소녀를 만날 수 있겠는가? 남녀를 막는 봉건 윤리의 장벽으로 인해, 소년은 그가 사랑하는 사람을 만날 수 없어 어찌할 방도가 없다고 느낀다. 그저 그리워하는 내면의 고통을 참고 소녀의 애정 소식에 깊이 취해 목적도 없이 살아갈 수밖에 없다.

이 시에 대한 분석을 통해 혜초는 소식의 전달자이고, 바람은 매체이며,

나비는 소식의 수용자임을 알 수 있다. 혜초는 소녀를 의인화했고, 나비는 소년을 의인화했으며, 바람은 그들이 애정을 전달하는 매체이다. 그래서 시는 혜초-바람-나비라는 삼자 사이에서 젊은 남녀 사이의 연애에 대해 윤리관계를 세워나간다.

바람은 볼 수 없기 때문에 시가 혜초의 바람을 빌려 표현하고자 한 바는 젊은 남녀 사이의 진정한 소통이 아니라 그 마음이 서로 어울리고 뜻이 통하고 있음이었다. 봉건 윤리의 장애 때문에 그들은 애타게 그리워하지만 서로 만날 수 없다. 소녀의 가슴은 한으로 가득하지만 여전히 깊은 규방에 갇혀 있다. 소년은 한 없이 갈망하지만 슬픔을 강하게 억누르고 기다릴 수밖에 없다.

이 시는 20세기 초에 쓰였다. 봉건 윤리의 족쇄가 아직 완전히 타파되지 않고 남녀 사이의 자유연애 윤리 풍조가 아직 형성되지 않았을 때다. 후스를 대표로 하는 5·4시기 개혁의 선봉가들의 혼인 역시 종종 부모의 명을 받거나 매파의 중매로 이루어진 흔적이 있었다.

하지만 우리는 혜초의 바람과 혜초와 나비의 사랑을 통해 남녀 자유연애의 바람이 이미 형성됐으며, 봉건 윤리의 성벽이 허물어지기 시작했음을 알 수 있다. 「혜초의 바람」이라는 이 시에서 혜초와 나비 사이의 연애는 로미오와 줄리엣도 비슷하다. 그들의 사랑과 혼인은 봉건 윤리가 가둬버린 감옥에 갇혀 있기 때문에 투쟁과 기다림이 필요하다.

이상의 시를 통해 5·4시기의 신시는 후스 등 시인들의 노력을 거쳐 새로운 윤리관념을 확립했으며, 이는 신시의 창작에서 충분하게 체현됐음을 알 수 있다. 백화를 담지체로 하는 '언문합일'의 신시 윤리관은 다른 시인의 시에서도 드러나고 있다. 예를 들어 쉬즈모(徐志摩)의 시가 그러하다.

쉬즈모는 영국 케임브리지에서 유학하고 시를 전공했으며 하디를 평생 스승으로 모신 사람으로 중국에서 영미시인의 영향을 가장 많이 받은 시인이다. 윤리의 시각에서 말하면, 중국의 시 개혁 측면에서 쉬즈모의 공헌은 영미시 형식을 빌려 중국 시 혁명을 추동했다는데 있다. 중국 신시 시인들 중 쉬즈모는 다른 많은 시인들과 다른 특징을 지닌다. 그것은 바로 쉬즈모 중국 시의 서양화이다. 이러한 서양화는 혁명적이며 창조적이었다. 그것은 단순한 모방이 아니라 새로운 창조였다. 이러한 관점에서 보면, 쉬즈모의 신시 창작은 본질적으로 영국시의 윤리를 견지하고 있었다고 볼 수 있다.

쉬즈모의 시 윤리는 영미 시인에 대한 숭배와 모방에 기초하고 있다. 1918년 6월, 쉬즈모는 양계초를 만나고 그를 스승으로 삼게 된다. 1918년 9월, 미국 매사추세츠주의 클라크대학 역사학과에서 수학하고, 1919년 9월에는 다시 뉴욕 콜롬비아대학 경제학과에서 경제학석사학위를 받았다. 이국적인 정취는 그의 눈을 크게 열어주었고, 미국 현대문명의 결정체는 미처 다 볼 수도 없었다. 하지만 그는 점점 미국과 유럽 현대문학을 비교하기 시작했다. 미국의 문명에 고대 그리스와 로마 문명의 기초가 결여되어 있음과 문예부흥과 계몽운동의 자양이 결여되고 있고, 그리스 문학의 매력이 결여되어 있음을 느끼게 됐다. 또한 보카치오, 다빈치, 볼테르, 루소, 다윈, 니체뿐만 아니라 당시 살아 있던 러셀 등 숭배할만한 문화적 거인들이 별로 없다고 느꼈다.

러셀에 대한 숭배와 유럽 문명에 대한 동경으로 인해 쉬즈모는 콜롬비아대학에서 경제학박사 학위를 학습할 수 있는 기회를 포기하고 1920년 9월 자신의 꿈을 추구하기 위해 배를 타고 대서양을 건너 유럽으로 간다. 그는 우선 런던의 교외에서 상쾌하고 기분 좋은 전원생활을 즐겼다. 일몰의 여명, 푸르른 풀밭, 시들지 않는 꽃, 교회의 종소리, 쉬즈모는 세상의 낙원에서 생활하는 듯 했다.

쉬즈모는 매우 만족감을 느꼈다. 이후 영국의 학자이자 소설가인 디킨슨을 알게 되고 그의 소개로 케임브리지대학에서 유학을 하게 된다. 케임브리지가 쉬즈모에게 준 영향은 거대했다. 그가 지닌 시인으로서의 문화적 뿌리는 중국의 전통문화였지만, 신시 시인으로서의 사상과 예술적 기교는 유럽문화에서 왔다. 그래서 쉬즈모는 "난 케임브리지가 얼마나 많은 학문을 주었는지 혹은 무엇을 가르쳤는지를 감히 말할 수가 없다. 난 케임브리지의 세례를 받으면 분위기가 바뀌고 속됨에서 벗어날 수 있다고 감히 말할 수가 없다. 다만 — 내 개인적으로 보기에, 내 눈은 케임브리지가 뜨게 해 주었고, 나의 지식욕은 케임브리지가 불어 넣어주었으며, 나의 자아의식은 케임브리지가 심어주었다고 말할 수 있다."[11]

1921년 봄, 쉬즈모는 케임브리지대학에 들어가 수학하고, 1922년 8월 17일 귀국한다. 캠브리지에서의 1년 여 시간 동안 쉬즈모는 여러 측면에서 많은 영향을 받았다. 특히 문학 분야에서 영향을 많이 받았다. 그가 영국문학으로부터 받은 영향은 심지어 중국 전통문학의 영향을 넘어선다고도 말할 수 있다. 그는 케임브리지를 자신이 가장 사랑하는 대상이라고 칭했다. 또한 케임

11 徐誌摩,「吸煙與文化」,『徐誌摩全集』第2卷·散文, 韓石山編, 天津人民出版社, 2005, 331쪽.

강을 "전 세계에서 가장 아름다운 물줄기"라고 칭했다. 그는 일생동안 캠브리지에서 생활한 1년 동안만 허송세월을 하지 않았다고 생각했다.

쉬즈모는 영국의 많은 시인을 숭배했다. 셰익스피어, 에드워즈, 콜리지, 바이런, 셸리, 키츠, 하디 등이 모두 그의 마음 속 등불이었다. 그는 특히 하디를 좋아해서 "사상적으로 그보다 더 침울하고 엄숙하며 진지한 사람은 더 이상 없다"고 여겼다. 그가 "그 자신만의 리듬에 따라 특별하게 우주와 인생을 창조했다. 하디를 제외하고 그가 살았던 시대의 맥락을 이렇게 진실하게 집어준 사람은 더 이상 없다. 그의 손가락 아래서 가장 미세한 움직임까지 내면의 내용이 모두 쏟아져 나왔다"[12]고 말했다.

쉬즈모는 영시에 정통했으며 그 정수를 깊이 있게 받아들였다. 영시의 작시 규칙, 영시의 운치가 쉬즈모의 영혼으로 깊이 스며들었다. 바로 이러한 이유 때문에 쉬즈모가 마치 중국어로 영시를 쓴 듯한 느낌을 받곤 한다. 형식적으로나 사상적으로 쉬즈모의 시는 19세기 영국 낭만주의 시 및 하디의 시와 흡사하다. 이 시들은 모방도 아니고 비슷하게 따라하지도 않았고 자연적으로 만들어졌다. 그 원인을 따져보면, 쉬즈모가 진정한 영시 윤리를 수용하고 인정하고 수호한 사람이었기 때문이다. 그는 그의 작품에 영시의 가장 본질적인 특징을 드러낼 수 있었다.

먼저 형식을 살펴보자. 쉬즈모 시는 거의 대부분 영국식이다. 표면적으로 보면 마치 중국어로 번역한 영시 같지만, 자세히 읽어보면 번역시라고 하

---

12 徐誌摩, 위의 책, 83·86쪽.

기에는 너무나 자연스럽고 조금도 꾸민 흔적이 없다.

중국시의 윤리 측면을 보면, 시가 희곡이나 산문과 다른 이유는 무엇보다 자신만의 독특한 형식이 있기 때문이다. 이것이 바로 행과 연이다. 연의 의미에서 보면, 영시 중에 있는 행수가 다른 연이 쉬즈모 시에는 거의 모두 있다. 이러한 형식을 중국의 고전문학에서는 거의 찾아볼 수 없다. 예를 들어 2행체 연시인 「그 ―」(他 ―)를 보자.

오늘 저녁의 달은 그녀의 눈썹처럼
동그스름하니 너무나 아름답다.
오늘 저녁 하늘은 그녀의 사랑처럼
파르스름하니 너무나 깊다!
그러한 깊이는 그대의 것, 그녀가 말하는 바를 들었지
그대는 더 이상 의심할 필요 없어요.
그대에게 이 불꽃을, 그녀의 향기로운 입술을
그녀의 더 뜨거운 허리를 주노니!
누가 사람이라면 더 많은 고생을 해서는 안 된다고 했어?
바닥까지 고생하면 수가 생기겠지.

4행시는 다음과 같다.

이것은 해맑은 새끼들의 외침,

들판의 일은 분주한데,
초가집 근처 개 울음 닭 울음소리,
하지만 이 까닭 없는 슬픔과 쓸쓸함!

5행시는 다음과 같다.

나 역시 이 신기한 우주를 찬미하길 원한다,
나 역시 세상에 슬픔이 있음을 잊어버리길 원한다,
근심치 않는 홍작새처럼,
이른 아침 노래하고, 황혼 때 춤을 추고 싶다.
그녀가 청량한 바람처럼 항상 내 옆에 있다면!

시행의 배열로 볼 때 영국 시의 기본적인 시행 배열 형식이 쉬즈모 시에서 대부분 나타난다. 영시의 시행 배열은 시의 압운과 연결되어 있다. 즉 시행의 다양한 배열을 통해 다양한 운율 형식을 드러낸다. 예를 들어보자

난 조용히 떠난다.	輕輕的我走了,
내가 조용히 왔던 것처럼.	正如我輕輕的來;
난 조용히 손을 흔들어	我輕輕的招手,
서쪽 하늘의 구름과 작별한다.	作別西天的雲彩。

강가의 금빛 버들은	那河畔的金柳,
석양의 신부.	是夕陽中的新娘;
물결 속 고운 그림자	波光裏的艷影,
내 마음 속에서 일렁인다.	在我的心頭蕩漾。

위는 「굿바이 케임브리지」(再別康橋) 중의 앞 두 연이다. 시인은 '이돈대보'(以頓代步)[13]의 방법을 사용해 영시 운율을 성공적으로 이식했다. 연의 각 행은 '3돈'으로 이루어져 있다. 비록 각 '돈'의 숫자가 다르기는 하지만 각 '돈'이 표현하는 의미와 독음은 자연스럽게 하나의 작은 구조 단위를 이룬다. 예를 들어 '조용히'(輕輕的) '내가 …처럼'(正如我) '서쪽 하늘의'(西天的) '강가의'(河畔的) 등은 모두 세 글자가 하나의 '돈'을 형성하면서 행에서 하나하나가 기본적인 운율단위가 된다. '나'(我) '오다'(來) '그'(那) 등은 비록 하나의 '돈'이 단지 한 개의 글자이기는 하지만 마찬가지로 행 안에서 운율 단위를 이루고 있다. 첫 번째와 세 번째, 두 번째와 네 번째가 서로 엇갈리고, 두 번째와 네 번째가 서로 압운을 이루고 있다. 배열의 형식적인 면에서는 첫 번째 행과 세 번째 행, 두 번째 행과 네 번째 행이 운율 구조적으로 서로 연관되어 있으며, 이로 인해 형식의 아름다움과 소리의 아름다움이 함께 결합됐음을 쉽게 알아차릴 수 있다. 이러한 연의 형식은 사람들이 인정하는 시의 형식이다. 즉 시에 대한 사람

13 영어 격률시를 중국어로 번역할 때의 방법으로 '돈'으로 영어의 '음보'를 대신해 원시가 지닌 리듬을 살린다는 것이다. '돈'은 두 개나 세 개 혹은 네 개의 한자를 함께 써서 완전한 의미를 지니게 하며, 동시에 음율의 자연스러운 기복을 만들어낸다. (옮긴이)

들의 인식과 이해, 수용하는 윤리관념에 이러한 형식적 특징이 부합해야만 전형적인 영시이다. 위의 다양한 수의 행이 만들어낸 연은 중국 전통 시에서는 찾아볼 수 없다. 쉬즈모는 중국어의 '돈'으로 영시의 음보(foot)를 대신했으며 '돈'의 가볍고 무거운 읽는 법으로 시의 리듬을 만들어내 영시와 비슷한 운율을 형성했다.

쉬즈모는 기본적으로 영시의 윤리에 의거하여 중국어 시를 썼는데 실제적으로 중국어시 형식의 서구화이다. 이는 쉬즈모 시 윤리의 중요한 특징으로 볼 수 있다. 쉬즈모의 시는 연과 행의 배열에서 서구화된 특징 이외에 또 리듬과 운율에서도 서구화된 특징을 지니고 있다. 이 역시 쉬즈모가 받아들인 영시 윤리가 구체적으로 드러난 점이라 할 수 있다.

중국의 고전시에서 율시와 절구의 평측은 영시와 완전히 다른 운율 시스템이다. 평측의 구분은 중국 신시의 필요에 전혀 부합하지 않지만 영시의 리듬은 신시의 운율적 미감을 더욱 높여줄 수 있다. 그래서 쉬즈모는 중국 신시를 쓸 때 영시의 운율 사용을 매우 중요하게 여겼다. 완전히 운율을 따지지 않은 시도 있기는 하지만 많은 시에서 운율을 중시했다.

영시 운율의 기본적인 특징은 음보로, 음보는 약한 발음과 강한 발음의 음절이 시의 리듬을 만들어낸다. 영시의 음보는 규정되어 있기는 하지만 중국 고전시의 평측과 비교하면 영시의 운율 변화는 더욱 풍부하고 다채롭다. 쉬즈모는 영시의 운율에 익숙했기 때문에 '이돈대보'의 방법을 사용해 영시의 운율 이식을 성공적으로 이루어냈고 성공을 거두었다. 예를 들어 「굿바이 케임브리지」는 그가 영시 운율을 성공적으로 중국어 시에 사용한 전형적인 예이다.

쉬즈모의 시는 대부분 영시의 형식을 빌렸다. 행의 배열과 압운의 규칙, 연과 행의 수 등 측면에서 영시를 따르고 있으며, 대화체, 서사체, 돈주앙체[14] 등의 시 형식도 모두 능숙하게 사용했다. 그의 시 형식은 우아하고 아름다우며 예술적 경지가 높다. 청아하며 속되지 않으면서 고상함과 소박함을 모두 갖추고 있다. 그의 시는 매우 서구화되어 있어 시를 읽으면 마치 중국어로 쓴 영시를 읽는 듯하다.

시인으로서의 쉬즈모 이름은 청사에 길이 남았고, 그는 중국에서 가장 사랑받는 시인의 하나가 됐다. 그는 영시를 잘 모방함으로써 성공했다. 하지만 그는 너무나 성공적으로 영시를 모방하는 바람에 실패했다. 그의 시를 후스, 왕징즈의 시와 비교해보면 스타일이 완전히 다르다. 그의 시에는 자신만의 윤리 특징이 분명하게 드러난다. 그래서 읽는 순간 바로 쉬즈모의 시임을 알 수 있다. 그 원인은 쉬즈모가 영시의 윤리를 받아들여 영시의 시작 규칙을 따랐기 때문이다. 그의 창작은 영시를 쓰는 듯했고, 그의 시를 읽다보면 영시를 읽는 듯한 느낌을 받곤 한다.

14 바이런이 「돈주앙」이라는 시를 쓸 때 사용했던 형식으로, 매 연마다 5개의 메터(meter)와 8행을 사용했다. (옮긴이)

부록

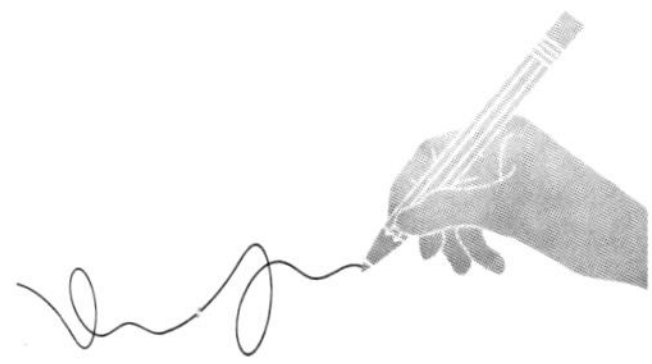

문학윤리학비평
용어 해설

1. 격정(passion)

강렬한 감정의 표현 형식이다. 감정은 강도의 크기와 지속 시간에 근거하여 심경(心境), 열정, 격정 세 종류의 기본 유형으로 구분된다. 격정은 이 세 가지 감정 중 하나다. 어떤 격정은 이성의 억제를 상실한 결과로서 충동과 유사하며, 자유의지의 표현 형식이기도 하다. 예를 들면 광희, 분노, 공포, 통곡, 절망 등이다. 하지만 어떤 격정은 이성에 의해 이끌어내어져서 이성의지를 체현한다.

2. 과학선택(scientific selection)

과학선택은 인류문명이 윤리선택을 경험한 뒤 오늘날 맞닥뜨리고 있는 문명 경험의 단계다. 인류문명의 발전과정에서 자연선택은 인간의 형체와 형식의 문제를 해결했고, 그로 인해 동물과 구분될 수 있었다. 윤리선택은 인간의 본질적 문제를 해결했고, 인간은 동물과 구분될 수 있었다. 과학선택은 과학과 인간의 결합 문제를 해결한다. 과학선택은 아래 세 가지 점을 강조한다. 하나는 인간이 어떻게 과학을 발전시키고 어떻게 과학을 이용하는가이다. 둘은 어떻게 과학이 인간에게 미친 영향과 결과를 처리하는가이다. 셋은 인간과 과학

사이의 관계를 어떻게 인식하고 어떻게 처리해야만 하는가이다.

인류 출현 이후, 인류는 과학기술을 통해 자신들을 개선하여 보다 나은 생존과 생활을 꾸리려 지속적으로 노력해왔다. 이러한 노력은 인간의 자기 신체에 대한 개조를 포괄한다. 예를 들면 스위프트의 『걸리버 여행기』에서 걸리버의 신체변형, 마리 셸리(Mary Shelly)의 판타지 소설 『프랑켄슈타인』의 괴물 인간, 괴테의 『파우스트』의 유리병에서 제조된 인조인간 등은 이미 문학을 통해 인류의 자기 개조 열망을 표현하고 있다. 인류는 자연선택의 단계에서 진화를 통하여 자기의 개조를 완성했다. 오관의 배열, 직립보행, 사유와 언어능력 등이 그것이다. 윤리선택 단계에서 인류는 윤리의 측면에서 자신과 기타 동물을 구별하여 현대의 윤리적 인간으로 변화됐다. 과학의 시대에서 인류는 과학선택을 경험했고 경험하고 있으며 인간은 과학적인 윤리적 인간으로 변화했다.

실제로 과학의 시대를 살아가는 인간은 과학을 떠나서 존재할 수 없음이 자명하다. 과학은 거의 인간의 모든 분야에 영향을 미치고 있다. 인류는 과학을 창조하고 발전시킬 뿐만 아니라 과학의 영향을 받아들여 과학으로 자신을 개조하고 있다. 과학의 인간 개조는 환부를 절제하고 장기를 이식하고 아름다움을 위해 성형하는 등 이미 외과수술을 통한 인간 신체 개조를 넘어서, 시험관 아기 또는 DNA 클론과 같은 인체 기관 복제 등 인간 생명에 대한 개조로 확대되고 있다. 샤를로테 케르너(Charlotte Kerner)의 『복제인간 시리』는 이미 이를 예지적으로 묘사하고 있다. 자연선택과 윤리선택 이 두 가지 선택과 비교해볼 때, 인간이 과학선택의 단계에서 대면해야할 문제는 보다 다양하고 복잡하고 어려운 선택이다. 샤를로테 케르너의 『복제인간 시리』를 예를 들어보면,

소설에서 시리는 프랑켄슈타인처럼 실험실에서 제작된 인조인간으로서, 인류가 대면해야할 새로운 문제들을 제기하고 있다. 시리는 과학자가 불치병을 앓고 있는 천재 음악가 이리스의 몸에서 채취한 세포로부터 복제한 인간이다. 시리는 이리스처럼 아름다운 외모를 가지고 있을 뿐만 아니라 천부적 음악재능을 타고난 클론이다. 과학기술을 통해서 만들어진 클론은 과학선택의 결과이다. 이로써 시리의 신분과 이리스와 관계, 시리의 권리, 책임, 의무, 시리의 신체, 사유, 감정, 도덕 등은 우리가 대답해야만 하는 새토운 문제들이다. 게다가 과학기술을 통한 이리스의 클론과 시리의 탄생 후에 생산되는 윤리문제는 모두 과학선택 단계에서 탐구하고 해결해야만 한다. 과학발전이 매우 빠른 시대에, 인류가 경험하는 과학선택의 시간은 자연선택의 시간에 비해서 너무나도 짧다. 과학선택을 경험한 인간은 자연선택을 경험했던 유인원 또는 인간과 차이가 있다. 자연선택을 경험한 유인원 또는 인간은 주로 피동적으로 오랜 기간의 진화를 경험했을 뿐, 주체적으로 선택의 방법과 과정을 제어할 수 없었다. 하지만 과학선택의 인간은 이와 달리, 과학의 영향을 받아들이거나 개조하는 동시에 주동적으로 과학을 장악하고 창조하여, 과학을 인간에게 복속시킨다. 어찌됐든, 과학기술의 발전으로 인하여 과학선택의 시기는 이미 도래했고, 우리 모두는 과학선택의 단계를 경험하고 있으며, 또한 과학선택을 통해 인류가 완전한 존재로 변화할 수 있도록 노력하고 있다.

3. 도덕(morality)

도덕은 선악과 가치판단의 표준 중 하나로서, 주로 개별 인간의 행위에 대한 올바른 가치판단과 개별 인간의 행위에 대한 찬양을 가리킨다. 문학윤리학비평이론체계에서, 도덕은 선이자 악과 대립하면서 인간 또는 사회의 긍정적 가치 지향을 대표한다. 그렇기 때문에, 도덕 품성은 선한 품성을 가리키며, 도덕 행위는 선한 행위가 된다. 도덕은 두 가지 전제조건을 갖는다. 하나는 개별 인간의 객관적 행위와 주관적 가치판단이다. 도덕의 내용은 개별 인간의 도덕 행위, 가치판단(자신과 타인에 대한 가치판단을 포함한다), 가치평가, 행위규범을 포괄한다. 인간의 공동체적 생활과 그 행위 준칙과 규범, 즉 집단이나 사회의 도덕은 개별 인간의 도덕 기초 위에 형성된다. 도덕은 개별 인간의 수양을 기초로 하고, 집단이나 사회의 정체성을 전제로 하며, 특수한 환경, 습속, 언어 환경과 연관성을 갖는다. 그러므로 도덕은 역사적 특성을 가지게 된다. 즉 상이한 시대, 민족, 지역에서 상이한 도덕을 가지게 된다. 문학작품의 가치는, 한편으로는 구체적 사례를 통해 시대의 도덕을 칭송하고 찬양함에 있으면서도, 다른 한편으로는 전환기의 사회적 변화가 야기하는 도덕 문제를 폭로함에 있기도 하다. 도덕은 선악을 표준으로 한다. 선한 행위와 현상은 도덕적이고, 그렇지 못한 행위와 현상은 부도덕하게 된다. 그렇기 때문에 도덕은 선한 행위 또는 현상에 대한 독려와 찬양이 되고, 많은 경우에 있어서 선과 동일하면서 악과 대립한다.

4. 도덕가치(moral value)

도덕가치는 바로 문학의 긍정적 도덕 교화의 가치이다. 문학은 일련의 도덕 사례와 표본을 통하여 교화, 장려, 징계의 목적을 실현한다. 문학은 이렇게 사람들이 선을 택하고 악을 버림으로써 도덕적 인간을 이루어가는 윤리선택 과정을 완성할 수 있게 도와준다. 도덕가치는 문학의 기본 가치이고, 도덕교화는 문학의 기본적인 기능이다. 어떤 이들은 문학의 가치가 심미적 가치에 있다고 하고 문학의 기능은 심미적 기능이라고 말하지만, 이러한 관점은 문학의 가치와 기능에 대한 오해일 수 있다. 심미는 문학작품을 접하고 읽는 과정에 실현되는, 문학의 교화가치를 발견해내는 방법과 과정이다. 그러므로 심미는 문학의 기능이 아니며, 도덕가치를 발견하기 위한 도구일 뿐이다.

5. 도덕감정(moral emotion)

도덕감정은 도덕의 속박을 받아들이는 감정을 의미한다. 감정은 심리학 범주에 속한다. 심리학에서 감정은, 인간이 객관세계를 반영하는 특수한 형식으로서, 객관사물이 인간의 요구에 부합하는지의 여부에 따라 생겨나는 태도이자 체험으로 정의된다. 즉 감정은 주관적 체험이면서 주관적 태도이자 반영으로서 주관의식의 범주에 속할 뿐, 객관의식의 범주에 속하지 않는다. 감정의 주체는 사람이므로 심리학의 관점에서 보면 인간의 감정은 타인이나 사물(추상적 인간이나 사물을 포괄한다)에 대한 가치판단의 표현 형식이다. 예를 들면 불행을 겪고 있는 사람에 대한 동정, 자아 완성자에 대한 숭배, 악행을 저지르는 자에 대한 증오 등이다.

문학윤리학비평의 관점에서 보면 윤리선택 중의 감정은 특수한 환경 또는 언어 환경에서 도덕의 준칙과 규범에 부합되게끔 이성의 통제를 받는다. 이러한 이성의지의 형식이 표현하는 감정은 모성애와 가족애와 같은 도덕감정이다. 감정은 비이성의지의 표현 형식인 동시에 또한 이성의지의 표현 형식이기도 하다. 따라서 우리는 이를 이성 감정과 비이성 감정으로 구분할 수 있다. 이성감정은 도덕감정이고, 비이성감정은 자연감정이다. 인간이 가지는 스핑크스 요소의 특성은 인간성 요소와 동물성 요소가 윤리선택 과정에서 형성한 서로 다른 조합이 인간의 복잡한 감정을 만들어낸다. 즉 자연감정에서 이성감정으로의 전환 또는 이성 감정으로부터 자연 감정으로의 전환을 만들어낸다. 문학작품은 바로 인간의 감정이 윤리선택 과정에서 어떻게 전환되는가, 또 상이한 감정이 어떤 상이한 결과를 도출하는가를 묘사한다. 예를 들면 톨스토이의 『부활』에서 귀족 청년 네흘류도프는 농노 소녀 카투사 마슬로바를 좋아했고, 그를 유혹한 뒤 버려버렸다. 카투사에 대한 네흘류도프의 사랑은 자연 감정이 이끈 결과였고, 카투사를 유혹한 뒤 버린 행위는 네흘류도프의 자연감정이 이끌어낸 윤리선택임이 명백하다. 10년 뒤 기녀가 되어버린 카투사는 살인이라는 누명을 쓰고 감옥에 들어간다. 법정의 배심원으로 들어선 네흘류도프는 판결을 기다리는 죄인 카투사를 발견하게 되고, 그는 양심의 꿈틀거림을 느끼며 그녀에게 상소를 판결하게 된다. 상소에서 패한 뒤, 그는 카투사를 따라 유배지 시베리아로 향했고 그녀와 결혼을 결심했다. 이 때 네흘류도프의 감정은 윤리선택 과정 중 도덕의 승화를 실현하게 되고, 이성 감정 즉 도덕감정으로 전환하게 된다.

호손의 『주홍글씨』에서 헤스터와 목사 딤즈데일은 서로 사랑하여 통간한다. 이는 그 둘의 자연감정이 이끌어낸 결과이다. 하지만 헤스터는 법정에서 심판을 받는 과정에서조차 자신의 사랑을 충실히 믿었으므로 시종일관 자신의 정부를 발설하지 않았다. 이는 그가 선택한 윤리선택이고 이성감정의 힘이 체현해낸 결과였다. 나중에 목사는 용감하게 헤스터와 같이 대중 앞에 서기를 선택하면서 담담하게 자신의 죄를 인정한다. 딤즈데일 목사의 도덕감정의 역량은 자신의 이러한 행위가 체현해냈다.

6. 도덕교화(moral teaching)

도덕교화는 바로 문학의 기본 기능이다. 문학윤리학비평은 문학이 윤리의식에서 연원한다는 관점을 취하므로 문학을 윤리의 산물로 간주한다. 또한 문학은 특정한 역사적 단계에서 나타나는 사회윤리의 표현 형식이자 본질적으로 윤리에 관한 예술이다. 문학의 가치는 문학의 교화적 기능으로 체현된다. 윤리선택의 과정에서 인간의 윤리의식은 생성되기 시작하고 선악 관념이 형성된다. 윤리선택은 교화를 통해서 실현되지만 교화는 문학을 통해서 획득된다. 인류문명사의 관점에서 보면, 문학이 있어야만 일련의 도덕 사례와 표본들을 통해 교화, 장려, 징계의 목적을 달성할 수 있게 되고 인간이 선을 택하고 악을 버림으로써 도덕적 인간을 이루어 가는 윤리선택 과정을 완성할 수 있게 도와준다.

인류문명사에서 보면, 문학의 출현은 자연선택에서 윤리선택으로의 진입을 표시한다. 인류가 문자를 창조한 주요 목적은 자신의 도덕경험을 보존하는 동시에 이를 타인과 공유하여 생활 규범을 만들기 위해서다. 문자가 형성된 후, 구비로 전승되던 도덕경험은 문자로 고정됐던 텍스트 형식들, 즉 시, 이야기, 잠언, 우화, 소설, 희곡 등을 변화시켰다. 이렇게 문자가 구성했던 텍스트와 기록들은 모두 인간 자신의 생존과 발전에 도움이 되는 집단의 도덕경험이다.

서양의 서사시나 중국의 복사(卜辭) 또는 시, 아니면 나중에 생겨난 희곡이나 소설 등의 문학 양식 모두를 막론하고, 그들의 가치는 바로 교화 제공성에 있다. 인류가 자연선택을 거쳐 인간의 형체적 모습을 획득한 뒤 마주한 최대의 문제는 어떻게 윤리선택을 거쳐 인간의 본질을 획득할까 하는 물음이다. 이는 표본과 설교, 즉 교화를 필요로 한다. 현실의 표본들은 희소하면서도 완미하지 못하다. 어떻게 이 문제를 해결할까? 가장 좋은 방법은 상이한 시간과 공간에 존재하는 표본을 이야기화하고, 이를 문자 텍스트로 바꾸어 쉽게 배우고 익혀 모방할 수 있게 하면 된다. 예를 들면 호머의 서사시 중 아킬레스, 오디세우스 등의 영웅 이야기, 그리스비극 중 오레스테스, 오이디푸스, 메디아 등의 이야기들은 2천여 년이 지난 현재도 여전히 사람의 마음을 감동시키며 동시에 많은 윤리문제들을 상기시킨다. 셰익스피어의 작품도 이와 마찬가지여서 당시와 현재 독자들의 사랑을 얻을 수 있었다. 독자들의 사랑을 얻을 수 있었던 가장 큰 이유는 우리를 교화시킬 수 있기 때문이다. 문학작품 중에는 도덕표본도 있고, 비도덕표본도 있다. 전자에는 『햄릿』의 주인공 햄릿, 『베니스의 상인』의 여주인공 포샤 등이 있고, 후자에는 『맥베스』의 야심, 이야고의 음모 등이 있다.

문학은 동서고금을 막론하고 교화를 기본 기능으로 하고 있다. 나아가 교화 기능이 없는 문학은 존재하지 않는다고 말할 수 있다. 은나라의 복사는 중국 최고의 문학이다. 위대한 선현들은 점복의 방식으로 중국 최고의 윤리질서와 행위 준칙을 건립하여 후대 문명의 기초를 닦았다. 물론 지금의 우리에게서 점복은 미신에 속할 뿐이지만 말이다. 복서 이후에 출현한 사서오경은 역대 지식인에게 존중 받아온 중국의 가장 중요한 유가경전이다. 사서오경은 중국의 초기 문학으로서 주로 교화에 쓰였다. 남송 이후 사서오경은 유학의 기본 도서목록이 되어 모든 유생의 필독서가 됐다. 문학은 중국역사의 중대한 변화와 사회발전에 동력을 제공해왔다. 중국의 5.4시기에 등장한 신문화운동은 민주와 과학을 주창하면서, 전제정치, 우매, 미신을 반대했다. 옛 도덕을 반대하면서 새로운 도덕을 제창했는데, 그 주요 무기가 바로 문학이었다. 비록 지금에 이르러 어떤 이들은 문학의 사명은 이미 끝났다고 선언하기도 하고 문학은 이미 죽었다고 단언하기도 하지만, 실제로 문학은 여전히 사회문명의 발전을 추동하는 교화 작용을 발휘하고 있다. 문학은 언제까지나 인생의 교과서이고 그 교화 기능은 가장 기본적 기능이라고 문학의 역사와 사회 문명사는 천명한다. 문학이 존재하는 한, 문학의 교화 기능은 존재한다. 비록 과학선택의 시대에 진입했다하더라도 문학의 교화 기능은 소멸되지 않는다.

7. 도덕비판(moral criticism)

도덕비판은 부도덕한 인물 또는 현상에 대한 평가와 질책을 가리킨다. 문학작품은 사람들에게 모범이 될 만한 도덕표본을 필요로 할뿐만 아니라 사람들을 일깨울 형상도 필요로 한다. 사람들을 일깨울 형상은 더러는 문학작품에서 나쁜 사람으로 나타나기도 한다. 텍스트는 곧잘 나쁜 사람의 형상을 분석하고 평가하고 그의 패적과 악행을 질책하면서, 이러한 형상들이 일깨움과 경고의 작용을 발휘하도록 한다.

8. 도덕표본(moral model)

도덕표본은 문학작품이 모방하는 도덕 형상이다. 도덕표본은 일반적으로 모두 이성적 인물로서, 그러한 인물의 미덕으로 사람들을 감동시킨다. 도덕표본은 인간적 요소가 동물적 요소를 억제함과 이성의지가 자유의지를 억제함을 통해서, 윤리선택 과정 중에 부단히 도덕적 완성을 이룸으로써 타인을 계발시킬 수 있게 된다. 문학작품의 교훈 기능은 주로 도덕표본을 통해서 실현된다.

9. 두뇌텍스트(brain text)

두뇌텍스트란 인간의 두뇌를 매개로 하여 보존되는 기억을 가리킨다. 두뇌텍스트는 특수한 생물 형태로서 인간의 두뇌가 기억의 형식으로 보존하는 사물에 대한 감지와 인식이다. 문학에 있어서 텍스트는 의미를 표현할 수 있는 문자 또는 기호를 저장할 수 있는 담지체를 가리킨다. 의미 표현을 저장할 수 있는 문자나 기호라면 어떠한 재료라도 모두 텍스트의 담지체가 될 수 있다. 종합해 보면 텍스트에는 세 가지 기본 형태, 즉 두뇌텍스트와 물질텍스트, 전자(디지털)텍스트가 있다. 문자 기호가 창조되기 전에 인류문명은 일찍이 풍부한 문학적 특징을 가진 두뇌텍스트를 생산해냈다. 신화나 민간 서사시, 전설, 역사 서사 등의 텍스트가 모두 그 예들이다. 두뇌텍스트는 전통적으로 말하는 구두문학의 텍스트이기도 하다. 입을 통해 표현하는 문학은 입과 귀로 전해지는 방식으로 두뇌텍스트를 복제할 수는 있으나 그것이 유전될 수는 없다. 따라서 매우 적은 두뇌텍스트가 물질텍스트의 도움을 받아 보존된 경우를 제외하면, 문학성을 갖춘 많은 두뇌텍스트는 모두 그 소유자의 죽음과 더불어 영원히 소멸되고 말았다.

두뇌텍스트의 텍스트 매개에 관한 점을 살펴보면 그것은 텍스트의 원시 형태이다. 물질텍스트와 전자텍스트가 등장하기 전에 비물질적 형태의 의식은 단지 기억의 형식으로만 대뇌에 저장되어 있으면서 두뇌텍스트를 구성했다. 비록 물질텍스트와 전자텍스트가 등장한 이후에라도 사물과 세계에 대한 인간의 감지, 인지, 이해는 여전히 가장 먼저 두뇌넥스트를 만들어 인간의 대뇌에 저장된다.

두뇌텍스트는 인간의 시각과 청각 등 감각을 빌려 인간의 의식을 기억의 기호로 전환하여 대뇌 속에 저장한다. 인간이 귀로 듣는 소리, 눈으로 보는 이미지, 느끼는 사물의 상태는 모두 기억 기호로 전환되어 대뇌 속 정보로 변환되며 두뇌텍스트를 구성하게 된다. 그러나 두뇌텍스트가 직접적으로 감지, 인지, 이해를 저장하는 것은 아니며 단지 감지, 인지, 이해를 기억으로 전환하여 대뇌에 저장하기 때문에 두뇌텍스트는 기억을 저장한다. 그러나 물질텍스트는 문자나 기호를 저장하며 전자텍스트는 이진법 디지털 정보를 저장한다. 추상적 감지와 인지, 이해가 기억의 형식으로 두뇌텍스트에 저장되는 바를 제외하면, 추상적 관념이나 이데올로기를 포함하는 의미를 가진 일체의 음성기호나 문자기호는 모두 기억으로 전환되어 두뇌텍스트에 저장될 수 있다.

두뇌텍스트가 인간의 대뇌에 저장된 이후에는 기억의 소환을 통하여 발음기관을 빌려서만 재현될 수 있다. 호머는 자신의 서사시를 노래하여 전해주는 사람이 있었기에 그 이야기가 대뇌에 기억됐다. 그들이 대뇌에 서사시에 관한 기억을 저장한 결과가 바로 두뇌텍스트다. 시인이 입으로 노래하는 행위는 바로 자신의 기억을 돌이켜서 발성기관을 빌려서 기억을 음성기호로 전환하여 표현한 것이다. 음성기호는 반드시 청각기관의 도움을 받아야만 한다. 청각기관이 없다면 음성의 형식으로 나타나는 두뇌텍스트를 수용하거나 이해할 수 없다.

구술문학은 귀에서 입으로 전해지기 때문에 텍스트가 없다고 생각하는 사람도 있다. 문학이라면 반드시 텍스트가 있어야 한다. 텍스트가 없다면 문학이 아니며, 구술문학도 예외가 될 수 없다. 그것이 후세로 유전되는 일도 텍스트를 전제로 해야 한다. 다만 그와 같은 텍스트는 우리가 현재 익히 알고 있는 물질텍스트와는 다를 뿐이다. 이는 곧 두뇌텍스트의 유전으로 나타난다.

구두로 표현하는 문학에는 두 가지 상황이 있다. 하나는 물질텍스트 없이 구술하는 방식으로 고대 음유시인인 호머가 서사시와 민담을 전해준 경우를 예로 들 수 있다. 다른 하나는 기존에 물질텍스트로 이뤄진 이야기를 구술하는 경우로 중국의 설화인(說話人)이 기억에 근거하여 삼국지나 수호지를 구술하는 사례가 있다. 구술이라는 시각에서 보면 양자는 본질적으로 다르지 않으며 모두 기억에 근거하여 이야기를 구술한다는 공통점이 있다. 다른 점이 있다면, 전자가 두뇌텍스트에 의한 구술이고 후자는 물질텍스트에 의한 구술이라는 점뿐이다.

두뇌텍스트는 결코 인류문명의 초기 혹은 서사 기호의 등장 이전부터 있었던 텍스트 형식이 아니다. 문자가 등장한 이후, 두뇌텍스트도 마찬가지로 존재하게 됐다. 인간의 두뇌 활동이 있는 한 다양한 두뇌텍스트는 끊임없이 생산될 수 있다. 인간의 두뇌 활동이 멈춘다 해도 인간의 어떠한 감각기관이라도 기능을 발휘할 수 있다면, 인간은 그 감각을 통해 두뇌텍스트를 생산할 수 있다. 문학가들은 인물과 사물을 관찰하고 사고와 분석, 귀납과 추리를 수행하는 데 능하기 때문에 그들의 두뇌텍스트는 보통 사람들보다 훨씬 풍부하다. 또한 작가는 문학을 잘 알고 특정한 문학기교에 대해서도 정통하기 때문에 그들의 두뇌텍스트는 강렬한 서정적, 상상적 특징을 갖게 되고 따라서 이들은 시와 이야기의 소재가 되기도 한다. 작가가 문학작품을 창작하는 일은 모두 자신과 다른 사람의 두뇌텍스트를 가공하고 처리한 결과다. 두뇌텍스트가 비록 매우 복잡하다고는 하지만 그것은 원시적 텍스트 형태다. 오늘날까지 작가가 어떠한 문학작품을 창작했다 해도 근원적으로 말하면 이들은 모두 두뇌텍스트의 기억, 조합, 가공, 전사, 저장, 재현이었다. 두뇌텍스트가 없었다면 작가의 창작도 없었을 테고 물질텍스트와 전자텍스트도 없었을 테다. 두뇌텍스트가 없었다면 어떠한 형식의 문학도 태어날 수 없었을 테다.

10. 디지털 텍스트(digital text)

디지털 텍스트는 전자텍스트(electronic)이다.

11. 문자(character)

문자는 글쓰기를 통해 고정되어진 표의(表意) 기호이다. '언어' 항목 참고.

12. 물질텍스트(material text)

물질텍스트는 물질적 제재를 저장 장치로 하는 텍스트로, 현재의 사회 문명

조건 아래서 가장 기본적인 텍스트 형태이다. 물질텍스트는 두뇌텍스트와 다르다. 두뇌텍스트를 저장하는 대뇌 저장장치는 활성물질이며 또한 생명이 있는 물질이다. 물질텍스트의 저장 장치는 비생명체 물질이다. 종이 이외에 석판, 도기, 금속 등 어떠한 물질 재료든 문자 기호를 쓰고 인쇄하거나 새길 수 있다면 모두 텍스트의 저장 장치가 될 수 있다. 예를 들어 중국 고대에는 거북이 등껍질이나 뼛조각을 저장 장치로 하여 문자를 새겨 가장 오래된 갑골문 물질텍스트를 형성했다. 갑골문을 사용해 새긴 복사(卜辭)는 고정적인 서사 구조를 지니고 있기 때문에 중국의 가장 이른 문학텍스트이면서 최초의 문학이기도 하다. 고대 이집트에서는 파피루스를 발견해 문자를 쓸 수 있었다. 파피루스에 문자를 써서 형성한 파피루스 텍스트 역시 세계적으로 알려진 가장 이른 텍스트 중 하나다. 고고학 연구 과정에서 발견된 문자나 기호가 새겨진 도자기 조각이나 금속 그릇은 모두 고대가 남긴 텍스트이다. 전자 기술이 점점 우리의 삶에서 중요하게 된 오늘날에도 물질텍스트는 여전히 가장 보편적이고 가장 간결하면서 편리하고 대중화된 문학텍스트이다. 물질텍스트의 등장은 인류 사상과 서사학, 미디어 방송의 혁명을 가져왔다. 이때부터 인류의 사상은 비로소 진정으로 해방되기 시작했고, 추상적인 두뇌텍스트가 자아에서 해방되어 물질텍스트 형식으로 변했다. 인류의 문학은 비로소 진정한 독립을 맞이했다.

13. 문학윤리학(literary ethics)

문학윤리학은 윤리학적 지식을 이용해 문학의 도덕 문제를 해결하는 학문이다. 작가가 작품을 창작하는 도덕 입장, 독자가 작품을 읽는 도덕 입장, 문학비평의 도덕 표준 등 문제는 모두 문학윤리학의 범주에 속한다. 문학윤리학은 성격적으로 의학윤리학, 상업윤리학, 교육윤리학 등과 비슷하며 윤리학의 한 갈래에 속한다. 문학윤리학은 주로 작가의 문학작품 창작, 문학비평가의 문학작품 비평, 독자의 문학작품 독서, 문학의 도덕 교화 작용 및 윤리가치 등의 문제를 연구한다. 문학윤리학비평과 문학윤리학은 같지 않다. 문학윤리학비평은 주로 윤리의 시각에서 문학작품을 해석한다. 문학윤리학비평도 문학의 일반 이론을 연구하기 때문에 문학윤리학비평과 문학윤리학, 문학이론 사이에는 교차되거나 중복되는 지점이 있다. 문학윤리학비평 역시 문학의 기본 이론을 연구하기는 하지만, 그것은 방법론으로 주로 문학작품을 연구하고 해석하는데 사용된다.

14. 문학윤리학비평(ethical literary eriticim)

문학윤리학비평은 윤리의 시각으로 문학을 읽고 분석하고 해석하는 비평 방법이다. 기원적으로 그것은 문학을 인류 윤리의 산물로 보며, 문학은 특정한 역사적 단계의 사회 윤리를 표현하는 형식이며 문학은 본질적으로 윤리에 관한 예술이라고 여긴다. 문학윤리학비평 입장에서 보면 인류는 윤리를 표현하기 위해 문자를 창조할 필요가 있었고, 이후 문자를 빌려 생활의 사건과 윤리에 대한 인류의 이해를 기록하여 문자를 텍스트로 만들었다. 최초의 문학은 바로 이렇게 탄생했다. 역사문헌적인 의미에서 보면 그리스의 역사시와 비극과 같은 고대 문학은 인류의 윤리관계와 도덕규범 안의 풍부한 삶을 최초로 기록했다. 그래서 문학은 인류의 도덕 교과서다. 인류의 사회 제도가 점점 완전해지고 성문법이 출현한 이후에도 문학은 여전히 사회제도와 도덕규범, 법률규범의 문학적 표현 형식이다.(우리는 현재 종종 예술적 표현 형식이라고 부른다.) 그래서 문학의 윤리성격과 교화 기능은 문학 탄생 초기부터 있었다. 문학윤리학비평은 해석 비평으로서 문학텍스트를 주요한 비평 대상으로 삼는다. 윤리의 시각에서 텍스트에 묘사된 다양한 삶의 현상을 해석한다. 또 인간과 자연, 인간과 타인, 인간과 사회, 인간과 자연의 복잡한 윤리관계에서 특정한 역사적 환경에 처한 다양한 윤리선택 모델을 해석한다. 윤리선택의 다양한 동기를 분석하며 윤리선택의 과정을 분석한다. 그럼으로써 다양한 선택이 우리에게 가져온 도덕의 깨달음을 밝히고 본받을 수 있는 도덕 이상을 발견해 인류문명의 발전을 위한 경험과 깨우침을 제공해 준다.

15. 본능(instinct)

자아의 의식적 지배를 받지 않는 조건반사적 행동을 가리킨다. 본능은 생득적이지만 일정한 조건의 감응을 통해서만 나타나게 된다. 예를 들면 배고픔의 조건에서 생겨나는 음식에 대한 욕망, 목마름의 조건에서 생겨나는 해갈의 욕망 등은 인간의 본능적 반응에 속한다. 본능은 다른 동물도 갖춘 능력으로서 동물적 속성에 속한다. 인간의 본능은 유인원에서 인간으로 진화한 뒤 인간의 신체에 새겨진 수성(獸性)의 흔적이다. 이는 생존 또는 욕망의 만족감을 자각하지 못하게 되어 본성 자체에는 도덕성이 결여된다. 하지만 무의식적 본능이 인간의 의식적 활동으로 전환될 때, 이성의지 또는 비이성의지의 형식으로 표현되면서 윤리의 범주로 진입하게 된다.

16. 본성(instinct)

본성은 본능으로서 인간의 자연적 속성을 가리킨다.

17. 비이성(irrationality)

비이성은 이성에 부합하지 않는 일체의 가치판단을 가리킨다. 비이성의 가치판단은 비이성의 행위를 도출하고 비이성의지를 통해서 표현되기도 한다.

18. 비이성의지(irrational will)

비이성의지는 이성의지와 대립하는 개념으로서 주로 일체 감정과 행동의 비이성적 추동력을 가리킨다. 비이성의지가 드러내는 여러 정신 요소들, 예를 들면 감정, 직각, 환각, 잠재의식, 영감, 동기, 욕망, 신념, 신앙, 습관, 본능 등은 이성의 억압과 통제를 받지 않는다. 비이성의지의 갑작스런 출현은 격정과 충동이다. 비이성의지는 자유의지와 다른 점이 있다. 즉 자유의지는 이성과 무관하지만, 비이성의지는 이성과 연관된다. 논리와 부합하지 않는 형식이 드러내는 잘못된 인식과 판단은 누군가의 관점에서는 이성의지가 될 수 있으면서도, 다른 이의 관점에서는 비이성의지가 될 수 있다. 비이성의지는 윤리학적 범주에 속하면서 경우에 따라서는 가치판단을 대동하기도 한다. 문학에서 거듭된 오해로 인한 일련의 감정과 행위는 모두 비이성의지의 표현에 속한다. 비이성의지는 문학작품 중 보편적으로 존재하는 의지이다. 예를 들면

『오셀로』에서 오해와 질투로 인한 오셀로의 복수, 『폭풍의 언덕』에서 원한을 풀기위한 히스클리프의 복수, 『안나 카레니나』에서 남편에 대한 복수 등이 그러하다.

19. 수성인자(animal factor)

수성인자는 인성인자와 상대적인, 인간의 동물적 본능이다. 수성인자는 인성인자와 다르다. 인성인자는 후천적으로 인류의 이성이 점차적으로 성숙된 결과이지만, 수성인자는 선천적인 것으로 인간이 태어나면서부터 지니고 있다. 그래서 수성인자 역시 인간의 본능이다. 수성인자는 인간의 동물적 본능이 드러난 것으로, 진화과정에서 남아 있던 인간의 동물성이다. 수성인자는 인간의 비인간적인 부분에 속하므로 동물성과는 다르다. 동물에게 존재하는 동물성은 이성의 통제를 받지 않는 순수한 동물성이며, 동물이 인간과 구분되는 본질적인 특징이기도 하다. 하지만 수성인자는 인간이 독자적으로 지니고 있는 특징이며, 인간의 몸에서 인성인자와 병존하는 동물적 특징이다. 수성인자는 인간의 몸에 존재하여, 인간이 동물에서 진화하여 왔음을 보여줄 뿐만 아니라 인간이 야만적 상태에서 벗어나 문명인으로 변화했다 할지라도 몸에는 여전히 동물적 특징이 남아 있음을 보여주기도 한다. 수성인자의 표현 형식은 자연의지 혹은 자유의지이다. 자연의지는 동물적 본능의 표현 형식이다. 자연의지는 자발적으로 생긴 것이기 때문에 자연의지 역시 일종의 자유의지이다. 인간의 자연의지 혹은 자유의지는 이성의지의 제약을 받아 이성의지로 변화한다. 인간이 동물과 구별되는 것은 인간이 선악을 구분하는 능력이 있는가, 인성인자를 통해 인간의 몸에 있는 동물적 본능을 통제함으로써 인간이 이성적인 인간으로 변화될 수 있는가에 달려 있다. 동물과 비교하면 인간에게는 윤리의식이 있다. 인간의 윤리의식이 출현한 이후에야 인간은 이성의지를 통해 자연의지 혹은 자유의식을 통제할 수 있다.

20. 스핑크스인자(Sphinx factor)

스핑크스인자는 스핑크스와 관련된 그리스신화에서 기원하며 인간이 윤리 선택 과정에서 선악이 병존하는 현상을 해석하는데 사용된다.

그리스신화에서 스핑크스는 여인의 머리에 수컷 사자의 몸, 독수리의 날개와 뱀 형태의 꼬리를 지닌 괴수이다. 그것은 테베성으로 향하는 사거리를 지키면서 성으로 들어가는 사람에게 똑같은 문제를 낸다. "아침에는 네 다리로, 낮에는 두 다리로, 밤에는 세 다리로 걷는 짐승이 무엇이냐?" 많은 사람들이 수수께끼의 답을 맞히지 못해 스핑스크에게 죽임을 당한다. 하지만 아버지를 살해하고 어머니를 취한다는 예언을 피해 코린토스에서 테베로 가던 오이디푸스는 스핑크스의 수수께끼를 맞출 뿐만 아니라 그 정답인 '인간'에 대해서도 설명한다. 인간은 아이 때는 손과 발로 기기 때문에 네 다리로 길을 간다. 성인이 된 후에는 똑바로 서서 걸으니 두 다리로 걷고, 노년이 된 후에는 지팡이의 도움이 필요하기 때문에 세 다리로 걷는다. 스핑크스의 수수께끼는 종종 복잡하고 신비하고 이해하기 어려운 문제를 비유할 때 사용된다. 하지만 그 안에는 더욱 깊은 함의가 숨겨져 있다. 즉 인간에 대한 정의를 캐묻고 있다. 오이디푸스가 말한 수수께끼의 답은 사실 인간에게 내린 정의였다. 즉 인간이 인간일 수 있는 결정적인 요소는 인간의 두뇌이다. 인간의 두뇌는 이성의 상징이다. 이성은 구체적으로 오이디푸스가 아버지를 살해하고 어머니를 취하는 비극을 통해 윤리금기의 준수로 드러난다.

사람의 얼굴에 동물의 몸을 한 스핑크스 형상은 두 측면에서 인간의 본질을 설명한다. 하나는 형식적으로 인간의 가장 중요한 특징이 두뇌이며, 인간의 두뇌는 사실상 인류가 오랜 시간 진화를 거쳐 출현한 이성으로 그것이 인간이 인간인 이유를 결정하는 결정적 요소임을 상징적으로 강조한다. 둘째는 사자 몸을 통해 인간이 동물에서 진화하여 나왔으며 인간의 몸에는 여전히 동물의 본능이 남아 있음을 상징적으로 강조한다. 인류문명이 윤리선택을 거쳐 오늘날까지 발전해왔지만 인간의 몸에는 여전히 스핑크스의 잔존물이 남아 있고, 우리는 그것을 스핑크스인자라고 부른다. 스핑크스인자는 사실상 인간의 몸에 남아 있는 스핑크스 유전자이다. 인간의 몸에 이성과 동물성이 병존하는 특성은 스핑크스인자가 결정한다. 스핑크스인자는 인성인자와 수성인자 두 부분으로 구성되어 있다. 이 때문에 그것은 인성인자와 수성인자의 총칭이기도 하다. 스핑크스인자 안의 인성인자는 고급 인자이고 주도적 인자이며, 수성인자는 저급한 인자이고 복종적 인자이다. 그래서 인성인자는 수성인자를 통제하고 구속할 수 있고, 그럼으로써 인간이 윤리적 인간이 될 수 있도록 한다. 스핑크스인자는 인간과 동물 사이는 한 걸음 차이이고 벽 하나 차이임을 인간과 동물의 결합이라는 것으로 말해준다. 사람들에게 종종 고대 그리스 사람의 운명 주제를 표현한 작품으로 읽히는 『오이디푸스왕』이라는 비극에서 우리는 운명의 베일 너머로 인류가 인간이 될지 아니면 동물이 될지 사이에서 선택하는 힘겨운 과정에 있음을 볼 수 있다. 이 비극이 스핑스크와 그 수수께끼를 빌려 제기한 문제는 인간과 짐승의 구별이 도대체 어디에 있는가 하는 점이다. 오이디푸스는 자신의 이성을 통해 스핑크스의 수수께끼를 풀고 어떻게 정확한 선택을 하는가 하는 문제에 대답한다. 이는 바로 이성선택의 가치이다. 문학작품에서 한 사람 한 사람 모두 선악이 병존하는 생물체이기 때문에 사실상 사람이 바로 스핑크스인자이다. 문학작품의 가치는 인성인자와 수성인자의 다양한 조합과 변화를 통해 인간의 윤리선택 과정을 보여준다는데 있다. 인성인자의 표현 형식은 이성의지이고, 수성인자의 표현 형식은 자연의지 혹은 자유의지, 혹은 비이성의지이다. 문학작품에서 스핑크스인자의 다양한 조합은 그 인물들의 행위와 성격을 복잡하게 만든다. 스핑크스인자의 다양한 변화는 다양한 윤리충돌을 만들어내고 다양한 도덕 교화가치를 드러낸다.

문학윤리학비평은 스핑크스인자를 운용해 문학 현상을 해석하고 문학작품을 분석한다. 예를 들어 셰익스피어의 비극 『맥베스』의 주인공 맥베스는 왕을 시해하고 자리를 찬탈함으로써 공이 있는 신하에서 윤리 대죄를 저지른 사람으로 변했다. 이는 바로 그의 몸에 남아 있는 스핑크스인자가 작용을 일으킨 결과이다. 맥베스가 무녀를 만나기 전 그의 몸에 있던 인성인자는 그의 몸에 있는 권력의 욕망을 구속할 수 있었다. 하지만 무녀의 입에서 터져 나온 “맥베스, 미래의 군왕!”이라는 말을 통해 범죄의 길로 들어서도록 하는 비이성의지의 힘으로 변했다. 이는 사실상 인간의 몸에 있는 수성인자가 드러나 이성인자가 구속을 받을 수 없게 된 결과이다. 로맨스 소설 『차타레 부인의 사랑』에서 여주인공 코니는 영국 귀족 클리포드 차타레의 아내가 되지만, 결혼한 지 얼마 지나지 않아 클리포드는 전쟁에서 부상을 입고 성 능력을 상실한다. 인간의 원시적 욕망이 추동되어 코니는 종종 새로 온 사냥터지기인 멜로즈와 밀회를 갖으며 원시적이고 격정적인 성생활을 마음껏 즐긴다. 코니가 성애의 욕망을 갈구하는 것은 그녀 몸에 있는 수성인자의 결정이다. 그녀의 이성의지는 성애를 추구하는 자유의지를 통제할 수 없었고, 이로 인해 그녀는 모든 도덕을 머리 뒤로 던져버리고 온 맘으로 감각적 쾌락을 추구했다.

스핑크스인자는 동화의 해석에서도 중요한 작용을 한다. 동화는 왜 동물 형상을 많이 사용하는 것일까? 문학윤리학비평은 아동의 성장 과정이 사실은 윤리선택의 과정, 즉 인간이 되는 과정이라 보고 있다. 아동의 출생은 단지 자연선택, 즉 생물선택을 완성한 것에 불과하다. 이러한 생물선택은 아동이 인간의 형식을 획득했음을 보여주기만 하지 아동이 이미 이성적 인간이 됐음을 보여주지는 않는다. 그래서 아동은 생물선택을 완성한 이후 기나긴 윤리선택의 과정을 거쳐야 한다. 아동은 인간의 형식을 획득하기는 했지만 아직 이성적인 측면에서 인간과 동물을 잘 구분해낼 수 없다. 아동은 스핑크스와 마찬가지로 인간과 동물의 차이를 이해할 방법이 없고, 이로 인해 무엇이 인간이고 무엇이 동물인지에 대한 대답을 할 수 없다. 동화의 기능은 동물의 형상을 통해 아동이 자신을 동물과 구분해내 자신이 동물과 다름을 인식하게 하고 인간에 대한 윤리관념을 세우는데 있다. 다양한 동물 형상을 통해 아동은 점차 스핑크스의 곤혹에서 벗어나고 선악의식을 갖게 된다. 그럼으로써 점점 성장해 이성적인 인간으로 변화한다.

21. 언어(language)

언어는 인류가 의미를 표현하는데 사용하는 소리 기호이다. 하지만 언어에 대해서는 여러 가지 정의가 있다. 이는 오늘날까지 해결되지 않은 문제이다. 대영백과사전은 "언어는 습관에 부합하는 구두 표현 혹은 글쓰기 기호이다. 인류는 사회 집단이자 그 문화의 참여자로서 언어를 빌려 자신을 표현한다"고 말한다. 영국 언어학자 헨리 스위트(Henry Sweet)는 "언어는 단어를 조합해서 이룬 어음이 개념을 표현한 것"이라고 했으며, 미국 언어학자 블로흐(Bernard Bloch)와 트라거(George L. Trager)는 "언어는 사회 집단이 이를 빌어 합작을 하는 임의적 소리 기호이다."(이상 *Language Entry in Encyclopaedia Britannica* 참고)라고 했다. 실질적으로 보면 학계의 논쟁은 주로 두 종류로 나뉜다. 하나는 언어가 구두언어와 서면언어로 구성되어 있다고 여기는 입장이다. 다른 하나는 인류가 말하는 의미를 표현하는 말, 즉 구두언어가 곧 언어라고 보는 입장이다. 논쟁의 쟁점은 언어가 구두 표현만을 가리키느냐 아니면 글쓰기도 포함하느냐에 있다. 다시 말하면 구두 표현이 글로 써진 이후에도 여전히 언어인가 아닌가 하는 문제다. 중국어에서 이러한 논쟁은 언어와 문자의 관계, 즉 문자가 언어인가 아닌가로 표현된다. 이 두 종류의 서로 다른 관점은 언어학의 논쟁이었지만 오랜 동안 언어연구에 영향을 미치지는 않았다. 하지만 문학의 입장에서 보면, 언어와 문자의 관계를 분명하게 정리하지 않는다면 문학에 대한 정의와 이해에 영향을 미칠 수 있다. 물론 언어와 문자의 관계를 분명하게 한다면 언어연구에도 도움이 될 것이다.

문학윤리학비평 용어에서 언어는 구두로 표현된 어음 기호를 가리키고 문자는 글로 쓰인 표의(表意) 기호를 가리킨다. 언어가 문자의 의미를 표현할 수 있고 문자 역시 언어의 의미를 표현할 수 있다. 그러나 언어와 문자는 두 개의 독립된 기호 시스템으로서 그 탄생과 변화, 특징이 모두 서로 다르다. 언어는 언어이고 문자는 문자로 둘을 혼돈하거나 같다고 할 수 없다.

언어와 문자의 형태는 다르다. 음성 기호로서의 언어는 소리 형태이고, 시각 기호로서의 문자는 물질 형태이다. 어음 기호는 언어의 매개체이고 발음기관의 도움을 받아야만 언어로 변화될 수 있다. 동시에 소리 기호는 청각기관의 도움을 받아야 비로소 사람들에게 이해될 수 있다. 그래서 발음기관과 청각기관은 언어가 존재하는 전제 조건이다. 표의 기호는 문자의 매개체로 글쓰기 도구의 도움을 받아야 문자로 전환될 수 있다. 동시에 표의 기호 역시 시각 기호로 시각기관의 도움을 받아야 비로소 읽을 수 있다. 그래서 글쓰기 도구와 시각기관은 문자가 존재하는 전제 조건이다.

녹음 기술이 출현하기 이전에는 발음기관과 청각기관을 지닌 사람 자체가 바로 언어가 존재할 수 있는 조건이었다. 사람이 죽거나 발음기관이나 청각기관을 상실하게 되면 언어는 존재할 수 없다. 하지만 언어는 문자를 통해 보존된다. 음성 기호가 표의 기호로 전환될 때 언어는 문자로 변화된다. 현대과학이 나타나기 이전에 언어는 사람의 발음기관의 도움을 받아야만 표현될 수 있었고, 사람의 청각기관의 도움을 받아야만 기억되어 보관될 수 있었다. 일단 사람이 죽는다면, 그가 기억을 다른 사람에게 전달했을 경우를 제외하고 언어는 사라져버린다. 문자 역시 일종의 글쓰기 기호이다. 문자가 등장한 이후 언어는 문자로 기록되어 보존될 수 있게 됐다. 일단 언어가 문자로 기록되면 그것은 소리 형태에서 물질 형태, 즉 문자 기호로 바뀐다. 문자가 언어를 기록할 수 있기는 하지만 언어와 문자가 의미를 표현하는 기능은 근본적으로 같다. 즉 언어는 소리 기호를 통해 의미를 표현하고, 문자는 표의 기호를 통해 의미를 표현한다.

하지만 사람들은 종종 의미를 표현할 수 있는 소리 기호와 표의 기호를 모두 언어라고 한다. 즉 우리가 구두로 말하는 바와 글쓰기 도구로 쓰는 바 모두 언어라고 여긴다. 언어와 문자가 모두 언어라고 칭해지기는 하지만 양자의 내함은 같지 않다. 그래서 문자를 언어라고 부르는 일은 단지 우리의 습관적인 사용법일 뿐이고, 사실상 양자는 서로 다르다. 문자가 언어를 기록하기 위해서 나왔다고는 하지만 양자는 역시 다르다. 예를 들어 수증기가 차가운 기운 때문에 얼음으로 변하면 양자의 성질에 변화가 발생한다. 얼음은 더 이상 수증기로 불릴 수 없다. 같은 이치로 언어가 표의 기호로 바뀌면 성질에 변화가 발생해 문자라고만 불릴 수 있을 뿐이지 언어라고 불릴 수가 없게 된다. 연주곡 역시 그러하다. 우리는 악기로 연주하는 음악과 종이에 인쇄된 음악을 모두 연주곡이라고 부르기는 하지만, 이는 습관적인 표현일 뿐이다. 종이 위에 인쇄된 음악은 연주하지 않는 악보일 뿐이다.

언어와 문자가 문학과 맺는 관계는 서로 다르다. 문자가 출현한 이후 기록된 구두언어든 머릿속에 기록된 생각이든, 문자는 모두 텍스트로 형성될 수 있다. 하지만 언어는 소리형태이기 때문에 현대적 녹음 기술로 언어를 녹음하지 않는다면 텍스트로 형성될 수 없다. 문자만이 텍스트가 될 수 있기 때문에 문학은 단지 텍스트의 예술일 수밖에 없다.

22. 윤리(ethics)

문학윤리학비평이론에서 윤리는 주로 문학작품 중 도덕행위에 기초한 추상적 도덕준칙이나 규범을 가리킨다. 윤리는 주로 추상적인 차원에서의 도덕가치 판단과 서로 대립되는 개념이다. 따라서 윤리는 일반적으로 사람들에 의해 형성되어, 정체성을 확인하고 준수하며 보호하는 집단적이고 사회적인 도덕기준과 도덕표준을 가리킨다. 도덕과 비교하면, 윤리는 도덕의 이론적 귀결이고 개괄이며 총괄이면서, 또한 개별 인간의 도덕을 집단적이고 사회적인 도덕으로 변화시킨다. 윤리는 도덕을 추상화하고 이론화하며, 집단적이고 사회적인 입장과 윤리 측면에서 도덕을 총결하고 해석하고 설명한다. 윤리는 인간과 인간의 관계와 질서에 대한 평가를 기초로 하여 개별인간의 행위에 대한 추상적 도덕평가를 전개하면서, 동시에 집단적이고 사회적인 도덕을 추상적으로 평가한다. 윤리는 도덕평가의 발전과 연장이고, 도덕평가의 이성인식과 추상에 대한 총결이다. 윤리는 어떤 의미에서 도덕의 도리 또는 도덕의 이론에 해당한다고도 할 수 있다. 윤리는 또한 도덕철학이라고 부를 수 있다. 도덕원칙, 도덕규범, 도덕표준과 집단적 · 사회적 도덕은 모두 윤리의 내용에 속한다. 하지만 윤리와 도덕은 다른 점이 있다. 요컨대, 우리가 통상 말하는 도덕은 악을 배제하는 것이다. 즉 도덕은 선과 동일하기 때문에 도덕의 반대는 악이 된다고 말할 수도 있다. 누군가가 선을 버리고 악을 행하게 된다면 곧바로 부도덕하다거나 도덕이 없다고 평가된다. 그러나 윤리는 이와 달리 선과 악 모두를 연구한다. 선악에 대한 분별을 통해 악을 억제하고 선을 선양한다. 윤리는 선악에 대한 인간의 분별이다. 바로 이러한 점에서 윤리는 도덕과 다르다.

23. 윤리가치(ethical value)

윤리가치는 문학의 교화가치와 시사가치로서 긍정적 도덕가치와 부정적 도덕가치에 대한 총칭이다. 윤리가치는 모든 도덕가치를 포함할 뿐만 아니라 비도덕가치까지도 포함한다. 예를 들어 문학작품에서 부정적 인물과 나쁜 인물 형상은 비록 그 품성과 행위가 부도덕할지라도 그들은 여전히 중요한 윤리가치 — 부정적인 면으로부터의 교화기능(반면교사의 기능)을 갖게 된다.

24. 윤리계몽(ethical enlightenment)

윤리계몽은 인간이 자연선택을 완성한 후 윤리선택 과정으로 진입하기 위해 학습하는 단계를 가리킨다. 자연선택을 통해 인간이라는 형식을 얻게 된 뒤에도 인간은 여전히 윤리혼돈 상태에 머물렀다. 인간은 윤리계몽을 거친 후에라야 윤리의식을 가질 수 있고 비로소 윤리선택의 단계로 진입하게 된다. 윤리계몽은 주로 아동에 대한 논의이다. 아동은 서술된 동화를 들음으로써 교화될 수 있다. 동화는 아동의 최초 윤리계몽이라는 점에서 특수한 의의를 갖는다. 영아로부터 아동까지는 자연선택의 결과만 가질 뿐, 스스로가 동물과 완전하게 구별될 수 없다. 이 때문에 동화의 주요 교화 기능은 동화 속 동물의 형상을 통해서 아동이 인간의 개념을 획득하게 함으로써 아동 자신이 근본적으로 동물과 구분됨을 깨닫게 하는 데에 있다. 아동은 자신을 동물과 구분할 수 있을 때 비로소 윤리의식을 가질 수 있으며 인간의 본능을 얻게 된다. 모든 아동은 자연선택에서 윤리선택까지의 과정에서 반드시 윤리계몽 단계를 거쳐야만 한다. 과학 연구는 아동이 윤리계몽 이전의 단계에서는 이리 떼나 원숭이 떼와 같은 군집생활로 진입하게 되어 인간이라는 의식을 가질 수 없으며 형식적으로만 동물과 구분될 뿐 본질적으로 동물과 구분되지 않는다고 밝히고 있다. 책을 읽고 글자를 알게 되는 일은 아동 계몽의 고급 단계에 속한다. 책을 읽고 글자를 알게 되는 과정을 통해서 아동의 지력은 크게 제고되고 학습과 생활능력이 증강되어 윤리선택의 과정으로 진입하게 된다. 윤리계몽은 아동 이외의 다른 사람에게도 모두 작용하게 된다. 누군가가 윤리선택에서 필요로 하는 어떤 지식이 결핍된 상태라면 그에게는 언제나 윤리계몽이 필요하다.

25. 윤리곤경(ethical predicament)

윤리곤경은 문학텍스트에서 윤리혼란으로 인해 인물이 대동하는 해결 곤란의 모순이나 충돌을 가리킨다. 윤리곤경은 곧잘 윤리역설이 야기하는 바로서 문학텍스트에 보편적으로 존재한다. 윤리곤경에는 다양한 표현 형식이 있다. 예를 들어 윤리딜레마는 윤리곤경의 주요 표현 형식의 하나다.

26. 윤리구성(ethical construction)

윤리구성은 윤리구조와는 다르다. 윤리구조는 텍스트 구조이다. 이는 이미 존재하는 텍스트의 객관적인 구성이지만 윤리구조의 확장으로서 인물이 독자에게 남겨주는 윤리기대이자 윤리갈등과 충돌을 형성하는 과정이다. 윤리구조는 텍스트와 관련되지만 윤리구성은 독자와 관련된다. 예컨대 『베니스의 상인』에서 바사니오가 포샤에게 구혼하기 위해 안토니오에게 돈을 빌리고, 안토니오는 샤일록과 계약을 하고, 포샤가 상자를 골라 신랑을 선택하는 대단원에 이르기까지 텍스트의 구조는 고정돼 있다. 그러나 문학텍스트를 읽거나 또는 연극 공연을 보는 과정에서 실제로 바사니오와 안토니오, 포샤 등은 새롭게 고정된 윤리구조를 구성한다. 예컨대 바사니오가 안토니오에게 돈을 빌려달라고 말할 때, 안토니오와 샤일록 사이에 계약 체결의 구조가 만들어진다. 바사니오가 돈을 빌린 뒤에는 포샤에게 구혼을 하고 포샤가 신랑을 선택하는 구조가 만들어진다. 비록 텍스트에 이런 구조가 이미 존재하지만, 문학작품을 읽거나 연극을 보는 윤리의 시간 속에서 텍스트 구조는 인물을 통해 새롭게 구성된다. 윤리구성을 통해 윤리갈등이 점차 형성되며 윤리충돌도 등장하게 된다. 윤리구성은 독서를 통해 실현되기 때문에 문학 심미의 과정이기도 하다. 윤리구성을 통해 독자는 인물을 느끼고 작품을 이해하게 되며 또한 작품에서 가르침을 얻게 된다. 윤리구성은 비평가가 문학을 읽고, 이해하며, 해석하고, 평가하는 과정이기도 하다. 윤리구성을 통해 비평가는 문학작품을 분석하고 평가한다.

27. 윤리구조(ethical structure)

윤리구조는 텍스트에서 인물의 사상과 활동을 맥락으로 하여 구성되는 텍스트 구조를 가리킨다. 윤리구조에는 네 가지 기본 구조가 있다. 인물관계, 사유활동(의식구조와 표현구조), 행위, 규범이다. 인물관계는 주로 인물 사이의 단순한 관계 구성이 아니라 햄릿과 죽은 아버지, 새로운 왕 클라우디우스와 어머니 거투루드의 관계처럼 복잡한 윤리구조를 가리킨다. 클라우디우스가 거투루드를 자신의 왕후로 취했기 때문에 그는 햄릿과 새로운 부자 관계를 맺게 되고, 이로써 생겨나는 윤리금기는 햄릿이 아버지를 위해 복수하려는 윤리곤경과 윤리딜레마를 만들어낸다. 동시에 햄릿을 중심으로 햄릿과 오필리아, 폴로니어스와 레어티즈 사이에는 복잡한 윤리관계를 형성하게 된다. 이러한 관계는 인물들 사이에 서로 다른 윤리갈등과 충돌의 저장 매체가 된다.

사유 활동은 주로 인물의 논리적 사유 과정을 가리키며, 감정의 형성과 변화, 논리 판단과 논리 추리, 이로부터 형성되는 의지까지를 포함한다. 예를 들면 『베이다의 결혼』에서 여주인공 베이다의 소망은 자신의 가정이 가난에서 벗어나도록 돕는 일이다. 이러한 목적은 바로 베이다의 모든 사유 활동의 윤리 기초가 된다. 저자 토마스 하디는 베이다에게 공리주의적 윤리사유를 부여한다.

행위는 사유의 외형이고 사유의 객관적 저장 매체이다. 예를 들면 『데버빌가의 테스』에서 신혼 첫날밤 에인젤 클레어는 자신의 과거 범죄를 테스에게 솔직하게 고백하고, 테스도 자신의 과거를 얘기하면서 클레어에게 용서를 받으리라 생각한다. 하지만 클레어는 그녀를 용서하지 않았고 무정하게 그녀를 버린다. 이후에 클레어는 해외로 떠났고, 테스는 괴로움 속에 홀로 살아갈 방도를 모색하면서 클레어가 돌아오기를 기다린다. 테스와 클레어의 행위는 평행 대조적 구조로서, 그 기능은 행위가 갖는 윤리성질을 부각시킴에 있다.

규범은 사유와 행위의 윤리이다. 규범이 없으면 사유와 행위는 윤리구조를 형성할 수 없게 된다. 예를 들어 소설 『서유기』에는 징계를 특징으로 하는 규범의 윤리가 들어있다. 손오공이 살생을 할 때마다 당승은 언제나 금고아를 조이면서 손오공을 징계한다. 인물관계, 사유 활동, 행위, 규범은 모두 독립적으로 존재할 수 없으며 상호 교직을 통해서 복잡한 전체의 윤리구조를 구성한다.

28. 윤리금기(ethical taboo)

인류문명의 초기, 윤리질서를 유지하는 핵심 요소는 금기였다. 금기는 고대 인류가 윤리 개념을 만들어낸 기초이자 윤리질서를 지키기 위한 요소였다.

인류 역사가 발전해 오면서 금기의 생산은 인간이 자신의 동물적 부분, 즉 인간의 본능에 통제를 가한 결과였다. 프로이트는 인간의 무의식은 주로 두 가지 본능, 즉 자아본능과 성 본능으로 구성된다고 보았다. 그러나 인간의 본능은 문명의 억압을 받는다. 그 가운데 가장 철저하게 억압되는 바는 아버지를 겨냥한 섹스와 폭력, 즉 패륜과 살부이다. 문화적 차이가 어느 정도건 간에 오늘날 모든 민족 가운데 패륜과 살부는 모두 엄격하게 금지돼 있다. 이러한 인식은 부지불식간에 생겨난 것이며 나중에 제도로 정착되어 같은 종족 간 금혼과 동족상잔의 금지라는 두 가지 중요한 금기를 만들어냈다. 따라서 양대 금기는 '종족 간 금혼'과 '살인 금지 토템'이라 불렸다. 양대 금기가 만들어진 뒤 종족에 대한 섹스와 폭력은 '패륜과 살부'로 규정되어 모든 사회의 엄격한 금지의 대상이 됐다. 부모의 패륜과 살부는 곧 아버지를 죽이고 어머니를 취한다는 뜻이므로 그 죄가 막중하여 강하게 억압됐다. 고대 사회에서 패륜은 엄격이 금지됐으며, 패륜 범죄는 가장 중한 처벌을 받았다.

이와 같이 패륜을 엄격하게 금지하는 기초 위에서 패륜 금기가 형성됐다. 한편 사회의 패륜 질서는 근친 패륜의 기초 위에서 군주 시해의 금지 등과 같은 금기를 만들어냈다. 인류문명의 발전에 따라 근친상간의 금기 외에도 삶에서 가지각색의 다른 금기가 형성됨으로써 사회질서를 유지했다. 패륜 금기든 일상생활 중의 금기든 실제로 이들은 모두 사회 윤리질서를 유지하기 위한 불문법이었다. 금기는 또한 도덕의 기원 가운데 하나이기도 하다. 인류문명의 발전하는 과정에서 금기는 도덕 또는 도덕의 표현 형식으로 전환되기도 했다. 따라서 인간사회의 윤리질서의 형성과 변화는 제도적으로 말하면 모두 금기를 전제로 했다. 문학의 최초 목적은 바로 금기를 문자화함으로써 불문의 금기를 성문의 금기로 변화시키기 위함이었다. 중국에서 성문 금기가 최초로 문자화된 형식은 복사(卜辭)였으며, 유럽에서는 종종 신탁(oracle)의 형식으로 나타났다. 성문 금기의 기초 위에서 금기는 제도화됐으며 질서, 즉 윤리질서를 갖추었다. 문학윤리학비평의 시각에서 보면 문학은 인류가 최초에 윤리를 표현하려는 필요에 의해 만들어졌다. 문학의 탄생은 윤리를 문자화하기 위함이었으며 질서를 형성하기 위함이었다. 윤리의 문자화로 인한 결과가 곧 문학의 탄생이었다. 따라서 문학의 기원이라는 측면에서 그것은 인류문명 진보의 표지였다. 고대 서양에서 신탁은 종종 문학의 탄생을 이끌었다. 그러나 중국에서는 서양의 신탁과 유사한 복사를 오래된 윤리표현 형식으로 간주할 수 있기 때문에 형식적으로나 내용적으로 살펴볼 때, 중국의 복사는 모두 중국 최초의 문학으로 간주되어야 마땅하다.

그리스비극에서 윤리금기는 비극의 기본 주제다. 주인공의 고통과 불행은 대부분 패륜으로 인해 일어난다. 예컨대 아이스킬로스의 비극 『오레스테스』, 소포클레스의 오이디푸스 비극, 에우리피데스의 『메데이아』 등이 그것이다. 셰익스피어의 4대 비극 또한 이러한 부류에 속한다. 이후 문학에서 윤리금기는 여전히 문학의 기본 특징이 됐다. 예컨대 프랑스 고전주의 연극이나 사무엘 리처드슨, 헨리 필딩의 소설, 와일드의 『살로메』, 오닐의 희곡 『상복이 어울리는 엘렉트라』 뿐 아니라 중국의 고전소설과 희곡이 모두 그렇다.

29. 윤리딜레마(ethical dilemma)

윤리딜레마는 곧 윤리패러독스다. 윤리딜레마는 두 가지 도덕 명제로 구성된다. 선택자가 그들 각자에 대해 단독으로 도덕 판단을 가할 때 각자의 선택은 모두 정확하며 또한 각각의 선택은 모두 보편적인 도덕 원칙에 부합한다. 그러나 일단 선택자가 둘 중 하나를 선택하면 다른 하나는 윤리, 즉 보편적인 도덕원칙을 위배하게 되는 결과를 초래한다. 예컨대 햄릿이 아버지를 위해 복수를 하면 이는 그의 윤리책임이자 윤리의무이며 도덕에도 부합하는 일이다. 그러나 자신의 어머니가 클라우디우스와 결혼함으로써 그의 신분은 다시 클라우디우스의 아들이자 왕자로 변하게 됐다. 햄릿이 클라우디우스에게 복수하면 그는 살부와 군주 시해라는 윤리금기를 파괴하게 된다. 따라서 그에 대한 복수는 부도덕한 일이 된다. 햄릿은 윤리선택의 딜레마에 직면하게 된다. 즉 그가 아버지를 위해 복수하는 것은 도덕적이지만, 실제로 복수를 한다면 그것은 부도덕한 상황이 되고 만다. 바로 이러한 윤리패러독스가 햄릿에게 윤리딜레마에 빠지게 했고, 그는 깊은 이성적 사고에 함몰되어 행동하지 못하게 됨으로써 고통과 비극을 만들어냈다.

윤리딜레마의 전제는 반드시 둘 모두 올바른 선택항 가운데서 선택을 해야 한다. 예컨대 햄릿에게 있어서는 복수와 포기라는 두 가지 선택항 가운데서 무엇을 선택하더라도 모두 도덕에 부합하는 결과를 가져온다. 단지 한 가지 선택항만이 옳은 상황에서 선택을 할 때에는 선택자가 때로는 유예와 과단 사이에서 갈등 심리를 나타낼 수도 있다. 그러나 이러한 일항적 가치판단은 윤리딜레마의 선택이 아니다. 두 항 모두 정확한 선택지 가운데서 선택을 수행해야할 때만이 윤리딜레마가 충분히 드러나게 된다. 두 항의 선택은 반드시 다음 세 가지 특징을 수반한다. 첫째, 선택항은 도덕 속성을 가져야 한다. 즉 반드시 도덕 선택이어야 한다. 둘째, 두 가지 선택항 가운데 각 선택항은 모두 도덕에 부합해야 한다. 즉 둘 모두 옳은 선택이어야 한다. 셋째, 어떤 항을 선택하든 윤리적으로는 모두 또 다른 항의 윤리를 위배함으로써 도덕의 패러독스를 형성할 수밖에 없는 상황이어야 한다. 즉, 선택은 도덕적이지만 일단 선택을 한 결과는 부도덕할 수밖에 없어야 한다. 『주홍글씨』에서 간통을 범한 헤스터 프린은 주홍색 A자를 표시를 가슴에 붙이게 된다. 목사가 그녀에게 질문을 하는 과정에서 그녀가 아이의 아버지가 누구인지를 말하려고 할 때, 그녀는 윤리딜레마에 빠지게 된다. 즉 그녀는 성실하게 아이의 아버지가 누구인지를 밝히려 하지만, 사실을 밝힘과 동시에 그 아이의 아버지는 파멸을 맞이하게 되기 때문이다. 이러한 두 가지 선택은 모두 그녀 자신이 원하는 바가 아니었기 때문에 헤스터 프린의 선택은 윤리딜레마가 된다. 일반적인 상황에서 윤리딜레마가 두 가지 모두 좋은 결과를 맞이하기는 어렵다. 일단 선택의 결과는 종종 비극적이 되기 쉽다. 물론 선택을 하지 않는다면 비극도 일어나지 않는다. 예컨대 헤스터 프린이 모욕과 불행을 겪게 되면서 아이의 아버지인 딤즈데일 목사도 딜레마에 봉착한다. 양심과 성실함으로 그는 자신이 아이의 아버지라는 사실을 인정하고 싶어 하나 목사의 신분으로서 쉽게 사실을 털어놓을 수 없다. 윤리딜레마 상황에서 그는 우선 침묵을 선택한다. 그러나 시시때때로 영혼의 고통과 괴로움을 떨쳐버릴 수 없다. 결국 그는 딜레마 속에서 죄를 인정하는 선택을 하게 되고, 그로 인해 비극이 도래한다.

30. 윤리매듭(ethical knots)

윤리매듭은 문학작품의 구조에서 모순과 충돌이 집중적으로 체현됨을 가리킨다. 윤리매듭은 윤리곤경을 구성하고, 문학텍스트의 기본적인 윤리문제를 보여준다. 통상적인 상황에서 윤리매듭은 문학텍스트의 횡적 구조에 속한다. 문학텍스트의 윤리매듭이 윤리선과 결합되어야 문학작품 중 서사의 윤리구조를 구성할 수 있다.

문학텍스트 중의 윤리매듭은 윤리선에 의해 하나로 관련되고 연결되어, 텍스트의 온전한 윤리구조를 구성한다. 문학텍스트의 복잡한 정도는 윤리매듭의 수량과 해체의 난도로 결정된다. 문학윤리학비평의 임무는 바로 문학텍스트의 해독을 통해 윤리선 상의 윤리매듭의 형성과정을 해석하거나 이미 형성된 윤리매듭에 대한 해체를 진행한다. 서로 다른 윤리매듭 사이의 관계는 윤리의 주선과 부선 사이의 관계와 유사하다. 윤리의 주선과 윤리의 부선 사이에는 내재적 논리관계가 존재할 수 있고 또한 분리 독립된 채로 존재할 수도 있다. 서로 다른 윤리매듭 사이의 관계 또는 이와 마찬가지여서 그 사이에는 내재적 논리 관계가 있을 수도 있고 또는 독립적으로 존재할 수도 있다. 윤리매듭에 대한 윤리선의 작용은 윤리매듭을 연관시키고 연결하여 문학작품의 온전한 구조를 구성하는 데에 있다.

서사 작품에서 윤리선은 작품의 골격이고 윤리매듭은 작품의 혈육이다. 이 둘은 불가분리의 속성을 갖는다. 이렇게 윤리선과 윤리매듭이 교직해서 이룬 구조는 중국의 장회소설(章回小說)에서 더욱 분명하다. 예를 들면 당승이 세 명의 제자를 대동하여 불경을 구하고자 서천으로 향하는 여정이 소설 『서유기』의 윤리의 주선이다. 당승이 불경을 구하고자 서천으로 향해 가는 여정에서 81개의 난관을 경험하면서 종국에 득도하게 된다. 81개 난관은 81개의 위협과 괴롭힘으로서, 주로 요괴가 당승을 잡아두려는 과정으로 구성된다. 요괴가 당승을 잡아두려는 목적은 당승을 잡아먹기 위한 것이지만, 당승의 세 제자는 당승이 요괴에게 잡아먹히지 않게끔 보호하고 있다. 당승의 운명이 어떻게 될 것인가가 모든 난관의 핵심이 된다. 그래서 81개 난관은 실제로 소설에 나타나는 81개의 주요 윤리매듭이다. 매 회는 하나의 윤리매듭을 갖게 됨을 소설의 구조로부터 알 수 있다. 당연히 각 회의 큰 윤리매듭에는 일련의 작은 윤리매듭이 존재한다. 『수호전』의 장절 구조 또한 그러하다. 설자에서 시작해서 송 휘종이 꿈속에서 양산박에 머무는 과정으로 끝나는 전체 이야기는 무수한 윤리매듭으로 구성된다. “왕교두, 안시부에 몰래 잠입하다” “노지심, 오태산에서 소요를 일으키다” “표자두, 백호당에 잘못 들다” “임충, 홍교두를 몽둥이질하다” “오용, 계책으로 생진강을 취하다” 등이다. 서양문학에서 장절은 소설의 윤리매듭 표현 형식이고, 막과 장은 희곡의 윤리매듭 표현 형식이다. 예를 들면 하디의 소설 『귀향』은 각 장마다 하나의 윤리매듭이 있을 뿐만 아니라 소설은 소제목의 형식으로 윤리매듭을 개괄하고 있다. 이 역시 수많은 소설이 자주 활용하는 기법이다.

문학작품의 문학성은 윤리매듭이 형성과 해체의 상이한 과정을 통해서 체현된다. 윤리매듭의 형성과 해체의 과정은 문학작품들의 서로 다른 스타일을 형성한다. 문학텍스트에서 윤리매듭이 미리 설정되는 경우도 있다. 예를 들어 호머의 서사시 『일리아드』에서 트로이 왕자 파리스는 스파르타의 왕비 헬레나를 유혹하여 간음한다. 트로이 전쟁을 야기한 원인은 이렇게 미리 설정된다. 전쟁의 윤리적 원인은 문학텍스트에서 직접적으로 나타나지 않지만, 서사시의 서술 중에 고지된다. 비극 『오이디푸스』에서 오이디푸스가 아버지를 시해하고 어머니를 취함과 관련된 예언은 미리 설정된 윤리매듭이다. 소포클레스의 비극 『오레스테스』에서 아가멤논은 신에게 봉헌하기 위해 자신의 딸 이피게네이아를 죽인다. 이는 자승자박의 화근이 미리 설정된 경우다.

많은 경우에 있어서 윤리매듭은 텍스트 형성과정 중에 만들어진다. 햄릿의 경우 그의 모친이 클라우디우스에게 재가하는 사건은 복수라는 윤리금기를 형성하게 되지만, 윤리금기를 핵심 구성으로 여기는 윤리매듭은 비극의 발전 과정에 형성됨으로써 소설의 처음부터 끝까지 햄릿의 사상과 해동을 주도하고 있다. 『베니스의 상인』에서는 안토니오가 "살 한 파운드 채무 계약"을 하는 윤리매듭도 줄거리의 전개 과정에 만들어진다. 문학텍스트에서 윤리매듭은 윤리혼란 또는 질서 재건으로 표현된다. 전자는 셰익스피어 희곡 『십이야』에서 바이올라의 남장여자의 경우이고, 후자는 톨스토이 소설 『안나 카레니나』에서 전통적 도덕체계에 대한 안나의 배반과 자아 중심적 윤리질서 구축의 경우다. 문학윤리학비평은 문학텍스트를 구성하는 윤리매듭에 대한 해석을 통하여 문학텍스트에 접근하고 이해한다. 당연히 모든 윤리매듭도 우언, 동화, 에피소드, 단편소설 등의 작품을 구성할 수 있다.

31. 윤리맥락(ethical context)

윤리환경과 기본적으로 같다. 그러나 윤리맥락은 윤리환경 내의 맥락, 즉 문학작품 가운데 인물의 의식과 사고, 관념, 언어 소통과 같은 윤리환경을 더욱 강조한다.

32. 윤리문제(ethical question)

윤리문제는 곧 문학작품에 등장하는 갈등을 유발하는 요소다. 예를 들어 『햄릿』에서 햄릿의 어머니와 클라우디우스의 결혼, 햄릿의 복수, 햄릿과 오필리아의 연애, 『리어왕』에서 리어왕이 국토를 분봉하는 일, 『베니스의 상인』에서 살 한 파운드 채무를 계약하는 일, 『테스』에서 테스가 순결을 잃는 일, 『무명의 쥬드』에서 쥬드와 수의 사랑 등이 그러하다. 윤리문제는 윤리갈등 또는 윤리충돌로 드러나게 되며 언제나 윤리매듭과 함께 연결된다.

윤리문제는 윤리충돌을 유인하는 요소이자 윤리선택의 전제가 된다. 윤리문제 설정, 윤리적 문제제기, 윤리적 힐문, 윤리적 사고, 윤리충돌, 윤리갈등, 윤리패러독스, 윤리딜레마 등 다양한 유형이 있다. 윤리문제 설정은 문학작품에서 문제의 설정에 상응하는 일로서 윤리문제의 기본 유형이다. 예를 들어 셰익스피어의 비극 『맥베스』의 시작 부분에서 맥베스 장군이 반란을 평정하고 공을 세운 뒤 돌아오는 길에서 세 무녀를 만나게 된다. 그에게 장차 국왕이 되리라는 그녀들의 예언이 윤리문제 설정이다. 소포클레스의 비극 『오이디푸스』의 시작 부분에서 누가 테베의 국왕 라이오스를 죽인 범인인지를 제기하는 일도 윤리문제 설정이라 할 수 있다. 비극 『안티고네』의 시작 부분에서 크레온 국왕이 성 안 모든 사람들에게 폴리네이케스의 매장과 애도를 불허하는 명령을 내리자, 안티고네는 이렇게 말한다. "크레온은 우리 형님 중 하나는 응당 장례를 치러야 한다고 하고, 다른 하나는 결코 그럴 수 없다고 하는 것인가?" 이것이 바로 윤리적 문제제기다. 밤에 테스가 숲길에서 알렉스 데버빌즈에게 강간을 당하는 장면을 『테스』에서는 이렇게 쓰고 있다. "테스를 보호하는 천사는 어디에 있는가? 그녀가 지금껏 믿어왔던 하나님은 어디에 있는가?" 이는 바로 작가가 불행한 테스를 위해 내뱉은 윤리적 힐문이다. 또한 테스는 끊임없이 자신이 순결을 잃은 문제를 생각하면서 클레아의 이상에서 아름다운 테스와 정절을 잃은 테스 사이에 갈등과 충돌이 생겨난다. 클레아와 테스의 결혼 과정에서 일어난 윤리패러독스와 윤리딜레마 등은 소설에서 일련의 윤리문제를 만들고, 소설의 윤리구조를 구성하게 된다.

33. 윤리선(ethical line)

윤리선은 즉 문학텍스트의 선형 구조다. 일반적인 상황에서 윤리선은 문학텍스트의 종적 구조에 속한다. 문학윤리학비평의 관점에서 보면 거의 모든 문학텍스트가 인간 사회의 도덕경험에 대한 기술이다. 따라서 문학텍스트에는 하나 혹은 다수의 윤리매듭이 존재한다. 윤리선의 역할은 바로 윤리매듭을 꿰어

내서 뒤얽히고 복잡한 윤리구조를 만들어낸다. 문학텍스트의 윤리구조에 있어 윤리선의 표현 형식은 바로 전체 문학작품 내의 주도적인 윤리흔적(leading ethical track)를 꿰어낸다. 예컨대 셰익스피어의 『햄릿』은 아버지에 대한 햄릿의 복수 문제를 둘러싸고 펼쳐지기 때문에 햄릿의 복수가 바로 이 비극의 주도적 윤리선이 된다. 소포클레스의 비극 『오이디푸스』 또한 마찬가지다. 이 극의 전반적 가치는 아버지를 죽이고 어머니를 취하는 과정을 통해 드러나기 때문에, 오이디푸스에게 있어 바로 이 문제가 주도적 윤리선이 된다. 오승은(吳承恩)의 소설 『서유기』(西遊記)의 서사는 손오공이 어떻게 삼장법사를 모시고 경전을 얻는가 하는 이야기로서 서쪽으로 가는 손오공의 윤리선택이 바로 소설의 주도적 윤리선이다. 일반적으로 문학작품은 주도적 윤리선 외에 부차적 윤리선이 추가된다. 『햄릿』을 예로 들면 햄릿이 아버지에게 복수하려는 주도적 윤리선 외에 또한 여러 부차적 윤리선을 가지고 있다. 예컨대 햄릿과 오필리아의 애정 갈등, 클라우디우스와 거투르드와의 간통 등이 그것이다. 『오이디푸스』의 부차적 윤리선도 오이디푸스의 탄생의 비밀, 테베의 전염병 해결책, 라이오스 국왕의 죽음 등이 그것이다. 『서유기』에서는 삼장법사가 경전을 얻기 위해 고난을 겪는 일과 저팔계, 사오정 등이 법사를 호위하는 여정이 모두 소설의 부차적 윤리선이다.

작품에서 주도적 윤리선의 문제들은 크든 작든 때로는 많든 적든 서로 복잡하게 뒤얽혀서 문학작품의 구조를 풍부하게 바꾸어주고 이로 인해 독서의 흥미를 배가시킨다. 주도적 윤리문제의 크고 작음 또는 많고 적음의 성격은 문학작품의 윤리선의 장단과 수량의 다소, 종속 관계 등을 결정한다. 윤리선은 종적, 횡적 등 형식으로 구별할 수 있다. 예컨대 『베니스의 상인』에서 바사니오가 포샤에게 구혼하는 전체 과정에서 우리는 그 결과를 기대하게 되는데, 이는 이 작품의 주도적 윤리선을 구성한다. 이 주도적 윤리선은 종적 시간의 방향으로 발전해 나가기 때문에 이는 종적 구조에 속한다고 할 수 있다. 이러한 주선(主線) 외에도 살 한 파운드의 채무 계약, 세 개의 상자를 통한 신랑감 선택, 법정의 심판, 제시카와 로렌조의 결혼 등은 부차적 윤리선이 된다. 부차적 윤리선은 즉 보조선이면서 또한 종적, 횡적으로 나뉘어진다. 즉 살 한 파운드의 채무 계약은 연극적으로 시작과 끝을 관통하면서 종적 구조를 이룬다. 그러나 세 개의 상자를 통한 신랑감 선택은 곁가지 이야기로서 횡적 구조를 이룬다. 주요선과 부차선이 함께 교직됨으로써 『베니스의 상인』의 복잡한 선형적 윤리구조가 만들어진다. 부차적 윤리선은 주도적 윤리선의 확장이다. 부차적 윤리선이 존재하기 때문에 주도적 윤리선 또한 복잡해지고 더욱 예술성을 갖추게 되어, 문학작품의 기본적 윤리구조를 형성하게 된다. 윤리선은 문학작품의 윤리문제의 시작과 발전, 변화와 해결의 과정을 보여준다. 즉 윤리선은 두 가지 기본 기능을 가지고 있는데 그 하나는 문학작품의 윤리문제 형성과 해결 과정을 드러내게 되고, 다른 하나는 문학작품의 윤리 매듭을 조합함으로써 문학작품의 완정한 윤리구조를 구성하게 된다.

34. 윤리선택(ethical selection)

문학윤리학비평 용어 가운데 윤리선택은 두 가지 측면의 의미를 갖는다. 첫번째 측면에서 윤리선택은 인간의 도덕 선택, 즉 선택을 통하여 도덕의 성숙과 완전함에 이르게 됨을 의미한다. 두번째 측면에서 윤리선택은 둘 혹은 그 이상의 도덕의 선택항 가운데서 선택을 수행하지만 다른 선택은 서로 다른 결과를 초래하게 되고, 이로써 서로 다른 선택은 각각의 윤리가치를 갖게 됨을 의미한다.

인류문명의 발전사에 있어서 인간은 일차적인 생물선택, 즉 인간의 형식을 얻게 된 이후에 두 번째 선택, 즉 윤리선택을 경험하게 됐다. 생물선택은 결코 인간이 다른 동물 즉 인간과 상대적인 금수와 다르지 않음을 보여준다. 그러나 인간은 윤리선택을 통하여 비로소 자신과 동물을 구별하게 된다. 인간의 생물선택과 윤리선택은 본질이 다른 선택이다. 전자는 인간의 형식적 선택이며, 후자는 인간의 본질적 선택이다. 인간이 윤리선택을 거쳐 자신을 동물로부터 해방시킨 이후에 윤리의식이 생겨나기 시작했고 선악 관념도 나타나기 시작했다. 인간의 생물선택과 윤리선택은 지성(知性)이 자연선택을 통해 얻어졌지만 이성(理性)은 윤리선택을 통해 얻어졌음을 설명해 준다. 『오이디푸스』에서 오이디푸스는 스핑크스가 낸 수수께끼의 답을 정확하게 말하는데, 이는 그가 진정으로 짐승과 구별될 수 있었기 때문이며 이는 윤리선택의 결과이다. 소포클레스가 오이디푸스를 이용해 아버지를 죽이고 어머니를 취하려는 패륜의 이야기는 오이디푸스의 윤리선택의 비극적 과정을 해석해주고 있다. 오이디푸스는 인류가 윤리선택을 거쳐 야만과 몽매에서 걸어 나와 윤리의식을 갖춘 사람이 됐으나, 그 과정은 비극적이었음을 보여주고 있다. 성경에서 아담과 하와는 에덴동산에서 지혜를 알게 하는 선악과를 따먹고 선악 관념이 생겨났음은 곧 자연선택에서 윤리선택으로의 과정을 보여준다. 윤리선택은 인간이 선을 택하고 악을 버림으로써 도덕을 갖춘 인간이 되는 경로이며, 이는 우리가 인간의 윤리화 과정을 이해하는데도 도움을 준다.

구체적인 선택을 보면 선택의 윤리성질은 다르기 때문에 그 선택 과정과 결과 역시 다르다. 예컨대 셰익스피어의 희곡에서 맥베스, 오셀로 등과 같은 인물은 언제나 선과 악의 변화 가운데 선택을 수행한다. 동일한 인물의 선택이라고는 하지만 그들은 일련의 서로 다른 선택을 경험하게 되고, 각각의 결과도 다르게 나타난다. 바로 이렇게 선악이 부단히 전환되는 선택의 과정에서 그들은 예술적 매력과 독자 및 관객에게 가져다주는 도덕 영감을 문학에 부여하게 된다. 문학윤리학비평은 인간의 본질적 입장에서 윤리선택을 이해할 뿐 아니라, 윤리선택이 문학작품의 핵심 구성이라고 여긴다. 문학작품에 인물이 존재한다면, 그는 필연적으로 윤리선택에 직면하게 된다. 둘 혹은 그 이상의 선택이라면 선택의 복잡성은 반드시 증가하게 되며 서로 다른 선택의 결과가 일어나게 된다. 예를 들어 『수호전』에서 송강과 노준의 등은 양산에 올라가기 전에 산에 들어가 도적이 될지 조정의 충신이 될지에 대한 윤리선택에 직면한다. 또한 양산박이 호걸들을 모아놓고 양산으로 들어가겠다고 결정하기 전과 후의 상황 또한 서로 다른 윤리선택을 겪는다고 할 수 있다. 피에르 코르네유의 비극 『르 시드』에서 로드리고와 시메느는 사랑하는 과정에서 어려운 책임과 사랑이라는 윤리선택을 경험하게 된다. 중국의 고전희곡 『구풍진』(救風塵)에서 송인장이 조반아를 구해주는 경험 또한 윤리선택의 과정이라 할 수 있다. 이렇듯 윤리선택을 보여주는 이야기는 중국문학 가운데서도 일일이 셀 수 없을 정도다. 비극 『두아원』(竇娥寃), 『조씨고아』(趙氏孤兒), 『정충기』(精忠旗),

『청충보』(淸忠譜), 희곡 『서상기』(西廂記), 『간전노』(看錢奴), 『유규기』(幽閨記), 『중산랑』(中山狼), 『옥잠기』(玉簪記), 소설 『수호전』, 『홍루몽』 등이 모두 그렇다. 문학의 교훈적 가치와 예술적 감염력 또한 윤리선택으로 삼투하게 됨은 물론이다.

문학비평에 있어서 윤리선택에 대한 분석 과정은 곧 문학작품에 대한 이해와 비평의 과정이기도 하다. 예컨대 토머스 하디의 소설 『귀향』에서 크림은 파리의 도시 생활을 포기하고 고향으로 돌아가 교육에 종사하는 선택을 하게 된다. 이는 유스티셔의 선택과는 완전히 상반된다. 그의 선택은 결국 자신을 윤리딜레마로 몰아넣으면서 자신과 유스티셔의 비극을 만들어낸다. 셰익스피어의 비극 『맥베스』에서 맥베스 장군은 부인의 종용으로 잘못된 선택을 하게 되고 스코틀랜드 국왕인 덩컨을 모살하고 자신이 왕위에 오른다. 맥베스와 그 부인은 군주 시해라는 중죄를 저지르고 윤리금기를 위반하는 책임을 면하지 못하게 되고, 결국에는 영혼의 고통으로 말미암아 비참한 죽음을 맞는다.

문학작품에서 윤리선택은 종종 윤리곤경의 해결과 연계돼 있다. 따라서 윤리선택은 윤리딜레마의 문제를 해결해야만 한다. 예컨대 햄릿은 아버지를 위해 복수하는 과정에서 윤리금기의 장애를 넘어서기 어려웠을 뿐 아니라 복수와 윤리금기 위반 사이에서 선택을 해내지 못했다. 이로써 자신의 고통과 비극이 초래됐던 것이다. 호손의 『주홍글씨』에서 간통을 범한 헤스터 프린은 치욕스러운 주홍글자 A를 가지고 살면서 목사의 심문에도 아이의 아버지가 누군지 결코 말하지 않는다. 이는 윤리딜레마에 처한 그녀의 어쩔 수 없는 선택이었다. 헤스터의 불행으로 인해 아이의 아버지 딤즈데일 목사 또한 딜레마 상황에 놓이게 되고, 시시때때로 영혼의 고통과 괴로움을 겪게 된다. 이는 모두 윤리딜레마로 인해 선택을 수행하지 못했고, 그 결과로 초래된 일들이다.

윤리딜레마는 선택이 어려운 상황, 그러나 일단 선택을 하고 나면 비극이 초래되는 상황을 가리킨다. 『주홍글씨』에서 딤즈데일 목사는 결국 죄를 인정하는 선택을 하게 되고 그로 인해 비극이 덮쳐온다. 윤리선택은 종종 딜레마적 상황에서의 선택이지만, 그렇다고 반드시 딜레마적 선택에 속하지는 않는다. 예를 들어 소설 『제인 에어』에서 제인 에어는 비록 웨딩드레스를 입고 로체스터와 함께 결혼식장으로 들어서지만 자신이 사랑하는 사람의 아내가 아직 살아있음을 알게된다. 그녀는 로체스터를 깊이 사랑하고 있음에도 불구하고 그를 떠나기로 결심한다. 여기서 제인 에어의 선택은 단지 일반적인 선택이지 딜레마적 선택은 아니다. 또한 『부활』에서 네흘류도프는 법정에서 카투사는 시베리아에서 4년 동안 노역을 선고받자 문득 후회와 도덕적 '부활'을 경험하고는 카투사를 구하기 위해 갖은 노력을 다한다. 네흘류도프의 선택은 나약함과 주저, 행운으로부터 후회와 고통, 부활의 과정을 거치게 된다. 그러나 그의 선택은 딜레마적 선택이 아니라 이성적 선택이었다.

윤리선택은 희곡과 소설의 핵심이자, 동화 같은 아동문학에서도 핵심을 이룬다. 동화를 대표로 하는 아동문학의 등장은 아동문학의 교훈적 기능에 의해 결정된다. 어린이는 인간 누구나 겪는 삶의 한 단계이기 때문에 어린이 또한 윤리선택의 과정을 경험하지 않을 수 없다. 사실 모든 인간은 두 가지 선택, 즉 자연선택과 윤리선택을 겪어야만 한다. 아동문학(동화)의 가치는 바로 교훈을 통해 어린이들이 자연선택으로부터 윤리선택으로 나아가게 하는 데 있다.

아동문학은 어린이의 성장을 돕는 교과서로서 어린이의 도덕을 갖추어주는 구실을 하게 된다.

어린아이의 출생은 자연선택의 결과다. 그 때 어린아이는 비록 인간의 형식을 갖추기는 했으나 실제로는 자신과 동물을 구별하지 못하기 때문에 태어난 뒤에도 한 동안 여전히 자연선택의 과정에 처해 있어 동물과 큰 차이가 없다. 어린아이는 자신의 정체성을 인식하고 윤리의식이 생겨날 때 비로소 윤리선택의 과정으로 들어서게 된다. 모든 인간이 그렇다. 인간은 자신이 인간이라는 사실을 인식하고 자신을 금수와 구별할 때 비로소 윤리의식이 생겨나며 윤리선택의 조건을 갖출 수 있게 된다.

다양한 아동문학은 서로 다른 교훈적 기능을 갖고 있다. 예컨대 동물이나 식물 등의 이미지로 표현되는 동화의 주요 기능은 어린이가 인간 개념을 형성하는 데 도움을 줌으로써 자신이 인간이며, 금수와 구별된다는 사실을 인식하도록 한다. 선악에 대한 의식도 그 때 생겨난다. 인간의 이미지로 표현되는 동화는 어린이에게 사회의식, 선악관념, 도덕기준 등을 만들어낼 수 있도록 함으로써 어린아이가 정확한 윤리선택을 할 수 있도록 돕는다. 또한 변형을 보여주는 동화의 가치 또한 마찬가지로 어린아이가 더욱 깊은 층위에서 인간과 그 본질적 특징을 인식하도록 돕는다. 한 사람의 외모에는 미추의 구분이 있을 수 있으나 그 인성은 모두 같다. 인성은 인간의 미추를 결정할 수 있다. 한 인간의 마음이 선량하다면 곧 아름다워질 수 있다.

어린아이에게 있어서 선함과 아름다움이 무엇인지는 그들이 인지와 이해를 통해 해결해야 할 문제이자 이를 기초로 미추와 선악 관념이 수립되기도 한다. 따라서 아동문학은 바로 미추와 선악의 이야기를 이용하여 어린아이에게 미추와 선악관념을 제공한다. 예컨대 안데르센의 동화 「세상에서 가장 아름다운 장미」도 마찬가지다. 중병에 걸린 왕비는 이제 며칠을 더 견디기 어려운 상황에 놓여 있는데, 가장 아름다운 장미만이 그녀의 생명을 구할 수 있다. 전국에서 수많은 사람들이 각양각색의 장미를 보내왔지만 결코 그런 장미는 찾을 수 없었다. 이야기에서 말하고 있는 장미를 통해 어린이들은 장미는 아름답다는 관념을 갖게 되고, 한편으로는 장미가 가장 아름다운 대상은 아니라는 사실도 알게 된다. 한 어머니가 그 꽃을 찾을 수 있다고 말하고, 그녀는 자신의 아이를 데리고 왕후의 침상 곁으로 다가와 말한다. "가장 순결하고 가장 고상한 사랑스러운 꽃은 바로 제 아이의 귀여운 얼굴에 피어 있습니다." 그 때 어린아이는 이야기에서 순결하고 고상하게 웃는 얼굴이야말로 장미보다 더욱 아름답다는 관념이 생겨난다. 그러나 역시 그 또한 가장 아름다운 대상은 아니었다. 이야기는 왕비의 아이가 병에 걸렸을 때 왕비 자신이 밤을 새워 아이의 침상을 지키며 울고 있던 핏빛이라곤 조금도 없던 창백했던 그 얼굴이 가장 아름다운 장미였노라고 말한다. 그 때 어린아이는 사랑이 충만한 고통 또한 아름답다는 사실을 알게 된다. 그러나 그 또한 가장 아름다운 대상은 아니었다. 이야기는 결국 왕비의 어린 아들이 왕비 곁에 앉아서 두꺼운 성경을 손에 들고 작은 눈에 눈물이 가득 고인 채 성경을 읽으면서 예수를 찬미하는 모습으로 이어진다. 예수는 인간을 구하기 위해서 십자가에서 자신의 생명을 희생했노라고 아들은 말한다. 그 때 사람들은 왕비의 얼굴에 문득 빛이 나고 초점을 잃은 두 눈이 밝아지는 모습을 보게 된다. 가장 아름다운 장미는 무엇인가? 동화를 읽는 독자든, 이야기를 듣는 어린이든 모두 이야기에서 말하고 있는 윤리선택의 과정을 겪으면서 답을 얻게 된다. 가장 아름다운 장미가 무엇인지에 관한 선택을 통해 어린이들의 가냘픈 영혼에는 선과 미가 무엇인지 그에 대한 인식과 이해가 생겨날 것이며, 이를 통해 교훈을 얻게 된다.

35. 윤리역설(ethical paradox)

윤리역설은 동일한 조건에서의 선택이 윤리적으로 서로 모순된 결과를 낳게 됨을 가리킨다. 윤리역설은 논리적 역설과 다르다. 윤리역설은 윤리로 인한 모순이지 논리적 추론에 의한 모순이 아니다. 논리학에서 역설은 모순을 낳게 되는 명제를 가리킨다. 즉 참인 어떤 명제가 올바른 일련의 추론을 거쳐 거짓이라는 결론이 도출되는 경우나 거짓인 명제가 올바른 일련의 추론을 거쳐 참이라는 결론이 도출되는 경우들이다. 하지만 윤리역설은 논리 판단이 아니라 가치판단이다.

예를 들어 햄릿이 아버지를 위해 클라우디우스에게 복수하는 경우를 살펴보자. 복수라는 선택은 두 가지 상반된 결과를 보여준다. 햄릿이 클라우디우스를 살해하는 행위는 자식으로서 도덕책임이 될 수 있고, 그런 점에서 햄릿의 복수는 옳다고 볼 수 있다. 하지만 아버지를 위한 복수는 자신의 계부이자 국왕을 살해하는 행위로서 윤리금기를 범하는 일이며 패륜의 대죄가 될 수 있다. 그런 점에서 햄릿의 복수는 옳지 않을 수 있다. 셰익스피어의 희곡에도 역시 많은 윤리역설이 존재한다. 다른 예를 들면 리어왕은 국토를 자신의 딸들에게 분배하면 딸들은 이전보다 훨씬 더 효성이 지극해지리라 생각했다. 리어왕의 생각대로 딸들에게 토지를 분배한 것은 분명코 윤리에 부합하는 행동이었다. 하지만 딸들은 땅을 얻게 된 뒤, 효심을 다하지 않았을 뿐아니라 리어왕을 쫓아내고 말았다. 이런 관점에서 보면 리어왕이 딸들에게 토지를 분배한 행위는 옳지 않다. 『베니스의 상인』에서 "살 한 파운드 채무 계약"은 전형적인 윤리역설이다. 안토니오에게 "살 한 파운드 채무 계약"은 바사니오의 혼사를 이루게 하지만, 동시에 계약을 이행할 수 없는 곤경에 빠지게 된다. 샤일록의 입장에서 보면, 안토니오가 이 계약을 이행하면 도덕에 부합하는 행위인 동시에 부도덕한 행위가 된다. 안토니오의 계약 이행을 강압하는 행위는 바로 살해 음모죄에 해당하기 때문이다. 문학작품에 등장하는 쌍둥이, 남장여자 또는 여장남자 등은 곧잘 윤리역설을 구성한다. 『십이야』에서 올리비아가 남장여자 바이올라를 사랑하는 행위는 옳지 않지만, 우연과 착오로 벌어진 올리비아의 쌍둥이 오빠 세바스찬과 결혼한 행위는 올바르다.

오스카 와일드와 이탈로 칼비노의 소설에서 윤리역설은 다른 형태로 나타난다. 『도리안 그레이의 초상』에서 와일드는 그레이의 초상을 통해서 교묘하게 선악의 역설을 보여주었다. 칼비노도 『반 쪼가리 자작』에서 순선과 순악의 반 쪼가리 자작의 인물을 설정하는 매우 교묘한 방법을 통해, 하나로 합쳐진 자작이 이끌어내는 상호 모순의 결과를 그려냈다. 과학선택의 시대에, 윤리역설은 판타지 소설의 특징이기도 하다. 과학기술의 신속한 발전과 과학선택 시대의 윤리의 정체는 과학기술의 윤리역설을 야기한다. 예를 들어 클론을 소재로 한 소설에서, 클론들은 언제나 클론 자신들의 의지를 체현하지 못하거나 자신들의 소망과 위배되는 모습으로 그려져, 일련의 윤리문제들을 노정하고 있다.

일반적으로 말하면 윤리역설은 특정한 윤리환경 또는 언어 환경에서 윤리선택의 과정을 통해서 생겨날 수 있다. 윤리역설은 윤리선택의 결과이므로 선택이 없으면 결과도 없다. 역설이 만들어내는 두 가지 상호 대립적 선택의 결과이기 때문에, 윤리역설은 윤리선택의 과정으로 진입한 후에 윤리곤경으로 전환된다. 논리적 역설이 절대적이고 해결 불가능하다고 한다면 윤리역설은 절대적이지 않으므로 결과가 어떻든지 상관없이 결국 해결된다. 예를 들어 설명하면 햄릿의 복수, 샤일록의 "살 한 파운드 채무 계약" 등의 역설이 그렇다. 소설 『돈키호테』는 일련의 역설을 통해 돈키호테와 산초 판사의 윤리성질을 보여줄 뿐만 아니라 산초 판사를 통해 크레타의 철학자 에피메니데스 식의 거짓말 역설[1]을 해결하고 있다. 산초가 총독으로 관할했던 지역에는 다리가 있었는데, 그 다리의 주인은 "강을 건너는 자는 반드시 어디에서 무엇을 할 것인지를 솔직하게 말해야 한다. 그 말이 참이면 강을 건널 수 있고, 거짓이면 죽인다"는 괴이한 규칙을 세웠다. 어떤 이가 "나는 다리를 건너서 죽임을 당하겠다"고 답했다. 만일 이 사람을 죽인다면 그의 말이 참이게 되니 그에게 다리를 건너게 해야 하고, 만일 그가 다리를 건너게 놓아준다면 그 말이 거짓이 되니 죽여야만 한다. 해결 방법을 찾지 못한 법관들은 산초에게 도움을 청했다. 산

1 에피메니데스(Epimenides, B.C. 6C)는 도시국가 그리스의 크레타(Creta) 사람으로 시인이자 현인이다. 그가 말한 "모든 크레타 섬 사람은 거짓말쟁이어서 그들이 말한 말은 모두 거짓말이다"는 명제를 가리켜, 에피메니데스의 역설이라고 한다. 만일 모든 크레타 섬 사람이 거짓말쟁이라면, 에피메니데스의 말 또한 거짓이 되고, 모든 크레타 섬 사람은 거짓말쟁이가 아니라면, 에피메니데스의 말도 거짓이 아닌 게 되는 경우를 가리킨다. P이면 ~P가 되고, ~P이면 P가 되어, P≡~P이 되는 모순을 낳게 된다.

초는 "죽임과 놓아줌의 이유가 동일하므로 그를 살려주어라. 선행이 어쨌든 악행보다 빛나지 않겠는가!"라고 답했다. 이것이 바로 돈키호테의 사상 — 어떤 일을 판단함에 곤경에 처하게 되면 너그러운 자비심을 베푸는 것이 낫다 — 이다. 소설이 널리 전하려는 주제는 바로 이 윤리역설이 보여주는 바이다.

문학작품에서 역설은 해결될 수 있기 때문에 그 해결의 결과가 어떻든지에 상관없이 독자에게 유익한 사고와 도덕의 자각을 가져다준다. 바로 이러한 특징 때문에 문학작품의 역설은 윤리가치를 갖는다.

36. 윤리정체성(ethical identity)

인간의 정체성은 한 사람이 사회에서 실존하고 있다는 사실의 표지다. 인간은 정체성이 부여한 책임과 의무를 떠안아야만 한다. 정체성은 그 발생에 따라 두 가지로 나뉜다. 하나는 태어날 때부터 결정되는 혈연정체성이다. 다른 하나는 후천적으로 얻는, 예컨대 남편, 부인 등과 같은 정체성이다. 기원의 측면에서는 인간 정체성은 자기 선택의 결과이다. 자연선택은 형식적으로 인간의 정체성 문제를 해결한다. 즉 형식적으로 짐승과 구별됨으로써 인간으로서의 정체성을 획득하게 된다. 윤리선택은 윤리적으로 인간의 정체성 문제를 해결할 뿐 아니라 본질적으로 인간과 짐승을 구별하여 책임과 의무, 도덕 등의 가치 측면에서 정체성을 확인한다. 문학작품은 바로 인간이 어떻게 자신의 선택을 수행하는가를 묘사하여 정체성 문제를 해결한다.

문학텍스트에서 모든 윤리문제의 발생은 윤리정체성과 관련된다. 윤리정체성은 여러 종류로 분류할 수 있다. 예컨대 혈연을 기초로 한 정체성, 윤리관계를 기초로 한 정체성, 도덕규범을 기초로 한 정체성, 집단과 사회관계를 기초로 한 정체성, 종사하는 직업을 기초로 한 정체성 등이 그것이다. 예컨대 소포클레스의 비극 『오이디푸스』에서 오이디푸스는 두 가지 윤리정체성을 가지고 있다. 즉 친부모와의 혈연정체성과 양부모 사이의 윤리정체성이다. 햄릿도 마찬가지다. 그의 윤리의식에는 자신을 낳아준 친아버지 외에도 자신의 윤리적 부친, 즉 계부인 클라우디우스가 있다. 클라우디우스가 왕위를 계승하여 덴마크의 국왕이 됐기 때문에 햄릿은 윤리적으로 이미 클라우디우스의 아들이자 왕자가 됐다. 햄릿이 클라우디우스에 대한 윤리관계를 확인하는 것은 자신의 윤리정체성에 대한 확인이다. 윤리정체성은 도덕행위 및 도덕규범의 전제이면서 도덕 행위주체를 구속한다. 그 약속은 때로는 강제적이기도 하다. 즉 윤리금기를 통하여 드러나는 구속인 것이다. 예컨대 클라우디우스는 햄릿의 어머니 거트루드와 결혼하여 왕위를 계승하는데 이로써 그는 국왕이 되고 햄릿의 계부라는 정체성을 얻게 된다. 이러한 정체성은 아들이자 왕자인 햄릿에게 도덕의 구속을 만들어낸다. 즉 햄릿이 클라우디우스에게 복수하려고 할 때 그는 부득불 살부와 군주 시해라는 금기를 고려하지 않을 수 없게 되고 이로 인해 영원히 해결할 수 없는 윤리곤경으로 빠져든다. 햄릿은 아들과 왕자의 정체성을 동시에 가지고 있기 때문에, 그는 복수와 금기 준수라는 윤리딜레마의 고통과 몸부림에 처할 수밖에 없게 되는 것이다. 윤리정체성은 도덕행위를 평가하는 전제이다. 현실에서 윤리는 정체성과 도덕 행위가 상호 부합하도록 요구한다. 즉 정체성과 행위는 도덕규범에 있어 서로 일치해야 한다. 윤리정체성과 윤리규범이 서로 어긋나면 윤리충돌이 일어나게 되고 문학의 문학성이 구성된다.

사회정체성 또는 문화정체성은 단지 특정 정체성의 사회적 특징에 대한 표현이다. 예컨대 대통령, 작가, 교사 등이 그것이다. 따라서 사회정체성 자체는 정체성이 아니라 특정한 정체성의 사회적 성질을 가리킨다. 사회정체성의 주체는 반드시 인간이어야 하며, 사회에서 그 인간의 정체성을 지시해야만 한다. 정체성은 인간만의 고유한 특징이기 때문에 인간의 정체성은 곧 윤리정체성이다.

사회정체성은 인간이 사회에서 정체성을 가지고 있다는 점, 즉 한 사람이 사회에서 인정되거나 수용되는 정체성을 갖는다는 점으로 인해 사회정체성의 성질은 윤리성격을 가지며 윤리정체성이기도 하다. 예컨대 빌 클린턴의 사회적 신분은 미국 대통령이었다. 이 신분은 클린턴에게 있어서는 윤리정체성이며 대통령 신분에 걸맞은 도덕의 구속을 받게 된다. 국가의 대통령이든 회사의 총수든 정부의 관리든 그들의 신분은 모두 인간의 신분이며, 윤리정체성의 범주에 속하게 된다. 바로 이렇게 사회정체성이 윤리특성을 가지기 때문에 특정한 사회정체성에 따라 생겨난 행위는 결코 사회적 행위가 아니라 인간의 행위이며 반드시 윤리규범에 부합해야 한다. 예를 들어 닉슨의 워터게이트 사건을 보자. 닉슨은 대통령으로서 신분에 부합하지 않는 도청 행위를 일삼았는데, 이는 법률적 문제만이 아니라 윤리문제이기도 하다. 대통령은 반드시 규범에 맞는 도덕의 구속을 부여받는다. 르윈스키 사건도 마찬가지다. 클린턴의 대통령이라는 신분의 윤리성이 르윈스키와 부적절한 관계를 맺을 수 없도록 결정해 두었다. 사회정체성은 곧 윤리정체성이다. 그러나 윤리정체성이 반드시 사회정체성은 아니다. 아버지, 아들, 아내, 남편 등의 예와 같다.

문화정체성이라는 용어가 학계에서 많은 사람들에 의해 사용되고는 있으나 견강부회하고 논리에 부합하지 않는 경우가 많다. 사람들은 통상 문화정체성을 문화 개념으로 보아 어떤 특정한 문화 또는 민족이 생래적으로 보유하고 있는 일련의 특징으로 간주한다. 이러한 이해는 인간이 가지고 있는 정체성이 문화에 전이되어 정체성의 주체가 문화 혹은 민족정체성으로 변화한다는 논리다. 정체성의 주체는 반드시 인간이어야 한다. 문화정체성의 주체는 결코 인간이 아니기 때문에 문화에는 정체성이 있을 수 없다. 인간이 문화적 측면에서 정체성을 가지고는 있으나 그것이 가리키는 바는 인간이 받은 교육의 정도나 종사하는 문화 직업, 예컨대 대학생, 대학원생, 화가, 음악가, 교수 등을 말한다. 누군가 어떠한 문화정체성을 가지고 있든 간에 모두 그에 따르는 도덕규범을 준수해야만 하며 또한 신분에 부합하는 윤리선택을 해야만 한다.

사회적 신분이든 가족의 신분이든 학교에서의 신분이든 정체성은 모두 윤리정체성이다. 문학작품은 특정한 정체성의 소유자가 어떻게 자신을 규범화하고 또한 인간이 사회에서 어떻게 자신의 선택을 통해 특정한 정체성을 선택하려고 하는지에 대한 노력을 묘사하는데, 이는 모두 인간의 윤리선택에 있어 도덕의 경고와 가르침을 주게 된다.

37. 윤리해체(ethical deconstruction)

윤리해체는 문학작품의 윤리구조에 대한 분석과 해독이다. 윤리구성이 윤리구조에 대한 순방향적 분석이라면, 윤리해체는 윤리구조에 대한 역방향적 분석, 즉 윤리구조 해설의 형성과정이다. 예컨대 이미 형성된 윤리매듭에 대한 분석은 윤리해체에 속한다.

38. 윤리혼돈(ethical chaos)

윤리혼돈은 바로 윤리혼란으로서, 인간이 태어나서 윤리선택 이전의 윤리 상태를 가리킨다. 예를 들어 『성경』에서 묘사한 아담과 하와가 금단의 과실을 훔쳐 먹기 전까지는 윤리혼돈에 처한다. 그들이 금단의 과실을 훔쳐 먹은 후, 윤리계몽을 얻어 윤리선택의 시기에 진입하게 된다. 혼돈은 본래 우주가 형성되기 이전의 혼란 상태를 가리키는 단어로서, 우주의 기원에 관한 중국과 고대 그리스 철학자의 관점이다. 『노자』 25장은 "어떤 사물이 섞여 만들어져 천지보다 먼저 존재한다"고 말한다. 노자는 이 우주의 최초를 무엇으로 명명할지 몰랐기에 이를 억지로 이름하여 '도'라고 했다. 실제르 『노자』에서는 혼돈이다. 천지만물 창조의 근원인 "도는 하나를 낳고 하나는 둘을 낳고 둘은 셋을 낳고 셋은 만물을 낳는다." 그래서 천지 사이에 질서가 있고 윤리가 있다. 고대 그리스에서 신화는 천지의 기원을 혼돈으로 돌렸고, 혼돈은 계란과 같아서 하나가 둘로 나뉘어 위로 올라가 하늘이 되고 아래로 내려가 땅이 된다. 이는 질서의 탄생이고 최초의 윤리이다. 인간의 자연선택은 윤리혼돈에서 시작되고, 이로써 계몽이 필요하게 된다. 영아의 탄생은 자연선택의 결과이지만 윤리적으로는 혼돈의 시작이다. 영아의 성장에는 천지의 분화처럼 조금씩 세계에 대한 감지가 있게 된다. 아동에게 동화를 이야기해주면 동물의 이야기를 통해 아이가 혼돈으로부터 깨어나 윤리의식을 가짐으로써, 윤리선택의 단계에 진입하게 됨을 의미한다. 모든 인간은 모두 윤리혼돈의 단계를 거치고, 모든 인간은 윤리계몽을 필요로 한다. 비록 계몽의 방식은 서로 다르지만, 계몽을 거치지 않고서는 윤리의식을 가질 수는 없을 뿐만 아니라 도덕적 인간으로 성장할 수도 없다.

39. 윤리혼란(ethical confusion)

윤리혼란은 윤리질서나 윤리신분의 혼란 또는 윤리질서나 윤리신분의 변화가 만들어내는 윤리곤경을 말한다. 이성의 성숙에 따라 인류는 동물로부터 벗어나기 시작했고, 점차 동물성의 기초 위에 발전을 거듭하여 독립적 고등 동물로 진화됐다. 인간과 동물을 구분하는 본질적인 특징은 인간이 구유한 윤리의식이다. 윤리의식은 최초에 혈연과 친족 관계에서 세워진 윤리신분에 대한 확인으로 표현됐고 나아가 윤리질서를 수립하게 된다. 신분은 도덕규범과 일치하고 있기 때문에, 신분의 변화는 바로 윤리혼란과 윤리충돌을 야기하기 쉽다. 예를 들어 『햄릿』에서 클라우디우스의 신분 변화는 햄릿이 복수하는 과정에서 윤리 장애물을 야기해서 결국 비극을 만들어낸다. 또 셰익스피어의 중요한 희극 요소였던 남장여자 또는 여장남자는 윤리혼란의 속성에 속하지만 희극적 결과를 만들어낸다. 『노인과 바다』에서도 윤리혼란은 존재한다. 노인이 대어를 포획할 때, 노인은 인간의 신분과 짐승을 구별하지 못하면서 스스로를 백수의 왕 사자라고 여긴다. 이는 바로 관념 속에서의 윤리혼란을 표현한다. 이는 노인이 인간사회의 윤리를 포기하고 동물세계의 윤리를 받아들였기 때문이다. 바로 노인이 스스로를 사자라고 여겼기 때문에 그는 정글의 법칙을 수용하게 되고, 정글의 법칙을 수용했기 때문에 노인의 윤리의식에서는 동물세계의 약육강식법칙이 인간사회의 고유한 윤리금기를 대체할 수 있게 된다. 윤리금기가 없기 때문에, 약육강식과 동족상잔은 하나의 윤리로 변화할 수 있었고 이는 자신이 형제라고 부르는 청새치를 추살하는 윤리 동력이 된다. 하지만 노인은 결국 실패한다. 그는 우리에게 전형적인 윤리혼란의 예를 보여준다. 다른 측면에서도 질서가 파괴되고 도덕관념이 충돌, 교합, 오해 등을 낳는 것은 모두 윤리혼란에 속한다. 윤리혼란은 문학작품 속에서 문학성을 높이고 도덕 경계를 제공하는 데에 그 가치가 있다.

40. 윤리환경(ethical environment)

윤리환경은 윤리적 언어 환경을 가리키는 말로서, 문학작품에 존재하는 역사적 공간이다. 문학작품은 비록 다가올 미래에 어떤 계시를 제공하고 있지만, 일반적으로 이미 발생했던 사건을 묘사한다. 실제로 문학작품이 묘사하는 대상은 허구의 역사이다. 이 때문에 문학윤리학비평은 특정한 윤리환경 속에서 문학작품을 분석하고 비평하며 문학작품 자체를 객관적으로 윤리해석을 펼칠 뿐, 추상적이거나 주관적인 도덕평가를 전개하지는 않는다. 인류문명 발전의 역사적 관점에서 보면, 문학은 인류 역사의 일부분으로서 역사를 초월할 수도 벗어날 수도 없으며 역사를 구성할 수 있을 뿐이다. 상이한 역사 시기의 문학은 특정 역사에 속하는 고정된 윤리환경과 윤리적 언어 환경을 갖게 되기 때문에, 문학에 대한 이해는 반드시 문학의 고정된 윤리환경 또는 윤리적 언어 환경으로 되돌려야만 한다. 이는 문학을 이해하는 하나의 전제가 된다. 문학은 역사적 산물이다. 만일 우리가 전대의 문학을 지금의 윤리환경 또는 윤리적 언어 환경 속에서 읽는다면, 아마도 문학의 윤리 대립 또는 윤리역설이라는 평가를 내리게 될 것이다. 역사 속 윤리에 부합하는 문학은 지금의 도덕에 부합하지 않고, 지금의 윤리에 부합하는 문학은 역사 속의 도덕과 부합하지 않는다. 역사적으로 부정적인 평가를 받았던 문학이 공교롭게도 지금에서는 긍정할 수밖에 없는 문학이 되고, 역사적으로 긍정적인 평가를 받았던 문학이 공교롭게도 지금에서는 부정을 해야만 하는 문학이 된다. 문학윤리학비평은 역사발전의 관점에서 문학을 고찰하고, 윤리의 관점으로 상이한 역사 속의 문학들을 해석한다. 문학윤리학비평은 상이한 윤리환경 또는 윤리적 언어 환경 속에서 문학을 이해할 때 발생할 수 있는 큰 차이점들을 피해갈 수 있다.

문학윤리학비평은 역사적 비평의 특징을 갖는다. 그 주요한 임무는 자신의 독특한 방식을 이용해서 각종 사회현상을 역사적 시각에서 개관적으로 윤리를 분석하고 귀결하고 총결하는 일이지, 단순히 선악과 호오의 평가가 아니다. 이 때문에 문학윤리학비평은 비평가에게 인문학적 역사현장으로 진입할 수 있는 능력을 요구한다. 문학윤리학비평은 역사 현장으로부터 멀리 떨어진 채 자신만의 환경 속에서 진행되는 문학 평가가 아니다. 문학윤리학비평은 심지어 비평가 자신이 문학작품 속 인물의 대리인, 또는 변호인이 되어서 그 인물을 이해할 것을 요구한다. 예를 들어 우리가 셰익스피어의 작품 속에서 햄릿과 함께 서있을 때, 많은 비평가로부터 우유부단한 인간이라고 평가받아왔던 햄릿의 굴욕을 이해할 수 있게 된다. 우리가 햄릿의 역사 현장으로 들어가 윤리의 입장에서 그를 이해하면, 햄릿이 복수의 과정에서 드러냈던 우유부단함과 유약함이 결코 그 성격의 약점이 만들어낸 게 아니라 복수과정에서 맞닥뜨린 해결 불가능한 곤경 때문이다. 즉 복수를 하게 되면 아버지, 군왕, 어머니를 시해하는 패륜의 대죄를 범하게 되고 복수를 포기하게 되면 아버지를 위한 복수라는 윤리의무와 책임을 실행할 수 없기 때문이었다. 몇 백 년 동안 우리는 허위로 만들어진 자신만의 환경 속에서 햄릿을 토론해왔기 때문에, 지속적으로 "사느냐 죽느냐, 그것이 문제로다"(To be, or not to be, that is the question)라는 구절을 중국의 통속 문법 속에서 이해한 햄릿식의 진퇴양난에 관한 독백으로 오독해왔다. 우리는 과거에 우리 자신들이 설정한 주관적 환경 속에서 햄릿의 고통스런 사유 과정의 윤리딜레마 문제 — 참도 될 수 있고 거짓도 될 수 있는 문제 — 를 하나의 생 또는 사의 문제로 단순화했다. 그렇기 때문에 우리가 햄릿이 처한 윤리환경 또는 언어 환경 속으로 돌아갈 때단 진정으로 햄릿이 대면한 윤리딜레마의 문제를 이해할 수 있다. 그러나 윤리환경의 역사적 특징은 결코 비평가가 처한 현실 환경과 대립하지 않는다. 문학의 입장에서 보면 비록 현실 사회에서 발생하여 아직 결말이 나지 않은 사태들을 묘사하고 있지만 문학이 일단 형성되면 역사를 변화시키기 때문에 역사적 시각에서 작품들을 분석해야만 한다. 비록 그렇다할지라도 비평가는 여전히 과거의 문학작품에서 우리 현실 사회를 향한 도덕의 시사를 드러내고 교화를 얻어야할 의무가 있다.

41. 의지(will)

의지는 인간이 어떤 목적에 도달하기 위해 발생시키는 심리적 동력으로 종종 언어나 혹은 행동으로 표현된다. 인간의 의지는 기본적으로 네 가지 유형이 있다. 자연의지, 자유의지, 비이성의지, 이성의지이다. 자연의지는 인간의 본능적 반응을 강조하며 인간 본능의 일부분에 속한다. 자유의지는 이성의지보다 앞서 발생하며 인간의 직감을 강조하고 고정된 논리 규칙의 구속을 받지 않는다. 그래서 선악의 구분이 없다. 비이성의지는 주로 모든 감정과 행동의 비이성적 구동력을 가리킨다. 비이성의지는 이성적 속박을 받지 않고 종종 격정과 충동의 형식으로 표현된다. 이성의지는 인성인자의 핵심이며 외재적으로 표현된다. 이성의지는 특정한 환경 하에 있는 종교 신앙, 도덕원칙, 윤리규범 혹은 이성 판단에 의해 작동한다. 이성의지는 선악을 표준으로 하여 자유의지를 구속하거나 지도하며 자유의지가 악을 포기하고 선을 따르도록 한다. 이성의지와 자유의지는 나눌 수 없다. 이성의지가 존재하기 때문에 자유의지는 영원히 자유롭지 못하다.

42. 의지력(will power)

의지력은 의지의 힘을 가리킨다. 의지력과 의지 사이에는 상관관계가 존재해서, 의지가 강할수록 의지력이 강해지며, 반대의 경우에는 점점 약해진다. 의지는 의지력을 통해 작용된다. 그래서 의지력은 일종의 심리적 힘이다.

43. 이성(rationality)

이성은 인간이 특정한 환경에서 갖는 정확한 인지와 가치판단이자 미덕으로서, 동물과 구분된다. 이성에는 세 가지 요소 즉 인지, 가치판단, 도덕행위가 포함된다. 인지는 특정 또는 불특정 대상에 대한 인식과 이해로 상이한 정보에 대한 취득과 귀납이다. 이는 감성적인 것도 있고 추상적인 것도 있다. 가치판단은 정해진 도덕규범에 따라 인지에 대한 분석, 비교, 평가, 총결이다. 그러므로 가치판단은 집단의 의지력을 체현한다. 도덕행위는 가치판단의 결과이고 이성의 구체적 체현이다.

세 요소 가운데 인지는 개별 인간이 지식을 획득하는 행위로서 도덕의 속박을 받을 수도 있고 안 받을 수도 있다. 하지만 가치판단은 반드시 도덕의 속박을 받게 된다. 비록 그것이 개별인간의 판단일지라도 이러한 판단의 근거인 도덕규범은 집단의 의지력을 체현한다. 특정한 환경에서 형성된 도덕규범에 따라 개별 인간이 획득한 지식을 평가하는 일은 이성의 기본적인 특징이다. 가치판단은 선악을 기준으로 하고 그 목적은 도덕행위에 참고자료를 제공하는데 있다. 이로써 도덕행위가 나타난 후에야 이성은 진정으로 형성된다. 도덕행위는 이성의 담지체이고 이성은 도덕행위의 속성이며 선악의 이성 기준이다. 도덕행위가 없다면 이성은 존재할 수 없다. 문학작품에서 이성은 윤리선택의 기준이면서 동시에 윤리선택을 평가하는 기준이기도 하다. 이는 통상 이성의지의 형식으로 나타난다. 예를 들어 도스토예프스키의 『부활』에서 귀족 청년 네흘류도프는 농노 소녀 카투사 마슬로바를 강간하고 버린다. 10년 뒤 매춘부로 살던 카투사는 살인죄의 누명을 쓰고 감옥에 간다. 법정에서 배심원으로 등장한 네흘류도프는 판결을 기다리는 죄수가 자신이 버렸던 카투사임을 발견하고 격심한 사유의 갈등을 겪은 후 결국 양심의 발현으로 그녀의 죄를 사하는 선택을 하게 된다. 카투사의 상고가 기각된 후 네흘류도프는 이성의지를 지키면서 카투사의 유형지 시베리아를 따라가며 그녀와 결혼하기로 결심한다. 자신의 행위에 대한 판단에서나 카투사에 대한 판단에서나 네흘류도프의 행위는 모두 이성에 부합한다. 그가 최후에 카투사에게 죄를 사하는 행위는 도덕 행위라고 볼 수 있다. 이는 그의 이성적 판단이 선택한 행위의 결과이다. 문학작품은 곧잘 비이성의 가치판단과 부도덕한 행위를 묘사한다. 예를 들면 『맥베스』에서 맥베스가 무녀의 예언으로 스스로 국왕이 되리라는 맹신했던 판단은 비이성적 가치판단이다. 그는 이러한 비이성적 판단에 기초해서 자신의 비이성의지를 억제하지 못하고 군왕을 시해하여 왕좌를 찬탈하려는 선택을 한다. 맥베스의 행위는 이성 결핍이 야기한 결과로서 부도덕한 행위이다.

44. 이성의지(rational will)

이성의지는 인간성 요소의 핵심이고 그 외재적 표현이다. 문학윤리학비평에서 이성은 인간이 선악과 관련된 지고한 인지 능력이고 인간의 동물성 본능과 대립함을 가리킨다. 이성의지는 이성의 작용이 체현됨이고 주로 자유의지를 억제하고 속박하여 자유의지가 이성을 획득하는 데에 작용한다. 그러므로 이성의지는 특정한 환경 속의 종교신앙, 도덕원칙, 윤리규범 또는 이성판단에 의해 움직인다. 이성의지는 윤리학 범주에 속한다. 이성의지는 선악을 기준으로 하여 자유의지를 억제하거나 이끌어 자유의지가 악을 버리고 선을 따르게 인도한다. 하지만 이성의지와 자유의지는 분리될 수 없다. 이성의지의 존재 때문에 자유의지는 영원히 자유롭지 않다. 예를 들어 셰익스피어의 『맥베스』에서, 맥베스의 자유의지는 왕권에 대한 갈망으로 나타난다. 그의 갈망이 강하면 강할수록 자유의지의 힘은 더욱더 강렬해지고 이성의지는 점점 약해져서 결국엔 왕위 찬탈을 이끌어낸다. 하지만 맥베스의 자유의지는 줄곧 이성의지의 억제를 받아왔다. 불륜과 금기에 대한 공포가 바로 그것이다. 범죄 과정에서의 머뭇거림, 자기 범죄에 대한 질책과 훼손 등은 모두 이성의지가 발현된 결과다. 또 『서유기』에서 손오공은 자유의지의 전형적인 체현체이면서 동시에 이성의지의 체현체이기도 하다. 하지만, 그의 이성의지는 주로 당승이 금고아를 조이는 주문에 의해 체현된다.

45. 인성(human nature)

인성은 인간이 짐승과 구분되어 인간이 되는 기본적인 특징이다. 인간이 인간적으로 존재하면서 짐승으로 존재하지 않는 본질적인 속성이다. 인성은 인간의 본능이 아니라 인간의 도덕 속성으로 인간이 될 수 있는지를 결정하는 미덕이다. 인성은 인간의 이성적 기초 위에서 형성되며 윤리선택 속에서 지속적으로 완전해진다. 인성은 선하기 때문에 인성과 악은 상대적이다.

다윈의 생물진화론 학설에 의하면 인류의 출현은 자연선택의 결과지만 자연선택은 일차 생물선택에 불과하다. 그 가장 큰 성공은 인간이 인간의 형식 즉 인간의 외형을 획득했다는데 있다. 예를 들어 직립보행을 할 수 있는 다리, 도구를 사용할 수 있는 손, 과학적으로 배열된 오관과 사지 등을 진화해냄으로써 사람은 형식적으로 동물과 구분될 수 있게 됐다. 하지만 인류의 첫 번째 선택은 물질 형태로 인간이 어떻게 탄생했나 하는 문제를 해결하는 데 불과하다. 이 선택은 근본적으로 인간이란 무엇인가 하는 문제, 즉 인간을 다른 동물과 본질적으로 구분하는 문제를 해결하지는 못한다. 그렇다면 인간은 자연선택을 완성하고 난 후에 정말로 어떻게 자신과 짐승을 구별해냈을까? 그것은 인류의 윤리선택이 실현했다. 인류는 첫 번째 생물선택 즉 인간의 형식을 선택한 이후에 두 번째 선택 즉 윤리선택의 과정을 겪는다. 윤리선택 과정 속에서 인간의 선악관념이 시작되며 이성이 점차 성숙해진다. 인간은 마침내 자신이 인간으로 존재한다고 인식하게 되고 인성을 지니기 시작한다.

인류의 생물선택과 윤리선택은 본질적으로 다른 두 종류의 선택이다. 전자는 인간의 형식적 선택이며, 후자는 인간의 본질적 선택이다. 인류가 윤리선택을 거쳐 자신을 동물 속에서 해방시켜 낸 후에야 비로소 인성이 나타나게 된다.

인성은 윤리선택의 결과이다. 인성은 인간의 생물적 특징이 아니라 인간의 윤리 특징이며, 그래서 인성은 태어나면서 획득되는 것이 아니라 후천적으로 형성되고 교화된 결과다. 예를 들어 막 태어난 영아는 단지 자연선택의 결과에 불과한 것으로 선악관념이 없다. 그래서 인성도 없다고 할 수 있다. 유아단계에서 동화 이야기 등을 통한 교화를 거쳐 점점 인간의 개념을 갖게 되고 형식적으로 자신을 동물과 구분할 수 있게 된다. 교화를 거쳐 윤리의식을 갖게 되고 선악관념을 탄생시키기 시작하면서 인성이 형성된다. 하지만 이 단계는 유아의 이성이 아직 성숙하지 않기 때문에 유아의 인성 역시 완전하지 않다. 아동의 단계에서 아동의 교화가 더욱 강조되기 때문에 아동문학의 교화기능 역시 더욱 분명하다. 아동문학 속에서 도덕 모범의 역할이 더욱 두드러진다. 아동의 이성이 성숙하기 시작하면서 수성인자가 점점 줄어들고 인성인자가 점점 증가해 인간으로서의 아동의 주체가 확립된다. 그럼으로써 인성은 조금씩 아동에게 주도적인 요소가 된다.

성인의 단계 역시 그렇다. 인간은 동물에서 진화됐기 때문에 인간의 몸에는 여전히 스핑크스인자가 드러나 있으며 동물성이 수성인자를 통해 드러난다. 윤리선택의 목적은 인성인자가 수성인자를 구속하고 통제함으로써 인간이 인성을 유지할 수 있도록 하기 위함이다. 스핑크스인자의 작용 때문에 인간은 동물성을 완전히 제거하고 인성만을 가질 수 없다. 와일드의 『도리언 그레이의 초상』과 칼비노의 『반쪽짜리 자작』에서는 악을 선으로부터 완전히 제거하려했다. 하지만 마지막에는 그들이 도덕적 이상주의자임이 증명됐고 인간에게 선악이 병존해야 비로소 완전한 인간임을 인정하게 됐다. 바로 인간의 몸에 선악이 병존하는 특징 때문에 문학의 교화가치가 충분히 드러난다. 문학작품이 끊임없이 다양한 모델을 우리에게 제공해 주고 거듭하여 도덕 설교를 하는 목적은 바로 우리가 수성인자를 구속하고 동물성을 억누름으로써 인성이 한결같이 주도적인 지위를 차지하도록 하기 위해서다.

인성은 인간에게서 나온다. 즉 인간은 인성으로 동물성과 상대된다. 인성의 기초는 이성이며 인성의 핵심은 선(善)이다. 그래서 인성은 인간의 도덕이며 인간의 미덕이다. 그래서 인간은 약점이 있을 수 있지만 인성에는 약점이 없다. 인간은 죄악을 지닐 수 있지만 인성에는 죄악이 없다. 현재 유행하는 '인성의 약점' '인성의 죄악' '인성의 사악함' 등의 말들은 모두 인간과 인성을 뒤섞어서 혼란을 가져왔다. 예를 들어 『인성의 약점』이라는 제목으로 번역된 데일 카네기 저서의 중국어본은 쉽게 인성에 대한 오독을 만들어낸다. 이 책의 표제는 본래 『친구를 얻고 사람들에게 영향을 끼치는 방법』(*How to Win Friends and Influence People*)[2]이지만 독단적으로 『인성의 약점』으로 바꾸었다. 역자가 인성을 진정으로 이해하고 있지 못함이 분명하다. 미국 소설가 필립 로스의 소설 『인간의 오점』(*The Human Stain*)은 『인성 오점』이나 『인성의 오점』으로 번역됐고, 영국 소설가 모음의 『인간의 굴레』(*Of Human Bondage*)는 『인성 굴레』 등으로 번역됐다. 설사 한 글자의 차이이기는 하지만 의미는 본질적으로 다르다.

학술 연구에서도 '인성의 죄악'을 논한 논문이 많이 존재하는데, 인간의 죄악을 인성과 연결시켜 인간의 죄악을 인성의 죄악이라고 보고 있다. 이는 인성에 대한 오독이며 오해이다. 인간과 인간의 본능, 인간의 본성, 인간의 인성 등의 개념을 혼돈했기 때문이다.

역사적으로 인성의 '성선설'과 '성악설'에 대한 논쟁은 사실 선현들의 철학적 사고에 대한 오독이다. 맹자(孟子)의 성선설 관점이든 순자(荀子)의 성악설 관점이든 혹은 고자(告子)의 인성은 선하지도 악하지도 않다는 관점이든, 그들이 말하는 인성이라는 개념은 기본적으로 같다. 대체적으로 천성(天性) 즉 본능을 가리키고 있으며, 단지 해석과 평가만이 다를 뿐이다. 맹자는 "물은 진정 동서를 구분하지 않고 상하를 구분하지 않던가? 인성의 선함은 마치 물이 아래로 흐르는 것과 같다. 사람은 선하지 않은 자가 없으며 물은 아래로 흐르

2 우리나라에서는 『카네기 인간관계론』이라는 제목으로 출판됐다. (옮긴이)

지 않는 바가 없다."(『맹자 · 고자상』(孟子 · 告子上)) 맹자는 인성에는 선하고 악한 것이 없다고 하는 고자의 힐문을 통해 인간의 천성이 지닌 선을 향하는 특징을 설명하고자 했다. 설사 인간의 천성이 선을 향하고 있다 할지라도 외부의 조건으로 인해 변화가 발생할 수 있다. 그래서 그는 또 "지금 무릇 물을 쳐서 튀어 오르게 하면 이마를 넘어갈 수도 있고, 밀쳐서 움직이게 하면 산에도 이를 수 있다. 그것이 어찌 물의 특성이겠는가? 그 힘이 그러하다. 사람을 선하지 않도록 할 수 있지만 그 특성 또한 이와 마찬가지다"(『맹자 · 고자상』)고 말한다. 분명 맹자가 이곳에서 사람의 선하지 않음을 말할 때 가리킨 것은 인간의 천성이 외부의 힘의 영향을 받아 나타난 결과이다. 동시에 맹자 역시 인성이 천성과 같지 않다고 여기고 있다. 그는 개의 특성, 소의 특성, 인간의 특성(인성)을 비교하면서 인성이 동물의 특성과 같지 않음을 강조했다. 맹자는 "인간이 금수와 다른 바가 얼마 되지 않은데, 뭇 백성은 그것(다른 차이: 옮긴이)을 없애고 있지만 군자는 그것을 지키려 한다. 사물에서 분명히 밝히고 인륜을 살펴 인의에 따라 행하되 인의를 행하려고 하지 않는다"(『맹자 · 이루』(孟子 · 離婁))고 말한다. 맹자가 보기에 인간이 금수와 다른 이유는 인륜에 있다. 인륜은 인간이 나중에 형성한 인간이 금수와 구별되는 본질로 사실상 바로 인성이다. 그래서 맹자는 사람이 "그 마음을 잘 살펴 그 성품을 기른다"(『맹자 · 고자하』(孟子 · 告子下))고 강조했다.

고자와 순자가 말한 인성은 사실상 인간의 천성이다. 고자는 "타고난 것이 본성이다"(生之謂性)"라고 했고 또 "식욕과 색욕은 본성이다"(食色,性也)라고 했다.(『맹자 · 고자상』) 고자가 말한 것은 모두 태어나면서의 천성을 말한다. 순자는 "지금 사람들의 성(性)은 굶주리면 배부르고자 하고, 추우면 따뜻하고자 하고, 피곤하면 휴식하고자 한다. 이는 인간의 정(情)과 성(性)이다"라고 말한다. 순자는 또 "성(性)이란 하늘이 내려준 것으로 배울 수 있는 게 아니고 만들 수 있는 게 아니다"라고 말한다.(『순자 · 성악』(荀子 · 性惡)) 순자가 보기에 배가 고프면 배부르게 먹고 싶고, 추우면 따뜻하게 입고 싶고, 피곤하면 쉬고 싶어 하는 것이 인간의 본성이다. 인간의 본성이라고 여긴 것은 선천적으로 만들어졌다. 고자는 "마치 물이 동서의 구분이 없는 것처럼 인성은 선함과 선하지 않음의 구분이 없다"(『맹자 · 고자상』)고 말한다. 순자는 "인간의 성(性)은 악하다. 그 선함은 인위적인 것이다"(『순자 · 성악』)라고 말한다. 표면적으로 보면 성(性)에 대해 두 사람이 다른 관점을 지니고 있는 것처럼 보이지만, 사실상은 인간의 본성에 대한 다른 평가이다. 두 사람의 관점이 다르기는 하지만, 언급하고 있는 인성은 인간의 천성을 가리킨다.

인성에 대해 맹자는 인륜을 강조하고, 고자는 인의를 강조하며, 순자는 예의를 강조한다. 고자는 "성(性)은 갯버들 같고, 의(義)는 버들그릇과 같다. 인성을 인의라고 여기면 갯버들을 버들그릇으로 여기는 바와 같다"고 한다. 고자가 여기서 말하는 인의는 즉 인간의 인성이다. 순자는 이렇게 말한다. "사람의 본성은 진실로 예의가 없기 때문에 강제로 배워 이를 갖고자 한다. 본성은 예의를 모르기 때문에 생각을 하여 이를 알고자 한다. 그렇다면 만일 본성만 있다면 사람은 예의가 없고 예의를 모르게 된다. 사람에게 예의가 없기 때문에 혼란하고 예의를 모르기 때문에 사리에서 벗어난다. 그래서 만일 본성만 있다면 사리에서 벗어나고 어지러움만이 몸에 있게 된다."(『순자 · 성악』) 여기서 말하는 예의는 즉 인성이다. 본성은 예의를 알지 못한다. 왜냐하면 예의는 본성에서 나오는 것이 아니라 이후에 노력한 결과이기 때문이다. "무릇 예의란 성인의 인위에서 나왔지 인간의 본성에서 나오지 않았다." 성선이든 성악이든 본성은 모두 같다. "무릇 사람의 본성이란 요(堯)와 순(舜), 걸(桀)과 척(跖)의 본성이 같다. 군자와 소인은 그 본성이 같다.(『순자 · 성악』) 다른 점은 훗날의 학습과 도덕 수양을 거쳐 본성이 인성으로 변화되는가에 달려 있다. "무릇 요나 우, 군자를 받들게 되면 본성을 바꿀 수 있고, 인위적인 노력을 할 수 있고, 인위적인 노력으로 예의를 발생시킬 수 있기 때문이다."(『순자 · 성악』) 여기서 말하는 바 역시 이후의 인성과 선천적인 본성의 차이와 인성에 미치는 교화의 중요성이다. 그래서 어떻게 수신양성(修身養性)해야 하는가에 대한 순자의 논술이 매우 많다. 예를 들어 「권학」(勸學), 「수신」(修身), 「불구」(不苟) 등의 편이 모두 수신하여 학문을 닦고 도덕으로 교화하는 내용을 논하고 있다.

여기서 고대인이 사용한 인성의 개념이 오늘날의 인성 개념과 같지 않으며 이는 인간의 본성을 가리킨다는 사실을 알 수 있다. 오늘날 사람들이 말하는 인성은 인간의 본성을 말하지 않는다. 인성은 사람이 동물과 구분되는 본질적 특징, 즉 사람이 사람인 까닭의 본질적인 특성을 가리킨다. 그래서 인성은 인간의 도덕을 가리킨다. 본능은 천성적이지만 인성은 후천적으로 도덕 수양을 통해서만 획득될 수 있다. 공자는 "사람의 성은 서로 비슷하지만 습관으로 서로 멀어진다"고 말한다.(『논어 · 양화』(論語 · 陽貨)) 공자가 말한 성(性)은 바로 인간의 본성이다. 즉 인간의 본성은 서로 비슷하지만 인간의 수양이 다르기 때문에 도덕 역시 서로 달라진다. 순자는 말한다. "오늘날 사람들은 스승의 법으로 교화하고 글과 학을 쌓고, 예의를 따르는 사람을 군자라고 한다. 성정에 내맡기고 방자함과 방종함을 편히 여기고 예의에 어긋나는 자를 소인이라고 한다."(『순자 · 성악』) 서한(西漢)의 양웅(揚雄)도 역시 "그 선함을 수양하면 선한 사람이 되고 그 악함을 수양하면 악한 사람이 된다"고 말한다.(『법언 · 수신』(法言 · 修身)) 두 사람 모두 도덕 수양의 중요성을 강조하여 말하고 있다. 인간, 본능, 본성, 인성 등 개념의 차이를 분명하게 이해해야만 비로소 무엇이 인성인지 진정으로 이해할 수 있다.

46. 인성인자(human factor)

인성인자는 인간의 윤리의식으로서, 이성의지로 표현된다. 인성인자는 인간의 두뇌로 드러난다. 인간의 두뇌는 인류가 유인원에서 인간으로 진화하는 과정 속에서 수행한 생물선택의 결과이다. 인간의 두뇌 출현의 의미는 무엇보다 인간의 외형적, 생물적 변화이지만 더욱 중요한 의미는 윤리의식의 출현이다. 스핑크스의 입장에서 보면 인간의 두뇌는 그녀의 몸에 인간의 생물적 특징이 생겼다는 것이지만 스핑크스를 본질적으로 동물과 구별시키도록 하지는 못한다. 그렇다면 무엇이 스핑크스를 동물과 구별시킬까? 그것은 바로 인간 두뇌의 이성의식이다. 우리는 인간 두뇌가 갖는 이성의식을 인성인자라고 부른다. 인성인자는 수성인자를 통제하고 구속하는 주도적인 인자이다. 이성인자는 인성과는 다르다. 인성은 인간을 동물과 구별하는 본질적인 특성이지만, 인성인자는 인류가 야만(savagery)에서 문명으로 진화하는 과정 중에 나타나는 스스로를 사람으로 진화시킬 수 있는 요소를 가리킨다. 인성인자는 스핑크스에게 매우 중요하다. 바로 인성인자의 출현으로 인간은 윤리의식을 가질 수 있고 인성을 획득할 수 있으며 동물에서 인간으로 변화할 수 있다. 인성인자의 표현 형식은 이성의식이며, 가장 중요한 특징은 선악을 분별할 수 있는 능력이다. 에덴동산에서 선악과를 몰래 먹은 하와와 마찬가지로 선악을 구분할 수 있다. 인간의 머리가 없으면 인간의 윤리의식이 있을 수 없다. 윤리의식이 없으면 이성의지가 탄생할 수 없으며 선악을 구분할 수도 없다. 선악을 구분할 수 없으면 진정한 인간이 될 수 없다. 인간 두뇌가 만든 인성인자가 출현했기 때문에 인간은 비로소 최초의 윤리의식에 힘입어 선악을 구분할 수 있으며, 짐승에서 해방되어 윤리의식을 지닌 인간이 비로소 탄생할 수 있다. 그래서 윤리 의미에서 말하면, 인간의 기본 특징은 선악을 구분할 수 있는 윤리특성이 구현한 것이다.

47. 자연감정(natural emotion)

자연감정은 도덕 구속을 받지 않는 생리적이고 심리적인 반응이다. 생리학적 관점에서 볼 때 감정은 인간의 동물적 본능의 자연반응이다. 예를 들어 배고픔이 만들어낸 음식물에 대한 갈망, 성욕이 초래한 애정에 대한 추구, 또 다른 욕망이 만족을 찾는 일 등이다. 인간의 본능이 초래한 이러한 감정은 윤리선택 속에서 자연의지 혹은 자유의식의 형식으로 체현되며 자연감정 혹은 자유감정에 속하며 인간의 수성인자가 밖으로 드러난 결과다. 자연의지 혹은 자유의지가 만들어낸 이러한 감정은 도덕의 구속을 받지 않는다. 설사 도덕적으로 질책을 받은 사람이라 하더라도, 예를 들어 『오레스테스』에서 남편 아가멤논을 배반한 아내 클리타임네스트라와 연인 아이기스토스, 『맥베스』의 맥베스와 그의 아내, 『햄릿』의 클라우디우스와 거트루드 사이에도 마찬가지로 감정이 존재한다.

48. 자연선택(natural selection)

자연선택은 사람이 유인원에서 인간으로 변하는 과정에서 일어나는 형식상의 선택을 가리킨다. 문명 발전 과정에서 인류가 직면한 가장 큰 문제가 무엇인가? 바로 어떻게 인간을 동물과 구별해내고 인간과 동물 사이에서 신분 선택을 하는가이다. 이러한 문제는 사실상 인류의 진화에 따라 자연적으로 발생했다. 19세기 중엽 다윈이 세운 생물진화론은 자연선택을 사용해 전체 생물계가 발생하고 발전한 데 대한 과학적 해석을 수행했다. 진화론적 관점으로 인류를 관찰해보면 인류문명의 출현은 인류 자신이 선택한 결과임을 발견할 수 있다. 문명의 역사에서 인류는 이미 두 번 선택을 했다. 유인원에서 인간으로 변화한 과정은 인류가 진화를 통해 수행한 첫 번째 선택으로 자연선택이었다. 하지만 이는 일차적인 생물선택에 불과했다. 이 선택의 가장 큰 성공은 인류가 인간의 형식, 즉 인간의 외형을 획득했다는데 있다. 예를 들어 직립 보행을 할 수 있는 다리, 도구를 사용할 수 있는 손, 과학적으로 배열된 오관과 사지 등을 진화시킴으로써 인간은 형식적으로 동물과 구별될 수 있게 됐다.

하지만 인류의 첫 번째 선택은 단지 물질 형태에서 인간이 어떻게 탄생됐는가 하는 문제를 해결한 것에 불과하다. 근본적으로 인간이란 무엇인가, 즉 인간과 다른 동물을 본질적으로 구분하는 문제는 해결하지 못했다. 그렇다면 인간이 자연선택을 완성한 후에는 어떻게 진정으로 자신을 동물과 구분해낼 수 있을까? 이는 인류의 윤리선택이 실현시킨 결과이다. 인류는 첫 번째로 생물적 의미에서 자연선택을 완성한 이후 다시 두 번째 선택, 즉 윤리선택을 겪었다. 인간사회가 자연선택에서 윤리선택으로 다시 과학선택의 과정을 겪게 되는 인류문명 발전의 논리이다. 인류의 자연선택은 생물선택으로, 이는 인류가 더욱 높은 단계로 진화하는 기초를 닦았다. 인간의 지성은 자연선택을 통해 획득됐지만 이성은 윤리선택을 통해 획득된다.

스핑스크 형상은 자연선택에서 윤리선택으로 이행하는 상징적 의미를 지닌다. 인류는 진화하는 과정에서 자연선택을 통해 인간의 외형을 획득한 이후에도 자신의 몸에 여전히 생존과 번식 본능과 같은 많은 짐승의 특성이 남아 있음을 발견한다. 스핑크스는 인간의 두뇌가 있기 때문에 자신이 짐승과 다르다는 사실을 인식하고 있다. 하지만 자신의 사자 몸과 뱀 꼬리가 표현하는 원시적 욕망으로 인해 그녀는 또 자신이 짐승과 다르지 않음을 인식한다. 외형적으로 보면 그녀는 사람이면서 짐승이다. 그녀는 자신이 도대체 사람인지 아니면 짐승인지 알기를 갈망한다. 그녀는 질문의 방식을 통해 인간에 대해 느끼는 자신의 곤혹스러움을 표현한다. 스핑스크의 수수께끼 역시 이렇게 탄생했다. 분명 스핑크스의 수수께끼는 인류가 자연선택을 겪은 후에 남겨진 윤리 명제이다. 즉 무엇이 인간과 짐승을 구분할 수 있도록 하는가이다. 오이디푸스는 자신의 비극을 이용해 인간과 짐승을 구분했다. 인간과 짐승을 구분하는 기준은 이성이고, 이성은 인간의 두뇌로 상징된다. 이성이 무엇인가는 하는 문제는 구체적으로 반드시 지켜야 하는 윤리금기로 변화됐으며, 윤리금기는 또 당시에 아버지를 죽이고 어머니를 취해서는 안 된다고 구체적으로 표현됐다.

인간은 줄곧 자연선택을 반복해 왔다. 영아의 탄생은 자연선택의 결과이다. 막 태어난 영아는 윤리의식이 없으며 윤리선택을 거치지 않았다. 그래서 영아는 짐승과 차이가 없다. 영아는 성장 과정에서 점차 생존 능력을 획득하고 윤리의식이 생기게 되면서 윤리선택의 단계로 진입하기 시작한다. 동화는 바로 아동을 교화시키고 아동이 자연선택을 완성하고 윤리선택을 시작하도록 돕는 기능을 한다.

49. 자연의지(natural will)

자연의지는 인간의 타고난 의지력이다. 자연의지는 인간과 금수가 모두 지니고 있기 때문에 인간의 수성인자가 드러난 결과이기도 하다. 자연의지는 생득적으로 생겨났다. 영아가 어머니 복중에서 성장하고 출생하고 울고 욕구를 지니는 일은 모두 영아의 자연의지가 표현된 결과이다. 자유의지와 비교하여 자연의지는 더욱 인간의 본능적 반응을 더욱 강조한다. 그래서 자연의지는 인간의 본능과 밀접하게 연관되어 있다. 자유의지는 인간의 직감을 더욱 강조하며 인간의 직감과 밀접하게 연관되어 있다.

50. 자유의지(free will)

자유의지는 인간이 구속을 받지 않는 의지(natural will)를 가리킨다. 자유의지는 인간이 생존하는 지혜 능력으로 종종 외부의 자극이나 생존의 압력 아래서 발생한다. 자유의지는 인간의 직감적인 표현 형식으로 인간 활동이 어떤 고정된 논리 규칙의 구속을 받지 않는다는 특징이 있다. 자유의지의 동력은 주로 성욕이나 식욕, 지식욕 등 인간의 다양한 욕망에서 나온다. 욕망은 인간의 기본 생리적 요구와 심리 활동이다. 이는 본능의 추동 하에서 발생하는 것으로 본능적으로 생존과 향유에 대한 인간의 갈망이다. 이러한 갈망은 특정한 환경 속에서 자연적으로 발생하며, 인간의 본능 혹은 동기에 의해 추동된다. 윤리학적 의미에서 자유의지는 동물적 본능의 범주에 속하고 선악의 구분이 없다. 자유의지는 이성의지에 앞서 자연적으로 발생한다. 자유의지는 이성의지가 나타나 자유의지를 구속할 수 있도록 한다. 자유의지는 절대 자유를 추구하기는 하지만 줄곧 이성의지의 구속을 받는다. 그래서 종종 이성의지와 충돌되기도 한다. 문학작품 속에서 자유의지는 이성의지의 속박에서 쉽게 벗어나 비이성적 경향을 표현해 내며 종종 선하지 않은, 즉 악한 결과를 초래하기도 한다. 『서유기』(西遊記)의 손오공은 전형적으로 자유의지를 체현한 존재이다. 그는 의지의 절대자유를 추구하고 어떠한 윤리 규범도 받아들이지 않아 천궁을 소란케 하고 제멋대로 날뛴다. 손오공의 자유의지를 속박하기 위해서는 그에게 금테를 두를 수밖에 없었다. 삼장법사가 통제한 금테는 이성의지를 표현한다. 금테가 상징하는 이성의 구속 아래서 손오공은 81개 난관의 힘겨운 단련을 겪고서 마침내 윤리선택을 완성하게 된다.

51. 전자텍스트(electronic text)

전자텍스트, 즉 디지털 텍스트는 디지털 형식으로 저장되는 텍스트 형식을 가리킨다. 과학기술의 발전에 따라 인간사회는 전자과학시대로 진입했다. 이로 인해 전자텍스트가 등장했다. 구체적으로 말하면 전자텍스트는 하드디스크(hard disk), 솔리드스테이트 드라이브(solidstate drive), 콤팩트디스크(compact disk), 레이저디스크(laser disc) 등 화학과 자기장 자료를 저장매체로 하는 전자 파일을 가리킨다. 이는 컴퓨터 시스템에 근거한 저장과 인터넷 통신망에서 발송과 수신이 가능하다. 전자텍스트는 과학의 산물이다. 컴퓨터의 디지털 기술이 등장한 이후, 의미 전달이 가능한 모든 기호는 전자 부품을 통해 디지털화되어 저장될 수 있다. 현대의 전자기술이라는 조건 내에서, 문자기호의 디지털화 처리는 전자텍스트를 구성하게 된다. 전자텍스트 저장은 디지털 기호이므로 전자텍스트도 디지털 텍스트라고 칭할 수 있다. 전자시대에서 어떠한 생물 형태 또는 물질 형태의 텍스트도 전자 설비를 거쳐 전자텍스트로 변환될 수 있다. 20세기 말부터 대다수의 출판물은 점점 전자텍스트화 됐기에 오프라인 출판과 동시에 전자텍스트로 출판되고 있다. 비록 이전의 출판물이 종이를 저장 매체로 하는 서적이었지만 전자기술의 힘을 빌려 종이 매체의 서적을 전자텍스트로 전환할 수도 있다.

52. 천성(natural instinct)

천성은 본성으로 인간의 본능을 가리킨다. 천성은 인간의 자연적 속성이다.

53. 충동(impulse)

충동은 자유의지의 표현 형식으로서 비이성의지로부터 전환된다. 충동은 감정이 이성의 지배를 벗어나는 심리현상으로서 주로 본능에 의해서 추동되며 때로는 격한 감정에 의해서 추동되어 강렬한 정서적 색채를 띠게 된다. 충동은 자유의지에 의해 드러나고 동시에, 비이성의지도 충동을 드러낸다. 자유의지의 동력으로서의 충동은 행위를 통하여 체현될 수도 있지만 사상과 의식으로도 체현될 수 있다. 충동은 곧잘 본능의 추동에 근원하기 때문에 충동 행위는 이성 판단을 결여하게 되고 그럼으로써 감정적이고, 투박하고 경솔하며, 결과를 생각하지 않는 단순한 특징을 드러낸다. 예를 들어 『오셀로』에서 오셀로가 데스데모나를 죽이는 장면이 그러하다. 이야고는 간계와 날조를 통해 오셀로와 데스데모나의 사이의 감정을 방해했고 오셀로는 이야고의 말을 진실로 여겨 자신의 아내를 죽이고 만다. 오셀로가 처를 살해하는 행위는 충돌의 결과이자 그의 비이성의지가 만들어낸 것이다. 오셀로의 충동은 엄중한 도덕 결과를 낳았다. 오셀로가 사건의 진상을 알게 된 후 후회가 밀려왔고 스스로를 용서할 수 없게 되자 칼을 뽑아 자살하게 된다. 문학에서 묘사된 가정과 사회의 수많은 문제들, 가정폭력, 아동학대, 자살 등은 모두 충동이 만들어낸다. 비록 충동이 인간의 자유의지의 표현이라 할지라도 이성의지로 전환되어 인간의 생리와 심리의 각종 기본적 요구들을 만족시킬 수 있다.

옮긴이 해설

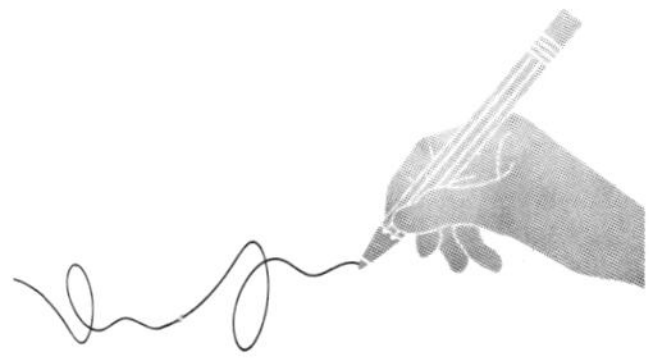

'중국학파' 문학윤리학비평의 학문적 가치[1]

임대근

1. '문학윤리학비평'의 분절과 절합

문학윤리학비평은 적어도 세 가지 개념어가 절합(articulation)된 결과다. 즉 '문학', '윤리', 또는 '윤리학', '비평'이라는 개념의 조우를 통해 형성된 복합개념이다. 일찍이 나는 동시대 문제와 사건들을 설명하기 위해서라면 단일 개념은 적절치 않으며 복합 개념을 동원해야 한다고 말한 바 있다. 그것은 세계의 질적 복잡성 때문이다. 이를 두고 "개념은 외롭지 않다(Concept is not lonely)"고 표현했다.[2] '문학윤리학'이라는 복합 개념이 '문학', '윤리학', '비평'이라는 몇 가지 단일개념의 조우로 인해 구성되었다는 점을 인정한다면, 그 조합의 방식으로는 최소한 세 가지 경우의 수가 가능하다.

첫째, 문학윤리학비평을 '문학'과 '윤리학'이 결합하는 비평의 방식으로 간주하는 경우다. 이 방식은 문학과 윤리학이라는 두 가지 학문 분야의 병렬적 결합을 의미한다. 그렇다면 각각의 학문이 추구하는 학문적 대상과 방법론

---

1 이 글은 Lim Dae Geun, "The Academic Value of 'Chinese School' Ethical Literary Criticism", *Interdisciplinary Studies of Literature*, Vol. 5, No. 2, June 2021, 191~204쪽을 우리말로 옮긴 것이다.

2 임대근, 『문화콘텐츠 연구』, 한음출판, 2021, 141~144쪽.

을 탐구하고 그 결합이 어떤 의미를 생산하는지 살펴볼 필요가 있다. '문학+윤리학'은 'Literature Studies+Ethics Studies'로 표현될 수 있다. 분과학문과 분과학문의 결합으로서 문학과 윤리학의 결합에 비평이 덧붙는다면 그것은 문학비평(Literature Criticism)과 윤리학비평(Ethical Criticism)이 확장된 방식으로 간주할 수 있다.

둘째, 문학윤리학비평의 핵심 개념인 '문학윤리학'을 '문학윤리'와 '학문'의 결합으로 간주하는 경우다. 이런 입장은 문학윤리에 관한 학문적 입장을 표현한다. 그 학문 연구의 대상은 작가윤리와 작품윤리, 독자윤리 등을 포괄하는 문학윤리가 될 수 있다. 그러나 그 방법론이 무엇인지에 대해서는 다시 논의할 필요가 있다. 즉 이는 'Literary Ethics Studies'로서 연구대상과 연구행위가 결합되는 산물이다. 여기에 비평을 결합한다 해도 역시 비평대상과 비평행위가 결합되는 양상을 확인할 수 있다.

셋째, 문학윤리학비평을 '문학'과 '윤리', '학문'이라는 세 개념의 결합으로 간주하는 경우다. 이는 각각의 요소가 자신이 가지고 있는 함의를 설명한다. 이런 결합은 비평이라는 개념까지 부가하여 함께 고려할 수 있다. 즉 '학문'은 '비평' 혹은 '연구'의 의미를, '문학'은 연구나 비평의 대상으로서의 창작 텍스트를, '윤리'는 연구나 비평의 기준을 나타낸다. 그러므로 이런 결합은 'Ethical Studies on Literature' 또는 'Ethical Critiques on Literature'로서 연구/비평의 대상과 연구/비평의 방법, 연구/비평의 행위를 확인하게 해준다.

이런 사고는 문학윤리학비평에 대한 입론을 통해 이에 대한 이론비평과 실천비평을 적극적으로 주도하고 있는 니에전자오(聶珍釗) 교수의 학문적, 비평적 성과를 살펴보는 과정에서 도출되었다. 니에 교수는 『문학윤리학비평』(文學倫理學批評導論)[3]이라는 학술서를 통해 자신의 구상을 체계적으로 밝히고 있다. 이 글은 이 저서가 제시하는 문학윤리학비평의 이론의 틀을 살펴봄으로써 이에 대한 이해를 더욱 공고하게 함으로써 관련된 학군적 논의가 더욱 활발해지기를 기대한다.

앞서 문학윤리학비평을 분절 개념으로 접근하는 문제를 살펴보았지만, 니에 교수는 '문학윤리학'과 '문학윤리학비평'은 긴밀한 관계이기는 하나 완전히 일치하지는 않는다고 말한다. 둘의 범주를 살펴보면 문학윤리학이 문학윤리학비평을 포괄하고 있음을 알 수 있다. 문학윤리학비평은 문학윤리학의 담론을 형성하는 핵심이자 이를 더욱 풍부하게 하는 역할을 담당한다. 물론 양자의 차이도 있다. 그의 논의에 따르면 첫째, "문학윤리학비평은 윤리의 입장에서 문학작품을 독해하고 분석하며 해석하여 작가 및 문학과 관련된 문제를 연구하는 연구방법"이고, "문학윤리학은 윤리학의 이론과 원칙을 이용하여 작가와 독자, 비평가가 문학 창작과 독서, 비평의 과정에서 시비와 선악을 구분하는 가치관의 문제를 탐구하고 해결한다." 둘째, "문학윤리학비평은 비평과 해석을 중요하게 여기지만 문학윤리학은 기준을 수립하고 선악에 대한 평가를 수행하는데 중점을 둔다." 셋째, "문학윤리학비평은 문학작품이 묘사하는 윤리 문제를 비평하고 해석하는데 중점을 두지만 문학윤리학은 작가가 작품을 창작하고 독자가 문학작품을 읽고 비평가가 문학작품을 평가하는 도

3 聶珍釗, 『文學倫理學批評導論』, 北京大學出版社, 2014.

덕 가치의 문제, 즉 예컨대 작가와 비평가의 도덕 수양, 직업 도덕, 사회 책임 등과 독자가 문학을 읽고 감상하는 입장과 감정, 교훈의 수용 등에 더욱 중점을 둔다."[4]

다시 말하면 문학윤리학은 학문적 입장에서 창작과 독서, 비평, 문학교육, 문학상 등 문학장(literary field)의 문제를 다루지만, 문학윤리학비평은 주로 문학 텍스트에 대한 독해에 관심을 갖는다는 뜻이다. 그럼에도 불구하고 문학윤리학과 문학윤리학비평이 추구하는 가치와 기능은 유사한데, "문학 자체의 가치를 충분히 드러냄으로써 독자와 사회에 문학의 필요를 더욱 만족스럽게 함으로써 독자가 문학 독서를 통해 진정으로 그 사상 도덕과 문화수양을 제고할 수 있도록" 하기 때문이다.[5] 또한 문학윤리학비평에 관한 찰스 로스(Charles Ross)의 다음과 같은 설명에도 귀기울일 필요가 있다. 그는 문학윤리학비평을 이렇게 설명한다.

윤리적 관점에서 문학을 읽고, 해석하고, 이해하고, 분석하고, 평가하기 위한 이론이자 방법론이다. 문학은 윤리와 도덕을 역사적으로, 우발적으로 표현한 것이다. 문학을 읽는 행위는 인간이 도덕적 깨달음을 얻고 더 나은 윤리적 선택을 하는데 도움이 된다. 윤리적 문학비평의 사명은 문학의 윤리적 가치를 발견하는 것이다.[6]

---

4 聶珍釗, 위의 책, 99쪽.

5 聶珍釗, 위의 책, 99쪽.

6 Charles Ross, "A Conceptual Map of Ethical Literary Criticism: An Interview with Nie Zhaenzhao", *Forum for World Literature Studies*, Vol.7 No.1, 2015, 8쪽.

문학윤리학이든 문학윤리학비평이든 문학과 윤리라는 두 개념의 상호작용을 통해 입론이 가능할 수밖에 없다. 그러므로 우리는 윤리의 개념은 물론 이와 결부된 문학의 양상을 함께 살펴보아야만, 문학윤리학비평이라는 실체에 한 걸음 더 다가갈 수 있다.

2. 윤리의 개념과 가치

그렇다면 윤리란 무엇인가? 윤리학은 인류의 행위와 각종 다양한 문제들 및 규범을 연구한다. 윤리(倫理)란 인간 사회에서 작동하는 규범과 원리다. '윤리'라는 영어 단어 'ethic'은 그리스어 'ēthos'에서 비롯됐다. 아리스토텔레스는 『수사학』에서 "인간의 모든 행위는 반드시 다음 일곱 가지 원인 가운데 하나 때문에 일어나는데, 우연, 본성, 강요, 습관, 계산, 분노, 욕구가 그것"이라고 말한다.[7] 이 때 '습관'으로 번역된 말이 바로 'ēthos'다. 아리스토텔레스는 인간 행위의 양상을 '스스로 행한 것' 또는 '스스로 행하지 않은 것'으로 나누고 그 중 '스스로 행하지 않은 것'의 원인으로 우연과 필연을 들고 있다. 필연의 원인에는 강요와 본성이 있다. '스스로 행한 것'의 원인이 바로 습관과 욕구이다. 욕구는 다시 합리적 욕구인 소망과 불합리한 욕구인 분노와 욕망으로 구분된다.

윤리의 어원인 'ēthos'는 이와 같이 인간 행위의 원인 가운데 하나로 지목되었다. 이는 곧 인간이 특정한 행위를 수행할 것인가 그렇지 않은가에 대한 결정을 필요로 하는 선택으로 이해된다. 인간의 선택 행위와 연관된 말로

7 아리스토텔레스, 천병희 옮김, 『수사학/시학』, 숲, 2017, 88쪽.

서 'ēthos'는 곧 "도덕적 성격"(moral character)을 뜻한다. 오늘날 윤리학을 가리키는 말인 'ethics'는 'ēthos'에서 기원하여 이후 프랑스 고어 'etique', 라틴어 'ēthicē' 등으로 변주되면서 "도덕의 원칙을 다루는 학문"(knowledge or study dealing with moral principles)이라는 의미를 갖게 된다. 이후 이 말이 "개인이나 집단의 가치에 관한 도덕 원칙"(moral principles of social or personal value)이라는 의미로 사용되기 시작한 것은 17세기 중반에 이르러서였다.[8]

'에토스'(ēthos)는 습관이라는 의미에서 더 나아가 아리스토텔레스가 설득의 필요조건으로 제시한 한 요소가 됐다. 아리스토텔레스가 제시한 설득의 세 요소는 로고스(logos)와 파토스(pathos), 에토스다. 로고스는 논리, 파토스는 감정, 에토스는 신뢰를 의미한다. 파토스는 다름 아닌 설득을 당하는 자의 감정을 말하며, 에토스는 설득하는 자의 신뢰를 말한다. 이러한 신뢰는 설득하는 자의 에토스, 즉 '습관'으로서의 체형이나 옷차림, 목소리, 시선, 자세 등을 통해 형성된다. 파토스와 에토스는 각각 누군가를 설득하고자 할 때, 상대방이 어떤 감정 상태에 놓여 있는지를 충분히 살펴봐야 한다는 뜻이다. 동시에 자신이 상대에게서 어떠한 정도의 신뢰를 얻고 있는 상태인지도 살펴봐야 한다는 뜻이기도 하다. 주체의 신뢰와 타자의 감정이 보여주는 상호작용은 설득을 만들어가는 필요조건이 된다. 그러나 주체의 신뢰는 스스로 만드는 것이 아니라 타자에 의해 형성된다. 타자의 감정은 주체에 의해 관찰되어야 한다.

에토스로서의 신뢰는 하루아침에 이루어지지 않으며, 맥락 속에서 구성

8 OED, *Oxford English Dictionary*, London: Oxford University, 2020. (online)

된다. 신뢰의 상태가 만들어지는 과정 역시 내부와 외부의 상호작용을 필요로 한다. 감정은 일시적일 수 있으나 역시 내부와 외부의 상황이 상호작용함으로써 형성된다. 그러므로 에토스는 파토스와 불가분의 관계를 맺게 된다. 에토스에서 유래한 '윤리' 개념도 다르지 않다. 윤리는 주체와 타자의 상호작용에 관한 이치이다. 주체는 자신이 가진 고유한 습관을 통해 타자에게 인정받거나 거부당한다. 타자는 주체의 다양한 특성을 고려하여 인정과 거부를 결정한다. 그러므로 윤리는 주체와 타자의 복잡한 양상 속에서 만들어지는 관계의 기준이자 이치가 된다.

영어 단어 'ethics'는 개화기 일본의 학자들에 의해 한자어 '윤리'(倫理)로 번역되어 한국과 중국에 전파되었다.[9] '윤'(倫)이라는 한자는 '윤'(侖)이라는 글자와 '인'(人)이라는 글자가 합해진 회의자인데, 이 때 '윤'은 '생각하다', '조리를 세우다'라는 뜻이다. 이 글자는 사람(人)이 책(冊)을 읽으면서 여러 생각을 하는 모습을 추상적으로 그려냈다. '윤'(倫)은 여기에 다시 사람(人)이 더해진 모양을 하고 있다. 중국의 자서(字書) 『설문해자』(說文解字)는 '윤'을 '무리'(輩)라고 풀고 있다. 이를 두고 청대(淸代)의 단옥재(段玉裁)는 "군사가 수레 백량을 내보내는 것을 '무리'라 하는데 같은 종류가 뒤를 잇는 것들로 확장되어 (이 또한) '무리'라고 한다"(軍發車百兩爲輩, 引伸之同類之次曰輩)고 주석을 달았다. 따라서 '윤'이란 '인간의 무리'이다. 오늘날 용어로는 '사회'에 해당한다. '윤리'라는 한자어 번역어도 인간의 관계 속에서 지켜져야 할 질서를 뜻하게 된다. 즉

9 이한섭, 『일본에서 온 우리말 사전』, 고려대출판부, 2014, 621쪽.

윤리란 무리를 이루고 살아가는 사람들, 사회를 이루는 인간이 갖추어야 할 이치이다.[10]

사회적 인간에게 주어진 요건으로서의 윤리는 언제나 관계 속에서 그 함의를 구성한다. 윤리의 의미는 몇 가지 층위에서 살펴볼 수 있다. 첫째, 기준으로서의 윤리, 즉 윤리기준이다. 윤리기준이란 인간이 살아가면서 지켜내야 하는 당위적이고 이상적인 목표이다. 이는 인간 사회가 오랜 역사 속에서 스스로 만들어온 결과물이다. 둘째, 환경으로서의 윤리, 즉 윤리환경이다. 윤리환경이란 주체가 윤리기준에 근접할 수 없거나 이를 배반할 수밖에 없는 경우에 내몰리는 상황과 환경이다. 개인이나 집단을 둘러싼 윤리환경은 언제나 기준에 도달하지 못하는 상황에서 특정한 윤리문제를 만들어내게 된다. 주체가 윤리기준에 완전히 도달할 수 있다면 인간 사회는 더 이상 아무런 문제도 존재하지 않는 낙원이 될 것이다. 그러나 주체는 언제나 이런 윤리환경에 내던져지게 된다. 셋째, 선택으로서의 윤리, 즉 윤리선택이다. 윤리선택이란 윤리환경이 제시하는 여러 답안 가운데 무언가를 선택하도록 내던져진 주체의 운명을 뜻한다. 주체는 윤리기준이 제시하는 당위적이고 이상적인 목표와 주체의 욕망 사이에서 고뇌하는 모습을 보인다. 이와 같이 윤리란 언제나 제시된 기준과 거기에 도달하지 못하는 주체 사이의 갈등이라는 주제를 다룬다.

윤리는 사회 속에 내던져진 주체의 이성의지와 자연의지 등의 문제를 포괄한다. 이런 담론의 틀은 스핑크스 이야기에서 추출된 이론적 요소에 근거

---

10 許愼, 段玉裁注, 『說文解字注』, 天工書局, 1992. (영인본)

한다. 니에 교수는 스핑크스 이야기를 통해 인성인자(human factor)와 수성인자(animal factor)라는 개념을 추출하고 이 요소들이 인간의 윤리선택을 좌우하는 핵심이라고 확인한다. 인간은 인성인자와 수성인자는 인간과 동물로 결합된 스핑크스의 존재 자체를 구성하는 요소들이다. 이는 인간이 자연과 문화의 복합적 결합물이라는 사실을 일깨운다. 지그문트 프로이트가 말하고 있는 본능(id), 자아(ego), 초자아(superego) 또는 라캉이 이를 재해석한 상상계, 상징계, 실재계 등과도 상통하는 이런 논의 프레임은 윤리적 존재로서 인간의 정체성에 관한 중요한 질문을 이끈다. 그러므로 윤리 문제는 인간의 정체성에 관한 연구와도 긴밀한 연관을 맺는다.

주체는 언제나 사회적 맥락 속에 놓이게 된다. 윤리 문제는 안정적 사회보다 불안한 사회에서 더욱 주목 받는다. 윤리상황은 사회가 전환되는 시기에 두드러진다. 전환의 사회는 이전의 질서가 해체되고 새로운 질서는 아직 완성되지 않는 상태로 혼돈과 과도의 상태에 처하게 되기 때문이다. 따라서 윤리 관념은 전환의 불안한 과정에 처하게 된다. 이런 불안한 과정에서는 주체와 타자 사이에 권력관계가 극대화된다. 윤리 문제는 권력관계를 떼어놓고 생각할 수 없다. 예컨대 프란츠 파농의 논의를 따라가다 보면'윤리적 인정'이라는 개념을 만나게 되는데, 이는 주체와 타자 사이의 차이에 대한 존중을 의미한다. 주체와 타자는 상호 인정을 통해서 윤리성을 획득하게 된다.[11] 인정에 관한 논의는 헤겔에게서 찾아볼 수 있다. 자기의식에 관한 그의 주장을 살펴보면,

11 Pramod K. Nayar, 하상복 옮김, 『프란츠 파농, 새로운 인간』, 앨피, 2013, 228쪽.

권력관계에 놓인 주인과 노예는 인정투쟁을 통해 관계를 형성한다. 그러나 이렇게 형성된 권력관계는 고정된 것이 아니라 지속적으로 부정의 부정을 거치면서 변화하게 된다.[12] 이러한 부정의 과정, 변화의 과정, 전환의 과정 속에서 윤리 문제는 끊임없는 선택을 요구하면서 근본적 고뇌와 불안 속으로 주체를 밀어 넣는다.

윤리는 사회를 구성하는 다른 가치인 법이나 정의 등의 함의와는 다르다. 프리드리히 니체의 사고에 따르면 "법과 정의는 열등하고 나약한 자들이 가진 복수욕을 제한하려는 지배적인 힘에 따라 창안된 삶의 해석"이지만, "도덕은 나약하고 적의를 품은 자들이 적극적이고 귀족적인 존재에 지배력을 행사하려고 발전시킨 독특한 발명품"일 수 있다.[13] 이런 주장은 윤리가 다층적인 권력관계의 양상 속에서 논의될 수밖에 없는 담론임을 보여준다. 그러므로 이와 같이 단순하지 않은 윤리 문제는 인간을 이해하고 설명하는 근본적인 질문이 된다. 윤리를 제거한 채 인간, 사회, 문화를 담론화하는 일은 불가능하다. 그리고 인간의 이야기를 매체화한 가장 오랜 역사적 산물인 문학은 그런 담론화 과정을 현실적으로 가능하게 하는 가장 핵심적인 예술 장르로 남아 있다. 그런 의미에서 윤리학과 문학비평은 '친한 학문'으로서 '밀접한 연관성'(the close affinity as kindred disciplines)을 가지고 있다고 말할 수 있다.[14]

---

12 Georg Wilhelm Friedrich Hegel, 임석진 옮김, 『정신현상학1』, 한길사, 2005, 220-234쪽.

13 Lee Spinks, 윤동구 옮김, 『가치의 입법자, 프리드리히 니체』, 앨피, 2009, 148쪽.

14 Jovito V. Cariño, "Literary Criticism as a Philosophic Praxis", *Forum for World Literature Studies*, Vol.11 No.3, 2019, 5쪽.

3. '중국학파' 문학윤리학비평

문학은 인간 삶의 충실한 반영이다. 인간에게 주어진 윤리기준과 윤리환경, 윤리선택은 관계 속에서 조우하는 무수한 윤리 문제를 만들어내는데, 문학은 바로 고대로부터 오늘에 이르기까지 가장 그럴듯한 이야기를 통해서 이런 상황을 묘사해 왔다.

문학윤리학비평은 문학과 윤리학을 절합하려는 학문적 시도다. 니에 교수는 서구 중심의 문학비평을 반성하는 층위에서 '문학윤리학'의 의미를 주장한다. 이는 문학비평 영역에서 오리엔탈리즘에 대한 비판적 실천 행위다. 근대 이래 문학비평의 방법으로서 오리엔탈리즘의 위력은 거셌다. 니에 교수는 개혁개방 이래 중국 문단을 장악한 문학비평을 세 가지 영역으로 크게 나눈다. 즉 형식주의 비평, 문화연구비평, 정치사회적 비평이다. 그는 이러한 비평의 한계를 윤리적 입장의 결여라고 간주한다. 그는 이런 비평이 "문학연구에 있어서 문학과 정치, 도덕, 성별, 종족 등의 관계를 연구해 왔고, 현대 사회문화에 대한 '도덕평가' 혹은 비판을 펼쳐왔지만, 결국에는 모두 각자 비평의 기본, 즉 예컨대 형식, 문화, 성별, 환경 등의 원래 자리로 돌아가서 윤리의 결여라는 전반적인 특징을 드러냈다"고 비판한다.[15]

그렇다고 이런 입장이 또 다른 옥시덴탈리즘으로의 회귀를 의미하는 것은 아니다. 오히려 그의 입장은 새로운 시대에는 서양의 비평적 입장과 동양의 문학윤리학비평과 서로 대화하고 조우하면서 윤리학적 기초 위에서 새로

15 聶珍釗, 위의 책, 3-4쪽.

운 문학비평을 만들어내야 한다는 쪽에 가깝다. 그럼으로써 문학윤리학비평이 서양 담론들과는 다른 동양만의 정체성을 확보할 수 있게 될 테고 새로운 문학비평의 매력을 발산하게 되리라고 본다.

니에 교수는 미국을 중심으로 한 윤리비평의 역사적 흐름을 탐구하는 작업을 통해 자신의 학문적 위치를 더욱 분명하게 제시한다. "1960년대 이래 민권운동, 반전운동, 학생운동, 여성해방운동, 반문화운동, 환경보호운동 등이 추진되면서 윤리 도덕관을 강조하는 문학비평이론이 등장했다. 예컨대 페미니즘, 신역사주의, 흑인문학, 문화비평 등은 윤리비평의 큰 흐름을 형성했다"는 진술로 시작되는 그의 저서 『문학윤리학비평』은 웨인 부스(Wayne Clayson Booth)를 "서양 윤리비평을 대표하는 뛰어난 학자"로 언급한다.[16] 그의 비평 작업을 바흐친의 대화이론에 근거하여 "작품에 내재하는 이데올로기와 그것이 독자에게 미칠 수 있는 영향에 관심을 갖는 일이 윤리학비평의 기본 임무"라는 인식에서 출발했다고 보는 것이다.

그럼에도 불구하고 니에 교수는 미국을 중심으로 이어져 온 서양 윤리비평이 갖는 한계를 꿰뚫어보고 있다. 그는 미국 윤리비평이 비판받는 지점에 대하여 이렇게 말한다.

> 서양문학비평사에서 윤리비평은 줄곧 회의와 반대에 직면해 왔다. 그 중요한 원인 가운데 하나는 윤리비평이 비록 오랜 연원을 가지고 있어 고대 그리스까지 거슬러

16 聶珍釗, 위의 책, 1쪽.

올라갈 수 있지만 지금까지 완전하고 체계적인 이론 체계를 수립하지 못했고, 특히 자신의 분명한 방법론이 결여돼 있었기 때문이다. 이미 출판된 일련의 윤리학 관련 연구서들도 윤리비평이 문학의 윤리학에 관한 연구인지 아니면 문학을 연구하는 비평 방법의 일종인지도 분명히 설정하지 않고 있다.[17]

그러므로 니에 교수의 문학윤리학비평은 이와 같은 서양문학비평사가 결여하고 있는 윤리비평의 한계를 보완하려는 시도가 된다. 앞서 제시한 비판을 보완하기 위하여 니에 교수의 문학윤리학비평은 체계적인 이론 체계를 수립하고, 분명한 방법론을 수립하려고 노력한다. 그는 이런 목적을 위해 "문학윤리학비평은 윤리적 시각에서 문학을 독해, 분석, 해석하는 비평방법"임을 규정하고, 그것이 담당해야 할 문학적 역할을 다음과 같이 세 가지로 제시한다.

첫째, "문학텍스트를 주요 비평대상으로 삼아 윤리의 시각에서 텍스트에 묘사된 서로 다른 삶의 현상, 즉 인간과 자아, 인간과 타자, 인간과 사회, 인간과 자연 등의 복잡한 윤리관계 속에서 특정한 역사 환경에 놓여 있는 각각의 윤리선택 모델을 해부"하는 역할이다. 둘째, 이렇게 나타난 "윤리선택의 동기와 과정을 분석함으로써 그러한 각각의 선택이 우리에게 전해주는 도덕 영감을 드러내"는 역할이다. 셋째, 이를 통해 나아가 "효과적인 도덕의 모범을 제시하여 인류문명의 진보를 위해 경험과 교훈을 제공"하는 역할이다.[18]

이러한 노력은 중국적 문학윤리학비평의 추구로 드러난다. 그가 제창한

---

17 聶珍釗, 위의 책, 159쪽.

18 聶珍釗, 위의 책, 5-6쪽.

문학윤리학비평은 일종의 '중국학파'로서 자신의 역할을 설정하고 있다. '중국학파'로서의 문학윤리학비평이 지향하는 바를 구체적으로 인용하면 다음과 같다.

1. 중국의 문학윤리학비평은 문학윤리학을 문학윤리학비평 방법론으로 전환함으로써 구체적인 문학 문제를 효과적으로 해결하고자 했다.

2. 중국의 문학윤리학비평은 문학의 교훈 기능을 문학의 기본 기능이라고 간주하고 이론적으로 문학윤리학비평의 자기 입장을 세웠다.

3. 중국의 문학윤리학비평은 문학윤리학비평 개념으로 윤리비평 개념을 대체하여 도덕비평과 구별함으로써 문학윤리학비평이 주관적 도덕비평에서 벗어나 객관적 비평으로 바뀌도록 하여 문학비평과 역사의 탈궤 문제를 해결했다.

4. 중국의 문학윤리학비평은 윤리환경(ethical environment), 윤리질서, 윤리혼란(ethical confusion), 윤리딜레마(ethical dilemma), 윤리금기(ethical tatoo), 윤리선택(ethical selection) 등과 같은 자신의 비평 용어와 담론 체계를 수립함으로써 문학윤리학비평이 문학비평을 쉽게 장악할 수 있는 도구가 될 수 있도록 했다.[19]

첫 번째는 문학윤리학의 비평 방법론을 설정함으로써 구체적인 문학의 문제들에 대한 해법을 제시했다. 이는 서양 중심의 문학윤리학이 이론과 담론의 층위에서 주로 전개돼 왔던데 비하여 방법의 층위에서 문학윤리학 방법

---

19 聶珍釗, 위의 책, 8-9쪽.

론을 제시함으로써 이를 문학 텍스트를 평가하는 유용한 도구로 활용하겠다는 의미이다. 니에 교수는 이를 두고 "중국 문학윤리학비평은 처음부터 기초 이론에 대한 탐구와 방법론을 구성하기 위해 힘을 쏟았다. 특히 문학윤리학비평의 실천을 중요하게 여겼다"[20]고 말한다. 많은 학자들은 문학윤리비평의 가치가 방법론의 설정에 있다는데 동의한다. 예를 들어 양거신(楊革新)은 문학윤리학비평의 이론을 구성하는 문제를 다룬 논문에서 그 "가치는 이론이나 비평 자체에 있는 것이 아니라 비평 이론을 구성하는 방법론에 있다"고 말한 바 있다.[21]

두 번째는 문학의 기능과 관련한 논쟁과 관련된다. 문학의 기능은 대체로 오락적 기능과 교훈적 기능, 심미적 기능과 윤리적 기능, 개인적 기능과 공동체적 기능 등으로 구분된다. 중국 문학윤리학비평은 각각의 대립된 두 가지 기능 쌍 가운데 교훈적 기능과 윤리적 기능, 공동체적 기능을 긍정하고 오락적 기능과 심미적 기능, 개인적 기능을 배제한다. 특히 교훈적 기능은 문학의 본령으로 간주된다. 니에 교수는 "'문학은 심미 예술'이며, '문학의 본질은 심미'이고 '문학의 첫 번째 기능은 심미'라는 등의 관점에 대해서는 문학교훈론을 제기하여 문학은 기원부터 그 목적과 기능이 심디가 아니라 도덕 교훈이라고 보았다. 비록 문학 독서의 과정에서 독자들은 즐거움의 심미적 기능을 갖

---

20 聶珍釗, 위의 책, 9쪽.

21 Yang Gexin, "From Literary Trends to the Theory of Literary Criticism: The Theoretical Construction of Ethical Literary Criticism", *Interdisciplinary Studies of Literature*, Vol.5, No.1, 2021, 3쪽.

게 되지만 이는 단지 문학이 교훈에 이르는 방식이자 과정일 뿐"[22]이라고 주장한다.

세 번째는 문학윤리학비평을 도덕비평과 구분하고 있다. 앞서 윤리의 개념을 설명하면서, 이를 '도덕'과 연결했지만, 엄밀하게 말하면 윤리와 도덕은 다른 함의를 갖는다. 물론 양자가 매우 인접한 개념이라는 점은 분명하다. 도덕이 옳고 그름에 관한 모종의 신념을 뜻한다면, 윤리는 인간 행위와 선택의 규범적 기준을 뜻한다. 따라서 도덕은 개인적 가치에서 공동체의 가치까지 다양한 층위를 포괄하지만, 윤리는 주로 사회적 공동체의 가치 기준을 문제 삼는다. 따라서 도덕적 올바름과 윤리적 올바름이 항상 일치하는 것은 아니다. 도덕이란 개인적 층위의 가치일 수 있기 때문에 때로는 윤리적 가치와 어긋날 수 있다. 이는 문학의 공동체적 기능을 긍정하고 개인적 기능을 부정하는 입장과도 상통한다. 문학윤리학비평을 도덕비평과 구분하려는 주장은 바로 문학에 대한 평가를 개인의 가치로 환원하지 않겠다는 의미이다.

네 번째는 문학윤리학의 비평 용어를 통해 담론을 체계화하고 있다. 니에 교수의 저작은 문학윤리학비평과 관련한 다양한 용어를 활용하고 있다. 용어는 특정한 대상과 현상을 설명하는 출발점이다. 새로운 명명을 통해 용어가 만들어지고 그 용어를 개념화함으로써 대상과 현상은 새로운 비평의 단계로 나아갈 수 있다. 특히 두뇌텍스트(brain text), 동물인자(animal factor), 스핑크스인자(Sphinx factor), 윤리곤경(ethical predicament), 윤리구성(ethical construction),

22 聶珍釗, 위의 책, 9쪽.

윤리매듭(ethical knots), 윤리선(ethical line), 윤리선택(ethical selection), 윤리역설(ethical paradox), 윤리정체성(ethical identity), 윤리해체(ethical deconstruction), 윤리혼돈(ethical chaos) 등 새로운 용어를 적극적으로 활용하고 있다. 물론 이 중 어떤 경우는 니에 교수가 처음으로 창조한 사례가 아닐 수 있지만, 그럼에도 이런 용어들을 더욱 정교하게 개념화함으로써 문학윤리학비평의 담론을 풍부하게 하여 자신의 이론 체계를 설명하려고 시도한 점은 그의 공으로 돌려야 마땅하다.

이런 과정을 통해 '중국학파' 문학윤리학비평은 기존의 문학비평 방법론과는 다른 역할을 담당할 수 있게 되었다. '중국학파'의 문학윤리학비평은 문학 기원 논쟁, 문학 언어 논쟁, 문학 미학 논쟁 등의 문제에 있어서도 분명한 자기 입장을 제기했다.

첫째, 문학의 기원에 대해서는 노동기원설을 부정하고 윤리표현설을 내세웠다. 즉 문학은 인간의 노동에서 비롯된 것이 아니라 윤리를 표현하고자 하는 욕구에서 시작되었다고 보는 입장을 채택한 것이다. 이를 바탕으로 문학을 창작하고자 하는 원동력이 "인류가 도덕 경험을 함께 나누고자 하는 갈망"에 근거하고 있다고 간주한다. 둘째, 문학의 예술적 구성 요소를 언어라고 보는 기존 학설을 부정하면서 텍스트론을 채택하기도 했다. 문학이 언어의 예술이라고 보는 입장은 언어와 문자를 혼동한데서 비롯되었으며, 이 때문에 텍스트로서의 문학을 상대적으로 무시하게 되었다는 주장이다. 따라서 문자로 이루어진 텍스트만이 문학이 될 수 있으므로, "문학은 텍스트의 예술"이라고 간주한다. 셋째, 문학은 이데올로기 또는 심미적 이데올로기라고 보는 입장에 대해서도 반대한다. 이에 대해서는 문학물질론을 내세워 "문학은 텍스트라는 매체, 즉 구체적인 물질텍스트의 형식으로 존재"한다고 보고 "문학은 본질적으로 물질 형태이지 이데올로기가 아니라고" 간주한다.[23]

이런 입론을 세우기 위해 니에 교수는 "문학이란 무엇인가"라는 근본적 물음을 통해 이를 개념화하고, 문학과 문예학의 개념을 상호 비교하는 작업에 몰두하면서 문학을 둘러싼 논쟁들을 정리해 나간다. 이를 통해 정립된 문학윤리학비평은 "단지 문학의 윤리 및 도덕 측면의 특징이나 문학창작의 윤리학 문제를 설명할 뿐 아니라 윤리와 도덕의 시각에서 문학작품, 문학과 사회, 문학과 작가, 문학과 독자의 관계 등 다양한 현상을 연구"하는데 관심을 갖는다. 니에 교수가 제기한 '다양한 현상'이란 다음과 같다.

(1) 작가와 창작의 관계, 작가의 윤리도덕관, 그런 관념의 특징과 발생원인, 시대배경, 형성과정 (2) 작가의 윤리도덕관이 창작에 미치는 영향 (3) 작품과 현실 사회에 존재하는 다양한 도덕현상의 관계 (4) 문학이 어떻게 허구 세계에서 현실 사회의 윤리도덕현상을 재현하는가의 문제 (5) 작품이 표현하는 도덕경향 (6) 작가의 도덕관과 작품이 표현하는 도덕경향의 관계 (7) 작가가 작품에서 수행하는 도덕에 관한 묘사 (8) 스스로 창조한 인물에 대한 작가의 도덕 평가 등 (9) 작가의 도덕관 및 작품의 도덕경향에 대한 독자의 감상 (10) 작가의 도덕관 및 작품의 도덕경향에 대한 독자의 평가 (11) 작품의 도덕경향이 독자 및 사회에 미치는 영향 (12) 윤리학의 시각에서 어떻게 작가와 작품을

---

23 聶珍釗, 위의 책, 9쪽.

평가할지에 대한 문제 (13) 작가의 도덕관 및 작품이 표현하는 도덕경향과 전통의 관계 (14) 작가의 도덕관 및 작품이 표현하는 도덕경향이 동시대 및 후대 작가와 문학에 미치는 영향 등.[24]

이런 입론의 과정을 거쳐 문학윤리학비평은 동서고금의 문학 텍스트의 사례를 분석함으로써 전통 비평과는 다른 결론을 얻기 위해 노력한다. 니에 교수의 텍스트 분석은 그리스 신화(오이디푸스 신화)와 영미문학(토마스 하디, 헤밍웨이, 유진 오닐)에 이어 중국의 신시(新詩)에까지 이르고 있다. 이런 텍스트들은 문학윤리학비평의 입론이 보편적인 문학 텍스트에 적용될 수 있음을 보여줄 수 있는 모델이 된다.

4. 맺음말

문학윤리학비평이라는 개념이 어떻게 성립 가능한지에 대한 논의에서 시작하여, '윤리'가 다루어야 할 근본 문제들, 그 표상적 성과로서 문학과 윤리학이 절합하는 비평 방식으로서의 문학윤리학비평을 살펴보았다. 특히 중국의 니에전자오 교수에 의해 주도된 문학윤리학비평이 갖는 함의와 특징을 함께 살펴봄으로써 이런 관점의 확장 가능성도 함께 다루었다. 문학윤리학비평에 관한 논의는 중국 내외 문학연구자의 광범위한 지지를 얻고 있다. 2005년부터 시작된 '문학윤리학비평 국제학술대회'와 2020년 시작된 '문학윤리학비평

---

24 聶珍釗, 위의 책, 9-10쪽.

학제 간 대학(원)생 포럼'은 학문적 층위와 교육적 층위에서 문학윤리학비평이 적지 않은 호응을 얻고 있다는 사실을 반증한다. 문학윤리학비평을 주제로 한 학술회의의 성과는 천리전(Chen Lizhen)의 8개국 학자와의 인터뷰를 통해 확인할 수 있다.[25]

특히 중국 내 학자들의 노력은 최근 일련의 연구 성과의 출판으로도 확인된다. 『문학윤리학비평이론연구』(文學倫理學批評理論研究),[26] 『영국문학의 윤리학비평』(英國文學的倫理學批評),[27] 『미국문학의 윤리학비평』(美國文學的倫理學批評),[28] 『일본문학의 윤리학비평』(日本文學的倫理學批評),[29] 『중국문학의 윤리학비평』(中國文學的倫理學批評)[30] 등 일련의 저서를 통해 그 동안 세계문학에 대한 문학윤리학비평의 실천을 이끌어냈다. 사회라는 맥락 속에 내던져진 인간 주체가 영원히 극복할 수 없는 윤리기준과 그를 둘러싼 윤리환경, 윤리선택의 문제가 앞으로도 더욱 학문적으로 활발한 논의를 이끌어낼 수 있기를 기대한다. 나아가 한국문학 비평에도 이런 실천의 결과가 더욱 잘 축적될 수 있기를 바란다.

---

25 Chen Lizhen, "Rejuvenation and Innovation: The Past, Present and Future of Ethical Literary Criticism", *Interdisciplinary Studies of Literature*, Vol.3, No.3, 2019, 219, 389~414쪽.

26 聶珍釗·王松林, 『文學倫理學批評理論硏究』, 北京大學出版社, 2020.

27 徐彬, 『英國文學的倫理學批評』, 北京大學出版社, 2020.

28 蘇暉, 『美國文學的倫理學批評』, 北京大學出版社, 2020.

29 李俄憲, 『美國文學的倫理學批評』, 北京大學出版社, 2020.

30 黃暉, 『中國文學的倫理學批評』, 北京大學出版社, 2020.

참고문헌

아리스토텔레스, 천병희 옮김, 『수사학/시학』, 숲, 2017.

이한섭, 『일본에서 온 우리말 사전』, 고려대출판부, 2014.

임대근, 『문화콘텐츠 연구』, 한음출판, 2021.

Georg Wilhelm Friedrich Hegel, 임석진 옮김, 『정신현상학1』, 한길사, 2005.

Lee Spinks, 윤동구 옮김, 『가치의 입법자, 프리드리히 니체』, 앨피, 2009.

Pramod K. Nayar, 하상복 옮김, 『프란츠 파농, 새로운 인간』, 앨피, 2013.

黃暉, 『中國文學的倫理學批評』, 北京大學出版社, 2020.

李俄憲, 『日本文學的倫理學批評』, 北京大學出版社, 2020.

聶珍釗, 『文學倫理學批評導論』, 北京大學出版社, 2014.

聶珍釗 · 王松林, 『文學倫理學批評理論研究』, 北京大學出版社, 2020.

蘇暉, 『美國文學的倫理學批評』, 北京大學出版社, 2020.

徐彬, 『英國文學的倫理學批評』, 北京大學出版社, 2020.

許愼, 段玉裁注, 『說文解字注』, 天工書局, 1992. (영인본)

Charles Ross, "A Conceptual Map of Ethical Literary Criticism: An Interview with Nie Zhaenzhao", *Forum for World Literature Studies*, Vol.7 No.1, 2015.

Chen Lizhen, "Rejuvenation and Innovation: The Past, Present and Future of Ethical Literary Criticism", *Interdisciplinary Studies of Literature*, Vol.3, No.3, 2019.

Jovito V. Cariño, "Literary Criticism as a Philosophic Praxis", *Forum for World Literature Studies*, Vol.11 No.3, 2019.

OED, *Oxford English Dictionary*, London: Oxford University, 2020. (online)

Yang Gexin, "From Literary Trends to the Theory of Literary Criticism: The Theoretical Construction of Ethical Literary Criticism", *Interdisciplinary Studies of Literature*, Vol.5, No.1, 2021.

색인

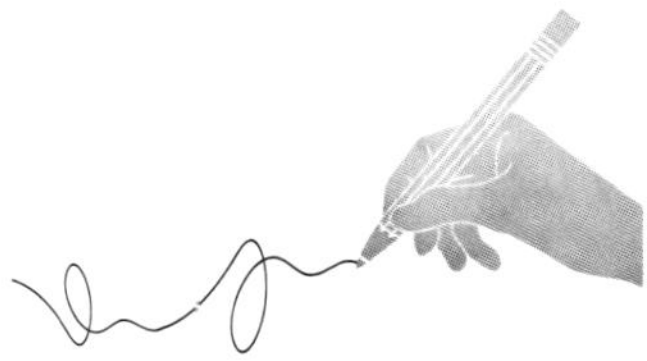

서명 찾아보기

[ㄷ]

[ㄹ]

[ㅁ]

[ㅇ]

[ㅊ]

[ㅋ]

[ㅌ]

인명 찾아보기

[ㄹ]

[ㅅ]

[ㅊ]

[ㅌ]

[ㅍ]

문학윤리학비평

초판 인쇄	2022년 4월 5일
초판 발행	2022년 4월 11일
지은이	니에전자오(聶珍釗)
옮긴이	김순진 윤석민 임대근
발행인	고윤성 **Director, University Knowledge Press**
편집장	신선호 **Executive Knowledge Contents Creator**
도서편집	이근영 **Contents Creator**
	장혜정 **Contents Creator**
디자인	한 지 **Designer**
	우승민 **Designer**
재무관리	조아라 **Managing Creator**
	정예찬 **Managing Creator**
사전·홍보물	장지혜 **Contents Creator**
발행처	한국외국어대학교 지식출판콘텐츠원
	02450 서울특별시 동대문구 이문로 107
	전화 02)2173-2493~7
	FAX 02)2173-3363
	홈페이지 http://press.hufs.ac.kr
	전자우편 press@hufs.ac.kr
	출판등록 제6-6호(1969. 4. 30)
인쇄·제본	(주)트윈벨미디어 02)2088-1810

ISBN 979-11-5901-898-5 [93800]　　　정가: 27,000원

* 잘못된 책은 교환하여 드립니다.

HU:iNE 은 한국외국어대학교출판부의 어학도서, 사회과학도서, 지역학 도서 Sub Brand이다. 한국외대의 영문명인 HUFS, 현명한 국제전문가 양성(International+Intelligent)의 의미를 담고 있으며, 휴인(携引)의 뜻인 '이끌다, 끌고 나가다'라는 의미처럼 출판계를 이끄는 리더로서, 혁신의 이미지를 담고 있다.